Lettmaier | Familienrecht

Familienrecht

Von
Dr. Saskia Lettmaier, B.A. (Oxford), LL.M., S.J.D. (Harvard)
o. Professorin an der Christian-Albrechts-Universität zu Kiel
Richterin am Schleswig-Holsteinischen Oberlandesgericht

2022

Verlag Franz Vahlen

Zitiervorschlag: *Lettmaier* FamR § Rn.

www.vahlen.de

ISBN 978 3 8006 6801 4
E-Book ISBN 978 3 8006 6915 8

Wilhelmstraße 9, 80801 München

Druck und Bindung: C.H. Beck Nördlingen
(Adresse wie Verlag)

Satz: R. John + W. John GbR, Köln
Umschlaggestaltung: Martina Busch, Grafikdesign, Homburg Saar

CO_2 neutral
vahlen.de/nachhaltig

Gedruckt auf säurefreiem, alterungsbeständigem Papier
(hergestellt aus chlorfrei gebleichtem Zellstoff)

Vorwort

Das vorliegende Lern- und Fallbuch basiert auf einem neuartigen didaktischen Konzept, indem es den Lehrstoff mit Fällen und ausformulierten Lösungen in einem Band verknüpft. Der erste Teil soll theoretisches Wissen zu den wichtigsten Teilbereichen des Familienrechts in einer kompakten Zusammenstellung vermitteln. Die Darstellung enthält zahlreiche Prüfungsschemata und Fallbeispiele und orientiert sich in ihrer Ausführlichkeit an der Prüfungsrelevanz des jeweiligen Teilbereichs. Im zweiten Teil erfolgt eine Vertiefung anhand einer Vielzahl „großer" Fälle, wie sie in Fortgeschrittenenübungen und in der Ersten Juristischen Prüfung gestellt werden (können). In diesen Fällen wird – examenstypisch – das Familienrecht mit den anderen Büchern des BGB verknüpft, um eine anspruchsvolle Examensvorbereitung zu ermöglichen. Das Lehrbuch berücksichtigt Rechtsprechung und Literatur bis zum 1.4.2022 und außerdem die erst zum 1.1.2023 in Kraft tretende Vormundschaftsreform.

Zu besonderem Dank für die erfolgreiche Erstellung dieser Erstauflage bin ich meinem – wie immer sehr engagierten – Lehrstuhlteam verpflichtet. An zahlreichen der hier veröffentlichten Fälle haben studentische Hilfskräfte und wissenschaftliche Mitarbeiter von mir mitgewirkt, namentlich Moritz-Philipp Schulz (Fälle 4 und 5), Dr. Jasmin Baasch (Fälle 4, 5, 14 und 15), Sophie Erbersdobler (Fälle 17 und 18), Sarah Krämer (Fall 6), Dr. Svend-Bjarne Beil (Fälle 1 und 14), Marvin Reiß (Fall 7), Elena Müller (Fall 2), Michel Adrian (Fälle 8 und 12) und Berfin Gülaydin (Fälle 9 und 10). Meinen wissenschaftlichen Mitarbeitern Sophie Erbersdobler, Sarah Krämer und Moritz-Philipp Schulz danke ich darüber hinaus für ihre sorgfältige Mithilfe bei der Fahnenkorrektur und bei der Erstellung des Stichwortverzeichnisses.

Ich wünsche allen Leserinnen und Lesern viel Vergnügen und Gewinn bei der Durcharbeit dieses Buchs. Hinweise und Anregungen sind ausdrücklich erwünscht, am besten an slettmaier@law.uni-kiel.de.

Kiel, im April 2022 *Saskia Lettmaier*

Inhaltsverzeichnis

Abkürzungsverzeichnis

aA .... andere(r) Ansicht/Auffassung
abl. .... ablehnend
ABl. .... Amtsblatt
Abs. .... Absatz
AcP .... Archiv für die civilistische Praxis
AdVermiG ...... Gesetz über die Vermittlung und Begleitung der Adoption und über das Verbot der Vermittlung von Ersatzmüttern (Adoptionsvermittlungsgesetz)
aE .... am Ende
aF .... alte Fassung
AG .... Amtsgericht
allg. .... allgemein
Alt. .... Alternative
Anm. .... Anmerkung
AO .... Abgabenordnung
arg. .... argumentum
Art. .... Artikel
AT .... Allgemeiner Teil
Aufl. .... Auflage

BAföG .... Bundesgesetz über individuelle Förderung der Ausbildung (Bundesausbildungsförderungsgesetz)
BayObLG ...... Bayerisches Oberstes Landesgericht
BayObLGZ ..... Entscheidungen des Bayerischen Obersten Landesgerichts in Zivilsachen
BBG .... Bundesbeamtengesetz
BeckOGK ...... beck-online.Großkommentar zum Bürgerlichen Gesetzbuch
BeckOK BGB ... Beck'scher Online-Kommentar zum Bürgerlichen Gesetzbuch
BeckOK GG .... Beck'scher Online-Kommentar zum Grundgesetz
BeckRS .... Beck-Rechtsprechung
BFH/NV .... Sammlung amtlich nicht veröffentlichter Entscheidungen des Bundesfinanzhofs
BGB .... Bürgerliches Gesetzbuch
BGBl. .... Bundesgesetzblatt
BGH .... Bundesgerichtshof
BGHZ .... Entscheidungen des Bundesgerichtshofes in Zivilsachen
BMI .... Bundesministerium des Innern
BMJ .... Bundesministerium der Justiz
BMJV .... Bundesministerium der Justiz und für Verbraucherschutz
BNotO .... Bundesnotarordnung
BR-Drs. .... Bundesrats-Drucksache
Brüssel IIa-VO .. Verordnung (EG) Nr. 2201/2003 des Rates vom 27. November 2003 über die Zuständigkeit und die Anerkennung und Vollstreckung von Entscheidungen in Ehesachen und in Verfahren betreffend die elterliche Verantwortung und zur Aufhebung der Verordnung (EG) Nr. 1347/2000
BT .... Besonderer Teil
BT-Drs. .... Bundestags-Drucksache
BVerfG .... Bundesverfassungsgericht
BVerfGE .... Entscheidungen des Bundesverfassungsgerichts
BWNotZ .... Zeitschrift für das Notariat in Baden-Württemberg
bzw. .... beziehungsweise

c.i.c. .... culpa in contrahendo
ca. .... circa
COVID-19 ..... Coronavirus disease 2019 (Coronavirus-Krankheit-2019)

DAR .... Deutsches Autorecht
dh .... das heißt
Dig. .... Digesten
DIMDI .... Deutsches Institut für Medizinische Dokumentation und Information
DJT .... Deutscher Juristentag
DM .... Deutsche Mark
DNotZ .... Deutsche Notar-Zeitschrift
DS-GVO .... Verordnung (EU) 2016/679 des Europäischen Parlaments und des Rates vom 27. April 2016 zum Schutz natürlicher Personen bei der Verarbeitung personenbezogener Daten, zum freien Datenverkehr und zur Aufhebung der Richtlinie 95/46/EG (Datenschutz-Grundverordnung)

E .... Entwurf
eA .... eine Ansicht/Auffassung
EBV .... Eigentümer-Besitzer-Verhältnis
EGBGB .... Einführungsgesetz zum Bürgerlichen Gesetzbuche
EGMR .... Europäischer Gerichtshof für Menschenrechte
EheG .... Ehegesetz
1. EheRG .... Erstes Gesetz zur Reform des Ehe- und Familienrechts
Einf. .... Einführung
EMRK .... Konvention zum Schutze der Menschenrechte und Grundfreiheiten (Europäische Menschenrechtskonvention)
ESchG .... Gesetz zum Schutz von Embryonen (Embryonenschutzgesetz)
EStG .... Einkommensteuergesetz
etc .... et cetera (und so weiter)
EU .... Europäische Union
EuEheVO ...... s. Brüssel IIa-VO
EuGH .... Europäischer Gerichtshof
EuGüVO .... Verordnung (EU) 2016/1103 des Rates vom 24. Juni 2016 zur Durchführung einer Verstärkten Zusammenarbeit im Bereich der Zuständigkeit, des anzuwendenden Rechts und der Anerkennung und Vollstreckung von Entscheidungen in Fragen des ehelichen Güterstands
EuPartVO ...... Verordnung (EU) 2016/1104 des Rates vom 24. Juni 2016 zur Durchführung der Verstärkten Zusammenarbeit im Bereich der Zuständigkeit, des anzuwendenden Rechts und der Anerkennung und Vollstreckung von Entscheidungen in Fragen güterrechtlicher Wirkungen eingetragener Partnerschaften
EUR .... Euro
EuUnthVO ..... Verordnung (EG) Nr. 4/2009 des Rates vom 18. Dezember 2008 über die Zuständigkeit, das anwendbare Recht, die Anerkennung und Vollstreckung von Entscheidungen und die Zusammenarbeit in Unterhaltssachen

f., ff. .... folgende
FamFG .... Gesetz über das Verfahren in Familiensachen und in den Angelegenheiten der freiwilligen Gerichtsbarkeit
FamRZ .... Zeitschrift für das gesamte Familienrecht
FF .... Forum Familienrecht
FPR .... Familie, Partnerschaft, Recht
FS .... Festschrift
FuR .... Familie und Recht

G. .... Gesetz
GBO .... Grundbuchordnung
GbR .... Gesellschaft bürgerlichen Rechts
GdR .... Grundrisse des Rechts
gem. .... gemäß
GewSchG ...... Gesetz zum zivilrechtlichen Schutz vor Gewalttaten und Nachstellungen (Gewaltschutzgesetz)
GG .... Grundgesetz für die Bundesrepublik Deutschland
ggf. .... gegebenenfalls
GoA .... Geschäftsführung ohne Auftrag
GVG .... Gerichtsverfassungsgesetz

hA .... herrschende Ansicht/Auffassung
HGB .... Handelsgesetzbuch
HK-BGB .... Handkommentar zum Bürgerlichen Gesetzbuch
hL .... herrschende Lehre
hM .... herrschende Meinung
Hs. .... Halbsatz

idR .... in der Regel
idS .... in diesem Sinne
iErg .... im Ergebnis
ieS .... im engeren Sinne
IfSG .... Gesetz zur Verhütung und Bekämpfung von Infektionskrankheiten beim Menschen (Infektionsschutzgesetz)
iHd .... in Höhe des/der
iHv .... in Höhe von
iS .... im Sinne
iSd .... im Sinne des/der
iSv .... im Sinne von
iVm .... in Verbindung mit
iwS .... im weiteren Sinne

JA .... Juristische Arbeitsblätter
JAG .... Juristenausbildungsgesetz
JAmt .... Das Jugendamt
JAPO .... Ausbildungs- und Prüfungsordnung für Juristen
Jura .... Juristische Ausbildung
jurisPK-BGB .... juris PraxisKommentar BGB
JuS .... Juristische Schulung
JZ .... JuristenZeitung

Kfz .... Kraftfahrzeug
KG .... Kammergericht
KindRG .... Gesetz zur Reform des Kindschaftsrechts (Kindschaftsrechtsreformgesetz)
krit. .... kritisch
KunstUrhG ..... Gesetz betreffend das Urheberrecht an Werken der bildenden Künste und der Photographie (Kunsturhebergesetz)

LG .... Landgericht
lit. .... litera
LM .... Lindenmaier-Möhring, Nachschlagewerk des Bundesgerichtshofs in Zivilsachen
LMK .... Lindenmaier-Möhring – Kommentierte BGH-Rechtsprechung

LPartG . . . . Gesetz über die Eingetragene Lebenspartnerschaft (Lebenspartnerschaftsgesetz)

MAH . . . . Münchener Anwaltshandbuch
max. . . . . maximal
MDR . . . . Monatsschrift für Deutsches Recht
mE . . . . meines Erachtens
MittBayNot . . . . . Mitteilungen des Bayerischen Notarvereins, der Notarkasse und der Landesnotarkammer Bayern
mkritAnm . . . . . . mit kritischer Anmerkung
Mot. . . . . Motive
MüKoBGB . . . . . Münchener Kommentar zum Bürgerlichen Gesetzbuch
MüKoStGB . . . . . Münchener Kommentar zum Strafgesetzbuch
mwN . . . . mit weiteren Nachweisen

NamÄndG . . . . . . Gesetz über die Änderung von Familiennamen und Vornamen (Namensänderungsgesetz)
nF . . . . neue Fassung
NJOZ . . . . Neue Juristische Online-Zeitschrift
NJW . . . . Neue Juristische Wochenschrift
NJW-RR . . . . Neue Juristische Wochenschrift – Rechtsprechungs-Report Zivilrecht
NJW-Spezial . . . . Neue Juristische Wochenschrift – Spezial
Nr. . . . . Nummer
NRW . . . . Nordrhein-Westfalen
NVwZ . . . . Neue Zeitschrift für Verwaltungsrecht
NZFam . . . . Neue Zeitschrift für Familienrecht
NZM . . . . Neue Zeitschrift für Miet- und Wohnungsrecht

oÄ . . . . oder Ähnliche/s
OLG . . . . Oberlandesgericht
OLGZ . . . . Entscheidungen der Oberlandesgerichte in Zivilsachen

ProdHG . . . . Gesetz über die Haftung für fehlerhafte Produkte (Produkthaftungsgesetz)
PStG . . . . Personenstandsgesetz

RelKErzG . . . . . . Gesetz über die religiöse Kindererziehung
RGZ . . . . Entscheidungen des Reichsgerichts in Zivilsachen
RKI . . . . Robert Koch-Institut
RL . . . . Richtlinie
Rn. . . . . Randnummer
Rom III-VO . . . . . Verordnung (EU) Nr. 1259/2010 des Rates vom 20. Dezember 2010 zur Durchführung einer Verstärkten Zusammenarbeit im Bereich des auf die Ehescheidung und Trennung ohne Auflösung des Ehebandes anzuwendenden Rechts
RPflG . . . . Rechtspflegergesetz
Rspr. . . . . Rechtsprechung

s. . . . . siehe
S. . . . . Seite(n), Satz
SaRegG . . . . Gesetz zur Errichtung eines Samenspenderregisters und zur Regelung der Auskunftserteilung über den Spender nach heterologer Verwendung von Samen (Samenspenderregistergesetz)

SARS-CoV-2	Severe acute respiratory syndrome coronavirus type 2 (Schweres akutes respiratorisches Syndrom Coronavirus Typ 2)
SchKG	Gesetz zur Vermeidung und Bewältigung von Schwangerschaftskonflikten (Schwangerschaftskonfliktgesetz)
SGB	Sozialgesetzbuch
SGG	Sozialgerichtsgesetz
sog.	sogenannt
SorgeRG	Gesetz zur Neuregelung des Rechts der elterlichen Sorge
StAG	Staatsangehörigkeitsgesetz
StGB	Strafgesetzbuch
STIKO	Ständige Impfkommission
StPO	Strafprozessordnung
str.	streitig, strittig
stRspr	ständige Rechtsprechung
StVG	Straßenverkehrsgesetz
TPG	Gesetz über die Spende, Entnahme und Übertragung von Organen und Geweben (Transplantationsgesetz)
TSG	Gesetz über die Änderung der Vornamen und die Feststellung der Geschlechtszugehörigkeit in besonderen Fällen (Transsexuellengesetz)
u.a.	unter anderem
UÄndG	Gesetz zur Änderung des Unterhaltsrechts
UN	Vereinte Nationen
Urt.	Urteil
usw	und so weiter
uU	unter Umständen
v.	vom, von
v.a.	vor allem
Var.	Variante
VersAusglG	Gesetz über den Versorgungsausgleich (Versorgungsausgleichsgesetz)
VG	Verwaltungsgericht
vgl.	vergleiche
VO	Verordnung
vs.	versus
VSD	Vertrag mit Schutzwirkung zugunsten Dritter
VwGO	Verwaltungsgerichtsordnung
WM	Wertpapiermitteilungen – Zeitschrift für Wirtschafts- und Bankrecht
zB	zum Beispiel
ZEV	Zeitschrift für Erbrecht und Vermögensnachfolge
ZJS	Zeitschrift für das Juristische Studium
ZKJ	Zeitschrift für Kindschaftsrecht und Jugendhilfe
ZPO	Zivilprozessordnung
zT	zum Teil
ZVG	Gesetz über die Zwangsversteigerung und die Zwangsverwaltung (Zwangsversteigerungsgesetz)

Literaturverzeichnis und Literaturempfehlungen

BMJ, Was die Coronakrise für den Umgang für getrenntlebende Eltern und ihre Kinder bedeutet, https://www.bmjv.de/DE/Themen/FokusThemen/Corona/SorgeUmgangsrecht/Corona_Umgangsrecht_node.html (zuletzt aufgerufen am 3.1.2022)

BMJV, Diskussionsteilentwurf des BMJV zur Reform des Abstammungsrechts vom 13.3.2019

BMJV, Thesenpapier der Arbeitsgruppe Sorge- und Umgangsrecht, 2019

BMJV, Eckpunktepapier zur Reform des Namensrechts, 2020

BMJV, Referentenentwurf des BMJV vom 23.6.2020

Böhringer, Der Zeitpunkt der Kenntnis bei Grundstücks-Rechtsgeschäften nach § 1365 BGB, BWNotZ 1987, 56–58

Brudermüller, Schlüsselgewalt und Telefonsex, NJW 2004, 2265–2270

Brudermüller, Der reformierte Zugewinnausgleich – Erste Praxisprobleme, NJW 2010, 401–407

Bundeszentrale für politische Bildung, Zahlen und Fakten: Die soziale Situation in Deutschland – Paare, https://www.bpb.de/nachschlagen/zahlen-und-fakten/soziale-situation-in-deutschland/61575/paare (zuletzt aufgerufen am 3.1.2022)

Canaris, Das Verlöbnis als „gesetzliches" Rechtsverhältnis, AcP 165 (1965), 1–31

Canaris, Anm. zu BGH 24.6.1991 – II ZR 293/90, NJW 1991, 2628–2629

Coester, Anm. zu BGH 31.10.2007 – XII ZR 261/04, JZ 2008, 315–316

Coester-Waltjen, Nicht zustimmungsbedürftige Rechtsgeschäfte beschränkt geschäftsfähiger Minderjähriger, Jura 1994, 668–670

Dethloff, Familienrecht, 32. Aufl. 2018 (zit.: Dethloff FamR)

Dronsch, Honnefer Studentenförderung und elterlicher Unterhalt, JZ 1962, 346–349

Dürbeck, Der Auskunftsanspruch nach § 1686 BGB, ZKJ 2017, 457–461

Dürig/Herzog/Scholz, Grundgesetz-Kommentar, 95. Aufl. 2021 (zit.: Dürig/Herzog/Scholz/Bearbeiter)

Dutta, Handlungsbefugnisse von Ehegatten in Angelegenheiten der Gesundheitssorge – ein weiterer Versuch für einen neuen § 1358 BGB, FamRZ 2020, 1881–1884

Dutta, Das neue internationale Güterrecht der Europäischen Union – ein Abriss der europäischen Güterrechtsverordnungen, FamRZ 2016, 1973–1985

Enzinger, Frustrierte Aufwendungen und mittelbarer Schaden, DAR 2015, 489–490

Epping/Hillgruber, BeckOK Grundgesetz, Kommentar, 49. Ed. 15.11.2021 (zit.: BeckOK GG/Bearbeiter)

Erb/Schäfer, Münchener Kommentar zum Strafgesetzbuch, Bd. 4: §§ 185–262, 4. Aufl. 2021 (zit.: MüKoStGB/Bearbeiter)

Erbarth, Die Ehe ist kein Schuldverhältnis, NJW 2013, 3478–3484

Erman, BGB, Kommentar, 16. Aufl. 2020 (zit.: Erman/Bearbeiter)

Everts, Vereinbarungen zur nachehelichen Namensführung, FamRZ 2005, 249–254

v. Finckenstein/Kuschel, Fortgeschrittenenklausur – Zivilrecht: Sachenrecht – Cabrio mit großer Schleife, JuS 2016, 717–723

Fischinger, Schutz des Zugewinnausgleichsschuldners bei unverschuldetem Vermögensverfall zwischen Rechtshängigkeit und Rechtskraft, NJW 2012, 3611–3614

Flatow, Typische Fehler bei der Kündigungserklärung, NZM 2004, 281–289

Flume, Allgemeiner Teil des Bürgerlichen Rechts, Bd. 2: Das Rechtsgeschäft, 4. Aufl. 1992 (zit.: Flume BGB AT II)

Frank/Helms, Erbrecht, 7. Aufl. 2018 (zit.: Frank/Helms ErbR)

Fritzsche/Knapp, Bildnisse von Kindern im Internet und in sozialen Medien, FamRZ 2019, 1905–1912

Futter, Der Zeitpunkt der Kenntnis bei Vermögensübernahme, NJW 1976, 551–552

Gernhuber, Anm. zu BGH 26.2.1965 – V ZR 227/62, JZ 1966, 192–193

Gernhuber/Coester-Waltjen, Familienrecht, 7. Aufl. 2020 (zit.: Gernhuber/Coester-Waltjen FamR)

Göppinger/Wax, Unterhaltsrecht, 9. Aufl. 2008 (zit.: Göppinger/Wax UnterhaltsR)

Götz, Kinderzimmer 4.0 – Ausverkauf der Kindheit?, FamRZ 2019, 573–575

Götz, Anm. zu OLG Frankfurt a.M. 16.7.2019 – 8 U 228/17, FamRZ 2020, 339–340

Grüneberg, Bürgerliches Gesetzbuch, Kommentar, 81. Aufl. 2022 (zit.: Grüneberg/Bearbeiter)

Grünewald, Die neue Rechtsprechung und Lehre zu § 1380 BGB – Rechtsfolgen im Hinblick auf nichtanzurechnende und gegenseitige Zuwendungen unter Ehegatten, NJW 1988, 109–112

Gsell/Krüger/Lorenz/Reymann, beck-online.Großkommentar, BGB, 36. Aufl. 2021 (zit.: BeckOGK/Bearbeiter)

Gursky, Die neuere höchstrichterliche Rechtsprechung zum Mobiliarsachenrecht, JZ 1984, 604–613

Haslach, Rechtlich nachteilhafte Grundstücksübertragung an einen Minderjährigen ohne die Mitwirkung eines Ergänzungspflegers?, JA 2017, 490–495

Hau/Poseck, BeckOK Bürgerliches Gesetzbuch, Kommentar, 60. Ed. 1.11.2021 (zit.: BeckOK BGB/Bearbeiter)

Höhne, Das Widerrufsrecht bei Kaufverträgen im Spannungsverhältnis von Opportunismus und Effektivität, 2016 (zit.: Höhne Widerrufsrecht)

Horn, Die Reform des Vormundschafts- und Betreuungsrechts: fast der große Wurf, ZEV 2020, 748–752

Ipsen, Ehe für alle – verfassungswidrig?, NVwZ 2017, 1096–1099

Jacobs, Neubewertung aufgrund Art. 5 des deutsch-französischen Abkommens über den Güterstand der Wahl-Zugewinngemeinschaft?, FamRZ 2014, 1750–1753

Janal, Alles neu macht der Mai: Erneute Änderungen im Recht der besonderen Vertriebsformen, WM 2012, 2314–2322

Jauernig, BGB, Kommentar, 18. Aufl. 2021 (zit.: Jauernig/Bearbeiter)

Jauernig, Noch einmal – Die geschenkte Eigentumswohnung – BGHZ 78, 28, JuS 1982, 576–577

Jeep, Ehegattenzuwendungen im Zugewinnausgleich – oder: Auf der Suche nach der verschollenen Systematik der §§ 1374 Abs. 2, 1380 BGB – Zugleich Anmerkungen zum Urt. des BGH v. 22.9.2010 – XII ZR 69/09, DNotZ 2011, 590–602

Johannsen/Henrich/Althammer, Familienrecht, Kommentar, 7. Aufl. 2020 (zit.: Johannsen/Henrich/Althammer/Bearbeiter)

Kanzleiter/Schwab (Hrsg.), Familienrecht zwischen Tradition und Innovation, Festschrift für Elisabeth Koch zum 70. Geburtstag, 2019 (zit.: FS Koch)

Keuter, Der Ehename nach Eheauflösung, FamRZ 2013, 1936–1938

Kliffmüller, Verbraucherschutz des Ehepartners bei Abzahlungsverträgen – Ein Konfliktausgleich zwischen dem neuen Verbraucherkreditgesetz und § 1357 Abs. 1 BGB, FuR 1992, 138–145

Klinkhammer, Beschneidung männlicher Kleinkinder und gesetzliche Vertretung durch die Eltern, FamRZ 2012, 1913–1915

Klippel/Löhnig/Walter, Grundlagen und Grundfragen des Bürgerlichen Rechts: Symposium aus Anlass des 80. Geburtstags von Dieter Schwab, 2016 (zit.: FS Schwab)

Kneisel, Rechtsscheinhaftung im BGB und HGB – mehr Schein als Sein, JA 2010, 337–342

Kommission über den Entwurf eines Bürgerlichen Gesetzbuchs und Einführungsgesetzes, Motive zu dem Entwurfe eines Bürgerlichen Gesetzbuches für das Deutsche Reich, Bd. 3: Sachenrecht, 1888 (zit.: Mot.)

Lange, Verfügung über ein Grundstück als Verfügung über das Gesamtvermögen gem. § 1365 BGB; maßgeblicher Zeitpunkt für die Kenntnis des Erwerbers – LG Osnabrück, FamRZ 1973, 652, JuS 1974, 766–770

Lange, Erbrecht, 2. Aufl. 2017 (zit.: Lange ErbR)

Lange/Nörr/Westermann (Hrsg.), Festschrift für Joachim Gernhuber zum 70. Geburtstag, 1993 (zit.: FS Gernhuber)

Lettmaier, Notwendigkeit einer Reform des (Familien-)Namensrechts?, FamRZ 2020, 1–10

Lipp/Mayer, Examens-Repetitorium Familienrecht, 5. Aufl. 2020 (zit.: Lipp/Mayer FamR)

Löhnig, Die leibliche, nicht rechtliche Mutter, FamRZ 2015, 806–807

Löhnig, Verbrauchergeschäfte mit Ehegatten – zum Verhältnis von Verbraucherschutz und Schlüsselgewalt, FamRZ 2001, 135–138

Löhnig, Anm. zu BGH 28.2.2018 – XII ZR 94/17, NZFam 2018, 330–331

Löhnig, Ausbildungsunterhalt bei mehrstufiger Ausbildung, NJW 2017, 2234–2237

Löhnig/Leiß, Fälle zum Familien- und Erbrecht, 4. Aufl. 2019 (zit.: Löhnig/Leiß FamR)

Löhnig/Schneider, „Heiße Heimkinoanlage", JA 2015, 255–259

Looschelders, Schuldrecht Allgemeiner Teil, 18. Aufl. 2020 (zit.: Looschelders SchuldR AT)

Looschelders, Schuldrecht Besonderer Teil, 16. Aufl. 2021 (zit: Looschelders SchuldR BT)

Mainz-Kwasniok, Umgang in den Zeiten des Corona-Virus, NZFam 2020, 318–320

Mayer, Anm. zu OLG Frankfurt a.M. 29.8.2018 – 2 UF 66/18, FamRZ 2019, 461–462

Medicus, Anm. zu BGH 14.7.1995 – V ZR 45/94, JZ 1996, 153–155

Medicus/Petersen, Allgemeiner Teil des BGB, 11. Aufl. 2016 (zit.: Medicus/Petersen BGB AT)

Mende, Die Problematik der Auseinandersetzung von Haushaltsgegenständen nach Beendigung der nichtehelichen Lebensgemeinschaft, NZFam 2021, 386–390

Messerle, Zivilrechtliche Probleme der nichtehelichen Lebensgemeinschaft, JuS 2001, 28–35

Neuner, Allgemeiner Teil des Bürgerlichen Rechts, 12. Aufl. 2020 (zit.: Neuner BGB AT)

Obergfell/Hauck, „Riskante Schenkung", JA 2012, 178–185

v. Oertzen/Engelmeier, Namensrechtliche Regelungen in Eheverträgen und Scheidungsfolgenvereinbarungen, FamRZ 2008, 1133–1138

Opitz, Anm. zu OLG Frankfurt a.M. 17.8.2021 – 6 UF 120/21, NZFam 2021, 874

Palandt, Bürgerliches Gesetzbuch, Kommentar, 79. Aufl. 2020

Pauly, Sperrwirkungen des verfassungsrechtlichen Ehebegriffs, NJW 1997, 1955–1957

Preisner, Examenstypische Klausurenkonstellationen des Familien- und Erbrechts – Teil III Schadensersatzprobleme und Ausgleichsansprüche, JA 2010, 584–590

Rake, Kindschaftsrechtliche Auswirkungen der Coronakrise, FamRZ 2020, 650–653

Roth/Warmer, Übungsfall: Die falsche Frau, ZJS 2008, 497–511

Säcker/Rixecker/Oetker/Limperg, Münchener Kommentar zum Bürgerlichen Gesetzbuch: BGB, Bd. 1–13, 8. Aufl. 2018 ff. (zit.: MüKoBGB/Bearbeiter)

Sacksofsky, Das Bundesverfassungsgericht und das Familiennamensrecht – Ein Schritt zurück im Zickzackkurs, FPR 2010, 15–20

Schmidt-Futterer, Mietrecht, Kommentar, 15. Aufl. 2022 (zit.: Schmidt-Futterer/Bearbeiter)

Schmitz, Anm. zu BGH 3.2.2010 – XII ZR 189/06, NJW 2010, 2207–2208

Schnitzler (Hrsg.), Münchener Anwaltshandbuch Familienrecht, 5. Aufl. 2020 (zit.: MAH FamR/Bearbeiter)

Scholz, Nichteheliche Lebensgemeinschaft und Wohnungsmiete, NJW 1982, 1070–1072

Scholz/Kleffmann, Praxishandbuch Familienrecht, Handbuch, 40. Aufl. 2020 (zit.: Scholz/Kleffmann FamR-HdB/Bearbeiter)

Schöpflin, Verbrannte Gefühle, JA 2004, 527–532

Schulz, Ausgleich gegenseitiger Leistungen bei Scheitern der nichtehelichen Lebensgemeinschaft, FPR 2010, 373–378

Schulze u.a., BGB, 10. Aufl. 2019 (zit.: HK-BGB/Bearbeiter)

Schumann, Verhandlungen des 72. Deutschen Juristentages, Bd. I. Gutachten, B 112, 2018

Schwab, Die große Paragraphenwanderung und mehr, FamRZ 2020, 1321–1326

Schwab, Zur Reform des Unterhaltsrechts, FamRZ 2005, 1417–1425

Schwab, Familienrecht, 29. Aufl. 2021 (zit.: Schwab FamR GdR)

Schwab, M., Anm. zu BGH 28.2.2018 – XII ZR 94/17, FamRZ 2018, 675–676

Soergel, BGB, Bd. 2 §§ 104–240, 13. Aufl. 1999; Bd. 8 §§ 535–610, 13. Aufl. 2007; Bd. 10 §§ 652–704, 13. Aufl. 2011; Bd. 14 §§ 854–984, 13. Aufl. 2002; Bd. 15/1 §§ 985–1017, 13. Aufl. 2006; Bd. 17/1 §§ 1297–1588, 13. Aufl. 2012; Ergänzungsbd. 12. Aufl. 1994 (zit.: Soergel/Bearbeiter)

Spickhoff, Grund, Voraussetzungen und Grenzen des Sorgerechts bei Beschneidung männlicher Kinder, FamRZ 2013, 337–343

Stamm, Die Bewältigung der gestörten Gesamtschuld – Ein Beitrag zum Konkurrenzverhältnis zwischen § 426 I BGB und § 426 II BGB, NJW 2004, 811–813

Staudinger, Kommentar zum Bürgerlichen Gesetzbuch, Einl. zum BGB §§ 1–14, 2018; §§ 90–124; 130–133, 2017; §§ 164–240, 2019; §§ 397–432, 2017; §§ 741–764, 2021; § 823 A–D, 2017; §§ 985–1011, 2013; ErbbauRG §§ 1018–1112, 2017; §§ 1297–1352, 2018; §§ 1335–1362, 2018; §§ 1363–1407, 2017; §§ 1626–1633, 2020 (zit.: Staudinger/Bearbeiter)

Staudinger, A., Abschied von der Gesamtbetrachtungslehre? – Anmerkung zu BGH, Beschluss vom 25.11.2004, NJW 2005, 415 ff., Jura 2005, 547–552

Steinert, Vermögensrechtliche Fragen während des Zusammenlebens und nach Trennung Nichtverheirateter, NJW 1986, 683–689

Stöber, Das Verhältnis der Minderung zu Rücktritt und Schadensersatz im Kaufgewährleistungsrecht, NJW 2017, 2785–2789

Stollenwerk, Berücksichtigung von „unbilligen Positionen“ im Zugewinnausgleich, FPR 2007, 179–182

Szalai, Die familienrechtliche Überlagerung zivilrechtlicher Ansprüche unter Eheleuten, NZFam 2018, 761–768

Tiedtke, Verfügungen eines Ehegatten über das Vermögen im Ganzen – Zugleich eine Besprechung der Entscheidung des BayObLG vom 10.12.1987 (BReg 2 Z 125/87), FamRZ 1988, 1007–1010

Viefhues, juris PraxisKommentar BGB, Bd. 4: Familienrecht, 9. Aufl. 2020 (zit.: jurisPK-BGB/Bearbeiter)

Vieweg/Werner, Sachenrecht, 8. Aufl. 2018 (zit.: Vieweg/Werner SachenR)

Vogel, Die Regelung der elterlichen Sorge und des Umgangs bei psychischer Erkrankung der Eltern oder eines Elternteils im Rahmen des Gesetzes zur Reform der elterlichen Sorge nicht miteinander verheirateter Eltern, FF 2014, 150–159

Wandt, Gesetzliche Schuldverhältnisse, 10. Aufl. 2020 (zit.: Wandt Gesetzl. Schuldverhältnisse)

Weber, Erwerberschutz vs. Ehegattenschutz – keine analoge Anwendung von § 1369 BGB auf die Ehewohnung, FamRZ 2015, 464–466

Weber, Die Entwicklung des Rechts der elterlichen Sorge seit Mitte 2016, NZFam 2019, 6–12

Weber, Sorgerechtsvollmacht und elterliche Verantwortung – Zugleich Anmerkung zu OLG Frankfurt FamRZ 2019, 1144, FamRZ 2019, 1125–1128

Wellenhofer, Rückabwicklung unentgeltlicher Zuwendungen an ein Schwiegerkind nach Geschäftsgrundlagegrundsätzen, Anm. zu BGH XII ZR 189/06, LMK 2010, 304950

Wellenhofer, Die Vermögensauseinandersetzung nichtehelicher Lebensgemeinschaften bei Trennung der Partner, NZFam 2021, 381–386

Wellenhofer, Familienrecht, 6. Aufl. 2021 (zit.: Wellenhofer FamR)

Wendl/Dose, Das Unterhaltsrecht in der familienrichterlichen Praxis, 10. Aufl. 2019 (zit.: Wendl/Dose UnterhaltsR)

Witte-Wegmann, Schlüsselgewalt bei Teilzahlungsgeschäften?, NJW 1979, 749–752

Zimmermann, Der Unterhaltsregress des Scheinvaters bei inzidenter Vaterschaftsfeststellung, FPR 2008, 327–331

Teil 1. Kurzlehrbuch

§ 1 Grundsätzliches zu Familie und Familienrecht

I. Gegenstände und Wandel des Familienrechts

Die Familie und ihre rechtliche Verfasstheit berühren die Existenz jedes Menschen: 1
Als Menschen werden wir in Familien (unterschiedlicher Natur und Intaktheitsgrade) hineingeboren und häufig gründen wir im Laufe unseres Lebens eigene Familien. Doch welche Rechte und welche Pflichten bringen Ehe, Elternschaft und Verwandtschaft mit sich? Wie erlangt man überhaupt den betreffenden Status, zB als Ehegatte oder (rechtlicher) Elternteil? Wie wird ein solcher Status wieder beendet bzw. kann er das überhaupt? Unter welchen Voraussetzungen darf bzw. muss sich der Staat in innerfamiliäre Angelegenheiten einmischen? Alle diese Fragen betreffen Regelungsbereiche des Familienrechts. Wirft man einen Blick in das 4. Buch, so lassen sich 3 **große Bereiche** unterscheiden. Das Gesetz spricht von „Abschnitten".

Dabei handelt es sich um die **Ehe** und ihre Vorform, das Verlöbnis (§§ 1297–1588 2
BGB); um die **Verwandtschaft und insbesondere die Kindschaft** (§§ 1589–1772 BGB); sowie um bestimmte **Schutzverhältnisse für minderjährige und volljährige Personen**, nämlich die Vormundschaft, die Pflegschaft und die rechtliche Betreuung (§§ 1773–1921 BGB = §§ 1773–1888 BGB nF ab 1.1.2023). Dieser letzte Rechtsbereich wird durch eine sehr umfangreiche Reform mit Wirkung zum 1.1.2023 umgestaltet.[1] Zum Familienrecht gehört auch das Recht der eingetragenen Lebenspartnerschaft, das im LPartG geregelt und seit der Einführung der Ehe für Personen gleichen Geschlechts ein Auslaufmodell ist (vgl. § 1 S. 1 LPartG: „Nach dem 30. September 2017 können Lebenspartnerschaften zwischen 2 Personen gleichen Geschlechts nicht mehr begründet werden"). Jedenfalls im weiteren Sinne dem Familienrecht zuzurechnen ist auch das **Recht der nichtehelichen Lebensgemeinschaft**. Zwar fehlen für die nichteheliche Lebensgemeinschaft als solche (Anderes gilt für die nichteheliche *Eltern*schaft) bis heute spezifisch familienrechtliche Regelungen, und auch verfahrensrechtlich sind Streitigkeiten zwischen nichtehelichen Lebensgefährten bislang nicht den Familiengerichten zugewiesen. Inzwischen ist jedoch anerkannt, dass die Beendigung nichtehelicher Lebensgemeinschaften zu Ausgleichsansprüchen führen kann, die unter Rückgriff auf allgemeine schuldrechtliche Prinzipien gewonnen werden und die typischerweise Gegenstand familienrechtlicher Lehrbücher – und häufig auch familienrechtlicher Klausuren – sind. Nicht Gegenstand des Familienrechts, obwohl auf die Familie und ihre Förderung bezogen, sind zahlreiche öffentlich-rechtliche Vorschriften, die an familiäre Tatbestände (zB Ehe, Kindschaft) anknüpfen, wie etwa das steuerrechtliche Ehegatten-Splitting, das Ehegatten bei Wahl der Zusammenveranlagung nach § 26b EStG steuerrechtliche Vorteile bringen kann.

1 Gesetz zur Reform des Vormundschafts- und Betreuungsrechts v. 4.5.2021 (BGBl. 2021 I 882).

3 Schaubild Regelungsbereiche des Familienrechts

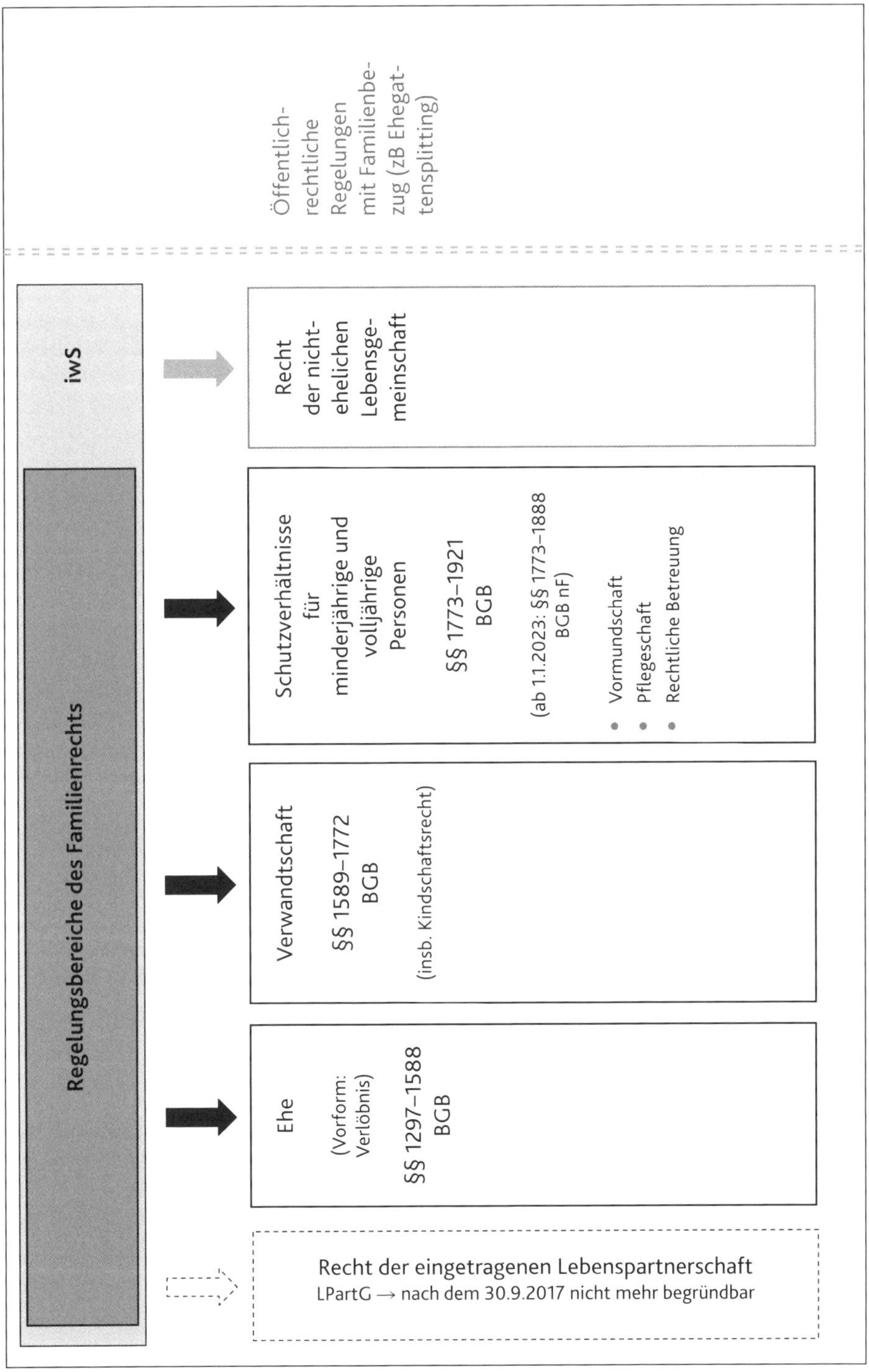

Die rechtliche Regelung des Familienrechts ist, in der *longue durée* betrachtet, **häufigem Wandel** unterworfen: Unter den Büchern des BGB gehört das 4. Buch zu den am meisten reformierten Bereichen.[2] Seit seinem Inkrafttreten wurden **hierarchisch-patriarchalische Familienstrukturen zunehmend durch partnerschaftliche ersetzt**, nicht nur zwischen Ehegatten (vgl. etwa § 1356 BGB), sondern zB auch im Eltern-Kind-Verhältnis (vgl. etwa § 1626 II BGB) und zwischen Betreuer und Betreutem (vgl. etwa § 1901 II, III BGB = § 1821 II, III BGB nF). Zugleich wurden **staatliche Vorgaben für die Ausgestaltung** ehelicher und familiärer Beziehungen **zunehmend zurückgenommen**. In weiten Teilen enthält sich der Gesetzgeber verbindlicher Vorgaben, oder er lässt zumindest privatautonome Abweichungen vom gesetzlichen Regelungsmodell zu. So bestimmt etwa der heutige § 1356 BGB, dass die Regelung der Haushaltsführung in einer Ehe dem gegenseitigen Einvernehmen der Ehegatten unterliegt. Die Vorschrift enthält und bezweckt eine Abkehr vom bis 1977 gültigen Leitbild der sog. Hausfrauenehe. Umgekehrt besteht eine Tendenz, **Beziehungen, die traditionell eher am Rande des Familienrechts standen** (zB die nichteheliche Elternschaft und das nichteheliche Zusammenleben) **zu „verrechtlichen"** (wenngleich nur zum Teil zu „familienrechtlichen"). Die Rechtsstellung eines nichtehelichen Elternteils wurde – insbesondere im Unterhaltsrecht, zuletzt durch das UÄndG vom 21.12.2007[3] – der Rechtsstellung eines ehelichen Elternteils immer mehr angenähert. Für die nichteheliche Lebensgemeinschaft fehlt es zwar weiterhin an spezifisch familienrechtlichen Normen. Doch kann es auch bei ihr nach inzwischen gefestigter Rechtsprechung (schuldrechtliche) Ausgleichsansprüche geben. In bestimmten Konstellationen kommt auch eine analoge Anwendung eherechtlichen Vorschriften in Betracht, nämlich immer dann, wenn diese keinen ehespezifischen Gehalt aufweisen, sondern generell die Beziehung zwischen nahestehenden Personen in den Blick nehmen. Beispielhaft lässt sich die für Ehegatten (und analog für nichteheliche Lebensgefährten[4]) geltende Haftungsprivilegierung in § 1359 BGB nennen. Manche Reformen brauchen lange und vollziehen sich etappenweise, weil sie sich erst gegen überkommene weltanschauliche Positionen durchsetzen müssen. Illustrieren lässt sich dies anhand des rechtlichen Umgangs mit gleichgeschlechtlichen Partnerschaften. Bis 1969 stand männliche Homosexualität – selbst unter erwachsenen Männern über 21 Jahren – in der Bundesrepublik noch unter Strafe (§ 175 StGB aF). Erst 1994 wurde die Strafbarkeit restlos abgeschafft. Einen (eheähnlichen) rechtlichen Rahmen für gleichgeschlechtliche Beziehungen hat der Gesetzgeber erst 2001 mit dem LPartG geschaffen. Zu einer Öffnung des Instituts der Ehe selbst für gleichgeschlechtliche Paare konnte er sich sogar erst 2017 entschließen.[5] Das Reformrad des Familienrechts steht nie still. Gegenwärtig stehen v.a. das Abstammungs-,[6] das Sorge- und Umgangsrecht,[7] das 4

---

2 Eine gute Übersicht der wichtigsten Reformgesetze findet sich bei Wellenhofer FamR § 1 Rn. 4.

3 BGBl. 2007 I 3189.

4 OLG Oldenburg NJW 1986, 2259.

5 BGBl. 2017 I 2787.

6 Vgl. hierzu den Diskussionsteilentwurf des BMJV zur Reform des Abstammungsrechts vom 13.3.2019, abrufbar auf der Webseite des BMJ. Der Entwurf will v.a. für moderne Fortpflanzungspraktiken ein adäquates Regelungsgefüge bieten.

7 Vgl. hierzu das Thesenpapier der Arbeitsgruppe Sorge- und Umgangsrecht, insbesondere bei gemeinsamer Betreuung nach Trennung und Scheidung (Stand: 29.10.2019), abrufbar auf der Webseite des BMJ.

Namensrecht[8] sowie das Vormundschafts- und Betreuungsrecht[9] auf der Agenda des Gesetzgebers. Das Gesetz zur Reform des Vormundschafts- und Betreuungsrechts[10] wurde zwischenzeitlich verabschiedet und soll zum 1.1.2023 in Kraft treten. Auf die Änderungen, die es bewirkt, wird an den passenden Stellen eingegangen.

II. Rechtsquellen

5 Die wesentliche Rechtsquelle des materiellen Familienrechts ist das **4. Buch des BGB.** Neben das BGB treten jedoch noch zahlreiche Nebengesetze: Das Eheschließungsrecht wird durch das **Personenstandsgesetz** (PStG) ergänzt. Der Versorgungsausgleich unter Ehegatten ist nicht im BGB, sondern im **Versorgungsausgleichsgesetz** (VersAusglG) geregelt, das Recht der eingetragenen Lebenspartnerschaft im **LPartG.** Neben die adoptionsrechtlichen Vorschriften des BGB tritt das **Adoptionsvermittlungsgesetz** (AdVermiG). Wichtige Aussagen zum Sorgerecht enthält das **Gesetz über religiöse Kindererziehung** (RelKErzG). Von besonderer Bedeutung für das Kindschaftsrecht ist außerdem das **SGB VIII,** das die öffentliche Kinder- und Jugendhilfe regelt und den Personensorgeberechtigten Ansprüche auf Leistungen, insbesondere auf Hilfen zur Erziehung, gewährt. Wichtige verfahrensrechtliche Vorschriften zum Familienrecht enthält das **FamFG,** ergänzend (oder zT auch stattdessen, zB unter nichtehelichen Lebensgefährten) gelten die **ZPO** und das **GVG.** In familienrechtlichen Fällen mit Auslandsberührung sind die **Art. 13–24 EGBGB** sowie diverse vorrangige **völkerrechtliche Verträge** und **EU-Verordnungen** zu beachten.

6 Von nicht zu unterschätzender Bedeutung für das Familienrecht sind auch das **GG** sowie die im Rang einfachen Bundesrechts stehende **EMRK.** Von dem GG und der EMRK – und den sie auslegenden Instanzen, dem BVerfG und dem EGMR – gehen wichtige Impulse für die Ausgestaltung und Fortentwicklung des Familienrechts aus. Grund- und menschenrechtliche Wertungen beeinflussen auch die Auslegung unbestimmter Rechtsbegriffe und von Generalklauseln im Familienrecht. Von zentraler Bedeutung waren und sind v.a. die Art. 2 GG iVm Art. 1, Art. 3 und Art. 6 GG sowie Art. 8, 14 EMRK.

7 Nach **Art. 6 I GG** stehen Ehe und Familie unter dem besonderen Schutz der staatlichen Ordnung. Das GG knüpft an die Begriffe „Ehe“ und „Familie“ an, ohne sie zu definieren. Unter einer **Ehe** versteht das BVerfG die auf freiem Entschluss beruhende, unter Wahrung bestimmter vom Gesetz vorgesehener Förmlichkeiten geschlossene Einehe zwischen Mann und Frau zu einer grundsätzlich unauflöslichen Lebensgemeinschaft.[11] 2017 wurde durch das Gesetz zur Einführung des Rechts auf Eheschließung für Personen gleichen Geschlechts die gleichgeschlechtliche Ehe zugelassen.[12] Ob auch diese Ehe unter dem Schutz des Art. 6 I GG steht, ist noch nicht

8 Vgl. hierzu das Eckpunktepapier zur Reform des Namensrechts (Stand: 11.2.2020), abrufbar auf der Webseite des BMJ.

9 Vgl. hierzu den Referentenentwurf des BMJV vom 23.6.2020, abrufbar auf der Internetseite des BMJ. Für eine kurze Zusammenfassung s. Schwab FamRZ 2020, 1321, der davon ausgeht, das Gesetz bewirke, wenn es in Kraft tritt, die umfassendste Änderung des BGB seit seinem Inkrafttreten zum 1.1.1900.

10 BGBl. 2021 I 882.

11 BVerfGE 62, 323 (330) = NJW 1983, 511.

12 BGBl. 2017 I 2787.

entschieden; von der Verfassungskonformität der Gesetzesänderung ist jedoch auszugehen.[13] Nicht erfasst sind nichteheliche Lebensgemeinschaften. Diese können sich nur auf die allgemeine Handlungsfreiheit (Art. 2 I GG) berufen. Der **Familienbegriff** des Art. 6 I GG stellt nach der Auslegung des BVerfG stark auf den sozialen Tatbestand einer tatsächlichen Lebens- und Erziehungsgemeinschaft ab. Eine Familie besteht damit jedenfalls **zwischen Eltern (oder auch nur einem Elternteil) und Kindern**. Für den Schutz kommt es nicht darauf an, ob die Eltern miteinander verheiratet sind: Der Familienschutz schließt auch die nichteheliche und selbst die nichtrechtliche, sondern rein soziale Familie ein.[14] Geschützt ist daher etwa auch die Beziehung zwischen einem leiblichen, rechtlich aber noch nicht anerkannten Vater, der tatsächlich Verantwortung für das Kind trägt und eine soziale Beziehung zu ihm hat.[15] Auch die Bindungen zwischen bereits erwachsenen Familienmitgliedern und unter sonstigen nahen Verwandten (zB zwischen Großeltern und Enkeln) unterfallen dem Schutzbereich.[16]

Nach der Rechtsprechung des BVerfG kommen Art. 6 I GG mehrere Funktionen zu. 8
Zum einen die Funktion als **Abwehrrecht** gegen staatliche Eingriffe in die Privatsphäre von Ehe und Familie. Dazu gehört es etwa, dass der Gesetzgeber die Rollenverteilung innerhalb einer Ehe dem Einvernehmen der Gatten überlassen muss.[17] Art. 6 I GG enthält außerdem eine **Institutsgarantie**: Das bedeutet, dass der Staat die Lebensordnungen Ehe und Familie gewährleisten und bei ihrer gesetzlichen Ausgestaltung bestimmte tragende Strukturprinzipien (etwa das Prinzip der freien Eheschließung oder der Einehe) achten muss. Aus Art. 6 I GG folgt zugleich eine **verbindliche Wertentscheidung** zugunsten von Ehe und Familie für das gesamte private und öffentliche Recht. Das bedeutet, dass der Staat Ehe und Familie nicht benachteiligen darf **(Diskriminierungsverbot)** und sie zugleich schützen und durch geeignete Maßnahmen fördern muss **(Förderungsgebot)**. Aus dem Förderungsgebot lässt sich aber im Allgemeinen kein Leistungsanspruch auf bestimmte staatliche Maßnahmen herleiten. Es reicht auch nicht so weit, dass der Gesetzgeber andere (insbesondere nichteheliche) Lebensgemeinschaften gegenüber der Ehe benachteiligen muss.[18]

Ein besonderes Grundrecht ist das **Elternrecht aus Art. 6 II GG**. Dieses ist nämlich 9
nicht nur ein klassisches Abwehrrecht der Eltern. Es ist auch ein Freiheitsrecht, das ihnen garantiert, ihr Kind nach eigenen Vorstellungen großziehen können – bis zur Grenze der Kindeswohlgefährdung, die den Staat als Wächter (allerdings unter strikter Wahrung des Verhältnismäßigkeitsgrundsatzes[19]) auf den Plan ruft (vgl. Art. 6 II 2, III GG). Dabei normiert Art. 6 II 1 GG zugleich eine besondere Verantwortung der Eltern, wie sich schon aus dem Wortlaut der Vorschrift ergibt („Recht der Eltern und die zuvörderst ihnen obliegende Pflicht“).[20] Diese Pflichtbindung ist für das Elterngrundrecht als sog. **Pflichtrecht** konstituierend, sodass sowohl bei gesetzgeberischen Entscheidungen als auch bei der Auslegung gesetzlicher Vorschriften das Wohl des

13 Kritisch aber etwa Ipsen NVwZ 2017, 1096.
14 BVerfGE 151, 101 Rn. 56 = NJW 2019, 1793.
15 BVerfGE 108, 82 = NJW 2003, 2151.
16 BVerfGE 136, 382 = NJW 2014, 2853.
17 BVerfGE 107, 27 (53) = NJW 2003, 2079 (2082).
18 BVerfGE 105, 313 = NJW 2002, 2543.
19 BVerfG FamRZ 2021, 749 Rn. 22 ff.
20 BVerfGE 60, 79 = NJW 1982, 1379.

Kindes letztlich bestimmend sein muss.[21] **Träger** des Elterngrundrechts ist **jeder rechtliche Elternteil**, nicht dagegen bloß soziale (Pflege- oder Stief-)Eltern. Der nur leibliche Vater ist allerdings in seinem Interesse geschützt, die Rechtsstellung als Vater einzunehmen. Darüber hinaus kann er sich auf das Familiengrundrecht aus Art. 6 I GG berufen, wenn er zumindest eine Zeit lang im Rahmen einer sozialen Beziehung tatsächliche Verantwortung für das Kind getragen hat.[22]

10 Die Verfassung verbürgt auch die **Gleichberechtigung von Mann und Frau** (Art. 3 II GG), was Anpassungen des 4. Buchs des BGB – etwa im Namensrecht und bei der ehelichen Rollenverteilung – nach sich gezogen hat. Im Ehegüterrecht folgt aus dem Gleichbehandlungsgrundsatz die hälftige Aufteilung des ehelichen Zugewinns. Auch der in **Art. 6 V GG** enthaltene Auftrag, **gleiche Entwicklungsbedingungen für eheliche und nichteheliche Kinder** zu schaffen, hat zu zahlreichen familienrechtlichen Reformen geführt: So darf etwa die nichteheliche Mutter im Unterhaltsrecht nicht benachteiligt werden, weil dadurch mittelbar das nichteheliche Kind gegenüber dem ehelichen zurückgesetzt würde, indem ihm die Möglichkeit genommen wird, ebenso lange wie ein eheliches Kind im Mittelpunkt der elterlichen Sorge zu stehen.[23] Der Betreuungsunterhaltsanspruch des nichtehelichen Elternteils aus § 1615l BGB ist daraufhin dem Betreuungsunterhaltsanspruch des geschiedenen Elternteils aus § 1570 BGB weitestgehend angeglichen worden. Zuletzt hat das BVerfG im Ausschluss einer zu einer gemeinsamen Elternschaft führenden Adoption von Stiefkindern in nichtehelichen Familien einen Verstoß gegen den Gleichbehandlungsgrundsatz aus Art. 3 I GG gesehen.[24] Der Gesetzgeber hat mit der Vorschrift des § 1766a BGB reagiert.[25]

11 Zunehmende Bedeutung für das Familienrecht hat auch **Art. 2 I GG iVm Art. 1 I GG**. So hat etwa das BVerfG aus diesem Grundrecht ein Recht des Kindes auf Kenntnis der eigenen Abstammung abgeleitet.[26] Bei der Frage, ob dem Kind tatsächlich ein Auskunftsanspruch gegen eine bestimmte Person zusteht, sind jedoch auch die gegenläufigen, grundrechtlich geschützten Interessen des potenziell Auskunftsverpflichteten (zB das Interesse der Mutter am Schutz ihrer Intimsphäre) in die Abwägung im Rahmen der zivilrechtlichen Generalklauseln (insbesondere § 242 BGB bzw. § 1618a BGB) mit einzubeziehen. Bei dieser Abwägung steht den Gerichten ein weiter Ermessensspielraum zu.[27] Allerdings sind die Interessen eines Arztes, der die Zeugung des Kindes mithilfe einer Samenspende ermöglicht hat, idR geringer zu gewichten als das Informationsinteresse des Kindes.[28]

21 BVerfGE 75, 201 = NJW 1988, 125; BVerfG FamRZ 2021, 749 Rn. 21.

22 BVerfGE 108, 82 = NJW 2003, 2151.

23 BVerfGE 118, 45 = NJW 2007, 1735.

24 BVerfGE 151, 101 Rn. 61 = NJW 2019, 1793. Art. 6 V GG war dagegen nicht verletzt, weil Träger dieses Grundrechts nur Kinder sind, deren Eltern nicht miteinander verheiratet sind. Zu dieser Frage hat das Nichtbestehen einer Ehe zwischen dem rechtlichen Elternteil und dem Stiefelternteil keine Aussagekraft.

25 BGBl. 2020 I 541.

26 BVerfGE 79, 256 = NJW 1989, 891.

27 BVerfGE 96, 56 = NJW 1997, 1769.

28 BGHZ 204, 54 Rn. 40 ff. = NJW 2015, 1098.

III. Gerichtsbarkeit in Familiensachen im Überblick

Die Gerichtsbarkeit in Familiensachen ist idR nicht Prüfungsgegenstand in der 1. Juristischen Prüfung und soll daher nur überblickartig vorgestellt werden. 12

1. Zuständiges Gericht und Instanzenzug

Der Besonderheit von Auseinandersetzungen über die unter Familienmitgliedern bestehenden Rechte und Pflichten ist bereits im Jahr 1977 durch die Schaffung spezieller Familiengerichte Rechnung getragen worden. Die Familiengerichte sind **besondere Abteilungen der Amtsgerichte** (§§ 23b I, 23a I 1 Nr. 1 GVG). Ihre zunächst noch eingeschränkte Zuständigkeit ist insbesondere durch das FamFG von 2009 erheblich erweitert worden (sog. Großes Familiengericht). Ihre Zuständigkeit erfasst jetzt alle **„Familiensachen", die in § 111 FamFG abschließend aufgezählt** sind. Das Gesetz verwendet in den § 111 Nr. 1–11 FamFG bestimmte Unterbegriffe (zB Ehesachen, Abstammungssachen, Adoptionssachen, sonstige Familiensachen), die in späteren Vorschriften näher definiert sind. So stellt etwa § 121 FamFG klar, dass es sich bei Ehesachen um Verfahren auf Scheidung, Aufhebung der Ehe oder Feststellung des Bestehens oder Nichtbestehens einer Ehe handelt. Von besonderer Bedeutung sind die „sonstigen Familiensachen" iSv §§ 111 Nr. 10, 266 FamFG. Sie erfassen als Auffangtatbestand Ansprüche zwischen (früheren) Ehegatten und Verlobten sowie zwischen Eltern und Kindern, die nicht schon unter eine andere Nummer des § 111 FamFG fallen. Nicht in die Zuständigkeit der Familiengerichte gehören die in der Praxis häufigen Auseinandersetzungen unter nichtehelichen Lebensgefährten. Allerdings ist am BGH der für Familiensachen zuständige XII. Zivilsenat auch für Angelegenheiten der nichtehelichen Lebensgemeinschaft zuständig.[29] Ebenfalls keine Familiensachen sind Betreuungssachen (§ 271 FamFG). Für Betreuungssachen sind die durch das FamFG neu geschaffenen Betreuungsgerichte zuständig (§§ 23a I 1 Nr. 2, II Nr. 1, 23c I GVG). Eine Untergruppe der Familiensachen bilden die Familienstreitsachen nach § 112 FamFG: Das Gesetz versteht hierunter Unterhaltssachen, Güterrechtssachen sowie sonstige Familiensachen nach § 266 I FamFG. Die Klassifikation einer bestimmten Familiensache als Familienstreitsache hat zur Folge, dass zum Teil statt des FamFG die allgemeinen ZPO-Vorschriften anwendbar sind (vgl. § 113 I FamFG). 13

Der **Instanzenzug in Familiensachen** führt vom Familiengericht (= AG) über das OLG, an dem besondere Familiensenate gebildet werden (§ 119 I Nr. 1 lit. a, II GVG), zum BGH als Rechtsbeschwerdeinstanz (§ 133 GVG). 14

2. Familienverfahren

Das FamFG hat das Verfahren in Familiensachen neu gestaltet. Das erste Buch (§§ 1–110 FamFG) enthält allgemeine Verfahrensgrundsätze (zB Beteiligtenbegriff, Verfahren im ersten Rechtszug, einstweilige Anordnung, Rechtsmittel, Kosten und Vollstreckung). Das zweite Buch (§§ 111–270 FamFG) betrifft speziell Familien- 15

29 Vgl. hierzu den Geschäftsverteilungsplan des BGH, aufrufbar auf der Webseite des Bundesgerichtshofs.

sachen. Wichtig ist, dass in Familiensachen durch Beschluss (und nicht durch Urteil) entschieden wird (§ 116 I FamFG). Grundsätzlich spricht man in Familiensachen auch nicht von Prozess oder Rechtsstreit, Klage, Kläger, Beklagtem oder Partei, sondern von Verfahren, Antrag, Antragsteller, Antragsgegner und Beteiligtem (§ 113 V FamFG). Rechtsmittel sind einheitlich die Beschwerde (§§ 58 ff. FamFG) und die Rechtsbeschwerde (§§ 70 ff. FamFG) statt Berufung und Revision.

16 Im Übrigen unterliegen aber nicht alle Familiensachen zwingend den gleichen Verfahrensvorschriften. Zum Beispiel können bestimmte Verfahren nur auf Antrag eines hierzu Berechtigten eingeleitet werden (etwa das Verfahren auf Eheaufhebung). Andere Verfahren (zB wegen Kindeswohlgefährdung) können von Amts wegen eingeleitet und von jedermann angeregt werden. Gerade wenn es um das Wohlergehen von Kindern geht, wie bei der Regelung und ggf. auch Einschränkungen des elterlichen Sorgerechts, wird das Verfahren maßgeblich vom Amtsermittlungs- (§ 26 FamFG) und vom Beschleunigungsgrundsatz (§ 155 FamFG) beherrscht. Für die Kategorie der Familienstreitsachen verweist § 113 I 2 FamFG dagegen weiträumig auf die Regeln der ZPO. Zur Klärung des anwendbaren Verfahrensrechts muss daher zunächst ein Blick in den jeweiligen besonderen Abschnitt des zweiten Buchs geworfen werden. Ist dort nichts geregelt, gelten die Allgemeinen Vorschriften des zweiten Buchs (§§ 111–120 FamFG), hilfsweise gilt der Allgemeine Teil (§§ 1–110 FamFG).

IV. Hinweise zum internationalen Familienrecht

17 Grenzüberschreitende Sachverhalte sind im Familienrecht keine Seltenheit. Das liegt zT an einer Zunahme binationaler Partnerschaften und einer höheren Mobilität und Migration der Bevölkerung, zT liegt es aber auch an der Ausgestaltung des nationalen Familienrechts. Restriktive Regelungen des heimischen Rechts laden dazu ein, sie durch ein Ausweichen auf liberalere Rechtsordnungen im Ausland zu umgehen. Ein kinderloses Ehepaar etwa, das seinen Kinderwunsch wegen des deutschen Verbots der Leihmutterschaft nicht im Inland realisieren kann, mag sich zur reproduktionsmedizinischen Umsetzung seines Vorhabens einer Leihmutter im Ausland bedienen.[30]

18 In Fällen mit Auslandsberührung müssen sowohl die **zuständigen Gerichte** als auch das **anwendbare materielle Recht** bestimmt werden. Ist bereits eine Entscheidung im Ausland ergangen, stellt sich außerdem die Frage, ob diese Entscheidung im Inland anzuerkennen und vollstreckbar ist. An dieser Stelle kann nur ein kurzer Überblick über die einschlägigen Regelungen geboten werden. Regelungen zur internationalen Zuständigkeit und zur Anerkennung und Vollstreckung von Entscheidungen in Familiensachen finden sich in den **§§ 98 ff., 107 ff. FamFG**. Regelungen zur Bestimmung des anwendbaren materiellen Rechts finden sich in **Art. 13–24 EGBGB**. Diese Regelungen werden jedoch von völkerrechtlichen Vereinbarungen und europäischem Recht verdrängt (zur Subsidiarität vgl. § 97 I FamFG und Art. 3 EGBGB) und ihr Anwendungsbereich ist dementsprechend beschränkt. Besonders wichtig sind die folgenden **vorrangigen EU-Verordnungen**:

19
- Die **Brüssel IIa-Verordnung** Nr. 2201/2003 vom 27.11.2003 (auch EuEheVO genannt) regelt die internationale Zuständigkeit und die Anerkennung und Voll-

30 Internationale Leihmutterschaften beschäftigen immer wieder die deutschen Gerichte. Vgl. etwa BGHZ 221, 300 = NJW 2019, 1605.

streckung von Entscheidungen in **Ehe- und Kindschaftssachen**. Die Verordnung wird für am oder nach dem 1.8.2022 eingeleitete gerichtliche Verfahren, förmlich errichtete oder eingetragene öffentliche Urkunden und eingetragene Vereinbarungen ersetzt durch die neugefasste Verordnung Nr. 2019/1111 vom 25.6.2019.

- Die **EuUnthVO** Nr. 4/2009 vom 18.12.2008 ist anwendbar auf Unterhaltsforderungen aus einem Verwandtschafts- oder eherechtlichen Verhältnis. Sie enthält Regelungen über die internationale Zuständigkeit, das anwendbare Recht und die Anerkennung und Vollstreckung von Entscheidungen. Was das auf Unterhaltspflichten anwendbare Recht betrifft, verweist Art. 15 EuUntVO für Mitgliedstaaten auf das Haager Unterhaltsprotokoll vom 23.11.2007 (ABl. EU 2009 L 331, 19). 20
- Die **Rom III-Verordnung** Nr. 1259/2010 vom 20.12.2010 enthält kollisionsrechtliche Vorschriften zur Bestimmung des auf die **Ehescheidung und** die **Trennung** ohne Auflösung des Ehebandes anwendbare Recht. Die verfahrensrechtliche Brüssel IIa-Verordnung Nr. 2201/2003 ist neben der Rom III-Verordnung anwendbar (Art. 2 Rom III-VO). Keine Scheidung iSv Art. 1 der Rom III-VO ist die sog. Privatscheidung (ohne Beteiligung einer öffentlichen Behörde oder eines staatlichen Gerichts), wie sie etwa aufgrund der Scharia möglich ist.[31] 21
- Seit dem 29.1.2019 gelten für die internationale Zuständigkeit, das anwendbare Recht und die Anerkennung und Vollstreckung von Entscheidungen in Fragen des ehelichen **Güterrechts** und des Güterrechts in eingetragenen Lebenspartnerschaften die **EuGüVO** Nr. 2016/1103 und die **EuPartVO** Nr. 2016/1104 vom 24.6.2016. Für Ehen, die vor dem 29.1.2019 geschlossen wurden, gilt für das anwendbare Recht allerdings weiterhin Art. 14 EGBGB (vgl. Art. 69 III EuGüVO bzw. Art. 69 III EuPartVO). Der Güterstandsbegriff der Verordnung ist funktional und erfasst sämtliche vermögensrechtliche Regelungen, die zwischen Ehegatten bzw. eingetragenen Partnern aufgrund der Ehe bzw. Partnerschaft oder ihrer Auflösung gelten. Das beinhaltet nicht nur die von einem bestimmten Güterstand abhängigen, sondern auch die **allgemeinen vermögensbezogenen Ehe- und Partnerschaftswirkungen**, also etwa alle vermögensbezogenen Regelungen in den §§ 1353 ff. BGB.[32] 22

V. Familienrecht in Ausbildung und Prüfung; Anliegen dieses Werks

Wirft man einen Blick in die Prüfungsordnungen der Länder, so zählen zum familienrechtlichen **Pflichtstoff** nahezu überall die **Wirkungen der Ehe im Allgemeinen**, das **eheliche Güterrecht** sowie das **Verwandtschafts- und das elterliche Sorgerecht**.[33] In zahlreichen Bundesländern sind darüber hinaus das **Scheidungs- und das Unterhaltsrecht** (zwischen Ehegatten sowie zwischen Verwandten) Prüfungsgegenstand.[34] Ausdrücklich als Prüfungsgegenstand erwähnt wird das Recht der nichtehelichen 23

31 EuGH NJW 2018, 447.

32 Dutta FamRZ 2016, 1973 (1974).

33 Nur die Wirkungen der Ehe im Allgemeinen und das gesetzliche Güterrecht werden in Mecklenburg-Vorpommern gefordert (§ 11 II Nr. 1 lit. a JAPO). Das Saarland spricht ohne Spezifikation von „Grundzügen des Familienrechts" (§ 8 II Nr. 1 lit. c JAG), ebenso wie Thüringen (§ 14 II Nr. 2 lit. b JAPO).

34 So Bayern (§ 18 II Nr. 1 lit. b JAPO), Berlin (§ 3 IV Nr. 1 lit. a JAO), Brandenburg (§ 3 IV Nr. 1 lit. a JAO), Sachsen (§ 14 III Nr. 1 lit. e JAPO) und Sachsen-Anhalt (§ 14 II Nr. 1 lit. e JAPrVO). Hessen verlangt von diesen Zusatzmaterien nur die Scheidungsgründe (§ 7 Nr. 2 lit. d JAG), Rheinland-Pfalz nur den Verwandtenunterhalt (Anlage zu § 1 II Nr. 1 der JAPO unter A. I. 5.).

Lebensgemeinschaft zwar nur in Hessen[35] sowie in Schleswig-Holstein.[36] Auch in den übrigen Bundesländern sollte man sich aber vor diesbezüglichen Prüfungsfragen nicht sicher fühlen, da das Regelungsregime für nichteheliche Lebensgemeinschaften, wie bereits erwähnt, nicht spezifisch familienrechtlicher, sondern allgemein-schuldrechtlicher Natur ist.

24 Dieses Buch konzentriert sich auf diejenigen Gebiete des Familienrechts, die in Ausbildung und Prüfung im Mittelpunkt stehen. Dementsprechend werden die eheliche Lebensgemeinschaft (§ 3), das eheliche Güterrecht (§ 4), das Scheidungs- und Scheidungsfolgenrecht (§ 5) sowie das Verwandtschafts- und insbesondere das Sorgerecht (§§ 7, 8) ausführlich dargestellt. Weniger studienrelevante Bereiche (wie die Adoption, die Betreuung, das Familienverfahren und das internationale Familienrecht) sind ebenfalls dargestellt, aber mit größerem Bemühen um Kürze. Nicht mehr ausführlich dargestellt wird das Recht der eingetragenen Lebenspartnerschaft. Dies rechtfertigt sich daraus, dass eingetragene Lebenspartnerschaften seit dem Inkrafttreten des Gesetzes zur Einführung des Rechts auf Eheschließung für Personen gleichen Geschlechts[37] nicht mehr neu begründet werden können.[38] Alte Lebenspartnerschaften bleiben zwar bestehen, können jedoch durch eine höchstpersönliche Erklärung der Lebenspartner vor dem Standesbeamten in eine gleichgeschlechtliche Ehe umgewandelt werden (§ 20a LPartG). Auf Vorschriften des LPartG wird allerdings an relevanten Stellen verwiesen.

25 Dieses Buch eignet sich gleichermaßen zur **erstmaligen Aneignung** sowie zur späteren **Wiederholung** des gesamten familienrechtlichen (Examens-)Wissens. Es geht dabei so vor, dass zunächst im **1. Teil** in einer kompakten **lehrbuchartigen Zusammenstellung** theoretisches Wissen zu den wichtigsten Teilbereichen des Familienrechts vermittelt wird. Dabei orientiert sich die Ausführlichkeit der Darstellung an der Ausbildungs- und Prüfungsrelevanz des jeweiligen Teilbereichs. Generell wurde Wert darauf gelegt, den Leser nicht mit zu vielen Verästelungen des Gesetzes (mit seinen Ausnahmen und Gegenausnahmen) oder mit Detailkenntnissen zur aktuellen Rechtsprechung zu belasten. Im Examen ist nämlich weniger dieses Einzelwissen gefragt als eine **solide Kenntnis der Grundstrukturen** und der **systematischen Zusammenhänge** sowie eine nachvollziehbare Argumentation am Gesetzeswortlaut. Bereits in dem 1. Teil des Buchs sind immer wieder kurze **Beispielsfälle** eingestreut, um die juristischen Inhalte anschaulich zu machen. Besonderer Wert wurde auch auf die Integration von **Prüfungsschemata** und Hinweisen auf beliebte Prüfungsbereiche – und „Prüfungsfallen" – sowie auf aktuelle Entwicklungen gelegt.

26 Als Lern- und Fallbuch will dieses Werk jedoch mehr, als abstrakt Stoff zu vermitteln. Wie meine Lehrerfahrung (insbesondere in den Examensvorbereitungskursen) an der Universität Kiel zeigt, schätzen Studierende eine fallbasierte Lehrweise, um sich Wissen langfristig aneignen und später auch eigenständig anwenden zu können. Dementsprechend enthält der **2. Teil** dieses Lehrbuchs zu den examensrelevantesten theoretischen Einheiten eine Reihe von **Fällen und Lösungen**. Es bietet sich an, diese Fälle jeweils im Anschluss an die Durcharbeit der passenden Lehrbuchkapitel mög-

35 § 7 Nr. 2 lit. d JAG.
36 § 3 III Nr. 1 lit. e JAVO Schleswig-Holstein.
37 BGBl. 2017 I 2787.
38 Vgl. Art. 3 III des genannten Gesetzes.

lichst selbstständig zu lösen und die eigene Lösungsskizze dann mit dem angebotenen Gutachten zu vergleichen. Eine Kurzangabe zu den Schwerpunkten des Falls ist der ausführlichen Falllösung vorangestellt. Auf viele der Fälle wird zudem im Lehrbuchteil im passenden Kontext hingewiesen. Für den Leser besteht daher auch die Möglichkeit, bestimmte theoretische Einzelfragen sofort in Form einer Falllösung zu vertiefen.

Sämtliche Fälle bewegen sich auf **Fortgeschrittenen- bzw. Examensniveau.** Dies bedeutet, dass nicht isoliert einzelne kleine Teilprobleme des Familienrechts abgeprüft, sondern Probleme aus verschiedenen Bereichen des Familienrechts miteinander verknüpft werden. Die Lösung der Fälle ist daher idR nicht nur einem der Lehrbuchkapitel zu entnehmen. Doch auch rein familienrechtliche Klausuren sind in Ausbildung und Prüfung eher die Ausnahme. Meist bilden familienrechtliche Fragen nur einen Einstieg oder ein Zusatzproblem im Rahmen von schuld-, sachen- oder erbrechtlichen Klausuren. 27

Beispiele: Der Ehemann hat einen Staubsauger gekauft. Die solventere Ehefrau soll aus § 433 II BGB in Anspruch genommen werden. Hier muss § 1357 BGB im Rahmen einer schuldrechtlichen Klausur geprüft werden. – Einem Minderjährigen soll durch seine Eltern ein Grundstück aufgelassen werden. Hier muss im Rahmen einer sachenrechtlichen Prüfung (§§ 873, 925 BGB) inzident die Vertretungsmacht der Eltern (§§ 1626, 1629 BGB) geklärt werden. – Während eines laufenden Scheidungsverfahrens verstirbt der Ehemann, ohne ein Testament zu hinterlassen. Die Ehefrau macht ein gesetzliches Erbrecht (§ 1931 BGB) geltend. Da das gesetzliche Ehegattenerbrecht nach § 1933 BGB ausgeschlossen ist, wenn zur Zeit des Todes des Erblassers die Voraussetzungen für die Scheidung der Ehe vorlagen und der Erblasser die Scheidung beantragt oder ihr zugestimmt hatte, müssen hier die Scheidungsvoraussetzungen nach §§ 1565 ff. BGB inzident geprüft werden. 28

Bei der Konzeption der Fälle wurde daher auch besonderer Wert auf die **Querverbindungen** zwischen dem Familienrecht und den anderen Büchern des BGB gelegt. Die Lösungen sind dabei stets so ausführlich, dass sie auch ohne die Heranziehung von Spezialliteratur zu den anderen Büchern des BGB aus sich heraus verständlich sind. 29

VI. Ergänzende Literaturempfehlungen

Weiterführende Literatur zum Familienrecht ist keine Mangelware. An dieser Stelle sei daher nur auf die **wichtigsten Lehr- und/oder Fallbücher** hingewiesen, die eine sinnvolle Ergänzung des vorliegenden Werks im Rahmen der Prüfungs- und Examensvorbereitung, insbesondere für die 1. Juristische Prüfung, bieten. Bei der Auswahl habe ich mich – wegen der nicht zu unterschätzenden Dynamik des Familienrechts – auf Werke beschränkt, die in recht aktuellen Auflagen vorliegen. 30

- *Benner*, Klausurenkurs im Familien- und Erbrecht, 6. Aufl. 2021
- *Dethloff*, Familienrecht, 33. Aufl. 2022
- *Gernhuber/Coester-Waltjen*, Familienrecht, 7. Aufl. 2020
- *Lipp/Mayer*, Examens-Repetitorium Familienrecht, 5. Aufl. 2020
- *Löhnig/Leiß*, Fälle zum Familien- und Erbrecht, 5. Aufl. 2021
- *Muscheler*, Familienrecht, 4. Aufl. 2017
- *Schwab*, Prüfe Dein Wissen: Familienrecht, 13. Aufl. 2020
- *Schwab*, Familienrecht, 29. Aufl. 2021
- *Wellenhofer*, Familienrecht, 6. Aufl. 2021

§ 2 Verlöbnis und Eheschließung

I. Verlöbnis

1. Grundsätzliches

1 Das Verlöbnis bildet das Vorstadium zur Ehe. Es ist in den §§ 1297–1302 BGB geregelt. Die Praxis- und auch die Klausurbedeutung der genannten Vorschriften ist gering. Die beschränkten Rechtswirkungen des Verlöbnisses sind bereits aus § 1297 I BGB ersichtlich, wonach ein **Verlöbnis keinen einklagbaren** (und im Übrigen auch keinen vollstreckbaren, vgl. § 120 III FamFG) **Anspruch auf Eheschließung** begründet. Auch ein Vertragsstrafeversprechen für den Fall der Nichtheirat ist nichtig (§ 1297 II BGB). §§ 1298, 1299 und 1301 BGB gewähren aber **im beschränkten Umfang Schadensersatz- und Rückforderungsansprüche** für den Fall, dass eine Eheschließung unterbleibt.

2 Bis 1998 konnte aus § 1300 BGB aF der „unbescholtenen" verlobten Frau, die ihrem Verlobten die „Beiwohnung" gestattet hatte, auch ein Anspruch auf billige Entschädigung in Geld wegen des erlittenen Nichtvermögensschadens zustehen. Dieser nicht mehr zeitgemäße „Kranzgeldparagraf" ist inzwischen abgeschafft.

3 Das Verlöbnis entfaltet uU auch Rechtswirkungen in anderen Rechtsbereichen, zB im Erb- (zB §§ 2276 II, 2279 II BGB) und im Prozessrecht (vgl. insbesondere das Zeugnisverweigerungsrecht in § 52 I Nr. 1 StPO und § 383 I Nr. 1 ZPO).

2. Rechtsnatur

4 **Strittig** ist die **Rechtsnatur des Verlöbnisses**. Nach der sog. Vertragstheorie ist das Verlöbnis ein **Vertrag**, der sich aus 2 auf Eheschließung gerichteten Willenserklärungen zusammensetzt.[1] Nach der (kaum noch vertretenen) sog. Tatsächlichkeitstheorie ist das Verlöbnis dagegen kein Rechtsgeschäft, sondern eine **rein soziale Erscheinung** oder **Realakt**. Nach der im Vordringen befindlichen Theorie der Vertrauenshaftung begründet das Verlöbnis ein **(vorvertragliches) gesetzliches Schuldverhältnis** (ähnlich der c.i.c.), das zu einer Schadensersatzhaftung wegen enttäuschten Vertrauens führen kann.[2] Der Streit ist nicht rein akademisch: Er kann insbesondere in einem (Klausur-)Fall, der ein **Verlöbnis unter Beteiligung Minderjähriger** betrifft, relevant werden und auch das Ergebnis beeinflussen.

⇨ *Fall Nr. 1 – Der verheiratete Verlobte*

5 **Beispiel:** Die noch nicht ganz volljährige Susanne hat sich ohne Wissen ihrer Eltern mit dem 20-jährigen Matthias verlobt. Sie kauft von ihrem Taschengeld ein Hochzeitskleid für 900 EUR. Aufgrund eines Gesinnungswandels von Matthias findet die Eheschließung schließlich nicht statt. Susanne kann das Kleid nur mit einem Verlust von 500 EUR veräußern.

1 BGHZ 28, 375 (378) = NJW 1959, 529 (530) (Verlöbnis als ein die Ehe vorbereitender familienrechtlicher Vertrag).

2 Grundlegend Canaris AcP 165 (1965) 1; Schwab FamR GdR Rn. 46; Wellenhofer FamR § 5 Rn. 6; Dethloff FamR § 2 Rn. 7.

Damit im Beispielsfall Susanne überhaupt ein Schadensersatzanspruch aus § 1298 BGB zustehen kann, müsste zunächst ein wirksames Verlöbnis vorliegen. Nach der Vertragstheorie ist das noch offen: Ein Verlöbnis ist für den Minderjährigen nicht lediglich rechtlich vorteilhaft (wegen der möglichen Haftung aus §§ 1298 ff. BGB). Ein wirksames Verlöbnis besteht daher nach dieser Ansicht nur, wenn Susannes Eltern (oder Susanne nach Volljährigkeit) das zunächst schwebend unwirksame Verlöbnis genehmigen (§ 108 I, III BGB). Nach der Tatsächlichkeitstheorie ist das Verlöbnis sofort wirksam. Die Theorie der Vertrauenshaftung fragt danach, ob die entsprechenden Tathandlungen vorgenommen wurden, die das gesetzliche Rechtsverhältnis (mit den daran anknüpfenden Folgen der §§ 1298 ff. BGB) entstehen lassen. Gegen die Einordnung als Vertrag spricht, dass die Beteiligten keine *rechtliche Bindung* zur Eingehung einer Ehe herbeiführen wollen (und dies auch gar nicht könnten, vgl. § 1297 II BGB). Die Theorie der Vertrauenshaftung dagegen vermag die auf Sekundäransprüche begrenzten Rechtsfolgen des Verlöbnisses besser zu erklären. Im konkreten Fall bedeutet das, dass – bei Vorliegen der weiteren Voraussetzungen des § 1298 BGB – ein Anspruch der Susanne auf Ersatz ihres Vertrauensschadens besteht. Dies ist in dieser Konstellation völlig unproblematisch, da jedenfalls nichts dagegen spricht, eine gesetzliche Vertrauenshaftung *zugunsten* eines Minderjährigen anzuwenden. Werden dagegen Ansprüche *gegen* den Minderjährigen geltend gemacht, wird man einen zurechenbaren Vertrauenstatbestand idR erst dann anzunehmen haben, wenn die Eltern zugestimmt haben.[3] Dies gilt jedenfalls dann, wenn der andere Verlobte die Minderjährigkeit kennt und der Minderjährige auch nicht der Wahrheit zuwider eine Zustimmung seiner Eltern behauptet hat (Rechtsgedanke des § 109 II BGB).[4] Denkbar bleiben deliktische Ansprüche gegen den Minderjährigen, wenn er gem. § 828 III BGB einsichtsfähig ist und den anderen Verlobten über seine Minderjährigkeit oder das Vorliegen der Einwilligung der Eltern getäuscht hat.[5] 6

Aufgrund der höchstpersönlichen Natur des Verlöbnisses ist es in jedem Fall erforderlich, dass der Minderjährige selbst (wenngleich ggf. – nach der Vertragstheorie – mit Zustimmung seines gesetzlichen Vertreters) handelt. Die Eltern können ihr Kind also nicht selbstherrlich „verloben". 7

Problematisch ist auch, ob das **Verlöbnis (noch) verheirateter Personen** wirksam ist. 8 Die Vertragstheorie kann hier **§ 138 BGB** heranziehen und bejaht überwiegend die Sittenwidrigkeit.[6] Ein Schadensersatzanspruch muss dennoch nicht ausscheiden: Zugunsten eines „gutgläubigen" Verlobten, der von der bestehenden Ehe des anderen nichts weiß, können die §§ 1298 ff. BGB analog oder auch die Vorschriften der c.i.c. (§§ 311 II, 241 II, 280 I BGB) direkt angewandt werden.[7] Alternativ kann man dem unredlichen Teil über § 242 BGB (unzulässige Rechtsausübung) verbieten, sich auf die Nichtigkeit des Verlöbnisses zu berufen.[8] Nach der Theorie der Vertrauenshaftung kommt § 138 BGB nicht zur Anwendung, weil das Verlöbnis keinen rechtsgeschäftlichen Charakter hat. Für die Frage, ob ein Schadensersatzanspruch besteht, kommt es alleine darauf an, ob ein hinreichender Vertrauenstatbestand geschaffen

3 BeckOGK/Wellenhofer BGB § 1297 Rn. 39.
4 BeckOGK/Wellenhofer BGB § 1297 Rn. 39.
5 BeckOGK/Wellenhofer BGB § 1297 Rn. 40.
6 BeckOGK/Wellenhofer BGB § 1297 Rn. 25.
7 OLG Oldenburg NJW 2016, 3185.
8 Wellenhofer FamR § 5 Rn. 11.

wurde. Dies ist der Fall, wenn der andere Partner von einem ernsthaften Eheversprechen ausgehen konnte, zB weil er von der bestehenden Ehe nichts wusste.

⇨ *Fall Nr. 1 – Der verheiratete Verlobte*

3. Der Anspruch auf Ersatz des Vertrauensschadens (§§ 1298 f. BGB)

9 §§ 1298 f. BGB gewähren dem Verlobten und bestimmten anderen Personen, die im Vertrauen auf die beabsichtigte Eheschließung Aufwendungen getätigt haben, einen Anspruch auf Ersatz ihres Vertrauensschadens, wenn das Verlöbnis durch den Rücktritt eines Teils aufgelöst wird. Im Einzelnen setzt ein Anspruch voraus:

10

Ersatzpflicht beim Rücktritt vom Verlöbnis §§ 1298 f. BGB

1. Wirksames Verlöbnis
Hier kann – insbesondere bei einem Verlöbnis Minderjähriger – die Rechtsnatur des Verlöbnisses relevant werden, → Rn. 4 ff.

2. Auflösung des Verlöbnisses durch den Rücktritt eines Verlobten
Der Rücktritt muss höchstpersönlich erklärt werden. Ein beschränkt Geschäftsfähiger bedarf hierzu nicht der Zustimmung seines gesetzlichen Vertreters.[9] Erfolgt die Auflösung des Verlöbnisses nicht durch einseitigen Rücktritt, sondern einvernehmlich, so scheidet nach hM ein Schadensersatzanspruch aus §§ 1298 f. BGB aus.[10] Allerdings kann die Auslegung der Aufhebungsabrede ergeben, dass sie vom Ersatz bestimmter Aufwendungen abhängig sein sollte.

3. Anspruchsgegner ist der **Verlobte**, der entweder **selbst ohne wichtigen Grund zurückgetreten** ist (§ 1298 I, III BGB) **oder** der **für den Rücktritt des anderen einen wichtigen Grund gesetzt** hat (§ 1299 BGB).
Das Tatbestandsmerkmal des **wichtigen Grundes** soll die Risikosphären der beiden Verlobten gegeneinander abgrenzen. Zu fragen ist daher, ob der Rücktritt auf Ursachen beruht, die nicht in die Risikosphäre des Zurücktretenden, sondern des anderen Teils fallen sollen.[11] Ein wichtiger Grund liegt nicht vor, wenn die Auflösung des Verlöbnisses alleine auf einem subjektiven Gesinnungswandel („Ich liebe dich nicht mehr") beruht. Vielmehr müssen aus der Sphäre des anderen Teils Umstände hinzutreten oder erstmals bekannt werden, die es verständlich erscheinen lassen, dass die Eheschließung nunmehr abgelehnt wird (zB Treubruch, Erbkrankheiten in der Familie).

4. Als **Anspruchssteller** kommen in Betracht: der andere Verlobte, dessen Eltern und dritte Personen (zB eine Patentante), die anstelle der Eltern gehandelt haben.

5. Zu ersetzen sind **Aufwendungen**, also freiwillige Vermögensopfer, die **in Erwartung der Ehe** gemacht worden sind.
Der Verlobte (nicht aber seine Eltern oder Dritte) kann auch Ersatz für Vermögensschäden verlangen, die er dadurch erleidet, dass er in Erwartung der Ehe sonstige sein Vermögen oder seine Erwerbsstellung berührende Maßnahmen getroffen hat (§ 1298 I 2 BGB). Stets ist erforderlich, dass die Aufwendungen oder Maßnahmen **angemessen** waren (§ 1298 II BGB). Die Angemessenheit ist etwa zu verneinen, wenn ein Partner ohne Absprache mit dem anderen unmittelbar nach dem Verlöbnis eine gesicherte berufliche Stellung aufgibt.[12]

9 RGZ 98, 13.
10 BeckOGK/Wellenhofer BGB § 1298 Rn. 14.
11 Schwab FamR GdR Rn. 53.
12 OLG Frankfurt a. M. NJOZ 2008, 490.

4. Der Anspruch auf Rückgabe der Geschenke (§ 1301 BGB)

Rückgabe der Geschenke kann ein Verlobter unter folgenden Voraussetzungen fordern:

Anspruch auf Rückgabe der Geschenke § 1301 BGB
1. Wirksames Verlöbnis **2. Unterbleiben der Eheschließung** Egal aus welchen Gründen;[13] idR aber keine Rückforderungsmöglichkeit bei Auflösung durch Tod, § 1301 S. 2 BGB **3. Verlobungsgeschenk des einen Verlobten an den anderen Partner** Nicht erfasst sind: Geschenke aus anderem Anlass, Leistungen auf die nichteheliche Lebensgemeinschaft **Rechtsfolge: Herausgabe des Geschenks nach Bereicherungsrecht** Ob § 1301 BGB eine Rechtsgrund- oder eine Rechtsfolgenverweisung auf das Bereicherungsrecht ausspricht, ist umstritten. Bedeutsam ist der Meinungsstreit nur für die Anwendbarkeit von § 815 BGB: Nimmt man eine Rechtsgrundverweisung auf § 812 I 2 Alt. 2 BGB an,[14] ist der Anspruch des Verlobten nach § 815 BGB ausgeschlossen, wenn er den Eintritt des Erfolges (Eheschließung) wider Treu und Glauben verhindert hat. Auf das Ergebnis hat der Meinungsstreit nicht unbedingt Auswirkungen. Denn auch wenn man, wie die hM, eine Rechtsfolgenverweisung annimmt, lassen sich grob missbräuchliche Rückforderungsbegehren über § 242 BGB abwehren.[15] Dritte, die im Zusammenhang mit der Verlobung Geschenke gemacht haben, sind nicht nach § 1301 BGB anspruchsberechtigt. Sie können ihr Rückforderungsbegehren jedoch uU auf §§ 530, 531 II BGB oder §§ 812 ff. BGB stützen.

11

5. Anwendung allgemeiner BGB-Normen auf das Verlöbnis

Die Vorschriften des BGB sind auf das Verlöbnis anwendbar, soweit die §§ 1297 ff. 12
BGB nicht speziellere Regeln bieten. Anwendbar sind daher zB die §§ 104 f. BGB und § 138 BGB (wenn man der Vertragstheorie folgt). Nicht anwendbar sind dagegen die §§ 119 ff. BGB, da die Verlobung ohnehin frei lösbar ist und die §§ 1297 ff. BGB spezieller sind. §§ 1297 ff. BGB verdrängen auch die allgemeinen schuldrechtlichen Ansprüche wegen Leistungsstörungen (§§ 280, 311 II, 346 ff. BGB), wenn man überhaupt einen Vertrag annehmen will. Deliktische Ansprüche – insbesondere aus § 826 BGB – können neben die §§ 1298 ff. BGB treten.

II. Eheschließung

1. Grundsätzliches

Einige Grunderfordernisse der Eheschließung werden vom deutschen Recht voraus- 13
gesetzt. So ist kennzeichnend, dass eine Ehe nur zwischen 2 Personen geschlossen

13 BeckOGK/Wellenhofer BGB § 1301 Rn. 26.
14 So etwa Lipp/Mayer FamR § 3 II 4 Rn. 78.
15 BeckOGK/Wellenhofer BGB § 1301 Rn. 40.

werden kann (**Monogamieprinzip**, vgl. § 1306 BGB), dass sie grundsätzlich auf Lebenszeit geschlossen wird (**Lebenszeitprinzip**, vgl. § 1353 I 1 BGB) und dass sie auf dem Konsens der Eheschließenden beruht (**Konsensprinzip**, vgl. § 1310 BGB). Das traditionelle Eheverständnis ist aber nicht unwandelbar: So gehörte etwa bis 2017 die Geschlechtsverschiedenheit der Ehepartner noch zu den Strukturprinzipien einer bürgerlichen Ehe. Dies ist seit der Neufassung von § 1353 I 1 BGB („verschiedenen oder gleichen Geschlechts") durch das Gesetz zur Einführung des Rechts auf Eheschließung für Personen gleichen Geschlechts[16] nicht mehr der Fall.

2. Voraussetzungen der Eheschließung

14 Das Gesetz formuliert in den §§ 1303 ff. BGB bestimmte positive (etwas muss oder soll gegeben sein) und negative (etwas darf oder soll nicht der Fall sein) Voraussetzungen für eine Eheschließung. Die Sondervorschriften des Eheschließungsrechts verdrängen die allgemeinen Regeln über Rechtsgeschäfte (insbesondere also die §§ 104 ff., 116 ff. BGB).

a) Unterschiedliche Bedeutung der Eheschließungsvorschriften

15 Die in den §§ 1303 ff. BGB normierten Anforderungen haben nicht alle denselben Rang. Zu unterscheiden sind:

- bloße **Ordnungsvorschriften**, deren Nichtbeachtung keine Auswirkungen auf das Vorliegen einer wirksamen Eheschließung hat
- **Eheschließungsvoraussetzungen**, deren Nichtbeachtung zwar nicht das Entstehen der Ehe schlechthin verhindert, allerdings einen Eheaufhebungsgrund schafft
- **zwingende Eheschließungsvoraussetzungen**, bei deren Fehlen überhaupt keine wirksame Ehe, sondern nur eine sog. Nicht-Ehe zustande kommt

b) Die Voraussetzungen im Überblick

16 Ob es sich um eine zwingende Voraussetzung **(Z)**, eine zur Aufhebbarkeit führende Anforderung **(A)** oder eine bloße Ordnungsvorschrift **(O)** handelt, ist im nachfolgenden Prüfungsschema durch die entsprechenden Buchstabenzusätze kenntlich gemacht. Zwingende Mindestvoraussetzungen sind zusätzlich insgesamt fett gesetzt.

---

16 BGBl. 2017 I 2787.

Eheschließungsvoraussetzungen 17
1. **Beiderseitige Erklärung des Ehewillens, § 1310 I 1 BGB (Z)** a) **2 Verlobte, § 1310 I 1 BGB (Z)** b) höchstpersönliche Erklärungen, vgl. §§ 1311 S. 1, 1314 I Nr. 2 BGB (A) c) gleichzeitige Anwesenheit, vgl. §§ 1311 S. 1, 1314 I Nr. 2 BGB (A) d) ohne Bedingung oder Befristung, vgl. §§ 1311 S. 2, 1314 I Nr. 2 BGB (A) e) bei vollem Bewusstsein, vgl. § 1314 II Nr. 1 BGB (A), und in Kenntnis der Tatsache, dass es sich um eine Eheschließung handelt, vgl. § 1314 II Nr. 2 BGB (A) f) ohne arglistige Täuschung über wesentliche Umstände, die mit dem Sinn und Zweck der ehelichen Lebensgemeinschaft in Zusammenhang stehen, vgl. § 1314 II Nr. 3 BGB (A); nicht ausreichend ist eine Täuschung über Vermögensverhältnisse oder durch einen Dritten ohne Wissen des anderen Ehegatten, vgl. § 1314 II Nr. 3 Hs. 2 BGB. g) frei von Zwang, vgl. § 1314 II Nr. 4 BGB (A) h) ernsthafter Ehewille/keine Scheinehe, vgl. § 1314 II Nr. 5 BGB (A) 2. **Mitwirkung eines mitwirkungsbereiten Standesbeamten, § 1310 BGB (Z)** 3. **Vorliegen der persönlichen Eheschließungsvoraussetzungen** a) **Mindestens 16 Jahre alt, § 1303 S. 2 BGB (Z)** b) Volljährigkeit, vgl. §§ 1303 S. 1, 1314 I Nr. 1 BGB (A) c) keine Geschäftsunfähigkeit, vgl. §§ 1304, 1314 I Nr. 2 BGB (A) d) keine anderweitige Ehe oder Lebenspartnerschaft eines Verlobten, §§ 1306, 1314 I Nr. 2 BGB (A) d) keine zu nahe Verwandtschaft zwischen den Verlobten, §§ 1307, 1314 I Nr. 2 BGB (A) e) kein bestehendes Adoptionsverhältnis zwischen den Verlobten, § 1308 BGB (O)

Zwingender Kern der Eheschließung ist die beiderseitige Erklärung des Ehewillens 18 vor dem mitwirkungsbereiten Standesbeamten. Der Verstoß hiergegen führt zu einer Nicht-Ehe.

Er wird auch durch die Eintragung in das Eheregister grundsätzlich nicht geheilt (vgl. aber die engen 19 Ausnahmen in § 1310 III BGB). Als Standesbeamter gilt dabei auch, wer, ohne Standesbeamter zu sein, das Amt eines Standesbeamten öffentlich ausübt und die Eheschließung in das Eheregister eingetragen hat (§ 1310 II BGB).

Besonders kritisch wird gesehen, dass auch das **Mindestalter von 16 Jahren** durch 20 das Gesetz zur Bekämpfung von Kinderehen vom 17.7.2017[17] zu einer zwingenden Eheschließungsvoraussetzung erhoben worden ist: Dies widerspricht nicht nur dem rechtspolitischen Ansatz, die Autonomie des heranwachsenden jungen Menschen zu stärken, sondern auch dem Minderjährigenschutz. Denn der minderjährige „Ehepartner" unter 16 Jahren kommt somit nicht in den Genuss einer unterhalts- und güterrechtlichen Absicherung. Er steht damit schlechter als ein minderjähriger Ehegatte über 16 Jahren, dessen Ehe zwar aufhebbar, aber mit einigen Schutzwirkungen ausgestattet ist (vgl. § 1318 BGB).[18] Auch eine Heilung durch einvernehmliche Fortsetzung der Ehe nach Volljährigkeit kommt – anders als bei einer aufhebbaren Ehe unter Beteiligung eines Minderjährigen über 16 Jahren (vgl. § 1315 I 1 Nr. 1 lit. a BGB) – nicht in Betracht.

17 BGBl. 2017 I 2429.
18 Ausführlich zur Kritik BeckOGK/Kriewald BGB § 1303 Rn. 34.

21 Liegen die zwingenden Eheschließungsvoraussetzungen vor, ist die Ehe wirksam, aber ggf. aufhebbar. Welche Gründe zu einer Eheaufhebung führen können, wird im Zusammenhang mit der Eheaufhebung ausführlich dargestellt (vgl. → Rn. 25).

3. Eheaufhebung

a) Begriff

22 Erfüllt die Eheschließung die zwingenden Mindestvoraussetzungen, verstößt sie aber sonst gegen Vorschriften, die keine bloßen Ordnungsvorschriften sind, so ist sie aufhebbar (§ 1313 S. 1 BGB). Mit der Rechtskraft der Entscheidung ist die Ehe für die Zukunft (keine Rückwirkung!) aufgelöst (§ 1313 S. 2 BGB). Diese eheauflösende Wirkung hat die Aufhebung mit der Scheidung gemeinsam. Der Begriff der „Eheauflösung“ ist also weiter: Er erfasst alle Formen der Ehebeendigung, sei es durch Aufhebung, Scheidung oder Tod.

b) Verfahren

23 Zuständig für die Eheaufhebung ist das Familiengericht (§§ 111 Nr. 1, 121 Nr. 2 FamFG). Es handelt sich um ein Antragsverfahren (§ 124 FamFG). Wer antragsberechtigt ist, ergibt sich aus den materiell-rechtlichen Vorschriften (§ 1316 BGB). Antragsgegner ist der andere Ehegatte, bei einem Antrag der Verwaltungsbehörde sind es beide Ehegatten (§ 129 I FamFG). Der Antrag ist begründet, wenn ein Aufhebungsgrund vorliegt. Was als Aufhebungsgrund in Betracht kommt, ist in § 1314 I, II BGB abschließend aufgezählt (§ 1313 S. 3 BGB, ausführlich → Rn. 25). Des Weiteren darf die Aufhebung nicht ausgeschlossen (§ 1315 BGB, hierzu → Rn. 26) und eine etwaige Antragsfrist muss gewahrt sein (§ 1317 BGB, hierzu → Rn. 28).

24 Bei etwaigen Zweifeln darüber, ob eine Nicht-Ehe oder eine (wirksame, wenngleich ggf. aufhebbare) Ehe vorliegt, kann ein Verfahren vor dem Familiengericht auf Feststellung des Bestehens oder Nichtbestehens einer Ehe eingeleitet werden. Bei diesem Verfahren handelt es sich um eine Ehesache iSv § 121 Nr. 3 FamFG.

c) Die einzelnen Aufhebungsgründe

25 Die Aufhebungsgründe ergeben sich **abschließend aus § 1314 BGB**. Demnach ist die Ehe aufhebbar wenn,

(1) sie mit einem Minderjährigen geschlossen wurde, der im Zeitpunkt der Eheschließung 16 oder 17 Jahre alt war (§ 1314 I Nr. 1 BGB)
(2) sie mit einem Geschäftsunfähigen, während bestehender Ehe/Lebenspartnerschaft, mit einem Verwandten in gerader Linie oder mit einem voll- oder halbbürtigen Geschwisterteil geschlossen wurde sowie wenn sie ohne gleichzeitige, höchstpersönliche Anwesenheit bzw. unter einer Bedingung oder Zeitbestimmung geschlossen wurde (§ 1314 I Nr. 2 BGB)
(3) sich ein Ehegatte im Zeitpunkt der Eheschließung im Zustand der Bewusstlosigkeit oder vorübergehender Störung der Geistestätigkeit befand (§ 1314 II Nr. 1 BGB)
(4) ein Ehegatte nicht wusste, dass es sich um eine Eheschließung handelt (§ 1314 II Nr. 2 BGB)

Unbeachtlich sind Eigenschaftsirrtümer. Persönliche Eigenschaften eines Ehegatten spielen nur eine Rolle, wenn über sie arglistig getäuscht wurde und daher § 1314 II Nr. 3 BGB eingreift.

(5) ein Ehegatte durch arglistige Täuschung über wesentliche Umstände zur Eheschließung bestimmt worden ist (§ 1314 II Nr. 3 BGB)

Dabei muss sich die Täuschung (die auch konkludent oder – bei Bestehen einer Aufklärungspflicht – durch Unterlassen erfolgen kann) auf Umstände beziehen, die mit dem Sinn und Zweck der ehelichen Lebensgemeinschaft in Zusammenhang stehen. Täuschungen über Vermögensverhältnisse sind kein Aufhebungsgrund (so ausdrücklich § 1314 II Nr. 3 Hs. 2 BGB), denn diese Aspekte haben mit dem Wesen der Ehe wenig zu tun. Bejaht wurde ein Aufhebungsgrund dagegen bei einer Täuschung über Mehrverkehr während der Empfängniszeit, Unfruchtbarkeit sowie über bestimmte berufliche Eigenschaften.[19] Täter der Täuschungshandlung kann sowohl der Ehegatte als auch ein Dritter sein. Hat allerdings ein Dritter die Täuschung verübt, so ist die Ehe nur aufhebbar, wenn der Ehegatte davon positive Kenntnis hatte (vgl. § 1314 II Nr. 3 Hs. 2 BGB).

(6) ein Ehegatte zur Eheschließung widerrechtlich durch Drohung bestimmt worden ist (§ 1314 II Nr. 4 BGB)
(7) eine Scheinehe vorliegt (§ 1314 II Nr. 5 BGB)

Eine Scheinehe liegt vor, wenn die Ehegatten keine Lebens- und Schicksalsgemeinschaft iSv § 1353 I BGB beabsichtigen, sondern durch die Ehe ausschließlich einige Sekundärwirkungen einer Ehe (zB steuerliche Vergünstigungen, namensrechtliche Folgen oder ausländerrechtliche Vorteile) herbeiführen wollen.

d) Ausschluss der Aufhebung

Trotz Vorliegens eines Aufhebungsgrundes kann die Aufhebung ausgeschlossen sein. 26
Wann dies der Fall ist, bestimmt **§ 1315 BGB**. Besteht der Aufhebungsgrund in einem Willensmangel (mangelnde volle Geschäftsfähigkeit, Bewusstlosigkeit, Störung der Geistestätigkeit, Irrtum, Täuschung oder Drohung), so entfällt der Aufhebungsgrund grundsätzlich mit einer „Bestätigung", dh wenn der Ehegatte, bei dem der Mangel vorlag, nach Wegfall des Mangels zu erkennen gegeben hat, dass er die Ehe fortsetzen will (vgl. § 1315 I BGB). Eine Aufhebung ist ferner ausgeschlossen, wenn

- bei einer Doppelehe vor der Schließung der neuen Ehe die Scheidung/Aufhebung der alten bereits ausgesprochen war und danach rechtskräftig geworden ist (§ 1315 II Nr. 1 BGB)
- bei einem Verstoß gegen § 1311 BGB (also die Anforderungen der Höchstpersönlichkeit, gleichzeitigen Anwesenheit, Bedingungs- und Befristungsfeindlichkeit) die Ehegatten 5 Jahre (oder bis zum Tod, allerdings mindestens 3 Jahre) als Ehegatten zusammengelebt haben, es sei denn, dass die Eheaufhebung in diesem Zeitpunkt schon beantragt war (§ 1315 II Nr. 2 BGB)
- bei einer Scheinehe die Ehegatten nach der Eheschließung als Ehegatten miteinander gelebt haben (§ 1315 I 1 Nr. 5 BGB)

19 OLG Karlsruhe NJW-RR 2000, 737 (Offenbarungspflicht auch ohne ausdrückliche Nachfrage bei Mehrverkehr während der Empfängniszeit, wenn die Ehe wegen der Schwangerschaft geschlossen wurde); AG Krefeld BeckRS 2006, 919 (Täuschung über Tätigkeit als Familienrichter durch einen kaufmännischen Angestellten).

e) Antragsberechtigung und -frist

27 Die Antragsberechtigung ergibt sich aus **§ 1316 BGB. Antragsberechtigt** ist grundsätzlich **jeder Ehegatte**, die **Verwaltungsbehörde** (die den Antrag unter bestimmten Umständen stellen soll bzw. sogar muss, § 1316 III BGB) und in den Fällen des § 1306 BGB (Doppelehe) auch der dritte Ehegatte/Lebenspartner (§ 1316 I Nr. 1 BGB). Bei einem Irrtum, einer Täuschung oder einer Drohung als Aufhebungsgrund ist jedoch nur derjenige Ehegatte antragsberechtigt, bei dem dieser Tatbestand vorliegt (§ 1316 I Nr. 2 BGB). Ein minderjähriger Ehegatte kann den Antrag nur selbst stellen und bedarf hierzu nicht der Zustimmung seines gesetzlichen Vertreters; für einen geschäftsunfähigen Ehegatten handelt sein gesetzlicher Vertreter (§ 1316 II BGB).

28 Die Stellung des Antrags unterliegt **grundsätzlich keiner Frist**. Ausnahmen bestehen nach § 1317 I 1 BGB für den Fall des Irrtums und der Täuschung (jeweils Einjahresfrist) sowie für den Fall der Drohung (Dreijahresfrist).

f) Folgen der Eheaufhebung

29 Folge der rechtskräftigen Eheaufhebung ist die **Auflösung der Ehe** *ex nunc*. Die aufgehobene Ehe kann – ähnlich wie die geschiedene Ehe – **rechtliche Nachwirkungen** entfalten. Hierzu trifft **§ 1318 BGB** eine Regelung, die einen **eingeschränkten Verweis auf das Scheidungsfolgenrecht** ausspricht. Nacheheliche Unterhaltsansprüche kommen insbesondere für einen Ehegatten in Betracht, der die Aufhebbarkeit bei Eheschließung nicht kannte (§ 1318 II 1 Nr. 1 BGB). Versorgungs- und Zugewinnausgleich finden grundsätzlich wie bei einer Ehescheidung statt (§ 1318 III BGB, Ausnahme bei grober Unbilligkeit). Keine Auswirkungen hat die Aufhebung auf das elterliche Sorge- und Umgangsrecht. Eine gewisse Rückwirkung kann die Eheaufhebung im Erbrecht entfalten: Der Ehegatte, der bei bestimmten schweren Verstößen die Aufhebbarkeit der Ehe bei Eheschließung gekannt hat, ist vom gesetzlichen Erbrecht (§ 1931 BGB) ausgeschlossen (§ 1318 V BGB).

⇨ *Fall Nr. 2 – Ungeahnte Bigamie*

§ 3 Die eheliche Lebensgemeinschaft

I. Allgemeines

2020 haben 373.304 Paare miteinander den Bund der Ehe geschlossen.[1] Das sind 43.000 Eheschließungen bzw. 10 % weniger als im Vorjahr. Verglichen mit 1950 (750.000 geschlossene Ehen) sind es sogar über die Hälfte weniger, und das bei einer gestiegenen Gesamtbevölkerung. Gleichzeitig ist die Scheidungsziffer angestiegen. 2020 wurden rund 140.000 Ehen geschieden.[2] Die Ehe stellt daher nicht mehr die unangefochtene Erscheinungsform für Paarbeziehungen dar. 1

Im Gegensatz zu anderen Formen des Zusammenlebens ist die Ehe die **rechtlich verfasste Paarbeziehung**. Das vierte Buch des BGB widmet ihr einen von insgesamt 3 Abschnitten bzw. die §§ 1297–1588 BGB (wenn man das Verlöbnis als Vorstufe der Ehe noch miteinbezieht). Mit der Eingehung der Ehe werden zugleich kraft Gesetzes bestimmte Rechte und Pflichten begründet. Besondere Rechte und Pflichten greifen während aller „Lebensphasen" einer Ehe ein, während des Bestehens der ehelichen Lebensgemeinschaft, während des Getrenntlebens und grundsätzlich auch noch nach Scheidung (zB uU Ansprüche auf nachehelichen Unterhalt). 2

II. Allgemeine Ehewirkungen

Der Gesetzgeber bezeichnet die in den §§ 1353–1362 BGB normierten Wirkungen als „Wirkungen der Ehe im Allgemeinen" oder kurz: allgemeine Ehewirkungen. Zu den allgemeinen Ehewirkungen gehören insbesondere 3

- die Pflicht zur ehelichen Lebensgemeinschaft, § 1353 BGB
- die Möglichkeit, einen Ehenamen zu bestimmen, § 1355 BGB
- die Schlüsselgewalt, § 1357 BGB
- die Haftungsmilderung für Pflichtverletzungen im Zusammenhang mit der ehelichen Lebensgemeinschaft, § 1359 BGB
- die Verpflichtung zum Familienunterhalt, §§ 1360 ff. BGB
- die Eigentumsvermutungen, § 1362 I, II BGB

Durch die Bezeichnung „allgemeine Ehewirkungen" ist ausgesagt, dass diese Wirkungen **unabhängig vom Güterstand** eingreifen. Sie wirken während des Bestehens der ehelichen Lebensgemeinschaft und teilweise darüber hinaus. Zur Geltung von § 1359 BGB während des Getrenntlebens vgl. → Rn. 108 ff. Zur Geltung der Eigentumsvermutung des § 1362 II BGB bis zur endgültigen Vermögensauseinandersetzung nach Scheidung, vgl. → Rn. 78. 4

1 Statistisches Bundesamt, Bevölkerung – Ehescheidungen, Eheschließungen, Geborene und Gestorbene 2020 nach Kreisen, 2021, S. 11, https://www.statistischebibliothek.de/mir/receive/DEHeft_mods_00136761.

2 Statistisches Bundesamt, Bevölkerung – Ehescheidungen, Eheschließungen, Geborene und Gestorbene 2020 nach Kreisen, 2021, S. 11, https://www.statistischebibliothek.de/mir/receive/DEHeft_mods_00136761.

1. Pflicht zur ehelichen Lebensgemeinschaft

5 Die Grundnorm des § 1353 I BGB bestimmt, dass die Ehe **auf Lebenszeit** geschlossen wird (Abs. 1 S. 1), dass die Ehegatten einander **zur Lebensgemeinschaft verpflichtet** sind (Abs. 1 S. 2 Hs. 1) und dass sie **füreinander Verantwortung** tragen (Abs. 1 S. 2 Hs. 2). Dies gibt die Ehe als grundsätzlich lebenslange Solidargemeinschaft vor, bleibt aber **bewusst vage**. Jede Ehe wird heutzutage in erster Linie konkret durch die beteiligten Ehegatten nach ihren individuellen Vorstellungen gestaltet. Das Gesetz enthält nur noch wenige zwingende Vorgaben, zB im Unterhaltsrecht (§§ 1360a III, 1614 BGB). Im Übrigen können die beteiligten Ehegatten ihre Ehe frei gestalten. Insbesondere können sie über die Aufteilung von Haushaltsführung und Erwerbstätigkeit und somit ihre jeweiligen „Rollen" in der Ehe frei entscheiden (§ 1356 I 1 BGB).

6 Bei aller Verschiedenheit der Lebensstile gibt es dennoch einige Elemente, die weithin als selbstverständlich gelten:

7 **(1) Häusliches Zusammenleben.** Das Zusammenleben in häuslicher Gemeinschaft ist zwar ehetypisch, aber nicht verpflichtend; die Ehegatten können **einvernehmlich unterschiedliche Wohnsitze** wählen.[3] Probleme entstehen erst, wenn sich die Ehegatten über die Frage des Zusammenlebens uneinig sind. Bestand zB bei Eheschließung die Absicht, einen gemeinsamen Wohnsitz zu nehmen, lässt sich diese Absicht aber später nicht wie geplant realisieren (etwa weil eine Versetzung nicht möglich ist oder keine geeignete Arbeitsstelle gefunden wird), so entfällt die Bindung an die getroffene Wohnsitzwahl. Aus § 1353 I 2 BGB folgt dann für die Ehegatten nur die Pflicht, sich um eine neue einvernehmliche Lösung zu bemühen. Kommt es zu keinem Einvernehmen, haben sie das grundsätzlich gegenseitig hinzunehmen. Die geltende Rechtsordnung, die die Ehe als partnerschaftliche Verbindung auf der Grundlage der Gleichberechtigung versteht, kennt weder den Stichentscheid eines Ehegatten noch eine Entscheidungskompetenz Dritter.[4]

8 **(2) Geschlechtsgemeinschaft/Treue.** Auch die grundsätzliche Pflicht zur Geschlechtsgemeinschaft und zur ehelichen Treue wird man als **einvernehmlich dispositiv** ansehen können (Josefsehe, offene Ehe). Sind sich die Partner über das Fehlen einer Geschlechtsgemeinschaft oder einer Treuepflicht allerdings *nicht* einig, so kann aus § 1353 I 2 BGB ein Herstellungsanspruch (zu diesem vgl. → Rn. 115) hergeleitet werden. Es stellt sich allerdings die Frage der Durchsetzbarkeit (vgl. hierzu → Rn. 116).

9 **(3) Familienplanung.** Keinerlei Rechtspflichten ergeben sich aus § 1353 I 2 BGB für den Bereich der Familienplanung: Es kann weder die Zeugung bzw. der Empfang von Kindern noch die Mitwirkung an der Empfängnisverhütung verlangt oder wirksam vereinbart werden. Entscheidungen über die Fortpflanzung trifft jeder Ehegatte, als Ausdruck seiner personalen Würde, immer wieder neu und in eigener und freier Selbstbestimmung. Es besteht keine Verpflichtung, sich an die Fortpflanzung betreffende Absprachen zu halten.[5] Der BGH hat in diesem Bereich die Möglichkeit ver-

3 MüKoBGB/Roth § 1353 Rn. 4.
4 BGH NJW 1987, 1761 (1762).
5 BGHZ 146, 391 (396 f.) = NJW 2001, 1789 (1790).

traglicher oder deliktischer Schadensersatzansprüche oder sonstiger (zB unterhaltsrechtlicher) Sanktionen ganz grundsätzlich verneint (str.).[6]

(4) Rücksichtnahme und Beistand. Unabdingbar, selbst bei gegenseitigem Einvernehmen, ist aber ein **Mindestmaß an gegenseitiger Rücksichtnahme und Beistand**. Denn dies macht heute den **Kern der Ehe** als einer besonderen Form der Lebensgemeinschaft aus. Der einfache Gesetzgeber hat mit der Normierung der Verantwortungsgemeinschaft in § 1353 I 2 Hs. 2 BGB allem, was sich Ehe nennt, ein gemeinsames Prinzip vorgeben wollen.[7] Und das BVerfG betont, die Ehevertragsfreiheit gebe den Ehegatten das Recht, ihre jeweilige Gemeinschaft in „*Verantwortlichkeit und Rücksicht* frei zu gestalten",[8] stellt Verantwortung und Rücksicht selbst also gerade nicht dispositiv.[9] Bedeutung hat dies insbesondere beim Abschluss von **Eheverträgen** (vgl. zu diesen ausführlich → § 4 Rn. 28 ff.). Bei deren Abschluss dürfen emotionale, soziale oder finanzielle Abhängigkeiten oder eine intellektuelle Unterlegenheit des anderen Ehegatten nicht grob ausgenutzt werden.[10] Der Rücksichtnahme- und Beistandspflicht entspringt letztlich auch die Verpflichtung des Gatten, dem anderen die Mitbenutzung der ihm gehörenden Haushaltsgegenstände zu gestatten. § 1353 I 2 BGB kann auch Grundlage für einen Auskunftsanspruch über die Vermögensverhältnisse des anderen Ehegatten werden. Weitergehend folgt aus § 1353 I 2 BGB die Pflicht, die finanziellen Lasten des anderen Teils nach Möglichkeit zu vermindern, soweit dies ohne Verletzung der eigenen Interessen möglich ist.[11] Praktische Auswirkungen hat das v.a. im Steuerrecht: Ein Ehegatte ist dem anderen gegenüber verpflichtet, in eine Zusammenveranlagung zur Einkommensteuer einzuwilligen, wenn dadurch die Steuerschuld des anderen verringert, der auf Zustimmung in Anspruch genommene Ehegatte aber keiner zusätzlichen steuerlichen Belastung ausgesetzt wird.[12] 10

Der die Zustimmung verlangende Ehegatte ist regelmäßig zum internen Ausgleich verpflichtet, wenn sich beim anderen Ehegatten die Steuerschuld infolge der Zusammenveranlagung im Vergleich zur getrennten Veranlagung erhöht. Dieser Anspruch ergibt sich aus § 426 I 1 BGB, weil die Ehegatten gegenüber dem Finanzamt Gesamtschuldner sind (§ 44 I AO). Während des Bestehens der ehelichen Lebensgemeinschaft kann allerdings eine (konkludente) anderweitige Bestimmung der Ehegatten iSv § 426 I 1 aE BGB anzunehmen sein, dass der geringerverdienende Gatte die Steuerschuld insoweit trägt, als er Lohnsteuer im Abzugsverfahren entrichtet hat. An dieser anderweitigen Bestimmung sind die Ehegatten auch nach der Trennung für die zurückliegenden Zeiträume festzuhalten. Allerdings besteht mit der Aufhebung der ehelichen Gemeinschaft kein Anlass mehr, an der anderweitigen Bestimmung auch für die Zukunft festzuhalten und eine höhere Steuerlast in Kauf zu nehmen. Ab diesem Zeitpunkt können daher regelmäßig Ausgleichsansprüche aus § 426 BGB geltend gemacht werden.[13] 11

Aus der Rücksichtnahmepflicht lässt sich allerdings kein Anspruch des Ehemanns darauf herleiten, dass ihm die Ehefrau den Erzeuger eines Ehebruchskindes verrät. 12

6 BGHZ 146, 391 (397 ff.) = NJW 2001, 1789 (1790 f.).
7 BT-Drs. 16/10798, 10.
8 BVerfGE 103, 89 (101) = NJW 2001, 957 (958) (meine Hervorhebung).
9 Lettmaier FS Schwab, 2016, 78.
10 BGH NJW 2013, 380 Rn. 24.
11 BGH NJW 2007, 2554 Rn. 10.
12 BGH NJW 2007, 2554 Rn. 10.
13 BGH NJW 2007, 2554 Rn. 14 ff.

Da mit der Auskunft über das eigene Geschlechtsleben ein tiefgreifender Eingriff in die Persönlichkeitssphäre der Ehefrau verbunden ist (Art. 2 I GG iVm Art. 1 I GG), kann der Auskunftsanspruch nicht auf eine Generalklausel wie § 1353 I 2 BGB (oder § 242 BGB) gestützt werden, sondern bedürfte einer besonderen gesetzlichen Grundlage.[14] Nach einer nicht ganz unproblematischen Entscheidung des BGH besteht auch keine Rücksichtnahmepflicht dahingehend, den Partner darüber aufzuklären, dass man eine intern vereinbarte Verhütungsmethode nicht weiter praktiziert.[15]

2. Haushaltsführung und Erwerbstätigkeit

a) Einvernehmliche Regelung der ehelichen Arbeitsteilung

13 § 1356 BGB betrifft die eheliche Rollenverteilung. § 1356 I BGB überlässt die Frage der **Haushaltsführung der einvernehmlichen Regelung** durch beide Ehegatten. § 1356 II BGB stellt klar, dass beide Gatten iSd Gleichberechtigung **berechtigt** sind, **erwerbstätig zu sein**, dabei aber auf die Belange des anderen Ehegatten und der Familie die gebotene Rücksicht nehmen müssen. Die eheliche Arbeitsteilung steht damit grundsätzlich in der privatautonomen Entscheidung der beiden Ehegatten.

14 **Häufige Formen der ehelichen Arbeitsteilung** (sog. **Ehetypen**) sind[16] die

- Alleinverdienerehe (auch: Hausfrauen- bzw. Hausmannsehe), in der nur ein Ehegatte erwerbstätig ist und der andere den Haushalt versorgt
- Zuverdienstehe, in der ein Partner voll- und der andere teilerwerbstätig ist; der Teilerwerbstätige wird hier häufig iÜ den Haushalt versorgen
- Doppelverdienerehe, in der beide Partner vollerwerbstätig sind und sich üblicherweise die Haushaltsführung teilen oder dafür Dritte einstellen

15 § 1356 BGB gilt nur im Verhältnis der Ehegatten untereinander. Unterhaltsberechtigte Angehörige eines Ehegatten (insbesondere aus früherer Ehe) darf eine Vereinbarung nach § 1356 BGB nicht benachteiligen.

16 **Beispiel:** Ehemann M darf sich in seiner neuen Ehe nicht ohne Weiteres auf die Hausmannsrolle zurückziehen und sich gegenüber seiner Ex-Frau und den Kindern aus der geschiedenen Ehe auf mangelnde Leistungsfähigkeit für den Unterhalt nach den §§ 1569 ff., 1601 ff. BGB berufen. Vgl. im Einzelnen → § 10 Rn. 47 und → Fall Nr. 17 – Hausmann mit Sohn.

17 Ist ein Ehegatte mit der Führung des Haushalts allein betraut, so leitet er ihn in eigener Verantwortung, § 1356 I 2 BGB. Es gibt also keine Weisungsrechte des anderen Gatten. § 1356 I 2 BGB ist auf die Alleinverdienerehe zugeschnitten, passt aber auch für die Zuverdienstehe.

b) Bestandskraft der einvernehmlichen Regelung

18 Was ist, wenn die einvernehmlich erzielte Rollenverteilung nicht mehr gewünscht ist? Einvernehmlich können die Ehegatten jederzeit eine andere Aufgabenverteilung beschließen. Problematisch sind die Fälle, in denen sich ein Ehegatte einseitig von einer getroffenen einvernehmlichen Regelung lossagen möchte.

---

14 BVerfGE 138, 377 Rn. 35 = NJW 2015, 1506.

15 BGHZ 146, 391, (396 f.) = NJW 2001, 1789 (1790).

16 Auf die genannten Ehetypen beschränkt sich indes das Wahlrecht der Eheleute nicht. Sie können jede beliebige Mischform einvernehmlich festlegen.

Beispiel: M und F vereinbaren anlässlich ihrer Eheschließung, dass M seine Tätigkeit als selbstständiger Schreinermeister fortsetzen, F dagegen ihre Tätigkeit in einem Call-Center zugunsten der Haushaltsführung und der Betreuung der geplanten Kinder aufgeben wird. 6 Monate nach der Hochzeit fällt F zuhause die Decke auf den Kopf. Gegen den Willen des M kehrt sie an ihren früheren Arbeitsplatz zurück. M muss daher viel im Haushalt einspringen und erleidet hierdurch berufliche Einbußen. Er fragt sich, ob er einen Anspruch gegen F auf Wiederaufnahme der Haushaltsführung oder ggf. Schadensersatzansprüche wegen des entgangenen Verdienstes hat. 19

M hat keinen gesetzlichen Anspruch darauf, dass F ihm den Haushalt führt. Er hat nur einen Anspruch auf angemessenen Beitrag zum Familienunterhalt, § 1360 BGB. Diesen Beitrag kann F jedoch auch durch die Zurverfügungstellung von Barmitteln aus einer Erwerbstätigkeit erbringen. Eine Verpflichtung zur Leistung des Familienunterhalts gerade in Form der Haushaltsführung könnte sich allerdings aus dem erzielten „gegenseitigen Einvernehmen" ergeben, wenn diesem weiterhin Bindungswirkung zukäme. Die **Rechtsnatur** des gegenseitigen Einvernehmens ist **umstritten.** Würde man im Einvernehmen einen Vertrag erblicken, so könnte sich ein Ehegatte von der Vereinbarung regemäßig nur über § 313 III BGB oder § 314 BGB, also grundsätzlich nur beim Vorliegen ganz erheblicher Gründe, lösen. Für eine rechtsgeschäftliche Vereinbarung wird allerdings regelmäßig der erforderliche Rechtsbindungswille fehlen. Im Übrigen spricht die Vorschrift auch nicht von „Vertrag", sondern von „Einvernehmen". Nach der wohl hM wird durch das erzielte Einvernehmen **nur ein Vertrauenstatbestand** begründet dahingehend, dass keiner der Ehegatten grundlos und ohne Vorwarnung von der Regelung abrücken wird.[17] Erwartet werden kann daher nicht, dass der Partner auf Dauer an der einmal gewählten Aufgabenverteilung festhalten wird, sondern nur, dass er Rücksicht auf die Bedürfnisse der Familie nehmen und sich erneut um eine einvernehmliche Lösung bemühen wird: „Nicht das Prinzip ‚pacta sunt servanda', sondern das Gebot der Rücksichtnahme bestimmt das eheliche Zusammenleben."[18] 20

An einen Grund für einen Änderungswunsch sind keine hohen Anforderungen zu stellen, da es um den persönlichen Bereich geht, in dem eine dauerhafte Selbstbindung zu vermeiden ist.[19] Im **Beispielsfall** hat M also keinen Anspruch darauf, dass F weiterhin zuhause bleibt und den Haushalt bewältigt. Allenfalls stellt sich die Frage, ob M wegen einer ohne Vorwarnung erfolgten Aufsagung der getroffenen Vereinbarung durch die F Anspruch auf Ersatz seines Schadens (in Form des beruflichen Verdienstausfalls hat). Denn die F könnte ihre aus § 1353 I 2 BGB resultierende Rücksichtnahmepflicht verletzt haben, wenn sie zu abrupt in den Beruf zurückgekehrt ist. Die Frage, inwieweit die Verletzung von Ehepflichten durch das Schadensersatzrecht sanktioniert werden kann, soll jedoch momentan noch zurückgestellt werden (vgl. hierzu → Rn. 119). 21

c) Mitarbeit im Beruf oder Geschäft des anderen Gatten

Im Zusammenhang mit § 1356 II BGB wird diskutiert, ob ein Ehegatte verpflichtet ist, im Beruf oder Geschäft des anderen mitzuarbeiten. § 1356 II BGB betrifft allerdings nur die *Berechtigung* zur Erwerbstätigkeit und überlässt dem jeweiligen Ehegatten die freie Auswahl der Erwerbstätigkeit (innerhalb der Grenzen der familiären 22

17 MüKoBGB/Roth § 1356 Rn. 7; Jauernig/Budzikiewicz BGB § 1356 Rn. 2.
18 Schwab FamR GdR Rn. 130.
19 MüKoBGB/Roth § 1356 Rn. 8.

Rücksichtnahmepflicht aus § 1356 II 2 BGB). Eine Pflicht zur Mitarbeit im Geschäftsbereich des anderen ergibt sich daher nicht aus § 1356 II BGB, sondern allenfalls aus der **allgemeinen ehelichen Beistandspflicht** gem. § 1353 BGB **in besonderen Ausnahmefällen**, etwa wenn der Betrieb des Partners die Existenzgrundlage für die Familie bildet und ohne die Mithilfe in seinem Bestand gefährdet wäre.[20] Ohne die Mitarbeit müsste also der Familienunterhalt in Gefahr sein. Das heißt aber auch, dass die Mitarbeitspflicht entfällt, wenn der zur Mitarbeit Herangezogene die Familie ebenso gut und nachhaltig anderweitig unterhalten kann.[21]

3. Unterhaltspflicht

a) Art und Umfang der Unterhaltspflicht

23 Während der bestehenden ehelichen Lebensgemeinschaft sind die Ehegatten verpflichtet, durch ihre Arbeit und mit ihrem Vermögen angemessen zum Unterhalt der Familie beizutragen. Der Anspruch auf Familienunterhalt unterscheidet sich von anderen Unterhaltsansprüchen durch ein **starkes persönliches Element**. Die Regeln über den Verwandtenunterhalt (zu diesen vgl. → § 10) sind nicht anwendbar, mit Ausnahme der §§ 1613–1615 BGB, auf die in § 1360a III BGB ausdrücklich verwiesen wird. In seiner konkreten Ausgestaltung orientiert sich der Anspruch am Einvernehmen der Ehegatten und der von ihnen gewählten Aufgabenverteilung (vgl. zu dieser → Rn. 13). Der Anspruch kann durch das Zurverfügungstellen von Geldmitteln (Barunterhalt) oder durch Naturalleistungen (zB Haushaltsführung, Kinderbetreuung, Gewährung von mietfreiem Wohnraum) bestritten werden. Beide Arten der Unterhaltsgewährung sind gleichwertig. Ist einem Ehegatten die Haushaltsführung übertragen, so erfüllt er seine Unterhaltspflicht idR schon hierdurch, vgl. § 1360 S. 2 BGB. Im Gegensatz zu anderen Unterhaltsansprüchen geht der Anspruch auf Familienunterhalt also nicht primär auf eine Geldrente. Wird ein Ehegatte allerdings stationär pflegebedürftig und daher auswärts in einem Heim untergebracht, ist ausnahmsweise die Zahlung einer Geldrente geschuldet.[22]

24 Die **Höhe** des von jedem Ehegatten zu leistenden Familienunterhalts richtet sich nach dem Verhältnis der beiderseitigen unterhaltsrechtlich relevanten Nettoeinkommen.[23]

25 Der **angemessene Unterhalt** der Familie umfasst alles, was nach den Verhältnissen der Ehegatten erforderlich ist, um die Kosten des Haushalts zu bestreiten und die persönlichen Bedürfnisse der Ehegatten und den Lebensbedarf der gemeinsamen unterhaltsberechtigten Kinder zu befriedigen, **§ 1360a I BGB**.

Über § 1360 BGB kann ein Ehegatte den Kindesunterhalt im eigenen Namen geltend machen. Das Kind selbst hat einen Anspruch aus §§ 1601 ff. BGB.

26 Der haushaltsführende Ehegatte hat einen Anspruch darauf, dass ihm die erforderlichen Barmittel einen angemessenen Zeitraum im Voraus zur Verfügung gestellt werden, § 1360a II 2 BGB.

---

20 MüKoBGB/Roth § 1356 Rn. 20.

21 Schwab FamR GdR Rn. 136, der die Mitarbeitspflicht allerdings auf die Unterhaltspflicht aus § 1360 S. 1 BGB stützt.

22 BGHZ 210, 124 = NJW 2016, 2122.

23 BGH NJW 2004, 674 (676).

Leistet ein Ehegatte einen höheren Unterhaltsbeitrag als ihm obliegt, so stellt **§ 1360b BGB** die Vermutung auf, dass er nicht vorhat, später vom anderen dafür Ersatz zu verlangen. Das Geleistete kann also grundsätzlich nicht (aus §§ 812 ff. bzw. §§ 677 ff. BGB) zurückgefordert werden, es sei denn, der zu viel leistende Gatte hat sich die Rückforderung ausdrücklich vorbehalten. 27

b) Insbesondere: Der Taschengeldanspruch

Bestandteil des Familienunterhalts ist auch das Taschengeld. Beide Ehegatten haben Anspruch auf einen angemessenen Teil des Gesamteinkommens als Taschengeld. Dieses soll ihnen die Befriedigung persönlicher Bedürfnisse nach freier Wahl ermöglichen.[24] Hinsichtlich der Höhe wird idR eine Quote von **5–7 % des verfügbaren Nettoeinkommens** zugrunde gelegt. Falls beide Ehegatten über Einkommen verfügen, wird der Anspruch in der Praxis allerdings in der Weise befriedigt, dass jeder den entsprechenden Betrag von seinem Einkommen einbehält, also der weniger verdienende Gatte nur insoweit einen Baranspruch hat, als sein Einkommen zur Erfüllung des Taschengeldanspruchs nicht ausreicht. Soweit ein Baranspruch besteht, ist dieser als Unterhaltsrente iSv § 850b I Nr. 2 ZPO unter den Voraussetzungen des § 850b II ZPO **bedingt pfändbar.**[25] Der Taschengeldanspruch ist auch Teil des unterhaltsrelevanten Einkommens des betreffenden Ehegatten, sodass er für etwaige Unterhaltspflichten dieses Ehegatten (zB gegenüber Eltern) zur Verfügung steht. 28

4. Schlüsselgewalt

a) Allgemeines

§ 1357 I BGB gibt jedem Ehegatten das Recht, Geschäfte zur angemessenen Deckung des Lebensbedarfs der Familie mit Wirkung nicht nur für sich selbst, sondern auch für den anderen Ehegatten vorzunehmen, den anderen Ehegatten also, wie dies § 1357 I 2 BGB formuliert, mitzuberechtigen und mitzuverpflichten. 29

Beispiel: Bestellt die Ehefrau Kleidung für die gemeinsamen Kinder, so wird nicht nur sie selbst Vertragspartnerin, sondern zugleich auch der Ehemann, der damit ebenfalls auf Zahlung in Anspruch genommen werden kann. 30

§ 1357 BGB will sicherstellen, dass der Ehegatte, der den Haushalt führt und für den täglichen Bedarf der Familie sorgt, sein internes **Recht zur eigenverantwortlichen Haushaltsführung** (vgl. § 1356 I 2 BGB) auch im Außenverhältnis **wirksam umsetzen** kann. Denn ohne eine solche Bestimmung wäre ein haushaltsführender (und damit selbst oft einkommensloser) Gatte bei der Deckung des Lebensbedarfs der Familie weitgehend von der Zustimmung seines Ehepartners abhängig, weil potenzielle Vertragspartner mit ihm alleine keine Geschäfte machen würden.[26] Unabhängig von diesem Schutzzweck gilt § 1357 BGB aber **auch für Doppelverdiener-Ehegatten und auch dann, wenn nicht der haushaltsführende, sondern der erwerbstätige Gatte den Vertrag schließt.** 31

24 BGH NJW 2004, 674 (676 f.).
25 BGH NJW 2004, 2450.
26 BVerfGE 81, 1 = NJW 1990, 175.

32 Außer dem Schutz des haushaltsführenden Gatten dient § 1357 BGB auch dem **Schutz der Gläubiger**, wenngleich nicht als Selbstzweck, sondern eher als Folge der eheausgestaltenden Regelung.[27] Denn die Gläubiger erhalten über § 1357 I 2 BGB einen zweiten (und ggf. solventeren) Schuldner. Kritische Stimmen wenden ein, § 1357 BGB sei inzwischen zu einer reinen „Gläubigerschutzvorschrift" verkommen: In den heute verbreiteten Doppelverdienerehen könne § 1357 BGB seine ursprünglichen Zweck, dem Handelnden die Erfüllung bestimmter, ihm zugewiesener Aufgaben zu ermöglichen, nicht mehr dienen, sodass die Haftungserweiterung auf einen Zweitschuldner inzwischen die Hauptfunktion der Vorschrift sei.[28]

33 In seiner Wirkung erinnert § 1357 BGB an die **Stellvertretung** in § 164 I 1 BGB. Es wird eine Person berechtigt und verpflichtet, die die rechtsgeschäftlichen Erklärungen nicht selbst abgegeben hat. Die Ähnlichkeit ist jedoch nur oberflächlich. Zur Stellvertretung bestehen **folgende Unterschiede**:

1. Anders als bei der Stellvertretung wird nicht nur der Vertretene, sondern es werden **beide Ehegatten berechtigt und verpflichtet**.
2. Diese Wirkung tritt unabhängig davon ein, ob der Handelnde deutlich gemacht hat, seinen Ehegatten mitverpflichten zu wollen (**keine Geltung des Offenkundigkeitsprinzips**). Der Vertragspartner muss noch nicht einmal wissen, dass er es mit einem Ehegatten zu tun hat.
3. Die Wirkung tritt auch **unabhängig davon** ein, **ob der Handelnde den Willen hatte, den Ehegatten mitzuverpflichten**. Will der Handelnde die Wirkung des § 1357 BGB ausschließen, so kann er dies allerdings tun (vgl. § 1357 I 2 aE BGB: „es sei denn, dass sich aus den Umständen etwas anderes ergibt").

34 § 1357 BGB hat daher die Rechtsnatur einer gesetzlichen Verpflichtungsermächtigung.[29]

35 Obwohl § 1357 BGB auch Rechtsfolgen zulasten der Ehegatten anordnet, ist die Vorschrift nach Ansicht des BVerfG mit Art. 6 I GG vereinbar.[30] Denn zum einen wirkt § 1357 BGB für den mitverpflichteten Ehegatten nicht nur nachteilhaft (er wird auch mitberechtigt), zum anderen können die Ehegatten die Wirkung des § 1357 BGB (auch gegenüber Dritten) ausschließen, wenn seine Rechtsfolgen nicht gewünscht sind (vgl. hierzu → Rn. 59).

b) Die Prüfung des § 1357 BGB

aa) Prüfungsaufbau

36 **§ 1357 BGB** ist inzident im Rahmen einer vertraglichen Anspruchsgrundlage (insbesondere § 433 II BGB oder § 631 I BGB) zu prüfen.

37 **Beispiel:** Der Ehemann M hat ein zugiges Fenster reparieren lassen. Werkunternehmer U nimmt aber nicht ihn, sondern die Ehefrau F auf Zahlung aus § 631 I BGB in Anspruch. Hier ist, zusätzlich zur Klärung, ob überhaupt zwischen F und U ein wirksamer Werkvertrag zustande gekommen ist, zu klären, ob F aus diesem Vertrag mitverpflichtet ist. Dies setzt voraus, dass die Tatbestandsvoraussetzungen des § 1357 BGB erfüllt sind.

27 BVerfGE 81, 1 (7 f.) = NJW 1990, 175; BGH NJW 2004, 1593 (1595).
28 Brudermüller NJW 2004, 2265 (2266).
29 Wellenhofer FamR § 10 Rn. 3.
30 BVerfGE 81, 1 (6) = NJW 1990, 175.

Prüfung des § 1357 BGB
1. Bestehende Ehe (unabhängig vom Güterstand) 2. Kein Getrenntleben im Zeitpunkt des Vertragsschlusses, § 1357 III BGB 3. Wirksamer Abschluss eines schuldrechtlichen Rechtsgeschäfts durch einen Ehegatten 4. Geschäft zur Deckung des Lebensbedarfs 5. Angemessenheit nach dem nach außen zutage tretenden Lebenszuschnitt 6. Aus den Umständen ergibt sich nichts anderes, § 1357 I 2 aE BGB 7. Kein wirksamer Ausschluss der Schlüsselgewalt nach §§ 1357 II, 1412 BGB **Rechtsfolge:** Mitberechtigung und Mitverpflichtung des nicht handelnden Ehegatten

38

bb) Die Tatbestandsvoraussetzungen im Einzelnen

(1) Bestehende Ehe

39 § 1357 BGB greift nur bei wirksamer Ehe. Eine aufhebbare Ehe gilt bis zum Aufhebungsurteil als gültig (§ 1313 BGB). § 1357 BGB ist eine allgemeine Ehewirkung, gilt also unabhängig vom Güterstand, in dem die Ehegatten leben. Für nichteheliche Partner und auch für Verlobte gilt § 1357 BGB nicht analog.[31] Hier lässt sich eine Haftung des Nichthandelnden nur nach den §§ 164 ff. BGB inklusive der Grundsätze der Duldungs- und Anscheinsvollmacht begründen. Für eingetragene Lebenspartner ist die entsprechende Anwendung in § 8 II LPartG angeordnet. Ob der Geschäftspartner seinen Kontrahenten als verheiratet erkennt, ist für die Anwendbarkeit von § 1357 BGB gleichgültig; die Vorschrift wirkt objektiv. Umgekehrt besteht allerdings auch kein Gutglaubensschutz für den Geschäftspartner, wenn er seinen Kontrahenten fälschlicherweise für verheiratet hält oder von einer erfolgten Scheidung nichts weiß.

(2) Kein Getrenntleben

40 § 1357 BGB gilt nicht, wenn die Ehegatten getrennt leben, § 1357 III BGB. Für das Getrenntleben kommt es auf die **Voraussetzungen des § 1567 BGB** an, die eheliche Lebensgemeinschaft muss also aufgehoben sein und es muss davon auszugehen sein, dass sie nicht wiederhergestellt wird, weil zumindest ein Ehegatte sie ablehnt.[32] Entscheidend ist der Zeitpunkt des Vertragsschlusses (**Stichtagsprinzip**). Bei Dauerschuldverhältnissen endet die Haftung daher nicht mit der Trennung der Ehegatten, auch wenn erst danach entsprechende Leistungen abgerufen werden, sofern der Rahmenvertrag selbst noch vor der Trennung abgeschlossen wurde.[33]

41 **Beispiel:** F schließt für den gemeinsamen Haushalt einen Telefondienstevertrag. Wenig später kommt es zur Trennung und F zieht aus. M, über die Trennung höchst deprimiert, führt zahlreiche lange Telefonate mit Freunden und Therapeuten. In diesem Fall kann die F grundsätzlich auch noch für die Verbindungsentgelte nach der Trennung in Anspruch genommen werden, weil der Vertrag selbst noch vor der Trennung geschlossen wurde.

31 MüKoBGB/Roth § 1357 Rn. 14.
32 Großzügiger Wellenhofer FamR § 10 Rn. 6 (Getrenntleben ggf. auch bei längerfristig getrennten Haushalten aus beruflichen Gründen).
33 MüKoBGB/Roth § 1357 Rn. 29.

42 Fraglich bleibt, wann die Haftung endet. Nach dem LG Karlsruhe soll die Haftung bestehen bleiben, bis die Trennung dem Vertragspartner angezeigt wird.[34] Dogmatisch richtiger dürfte es sein, die Haftung solange bestehen zu lassen, bis der Vertrag gekündigt oder sonst aufgelöst wird. Der BGH hat die Frage bislang offengelassen.[35]

43 Das Stichtagsprinzip gilt auch im umgekehrten Fall, dass sich die Ehegatten trennen und danach ein Bedarfsdeckungsgeschäft durch einen von ihnen abgeschlossen wird. Versöhnen sich die Ehegatten wieder, so wirkt § 1357 BGB auf das während der Trennungszeit geschlossene Bedarfsdeckungsgeschäft nicht zurück.[36]

(3) Wirksamer Abschluss eines schuldrechtlichen Rechtsgeschäfts durch den handelnden Ehegatten

44 Es muss überhaupt ein wirksames Vertragsverhältnis begründet werden, damit der andere Ehegatte über § 1357 I BGB in dessen Rechte und Pflichten miteinbezogen werden kann. **Problematisch** sind insbesondere Fälle einer beschränkten oder fehlenden Geschäftsfähigkeit auf Seite eines der Ehegatten. Ist der **vertragsschließende Gatte beschränkt geschäftsfähig,**[37] so hängt die Wirksamkeit des Vertrags ihm gegenüber von §§ 106 ff. BGB (also regelmäßig von der Genehmigung seines gesetzlichen Vertreters) ab. Den anderen Ehegatten kann er (Rechtsgedanke des § 165 BGB) wirksam mitberechtigen und mitverpflichten. An der Haftung des anderen Ehegatten soll sich nach einer Literaturansicht auch dann nichts ändern, wenn die Genehmigung des Vertrags durch den gesetzlichen Vertreter des beschränkt Geschäftsfähigen später verweigert wird: Aus dem Begriff der Gesamtschuld folge, dass durch den Wegfall eines Schuldners die Haftung der übrigen unberührt bleibt (arg. § 425 BGB).[38] Dieser Ansicht ist nicht zu folgen. Sie übersieht, dass der beschränkt Geschäftsfähige nicht 2 Verträge (einen für sich selbst und einen als Vertreter des anderen Gatten), sondern nur *einen* Vertrag schließt, in dessen Rechts- und Pflichtenkreis der andere Gatte lediglich über § 1357 I BGB miteinbezogen wird. Wird die erforderliche Genehmigung dieses einen Vertrags durch den gesetzlichen Vertreter verweigert, so entfällt er *ex tunc*. Es gibt also keinen Vertrag, in den der andere Gatte über § 1357 I BGB einbezogen sein könnte. Erst recht gilt dies, wenn der **Vertragsschließende geschäftsunfähig** ist: Hier haftet keiner der Ehegatten.

45 Ist der **Vertragsschließende voll geschäftsfähig**, der andere Ehegatte jedoch beschränkt geschäftsfähig oder geschäftsunfähig, so wirken die Geschäfte gegen Letzteren aus § 1357 I BGB. Denn die Verpflichtung tritt ein, ohne dass der Minderjährige bzw. Geschäftsunfähige rechtsgeschäftlich handelt, sodass der Schutz der §§ 104 ff. BGB nicht eingreift.[39]

(4) Geschäft zur Deckung des Lebensbedarfs

46 Unter § 1357 BGB fallen zunächst alle Geschäfte, die **Unterhaltsbedürfnisse der Familie gem. §§ 1360, 1360a BGB** befriedigen, etwa die Versorgung der Familie mit

34 LG Karlsruhe NJW-RR 2013, 1326 (1327).
35 BGH NJW-RR 2013, 897 Rn. 6 ff.
36 Schwab FamR GdR Rn. 193.
37 Da die Eheschließung inzwischen ein Mindestalter von 18 Jahren voraussetzt (§ 1303 S. 1 BGB nF), dürfte dieser Fall in der Praxis kaum noch vorkommen.
38 Vgl. nur MüKoBGB/Roth § 1357 Rn. 15.
39 MüKoBGB/Roth § 1357 Rn. 15 (ausdrücklich für den beschränkt geschäftsfähigen Ehegatten; für den geschäftsunfähigen kann jedoch mE nichts Anderes gelten).

Lebensmitteln, Strom, Heizmittel und Telefon, der Kauf von (Kinder-)Kleidung, die Vergabe notwendiger Reparaturaufträge im Haushalt und kleinere (oder auch größere und unaufschiebbare[40]) ärztliche Behandlungen. Die Befriedigung persönlicher Genüsse nur eines Ehegatten (zB Zigaretten- oder Alkoholkonsum) und Liebhabereien/Hobbys fällt unter § 1357 BGB nur, wenn sie den Anspruch auf ein angemessenes Taschengeld nicht übersteigt.[41] Problematisch sind **Anschaffungen und Verträge, die dem Berufs- oder Erwerbsbereich eines Gatten** zuzurechnen sind. Zwar dient die Anschaffung der beruflichen Tätigkeit und damit mittelbar auch der Sicherung des Unterhalts der Familie. Dennoch wird die Anwendbarkeit von § 1357 BGB für ausschließlich beruflich bedingte Verträge überwiegend verneint. Wollte man auch mittelbar bedarfsdeckende Geschäfte in den Anwendungsbereich des § 1357 BGB einbeziehen, so würde diese Vorschrift, deren Berechtigung ohnehin schon fragwürdig ist, über Gebühr ausgedehnt. Bei Geschäften, die Berufliches und private Bedarfsdeckung mischen, kann § 1357 BGB dagegen mE angewandt werden.

Beispiel: Keine Haftung der Frau für die Lieferung von Fleisch- und Wurstwaren für die Grillbude des Ehemanns.[42] Dagegen sollte § 1357 BGB angewandt werden, wenn die Reparatur eines Kfz in Auftrag gegeben wird, das ganz überwiegend beruflichen Zwecken des Ehemanns dient, aber daneben auch als Familienfahrzeug fungiert. 47

Veräußerungsgeschäfte dienen allenfalls mittelbar der Bedarfsbedeckung (indem sie finanzielle Mittel für Bedarfsdeckungsgeschäfte bereitstellen). Eine nur **mittelbare Bedarfsdeckungsfunktion** kann den Tatbestand des § 1357 BGB aber **nicht** erfüllen.[43] 48

Umstritten ist, ob unter den Begriff der Bedarfsdeckung auch die **Aufhebung eines Vertragsverhältnisses**, etwa durch die Ausübung eines Gestaltungsrechts wie der Kündigung, fällt. 49

Beispiel: Ehefrau F schließt eine Vollkaskoversicherung für das einzige Familienfahrzeug ab. 2 Monate später kündigt der Ehemann M dieses Vertragsverhältnis, ohne dass F davon weiß. Weitere 2 Monate später verunfallt F mit dem Fahrzeug. Sie möchte gerne die Versicherung in Anspruch nehmen. Die beruft sich jedoch darauf, der Vertrag sei wirksam gekündigt worden.[44] Der Abschluss der Vollkaskoversicherung für das einzige Fahrzeug der Familie ist von § 1357 I 1 BGB gedeckt, denn er soll den Erhalt eines Fahrzeugs für die Familie sichern und damit einen Bedarf der Familie decken. Gilt das Gleiche jedoch auch für die Kündigung? 50

Terminologisch tut man sich schwer, die Kündigung einer Versicherung oder einer Mietwohnung als ein Geschäft zur *Deckung* des Lebensbedarfs anzusehen. In der Regel (etwa bei der Kündigung einer Wohnung) wird hierdurch nur ein Bedarf (nämlich der nach einer neuen Wohnung) geschaffen, keinesfalls aber ein bestehender Bedarf befriedigt. Der **BGH** hat sich dennoch dafür ausgesprochen, dass auch die **Ausübung von Gestaltungsrechten von § 1357 BGB erfasst ist, wenn sie sich auf einen Vertrag beziehen, der über § 1357 BGB begründet wurde.** § 1357 I BGB führe neben einer Mitverpflichtung auch zu einer Mitberechtigung des jeweils anderen Ehegatten, sodass beide Ehegatten Gesamtgläubiger seien und Gestaltungsrechte ausüben 51

40 BGHZ 116, 184 = NJW 1992, 909.
41 MüKoBGB/Roth § 1357 Rn. 23.
42 AG Augsburg FamRZ 1987, 819.
43 Wellenhofer FamR § 10 Rn. 18.
44 Nach BGHZ 218, 34 = NJW 2018, 1313.

könnten.[45] Hier stellt sich noch ein **Folgeproblem**: Gesamtgläubiger können Gestaltungsrechte grundsätzlich nur gemeinschaftlich ausüben, arg. § 351 BGB. Dies würde bedeuten, dass die Kündigung des M im Beispielsfall nicht wirksam war, weil F an der Kündigung nicht mitwirkte und von ihr sogar gar nichts wusste. Nach dem BGH soll jedoch der Grundsatz der gemeinschaftlichen Ausübung ausnahmsweise nicht gelten, wenn sich die Ausübung des Gestaltungsrechts auf ein Geschäft zur angemessenen Deckung des Lebensbedarfs iSv § 1357 BGB bezieht. So wie es durch § 1357 I BGB Eheleuten ermöglicht werde, für und gegen ihre jeweiligen Partner Rechte und Pflichten zu begründen, müsse es ihnen spiegelbildlich erlaubt sein, sich hiervon mit Wirkung für und gegen den anderen einseitig wieder zu lösen.[46] Im Beispielsfall konnte M also den Versicherungsvertrag wirksam kündigen, obwohl nicht er, sondern F, den Versicherungsvertrag begründet hatte und obwohl F von der Kündigung nichts wusste.

(5) Angemessenheit

52 Handelt es sich grundsätzlich um ein Geschäft zur Deckung des Lebensbedarfs, so ist noch in einem weiteren Schritt zu prüfen, ob die jeweilige Bedarfsdeckung auch angemessen ist. Bei der Beurteilung der Angemessenheit ist nicht von den tatsächlichen Einkommensverhältnissen der konkreten Ehegatten auszugehen, sondern, im Interesse des Rechtsverkehrs, vom **äußerlich erkennbaren Zuschnitt** ihres Haushalts **im Zeitpunkt des Vertragsschlusses**.[47] Der Maßstab ist also ggf. höher, wenn die Ehegatten einverständlich über ihre Verhältnisse leben. Nicht mehr angemessen sind Geschäfte größeren Umfangs, die ohne Schwierigkeiten zurückgestellt werden können und über die sich Ehegatten (je nach ihrem konkreten Lebenszuschnitt) typischerweise vorher absprechen.[48] Dies wurde etwa für die Anmietung einer neuen Wohnung[49] oder den Abschluss eines Bauvertrags für ein Wohnhaus angenommen.[50] Denn § 1357 BGB soll nicht dazu führen, dass ein Ehegatte den anderen in wesentlichen Fragen vor vollendete Tatsachen stellt. Auf seine Angemessenheit zu beurteilen ist jeweils nur das konkret abgeschlossene Geschäft. Das heißt Geschäfte werden nicht durch Zusammenrechnung unangemessen, wenn sie jeweils für sich genommen den Rahmen des § 1357 BGB wahren. Das Gleiche gilt bei Doppelanschaffungen.

53 **Beispiel:** M und F haben die gleiche Idee für ein Weihnachtsgeschenk für ihre Tochter. Am gleichen Tag, aber unabhängig voneinander, kaufen sie einen Schneeanzug. Hier könnte man auf den Gedanken kommen, dass der zweite Kauf kein Geschäft zur angemessenen Deckung des Lebensbedarfs mehr darstellt, weil der Bedarf durch den zeitlich früheren Kaufvertrag bereits gedeckt ist. Dies würde jedoch übersehen, dass es dem jeweiligen Vertragspartner nicht möglich ist zu erkennen, ob bereits ähnliche Geschäfte zuvor abgewickelt wurden oder nicht. Es kann daher nur auf eine Einzelfallbetrachtung des konkreten Geschäfts ankommen.

54 **Und Achtung Falle:** Von der Angemessenheit der Bedarfsdeckung hängt nur die Wirkung des Geschäfts für und gegen den anderen Ehegatten ab; der handelnde Ehegatte selbst haftet natürlich immer, sofern sich nicht „aus den Umständen" etwas anderes ergibt.

45 BGHZ 218, 34 Rn. 35 f. = NJW 2018, 1313.
46 BGHZ 218, 34 Rn. 36 = NJW 2018, 1313.
47 BGH NJW 2004, 1593 (1594).
48 BT-Drs. 7/650, 99.
49 OLG Brandenburg NJW-RR 2007, 221.
50 BGH NJW-RR 1989, 85.

Grundsätzlich gehören zwar auch Aufwendungen für Erholung und Unterhaltung zum Lebensbedarf. Handelt es sich aber um die Buchung einer längeren Ferienreise mit erheblichem Kostenaufwand (konkret: Seychellen-Reise für 6.400 EUR im Jahr 1988), so fällt der Abschluss des Reisevertrags mangels Angemessenheit idR nicht mehr unter § 1357 BGB.[51] Auch der Abschluss eines Telefondienstevertrags gehört grundsätzlich zum allgemeinen Lebensbedarf. Wird der Telefonanschluss dann aber in einem Ausmaß genutzt, der den finanziellen Rahmen der Familie exorbitant überschreitet (konkret: knapp 3.000 EUR für Telefonsexdienste), so sind diese Kosten nicht mehr der angemessenen Deckung des Lebensbedarfs zuzurechnen.[52] 55

(6) Aus den Umständen ergibt sich nichts Anderes, § 1357 I 2 aE BGB

Aus den Umständen kann sich ergeben, dass nur *ein* Ehegatte Vertragspartner werden soll. Der Handelnde kann mit dem Geschäftsgegner vereinbaren, dass nur er oder nur sein Gatte berechtigt und verpflichtet wird. Beim Handeln **im Namen und mit Vollmacht** des anderen Ehegatten ist idR eine Vertretung gewollt, die an sich eine Eigenhaftung des Handelnden ausschließen würde. Zum Ausschluss der Eigenhaftung bedarf es allerdings deutlicher Offenlegung der gegen eine Gesamthaftung sprechenden Umstände,[53] sonst kommt es selbst bei ausdrücklichem Handeln im Namen des außenstehenden Ehegatten über § 1357 I BGB auch zu einer Mitverpflichtung des Handelnden. Denn hätte der Außenstehende den Vertrag selbst geschlossen, so hätte dieser Vertrag als Schlüsselgewaltgeschäft den anderen Ehegatten mitverpflichtet.[54] 56

Zu den maßgeblichen Umständen gehören auch die **wirtschaftlichen Verhältnisse** der Ehegatten. Übersteigen die Kosten des abgeschlossenen Rechtsgeschäfts eindeutig den finanziellen Rahmen der Familie, so scheidet eine Mitverpflichtung nach den Umständen aus.[55] Häufig scheitert die Anwendbarkeit des § 1357 BGB in derartigen Fällen schon am Kriterium der Angemessenheit. Dies ist jedoch nicht zwingend so. 57

Beispiel: Die Verhältnisse von M und F sind schon seit Jahren beengt. Die Krankenkasse hat die Krankenversicherung gekündigt, weil M seine Beiträge nicht mehr zahlen konnte. Als bei M eine Krebserkrankung ausbricht, begibt er sich in stationäre, chemotherapeutische Behandlung, allerdings ohne Heilungserfolg. Nach seinem Tod nimmt das Krankenhaus F wegen der Behandlungskosten iHv 15.000 EUR in Anspruch. Da der Nachlass des M überschuldet war, hat F die Erbschaft ausgeschlagen. – Hier kommt eine Haftung der F für die Behandlungskosten nur aus §§ 630a I, 1357 I BGB (nicht aber nach § 1967 I BGB) in Betracht. Trotz der Höhe der Kosten und der finanziellen Lage der Familie ist die Angemessenheit gewahrt: Der BGH betrachtet medizinisch gebotene ärztliche Behandlungen ohne Inanspruchnahme von Sonderleistungen, insbesondere wenn sie, wie hier, unausweichlich und alternativlos sind, grundsätzlich als Maßnahmen zur angemessenen Deckung des Lebensbedarfs.[56] Überschreitet eine gebotene ärztliche Behandlung aber eindeutig die finanziellen Möglichkeiten der (nicht krankenversicherten) Familie, so scheidet eine Mitverpflichtung des anderen Ehegatten über § 1357 I BGB aus, weil sich „aus den Umständen etwas anderes ergibt". Ob die zu erwartenden Kosten eindeutig außer Verhältnis zum Lebenszuschnitt der Familie stehen, beurteilt sich aus der Sicht eines objektiven Beobachters. Nicht maßgeblich ist, welche, möglicherweise unzutreffende, Vorstellung sich der individuelle Vertragspartner von der finanziellen Leistungsfähigkeit der Familie macht.[57] 58

51 OLG Köln NJW-RR 1991, 1092.
52 BGH NJW 2004, 1593.
53 BGHZ 94, 1 (4) = NJW 1985, 1394 (1395).
54 BGHZ 218, 34 = NJW 2018, 1313.
55 BGHZ 116, 184 (188 f.) = NJW 1992, 909 (910).
56 BGHZ 116, 184 (187) = NJW 1992, 909 (910).
57 BGHZ 116, 184 (189) = NJW 1992, 909 (910).

(7) Kein wirksamer Ausschluss der Schlüsselgewalt nach §§ 1357 II, 1412 BGB

59 Die Verpflichtungsermächtigung ist kraft Gesetzes ausgeschlossen, wenn die Ehegatten getrennt leben. Auch während der Dauer des Zusammenlebens kann jeder Ehegatte die Wirkung des § 1357 BGB ausschließen oder einschränken (§ 1357 II 1 BGB). Dritten, insbesondere einem potenziellen Vertragspartner, gegenüber wirkt die Ausschließung oder Beschränkung allerdings nur, wenn sie in das Güterrechtsregister eingetragen wurde oder bei der Vornahme des Rechtsgeschäfts positiv bekannt war (§ 1357 II 2 BGB iVm § 1412 BGB). Besteht für die Beschränkung oder Ausschließung kein ausreichender Grund, so hat das Familiengericht sie auf Antrag des benachteiligten Ehegatten aufzuheben (§ 1357 II 1 Hs. 2 BGB).

c) Rechtswirkungen

aa) Schuldrechtliche Mitberechtigung und Mitverpflichtung

60 Durch ein Handeln im Rahmen von § 1357 BGB werden beide Ehegatten mitberechtigt und -verpflichtet. Begründet werden Gesamtschuld (§§ 421 ff. BGB) und Gesamtgläubigerschaft (§ 428 BGB). Der Geschäftsgegner kann daher an jeden Ehegatten mit befreiender Wirkung leisten. Jeder Ehegatte kann auf Leistung an sich alleine klagen.

bb) Fortbestehen von § 1357 BGB auch im begründeten Schuldverhältnis

61 Nach § 425 BGB wirken Umstände (außer in den Fällen der §§ 422–424 BGB) grundsätzlich nur für und gegen den Gesamtschuldner, in dessen Person sie eintreten (sog. Einzelwirkung). Dieser Grundsatz gilt nach § 429 III BGB auch für Gesamtgläubiger. Ebenso müssen Gestaltungsrechte grundsätzlich von allen Gesamtgläubigern bzw. gegen alle Gesamtschuldner ausgeübt werden, § 351 BGB. In einem durch § 1357 BGB begründeten Schuldverhältnis wirkt § 1357 BGB allerdings auch bei der Vertragsabwicklung fort. Die genannten Grundsätze werden daher durch § 1357 BGB überlagert: Die **Einzelwirkung der §§ 425, 429 III BGB wird durch die Gesamtwirkung verdrängt.** Die **Ausübung von Gestaltungsrechten wirkt auch für bzw. gegen den anderen Ehepartner** (vgl. hierzu bereits → Rn. 51).[58] Auch das Widerrufsrecht bei Verbraucherverträgen (§ 355 BGB) kann jeder Ehegatte alleine mit Wirkung für beide erklären. Die Wahrung der Form- und Informationsanforderungen ist nur gegenüber dem handelnden Ehegatten nötig.[59] Der Beginn der Widerrufsfrist tritt mit der korrekten Belehrung des handelnden Ehegatten für beide Eheleute ein.[60]

⇨ Fall Nr. 3 – Das missglückte Geburtstagsgeschenk

cc) Keine dingliche Wirkung

62 § 1357 I BGB hat keine dingliche Wirkung. Die Ehegatten werden also bei im Rahmen von Bedarfsdeckungsgeschäften nach § 1357 BGB angeschafften Gegenständen nicht automatisch Miteigentümer. Der gesetzliche Güterstand, ebenso wie die Gütertrennung, kennt nämlich keinen gemeinsamen Vermögenserwerb der Ehegatten kraft Gesetzes, womit ein über § 1357 I BGB kraft Gesetzes entstehendes Miteigentum

58 BGHZ 218, 34 = NJW 2018, 1313.
59 MüKoBGB/Roth § 1357 Rn. 33.
60 MüKoBGB/Roth § 1357 Rn. 34.

schwer zu vereinbaren wäre.[61] Der **Eigentumserwerb** richtet sich vielmehr **nach allgemeinen sachenrechtlichen Grundsätzen**. Maßgeblich ist der Wille der Vertragspartner bei der **dinglichen Einigung** (§§ 929 ff. BGB). Waren beide sich einig, dass nur der Handelnde Eigentum erwerben soll, so wird er Alleineigentümer. Ging die Einigung hingegen dahin, dass die Ehepartner Miteigentümer werden, so werden sie Miteigentümer. Denn der handelnde Gatte ist grundsätzlich befugt, den Abwesenden bei der Abgabe der Einigungserklärung zu vertreten, wobei sich diese Befugnis entweder aus § 1357 I BGB herleiten soll[62] oder aus einer schlüssig erteilten Vollmacht.[63] Häufig wird der Inhalt der Einigungserklärungen nur **durch Auslegung zu ermitteln** sein: Bei Bargeschäften entscheidet nach den Grundsätzen des Geschäfts für den, den es angeht der durch Auslegung zu ermittelnde **Wille des handelnden Ehegatten**. Beim Erwerb von Hausrat, um den es bei den § 1357 unterfallenden Rechtsgeschäften häufig geht, wird die Einigungserklärung des handelnden Gatten idR dahingehend zu verstehen sein, dass beide Ehegatten (Mit-)Eigentümer werden sollen. Der BGH begründet das damit, dass es unschön wäre, wenn „ein Ehegatte in Mobiliar oder sonstigen Hausratsgegenständen zu wohnen genötigt [... sei], die allein dem anderen gehören".[64] Das kommt einer dinglichen Wirkung des § 1357 BGB im Ergebnis ziemlich nahe. Im Übrigen erwirbt derjenige, der im Innenverhältnis zahlt (sog. Gegenleistungsprinzip).

5. Eigentumsvermutungen

a) Einführung: Eigentums- und Besitzverhältnisse während der Ehe

Die Eheschließung lässt die **Eigentumsverhältnisse an den eingebrachten Sachen** 63
grundsätzlich unberührt, soweit die Gatten nicht ausnahmsweise Gütergemeinschaft vereinbaren (vgl. §§ 1363 II 1 Hs. 1, 1416 I BGB). Auch während der Ehe angeschaffte Gegenstände werden nicht schon kraft Gesetzes gemeinschaftliches Eigentum (vgl. § 1363 II 1 Hs. 2 BGB). Wer Eigentümer einer neu angeschafften Sache wird, richtet sich nach **allgemeinen sachenrechtlichen Grundsätzen**, §§ 929 ff. BGB. Möglich sind auch Übereignungen zwischen den Ehegatten, wobei idR die Übergabe iSv § 929 S. 1 BGB (die eine Aufgabe jeglichen Besitzrestes aufseiten des Veräußerers erfordern würde) durch ein Besitzmittlungsverhältnis ersetzt wird (§§ 929, 930 BGB). Die eheliche Lebensgemeinschaft bildet ein **gesetzliches Besitzmittlungsverhältnis**, welches für die Anwendung von § 930 BGB genügt.[65] Unabhängig von den Eigentumsverhältnissen haben außerdem beide Ehegatten aus § 1353 I 2 BGB ein **Recht zum Mitbesitz** an der ehelichen Wohnung und den Haushaltsgegenständen. In der Theorie sind die Eigentums- und Besitzverhältnisse demnach klar. Dies gilt aber häufig nur in der Theorie: Denn durch die enge persönliche Beziehung kommt es faktisch zu einer Vermengung der beiderseitigen Habe, sodass sich die Frage stellen kann, wem was gehört. Das Gesetz hilft hier mit einer Reihe von Vermutungen.

---

61 BGHZ 114, 74 (77) = NJW 1991, 2283 (2284).
62 So etwa Büdenbender FamRZ 1976, 662 (667 f.).
63 Vgl. BGHZ 114, 74 (79) = NJW 1991, 2283 (2284).
64 BGHZ 114, 74 (80) = NJW 1991, 2283 (2285).
65 BGHZ 73, 253 (256) = NJW 1979, 976 (977).

b) Die Vermutung des § 1568b II BGB

64 Im Fall der Scheidung besteht ein Anspruch auf Überlassung und Übereignung von Haushaltsgegenständen, wenn der Anspruchsteller-Ehegatte auf deren Nutzung unter Berücksichtigung des Wohls der im Haushalt lebenden Kinder und der Lebensverhältnisse der Ehegatten in stärkerem Maße angewiesen ist als der andere Ehegatte oder dies sonst der Billigkeit entspricht, § 1568b I BGB. Dieser Anspruch besteht allerdings nur im Hinblick auf Haushaltsgegenstände, die im gemeinsamen Eigentum stehen. **§ 1568b II BGB** hilft insoweit mit einer **Vermutung**: Danach **gelten Haushaltsgegenstände**, die **während der Ehe für den gemeinsamen Haushalt angeschafft** wurden, **für die Verteilung als gemeinsames Eigentum**, es sei denn, das Alleineigentum eines Ehegatten steht fest.

65 Unmittelbar ist die Vermutung nur im Hausratsverteilungsverfahren nach § 1568b BGB anwendbar. Ihr liegt aber eine allgemeine Auffassung zugrunde (die letztlich auch der Verpflichtung aus § 1353 BGB zur ehelichen Lebensgemeinschaft entspricht), dass ehelicher Hausrat idR beiden Eheleuten gemeinsam gehören soll, wenn nicht besondere Umstände im Einzelfall dagegensprechen. Auf sie bzw. den ihr zugrunde liegenden Rechtsgedanken kann daher auch in anderen Kontexten zurückgegriffen werden.[66]

66 **Beispiel:** M und F sind in Gütertrennung miteinander verheiratet. M veräußert an K den Fernseher aus dem Wohnzimmer, den er wenige Monate zuvor aus eigenen Mitteln für den Haushalt der Parteien von V gekauft und erhalten hatte. Als F davon erfährt, verlangt sie den Fernseher von K heraus. – Der Herausgabeanspruch ließe sich auf § 985 BGB (iVm §§ 1011, 432 BGB) stützen, wenn F zumindest Miteigentümerin des Fernsehers gewesen wäre. In diesem Fall wäre ein gutgläubiger Erwerb des K ausgeschlossen, da der F der unmittelbare (Mit-)Besitz am Gerät ohne ihren Willen abhandengekommen ist (§ 935 BGB). Lässt sich der Inhalt der Übereignung zwischen M und K nicht mehr eindeutig aufklären, so kann zugunsten der F der Rechtsgedanke des § 1568b II BGB herangezogen werden, dass Hausrat idR zu gemeinsamem Eigentum angeschafft wird. Allein die Tatsache, dass der Fernseher aus den Mitteln des M bezahlt wurde, ist kein „besonderer Umstand", der für einen Erwerb zu seinem Alleineigentum spricht. Ein Besitzrecht aus dem Kaufvertrag (§ 986 I 1 BGB) kann K nur gegenüber M, nicht aber gegenüber F geltend machen. Insbesondere wurde F nicht über § 1357 I 2 BGB Mitverpflichtete des Kaufvertrags, da ein Veräußerungsgeschäft kein Geschäft zur angemessenen Deckung des Lebensbedarfs ist (vgl. hierzu → Rn. 62).

c) Die Vermutung des § 1006 BGB

67 Nach der **allgemeinen Vermutungsregel des § 1006 I 1 BGB** wird zugunsten des (mittelbaren oder unmittelbaren) Eigenbesitzers einer beweglichen[67] Sache vermutet, dass er Eigentümer der Sache ist. Vermutet wird, (1) dass der Eigenbesitzer das (unbedingte) Eigentum zugleich mit dem Eigenbesitz erworben hat (sog. **Erwerbsvermutung**) und (2) dass er dieses Eigentum während der Dauer seiner Eigenbesitzzeit behalten hat (§ 1006 II BGB; sog. **Fortbestandsvermutung**). Die **Vermutung kann ausgeräumt** werden, durch den Nachweis des Abhandenkommens (Begriff wie in § 935 BGB), außer bei Geld und Inhaberpapieren (vgl. § 1006 I 2 BGB); durch

66 BGHZ 114, 74 (80 f.) = NJW 1991, 2283 (2285); OLG Stuttgart NJW 2016, 1665 (§ 1568b II BGB gilt entsprechend im Verfahren wegen Schadensersatzes nach unberechtigter Veräußerung von Hausrat).

67 Für Grundstücke gilt § 891 BGB.

Erschütterung der Vermutungsbasis (kein Besitz; kein Eigenbesitz); oder durch den Beweis des Gegenteils.

d) Die Vermutungen des § 1362 BGB

aa) Problematik und Normzweck

Durch die eheliche Lebensgemeinschaft kommt es faktisch häufig zu einer Vermengung der Habe beider Ehegatten. Über die Eigentumsverhältnisse an unbeweglichen Sachen gibt das Grundbuch Auskunft. Bei beweglichen Sachen kann es dagegen schwierig werden zu bestimmen, welchem Ehegatten eine bestimmte Sache gehört. Problematisch ist diese Sachlage insbesondere für die Gläubiger eines Ehegatten, die auf das Eigentum ihres Schuldners in der Zwangsvollstreckung zugreifen wollen. Zwar kommt es für die Pfändung einer beweglichen Sache zunächst nur auf den Gewahrsam des Schuldners (vgl. § 808 ZPO) und nicht auf sein Eigentum an. Eine Pfändung sieht sich allerdings einer Drittwiderspruchsklage (§ 771 ZPO) ausgesetzt, wenn der andere Ehegatte behauptet, der wahre Eigentümer der gepfändeten Sache zu sein. Auf der Basis der Eigentumsvermutung in § 1006 BGB hätte diese Klage gute Erfolgsaussichten, sofern der andere Ehegatte, wie üblich, Mitbesitz an der gepfändeten Sache hatte. Denn vom Mitbesitz wäre über § 1006 I 1 BGB im Zweifel auf sein Miteigentum zu schließen. **68**

Um die Gläubiger vor diesem Dilemma zu schützen, existiert § 1362 I BGB. Danach wird zugunsten der Gläubiger eines Ehegatten **vermutet**, dass die im Besitz eines oder beider Gatten befindlichen beweglichen Sachen dem Schuldner-Ehegatten gehören. Diese Vorschrift verdrängt in ihrem Anwendungsbereich die Eigentumsvermutung des § 1006 I 1 BGB (nicht aber die des § 1006 II BGB, vgl. hierzu im Einzelnen → Rn. 74).[68] **69**

§ 1362 I BGB wird ergänzt durch **§ 739 I ZPO**. § 739 I ZPO **fingiert** in den Fällen des § 1362 I BGB den Schuldner-Ehegatten als alleinigen Gewahrsamsinhaber und Alleinbesitzer. Damit entgeht der Gläubiger der Gefahr einer Vollstreckungserinnerung nach § 766 ZPO. Denn durch § 739 I ZPO wird verhindert, dass der andere Ehegatte eine Verletzung von § 809 ZPO rügen könnte. **70**

bb) Tatbestandsvoraussetzungen des § 1362 I BGB im Einzelnen

71

Voraussetzungen des § 1362 I BGB
1. Schuldnerstellung eines Ehegatten **2.** Bewegliche Sache im (auch mittelbaren) Besitz eines oder beider Ehegatten **3.** Kein Getrenntleben für Sachen, die sich im Besitz des Nichtschuldner-Ehegatten befinden, § 1362 I 2 BGB

Im Rahmen der ersten Tatbestandsvoraussetzungen ist ggf. inzident das Bestehen einer wirksamen Ehe – und zwar im Zeitpunkt der Vollstreckungsmaßnahme/Pfändung – zu klären. Für die nichteheliche Lebensgemeinschaft gilt die Eigentumsvermutung nämlich nach der Rechtsprechung nicht analog. Nach dem BGH fehlt es an **72**

68 BGH NJW 1992, 1162 (1163).

einer planwidrigen Regelungslücke, da sich der Gesetzgeber bewusst dafür entschieden habe, § 1362 BGB nicht auf nichteheliche Lebensgemeinschaften auszudehnen.[69] Für gleichgeschlechtliche Lebenspartner greift dagegen eine entsprechende Regelung in § 8 I LPartG iVm § 739 II ZPO.

73 § 1362 I BGB gilt nur für bewegliche Sachen, wobei Inhaber- und Orderpapiere beweglichen Sachen gleichstehen, § 1362 I 3 BGB. § 1362 BGB gilt nicht, wenn die Ehegatten getrennt leben und sich die Sache im Alleinbesitz desjenigen Gatten befindet, der nicht Schuldner ist, § 1362 I 2 BGB. Getrenntleben in diesem Kontext bedeutet nicht das Gleiche wie in § 1567 BGB. Dem Schutzzweck des § 1362 BGB entsprechend genügt die rein tatsächliche, nicht nur vorübergehende räumliche Trennung. Umgekehrt genügt Getrenntleben iSv § 1567 BGB innerhalb desselben Wohnbereichs für § 1362 I 2 BGB noch nicht.[70]

cc) Rechtsfolgen des § 1362 I BGB

74 § 1362 I BGB hat zur Folge, dass sich der Gläubiger auf die Vermutung berufen kann, Eigentümer der gepfändeten Sache sei der Schuldner-Ehegatte. Anwendbar bleibt aber die Vermutung des § 1006 II BGB. Es genügt also, dass der widersprechende Ehegatte nachweist, dass er das Eigentum an der Sache einmal erworben hat. Für den Fortbestand seines Eigentums seit Erwerb kann er sich dann auf die Vermutung des § 1006 II BGB berufen.

75 **Beispiel:** F kann beweisen, dass sie den gepfändeten Orientteppich ursprünglich in Alleineigentum hatte. Hier wird über § 1006 II BGB zu ihren Gunsten vermutet, dass sie auch danach Alleineigentümerin des Teppichs geblieben ist. Es müsste jetzt also der Gläubiger beweisen, dass F dem M später den Teppich übereignet hat.

76 Der Schutzzweck des § 1362 I BGB erstreckt sich außerdem allein auf die während der Ehe angeschafften Sachen, bei denen oft nicht erkennbar ist, ob sie von dem einen oder dem anderen oder beiden Ehegatten gemeinsam erworben wurden. Führt der nichtschuldende Ehegatte also den Nachweis, dass er die Sache schon *vor der Ehe* in Besitz hatte, so geht es um den Eigentumserwerb zu einer Zeit, als die Voraussetzungen, an die § 1362 I BGB anknüpft (der gemeinsame Haushalt nach der Eheschließung), noch nicht vorlagen.[71]

77 § 1362 I BGB gilt, ausweislich seines Wortlauts, **nur zugunsten der Gläubiger** eines Ehegatten, **nicht im Verhältnis der Ehegatten zueinander** oder zu deren Rechtsnachfolgern. Hier bleibt es bei § 1006 I BGB.[72] Die Vermutungswirkung greift nicht nur dann ein, wenn Gläubiger in das Eigentum des Schuldners vollstrecken, sondern immer dann, wenn die **Eigentumsverhältnisse** des Schuldners **für die Gläubiger von Bedeutung** sind, zB auch bei einer Klage auf Übereignung einer beweglichen Sache.[73] Schulden beide Ehegatten mehreren Gläubigern, so kann sich bezüglich derselben Sache ein **konkurrierender Zugriff** ergeben. Können die einander widersprechenden Vermutungen weder von den Ehegatten noch von den Gläubigern widerlegt werden,

69 BGHZ 170, 187 Rn. 15 = NJW 2007, 992.
70 MüKoBGB/Weber-Monecke § 1362 Rn. 13.
71 BGH NJW 1992, 1162 (1163).
72 MüKoBGB/Weber-Monecke § 1362 Rn. 17.
73 MüKoBGB/Weber-Monecke § 1362 Rn. 18.

bestimmt sich der Rang der Pfändungspfandrechte analog § 804 III ZPO nach der **Priorität**.[74]

dd) Sonderfall: Die Vermutung des § 1362 II BGB

Eine dem § 1362 I BGB entgegengesetzte (und vorrangige) Vermutung statuiert § 1362 II BGB für **bewegliche Sachen, die ausschließlich zum persönlichen Gebrauch eines Ehegatten bestimmt** sind. Hierunter fallen zB allein von einem Gatten benutzte Arbeitsgeräte sowie die Brille, Bekleidungs- oder Schmuckstücke eines Gatten. Der Kreis der Gegenstände wird nicht abstrakt oder geschlechtsspezifisch bestimmt, sondern erfasst alles, wofür der Ehegatte die Zweckbestimmung für seinen alleinigen Gebrauch nachweisen kann.[75] Für solche Gegenstände wird – und zwar **sowohl zugunsten der Gläubiger als auch im Verhältnis der Ehegatten** untereinander – **vermutet**, dass sie im **Alleineigentum des Gatten stehen, für dessen Gebrauch sie bestimmt** sind. Gerade bei (wertvollen) Schmuckstücken ist aber zu beachten, dass diese oft auch als Wertanlage und nicht ausschließlich für den persönlichen Gebrauch eines Gatten angeschafft werden. Dann greift die Eigentumsvermutung des § 1362 II BGB nicht.[76] Die Vermutung endet nicht schon mit der Ehescheidung, sondern besteht bis zur endgültigen Vermögensauseinandersetzung fort.[77] **78**

6. Ehename

a) Entwicklung

Die Vorschrift über den Ehenamen wurde seit Erlass des BGB mehrfach geändert. **79** Nach der ursprünglichen Gesetzesfassung erhielt die Frau ganz lapidar „den Familiennamen des Mannes" (§ 1355 BGB 1900). Ungeachtet des seit 1949 geltenden Art. 3 II GG hielt auch noch das 1. EheRG von 1976 am einheitlichen Ehenamen fest und setzte die Namensherrschaft des Mannes insoweit fort, als bei fehlender Einigung der Gatten auf einen gemeinsamen Ehenamen der Mannesname kraft Gesetzes zum Ehenamen wurde. Das BVerfG erklärte deshalb diese Regelung 1991 für mit Art. 3 II GG unvereinbar und erließ eine Übergangsregelung, der zufolge mangels Einigung der Ehegatten jeder seinen aktuell geführten Namen beibehielt.[78] Diese Entscheidung führte zum Familiennamensrechtsgesetz von 1994,[79] auf dem die derzeitige Regelung beruht. Das Prinzip der zwingenden Namenseinheit wurde durch dieses Gesetz abgeschafft. Dennoch ist das deutsche Namensrecht weiterhin – insbesondere rechtsvergleichend betrachtet – sehr restriktiv[80] und aktuell Gegenstand von Reformbestrebungen.[81]

74 MüKoBGB/Weber-Monecke § 1362 Rn. 21.
75 MüKoBGB/Weber-Monecke § 1362 Rn. 27 f.
76 BGH NJW 1959, 142.
77 BGHZ 2, 82 = NJW 1951, 839.
78 BVerfGE 84, 9 = NJW 1991, 1602.
79 BGBl. 1993 I 2054.
80 Ausführlich Lettmaier FamRZ 2020, 1.
81 Vgl. hierzu insbesondere die Eckpunkte zur Reform des Namensrechts einer vom BMI und dem BMJV eingesetzten Arbeitsgruppe (Stand: 1.2.2020), abrufbar auf der Webseite des BMI.

b) Wahlmöglichkeiten bei Eheschließung und während bestehender Ehe

aa) Wahl eines gemeinsamen Ehenamens

80 Auch der gegenwärtigen Gesetzesfassung liegt noch die **Wunschvorstellung eines gemeinsamen Ehenamens** zugrunde: Nach **§ 1355 I 1 BGB sollen** die Ehegatten einen gemeinsamen Familiennamen (Ehenamen) bestimmen.

81 Ihnen steht es jedoch frei, dieser Aufforderung nicht nachzukommen. Dann führen sie ihren zur Zeit der Eheschließung geführten Namen auch nach der Eheschließung weiter (§ 1355 I 3 BGB).

82 Die gemeinsame Namenswahl soll (durch Erklärung gegenüber dem Standesbeamten) grundsätzlich bei der Eheschließung erfolgen (§ 1355 III 1 BGB), wird aber dadurch begünstigt, dass sie **jederzeit nachholbar** ist. Im Fall der Nachholung bedarf die Wahl eines gemeinsamen Ehenamens der öffentlichen Beglaubigung (§ 1355 III 2 BGB).

83 Welche Namen zum Ehenamen bestimmt werden können, regelt § 1355 II BGB: Zur Auswahl stehen

- der Geburtsname des Mannes
- der Geburtsname der Frau
- der zur Zeit der Erklärung über die Bestimmung des Ehenamens geführte Name des Mannes
- der zur Zeit der Erklärung über die Bestimmung des Ehenamens geführte Name der Frau

84 Unter dem **Geburtsnamen** versteht das Gesetz den Namen, der in die Geburtsurkunde des betreffenden Ehegatten zum Zeitpunkt der Erklärung gegenüber dem Standesamt einzutragen wäre (§ 1355 VI BGB). Meist entspricht dies dem bei Geburt erworbenen Namen. Der Geburtsname iSv § 1355 VI BGB kann jedoch davon abweichen, denn bestimmte nachgeburtliche Namensänderungen, insbesondere durch Adoption (§ 1757 BGB) oder nach dem NamÄndG, sind in die Geburtsurkunde einzutragen.

Nicht einzutragen sind Namensänderungen durch Bestimmung eines Ehe- bzw. Lebenspartnerschaftsnamens und durch Hinzufügung eines Begleitnamens.

85 Die Möglichkeit, auch den zur Zeit der Erklärung über die Bestimmung des Ehenamens geführten Namens eines Gatten zum Ehenamen zu bestimmen, existiert erst seit 2005. Sie ist eine Antwort des Gesetzgebers auf eine Entscheidung des BVerfG.[82]

86 **Beispiel:** Fiona Schmitt heiratet in erster Ehe einen Grafen v. Nicklitz. Nach Jahren wird diese Ehe geschieden. Als Fiona erneut heiratet, wollen sie und ihr neuer Mann, Erwin Huber, den zur Zeit der Eheschließung von Fiona geführten Namen (v. Nicklitz) zum gemeinsamen Ehenamen bestimmen. – Nach Ansicht des BVerfG verletzte die alte Fassung des § 1355 II BGB, die diese Wahlmöglichkeit nicht vorsah, Fiona in ihrem Persönlichkeitsrecht aus Art. 1, 2 I GG. Nach Auffassung des Gerichts verbindet sich nicht nur der Geburtsname, sondern auch der durch Eheschließung erworbene Name so eng mit dem Namensträger, dass er „Teil und Ausdruck der eigenen Persönlichkeit [... wird], die sich mit dem Namen verbindet und fortentwickelt ... Als eigener und nicht nur geliehener Name genießt er deshalb den Schutz von Art. 2 I GG iVm Art. 1 I GG, unabhängig davon, ob die Ehe, die Anlass für den Namenserwerb gewesen ist, weiter fortbesteht".[83] Die Persönlichkeitsinteressen des Trägers des erworbenen Namens seien höher zu bewerten als das Interesse, Missbrauch vorzubeugen bzw. die „Mitnahme"

82 BVerfGE 109, 256 = NJW 2004, 1155.
83 BVerfGE 109, 256 (267) = NJW 2004, 1155 (1156).

eines (wohlklingenden, adligen oder berühmten) Namens in eine neue, mit dem mitgenommenen Namen blutmäßig nicht verbundene Familie zu verhindern.

bb) Ehename und Begleitname für einen Ehegatten

Zum Ehenamen kann **grundsätzlich nur der Name *eines* Ehegatten** werden. Einen **Doppelnamen** aus den Geburtsnamen/bei Eheschließung geführten Namen des Mannes oder der Frau **sieht das Gesetz nicht vor.** Im obigen Beispielsfall können Fiona und Erwin nur die Namen Schmitt, v. Nicklitz und Huber als Ehenamen wählen, die Bildung eines Doppelnamens (zB Huber-v. Nicklitz) ist ausgeschlossen. 87

Diese Regelung ist nach Ansicht des BVerfG verfassungskonform.[84] Die Rechtfertigung wird herkömmlich darin gesehen, mehrgliederige Namensketten zu vermeiden. Ob zur Durchsetzung dieses berechtigten Anliegens schon die Wahl eines Doppelnamens (und nicht etwa nur die Bildung drei- oder noch mehrgliedriger) verhindert werden muss, erscheint allerdings sehr zweifelhaft.[85] 88

Der Ehegatte, dessen Name nicht Ehename wird, hat allerdings nach § 1355 IV 1 BGB die **Möglichkeit**, seinen **bisher geführten Namen oder seinen Geburtsnamen dem Ehenamen voranzustellen oder anzufügen** (sog. Begleitname). 89

Beispiel: Wählen Fiona und Erwin den Namen v. Nicklitz zum Ehenamen, so könnte Erwin für sich den Doppelnamen Huber-v. Nicklitz oder wahlweise v. Nicklitz-Huber bilden. 90

Die Option existiert nicht, wenn bereits der Ehename aus mehreren Namen besteht (§ 1355 IV 2 BGB). 91

Verständnisfrage: Wann kann ein Ehename, angesichts des Verbots von Ehedoppelnamen (vgl. → Rn. 87), aus mehreren Namen bestehen? – Möglich ist das, wenn der Ehegatte, dessen Name Ehename wird, einen Doppelnamen führt. Dies kann insbesondere der Fall sein, wenn dieser Ehegatte Ausländer ist (Doppelnamen sind zB im spanischen Rechtskreis üblich). Doppelnamen sind aber paradoxerweise auch nach deutschem Recht möglich. Nämlich dann, wenn der Ehegatte, dessen Name nicht Ehename wird, in seiner ersten Ehe einen Begleitnamen wählt, diese erste Ehe geschieden wird und bei der Wiederverheiratung der aus altem Ehenamen und Begleitnamen gebildete Name des wiederverheirateten Ehegatten zum neuen Ehenamen gewählt wird. Das ist zulässig, da es sich bei dem gewählten Namen um einen Namen handelt, den ein Ehegatte zur Zeit der Erklärung über die Bestimmung des Ehenamens führt. 92

Besteht der Name eines Ehegatten aus mehreren Namen, so kann nur einer dieser Namen hinzugefügt werden. 93

Beispiel: Hätte Fiona in ihrer ersten Ehe den Namen Schmitt-v. Nicklitz gewählt, so könnte Schmitt-v. Nicklitz zwar zum Ehenamen in der neuen Ehe mit Herrn Huber werden (vgl. → Rn. 83). Herr Huber könnte jedoch keinen Begleitnamen hinzusetzen (§ 1355 IV 2 BGB). Umgekehrt könnte, wenn die neuen Eheleute den Namen Huber zum Ehenamen wählen, Fiona nicht ihren bisher geführten Doppelnamen, sondern nur den einen oder anderen Namensbestandteil desselben als Begleitnamen hinzufügen (sich also zB Huber-v. Nicklitz, nicht aber Huber-Schmitt-v. Nicklitz nennen). 94

Die Hinzufügung eines Begleitnamens kann widerrufen werden, ist aber dann nicht erneut zulässig (§ 1355 IV 4 BGB). Die Erklärung, wenn sie nicht bei der Eheschlie- 95

84 BVerfG FamRZ 2002, 530.
85 Ebenso Sacksofsky FPR 2010, 15 (18), die einen unverhältnismäßigen Eingriff in das Allgemeine Persönlichkeitsrecht sieht.

ßung gegenüber einem deutschen Standesamt abgegeben wird, und der Widerruf müssen öffentlich beglaubigt werden (§ 1355 IV 5 BGB).

cc) Fortführung der Namen vor Eheschließung

96 Wählen die Gatten keinen gemeinsamen Ehenamen (mit oder ohne Begleitnamen), so führen beide ihren zur Zeit der Eheschließung geführten Namen auch nach der Eheschließung weiter (§ 1355 I 3 BGB). Diese Rechtsfolge lässt sich auch nicht durch einen Ehevertrag umgehen, in welchem sich die Ehewilligen zur Wahl eines bestimmten Ehenamens verpflichten. Die Wahl des Ehenamens gehört nach der wohl hM dem personalen, einer rechtsgeschäftlichen Regelung nicht zugänglichen Bereich an (vgl. zur Unterscheidung → Rn. 116). Eine ehevertragliche Verpflichtung, einen bestimmten Ehenamen zu wählen oder auf die Hinzufügung eines Begleitnamens zu verzichten, wäre daher wirkungslos.[86]

c) Wahlmöglichkeiten bei Eheauflösung

97 Die **Eheauflösung** (durch Tod, Scheidung oder Eheaufhebung) hat **keine automatischen Auswirkungen** auf den geführten Namen. § 1355 V 1 BGB bestimmt, dass der verwitwete oder geschiedene Ehegatte seinen Ehenamen behält. Das gilt analog bei Eheaufhebung (str.).[87] Das Gesetz eröffnet jedoch **wiederum Wahlmöglichkeiten:** Der Ehegatte kann

- seinen Geburtsnamen oder
- den Namen, den er bis zur Bestimmung des Ehenamens geführt hat

wieder annehmen oder er kann

- dem Ehenamen einen dieser Namen voranstellen oder anfügen, also jetzt einen Doppelnamen bilden (§ 1355 V 2 BGB).

98 Die Begrenzungen des § 1355 IV BGB gelten entsprechend (§ 1355 V 3 BGB). Das bedeutet nach der Auslegung des OLG Frankfurt a. M., dass die im Rahmen von § 1355 V BGB erfolgte Rückkehr zum vorehelichen Namen grundsätzlich unwiderruflich ist. Die entsprechende Anwendbarkeit der Widerrufsmöglichkeit aus § 1355 IV 4 BGB gelte nur für den Ausnahmefall, dass der Ehegatte nach Eheauflösung zunächst einen aus dem Ehenamen und einem Begleitnamen zusammengesetzten Doppelnamen gewählt hat.[88]

d) Verbot der Fortführung des Ehenamens

99 Fraglich ist, ob einem Ehegatten im Einzelfall, entgegen § 1355 V 1 BGB, untersagt werden kann, den Ehenamen nach der Eheauflösung weiterhin zu führen. § 1355 V 2 BGB gibt dem geschiedenen Ehegatten zwar das Recht, seinen vorehelichen Namen wieder anzunehmen. Der andere Ehegatte hat aber grundsätzlich keinen Anspruch darauf, dass sein früherer Ehegatte von dieser Möglichkeit Gebrauch macht. Problematisch ist daher schon die Anspruchsgrundlage. Der BGH hält ein **Untersagungsrecht aus § 242 BGB in krassen Ausnahmefällen** für denkbar. Erforderlich sei aber

86 BGHZ 175, 173 Rn. 13 f. = NJW 2008, 1528.

87 Wie hier Keuter FamRZ 2013, 1936; Wellenhofer FamR § 7 Rn. 7; abl. aber OLG Celle NJW 2013, 2292 (unter Verweis auf den Umstand, dass § 1355 BGB in § 1318 BGB nicht erwähnt ist).

88 OLG Frankfurt a. M. NJW-RR 2010, 73.

ein Verhalten des Gatten, das den Namenserwerb oder die Namensführung als solche betrifft und in solchem Maß zu missbilligen ist, dass diesem Gatten – auch bei Berücksichtigung seines Allgemeinen Persönlichkeitsrechts an dem aus der Ehe erworbenen Namen – die Namensfortführung gegen den Willen seines früheren Gatten nach Treu und Glauben nicht länger gestattet werden kann.[89] Nicht ausreichen sollte es daher, wie im vom BGH entschiedenen Fall, dass der Ehemann die Ehefrau durch Täuschung über seine eingeschränkte Zeugungsfähigkeit zur Eingehung der Ehe bestimmt hatte, sofern er dies nicht nachweisbar gerade deshalb getan hatte, um ihren Namen zu erwerben und missbräuchlich nutzen zu können.

Weitergehende Ansprüche auf Ablegung des erworbenen Ehenamens nach Scheidung 100
können allerdings **durch Ehevertrag** begründet werden. Eine ehevertragliche Abrede über die Aufgabe des Ehenamens im Fall der Scheidung ist nach Ansicht des BGH wirksam; sie ist insbesondere nicht sittenwidrig (§ 138 I BGB).[90] Offengelassen hat der BGH, ob das auch dann gilt, wenn der Verzicht auf die Namensfortführung entgeltlich erfolgt.[91]

⇨ *Fall Nr. 4 – Bei den v. Erdmanns*

7. Gegenseitige Vertretung in Angelegenheiten der Gesundheitssorge

Am 1.1.2023 wird eine neue allgemeine Ehewirkung, die gegenseitige Vertretung von 101
Ehegatten in Angelegenheiten der Gesundheitssorge, § 1358 BGB, in Kraft treten. Die Vorschrift sieht vor, dass ein Ehegatte den anderen in Gesundheitsangelegenheiten vertreten kann, wenn dieser aufgrund von Bewusstlosigkeit oder Krankheit seine Gesundheitsangelegenheiten nicht mehr selbst wahrnehmen kann. Das gesetzliche Vertretungsrecht erfasst insbesondere Einwilligungen (oder deren Versagung) in Untersuchungen und ärztliche Behandlungen, den Abschluss von Behandlungsverträgen und die Geltendmachung von Ansprüchen, die dem erkrankten Ehegatten aufgrund seiner Erkrankung gegen Dritte zustehen, vgl. § 1358 I BGB. Das Vertretungsrecht besteht unter folgenden Voraussetzungen:

102

Vertretung in Gesundheitsangelegenheiten, § 1358 BGB nF

1. Bestehende Ehe
2. Krankheit oder Bewusstlosigkeit des vertretenen Ehegatten
3. Unfähigkeit dieses Ehegatten, die eigenen Gesundheitsangelegenheiten zu besorgen
4. Kein Ausschlussgrund nach § 1358 III BGB; Ausschlussgründe sind
   - Getrenntleben
   - dem Arzt bekannte Ablehnung der Vertretung durch den vertretenen Ehegatten und eine dem Arzt bekannte Bevollmächtigung eines Dritten für die betreffende Angelegenheit
   - Betreuer für die betreffende Angelegenheit
   - Ablauf einer Sechsmonatsfrist seit Eintritt der Unfähigkeit, selbst für seine Gesundheitsangelegenheiten zu sorgen

89 BGH NJW-RR 2005, 1521 (1522).
90 BGHZ 175, 173 Rn. 10 = NJW 2008, 1528.
91 BGHZ 175, 173 Rn. 20 = NJW 2008, 1528.

103 Der vertretende Ehegatte muss dem Arzt das Nichteingreifen eines Ausschlussgrunds nach § 1358 III BGB schriftlich versichern (§ 1358 IV 1 Nr. 3 lit. b BGB). Unter Umständen bedarf der vertretende Ehegatte für sein Handeln zudem noch einer gerichtlichen Genehmigung (§ 1358 VI BGB iVm §§ 1829, 1831 BGB).

104 Die Vorschrift ist zwar auf den ersten Blick sinnvoll, aber durchaus auch kritisch zu sehen.[92] Es besteht ein nicht zu unterschätzendes Missbrauchspotenzial, da die Angaben des handelnden Ehegatten nicht überprüft werden und für den Arzt auch kaum überprüfbar sind. Im Extremfall ist denkbar, dass ein Ehegatte in der Hoffnung auf ein schnelles Erbe auf das Abschalten von lebenserhaltenden Geräten hinwirkt.[93] Die Vorschrift könnte Verheiratete außerdem davon abhalten, durch Vorsorgevollmachten für entsprechende Situationen vorzusorgen, obwohl diese viel besser auf ihre individuellen Verhältnisse zugeschnitten werden könnten.

III. Haftungsfragen der ehelichen Lebensgemeinschaft

1. Haftungsmaßstab im Innenverhältnis

a) Regelungszweck des § 1359 BGB

105 Für die Haftung von Ehegatten untereinander bestimmt § 1359 BGB, dass sie nur für diejenige Sorgfalt einzustehen haben, welche sie in eigenen Angelegenheiten anzuwenden pflegen. Es handelt sich um eine **Haftungsmilderung**, also um einen von § 276 BGB abweichenden Haftungsmaßstab, nicht um eine eigene Anspruchsgrundlage. Zu prüfen ist § 1359 BGB im Anspruchsaufbau iRd Verschuldens. Der **Zweck des § 1359 BGB** liegt in der **Wahrung des Familienfriedens**. Angesichts des intensiven persönlichen Kontakts und der Einwirkungsmöglichkeiten auf die Rechtsgüter des jeweils anderen Gatten sind Schädigungen unter Eheleuten „vorprogrammiert". Durch die Haftungsmilderung soll verhindert werden, dass aus jeder Nachlässigkeit Ansprüche resultieren, die das eheliche Verhältnis belasten könnten.

106 Die Haftungsmilderung ist auch gerechtfertigt, da man sich den eigenen Ehegatten selbst aussucht. Wer einen tollpatschigen Partner heiratet, hat sich dies selbst zuzuschreiben und soll nach dem Willen des Gesetzgebers grundsätzlich die sich daraus ergebenden Folgen tragen, allerdings nur bis zur Grenze der groben Fahrlässigkeit.

b) Regelungsinhalt im Einzelnen

107

Voraussetzungen eines Haftungsausschlusses nach § 1359 BGB
1. Bestehende Ehe zwischen den Beteiligten **2.** Verletzung einer Pflicht aus dem ehelichen Verhältnis **3.** Keine Verletzung der eigenüblichen Sorgfalt und keine grobe Fahrlässigkeit/Vorsatz

92 Vgl. etwa Dutta FamRZ 2020, 1881.
93 Horn ZEV 2020, 748.

aa) Bestehende Ehe zwischen den Beteiligten

Die Vorschrift gilt für **Ehegatten**, für die eingetragene Lebenspartnerschaft enthält § 4 LPartG eine entsprechende Regelung. § 1359 BGB enthält jedoch einen verallgemeinerungsfähigen Rechtsgedanken und gilt daher entsprechend, wenn andere Personen in einer vergleichbar engen Beziehung zusammenwohnen, insbesondere also für Partner nichtehelicher Lebensgemeinschaften (§§ 708, 1359 BGB analog).[94] 108

⇨ *Fall Nr. 12 – Wohngemeinschaft mit Nebenwirkungen*

Strittig ist, ob die Privilegierung (noch) gilt, wenn die **Ehegatten nicht (mehr) in ehelicher Gemeinschaft zusammenleben.**[95]

Beispiel: M und F haben sich nach 8 Ehejahren auseinandergelebt. M zieht daher aus der Ehewohnung aus. Das ihm allein gehörende Klavier belässt er vorerst im Besitz der F, damit der gemeinsame Sohn S weiter daran üben kann. Die immer etwas schusselige F tropft wenig später beim Neuanstrich des Wohnzimmers weiße Farbe auf den schwarzen Lack des Klaviers. Die Reparaturkosten belaufen sich auf 800 EUR. – In diesem Fall besteht eine Haftung der (leicht fahrlässigen) F gegenüber M aus §§ 280 I, 241 II BGB bzw. § 823 I BGB nur, wenn die Haftungsprivilegierung des § 1359 BGB nicht mehr eingreift. 109

Meines Erachtens ist § 1359 BGB auch nach Aufhebung der häuslichen Gemeinschaft anwendbar, da die Vorschrift (anders als etwa § 1357 BGB oder § 1362 BGB) keine Einschränkung ihres Anwendungsbereichs für den Fall des Getrenntlebens vorsieht. Allerdings gilt die Privilegierung nicht mehr für Ansprüche, die erst nach der Rechtskraft des Scheidungs- bzw. (im Fall der aufhebbaren Ehe) des Aufhebungsurteils entstehen.[96] Achtung: Für zuvor entstandene Ansprüche gilt § 1359 BGB, auch wenn sie erst nach Scheidung geltend gemacht werden. 110

bb) Verletzung einer Pflicht aus dem ehelichen Verhältnis

Die Haftungserleichterung gilt, wann immer Pflichten „aus dem ehelichen Verhältnis" erfüllt werden, also – über die §§ 1353–1362 BGB hinaus – grundsätzlich für den **gesamten ehelichen Pflichtenkreis.**[97] Die Haftungserleichterung erstreckt sich auch auf parallele, deliktische Ansprüche sowie auf Gefährdungstatbestände.[98] **Im allgemeinen Straßenverkehr** findet die Norm dagegen **keine Anwendung**, da insoweit kein Platz für individuelle Sorglosigkeit ist.[99] Das ist sachgerecht: Würde man einen Anspruch an § 1359 BGB scheitern lassen, so müsste auch die Kfz-Haftpflichtversicherung nicht für den Schaden aufkommen, was dem Familienfrieden kaum förderlich wäre. 111

cc) Keine Verletzung der eigenüblichen Sorgfalt und keine grobe Fahrlässigkeit/ Vorsatz

Wer nur für die eigenübliche Sorgfalt einzustehen hat, haftet nicht für jede Fahrlässigkeit, sondern nur, wenn das fahrlässige Verhalten zugleich diejenige Sorgfalt verletzt, die der Betreffende in eigenen Angelegenheiten anzuwenden pflegt; für grobe Fahrlässigkeit (und erst recht für Vorsatz) wird stets gehaftet, § 277 BGB. 112

94 OLG Oldenburg NJW 1986, 2259.
95 Dafür OLG Stuttgart FamRZ 1983, 68; aA MüKoBGB/Roth § 1359 Rn. 8.
96 MüKoBGB/Roth § 1359 Rn. 8 f.
97 BGH NJW 2009, 1875 Rn. 10.
98 MüKoBGB/Roth § 1359 Rn. 7.
99 BGH NJW 2009, 1875 Rn. 11.

113 **Beispiel:** Ehefrau F lässt immer die Wohnungstür kurz offenstehen, wenn sie den Müll herunterträgt. Wird während ihrer Abwesenheit der Computer von Ehemann M aus der Wohnung gestohlen, so haftet F nicht (sofern man nicht grobe Fahrlässigkeit bejaht).

114 Höhere Anforderungen als im Verkehr erforderlich werden an einen Ehegatten aber nicht gestellt, wenn er in eigenen Angelegenheiten eine gesteigerte Sorgfalt zu beobachten pflegt. Denn § 1359 BGB enthält eine Haftungserleichterung (arg. „nur" in §§ 277, 1359 BGB), keine Haftungsverschärfung. Mit anderen Worten: Es muss immer zunächst festgestellt werden, dass dem Ehegatten überhaupt ein Verschulden (einfache, mittlere oder grobe Fahrlässigkeit bzw. Vorsatz) zur Last fällt, bevor auf § 1359 BGB einzugehen ist.

2. Durchsetzung und Sanktionsbewehrung von Ehepflichten

a) Durchsetzung

115 **§ 1353 I 2 BGB** ist eine echte **Anspruchsgrundlage**. Ein Ehegatte kann ein Verfahren gegen den anderen auf Einhaltung der ehelichen Pflichten (zB Wahrung der ehelichen Treue, Mithilfe im Haushalt, Auskunft über die eigene Vermögenslage) bzw. Herstellung der ehelichen Lebensgemeinschaft (zB Unterhaltung eines gemeinsamen Wohnsitzes) einleiten (sog. **Herstellungsantrag**). Es handelt sich um eine sonstige Familiensache iSv § 266 I Nr. 2 FamFG. Die Herstellungspflicht besteht gem. § 1353 II BGB nicht, wenn das Herstellungsverfahren rechtsmissbräuchlich erscheint oder die Ehe gescheitert ist. Die Entscheidung im Herstellungsverfahren bezweckt die Feststellung der den Antragsgegner treffenden Ehepflichten und soll zur Pflichterfüllung anhalten (**Appellfunktion**).

116 Zu beachten ist aber **§ 120 III FamFG**: Danach unterliegt eine durch das Familiengericht ausgesprochene Verpflichtung zur Herstellung des ehelichen Lebens **nicht der Vollstreckung**. Das Vollstreckungsverbot gilt allerdings nur für die sich aus den §§ 1353 ff. BGB ergebenden **personalen bzw. höchstpersönlichen Ehepflichten** (etwa die eheliche Treuepflicht oder die Pflicht zur Haushaltsführung, die, obwohl sie auch eine wirtschaftliche Seite hat, primär als personale Ehepflicht einzuordnen ist). **Rein vermögensrechtliche Verpflichtungen**, etwa die Verpflichtung an der gemeinsamen Veranlagung zur Einkommenssteuer mitzuwirken oder die Verpflichtung zum Familienunterhalt, sind **nicht nur einklag-, sondern auch vollstreckbar**.

117 **Bei der Durchsetzung** derartiger Ansprüche muss aber die unter Ehegatten gebotene **Rücksicht** (§ 1353 I 2 BGB) genommen werden. Weil Ehegatten einander zur ehelichen Lebensgemeinschaft verpflichtet sind und sich gegenseitig Schutz und Fürsorge schulden, kann der Geschädigte im Einzelfall gehalten sein, einen Ersatzanspruch nur teilweise oder gar nicht geltend zu machen.

118 Der BGH hat eine **„Verpflichtung zum Stillhalten"** erwogen, solange sich der schuldige Gatte im Rahmen seiner wirtschaftlichen Möglichkeiten in einer der ehelichen Gemeinschaft angepassten Weise um einen anderweitigen Ausgleich des Schadens bemüht. Auch nach der Trennung oder Scheidung entfällt die Stillhaltepflicht nicht ohne Weiteres, solange die während des Zusammenlebens zur Schadensbewältigung unternommenen Bemühungen noch fortwirken.[100]

100 BGH NJW 1988, 1208 (1209).

b) Schadensersatzansprüche nach §§ 280 ff. BGB für die Verletzung von Ehepflichten

119 Bedeutsamer als das Herstellungsverfahren ist die Frage, inwieweit der durch eine Verletzung der Pflichten aus § 1353 I BGB geschädigte Partner **Schadensersatz** nach §§ 280 ff. BGB verlangen kann. Schadensersatzansprüche aus § 280 I BGB iVm § 1353 I 2 BGB können sich ohne Weiteres ergeben, soweit es um die Verletzung **vermögensrechtlicher Ehepflichten** geht, etwa wenn ein Gatte die gebotene Mitwirkung an der Zusammenveranlagung verweigert.[101] Insoweit besteht zwischen den Ehegatten eine schuldrechtliche Sonderverbindung, die Schadensersatzansprüche nach den §§ 280 ff. BGB auslösen kann.[102] Im Bereich der **personalen, höchstpersönlichen Ehepflichten** (vgl. zu diesen → Rn. 116) lehnen die Rechtsprechung und die hL dagegen Schadensersatzansprüche aus §§ 280 ff. BGB ab:

120 „[D]ie Verletzung der Pflicht zur ehelichen Lebensgemeinschaft [begründet] in der Regel keinen Schadensersatzanspruch ..., weil die Erfüllung der persönlichen Pflichten, die aus der ehelichen Lebensgemeinschaft fließen, nur durch die aus freier sittlicher Entscheidung beruhende eheliche Gesinnung gewährleistet werden kann. Damit ist jeder auch indirekte staatliche Zwang, etwa durch ... eine Schadensersatzleistung, unvereinbar."[103]

121 Dieser Ansicht ist zuzustimmen: Könnte die Verletzung der Pflichten aus § 1353 I BGB über das Schadensersatzrecht sanktioniert werden, so würde mittelbar (finanzieller) Druck auf die Ehegatten erzeugt, sich im höchstpersönlichen Bereich der Ehe in bestimmter Weise zu verhalten. Damit würde aber das Vollstreckungshindernis aus § 120 III FamFG faktisch umgangen, das diesen Bereich gerade von äußerem Druck freihalten will. Die **personalen Pflichten aus § 1353 I BGB** sind daher nach richtiger Ansicht **nicht Gegenstand eines Schuldverhältnisses iSv § 241 I BGB.**[104]

122 **Beispiel:** Als Ehemann M von der Affäre seiner Frau mit einem Arbeitskollegen erfährt, erleidet er einen Herzinfarkt und kann wochenlang nicht mehr arbeiten. M hat nach der hM keinen Anspruch aus § 280 BGB auf Ersatz seiner Behandlungskosten, Schmerzensgeld und Verdienstausfall.

123 Weitergehende Schadensersatzansprüche für die Verletzung personaler Ehepflichten lassen sich auch nicht durch **vertragliche Abreden** begründen.

124 **Beispiel:** M und F vereinbaren im Ehevertrag, dass sie sich gegenseitig die Treue halten werden. Für jeden Fall der Untreue soll der untreue Gatte eine Vertragsstrafe in Höhe eines Monatsgehalts zahlen. Auch durch die Vertragsstrafe würde mittelbarer Zwang erzeugt und die von § 120 III FamFG bezweckte Freiheit im höchstpersönlichen Bereich eingeschränkt. Sie kann daher nicht wirksam vereinbart werden.[105]

125 **Sanktioniert** wird die Verletzung personaler Ehepflichten heute nur noch **ausnahmsweise**: Besonders schwerwiegende Eheverfehlungen können **im Scheidungsverfahren** Bedeutung erlangen, zB für die Auslegung der §§ 1565 II, 1381, 1579 BGB. Abgesehen davon bleibt eine Verletzung der personalen Pflichten aus § 1353 BGB sanktionslos.

101 BGH NJW 1988, 2032 (2033).
102 Schwab FamR GdR Rn. 144.
103 BGH NJW 1988, 2032 (2033).
104 Schwab FamR GdR Rn. 143.
105 So ausdrücklich BGH NJW 1988, 2032 (2033); Schwab FamR GdR Rn. 150 (entsprechende Vereinbarungen sittenwidrig).

126

Durchsetzung und Sanktionsbewehrung von Ehepflichten	
	Unterscheide:
Personale Ehepflichten	**Vermögensrechtliche Ehepflichten**
Herstellungsantrag	Herstellungsantrag
Vollstreckungshindernis: § 120 III FamFG	Vollstreckbarkeit
Keine Haftung nach §§ 280 ff. BGB	Haftung nach §§ 280 ff. BGB (aber: § 1359 BGB)
Vertraglicher Gestaltung unzugänglich	Vertraglicher Gestaltung zugänglich
Ggf. Konsequenzen im Scheidungsrecht	Ggf. Konsequenzen im Scheidungsrecht

3. Verletzung absolut geschützter Rechtsgüter

a) Durch den anderen Ehegatten

aa) Grundsatz: Haftung nach §§ 823 ff., 1004 BGB analog auch unter Ehegatten

127 Ansprüche zwischen Ehegatten können sich auch bei der Verletzung absolut geschützter Rechtsgüter ergeben, insbesondere aus §§ 823 ff. BGB und § 1004 BGB (analog). Dies gilt auch im persönlichen Bereich. Trotz der engen personalen Verflechtung bleiben Ehegatten im Verhältnis zueinander Träger der ihnen zustehenden absoluten Rechte, zB auf körperliche Unversehrtheit, informationelle Selbstbestimmung und Wahrung ihrer Persönlichkeitssphäre. Werden diese Rechte durch den anderen Gatten beeinträchtigt, so hat der Rechtsinhaber unter den Voraussetzungen der §§ 1004, 823 ff. BGB Unterlassungs-, Beseitigungs- und Schadensersatzansprüche. Lediglich der Haftungsmaßstab ist durch § 1359 BGB modifiziert. Zum Beispiel hat ein Ehegatte einen Anspruch aus § 1004 I 2 BGB analog (iVm Art. 2 I, 1 I GG) darauf, dass der Andere das Öffnen von privater, nur an einen Ehegatten adressierter Post unterlässt[106] und darauf, dass dieser keine intimen Privatfotos veröffentlicht. Der deliktische und quasinegatorische Schutz greift auch dann, wenn spezifisch familienrechtliche absolute Rechte (zB das Sorge- oder das Umgangsrecht) verletzt werden.

128 **Beispiel:** M und F leben getrennt, F ist nach § 1671 I 2 Nr. 2 BGB die Alleinsorge übertragen. M bringt nach einem Umgangstermin die Kinder nicht zurück und weigert sich, ihren Aufenthaltsort bekannt zu geben. F beauftragt daraufhin einen Privatdetektiv mit der Ermittlung des Aufenthaltsorts, wofür ihr Kosten iHv 1.200 EUR entstehen. F ist der Ansicht, dass ihr M wegen Verletzung ihres Sorgerechts zum Schadensersatz verpflichtet ist und ihr die entstandenen Detektivkosten aus § 823 I BGB zu erstatten hat. – Das der F zustehende Recht der elterlichen Sorge ist ein absolutes Recht iSv § 823 I BGB. M hat das Sorgerecht verletzt, indem er F die Kinder vorenthalten und ihren Aufenthalt nicht bekanntgegeben hat. M handelte auch widerrechtlich und vorsätzlich: Es konnte für ihn nicht zweifelhaft sein, dass F aufgrund ihres Alleinsorgerechts Anspruch darauf hatte zu erfahren, wo sich die Kinder aufhielten. Der Zurechnungszusammenhang zwischen dem Verhalten des M und dem Schaden der F wird auch nicht dadurch durchbrochen, dass die F den Privatdetektiv selbst beauftragt hat. Dass der Sorgeberechtigte, dem ein Kind entzogen wird, einen Privatdetektiv beauftragt, um den Aufenthalt des Kindes zu ermitteln, bleibt im Bereich der Risiken, die nach dem Zweck des deliktischen Schutzes dem für die Entziehung Verantwortlichen zuzuweisen sind. F durfte sich zur Beauftragung des Detektivs „herausgefordert fühlen".[107]

106 BGH NJW-RR 1990, 764.
107 BGHZ 111, 168 = NJW 1990, 2060.

bb) Ausnahme: Verletzungen personaler Ehepflichten

Vorsicht mit der Anwendung der §§ 823 ff., 1004 BGB analog ist aber geboten, wenn es um die **Verletzung der personalen Pflichten aus § 1353 I BGB** geht. 129

Beispiel: Unternehmergattin F beginnt eine Affäre mit einem deutschlandweit bekannten Schauspieler. Die Klatschpresse bekommt davon Wind und spekuliert über die Unzulänglichkeiten von M als Ehemann. M möchte, dass F die ehewidrige Beziehung beendet. Immerhin beinhalte die Ehe eine Verpflichtung zur geschlechtlichen Treue. Außerdem sieht er sich durch die abträgliche öffentliche Aufmerksamkeit in seinem Allgemeinen Persönlichkeitsrecht verletzt. 130

Wie bereits dargelegt, ist insbesondere § 120 III FamFG der gesetzgeberische Wunsch zu entnehmen, den höchstpersönlichen Bereich der Ehe von rechtlichem Druck freizuhalten. Diese Wertung würde umgangen, wollte man die Ehe als solche als absolut geschütztes Rechtsgut anerkennen und hierdurch die personalen Ehepflichten dem deliktischen Rechtsgüterschutz des § 823 I BGB zuordnen. Der **BGH lehnt** aus diesem Grund die Anerkennung der **Ehe als absolutes Rechtsgut iSv § 823 I BGB in ständiger Rechtsprechung ab.** Der BGH stützt sich dabei auf die Erwägung, dass hinsichtlich der personalen Ehepflichten, insbesondere der ehelichen Treuepflicht, das **Familienrecht eine abschließende Regelung der Verletzungsfolgen** enthalte.[108] Bei Verletzung der ehelichen Treuepflicht hat der betrogene Gatte damit keinen Anspruch auf Unterlassung, Beseitigung oder Schadensersatz aus den §§ 823 I, 1004 BGB analog gegen den anderen Ehegatten. 131

Eine **Mindermeinung** sieht dies anders und plädiert dafür, das Recht am ungestörten Fortbestand der ehelichen Gemeinschaft dem Schutz des § 823 I BGB zu unterstellen.[109] Ein Schadensersatzanspruch führe nicht zu einer Umgehung von § 120 III FamFG, da dieser nur unmittelbaren Erfüllungszwang ausschließen wolle und allein ein Verbot der *Vollstreckung* höchstpersönlicher Ansprüche normiere. Diese Ansicht gesteht bei Verletzung des Rechts an der Ungestörtheit der ehelichen Lebensgemeinschaft einen Anspruch aus § 823 I BGB auf Ersatz des sog. Abwicklungsinteresses zu, dh insbesondere auf Ersatz der Kosten für das Scheidungs- und ein etwaiges Vaterschaftsanfechtungsverfahren und für auf Ersatz des einem Ehebruchskind gewährten Unterhalts. Schäden, welche erst infolge der Scheidung eintreten, wie der Wegfall des gesetzlichen Erbrechts, sollen nicht mehr ersatzfähig sein. 132

Die von der hM befürwortete Einschränkung des Anwendungsbereichs der §§ 823 ff., 1004 BGB lässt sich auch nicht dadurch umgehen, dass man als verletztes absolutes Rechtsgut nicht auf die Ehe als solche, sondern auf das Allgemeine Persönlichkeitsrecht des betrogenen Gatten abstellt: In vielen Fällen einer Ehestörung, wohl immer bei einem Ehebruch, werden die Voraussetzungen einer schweren Persönlichkeitsrechtsverletzung vorliegen. Diese Sicht der Dinge würde aber unterlaufen, was nach den dargestellten Wertungen geboten ist.[110] 133

cc) Gegenausnahme: Schutz des räumlich-gegenständlichen Bereichs der Ehe

Von der Auffassung, dass die Ehe als solche und die personalen Ehepflichten nicht vom Schutzbereich der §§ 823 I, 1004 BGB analog umfasst sind, macht der BGH eine 134

108 BGH NJW 1973, 991 (992); 1990, 706 (706 f.).
109 So etwa Erbarth NJW 2013, 3478 (3481 f.). Ablehnend aber etwa Wellenhofer FamR § 11 Rn. 12.
110 BGH NJW 1973, 991 (992).

Gegenausnahme für den sog. räumlich-gegenständlichen Bereich der Ehe. Hierunter versteht der BGH insbesondere die **Ehewohnung, die die äußere sachliche Grundlage für das gemeinsame Eheleben abgibt und den Gatten die Entfaltung ihrer Persönlichkeit ermöglichen soll.**[111] Im Einzelfall können auch Geschäftsräume noch vom räumlich-gegenständlichen Bereich der Ehe umfasst sein, sofern eine enge Verbindung zwischen dem gemeinsamen Eheleben und dem Geschäft besteht, zB weil der Ehepartner im Geschäft mitarbeitet.[112] Es ist anerkannt, dass der räumlich-gegenständliche Bereich der Ehe den Rang eines **sonstigen Rechtsguts iSv § 823 I BGB** genießt.[113] Der betrogene Gatte hat daher einen Anspruch aus § 1004 BGB analog, dass sein Partner ehewidrige Beziehungen im geschützten Bereich, insbesondere in der gemeinsamen Wohnung, unterlässt oder einen in diesen Bereich aufgenommenen Liebhaber entfernt. Titel, die eine Verpflichtung aussprechen, ehewidriges Verhalten nicht in der Ehewohnung auszuüben oder den Liebhaber/die Liebhaberin aus der Ehewohnung zu entfernen, sind ohne Weiteres vollstreckbar.

135 Strittig ist, ob dem Ehegatten für Beeinträchtigungen des räumlich-gegenständlichen Bereichs auch Ansprüche auf den Ersatz von materiellen Schäden zustehen. Dies wird überwiegend bejaht, sofern die Schäden in unmittelbarem Zusammenhang mit der Verletzung des räumlich-gegenständlichen Ehebereichs stehen, etwa wenn ein Hotelzimmer angemietet wird, um mit der Geliebten nicht vorübergehend unter einem Dach wohnen zu müssen.[114]

b) Durch Dritte

136 Absolute Rechtsgüter von Ehegatten können selbstredend auch durch Dritte beeinträchtigt werden. Der Geschädigte hat dann Ansprüche nach §§ 823 I, 1004 BGB (analog). Klausurrelevanz besitzen insbesondere die Verletzung eines haushaltsführenden Ehegatten durch Dritte und Ansprüche gegen Dritte wegen Ehestörungen.

aa) Verletzung des haushaltsführenden Ehegatten durch Dritte

137 **Beispiel:** M und F führen eine typische Hausmannsehe. M wird durch den fahrlässigen Radfahrer R angefahren und ist 3 Wochen stationär im Krankenhaus. F versorgt währenddessen den Haushalt. Eine Haushaltshilfe wird nicht eingestellt. M würde gerne Ansprüche auf Ersatz der Krankenhauskosten und auf ein Schmerzensgeld geltend machen. F findet, auch ihr müsse etwas zustehen, immerhin hätte sie 3 Wochen erhebliche Zusatzarbeit geleistet.

138 Wird ein Ehegatte verletzt und dementsprechend in seiner Erwerbsfähigkeit oder seiner Fähigkeit, den Haushalt zu führen, eingeschränkt, so bestehen Ansprüche dieses Ehegatten aus Delikts- oder Gefährdungshaftung auf Ersatz seines materiellen (und ggf. auch seines immateriellen, vgl. § 253 II BGB; § 11 S. 2 StVG) Schadens. Zu diesem Schaden gehören auch die **Nachteile, die die Handlung für den Erwerb** oder das Fortkommen **des Verletzten** hat, sog. Erwerbsschaden (vgl. § 842 BGB; § 11 S. 1 StVG). Der Schadensersatzanspruch des M würde dementsprechend auch den „Haushaltsführungsschaden" umfassen. Problematisch ist, dass nach der Differenz-

111 BGHZ 6, 360 (365) = NJW 1952, 975.
112 OLG Köln FamRZ 1984, 267.
113 BGHZ 6, 360 = NJW 1952, 975; OLG Köln FamRZ 1984, 267.
114 So etwa Wellenhofer FamR § 11 Rn. 14.

hypothese kein Schaden vorliegt, da keine (kostenpflichtige) Ersatzkraft eingestellt wurde, sondern F den Arbeitsbereich des Hausmanns M mitübernommen hat.

Ob der Schaden auch durch den Ansatz von Kosten einer **fiktiven Ersatzkraft** berechnet werden kann, ist weiterhin strittig. Nach der Rechtsprechung liegt in dem Verlust der Fähigkeit, Hausarbeiten zu verrichten, grundsätzlich ein ersatzfähiger Schaden: Die Haushaltstätigkeit eines Ehegatten hat nämlich, soweit sie der Erfüllung der Verpflichtung zum Familienunterhalt (§ 1360 BGB) dient, grundsätzlich Vermögenswert, weil der Ehegatte, der den Haushalt führt, damit seinen Beitrag zum Familienunterhalt erbringt (vgl. § 1360 S. 2 BGB). Daraus folgt, dass er im Fall der Verletzung und eines resultierenden Unvermögens zur Haushaltsführung einen eigenen, wirtschaftlich messbaren Schaden erleidet.[115] Dieser Schaden entfällt auch nicht dadurch, dass keine Ersatzkraft eingestellt wird, sondern zB der andere Ehegatte einspringt. Hierdurch soll der Schädiger nicht entlastet werden.[116] 139

Achtung Klausurfalle: Die Dinge liegen anders, wenn der haushaltsführende Partner einer nichtehelichen Lebensgemeinschaft verletzt wird. Von einem „Erwerbsnachteil" iSv § 842 BGB lässt sich nach Ansicht der Rechtsprechung nämlich nicht sprechen, wenn die Haushaltstätigkeit keine gesetzliche Unterhaltspflicht erfüllt, sondern unverbindlich im Rahmen einer nichtehelichen Lebensgemeinschaft erbracht wird. In diesem Fall tritt durch die Unfähigkeit zur Haushaltsführung nur eine Vermehrung der eigenen Bedürfnisse iSv § 843 I Alt. 2 BGB ein. Der Schadensersatzanspruch ist daher so zu berechnen, als hätte der nichteheliche Partner als Alleinstehende(r) einen Haushalt geführt. Nur ausnahmsweise kann der Fortfall der Haushaltsführungstätigkeit auch bei einer nichtehelichen Lebensgemeinschaft als Vermögensschaden qualifiziert werden, etwa wenn die Haushaltsführung auf vertraglicher Grundlage erfolgt.[117] 140

Beim Anspruch auf Ersatz des Haushaltsführungsschadens handelt es sich um einen **eigenen Anspruch des haushaltsführenden Ehegatten** nach § 823 ff., 842 BGB. Der **andere Ehegatte**, auch wenn er den Haushalt zwischenzeitlich erledigt oder auf eigene Kosten eine Ersatzkraft einstellt, hat dagegen **keinen Anspruch**. Seine „Einbuße“ stellt einen primären Vermögensschaden dar, der im Rahmen von § 823 I BGB grundsätzlich nicht ersatzfähig ist. Er hat auch keinen Anspruch aus § 845 BGB, weil die Voraussetzungen dieser Anspruchsgrundlage nicht vorliegen: Der verletzte Ehegatte ist ihm nicht „kraft Gesetzes ... zur Leistung von Diensten in dessen Hauswesen ... verpflichtet“, sondern erfüllte im gemeinsamen Hauswesen eine gesetzliche Unterhaltspflicht. Deren Inhalt (Barmittel, Haushaltsführung) ergibt sich nicht aus dem Gesetz, sondern erst aus der einvernehmlichen Gestaltung der Ehegatten (§ 1356 BGB). 141

Der andere Ehegatte kann aber einen eigenen Anspruch haben, wenn der **haushaltsführende Ehegatte getötet** wird. § 844 II BGB gewährt einen speziellen Schadensersatzanspruch für gesetzlich Unterhaltsberechtigte, die durch die Tötung ihren Unterhaltsschuldner verlieren. Auch die weggefallene Naturalunterhaltsleistung eines haushaltsführenden Ehegatten lässt sich in Geld ausdrücken. Seit 2017 gewährt außerdem § 844 III BGB (bzw. die Parallelvorschriften in § 10 III StVG und § 7 III ProdHG) Hinterbliebenen, die in einem besonderen persönlichen Näheverhältnis zum Getöteten standen (insbesondere also Ehegatten, vgl. § 844 III 2 BGB) einen Anspruch auf eine angemessene Geldentschädigung wegen des erlittenen (immateriellen) Leids. 142

bb) Ansprüche gegen Dritte bei Ehestörungen

Da den Dritten (Liebhaber bzw. Geliebte) die für die Ehegatten geltenden Pflichten aus § 1353 I 2 BGB nicht treffen, kommen gegen ihn allenfalls deliktische Ansprüche 143

115 OLG Düsseldorf NJW-RR 2006, 1535 (1535 f.).
116 BGHZ 50, 304 = NJW 1968, 1823.
117 OLG Düsseldorf NJW-RR 2006, 1535 (1535 f.).

in Betracht. Anknüpfen ließe sich insoweit an die Ehe bzw. an den ungestörten Fortbestand der ehelichen Gemeinschaft als absolutes Rechtsgut oder an das Persönlichkeitsrecht des betrogenen Ehegatten. Wie bereits gesehen (vgl. → Rn. 131), behandelt der BGH die Ehe/die eheliche Lebensgemeinschaft im Verhältnis der Gatten *inter se* nicht als absolut geschütztes Rechtsgut, weil andernfalls die Wertung des § 120 III FamFG unterlaufen würde, den innerehelichen, höchstpersönlichen Bereich von staatlichem Druck freizuhalten. Dieser Grundsatz greift auch im Verhältnis zu einem an der Ehestörung mitwirkenden Dritten ein. Auch gegenüber diesem bestehen nach der Rechtsprechung weder ein Unterlassungs-/Beseitigungsanspruch nach § 1004 BGB analog noch ein Schadensersatzanspruch nach § 823 I BGB. Dies ist folgerichtig, da Ansprüche gegen den Dritten den Ehegatten im höchstpersönlichen Bereich in ähnlicher Weise staatlichem Druck aussetzen würden wie Ansprüche gegen den Ehegatten selbst. Allerdings schützt der BGH auch im Verhältnis zu Dritten den **räumlich-gegenständlichen Bereich der Ehe.** Insoweit bestehen Ansprüche nach §§ 823 I, 1004 BGB analog.

144 **Beispiel:** Nach Rückkehr von einer längeren Dienstreise findet F eine ihr unbekannte Frau in der Ehewohnung vor, bei der es sich offensichtlich um die Geliebte ihres Ehemanns handelt. Hier hat F gegen die Geliebte einen Anspruch auf Verlassen der Ehewohnung (§ 1004 I 1 BGB analog) und einen Anspruch darauf, dass es die Geliebte künftig unterlässt, die Ehewohnung zu betreten (§ 1004 I 2 BGB analog). Sie hat jedoch keinen Anspruch darauf, dass die Geliebte die Beziehung zum Mann der F beendet.

145 Derartige Ansprüche gegen Dritte sind keine Familiensachen, sondern bei den Zivilgerichten geltend zu machen.

4. Die Anwendung von § 826 BGB im Eherecht

146 **Beispiel:** Die Ehe von M und F wurde 2016 geschieden. Für das Kind S zahlt M seitdem vereinbarungsgemäß ohne gerichtliche Zwangsmittel Unterhalt. Erst 2018 offenbart F, 2015 eine Affäre mit G gehabt zu haben, aus der S hervorgegangen sei. M ficht seine Vaterschaft daraufhin erfolgreich an. Da bei G nichts zu holen ist, will der wütende M von F Schadensersatz in Höhe des geleisteten Unterhalts.

147 Im Beispielsfall lässt sich der Schadensersatzanspruch nicht auf § 823 I BGB stützen. Die eheliche Lebensgemeinschaft stellt kein absolut geschütztes Rechtsgut iSv § 823 I BGB dar. Wenn eine Ehefrau die Pflicht zur ehelichen Treue verletzt und daraus ein Kind empfängt, das bis zur Vaterschaftsanfechtung als Kind des Ehemanns gilt, für das dieser sodann Unterhalt zahlt, kann dieser nach erfolgreicher Anfechtung nicht Schadensersatz nach § 823 I BGB verlangen.

148 Obwohl § 823 I BGB bei der Verletzung personaler Ehepflichten nicht anwendbar ist, schließt dies eine ausnahmsweise Deliktshaftung nach § 826 BGB als einer „Rechtsnorm höherer Art" – vergleichbar mit dem übergreifenden Grundsatz des § 242 BGB – nach Ansicht des BGH nicht aus.[118] § 826 BGB kann ausnahmsweise dann eingreifen, **wenn zu dem Ehebruch ein weiteres, sittenwidrig schädigendes Verhalten des Ehegatten hinzutritt** und der Ehegatte mit (ggf. bedingtem) **Schädigungsvorsatz** handelt. Die Wertmaßstäbe für das Sittenwidrigkeitsurteil dürfen sich nicht aus der ehelichen Lebensgemeinschaft, sondern müssen sich aus eigenständigen Wertungsbereichen ergeben.

118 BGH NJW 1990, 706 (708); BGHZ 196, 207 Rn. 15 ff. = NJW 2013, 2108.

Beispiel: § 826 BGB ist daher nicht anwendbar, wenn das Sittenwidrigkeitsurteil an der Verletzung der ehelichen Treuepflicht als solche anknüpfen müsste. Das Gleiche gilt, wenn der Vorwurf gegenüber dem untreuen Gatten darin besteht, dass dieser seinen Ehebruch schlicht nicht offenbart hat, da keine entsprechende Offenbarungspflicht besteht. 149

Achtung: Eine Pflicht zur *ungefragten* Offenbarung, dass das Kind von einem anderen Mann abstammt, besteht *ausnahmsweise* bei wesentlich von der familiären Verbundenheit der Beteiligten geprägten Zuwendungen, zB wenn der Ehemann seiner Frau anlässlich der Geburt ein wertvolles Schmuckstück schenkt. Diese Schenkung wäre dann wegen arglistiger Täuschung (durch Unterlassen der pflichtgemäßen Offenbarung) anfechtbar.[119] 150

Ein Fall des § 826 BGB kann aber zB vorliegen, wenn die Ehefrau Zweifel des Ehemanns an seiner Vaterschaft durch unzutreffende Angaben oder durch ausdrückliches Leugnen des Ehebruchs zerstreut oder wenn sie den Ehemann durch eine arglistige Täuschung oder auf andere Weise, etwa auch durch Drohung, an der Erhebung der Vaterschaftsanfechtungsklage hindert. Dann ergibt sich das Sittenwidrigkeitsurteil nämlich aus eigenständigen Wertungsbereichen (Täuschung, Drohung) und nicht aus der ehelichen Lebensgemeinschaft.[120] 151

119 BGHZ 196, 207 Rn. 22 = NJW 2013, 2108.
120 BGH NJW 1990, 706 (708); BGHZ 196, 207 Rn. 17 = NJW 2013, 2108.

§ 4 Eheliches Güterrecht

I. Allgemeines

1. Begrifflichkeiten

1 Das Güterrecht regelt die **interne Vermögensverfassung** der Ehe. Es entscheidet darüber, inwieweit sich die Ehe auch als Vermögens- und Verwaltungsgemeinschaft verwirklicht.[1] Nicht alle vermögensrechtlichen Beziehungen unter Ehegatten werden durch den Güterstand bestimmt.

2 - Es gibt eherechtliche Wirkungen vermögensrechtlicher Art, die **unabhängig vom Güterstand** eintreten (zB Unterhaltspflicht, Schlüsselgewalt).

3 - Des Weiteren gibt es vermögensrechtliche Beziehungen unter Ehegatten, die **nicht im Eherecht begründet** sind, sondern einen sonstigen Rechtsgrund haben (zB Gesellschafts- oder Arbeitsvertrag unter Ehegatten).

4 - Schließlich gibt es eherechtliche Wirkungen vermögensrechtlicher Art, die **aufgrund des Güterrechts** eintreten (zB der Anspruch auf Zugewinnausgleich als Folge des Güterstands der Zugewinngemeinschaft).

5 Auch im Güterrecht respektiert der Gesetzgeber die Freiheit der Ehegatten und legt sie nicht auf ein bestimmtes Modell für die Regelung ihrer Vermögensverhältnisse fest. Stattdessen stellt der Gesetzgeber mit dem **Güterstand der Zugewinngemeinschaft** (§§ 1363–1390 BGB) ein **Grundmodell** zur Verfügung, das kraft Gesetzes mit Eheschließung eintritt, soweit die Ehegatten nichts anderes vereinbaren (§ 1363 I aE BGB). Aus diesem Grund spricht man von der Zugewinngemeinschaft auch als dem **gesetzlichen Güterstand**. In den Vorschriften über das **„Vertragliche Güterrecht“** (§§ 1408–1557 BGB) wird ausgeführt, in welcher Form und innerhalb welchen Rahmens die Ehegatten ihre güterrechtlichen Verhältnisse abweichend vom gesetzlichen Güterstand regeln können. Der Gesetzgeber stellt hier 3 Güterstände – sog. **Wahlgüterstände** – bereit: Die **Gütertrennung** (§ 1414 BGB), die **Gütergemeinschaft** (§§ 1415–1518 BGB) und (seit dem 1.5.2013) die **Wahl-Zugewinngemeinschaft** (§ 1519 BGB iVm Abkommen über den Güterstand der Wahl-Zugewinngemeinschaft zwischen der Bundesrepublik Deutschland und der Französischen Republik über den Güterstand der Wahl-Zugewinngemeinschaft vom 4.2.2010).

2. Der gesetzliche Güterstand: Die Zugewinngemeinschaft

6 Der Zugewinngemeinschaft liegt, wie ihr Name impliziert, der Gedanke zugrunde, dass das, was **während der Ehezeit** durch beide Ehegatten an Vermögen „hinzugewonnen“ bzw. **hinzuerworben** wird, letztlich **gemeinschaftlich erwirtschaftet** wurde und daher den Ehegatten je zur Hälfte zustehen sollte. Das Gesetz betrachtet Haushaltsführung und Kinderbetreuung als gleichwertige Beiträge zur gemeinsamen Vermögensbildung, sodass auch in einer klassischen Alleinverdienerehe eine hälftige Beteiligung jedes Gatten am ehelichen Zugewinn gerechtfertigt ist.

1 Schwab FamR GdR Rn. 221.

Der Gedanke der gleichmäßigen Beteiligung am Zugewinn verwirklicht sich allerdings nicht dadurch, dass die Ehegatten automatisch hälftiges Miteigentum am während der Ehe Hinzuerworbenen erhalten. Die Regelungstechnik ist vielmehr folgende: 7

(1) **Jeder Ehegatte bleibt** nach Eintritt des Güterstands **Eigentümer** seines jeweiligen Vermögens. Auch das, was er während der Ehezeit hinzuerwirbt, wird zunächst ihm zugeordnet (§ 1363 II 1 BGB). Jeder Ehegatte haftet nur für seine eigenen Schulden. 8

(2) Während der Ehezeit verwaltet jeder Ehegatte sein Vermögen selbstständig (§ 1364 BGB). Allerdings unterliegt er bestimmten **Verpflichtungs- und Verfügungsbeschränkungen** (§§ 1365–1369 BGB). 9

(3) **Erst bei Beendigung des Güterstands** (insbesondere durch Tod oder durch Scheidung) verwirklicht sich der Grundgedanke des Gesetzes: Es findet jetzt ein **Ausgleich des Zugewinns** statt (§ 1363 II 2 BGB). Das Gesetz stellt dafür **2 unterschiedliche Lösungswege** bereit: 10

a) Für den nach wie vor häufigsten Fall der **Beendigung der Zugewinngemeinschaft durch Tod** wollte der Gesetzgeber die Komplikationen einer genauen Berechnung des ehelichen Zugewinns vermeiden. Das Gesetz bietet daher eine sog. **erbrechtliche Lösung** an, die darin besteht, dass sich der gesetzliche Erbteil des überlebenden Ehegatten **pauschal um ein Viertel erhöht**; dabei ist unerheblich, ob die Ehegatten überhaupt einen Zugewinn erzielt haben und ob der Verstorbene den höheren Zugewinn erzielt hatte (**§ 1371 I BGB**). 11

Beispiel: M und F waren nur einen Tag verheiratet, als M bei einem Flugzeugabsturz ums Leben kommt. Das Vermögen des M beläuft sich auf 1 Million EUR. F ist vermögenslos. M hat kein Testament hinterlassen. An weiteren Erben ist noch das gemeinsame voreheliche Kind S vorhanden. Neben Verwandten der 1. Ordnung (S) würde F normalerweise gesetzliche Erbin zu einem Viertel (§ 1931 I BGB). Nach der erbrechtlichen Lösung wird der Zugewinnausgleich dadurch verwirklicht, dass sich ihr Erbteil um ein weiteres Viertel erhöht, also die Hälfte beträgt (§ 1931 III BGB iVm § 1371 I BGB). F erhält daher 500.000 EUR (250.000 EUR normaler gesetzlicher Erbteil + 250.000 EUR pauschaler Zugewinnausgleich), obwohl nicht anzunehmen ist, dass M zwischen der Eheschließung und seinem Ableben überhaupt einen Zugewinn erzielt hat. 12

Die erbrechtliche Lösung steht nach **§ 1371 II BGB** nicht zur Verfügung, wenn der überlebende **Gatte weder Erbe noch Vermächtnisnehmer** wird: In diesem Fall sieht das Gesetz vor, dass der Zugewinn konkret nach den §§ 1373 ff. BGB (vgl. hierzu → Rn. 110) berechnet wird. **§ 1371 III BGB** eröffnet zudem eine Wahlmöglichkeit für den überlebenden Ehegatten zwischen der erbrechtlichen Lösung mit ihrer pauschalen Erhöhung des gesetzlichen Erbteils um ein Viertel und der konkreten Zugewinnberechnung. Der Ehegatte kann die Erbschaft ausschlagen. Dann hat er Anspruch auf einen konkret errechneten Zugewinnausgleich (§ 1371 II BGB) und erhält zusätzlich seinen Pflichtteil (berechnet nach dem nicht erhöhten gesetzlichen Erbteil, vgl. § 1371 III iVm § 1371 II Hs. 2 BGB). 13

b) Wird der Güterstand **anders als durch den Tod eines Ehegatten beendet** (insbesondere durch Scheidung), so wird der **Zugewinn** stets **konkret nach den §§ 1373–1390 BGB ausgeglichen** (§ 1372 BGB). Man nennt diese auch die **güterrechtliche Lösung**. Die Regeln der §§ 1373 ff. BGB werden nachfolgend (vgl. → Rn. 112) ausführlicher erläutert. 14

3. Die Wahlgüterstände

a) Gütertrennung

15 Der Güterstand der Gütertrennung tritt zum einen ein, wenn die Ehegatten ihn ausdrücklich vereinbaren. Er tritt aber **im Zweifel** auch dann ein, wenn die Ehegatten den **gesetzlichen Güterstand oder die Gütergemeinschaft ausschließen** oder aufheben oder wenn sie den **Zugewinnausgleich ausschließen** (§ 1414 BGB). Wie beim gesetzlichen Güterstand bleiben auch bei der Gütertrennung die beiderseitigen Vermögensmassen während der Ehezeit getrennt. Was jeder Ehegatte hinzuerwirbt, wird ihm zugeordnet.

16 Die Gütertrennung **unterscheidet sich vom gesetzlichen Güterstand** durch folgende Punkte:

(1) Die Verpflichtungs- und Verfügungsbeschränkungen der **§§ 1365–1369 BGB gelten nicht**.

(2) Es findet **kein Zugewinnausgleich** nach den §§ 1372 ff. BGB statt. **Im Einzelfall** können sich aber **Ausgleichsansprüche nach allgemeinem Zivilrecht**, insbesondere den Grundsätzen der BGB-Innengesellschaft, des Wegfalls der Geschäftsgrundlage oder der Zweckverfehlungskondiktion ergeben (vgl. hierzu → Rn. 181 ff.). Im Übrigen können auch bei Gütertrennung im Scheidungsfall Ansprüche auf Versorgungsausgleich oder nachehelichen Unterhalt bestehen, wenn diese nicht ebenfalls durch wirksamen Ehevertrag ausgeschlossen werden. Außerdem gelten natürlich die allgemeinen Ehewirkungen der §§ 1353–1362 BGB, da diese nicht vom Güterstand abhängig sind.

17 Die Vereinbarung von Gütertrennung ist insbesondere in Unternehmerehen üblich, wo ein Vermögensabfluss zur Erfüllung von Zugewinnausgleichsansprüchen den Betrieb in seinem Bestand gefährden könnte. Auch wo Gütertrennung vereinbart ist, können die Ehegatten nach allgemeinem Zivilrecht gemeinsames Vermögen bilden. Zum Beispiel können sie Haushaltsgegenstände zu Miteigentum erwerben.

b) Gütergemeinschaft

18 Während das BGB der Gütertrennung nur einen Paragrafen (§ 1414 BGB) widmet, widmet es der Gütergemeinschaft mehr als 100 (§§ 1415–1518 BGB). Das steht in einem groben Missverhältnis zu ihrer praktischen Bedeutung. Zum **Standardwissen für die mündliche Prüfung** gehört nur, dass die Gütergemeinschaft einen möglichen Wahlgüterstand bildet, wo sie geregelt ist und dass sie **eine der 3 Gesamthandgemeinschaften** bildet, die das Zivilrecht kennt. Die beiden anderen sind die BGB-Gesellschaft und die Erbengemeinschaft.

19 Mit Vereinbarung der Gütergemeinschaft wird das Vermögen der beiden Gatten gemeinschaftliches – und zwar **gesamthänderisch gebundenes** – Vermögen beider Ehegatten. Das Gesetz nennt es **Gesamtgut**. Der Übergang in das Gesamtgut vollzieht sich automatisch, die jeweilige Habe der Ehegatten muss also nicht durch Rechtsgeschäft übertragen werden (§ 1416 I 1, II BGB). Was während der Ehezeit hinzuerworben wird, fällt automatisch in das Gesamtgut (§ 1416 I 2 BGB). Der handelnde Ehegatte erwirbt kein Durchgangseigentum.

Beispiel: War zB bislang der Ehemann Eigentümer eines Grundstücks, so wird das Grundbuch mit der Vereinbarung der Gütergemeinschaft unrichtig, weil es jetzt automatisch Gesamthandeigentum der Eheleute ist. Jeder Ehegatte kann vom anderen verlangen, dass er an der Grundbuchberichtigung mitwirkt (§ 1416 III BGB). 20

Hinsichtlich des Gesamtguts unterliegen die Ehegatten einer **strengen Bindung**: Ein Ehegatte kann weder über seinen Anteil am Gesamtgut noch über seinen Anteil an den dazugehörigen Einzelgegenständen verfügen (§ 1419 I BGB). Grundsätzlich verwalten die Ehegatten das Gesamtgut gemeinschaftlich, sie können aber im Ehevertrag Abweichendes bestimmen (§ 1421 BGB). Bestimmte Gegenstände bleiben außerhalb des Gesamtguts und daher dem einzelnen Ehegatten zugeordnet: Zum sog. **Sondergut** (§ 1417 BGB) gehört, was nicht durch Rechtsgeschäft übertragen werden kann (zB ein Nießbrauch). Außerdem können die Ehegatten im Ehevertrag bestimmte Gegenstände zu **Vorbehaltsgut** (§ 1418 BGB) erklären. Dann fallen sie ebenfalls nicht ins Gesamtgut. Jeder Ehegatte verwaltet sein nicht zum Gesamtgut gehörendes Vermögen selbst. Für die Schulden jedes Ehegatten haftet das Gesamtgut (§ 1459 I BGB; Ausnahmen: §§ 1438–1440 BGB; §§ 1460–1462 BGB) und außerdem der betreffende Ehegatte mit seinem persönlichen Vermögen. Darüber hinaus besteht eine Haftung eines Ehegatten mit seinem persönlichen Vermögen für die Gesamtgutsverbindlichkeiten *des anderen*: Diese ist wechselseitig, wenn beide Ehegatten das Gesamtgut verwalten (§ 1459 II BGB); verwaltet nur einer, so trifft die persönliche Haftung für die Gesamtgutsverbindlichkeiten des anderen Ehegatten nur den Verwaltenden (§ 1437 II BGB). 21

c) Wahl-Zugewinngemeinschaft

§ 1519 BGB bestimmt, dass die Ehegatten den Güterstand der Wahl-Zugewinngemeinschaft wählen können und verweist im Übrigen auf das **Abkommen vom 4.2.2010 zwischen der Bundesrepublik Deutschland und der Französischen Republik über den Güterstand der Wahl-Zugewinngemeinschaft**. Nach Art. 1 des Abkommens ist der Güterstand durch alle Ehegatten wählbar, deren Güterstand dem französischen oder deutschen materiellen Ehegüterrecht unterliegt. Er ähnelt stark der Zugewinngemeinschaft. 22

Allerdings kennt der Wahlgüterstand zB keine Regelung entsprechend § 1371 I BGB. Im Fall der Beendigung des Wahlgüterstands durch Tod eines Ehegatten findet also kein pauschaler Zugewinnausgleich durch Erhöhung des gesetzlichen Erbteils statt, sondern die Ausgleichsforderung ist stets konkret zu berechnen. 23

4. Das Güterrechtsregister

Bei den Amtsgerichten werden Güterrechtsregister geführt (§§ 1558–1563 BGB). In das Güterrechtsregister sind auf Antrag der Ehegatten Eintragungen über die güterrechtlichen Verhältnisse vorzunehmen (§§ 1560 f. BGB). Die Einsicht in das Register ist jedermann gestattet (§ 1563 BGB). Eingetragen werden können 24

- güterrechtliche Regelungen (Vereinbarungen, aber auch durch Gesetz oder gerichtliche Entscheidung eintretende Rechtslagen), durch die der gesetzliche Güterstand ausgeschlossen oder geändert wird;
- Ausgestaltungen der Wahlgüterstände (zB Abbedingung der §§ 1365, 1369 BGB im gesetzlichen Güterstand; Bestimmung von Vorbehaltsgut);
- Beschränkung oder Ausschließung der Schlüsselgewalt (§ 1357 II 2 BGB).

Das Güterrechtsregister bezweckt eine Offenlegung der güterrechtlichen Verhältnisse zur Erleichterung des Rechts- und Geschäftsverkehrs.[2] Weitere **Eintragungsvoraus-** 25

2 BGHZ 66, 203 (207) = NJW 1976, 1258 (1259).

setzung ist daher, dass die güterrechtliche Regelung **Außenwirkung** hat, dh die Rechtstellung der Ehegatten zu Dritten zu beeinflussen kann.[3]

26 Für das Verhältnis der Ehegatten *inter se* ist die Eintragung im Register unerheblich. Die güterrechtlichen Regelungen sind auch ohne Eintragung wirksam. Bedeutung hat die Frage der Eintragung aber im Verhältnis der Ehegatten zu Dritten. **Gegenüber Dritten** entfaltet das Güterrechtsregister eine **negative Publizität**. Das bedeutet, aus eintragungsfähigen, aber nicht eingetragenen Regelungen können die Ehegatten gegenüber Dritten keine Einwendungen herleiten, es sei denn, dass der Dritte die Regelung bei Vornahme des Rechtsgeschäfts positiv kennt. Das ergibt sich aus **§§ 1412, 1357 II 2 BGB**. Auf die *Richtigkeit* von Eintragungen im Register können sich die Dritten dagegen nicht verlassen (**keine positive Publizität**). Die Vorschrift gestattet dem Dritten also nicht, seinerseits Einwendungen gegen das Rechtsgeschäft aus der unterbliebenen Eintragung herzuleiten.

27 **Beispiele:** Schließt M die Schlüsselgewalt seiner Frau aus, lässt er dies aber nicht im Güterrechtsregister eintragen, so wird er gegenüber einem Dritten, der den Ausschluss nicht positiv kennt, dennoch aus Bedarfsdeckungsgeschäften seiner Frau mitverpflichtet (§ 1357 II 2 BGB iVm § 1412 BGB). Haben die Ehegatten zunächst Gütertrennung vereinbart und dies eintragen lassen und wechseln sie später (ohne Eintragung) zum gesetzlichen Güterstand, so können sie sich gegenüber Dritten auf die Geltung der §§ 1365, 1369 BGB nicht berufen, wenn der Dritte die Änderung des ursprünglichen Ehevertrags nicht positiv kennt (§ 1412 II BGB). Hat M die Schlüsselgewalt seiner Frau ausgeschlossen und dies eintragen lassen, ihr die Schlüsselgewalt aber später wieder erteilt (ohne Berichtigung des Registers), so könnte sich ein Dritter, der von M aus einem Schlüsselgewaltgeschäft seiner Frau auf Leistung in Anspruch genommen wird, nicht auf die Registerlage (die einen Ausschluss der Schlüsselgewalt ausweist) berufen (keine positive Publizität).

5. Eheverträge (Überblick)

a) Form und mögliche Inhalte

28 Der gesetzliche Güterstand tritt ein, wenn die Ehegatten nicht durch Ehevertrag etwas anderes vereinbaren (§ 1363 I BGB). Für güterrechtliche Abweichungen vom Grundmodell der Zugewinngemeinschaft, insbesondere die Vereinbarung eines der Wahlgüterstände, ist also ein **Ehevertrag** erforderlich. Eheverträge werden meist im Zusammenhang mit der Eheschließung geschlossen, können aber auch während einer bestehenden Ehe geschlossen werden. Zu beachten ist

- die **Form** des § 1410 BGB, der Vertrag muss also zur Niederschrift eines Notars bei gleichzeitiger (aber nicht notwendig höchstpersönlicher, dh Vertretung ist zulässig) Anwesenheit geschlossen werden;
- die **Unzulässigkeit einer Verweisung auf ausländisches oder nicht mehr geltendes Recht** (§ 1409 BGB).

29 Im Übrigen herrscht im Güterrecht **weitgehende Vertragsfreiheit** (§ 1408 BGB). Die Ehegatten sind nicht auf den gesetzlichen Güterstand und die 3 Wahlgüterstände beschränkt. Möglich sind auch Modifikationen des gesetzlichen Güterstands (zB Abwahl der §§ 1365, 1369 BGB; Herausnahme bestimmter Vermögensmassen aus dem Zugewinnausgleich; Begrenzung des Zugewinnausgleichsanspruchs auf eine bestimmte Höhe). Auch die Gütergemeinschaft kann durch Ehevertrag näher ausgestaltet werden,

3 BGHZ 66, 203 (207) – NJW 1976, 1258 (1259).

insbesondere durch die Bestimmung von Vorbehaltsgut. Welche güterrechtlichen Regelungen darüber hinaus getroffen werden können, ist streitig.

Teilweise wird vertreten, es bestünde eine Bindung an die gesetzlich verankerten Grundtypen, also eine Art Typenzwang, sodass Mischgüterstände nicht oder jedenfalls nur begrenzt möglich seien. Ebenfalls nicht zulässig sollen Vereinbarungen sein, die dem Wesen eines Güterstands widersprechen bzw. diesen denaturieren.[4] 30

Es besteht jedoch eine Tendenz dahin, auf besondere Schranken der Ehevertragsfreiheit zu verzichten und nur die allgemein bestehenden zivilrechtlichen Schranken (insbesondere keine Schaffung nicht vorgesehener dinglicher Rechte, **keine Beeinträchtigung von Rechten Dritter**) eingreifen zu lassen.[5] 31

Beispiel: Deswegen können zB die Verpflichtungs- und Verfügungsbeschränkungen der §§ 1365, 1369 BGB nur eingeschränkt oder ausgeschlossen, aber nicht ausgedehnt werden, da hierdurch Drittinteressen betroffen wären. 32

b) Richterliche Kontrolle von Eheverträgen

Der Gesetzgeber definiert den Ehevertrag zwar als eine vertragliche Regelung der güterrechtlichen Verhältnisse (vgl. die Legaldefinition in § 1408 I BGB). In einem weiteren Sinn fallen darunter aber nicht nur güterrechtliche Vereinbarungen, sondern auch Vereinbarungen über den Versorgungsausgleich, den Unterhalt, die Schlüsselgewalt oder die Namensführung usw. Der **klassische Ehevertrag**, der vor oder während einer Ehe oder im Rahmen der Eheauflösung (sog. Scheidungsvereinbarung) geschlossen wird, enthält ein **Bündel von Vereinbarungen güterrechtlicher, unterhaltsrechtlicher usw Art**, insbesondere für den Fall der Scheidung. 33

Angestoßen durch das BVerfG[6] hat sich für Eheverträge im weiteren Sinne eine richterliche Inhaltskontrolle etabliert, die sicherstellen soll, dass der Vertrag nicht eine auf ungleichen Verhandlungspositionen basierende einseitige Dominanz eines (und damit eine korrespondierende Benachteiligung des anderen) Ehegatten widerspiegelt. Die Rechtsprechung prüft Eheverträge seither **in 2 Stufen**[7]: 34

(1) Zum einen fragt sie, im Rahmen der sog. **Wirksamkeitskontrolle**, ob die ehevertragliche Vereinbarung schon **im Zeitpunkt ihres Zustandekommens** offenkundig zu einer derart einseitigen Lastenverteilung für den Scheidungsfall führen würde, dass ihr wegen Verstoßes gegen die guten Sitten (**§ 138 BGB**) die Wirksamkeit zu versagen ist. Es gelten dann die **gesetzlichen Scheidungsfolgen**. 35

(2) Zum anderen fragt sie, im Rahmen der sog. **Ausübungskontrolle**, ob ein Ehegatte seine vertragliche Stellung missbraucht, wenn er sich **im Zeitpunkt der Eheauflösung** auf das Vereinbarte beruft, weil sich jetzt aus dem Vertragsinhalt eine unzumutbare Lastenverteilung für einen Ehegatten ergäbe (**§ 242 BGB**). Hierher gehören Fälle, in denen sich die ehelichen Lebensverhältnisse anders entwickelt haben als geplant. Der Ehevertrag mag zB geschlossen worden sein, als die Gatten noch eine Doppelverdienerehe planten. Hat sich die Ehefrau dann aber tatsächlich aus dem Beruf zurückgezogen, um den Haushalt zu führen und die Kinder zu betreuen, so mag 36

4 Vgl. den Überblick bei MüKoBGB/Münch § 1408 Rn. 13.
5 MüKoBGB/Münch § 1408 Rn. 13; Schwab FamR GdR Rn. 240.
6 BVerfGE 103, 89 = NJW 2001, 957; BVerfG NJW 2001, 2248.
7 Grundlegend BGHZ 158, 81 = NJW 2004, 930.

sie bei Ehebeendigung viele Jahre später der Ausschluss der vom Gesetz vorgesehenen vermögensrechtlichen Scheidungsfolgen (also Unterhalt, Versorgungs- und Zugewinnausgleich) so hart treffen, dass man dem Ehemann gem. § 242 BGB versagen muss, sich auf den ursprünglichen Ehevertrag zu berufen. Die Rechtsfolge ist aber nicht (wie bei einer Nichtigkeit nach § 138 BGB auf der ersten Kontrollstufe) die Geltung der gesetzlichen Regelung, sondern nur eine **Anpassung des Vereinbarten an die geänderten Verhältnisse**.

37 Die richterliche Inhaltskontrolle von Eheverträgen wird **im Zusammenhang mit dem Scheidungsfolgenrecht ausführlich dargestellt** (vgl. hierzu → § 5 Rn. 187 ff.). An dieser Stelle genügt es anzumerken, dass **güterrechtliche Vereinbarungen**, insbesondere die Abwahl des gesetzlichen Güterstands zugunsten der Gütertrennung, **sehr selten das Verdikt des § 138 BGB oder § 242 BGB auf sich ziehen**. Dem Güterrecht kommt – aus der nicht ganz unproblematischen Sicht der Rechtsprechung – keine Existenzsicherungs- oder Nachteilsausgleichs-, sondern hauptsächlich Teilhabefunktion zu. Teilhabe am Vermögen des anderen Ehegatten gehört aber nicht zum Wesenskern der Ehe, wie schon der Wahlgüterstand der Gütertrennung deutlich macht.

38 Eine Nichtigkeit (auch) der güterrechtlichen Vereinbarung kann sich aber aus einer **Gesamtwirkung** sämtlicher Klauseln des Ehevertrags ergeben. Gesamtnichtigkeit ist nämlich nicht notwendig die Summierung von Einzelnichtigkeiten, sondern kann sich auch dann ergeben, wenn das **Zusammenspiel aller** (wirksamen oder zT auch unwirksamen) **Vertragsklauseln** auf die ausnahmslos **einseitige Benachteiligung eines Ehepartners abzielt** und dies auch nicht durch schutzwürdige Belange des anderen Gatten gerechtfertigt ist. Unter diesen Umständen kann auch der – isoliert betrachtet wirksame – Ausschluss einer sog. kernbereichsfernen Scheidungsfolge wie des Zugewinnausgleichs unwirksam sein.[8]

II. Rechtsgeschäftliche Beschränkungen der Ehegatten in der Zugewinngemeinschaft

1. Allgemeines

39 Wie wir gesehen haben, bleibt im gesetzlichen Güterstand jeder Ehegatte Träger seines Vermögens und verwaltet dieses selbstständig (§§ 1363 II, 1364 BGB). Diese rechtsgeschäftliche Handlungsfreiheit hinsichtlich des eigenen Vermögens unterliegt jedoch 2 wichtigen Einschränkungen. 2 Arten von Geschäften kann ein Ehegatte, der im gesetzlichen Güterstand lebt, **grundsätzlich nicht ohne die Zustimmung des anderen** vornehmen, und zwar:

- **Verfügungen über sein Vermögen im Ganzen** und die entsprechenden **Verpflichtungsgeschäfte** dazu, § 1365 BGB
- **Verfügungen über die ihm gehörenden Gegenstände des ehelichen Haushalts** und die entsprechenden **Verpflichtungsgeschäfte** dazu, § 1369 BGB

40 Den Vorschriften liegen folgende Schutzzwecke zugrunde: **Primär** geht es darum, die **wirtschaftlichen Grundlagen** der Ehe- und Familiengemeinschaft zu schützen (§ 1365 BGB) bzw. die Verhältnisse in der ehelichen Wohnung zu bewahren (§ 1369 BGB): Diese Grundlagen sollen der Gemeinschaft nicht durch das Handeln nur eines Gatten entzogen werden können.[9] **Sekundär** geht es, insbesondere im Hinblick auf

8 BGH NJW 2017, 1883.
9 BGHZ 132, 218 (221) = NJW 1996, 1740.

§ 1365 BGB, aber auch darum, einen **möglichen Zugewinnausgleichsanspruch des anderen Ehegatten zu schützen.**[10] Das Vermögen eines Gatten mag überwiegend Zugewinn darstellen, sodass ein Interesse des anderen Ehegatten am Erhalt dieses Vermögens besteht, zumal die Zugewinnausgleichsforderung durch den Wert des Vermögens begrenzt wird, das der Ausgleichspflichtige bei Beendigung des Güterstands hat (§ 1378 II BGB).

Dieser Schutz ist allerdings abstrakt zu sehen: § 1365 BGB greift auch dann, wenn absehbar ist, dass 41
der nicht verfügende Ehegatte im Fall einer künftigen Auflösung der Ehe nicht ausgleichsberechtigt sein würde.[11]

2. Zustimmungsbedürftige Geschäfte nach § 1365 BGB

Voraussetzungen und Rechtsfolgen des § 1365 BGB	42
Tatbestandsvoraussetzungen: **1.** Ehegatten im gesetzlichen Güterstand **2.** Vermögen im Ganzen als Geschäftsgegenstand („Gesamtvermögensgeschäft") **3.** Rechtsgeschäft beinhaltet eine Verfügung oder eine Verpflichtung hierzu **Rechtsfolge:** Das Geschäft kann ohne die Zustimmung des anderen Ehegatten nicht wirksam vorgenommen werden; Ausnahme: § 1365 II BGB (Ersetzung der Zustimmung durch das Familiengericht)	

a) Ehegatten im gesetzlichen Güterstand

Hier ist ggf. das Bestehen einer Ehe im Zeitpunkt der Vornahme des Rechtsgeschäfts 43
zu diskutieren. Regelmäßig wird der Handelnde im Rahmen von § 1365 BGB 2 Rechtsgeschäfte vornehmen: Ein Grundgeschäft (zB Kaufvertrag), in dem er sich zur Verfügung über einen Haushaltsgegenstand verpflichtet. Und ein Verfügungsgeschäft, das diese Verpflichtung erfüllt. Problematisch sind die Fälle, in denen das **Tatbestandsmerkmal „Ehegatten im gesetzlichen Güterstand" nur bei einem dieser Geschäfte** vorliegt.

Beispiel: Der Junggeselle M verkauft seine Eigentumswohnung. Kurz danach heiratet er. Die Auflassung 44
und Übergabe der Wohnung erfolgen weitere 2 Wochen später.

War eines der Geschäfte (hier das Verpflichtungsgeschäft) noch zustimmungsfrei, so 45
ist auch das andere Geschäft nicht zustimmungsbedürftig.[12] Wirtschaftlich gesehen hat M im Beispielsfall einen mit einem Übereignungsanspruch „belasteten" Vermögensgegenstand in die Ehe eingebracht; § 1365 BGB will aber nur eine wirtschaftliche Grundlage der Familie sichern, die bei Eingehung der Ehe vermögensmäßig vorhanden war.

b) Vermögen im Ganzen als Geschäftsgegenstand

§ 1365 BGB verlangt ein Rechtsgeschäft, das sich auf das Vermögen im Ganzen be- 46
zieht. Solche Rechtsgeschäfte sind äußerst selten. Das BGB erwähnt solche Verträge

10 BGHZ 143, 356 (359) = NJW 2000, 1947 (1948).
11 BGHZ 143, 356 (359) = NJW 2000, 1947 (1948).
12 LG Karlsruhe NJW-RR 1986, 169 (170).

zwar noch an anderer Stelle (§ 311b III BGB) und unterstellt sie der notariellen Beurkundung, aber wer trennt sich schon von allem, was er hat? Würde man für § 1365 BGB wortlautgetreu ein Rechtsgeschäft verlangen, das sich auf jeden Vermögensgegenstand des handelnden Gatten bezieht, wäre sein Anwendungsbereich denkbar gering. Außerdem wäre es sehr einfach, den Schutzzweck der Vorschrift zu unterlaufen, indem man einen geringen Teil des Vermögens zurückbehält. Die Ansicht, dass Geschäftsgegenstand wirklich das Vermögen im Ganzen sein muss (sog. Gesamttheorie), wird daher so gut wie nicht mehr vertreten.

aa) Ausdehnung des Anwendungsbereichs durch die Einzeltheorie

47 Die ganz hM folgt der sog. **Einzeltheorie**: Es genügt, wenn sich das Geschäft auf einen (oder auch mehrere, aber eben nicht alle) **Einzelgegenstände** bezieht, sofern diese **wirtschaftlich betrachtet nahezu das gesamte Vermögen** des Ehegatten ausmachen.[13]

(1) Wertmäßiges Verhältnis von Geschäftsgegenstand und ursprünglichem Vermögen

48 Daran schließt sich natürlich die Frage an, wann wirtschaftlich betrachtet faktisch das gesamte Vermögen betroffen ist.

49 **Beispiel:** Ehemann M überträgt ohne Zustimmung der F seinen neu angeschafften Porsche Cayenne (Zeitwert: 80.000 EUR) auf seine Geliebte G. Außer dem Auto hat M noch Barvermögen iHv 10.000 EUR. Hier hat M wertmäßig 88.9 % seines Vermögens übertragen. Hat er damit über sein Vermögen im Ganzen verfügt?

50 Die Rechtsprechung hat zu dieser Frage aus Gründen der Rechtssicherheit **feste Grenzwerte** entwickelt: **Bei größeren Vermögen** ist ein Bezug auf das Vermögen im Ganzen regelmäßig anzunehmen, wenn der handelnde Ehegatte **mehr als 90 %** seines ursprünglichen Gesamtvermögens überträgt. **Bei kleineren Vermögen** liegt der Grenzwert niedriger, nämlich bei **85 %**.[14] Jetzt wäre noch zu klären, wann ein kleineres und wann ein größeres Vermögen vorliegt. Gegenwärtig wird von einem **größeren Vermögen ab 250.000 EUR** ausgegangen.[15] Im Beispielsfall haben wir es daher mit einem kleineren Vermögen zu tun. Da M mehr als 85 % des Werts übertragen hat, ist der Tatbestand des § 1365 BGB erfüllt.

⇨ *Fall Nr. 7 – Unverhofft kommt oft*

(2) Zweifelsfragen

51 Probleme im Rahmen des Prüfungspunkts „Vermögen im Ganzen" bereiten insbesondere folgende Zweifelsfragen, die an Beispielen dargestellt werden:

52 **Beispiel:** M überträgt den Porsche Cayenne nicht, wie im Grundfall, schenkweise auf seine Geliebte G, sondern veräußert ihn für 70.000 EUR (Zeitwert war 80.000 EUR). Außer dem Auto hat er noch Bargeld iHv 10.000 EUR. Liegt auch jetzt noch ein Geschäft über das Vermögen im Ganzen vor?

53 Würde man die Gegenleistung berücksichtigen, so hätte M nicht über sein Vermögen im Ganzen verfügt, weil sein Gesamtvermögen nach der Veräußerung nur 10.000 EUR

13 BGH NZM 2013, 438 Rn. 8.
14 BGH NJW 1991, 1739 (1740).
15 BGH NJW 1991, 1739 (500.000 DM); OLG München FamRZ 2005, 272 (250.000 EUR); aA BeckOGK/Szalai BGB § 1365 Rn. 14 (von einem größeren Vermögen sei erst ab 500.000 EUR auszugehen).

(oder 11,1 %) niedriger ist als davor. Nach ganz hM ist eine etwaige **Gegenleistung** jedoch **nicht in die Betrachtung einzubeziehen**; nach Ansicht des BGH würde das zu weit in Richtung einer wirtschaftlichen Betrachtung gehen.[16] Es liegt in der Abwandlung des Grundfalls also immer noch ein Geschäft über das Vermögen im Ganzen iSv § 1365 BGB vor.

Beispiel: Ändert sich etwas an der Beurteilung, wenn M darauf hinweist, er habe als Beamter auf Lebenszeit ein „bombensicheres" monatliches Einkommen von 6.000 EUR brutto? 54

§ 1365 BGB soll verhindern, dass der Familie die *vorhandene* wirtschaftliche Grundlage entzogen wird. Seine Anwendung hat sich daher am gegenwärtigen Vermögen und nicht an der Erwartung künftigen Erwerbs zu orientieren. **Laufendes Einkommen ist nach hM nicht zu berücksichtigen**, und zwar auch dann nicht, wenn sich der Ehegatte in einer gesicherten Rechtsstellung zB als Beamter befindet.[17] 55

Das ist schon im Hinblick auf die sekundäre Funktion, den Zugewinnausgleichsanspruch zu sichern, geboten, da für dessen Berechnung künftiges Einkommen ebenfalls keine Rolle spielt. 56

Beispiel: M macht geltend, das verschenkte Auto sei mit einem Pfandrecht zugunsten seines Vaters iHv 50.000 EUR belastet gewesen, da dieser den Erwerb finanziert habe. 57

Auf dem veräußerten Gegenstand ruhende Belastungen vermindern seinen Wert und sind zugunsten des verfügenden Ehegatten bei der Ermittlung der Wertrelation zu berücksichtigen.[18] 58

Beispiel (nach OLG Hamm FamRZ 2004, 1648): Ms einziger Vermögensgegenstand ist ein Haus, dessen Alleineigentümer er ist. Er überträgt auf seine Geliebte G einen Dreiviertel-Anteil. Gleichzeitig wird das Recht beider Seiten, Aufhebung der Miteigentumsgemeinschaft zu verlangen, aufgehoben (vgl. §§ 1010, 749 II BGB). Obwohl M rechnerisch noch 25 % und daher mehr als der Grenzwert verblieben, hat das Gericht den Tatbestand des § 1365 BGB bejaht, weil der Anteil des M durch den Ausschluss des Rechts, Auseinandersetzung zu verlangen, praktisch unveräußerlich und damit wirtschaftlich wertlos wurde. 59

Besonders problematisch sind die Fälle, in denen sich der Ehegatte ein dingliches Recht am übertragenen Gegenstand einräumen lässt. 60

Beispiel: M überträgt seine Eigentumswohnung (Wert: 250.000 EUR), die nahezu sein gesamtes Vermögen ausmacht. Gleichzeitig wird ihm ein dingliches Wohnrecht an der Wohnung eingeräumt, das mit 150.000 EUR zu bewerten ist. 61

Da das Wohnrecht „im Gegenzug" für die Übertragung eingeräumt wird, könnte man es als Gegenleistung betrachten und daher unberücksichtigt lassen.[19] Richtigerweise hat der Ehegatte im Fall der Grundstücksübertragung mit gleichzeitiger Einräumung eines dinglichen Rechts am Grundstück, auch wenn es sich um 2 getrennte Verfügungen handelt, sein Grundstück wirtschaftlich noch nicht vollständig aus der Hand gegeben. Dies gilt jedenfalls dann, wenn beide Akte in einem einheitlichen Vertrag erfolgen und nach dem Willen der Parteien miteinander „stehen und fallen" sollen.[20] Der **Wert des vorbehaltenen Rechts ist also vom übertragenen Vermögen in Abzug zu bringen** und als verbleibendes Vermögen anzusetzen. 62

16 BGHZ 43, 174 (176) = NJW 1965, 909 (910).
17 BGHZ 132, 218 (221) = NJW 1996, 1740.
18 OLG Celle FamRZ 2010, 562.
19 So eine Mindermeinung, vgl. etwa MüKoBGB/Koch § 1365 Rn. 21.
20 BGHZ 196, 95 Rn. 18 = NJW 2013, 1156.

bb) Einschränkung der Einzeltheorie durch subjektive Erfordernisse

63 Wie dargestellt, lässt es die hM für die Anwendung des § 1365 BGB genügen, dass ein einziger Vermögensgegenstand übertragen wird, sofern dieser das im Wesentlichen ganze Vermögen ausmacht (→ Rn. 47). Dies birgt Gefahren für den Geschäftspartner des Ehegatten. Ist der Geschäftsgegenstand ausdrücklich „das Vermögen im Ganzen", so ist für den Rechtsverkehr klar, dass § 1365 BGB einschlägig sein könnte. Der Geschäftspartner kann dann Erkundigungen dazu einholen, ob eine Ehe im gesetzlichen Güterstand und ggf. die Zustimmung des anderen Ehegatten vorliegt. Ist Geschäftsgegenstand dagegen ein einziges Vermögenstück oder einzelne Vermögensstücke, so wird für den Geschäftspartner selten offensichtlich sein, dass der Geschäftsgegenstand das im Wesentlichen ganze Vermögen des anderen Teils ausmacht. Die Einzeltheorie, als Ausdehnung des Anwendungsbereichs von § 1365 BGB, wird daher – **im Interesse des Gläubigerschutzes** – ihrerseits wieder **eingeschränkt**: Sofern es um Geschäfte über Einzelgegenstände geht, greift § 1365 BGB nur ein, wenn der Vertragspartner **positiv weiß**, dass es sich beim Geschäftsgegenstand um das **nahezu ganze Vermögen** handelt **oder** wenn er zumindest die **Verhältnisse kennt, aus denen sich dies ergibt.**[21] Die subjektiven Voraussetzungen hat derjenige zu beweisen, der sich auf die Anwendbarkeit von § 1365 BGB beruft, also regelmäßig der andere Ehegatte. **Und Achtung**: Die subjektiven Voraussetzungen beziehen sich nur auf die Frage, ob ein Gesamtvermögensgeschäft vorliegt. Ein Geschäftspartner, der nicht weiß, dass sein Kontrahent im gesetzlichen Güterstand verheiratet ist, wird nicht geschützt.

⇨ *Fall Nr. 7 – Unverhofft kommt oft*

64 Fraglich ist, **in welchem Zeitpunkt die Kenntnis vorliegen muss**: im Zeitpunkt der Verpflichtung zur Verfügung oder im Zeitpunkt der Verfügung? Meines Erachtens ist auf das **Verpflichtungsgeschäft** abzustellen: Verpflichtet sich ein Ehegatte zur Übereignung eines Gegenstands, der fast sein ganzes Vermögen bildet, ohne dass der Vertragspartner dies weiß, so ist auch das anschließende Erfüllungsgeschäft trotz nunmehr bestehender Kenntnis des Vertragspartners zustimmungsfrei.[22] Dies gibt dem Verkehrsschutz den Vorzug, was letztlich mit der Einschränkung der Einzeltheorie durch subjektive Erfordernisse bezweckt ist.[23]

65 Die Frage ist aber sehr streitig: Es wird auch die Ansicht vertreten, dass analog zu § 892 II BGB auf den Zeitpunkt der Antragstellung beim Grundbuchamt abzustellen sei oder sogar auf den letzten Erwerbsakt.

⇨ *Fall Nr. 7 – Unverhofft kommt oft*

c) Der Verfügungsbegriff im Rahmen von § 1365 BGB

66 § 1365 BGB spricht davon, dass der Ehegatte sich **verpflichtet** (Abs. 1 S. 1), über sein Vermögen im Ganzen **zu verfügen oder** dass er **tatsächlich** so **verfügt** (Abs. 1 S. 2). Beide Arten von Geschäften sind zustimmungsbedürftig.

21 BGHZ 123, 93 (95) = NJW 1993, 2441.
22 So auch BGHZ 106, 253 = NJW 1989, 1609; Schwab FamR GdR Rn. 258.
23 BGHZ 106, 253 (257) = NJW 1989, 1609 (1610).

Beispiel: Bildet das veräußerte Grundstück den wesentlichen Vermögensgegenstand, so unterliegen sowohl der Kaufvertrag über dieses Grundstück als auch dessen dingliche Übereignung nach §§ 873, 925 BGB der Zustimmungsbedürftigkeit. Hat der Ehegatte sich allerdings mit der Zustimmung seines Partners verpflichtet, so ist das anschließende Verfügungsgeschäft zustimmungsfrei (arg. e contrario § 1365 I 2 BGB). 67

Beide Arten von Geschäften knüpfen an den Tatbestand einer **„Verfügung"** an. Generell versteht man unter Verfügung jede **Übertragung, Belastung, Aufhebung oder Inhaltsänderung eines Rechts.** Unproblematisch erfasst sind Fälle der Veräußerung, Einbringung in eine Gesellschaft etc. 68

Auch hier gibt es jedoch **Zweifelsfragen.** 69

aa) Belastungen

Beispiel: M belastet sein Grundstück im Wert von 200.000 EUR mit einer Grundschuld im Wert von 190.000 EUR. 70

An sich ist der Verfügungsbegriff (Belastung) erfüllt. Die hM unterstellt dementsprechend **auch Belastungen** dem Tatbestand des § 1365 BGB, **wenn sie den (vorbestehenden) Wert der Sache fast gänzlich ausschöpfen.**[24] **Achtung:** Anders ist dies, wenn die Belastung lediglich eine Erwerbsmodalität darstellt. 71

Beispiel: M kauft ein Grundstück im Wert von 200.000 EUR. Da er aber nur 10.000 EUR Eigenmittel hat, finanziert er den Kaufpreis über eine Bank und bestellt zu deren Gunsten eine Sicherungsgrundschuld iHv 190.000 EUR. 72

Hier ist die Belastung nur die Kehrseite des Grundstückserwerbs und kann daher den Tatbestand des § 1365 BGB nicht erfüllen. Richtigerweise liegt auch kein Gesamtvermögensgeschäft vor, weil sich die Vermögensbilanz des M nicht nachteilig verändert hat (vorher: 10.000 EUR Eigenkapital; nachher: Eigentum an einem Grundstück mit einem Wert von 10.000 EUR nach Abzug der Belastung). 73

bb) Zahlungsverbindlichkeiten

Beispiel: M verfügt über Vermögen iHv 100.000 EUR. Als großer Autonarr schließt er einen Kaufvertrag über einen Jaguar Oldtimer für diesen Preis. F ist damit nicht einverstanden und meint, der Kaufvertrag bedürfe ihrer Zustimmung. 74

Hier lässt sich argumentieren, dass sich M mit dem Abschluss des Kaufvertrags zur Erfüllung von Zahlungsverbindlichkeiten und damit letztlich zu einer Verfügung (über sein Bargeld bzw. sein Bankguthaben) verpflichtet hat, sodass der Tatbestand des § 1365 BGB erfüllt ist. Nach hM sind allerdings **Geschäfte, die lediglich Zahlungspflichten begründen oder solche erfüllen, zustimmungsfrei.** Dies mag bei gewöhnlichen Kaufpreisschulden noch angehen, wird aber zu Recht kritisiert, wenn zB ein Ehegatte eine vermögenserschöpfende **Bürgschaftsverpflichtung**[25] zugunsten von Freunden oder Verwandten eingeht und sich (sowie in der Folge das Schutzgut des § 1365 BGB: die wirtschaftliche Basis der Ehe- und Familiengemeinschaft) mit einem erheblichen Risiko belastet. 75

24 BGH NJW 2011, 3783 Rn. 6.
25 Ablehnend zum Tatbestand des § 1365 BGB speziell für die Bürgschaft BGH FamRZ 1983, 455.

cc) Antrag auf Teilungsversteigerung

76 **Beispiel:** M und F sind Miteigentümer zu gleichen Teilen eines Einfamilienhauses. M beantragt noch vor der Scheidung die Teilungsversteigerung zur Aufhebung der Miteigentümergemeinschaft gem. § 180 ZVG. Mit einem freiwilligen (privaten) Verkauf hätte sich F nicht einverstanden erklärt. F macht geltend, der Antrag sei eine Vermögensverfügung iSv § 1365 BGB und ohne ihre Zustimmung nicht möglich.

77 Der **Antrag auf Teilungsversteigerung nach § 180 ZVG** selbst enthält weder eine Verfügung über das Grundstück noch eine rechtsgeschäftliche Verpflichtung dazu. Erst wenn es im Versteigerungsverfahren zum Zuschlag kommt, wird kraft Verwaltungsakt über das Grundstück verfügt. § 1365 BGB ist daher nicht unmittelbar anwendbar. Nach Ansicht des BGH ist **§ 1365 BGB** aber **analog anwendbar**, wenn es sich bei dem zu versteigernden Gegenstand um fast das ganze Vermögen handelt, da im ZVG eine Regelungslücke besteht. Der Antrag stellt nämlich die einzig erforderliche Rechtshandlung dar, um ein Teilungsversteigerungsverfahren zu betreiben. Dieses Verfahren führt ohne weiteres Zutun des Antragstellers zum Zuschlag an den Meistbietenden und damit, soweit der antragstellende Ehegatte das Grundstück nicht selbst kauft, zum Verlust seines Miteigentumsanteils (§§ 90 I, 180 I ZVG).[26]

78 **Anerkanntermaßen keine Verfügungen** sind:
- Gebrauchsüberlassungen, auch auf längere Zeit[27]
- Verfügungen von Todes wegen (die auf die Rechtslage unter Lebenden nicht einwirken)

3. Zustimmungsbedürftige Geschäfte nach § 1369 BGB

79

Voraussetzungen und Rechtsfolgen des § 1369 BGB
1. Ehegatten im gesetzlichen Güterstand **2.** Verfügungsgeschäft oder Verpflichtung hierzu **3.** Haushaltsgegenstand als Bezugsobjekt **4.** Eigentum des handelnden Ehegatten am Haushaltsgegenstand P: Analoge Anwendung des § 1369 BGB auf Gegenstände im (Mit-)Eigentum des anderen Ehegatten? **Rechtsfolge:** Das Geschäft kann ohne die Zustimmung des anderen Ehegatten nicht wirksam vorgenommen werden; Ausnahme: § 1369 II BGB (Ersetzung der Zustimmung durch das Familiengericht)

a) Ehegatten im gesetzlichen Güterstand

80 Hier ist ggf. das Bestehen einer Ehe im Zeitpunkt der Vornahme des Rechtsgeschäfts zu diskutieren. Liegt das Tatbestandsmerkmal „Ehegatten im gesetzlichen Güterstand" beim ersten Geschäft noch nicht vor (zB M verkauft als Junggeselle seine Waschmaschine und übereignet sie nach Eheschließung), so sind beide Geschäfte nicht zustimmungsbedürftig (vgl. hierzu → Rn. 45).

26 BGH NJW 2007, 3124 Rn. 18.
27 MüKoBGB/Koch § 1365 Rn. 43.

Diskutiert wird, ob § 1369 BGB noch eingreift, wenn die **Ehegatten getrennt** leben. Der Wortlaut (gerade wieder im Umkehrschluss zu § 1357 BGB, vgl. § 1357 III BGB) spricht dafür. Die Anwendbarkeit von § 1369 BGB ist auch aus teleologischen Erwägungen geboten: Gerade im Zusammenhang mit der Trennung entsteht ein besonderes Bedürfnis für Verfügungsbeschränkungen. Dies gilt auch dann, wenn die Nutzung der Hausratsgegenstände schon im Rahmen von § 1361a BGB durch Einigung oder gerichtliche Entscheidung geregelt worden ist, da § 1361a BGB nur für vorübergehende Nutzungsregelungen gedacht ist und die Eigentumsverhältnisse grundsätzlich unberührt lässt (vgl. § 1361a IV BGB). Etwas anderes gilt, wenn der Hausrat in der Trennungsphase ausnahmsweise schon endgültig und mit dinglicher Wirkung auseinandergesetzt wird.[28] Haushaltsgegenstände, die ein Ehegatte zur gesonderten Haushaltsführung erst während der Trennungszeit anschafft, unterfallen nicht mehr der Vorschrift. **81**

b) Verfügung

Der Verfügungsbegriff entspricht dem bei § 1365 BGB (vgl. → Rn. 66). Allerdings ist das Tatbestandsmerkmal im Rahmen von § 1369 BGB regelmäßig unproblematisch. Meist wird es um klassische Veräußerungen auf der Basis eines Kauf- oder Schenkungsvertrags gehen. **82**

c) Haushaltsgegenstände

Hierunter fallen alle **beweglichen Sachen**, die dem **Ge- oder Verbrauch beider Ehegatten oder der Familie** zu dienen bestimmt sind. **Ausgenommen** sind daher Gegenstände, die dem persönlichen oder beruflichen Bereich nur eines Ehegatten zugeordnet sind (Kleidung; Hobbyutensilien; Arbeitsgeräte); Kapitalanlagen (zB wertvoller Schmuck, der nicht zum Gebrauch bestimmt ist);[29] Immobilien; und Rechte (zB Forderungen aus einem Kaufvertrag); ebenso Gegenstände, die ein Ehegatte erst nach der Trennung für seinen separaten Haushalt anschafft, da diese nicht für den Ge- oder Verbrauch *beider* Ehegatten bestimmt sind (hierzu bereits → Rn. 81). **83**

Beispiele: Unter § 1369 BGB fallen der Familienhund[30] und das Familienfahrzeug, allerdings nicht das Familienheim[31] und auch nicht Ansprüche aus einem Kaufvertrag, der zur Anschaffung von Haushaltsgegenständen geschlossen wird.[32] **84**

d) Eigentum des handelnden Ehegatten

§ 1369 BGB ist auch anwendbar, wenn dem Ehegatten erst ein **Anwartschaftsrecht** an der Sache zusteht.[33] **85**

28 Wie hier Schwab FamR GdR Rn. 267; BeckOK BGB/Siede § 1369 Rn. 2.
29 MüKoBGB/Koch § 1369 Rn. 8.
30 OLG Zweibrücken FamRZ 1998, 1432.
31 Für eine analoge Anwendung des § 1369 BGB in diesem Fall Jacobs FamRZ 2014, 1750; aA Weber FamRZ 2015, 464.
32 Schwab FamR GdR Rn. 265.
33 Wellenhofer FamR § 14 Rn. 23.

86 Eine gewisse **Klausurbedeutung** hat der Streit um die **analoge Anwendung von § 1369 BGB bei Eigentum des anderen Ehegatten.**

87 Der Wortlaut des § 1369 BGB setzt voraus, dass der Haushaltsgegenstand dem Verfügenden gehört. Teilweise wird jedoch vertreten, § 1369 BGB müsste erst recht gelten und daher analog angewandt werden, wenn ein Ehegatte über Haushaltsgegenstände verfügt, die **im Eigentum des anderen** stehen.[34] Voraussetzung für eine Analogie ist eine planwidrige Regelungslücke und eine vergleichbare Interessenlage. Hier kann man bereits eine **planwidrige Regelungslücke bezweifeln**. Der Gesetzgeber hat nämlich den Widerstreit von Verkehrsinteressen und Eigentumsschutz in den **§§ 932 ff. BGB** geregelt.[35] Verfügt ein Ehegatte über Haushaltsgegenstände des anderen, so bieten diese Vorschriften **regelmäßig ausreichenden Schutz**.

88 **Beispiel:** F veräußert ein altes Klavier aus der Wohnung, das M gehört, an K. M verlangt dieses von K zurück. – M könnte seinen Herausgabeanspruch auf § 985 BGB stützen. Ursprünglich war er Eigentümer. Er könnte sein Eigentum jedoch an K verloren haben. Da M die F nicht zur Veräußerung ermächtigt hatte (§ 185 I BGB), verfügte diese als Nichtberechtigte. Es kommt daher nur ein gutgläubiger Eigentumserwerb nach §§ 932 ff. BGB in Betracht. K mag zwar gutgläubig hinsichtlich des Eigentums der F gewesen sein. Ein gutgläubiger Erwerb ist jedoch wegen § 935 BGB ausgeschlossen: Ehegatten haben Mitbesitz am gemeinsam benutzten Hausrat, und M ist sein unmittelbarer Mitbesitz am Klavier durch das eigenmächtige Handeln der F unfreiwillig abhandengekommen. Ein etwaiges Besitzrecht des K aus dem Kaufvertrag mit F (§ 986 I 1 BGB) wirkt nur gegenüber dieser. Insbesondere ist M nicht Mitverpflichteter des Kaufvertrags über § 1357 I 2 BGB.

89 Die eine Analogie befürwortende Ansicht stellt das nicht in Abrede, weist jedoch auf Folgendes hin: Die §§ 932 ff. BGB führen nur dazu, dass der Eigentümer-Ehegatte sein Eigentum nicht gegen seinen Willen verliert. Sie verhindern jedoch nicht, dass zwischen dem handelnden Ehegatten und dem Dritten ein wirksamer schuldrechtlicher (Kauf-)Vertrag zustande kommt.

90 Kann der Handelnde diesen Vertrag nicht erfüllen, weil der Eigentümer-Ehegatte die Übereignung nicht genehmigt (§ 185 II 1 Alt. 1 BGB), so macht sich der Handelnde schadensersatzpflichtig. Auch diese Schadensersatzpflicht belaste aber den ehelichen Haushalt. Dem ist entgegenzuhalten, dass der Zweck des § 1369 BGB im Erhalt der stofflichen Substanz des ehelichen Haushalts besteht, nicht im Schutz dieses Haushalts vor Zahlungspflichten; die Sache selbst bleibt dem Haushalt jedoch erhalten. Im Übrigen dürfte, selbst wenn man § 1369 BGB analog anwendet und daher auch das Verpflichtungsgeschäft für unwirksam hält, eine Schadensersatzpflicht des handelnden Gatten gegenüber dem Vertragspartner bestehen, und zwar in diesem Fall aus Verschulden bei Vertragsverhandlungen (§§ 311 II, 280 I, 241 II BGB). Wer sich verpflichtet, über fremdes Eigentum zu verfügen, muss den Vertragspartner regelmäßig darüber aufklären, dass Bedenken hinsichtlich der Durchführbarkeit des Vertrags bestehen.[36] Eine Analogie ist daher mE zu verneinen.

91 **Das Gleiche gilt**, wenn die **veräußerte Sache im Miteigentum beider Ehegatten** steht. Hier gilt für den Erwerb des Miteigentumsanteils des Handelnden § 1369 BGB, für den Erwerb des Miteigentumsanteils des anderen Ehegatten § 935 BGB. Nach aA

34 Etwa Löhnig/Schneider JA 2015, 255, (258 f.); Wellenhofer FamR § 14 Rn. 25; wohl auch Schwab FamR GdR Rn. 266.

35 Ebenso MüKoBGB/Koch § 1369 Rn. 17.

36 MüKoBGB/Emmerich § 311 Rn. 75.

ist das Geschäft, was den eigenen Anteil angeht, gem. § 1369 BGB direkt, was den fremden Anteil angeht, gem. § 1369 BGB analog zustimmungsbedürftig.[37]

Sachen im Eigentum Dritter (etwa das geleaste Kfz) unterliegen dem § 1369 BGB analog unstreitig nicht.[38] 92

4. Die Abwicklung zustimmungsbedürftiger Rechtsgeschäfte

Liegen die Voraussetzungen des § 1365 BGB oder des § 1369 BGB vor, so **bedarf** das 93 Verpflichtungs- bzw. Verfügungsgeschäft der **Zustimmung des anderen Ehegatten**. Die Abwicklung eines zustimmungsbedürftigen Rechtsgeschäfts wird im Folgenden für § 1365 BGB dargestellt. Die gleichen Grundsätze gelten jedoch (über die Verweisung in § 1369 III BGB auf die §§ 1366–1368 BGB) auch für Rechtsgeschäfte iSv § 1369 BGB.

a) Einwilligung

Wird die Zustimmung noch vor der Vornahme des Geschäfts erteilt, so heißt sie Ein- 94 willigung (§ 183 S. 1 BGB). Die Einwilligung kann formfrei erteilt werden, auch wenn das Geschäft selbst (zB nach § 518 BGB) formgebunden ist (vgl. § 182 II BGB). Sie kann sowohl dem anderen Ehegatten als auch dem Dritten gegenüber erteilt werden (§ 182 I BGB). Die Einwilligung in das Verpflichtungsgeschäft enthält stets gleichzeitig auch die Einwilligung in das Verfügungsgeschäft und umgekehrt.[39] Alles andere wäre widersprüchlich.

b) Geschäfte ohne Einwilligung

Wird ein Geschäft ohne Einwilligung vorgenommen, so ist zu unterscheiden: 95

Einseitige Rechtsgeschäfte sind gem. **§ 1367 BGB** unwirksam (zB Dereliktion eines Haushaltsgegenstands).

Für **Verträge** sieht **§ 1366 BGB** eine Regelung vor, die stark an die §§ 108 f. BGB erinnert:

- Die **Wirksamkeit des Vertrags hängt von der Genehmigung** (= nachträgliche Zustimmung, § 184 I BGB) des anderen Ehegatten ab, § 1366 I BGB.
  Der Vertrag ist also zunächst schwebend unwirksam, wird aber im Fall seiner Genehmigung wirksam und zwar grundsätzlich mit Rückwirkung (§ 184 I BGB). Wird die Genehmigung verweigert, so ist der Vertrag unwirksam, § 1366 IV BGB. Die Genehmigung bzw. ihre Verweigerung bezieht sich immer sowohl auf das Verpflichtungs- als auch das Erfüllungsgeschäft, Verpflichtungs- und Verfügungsgeschäft stehen und fallen also miteinander.
- Während der Schwebezeit kann der Dritte den Vertrag widerrufen, § 1366 II 1 BGB.
  Dies gilt jedoch nicht, wenn er gewusst hat, dass sein Kontrahent verheiratet ist, es sei denn, der Mann bzw. die Frau hat wahrheitswidrig behauptet, der andere Ehegatte habe eingewilligt. Der Dritte kann auch in diesem Fall nicht widerrufen,

37 So etwa MüKoBGB/Koch § 1369 Rn. 16.
38 Schwab FamR GdR Rn. 266.
39 MüKoBGB/Koch § 1369 Rn. 6.

wenn ihm beim Abschluss des Vertrags bekannt war, dass der andere Ehegatte nicht eingewilligt hat (§ 1366 II 2 BGB).

- Der Dritte kann die Schwebezeit dadurch verkürzen, dass er seinen Vertragspartner auffordert, die Genehmigung des anderen Ehegatten zu beschaffen, § 1366 III BGB.
  In diesem Fall kann sich der zustimmungsberechtigte Ehegatte nur noch gegenüber dem Dritten und nur noch binnen 2 Wochen zur Genehmigung äußern (§ 1366 III 2 Hs. 1 BGB). Hat er sich bereits vor der Aufforderung gegenüber dem anderen Ehegatten erklärt, so wird diese Erklärung unwirksam (§ 1366 III 1 Hs. 2 BGB). Erklärt er sich innerhalb der 2 Wochen gegenüber dem Dritten nicht, so gilt die Genehmigung als verweigert, § 1366 III 2 Hs. 2 BGB.
- Stirbt der handelnde Ehegatte während der Schwebezeit, so hängt die Wirksamkeit des Vertrags weiterhin von der Zustimmung des anderen Ehegatten ab. Stirbt der Zustimmungsberechtigte während der Schwebezeit, so wird das schwebend unwirksame Rechtsgeschäft endgültig wirksam.

Nach dem BGH ist das Zustimmungsrecht des Ehegatten ein höchstpersönliches, unvererbliches Recht, das primär zur Erhaltung der wirtschaftlichen Grundlage der Familie gewährt ist. Es erlischt daher mit dem Tod des berechtigten Ehegatten und kann nicht auf dessen Erben übergehen, die es allein iS ihrer wirtschaftlichen Interessen ausüben würden.[40]

c) Weitere Rechtsfolgen bei verweigerter Genehmigung

aa) Nichtigkeit von Verpflichtungs- und Verfügungsgeschäft

96 Wird die Genehmigung verweigert, so ist sowohl das Verpflichtungs- als auch das Verfügungsgeschäft *ex tunc* nichtig (§ 1366 IV BGB). Ein **gutgläubiger Erwerb des Vertragspartners ist ausgeschlossen**, da §§ 1365, 1369 BGB **absolute Veräußerungsverbote** sind. Insbesondere kommt auch ein gutgläubiger Erwerb des Vertragspartners über § 135 II BGB bzw. § 892 I 2 BGB nicht infrage. Diese Vorschriften gelten nur für relative Veräußerungsverbote.

97 **Beispiel:** M veräußert ein Grundstück, das fast sein ganzes Vermögen ausmacht, an K. Die Auflassung wird erklärt und K wird im Grundbuch eingetragen. Als F von dem Geschäft mehrere Monate später erfährt verweigert sie ihre Genehmigung und verlangt Berichtigung des Grundbuchs (§ 894 BGB). Inzwischen ist allerdings bereits W, der das Grundstück von K gekauft und übereignet erhalten hat, im Grundbuch eingetragen. Kann F von W Berichtigung des Grundbuchs verlangen? – Das Grundbuch ist unrichtig, wenn M noch Eigentümer des Grundstücks ist. Durch die Auflassung an K gem. § 873, 925 BGB konnte M sein Eigentum nicht verlieren. Der Auflassung steht nämlich, mangels Zustimmung der F, das absolute Veräußerungsverbot des § 1365 BGB entgegen. Dieser Mangel kann auch nicht über § 892 I 1 oder I 2 BGB überwunden werden. Da M Eigentümer ist, ist das Grundbuch nicht unrichtig. Als absolutes (und nicht nur relatives) Veräußerungsverbot wirkt § 1365 BGB auch ohne Eintragung im Grundbuch. M hat sein Eigentum daher nicht an K verloren. Möglich war aber ein gutgläubiger Erwerb des W vom inzwischen (zu Unrecht) als Eigentümer eingetragenen K. Hier greift § 892 I 1 BGB ein, wenn bei Erwerb des W kein Widerspruch gegen das Eigentum des K im Grundbuch eingetragen war und dem W die Unrichtigkeit des Grundbuchs auch nicht positiv bekannt war.

40 BGH NJW 1982, 1099 (1100).

bb) Folgeansprüche des handelnden Ehegatten

Der handelnde Ehegatte hat gegen seinen Vertragspartner Ansprüche aus: 98

- § 985 BGB (wegen der Nichtigkeit des Verfügungsgeschäfts)
- § 894 BGB (wegen der Nichtigkeit des Verfügungsgeschäfts)
- § 812 I 1 Alt. 1 BGB (wegen der Nichtigkeit des Grundgeschäfts)

Umgekehrt hat der Vertragspartner keine vertraglichen Ansprüche aus dem (unwirksamen) Verpflichtungsgeschäft auf Schadensersatz statt der Leistung oder Aufwendungsersatz.[41] Möglich bleiben allerdings Ersatzansprüche aus Delikt und aus *culpa in contrahendo*.[42] 99

cc) Revokationsrecht des zustimmungsberechtigten Ehegatten

Der Ehegatte, der das Geschäft vorgenommen hat, hat uU kein großes Interesse daran, die aus der Unwirksamkeit des Geschäfts resultierenden Ansprüche zu verfolgen. Deswegen gestattet **§ 1368 BGB** dem zustimmungsberechtigten Ehegatten, „die sich aus der Unwirksamkeit der Verfügung ergebenden Rechte gegen den Dritten gerichtlich geltend zu machen". Es handelt sich um eine **gesetzliche Prozessstandschaft**, also die Befugnis zur Geltendmachung fremder Rechte im eigenen Namen.[43] Der verfügende Ehegatte bleibt selbstverständlich auch befugt, seine Ansprüche zu verfolgen. 100

Dem Normtext zufolge ist der Zustimmungsberechtigte lediglich zur gerichtlichen Rechtsverfolgung berufen. Sinn und Zweck der Norm gebieten jedoch, **auch außergerichtliche Maßnahmen** (zB Leistungsaufforderung, Mahnung) für zulässig zu halten.[44] Geltend machen kann der zustimmungsberechtigte Ehegatte nach dem Wortlaut und der wohl hM **nur diejenigen Ansprüche seines Gatten, die sich aus der Unwirksamkeit der Verfügung** ergeben, dh zB die §§ 985, 894 BGB, nicht dagegen den Anspruch aus Leistungskondiktion (§ 812 I 1 Alt. 1 BGB).[45] Nach der aA kann der zustimmungsberechtigte Gatte alle Rechte geltend machen, die dem handelnden Ehegatten zustehen, also auch einen Anspruch nach § 812 BGB oder § 816 BGB.[46] Es ist allerdings nicht abzustreiten, dass sich diese Ansicht in einen gewissen Widerspruch zum Wortlaut der Vorschrift setzt, der eben einschränkend nur von Ansprüchen, die sich aus der Unwirksamkeit *der Verfügung* ergeben, spricht. 101

⇨ *Fall Nr. 6 – Über Geschmack lässt sich streiten*

⇨ *Fall Nr. 7 – Unverhofft kommt oft*

Verfahrensziel ist die **Wiederherstellung des *status quo ante***: Der Ehegatte kann daher grundsätzlich nur Herausgabe der Sache an den verfügenden Ehegatten bzw. (bei vorbestehendem Mitbesitz) an beide Ehegatten gemeinsam verlangen.[47] Anderes gilt, wenn der verfügende Ehegatte die Sache nicht wieder übernehmen will. In diesem 102

41 MüKoBGB/Koch § 1366 Rn. 37.
42 MüKoBGB/Koch § 1366 Rn. 48.
43 MüKoBGB/Koch § 1368 Rn. 3.
44 MüKoBGB/Koch § 1368 Rn. 10.
45 BGH NJW-RR 1990, 1154.
46 So etwa BeckOGK/Szalai BGB § 1368 Rn. 8.
47 Schwab FamR GdR Rn. 274; Wellenhofer FamR § 14 Rn. 16.

Fall kann der zustimmungsberechtigte Ehegatte (nach dem Rechtsgedanken des § 869 S. 2 Hs. 2 BGB) Herausgabe an sich selbst verlangen.

103 **Achtung:** Im Fall des § 1369 BGB hat der zustimmungsberechtigte Ehegatte uU auch Ansprüche aus eigenem Recht (zB aus §§ 861 f., 1007 I, II BGB), die durch § 1368 BGB nicht verdrängt werden.

⇨ *Fall Nr. 6 – Über Geschmack lässt sich streiten*

104 Der Dritte wird zur Herausgabe idR nur bereit sein, wenn er seine eigene Gegenleistung (zB den Kaufpreis) zurückerhält. Er könnte sich daher gegenüber einem Anspruch aus § 985 BGB auf ein Zurückbehaltungsrecht aus § 273 I BGB berufen. Nach hM ist der Dritte allerdings mit der **Einrede des § 273 I BGB ausgeschlossen**: Begründet wird das mit dem Ehe- und Familienschutz, der es gebiete, aus dem unerwünschten Geschäft keinerlei Rechtspositionen zuzubilligen. Ausgeschlossen ist der Dritte auch mit dem Zurückbehaltungsrecht aus § 1000 BGB wegen Verwendungsersatzansprüchen, die ihm als unrechtmäßigem Besitzer zustehen.[48]

⇨ *Fall Nr. 7 – Unverhofft kommt oft*

105 Allerdings kann der Dritte mit einer anderen (nicht dem missbilligten Geschäft entstammenden) Forderung gegenüber dem verfügenden Ehegatten **aufrechnen** – und zwar **auch gegenüber dem revozierenden Ehegatten**, denn dieser macht ja nur den fremden Anspruch geltend. Der Schutz der §§ 1365, 1369 BGB wird dadurch nicht ausgehebelt, denn die Verfügungsbeschränkungen sollen nicht die Zwangsvollstreckung in das Vermögen eines Ehegatten verhindern. Sie stehen daher auch nicht entgegen, wenn der Gläubiger aufrechnet anstatt zu vollstrecken.[49]

III. Der Zugewinnausgleich

106 Der gesetzliche Güterstand ist v.a. durch den bei seiner Beendigung durchzuführenden Zugewinnausgleich (§§ 1371 ff. BGB) gekennzeichnet. Der Grundgedanke des Zugewinnausgleichs ist, dass das während der Ehezeit erwirtschaftete Vermögen gleichmäßig auf beide Gatten aufgeteilt werden soll. Dies geschieht allerdings nicht schon während des Bestehens der Zugewinngemeinschaft, sondern erst, wenn diese endet (vgl. § 1363 II 1, 2 BGB). Rechnerisch wird das so umgesetzt, dass derjenige Gatte, der mehr Zugewinn erwirtschaftet hat als der andere, die Hälfte dieses Überschusses an den anderen abführen muss (§ 1378 I BGB).

107 Die §§ 1371 ff. BGB enthalten allerdings **dispositives Recht**. Im Güterrecht herrscht nahezu volle Ehevertragsfreiheit (vgl. hierzu bereits → Rn. 29).

1. Ausgleichsformen

108 Ein Zugewinnausgleich ist stets durchzuführen, wenn die Zugewinngemeinschaft endet (§ 1363 II 2 BGB). **Je nachdem, wie die Zugewinngemeinschaft endet**, sind jedoch **2 unterschiedliche Ausgleichsformen** zu unterscheiden:

48 MüKoBGB/Koch § 1368 Rn. 20 f.
49 MüKoBGB/Koch § 1368 Rn. 19.

(1) **Endet die Zugewinngemeinschaft durch den Tod eines Gatten und wird der überlebende Erbe oder Vermächtnisnehmer**, so wird der Zugewinn nach der sog. **erbrechtlichen Lösung** grundsätzlich pauschal ausgeglichen (§ 1371 I BGB). 109

Der überlebende Gatte kann die erbrechtliche Lösung jedoch verhindern, indem er die Erbschaft bzw. das Vermächtnis ausschlägt (§ 1371 III BGB). Vgl. hierzu bereits ausführlich → Rn. 13. In diesem Fall gilt auch hier die unter (2) dargestellte sog. schuldrechtliche Lösung.

(2) **In allen anderen Fällen einer Beendigung der Zugewinngemeinschaft** wird der Zugewinn nach der sog. **schuld- bzw. güterrechtlichen Lösung** konkret ausgeglichen (§§ 1372 ff. BGB). 110

Gemeint sind folgende Fälle der Beendigung der Zugewinngemeinschaft: 111

- **Scheidung**
- Eheaufhebung (§§ 1313, 1318 III BGB)
- **Ehevertrag** (etwa wenn die Ehegatten nach Eheschließung einen Ehevertrag schließen, in dem sie Gütertrennung vereinbaren)
- Tod, wenn der Überlebende weder Erbe noch Vermächtnisnehmer wird (§ 1371 II BGB)
- vorzeitige Aufhebung der Zugewinngemeinschaft (§§ 1385–1388 BGB)

2. Insbesondere: Schuldrechtlicher Zugewinnausgleich

Anspruchsgrundlage für den Zugewinnausgleich ist § 1378 I BGB: Der Ehegatte mit dem höheren Zugewinn hat dem anderen die Hälfte seines Überschusses auszuzahlen. 112

Beispiel: Hat M in 10 Jahren Ehe einen Zugewinn von 100.000 EUR erzielt, F dagegen nur einen Zugewinn von 10.000 EUR, so muss M seinen Überschuss von 90.000 EUR (100.000 EUR – 10.000 EUR) zur Hälfte, also iHv 45.000 EUR, an F ausbezahlen. 113

Um zu ermitteln, wer den höheren Zugewinn erzielt hat und damit ausgleichspflichtig ist, muss für beide Ehegatten ein Vermögensvergleich durchgeführt werden. Für jeden Ehegatten ist zum einen zu bestimmen, welches Vermögen er bei Eintritt des gesetzlichen Güterstands hatte. Das Gesetz nennt dies das **Anfangsvermögen** (§ 1374 BGB). Außerdem ist für jeden Ehegatten zu bestimmen, welches Vermögen ihm bei Beendigung des Güterstands gehört. Das Gesetz nennt dies das **Endvermögen** (§ 1375 BGB). Liegt das Endvermögen über dem Anfangsvermögen, so hat dieser Ehegatte einen Zugewinn in entsprechender Höhe erzielt. Liegt das Endvermögen niedriger als das Anfangsvermögen oder hat es sich gegenüber dem Anfangsvermögen nicht verändert, so hat dieser Ehegatte keinen Zugewinn erzielt. **Einen „negativen“ Zugewinn kann es nicht geben** (arg. „übersteigt“ in § 1373 BGB). 114

Beispiel: Das Anfangsvermögen des M beträgt 50.000 EUR, sein Endvermögen 80.000 EUR. F hatte zu Beginn des Güterstands 30.000 EUR, bei Beendigung des Güterstands hat sie keinerlei Vermögen mehr. – Hier hat M einen Zugewinn von 30.000 EUR erzielt und F hat einen Zugewinn von 0 EUR. 115

3. Berechnung der Ausgleichsforderung

116

Berechnung des Anspruchs auf Zugewinnausgleich
1. Ermittlung des Anfangsvermögens (getrennt für jeden Ehegatten!), § 1374 BGB a) Werte ggf. laut Verzeichnis, § 1377 I BGB, hilfsweise Vermutung nach § 1377 III BGB b) Verbindlichkeiten sind von Aktiva abzuziehen, ggf. auch über Aktiva hinaus, § 1374 III BGB c) Hinzurechnen privilegierten Erwerbs, § 1374 II BGB **2.** Ermittlung des Endvermögens (getrennt für jeden Ehegatten!), § 1375 BGB a) Werte am Stichtag (Grundsatz: bei Beendigung des Güterstands, § 1376 II BGB; aber wichtige Ausnahmen in §§ 1384, 1387 BGB) b) Verbindlichkeiten sind von Aktiva abzuziehen, ggf. auch über Aktiva hinaus, § 1375 I 2 BGB c) Hinzurechnen illoyaler Vermögensminderungen, § 1375 II BGB **3.** Abzug des Anfangs- vom Endvermögen (**Achtung:** der Zugewinn kann nicht < 0 EUR sein) **4.** Berechnung der Ausgleichsforderung, § 1378 BGB a) Ehegatte mit dem höheren Zugewinn ist Ausgleichsschuldner b) Forderung iHd Hälfte der Zugewinndifferenz, § 1378 I BGB c) Begrenzung der Forderung auf vorhandenes Vermögen bei Beendigung des Güterstands, § 1378 II 1 BGB (Ausnahme: § 1378 II 2 BGB) **5.** Abzug eines etwaigen Vorempfangs, § 1380 BGB **6.** Ggf. Einrede der groben Unbilligkeit, § 1381 BGB

a) Ermittlung des Anfangsvermögens

117 Für jeden Ehegatten ist zunächst dessen Anfangsvermögen zu bestimmen. Anfangsvermögen ist das Vermögen, das einem Ehegatten nach Abzug der Verbindlichkeiten bei Eintritt des Güterstands gehört (§ 1374 I BGB). Der Eintritt des Güterstands ist, wenn die Ehegatten bei Eheschließung nichts Abweichendes vereinbaren, der Zeitpunkt der Eheschließung (vgl. § 1363 I BGB). Im Einzelfall mag der gesetzliche Güterstand aber auch erst später durch Ehevertrag begründet werden. Dann ist der Tag der notariellen Beurkundung der maßgebliche Stichtag für die Ermittlung des Anfangsvermögens.

aa) Vermögen

118 Zu berücksichtigen sind grundsätzlich **alle rechtlich geschützten Positionen von wirtschaftlichem Wert.**[50] Dazu gehören zB auch Anwartschaftsrechte, der Goodwill eines Betriebs, Patente und fällige Ansprüche gegen Dritte. Wichtiger ist die **Negativabgrenzung**, was **nicht dazugehört**, nämlich

- Anrechte auf eine Versorgung, die dem Versorgungsausgleich als speziellerem Ausgleichssystem unterliegen (§ 2 IV VersAusglG)
  Diese Anrechte ergeben sich aus den Aufzählungen in § 1587 BGB und § 2 VersAusglG.
- Haushaltsgegenstände, die im Miteigentum der Ehegatten stehen

50 MüKoBGB/Koch § 1374 Rn. 7.

Für diese gilt das speziellere Hausratsverteilungsverfahren nach § 1568b BGB. Haushaltsgegenstände im Alleineigentum eines Ehegatten unterfallen dagegen dem Zugewinnausgleich.[51]

- Ansprüche auf künftig fällig werdende wiederkehrende Leistungen, die dazu bestimmt sind, den Unterhalt der Ehegatten in künftigen Zeitabschnitten zu gewährleisten (insbesondere künftiges Arbeitsentgelt)
  Schon fällige Ansprüche dieser Art oder Ersparnisse aus Arbeitseinkünften sind aber zu berücksichtigen.[52]

bb) Negatives Anfangsvermögen

Zur Berechnung des Anfangsvermögens werden alle Aktiva und Passiva ermittelt und miteinander saldiert. Dazu bestimmt § 1374 III BGB, dass Verbindlichkeiten auch dann in voller Höhe abzuziehen sind, wenn sie die Aktiva übersteigen. Das Anfangsvermögen kann also ggf. negativ sein. Denn ein Zugewinn ist auch in der Form denkbar, dass zunächst bestehende Schulden zurückgeführt werden. 119

Beispiel: M startet mit Schulden iHv 90.000 EUR und beendet den Güterstand mit einem Guthaben von 10.000 EUR. Hier beträgt, da § 1374 III BGB ein negatives Anfangsvermögen zulässt, der Zugewinn 100.000 EUR und nicht etwa nur 10.000 EUR. 120

cc) Hinzurechnen privilegierten Erwerbs, § 1374 II BGB

Grundsätzlich gilt für die Berechnung des Anfangsvermögens ein strenges Stichtagsprinzip (Eintritt des Güterstands). Nach § 1374 II BGB werden jedoch ausnahmsweise bestimmte Erwerbsvorgänge, die *während* des Güterstands eintreten, dem Anfangsvermögen hinzugerechnet. Die Ausnahme bezieht sich auf: 121

- Erwerb von Todes wegen
- Erwerb mit Rücksicht auf ein künftiges Erbrecht
- Schenkungen
- Ausstattungen (vgl. die Legaldefinition in § 1624 I BGB)

§ 1374 II BGB liegt folgender **Gedanke** zugrunde: Die beschriebenen Erwerbsvorgänge haben, erstens, nichts mit der ehelichen Lebensgemeinschaft zu tun[53] und beruhen, zweitens, regelmäßig auf einer besonderen persönlichen Beziehung zwischen dem erwerbenden Ehegatten und einem Dritten (Erblasser, Schenker etc).[54] Nach dem Willen des Gesetzgebers soll daher der andere Ehegatte an diesen Erwerbsvorgängen nicht über den Zugewinnausgleich teilnehmen. Rechnerisch erreicht man das, indem man den Erwerb (nach Abzug etwaiger Verbindlichkeiten) dem Anfangsvermögen zuschlägt und damit für den Zugewinnausgleich „neutralisiert“. Der Erwerb wird nämlich jetzt sowohl beim Anfangs- als auch beim Endvermögen berücksichtigt und wirkt sich dadurch nicht aus. 122

Beispiel: Bei Eintritt des Güterstands hatte M kein Vermögen. Bei Beendigung des Güterstands beträgt Ms Vermögen 100.000 EUR. Hierbei handelt es sich um Gelder, die M aus der Erbschaft seiner Mutter während des Güterstands zugeflossen sind. Dadurch, dass man die 100.000 EUR über § 1374 II BGB 123

51 BGH NJW 2011, 2289.
52 Schwab FamR GdR Rn. 286.
53 MüKoBGB/Koch § 1374 Rn. 18.
54 BGH NJW 2017, 734 Rn. 9.

nicht nur beim Endvermögen, sondern auch beim Anfangsvermögen ansetzt, beträgt Ms Zugewinn 0 EUR, sodass keine Ausgleichsforderung besteht.

124 Die Hinzurechnung von privilegiertem Erwerb kann bei einem negativen Anfangsvermögen auch zu einer Verrechnung mit Schulden führen. Es ist sogar möglich, dass ein privilegierter Erwerb ein (negatives) Anfangsvermögen verschlechtert, nämlich dann, wenn er selbst aus Schulden besteht.

125 **Beispiel:** Bei Eintritt des Güterstands hat M Schulden von 50.000 EUR. Ein Jahr später nimmt er (aus Pietätsgründen) die Erbschaft nach seiner Mutter an, obwohl der Nachlass iHv 10.000 EUR verschuldet ist. Bei Beendigung des Güterstands beträgt sein Vermögen 60.000 EUR. – Hier beträgt der Zugewinn des M nicht 110.000 EUR, sondern, weil die verschuldete Erbschaft dem Anfangsvermögen hinzuzurechnen ist (–60.000 EUR), 120.000 EUR.

126 **Nicht hinzugerechnet** werden gem. § 1374 II aE BGB **Zuwendungen, die den Umständen nach zu den Einkünften zu rechnen sind.** Das sind Zuwendungen, die nicht der Vermögensbildung zu dienen bestimmt sind, sondern von vornherein nur dem Verbrauch (und daher auch im Endvermögen üblicherweise nicht mehr in nennenswertem Umfang in Erscheinung treten),[55] etwa eine Zuwendung zur Durchführung einer Urlaubsreise.

127 Die Hinzurechnung erfolgt gem. § 1376 I BGB mit dem Wert im Zeitpunkt des Erwerbs. Das hat zur Folge, dass spätere **Wertsteigerungen des Anfangsvermögens als Zugewinn ausgleichspflichtig** sind.

128 **Beispiel:** Bei Eintritt des Güterstands beträgt Ms Vermögen 20.000 EUR. Während des Güterstands erwirbt er vermächtnisweise ein Aktienpaket, das zu diesem Zeitpunkt einen Wert von 10.000 EUR hat. Infolge beträchtlicher Kursgewinne beträgt der Wert der Aktien bei Beendigung des Güterstands 100.000 EUR. Weiteres Endvermögen hat M nicht. – Dem Anfangsvermögen hinzugerechnet werden hier nur 10.000 EUR. Der durch die Wertsteigerung der Aktien entstehende Zugewinn von 70.000 EUR ist ausgleichspflichtig.

Problematisch im Rahmen von § 1374 II BGB sind folgende Sonderfälle:

(1) Analoge Anwendung von § 1374 II BGB?

129 Zum einen wird diskutiert, ob § 1374 II BGB auch auf andere Erwerbsvorgänge analog angewandt werden kann, zu denen der andere Ehegatte nichts beigetragen hat, zB **Lottogewinne** oder **Schmerzensgeldzahlungen**. Die ganz hM lehnt dies ab.[56] § 1374 II BGB ist als Ausnahmevorschrift eng auszulegen. Überdies besteht auch keine Vergleichbarkeit eines Lottogewinns oder einer Schmerzensgeldzahlung mit den in § 1374 II BGB geregelten Fällen. Es fehlt ihnen die besondere, die Zuwendung motivierende Beziehung zwischen dem Zuwendungsempfänger-Ehegatten und dem Zuwender.[57]

⇨ Fall Nr. 8 – Trautes Heim

Nur für einen Fall hat der BGH den Anwendungsbereich des § 1374 II BGB ausgedehnt.

130 **Beispiel:** M und F sind im gesetzlichen Güterstand verheiratet. Bei Eheschließung waren sie beide mittellos. F erhielt jedoch nach Eintritt des Güterstands 200.000 EUR als Bezugsberechtigte aus

55 BGH NJW 2017, 734 Rn. 11; 2014, 294 Rn. 26.
56 BGH NJW 2013, 3645 (Lottogewinne); BGHZ 80, 384 = NJW 1981, 1836 (Schmerzensgeld).
57 BGH NJW 2013, 3645 Rn. 14.

2 Lebensversicherungen, die ihr Sohn wenige Tage vor seinem Tod abgeschlossen hatte. – Bei einem Lebensversicherungsvertrag, den der Versicherungsnehmer mit einem Versicherer für den Fall des Todes zugunsten eines bezugsberechtigten Dritten abschließt, handelt es sich um einen Vertrag zugunsten Dritter auf den Todesfall. Der Dritte erwirbt gem. §§ 328, 330, 331 BGB unmittelbar das Recht, die Leistung vom Versicherer zu fordern. Die Versicherungssumme fällt dem Dritten also direkt aus dem Vermögen des Versicherers zu. Es handelt sich daher um keinen klassischen Erwerb von Todes wegen iSv § 1374 II BGB, da die Lebensversicherungssumme nicht Teil des Nachlasses bildet. Es handelt sich auch nicht um eine Schenkung. Für eine Schenkung wäre erforderlich, dass sich der Zuwendende und der Zuwendungsempfänger über die Unentgeltlichkeit der Zuwendung einig sind und dass der Empfänger aus dem Vermögen des Zuwendenden bereichert wird. Das ist aber wiederum nicht der Fall, da die ausbezahlte Versicherungssumme nie zum Vermögen des Versicherungsnehmers gehört hat. Nur die gezahlten Prämien stammen aus seinem Vermögen und können damit „geschenkt" iSv § 1374 II BGB werden. Da der Sohn der F den Vertrag nur wenige Tage vor seinem Tod abgeschlossen hatte, hatte er aber nur vernachlässigbare Prämien gezahlt. Der BGH hat dennoch auch die Versicherungssumme unter den § 1374 II BGB fallen lassen, allerdings nicht im Wege einer Analogie, sondern einer erweiternden Auslegung der in § 1374 II BGB erwähnten Begriffe „Erwerb von Todes wegen" und Erwerb „mit Rücksicht auf ein künftiges Erbrecht". Beide Ausdrücke bezögen sich auf alle Erwerbsvorgänge, die ihre Ursache in dem eingetretenen oder künftigen Todesfall des Zuwendenden haben, darüber hinaus auf einer besonderen persönlichen Beziehung des bedachten Ehegatten zu dem Zuwendenden beruhen und andererseits in keinem Zusammenhang mit der ehelichen Lebens- und Wirtschaftsgemeinschaft stehen. Diese Kriterien seien auch beim Erwerb als Bezugsberechtigter einer Lebensversicherung erfüllt.[58]

(2) Zuwendungen zwischen den Ehegatten

Ebenfalls nicht unter § 1374 II BGB fallen Zuwendungen der Ehegatten untereinander, und zwar unabhängig davon, ob es echte Schenkungen iSv § 516 ff. BGB, unbenannte Zuwendungen oder Zuwendungen mit Rücksicht auf ein künftiges Erbrecht sind.[59] Dies ist richtig: Die Ausnahmen des § 1374 II BGB sind alle dadurch gekennzeichnet, dass der andere Ehegatte zum Erwerb nichts beigetragen hat. Bei Zuwendungen, die vom anderen Ehegatten *stammen*, ist das offensichtlich anders. 131

⇨ *Fall Nr. 8 – Trautes Heim*

(3) Zuwendungen durch Schwiegereltern

Zuwendungen durch die Schwiegereltern an das Schwiegerkind hat der **BGH früher** ebenfalls nicht als Schenkungen angesehen, die dem § 1374 II BGB unterfallen, sondern als **unbenannte Zuwendungen**, sofern sie mit Rücksicht auf die Ehe des Zuwendungsempfängers mit dem Kind des Zuwenders und zur Begünstigung des ehelichen Zusammenlebens erfolgten.[60] 132

Diese **Rechtsprechung** hat der BGH **inzwischen aufgegeben**: Er vertritt jetzt die Ansicht, dass schwiegerelterliche Zuwendungen auch dann sämtliche Voraussetzungen einer **Schenkung iSv § 516 I BGB** erfüllen (dh Entreicherung beim Schenker, Bereicherung beim Beschenkten und Einigung über die Unentgeltlichkeit), wenn sie um der Ehe des eigenen Kindes willen erfolgen. Insbesondere fehlt es im Fall schwiegerelterlicher Zuwendungen nicht an einer mit der Zuwendung einhergehenden dauerhaften Vermögensminderung beim Zuwendenden. Anders als bei einer Zuwendung unter Ehegatten übertragen Schwiegereltern den Gegenstand regelmäßig in dem 133

58 BGHZ 130, 377 (382) = NJW 1995, 3113 (3114).
59 BGHZ 187, 82 Rn. 8 f. = NJW 2011, 72.
60 BGHZ 129, 259 (263) = NJW 1995, 1889 (1890).

Bewusstsein auf das Schwiegerkind, künftig an dem Gegenstand nicht mehr selbst zu partizipieren. Die Zuwendung ist daher als privilegierter Erwerb in das Anfangsvermögen des Schwiegerkindes einzustellen und bleibt daher beim Zugewinnausgleich unberücksichtigt.[61]

134 Das heißt aber noch nicht zwingend, dass die Schenkung dem Schwiegerkind verbleibt. Der BGH hält nämlich Rückforderungsansprüche der Schwiegereltern gegen das Schwiegerkind aus § 313 BGB (Wegfall der Geschäftsgrundlage) und § 812 I 2 Alt. 2 BGB (Zweckverfehlungskondition) für möglich, soweit dem Vertrag die erkennbare Vorstellung (oder bei § 812 I 2 Alt. 2 BGB sogar eine Zweckvereinbarung) zugrunde lag, dass die eheliche Lebensgemeinschaft des Schwiegerkindes mit dem eigenen Kind des Schenkers Bestand haben werde und die Schenkung demgemäß auch dem eigenen Kind dauerhaft zugutekommen würde. Den Wegfall der Geschäftsgrundlage sieht der BGH im Scheitern der Ehe, spätestens in der Erhebung des Scheidungsantrags.[62] Ergibt sich ein Rückforderungsanspruch der Schwiegereltern, so ist dieser (zusätzlich zur Schenkung) als Negativposten sowohl in das Anfangs- als auch in das Endvermögen des Schwiegerkindes einzustellen: Denn das Schwiegerkind hat den geschenkten Gegenstand nur mit der Belastung erworben, die Schenkung im Fall des späteren Scheiterns der Ehe schuldrechtlich ausgleichen zu müssen.[63] Auf diese Weise wird erreicht, dass die Schenkung sich auch im Fall ihrer Rückforderung durch die Schwiegereltern im Zugewinn nicht auswirkt.

⇨ Fall Nr. 8 – Trautes Heim

(4) Gemischte Schenkungen

135 Gemischte Schenkungen unterfallen § 1374 II BGB, allerdings **nur mit dem unentgeltlichen Teil**. Nur dieser Teilbetrag ist also dem Anfangsvermögen hinzuzurechnen.

136 Die **Beweislast** trägt stets der Ehegatte, der sich auf den (teilweise) privilegierten Erwerb beruft. Allein aus einem Missverhältnis von Leistung und Gegenleistung ergibt sich noch keine Vermutung für eine (teilweise) Schenkung.[64]

b) Ermittlung des Endvermögens

137 In einem nächsten Schritt ist, wiederum getrennt für jeden Ehegatten, das Endvermögen zu ermitteln, § 1375 BGB. Für das Endvermögen gelten ähnliche Grundsätze wie für das Anfangsvermögen. Insbesondere ist der Vermögensbegriff derselbe (vgl. zu diesem → Rn. 118). Unerheblich ist, ob der andere Ehegatte zur Erlangung des Endvermögens beigetragen hat. Auch privilegierter Zuerwerb iSv § 1374 II BGB ist daher im Endvermögen zu berücksichtigen. Gesamtschulden der Gatten werden bei jedem in voller Höhe als Passivposten angesetzt. Als Aktivposten wird aber zugleich ein etwaiger Ausgleichsanspruch nach § 426 I 1 BGB berücksichtigt.[65]

138 Zwar bilden die §§ 1372 ff. BGB für den Vermögensausgleich bei Scheidung grundsätzlich eine abschließende Regelung, die Ausgleichsansprüche aus Bereicherungsrecht oder § 313 BGB verdrängt:

61 BGH NJW 2010, 2884.
62 BGHZ 208, 210 = NJW 2016, 629.
63 BGH NJW 2010, 2884 Rn. 20 ff.
64 BGH NJW 2014, 294.
65 BGH NJW-RR 2015, 897 Rn. 15.

Der Gesamtschuldnerausgleich und Ansprüche aus eigenständigen vertraglichen Abreden (zB Darlehensvertrag) bleiben aber anwendbar und sind in die Vermögensbilanz – als Aktivposten beim Gläubiger-Ehegatten und als Passivposten beim Schuldner-Ehegatten – einzustellen.[66]

aa) Werte am Stichtag

Auch die Bewertung des Endvermögens erfolgt stichtagsbezogen. Maßgeblich ist grundsätzlich der Zeitpunkt der **Beendigung des Güterstands** (§ 1376 II BGB). Bei Beendigung des gesetzlichen Güterstands durch einen Ehevertrag wäre zB das Datum des notariellen Vertragsschlusses entscheidend. Vom Grundsatz gibt es jedoch eine wichtige (und eine weniger wichtige) **Ausnahme**. **139**

(1) Im praxis- und klausurrelevanten Fall der **Beendigung des Güterstands durch Scheidung** erfolgt die Wertbestimmung bezogen auf den Zeitpunkt der **Rechtshängigkeit des Scheidungsantrags** (§ 1384 BGB).

Diskutiert wird, ob in Einzelfällen der Endstichtag abweichend bestimmt werden kann, um Manipulationen zu verhindern. Der BGH hält das in Ausnahmefällen (über § 242 BGB) für möglich, wenn das Ausgleichsergebnis sonst grob unbillig wäre und dem Gerechtigkeitsempfinden massiv widerspräche. Denkbare Fallgruppen sind die Erhebung eines Scheidungsantrags vor Ablauf des Trennungsjahrs oder Fälle, in denen die Ehegatten sich nach dem Scheidungsantrag wieder versöhnt und noch viele weitere Jahre zusammengelebt haben.[67] **140**

(2) Bei einer vorzeitigen Aufhebung der Zugewinngemeinschaft (mit oder ohne vorzeitigen Zugewinnausgleich) (vgl. hierzu → Rn. 176 ff.) ist der Stichtag der Zeitpunkt, in dem die entsprechenden Anträge gestellt werden, § 1387 BGB.

bb) Negatives Endvermögen

Verbindlichkeiten sind auch hier von Aktiva abzuziehen, ggf. auch über Aktiva hinaus (§ 1375 I 2 BGB). **141**

cc) Hinzurechnen illoyaler Vermögensminderungen, § 1375 II BGB

Auch beim Endvermögen finden Hinzurechnungen zum tatsächlichen Vermögensstand statt. Der Zweck ist zu verhindern, dass die Ehegatten ihr Endvermögen (und damit den Umfang ihres Zugewinns) bewusst schmälern. **„Aufgestockt“** wird das Endvermögen **in folgenden Fällen**: **142**

- **unentgeltliche Zuwendungen**, die nicht einer sittlichen Pflicht oder den Geboten des Anstands entsprachen
- **Vermögensverschwendung**, dh zielloses und unnützes Ausgeben von Geld in einem Maße, das in keinem Verhältnis zu den Einkommens- und Vermögensverhältnissen des Ehegatten stand. Ein großzügiger Lebensstil oder ein Leben über die Verhältnisse reicht nicht aus[68]
- **Handlungen in Benachteiligungsabsicht** (zB Verzicht auf Darlehensrückzahlung)

Die **Aufstockung unterbleibt** allerdings nach § 1375 III BGB, wenn **143**

- die Vermögensminderung mehr als 10 Jahre vor Beendigung des Güterstands eingetreten ist oder

---

66 Wellenhofer FamR § 16 Rn. 18.
67 BGHZ 217, 119 Rn. 21 ff. = NJW 2018, 610; OLG Brandenburg BeckRS 2021, 3632.
68 BGH NJW-RR 2015, 897 Rn. 28.

- der andere Ehegatte mit der unentgeltlichen Zuwendung oder Verschwendung einverstanden war.

144 In diesen Fällen ist nämlich nicht zu vermuten, dass die Vermögensminderung eine Manipulation des Zugewinnausgleichs bezweckte. Ist eine Aufstockung durchzuführen, so wird der Wert hinzugerechnet, den die Vermögensminderung im Zeitpunkt ihres Eintritts hatte (§ 1376 II BGB).

c) Ermittlung des Zugewinns

145 Stehen Anfangs- und Endvermögen fest, so ist **für jeden Gatten gesondert** sein Zugewinn zu ermitteln. Dazu bestimmt § 1373 BGB, dass der Zugewinn in dem Betrag besteht, um den das Endvermögen eines Ehegatten sein Anfangsvermögen übersteigt, also

Zugewinn = Endvermögen – Anfangsvermögen

146 **Aber Achtung:** Dem Verb „übersteigt" ist zu entnehmen, dass der Zugewinn (anders als das Anfangs- oder Endvermögen, vgl. hierzu → Rn. 119) **niemals negativ** sein kann! Der Zugewinn ist also immer **mindestens mit 0** anzusetzen. Denn über den Zugewinnausgleich sollen nur Vermögensverbesserungen ausgeglichen, nicht jedoch Vermögensverluste des anderen Gatten mitgetragen werden.[69]

147 **Beispiel:** M hat ein Endvermögen von 20.000 EUR. Zu Beginn des Güterstands belief sich sein Vermögen noch auf 80.000 EUR. – Hier ergibt die obige Rechenformel einen „Zugewinn" von –60.000 EUR. Der Zugewinn des M ist daher mit 0 EUR anzusetzen.

148 Ein **Sonderproblem**, das allerdings in der Klausur keine Rolle spielen dürfte, stellt die **Geldentwertung** dar. Hierdurch könnten sich „Scheingewinne" ergeben, die aber gerade nicht ausgeglichen werden sollen. Unter Scheingewinnen versteht man solche Steigerungen des Endvermögens gegenüber dem Anfangsvermögen, die lediglich auf dem Kaufkraftschwund des Geldes beruhen. Die gleiche Immobilie mag, allein aufgrund der zwischenzeitlichen Inflation, am Stichtag für die Bewertung des Endvermögens (also grundsätzlich bei Beendigung des Güterstands) zB 250.000 EUR wert sein, während sie am Stichtag für die Bewertung des Anfangsvermögens (Eintritt des Güterstands) nur 200.000 EUR wert war. Um hier nicht einen „Scheingewinn" von 50.000 EUR dem Zugewinnausgleich zu unterwerfen, darf man bei der Berechnung des Zugewinns nicht einfach das Anfangsvermögen vom Endvermögen abziehen. **Das Anfangsvermögen ist vielmehr zunächst um die Inflation zu „bereinigen"**, sprich: auf den Geldwert im Zeitpunkt des Endstichtags umzurechnen. Der BGH bedient sich hierfür des allgemeinen Lebenshaltungskostenindex des Statistischen Bundesamts. Dort sind für jedes Jahr Indexzahlen ausgewiesen. Um das Anfangsvermögen umzurechnen, multipliziert man das Anfangsvermögen mit der Indexzahl für den Endstichtag und dividiert es dann durch die Indexzahl für den Anfangsstichtag.[70] Durch diese Operation erhöht sich das Anfangsvermögen regelmäßig.

69 Wellenhofer FamR § 16 Rn. 22.
70 Berechnungsbeispiel in Schwab FamR GdR Rn. 294.

d) Berechnung der Ausgleichsforderung

Zur Berechnung der Ausgleichsforderung werden die beiden Zugewinne miteinander saldiert. Der Ehegatte mit dem höheren Zugewinn ist der Schuldner des Ausgleichsanspruchs und muss die Hälfte seines Überschusses an den anderen Ehegatten abführen (§ 1378 I BGB). 149

Beispiel: Der Zugewinn von F beträgt 100.000 EUR, der von M 20.000 EUR. F ist damit die Ausgleichsschuldnerin. Sie muss die Hälfte ihres Überschusses von 80.000 EUR (= 100.000 EUR – 20.000 EUR), also 40.000 EUR, an M bezahlen. 150

aa) Begrenzung der Forderung auf vorhandenes Vermögen

§ 1378 II 1 BGB begrenzt den Ausgleichsanspruch allerdings grundsätzlich auf das beim Schuldner-Ehegatten bei Beendigung des Güterstands vorhandene Vermögen bzw., im Fall der Beendigung des Güterstands durch Scheidung, auf das bei Rechtshängigkeit des Scheidungsantrags vorhandene Vermögen (§ 1384 BGB). Der dahinterstehende Gedanke ist, dass sich der ausgleichspflichtige Ehegatte nicht verschulden sollen muss, um die Ausgleichsforderung zu erfüllen. 151

Beispiel: Der Zugewinn von F beträgt 0 EUR. M dagegen hat seinen bei Eintritt des Güterstands noch vorhandenen Schuldenberg von 130.000 EUR abbauen können und verfügt bei Rechtshängigkeit des Scheidungsantrags über 20.000 EUR. – Hier beträgt Ms Zugewinn 150.000 EUR. Eigentlich müsste M die Hälfte davon, also 75.000 EUR, an F zahlen. Durch § 1378 II 1 BGB wird seine Zahlungspflicht allerdings auf 20.000 EUR beschränkt. 152

bb) Erhöhung der Grenze bei illoyalen Vermögensminderungen

Bei illoyalen Vermögensminderungen iSv § 1375 II BGB ist der ausgleichspflichtige Ehegatte nicht schutzwürdig. Nach § 1378 II 2 BGB verschiebt sich daher die Grenze auf das vorhandene Vermögen plus den Betrag, der über § 1375 II BGB auch dem Endvermögen hinzuzurechnen ist. Um die Ausgleichsforderung zu erfüllen, muss sich der Ehegatte in diesem Fall also ggf. verschulden. 153

e) Abzug eines etwaigen Vorempfangs

Was ist, wenn schon während des Güterstands Vermögensgegenstände von einem Gatten auf den anderen übertragen werden mit der Bestimmung, dass sie iR eines etwaigen Zugewinnausgleichsverfahrens zu berücksichtigen sind? Diesen Fall regelt **§ 1380 BGB.** 154

aa) Anrechnungspflichtige Vorempfänge

Was anrechnungspflichtige Vorempfänge sind, bestimmt **§ 1380 I BGB.** Es handelt sich um alle Zuwendungen, die mit der Bestimmung vorgenommen wurden, dass sie auf die Ausgleichsforderung angerechnet werden sollen. Die Bestimmung kann ausdrücklich oder konkludent erfolgen. Nach § 1380 I 2 BGB ist im Zweifel anzunehmen, dass Zuwendungen angerechnet werden sollen, deren Wert den von Gelegenheitsgeschenken übersteigt, die nach den Lebensverhältnissen der Ehegatten üblich sind. 155

bb) Anrechnungsverfahren

Das Verfahren der Anrechnung regelt **§ 1380 II BGB.** Es wird im Grunde der **hypothetische Zugewinnausgleich** berechnet, der sich ohne den Vorempfang ergeben 156 hätte. Ziel ist es, den Empfänger so zu stellen, wie er stehen würde, wenn er die Zuwendung erst nach Beendigung des Güterstands – als Leistung auf die Ausgleichsforderung – erhalten hätte. Im Einzelnen **geht man in folgenden Schritten vor:**

(1) Der Wert der Zuwendung wird zunächst zum Zugewinn (nicht Endvermögen[71]) des Zuwender-Ehegatten hinzugerechnet – womit er sich hypothetisch noch in dessen Endvermögen befindet.

(2) Soweit die Zuwendung noch (ganz oder teilweise) im Endvermögen des Empfängers vorhanden ist, ist sie aus diesem herauszurechnen – die Zuwendung kann sich nämlich nicht sowohl im Endvermögen des Zuwendenden als auch im Endvermögen des Empfängers befinden.[72]

(3) Auf den so errechneten Ausgleichsanspruch wird der Wert der Zuwendung angerechnet.

⇨ *Fall Nr. 8 – Trautes Heim*

157 Die Zuwendung ist stets mit dem Wert im Zeitpunkt der Zuwendung anzusetzen, § 1380 II 2 BGB.

158 **Beispiel:** Ms Anfangsvermögen beträgt 50.000 EUR, sein Endvermögen 100.000 EUR. Während der Ehe hat er Schmuck im Wert von 10.000 EUR an F mit der Bestimmung übertragen, dass eine Anrechnung auf eine etwaige Zugewinnausgleichsforderung erfolgen soll. F's Endvermögen (inklusive des Schmucks, von dem allerdings ein Ring im Wert von 1.000 EUR gestohlen wurde) beträgt 20.000 EUR. Anfangsvermögen hatte sie keines. – Durch die Hinzurechnung der 10.000 EUR zum Zugewinn des M ergibt sich für ihn ein hypothetischer Zugewinn von 60.000 EUR. Aus dem Endvermögen der F ist der Schmuck herauszurechnen, soweit er noch vorhanden ist, sodass F nur noch einen Zugewinn von 11.000 EUR erzielt. Ihre hypothetische Ausgleichsforderung ohne den Schmuck hätte also ½ × (60.000 EUR – 11.000 EUR) = 24.500 EUR betragen. Hiervon sind die vorempfangenen 10.000 EUR abzuziehen. F's Restforderung beträgt also 14.500 EUR.

159 **Achtung:** § 1380 BGB greift überhaupt nur ein, wenn eine Ausgleichsforderung *des Zuwendungsempfängers* besteht, auf die ein Vorausempfang angerechnet werden kann.[73]

160 **Beispiel:** M hat während der Ehe ein Einfamilienhaus im Wert von 500.000 EUR auf F übertragen. Dadurch hat F, die bei Beginn des Güterstands kein Vermögen hatte, ein Endvermögen von 500.000 EUR vorzuweisen, während M's Endvermögen unter seinem Anfangsvermögen liegt. – Hier hat F einen Zugewinn von 500.000 EUR erzielt, M einen Zugewinn von 0 EUR. F, die Zuwendungsempfängerin, ist also ausgleichspflichtig. Auf diesen Fall ist § 1380 BGB nicht anzuwenden, auch nicht analog. Es wird also nicht der hypothetische Zugewinnausgleich vollzogen, der sich ohne die Zuwendung ergäbe, sondern M hat eine Ausgleichsforderung gegen F iHv 250.000 EUR.

f) Ggf. Einrede der groben Unbilligkeit, § 1381 BGB

161 Die Zugewinnausgleichsforderung wird sehr schematisch berechnet. Deswegen sieht § 1381 BGB in besonders gelagerten Einzelfällen eine Korrekturmöglichkeit vor. Danach kann der Schuldner die Leistung verweigern, wenn der Ausgleich des Zuge-

71 Bedeutung hat dies bei einem negativen Endvermögen. Durch die Hinzurechnung zum Zugewinn findet keine Verrechnung der Zuwendung mit einem negativen Endvermögen statt, weil der Zugewinn auch ohne die Hinzurechnung schon mit mindestens 0 anzusetzen ist.

72 Dieser Rechenschritt ergibt sich nicht unmittelbar aus dem Wortlaut von § 1380 II BGB, aber aus der Logik des Gesetzes. Vgl. auch BGHZ 82, 227 (234 f.) = NJW 1982, 1093 (1094).

73 BGHZ 82, 227 (234) = NJW 1982, 1093 (1094).

winns nach den Umständen des Falls grob unbillig wäre. Je nach Ausmaß der Unbilligkeit kann der Anspruch ganz oder teilweise versagt werden.

Als Ausnahmevorschrift ist § 1381 BGB **grundsätzlich restriktiv** zu handhaben. 162
Erfolg hat die Einrede nur, wenn die Erfüllung der Ausgleichsforderung dem Gerechtigkeitsempfinden in unerträglicher Weise widersprechen würde.[74] § 1381 II BGB nennt als Beispiel, dass der Zugewinngläubiger längere Zeit hindurch die **wirtschaftlichen Verpflichtungen**, die sich aus dem ehelichen Verhältnis ergeben, **schuldhaft nicht erfüllt** hat. Hierher gehören insbesondere schuldhafte Verletzungen der Unterhaltspflicht.

Beispiele: Gravierende Verstöße gegen die personalen Ehepflichten, zB massive körperliche Misshand- 163
lungen oder ehebrecherisches Verhalten, können grobe Unbilligkeit begründen.[75] Allein die Tatsache, dass die Parteien schon vor Beendigung des Güterstands ungewöhnlich lange getrennt leben, rechtfertigt die Annahme einer unbilligen Härte dagegen noch nicht.[76] Das gilt selbst dann, wenn erst in der Trennungsphase erhebliche Zugewinne erzielt wurden (Lottogewinn).[77] Der BGH verweist hier darauf, dass ein Ehegatte nach einer 3-jährigen Trennungszeit die vorzeitige Aufhebung der Zugewinngemeinschaft verlangen (vgl. hierzu → Rn. 176 ff.) und damit verhindern kann, dass ein bei ihm später eintretender Vermögenszuwachs im Zugewinnausgleichsverfahren berücksichtigt wird. Macht er davon keinen Gebrauch, ist der Ausgleich – ohne Hinzutreten weiterer Umstände – nicht grob unbillig. Eine unbillige Härte kann auch vorliegen, wenn das Vermögen des Ausgleichsschuldners zwischen dem maßgeblichen Stichtag für die Berechnung der Ausgleichsforderung (Rechtshängigkeit des Scheidungsantrags, § 1384 BGB) und dem Entstehen der Ausgleichsforderung (Beendigung des Güterstands, § 1378 III BGB) ohne sein Verschulden erheblich entwertet wurde.[78]

4. Anspruchsentstehung, Verjährung, Stundung

Der Ausgleichsanspruch entsteht nach **§ 1378 III 1 BGB** erst **mit der Beendigung** 164
des Güterstands, also idR der Rechtskraft des Scheidungsbeschlusses (§ 1564 S. 2 BGB), und er ist erst von diesem Zeitpunkt an **vererblich und übertragbar**. Verstirbt der ausgleichsberechtigte Ehegatte während des Scheidungsverfahrens, entsteht (trotz des vorverlagerten Berechnungsstichtags, § 1384 BGB) kein Ausgleichsanspruch, der auf die Erben übergehen könnte. Die **Verjährung** richtet sich nach den allgemeinen Vorschriften, **§§ 195, 199 BGB**. Nach **§ 1382 BGB** kann das Familiengericht auf Antrag eine unbestrittene Ausgleichsforderung **stunden**, wenn die sofortige Zahlung auch unter Berücksichtigung der Interessen des Gläubigers den Schuldner besonders hart treffen würde. Auf Antrag des Berechtigten kann das Familiengericht auch anordnen, dass der oder die Verpflichtete bestimmte Gegenstände unter Anrechnung auf die Zugewinnforderung überträgt, wenn dies erforderlich ist, um eine grobe Unbilligkeit für den Gläubiger zu vermeiden und dem Schuldner dies zugemutet werden kann (§ 1383 BGB). Keinesfalls aber kann der Schuldner verlangen, statt der geschuldeten Geldsumme verschiedene Gegenstände „in Zahlung“ zu geben.[79]

74 BGH NJW 2013, 3642 Rn. 27.
75 BGH FamRZ 1980, 877.
76 BGH NJW 2013, 3642 Rn. 31 f.
77 BGH NJW 2013, 3645 Rn. 15 ff.; wohl noch anders aber BGH NJW-RR 2002, 865 (867).
78 Vgl. BGH NJW 2012, 2657 Rn. 32 f.
79 Schwab FamR GdR Rn. 313.

5. Haftung Dritter

165 Ausnahmsweise kann sich der ausgleichsberechtigte Ehegatte an einen Dritten halten.

166

Anspruch des Ausgleichsberechtigten gegen Dritte
1. Unentgeltliche Zuwendung (§ 1390 I BGB) oder andere Rechtshandlung (§ 1390 II BGB) des ausgleichspflichtigen Gatten an den Dritten 2. In Benachteiligungsabsicht 3. Kenntnis des Dritten von der Benachteiligungsabsicht (nur im Fall des § 1390 II BGB) 4. Ausgleichsforderung übersteigt das bei Beendigung des Güterstands vorhandene Vermögen des ausgleichspflichtigen Ehegatten **Rechtsfolge:** Dritter schuldet Wertersatz nach §§ 818 ff. BGB (§ 1390 I 2 BGB)

167 Der Dritte kann die Zahlung durch Herausgabe der Sache abwenden (§ 1390 I 3 BGB). Er haftet, wenn auch ggf. in anderer Höhe, neben dem ausgleichspflichtigen Gatten als Gesamtschuldner (§ 1390 I 4 BGB iVm § 421 BGB). Der Ausgleichsberechtigte hat also ein Wahlrecht, welchen Schuldner er in Anspruch nimmt.

6. Beweislast und Auskunftsansprüche

168 Derjenige, der behauptet, einen Anspruch auf Zugewinnausgleich zu haben, muss grundsätzlich Bestehen und Höhe des Anspruchs und daher nicht nur das eigene Anfangs- und Endvermögen, sondern auch das Anfangs- und Endvermögen des Partners beweisen. Letzteres kann den Ausgleich fordernden Ehegatten in eine schwierige Lage bringen, wenn ihm, wie üblich, der Einblick in die Einkommens- und Vermögensverhältnisse des anderen fehlt. Das Gesetz kommt ihm daher mit **Auskunftsansprüchen und Vermutungen** entgegen.

a) Anfangsvermögen

169 Jeder Ehegatte hat gegen den anderen einen Anspruch auf Auskunft über seine Vermögensverhältnisse, soweit sie für die Berechnung des Anfangsvermögens maßgeblich sind, § 1379 I 1 Nr. 2 BGB. Zu den relevanten Verhältnissen gehören insbesondere auch die Tatsachen, die für die Beurteilung des Vorliegens **privilegierten Erwerbs** nach § 1374 II BGB oder eines negativen Anfangsvermögens ausschlaggebend sind.[80] Auskunftsberechtigt sind beide Ehegatten, **unabhängig** von ihrer voraussichtlichen Position als **Gläubiger oder Schuldner** im Zugewinnausgleich.[81] Für das Entstehen des Anspruchs sieht § 1379 BGB verschiedene Stichtage vor. Auskunft kann verlangt werden ab

- **Beendigung des Güterstands**
- **Rechtshängigkeit** des Antrags auf **Scheidung** oder **Eheaufhebung**
- **Rechtshängigkeit** eines Antrags auf vorzeitige Aufhebung der Zugewinngemeinschaft

80 MüKoBGB/Koch § 1379 Rn. 23.
81 BGH NJW 2018, 950 Rn. 7 f.

Zwar entsteht damit der Auskunftsanspruch schon früher als der Ausgleichsanspruch (§ 1378 III 1 BGB: Beendigung des Güterstands), seine Verjährung beginnt jedoch erst mit der Verjährung des Zahlungsanspruchs auf Zugewinnausgleich, zu dessen Berechnung er dienen soll.[82] 170

Außerdem hilft das Gesetz mit folgenden **Vermutungen**: 171

- Haben die Ehegatten gemeinsam den Bestand und den Wert des einem Ehegatten gehörenden Anfangsvermögens und der diesem Vermögen hinzuzurechnenden Gegenstände in einem Verzeichnis festgestellt, so wird im Verhältnis der Ehegatten zueinander vermutet, dass das Verzeichnis richtig ist (§ 1377 I BGB).
- Haben Ehegatten kein Verzeichnis über ihr Anfangsvermögen errichtet, was der absolute Regelfall ist, wird Identität von Endvermögen und Zugewinn vermutet, also das **Fehlen jeglichen Anfangsvermögens** (§ 1377 III BGB).

Mit diesen Vermutungen **ändert sich die Beweislast:** Ein Ehegatte, der ein höheres Anfangsvermögen als 0 behauptet, müsste dieses beweisen. Umgekehrt müsste, wenn der Ausgleich fordernde Ehegatte geltend machen möchte, der Zugewinn des anderen sei wegen dessen negativen Anfangsvermögens sogar noch größer als das Endvermögen, der Ausgleich Fordernde dieses negative Anfangsvermögen beweisen.[83] 172

b) Endvermögen

Ab den gleichen Stichtagen (vgl. → Rn. 169) kann jeder Gatte auch Auskunft über das Vermögen verlangen, soweit es für die Berechnung des Endvermögens maßgeblich ist, § 1379 I 1 Nr. 2 BGB. Die Auskunft bezieht sich auf das am Endstichtag vorhandene reale Vermögen ebenso wie auf Vermögensminderungen, die nach § 1375 II BGB dem Endvermögen hinzuzurechnen sind.[84] 173

c) Vermögen im Trennungszeitpunkt

Noch früher, nämlich bereits im Zeitpunkt der Trennung, entsteht der Anspruch jedes Ehegatten auf Auskunftserteilung über das Vermögen zum Zeitpunkt der Trennung (§ 1379 I 1 Nr. 1, II BGB). Der Vermögensstand zum Zeitpunkt der Trennung ist für die Vermutung nach § 1375 II 2 BGB relevant: Ist nämlich das Endvermögen eines Gatten geringer als das Vermögen, das er in der Auskunft zum Trennungszeitpunkt angegeben hatte, so hat dieser Ehegatte zu beweisen, dass die Vermögensminderung nicht auf illoyale Handlungen iSv § 1375 II 1 BGB zurückzuführen ist. Kann er das nicht, so wird das Vermögen im Trennungszeitpunkt als Endvermögen vermutet. 174

d) Allgemeine Unterrichtungspflicht aus § 1353 I 2 BGB

Die Auskunftspflichten nach § 1379 BGB sind erzwingbare Leistungspflichten, die durch einen entsprechenden Antrag beim Familiengericht geltend gemacht werden können. Daneben besteht eine allgemeine Pflicht jedes Ehegatten, den anderen über seine jeweiligen Vermögensverhältnisse im Großen und Ganzen zu unterrichten. Diese Pflicht ergibt sich aus der ehelichen Lebensgemeinschaft (§ 1353 I 2 BGB) und ist stich- 175

82 BGH NJW 2018, 950 Rn. 23.

83 MüKoBGB/Koch § 1379 Rn. 24, die allerdings vorschlägt, substantiierten Vortrag des Ehegatten zum negativen Anfangsvermögen genügen zu lassen und dem anderen im Wege der sekundären Beweislast die Widerlegung aufzubürden, dass Verbindlichkeiten nicht bestanden.

84 MüKoBGB/Koch § 1379 Rn. 24.

tags- und güterstandsunabhängig. Ihre Erfüllung kann allerdings nicht durch Leistungsantrag (allenfalls durch einen Herstellungsantrag, zu diesem vgl. → § 3 Rn. 115) verfolgt werden. Wird die sich aus § 1353 I 2 BGB ergebende Auskunftspflicht allerdings grundlos und beharrlich verletzt, so kann der andere Gatte vorzeitige Aufhebung der Zugewinngemeinschaft verlangen (vgl. § 1385 Nr. 4 BGB und näher → Rn. 176 ff.).

7. Vorzeitiger Zugewinnausgleich

176 Unter bestimmten Voraussetzungen kann ein Ehegatte nach § 1386 BGB vorzeitige Aufhebung der Zugewinngemeinschaft verlangen. Mit der Rechtskraft der Entscheidung, die die Zugewinngemeinschaft aufhebt, tritt dann Gütertrennung ein (§ 1388 BGB). Der Ehegatte kann seinen Aufhebungsantrag auch gleich mit einem Antrag auf vorzeitigen Zugewinnausgleich verbinden (§ 1385 BGB), muss dies aber nicht tun.

177 Die **Voraussetzungen** sind für beide Anträge die gleichen und in § 1385 BGB aufgelistet. Es genügt **alternativ**

- 3-jähriges Getrenntleben (§ 1385 Nr. 1 BGB), oder
- erhebliche Gefährdung der Ausgleichsforderung durch drohende Rechtsgeschäfte des anderen Gatten iSv § 1365 BGB oder illoyale Vermögensminderungen gem. § 1375 II BGB (§ 1385 Nr. 2 BGB), oder
- schuldhafte, längere Nichterfüllung der wirtschaftlichen Pflichten, die sich aus der ehelichen Lebensgemeinschaft ergeben, durch den anderen Gatten, wenn anzunehmen ist, dass dieser die Pflichten auch in Zukunft nicht erfüllen wird (§ 1385 Nr. 3 BGB), oder
- beharrliche und ungerechtfertigte Weigerung des anderen Gatten zur Auskunft über den Bestand seines Vermögens. Gemeint ist die allgemeine Auskunftspflicht aus § 1353 I 2 BGB (vgl. hierzu → Rn. 175). Es genügt, dass die Weigerung bis zur Stellung des Antrags auf Auskunft gegeben war (§ 1385 Nr. 4 BGB).

178 Die **wichtigste Wirkung** besteht darin, dass der maßgebliche Stichtag für die Berechnung des Zugewinns und die Höhe der Ausgleichsforderung die Rechtshängigkeit des Antrags nach § 1385 BGB bzw. § 1386 BGB ist (vgl. § 1387 BGB).

8. Vereinbarungen über den Zugewinnausgleich

179 Im Güterrecht herrscht weitgehende Vertragsfreiheit (vgl. bereits → Rn. 29). Die Ehegatten können daher grundsätzlich durch Ehevertrag den Zugewinnausgleich und seine Durchführung modifizieren (§§ 1408, 1410 BGB), zB bestimmte Gegenstände aus dem Anfangs- und/oder Endvermögen herausnehmen oder die Höhe der Ausgleichsforderung begrenzen.

180 Was die **Ausgleichsforderung selbst** angeht, so besteht grundsätzlich ein Verbot für Ehegatten, sich vor Beendigung des Güterstands zu verpflichten, über diese zu verfügen (§ 1378 III 3 BGB) oder – was dem gleichsteht[85] – eine solche Verfügung vorzunehmen (gesetzliches Verbot iSv § 134 BGB). Ausgenommen sind Rechtsgeschäfte der Ehegatten untereinander über die Ausgleichsforderung, die während eines auf Auflösung der Ehe gerichteten Verfahrens und für den Fall der Auflösung getroffen werden; diese sind gem. § 1378 III 2 BGB zulässig, wenn sie notariell beurkundet

85 BGH FamRZ 1983, 160.

oder gerichtlich protokolliert werden (sog. Scheidungsvereinbarungen). Nach einer Entscheidung des BGH können Verträge iSv § 1378 III 2 BGB (bei Wahrung der dort genannten Formanforderungen) außerdem auch schon *vor Anhängigkeit eines Eheauflösungsverfahrens* geschlossen werden.[86] Diese Entscheidung erweitert den vertraglichen Gestaltungsspielraum beträchtlich.

IV. Vermögensausgleichsansprüche außerhalb des Güterrechts

1. Nebeneinander von Zugewinnausgleich und allgemein-zivilrechtlichen Ansprüchen

Das Güterrecht umfasst nicht die Gesamtheit der vermögensrechtlichen Beziehungen, die unter Ehegatten bestehen können (vgl. → Rn. 1). Ehegatten können grundsätzlich nicht nur mit Dritten, sondern auch miteinander beliebige Rechtsgeschäfte abschließen, die sich in erster Linie nach schuld- und sachenrechtlichen Vorschriften beurteilen. Möglich sind zB 181

- Arbeits-, Werk-, Darlehens- und Schenkungsverträge
- Verpflichtungen gegenüber Dritten als Gesamtschuldner (zB gemeinschaftliche Anmietung einer Wohnung)
- Gesellschaftsgründungen (ggf. auch konkludent und in Form der reinen Innengesellschaft)
- Erwerb von Gegenständen zu Miteigentum

Liegen derartige **vermögensrechtliche Beziehungen aus allgemeinen zivilrechtlichen Grundlagen** zwischen den Ehegatten vor, so werden diese durch den Zugewinnausgleich grundsätzlich nicht verdrängt. Diese Ansprüche bestehen vielmehr **selbstständig neben dem Güterrecht.**[87] Die entsprechenden Forderungen können entweder im Zugewinnausgleichsverfahren oder gesondert (und sogar noch nach Abschluss des Zugewinnausgleichsverfahrens) geltend gemacht werden.[88] Werden sie im Rahmen des Zugewinnausgleichs geltend gemacht, so sind die allgemein-zivilrechtlichen Ansprüche der Ehegatten im Endvermögen des Gläubigers als Aktivposten und im Endvermögen des Schuldners als Passivposten zu berücksichtigen, und zwar unabhängig davon, ob sie bereits fällig sind.[89] 182

Beispiel 1: Bei Beginn des Güterstands waren beide Ehegatten vermögenslos. Während der Ehe hat M der F ein Darlehen über 50.000 EUR zur Verfügung gestellt, von welchem F bereits 20.000 EUR getilgt hat. Das Endvermögen von M (noch ohne Berücksichtigung des Darlehens) beträgt 80.000 EUR, das von F 50.000 EUR. – Hier wäre im Endvermögen des M die restliche Darlehensforderung iHv 30.000 EUR zu berücksichtigen, sodass er einen Zugewinn von 110.000 EUR erzielt hat. Im Endvermögen der F wäre die restliche Darlehensschuld von 30.000 EUR anzusetzen, sodass ihr Zugewinn 20.000 EUR beträgt. F hat also eine Ausgleichsforderung iHv 45.000 EUR, ist allerdings weiterhin mit einer Darlehensverbindlichkeit iHv 30.000 EUR belastet. 183

Beispiel 2: M und F haben gemeinsam einen Mietvertrag abgeschlossen und sind daher Gesamtschuldner (§§ 427, 421 BGB). Sie zahlen jeweils die halbe Miete. Im Zeitpunkt des Zugewinnausgleichsverfahrens bestehen Mietrückstände iHv 2.200 EUR. – Hier ist die Verbindlichkeit iHv 2.200 EUR 184

86 BGHZ 86, 143 (150) = NJW 1983, 753 (755).
87 BGH NJW 2009, 1343 Rn. 10.
88 BGH NJW 2009, 1343 Rn. 10, 13 ff.
89 BGH NJW 2009, 1343 Rn. 10.

in die Endvermögensbilanz jedes Ehegatten einzustellen. Ebenfalls anzusetzen (als Aktivposten) ist der jedem Gatten zustehende interne Ausgleichsanspruch aus § 426 I 1 BGB iHv ½ × 2.200 EUR = 1.100 EUR. Mit anderen Worten: Im Endvermögen jedes Gatten wird die Verbindlichkeit nur insoweit berücksichtigt, als sie im Innenverhältnis auf ihn entfällt.[90]

185 Werden die allgemein-zivilrechtlichen Ansprüche erst nach Abschluss des Zugewinnausgleichsverfahrens geltend gemacht, kann dem Schuldner eine Einwendung zustehen, wenn er dadurch einer unbilligen doppelten Inanspruchnahme ausgesetzt wäre.[91] Zur Vermeidung von Wertungswidersprüchen ist daher auch im Rahmen der gesonderten Entscheidung über eine Einzelforderung stets zu fragen, wie ein hypothetisches Zugewinnausgleichsverfahren bei Berücksichtigung der Forderung geendet hätte.[92]

2. Ehegatteninnengesellschaft

186 Wichtig im Rahmen der allgemeinen zivilrechtlichen Anspruchsgrundlagen, die neben den güterrechtlichen Vorschriften zur Anwendung kommen, ist insbesondere die Rechtsfigur der **„Ehegatteninnengesellschaft"**. Die Innengesellschaft unterscheidet sich von der Normalform der GbR dadurch, dass sie als solche nach außen nicht in Erscheinung tritt und auch kein Gesamthandsvermögen bildet. Nach außen tritt nur einer der Ehegatten auf, dem die Vermögenswerte auch formal-dinglich (zB durch Eintragung im Grundbuch) zugeordnet sind. Löst sich die Gesellschaft allerdings durch Trennung oder Scheidung der Ehegatten auf, so kommt ein Ausgleichsanspruch nach den §§ 730 ff. BGB in Betracht.

a) Voraussetzungen

187 Die **Anforderungen an das Vorliegen** einer Ehegatteninnengesellschaft hat die Rechtsprechung jedoch zuletzt **hoch angesetzt**:

188 Unabdingbar ist ein **ausdrücklich oder konkludent geschlossener Gesellschaftsvertrag**. Eine rein faktische Willensübereinstimmung reicht für eine nach GbR-Recht zu beurteilende Zusammenarbeit nicht aus.[93] Außerdem soll ein konkludenter Gesellschaftsvertrag ausscheiden, wenn die Parteien einen Zweck verfolgen, der sich in der Verwirklichung der ehelichen Lebensgemeinschaft erschöpft. Denn dann bestehen grundsätzlich Zweifel am erforderlichen Rechtsbindungswillen.[94] Die „klassischen" Fälle, in denen ein Ehegatte zB Geldmittel für den Bau eines Familienheims auf dem Grundstück des anderen zur Verfügung stellt, werden daher von der Rechtsfigur der „Ehegatteninnengesellschaft" nicht erfasst. Und selbst wenn die Ehegatten einen über die eheliche Lebensgemeinschaft hinausgehenden Zweck verfolgen (zB beim Aufbau eines Betriebs oder einer beruflichen Tätigkeit zusammenwirken), wird eine Ehegatteninnengesellschaft nur bejaht, wenn die Ehegatten beide **Beiträge von größerem Gewicht** erbringen und im Verhältnis zueinander eine **gleichberechtigte Stellung** einnehmen. Es genügt für ein Gesellschaftsverhältnis nicht, wenn der eine nur untergeordnete Zuarbeiten erledigt.[95]

90 Vgl. zum Gesamtschuldnerausgleich BGH NJW-RR 2015, 897 Rn. 15; NJW 2006, 2623 Rn. 10.
91 BGH NJW 2009, 1343 Rn. 15.
92 BGH NJW 2009, 1343 Rn. 25.
93 BGH NJW 2012, 3374 Rn. 17.
94 BGH NJW 2012, 3374 Rn. 18.
95 BGH FamRZ 2016, 965 Rn. 23 f.

Beispiele: Abgelehnt wurde eine Innengesellschaft bei Mitarbeit aufgrund eines ausdrücklichen Arbeitsvertrags[96] sowie beim Kauf von Einrichtung für die ärztliche Praxis des Ehemanns und Mitarbeit als Sprechstundenhilfe.[97] 189

b) Höhe des Ausgleichsanspruchs

Die Frage, mit welchem Anteil die Gesellschafter am Gewinn teilnehmen, ist grund- 190
sätzlich nach den Vereinbarungen im Gesellschaftsvertrag zu beantworten. Fehlen ausdrückliche Absprachen, ist im Wege der Auslegung zu prüfen, ob sich aus anderen Umständen Hinweise auf eine bestimmte Verteilungsabsicht ergeben. Erst wenn es hieran fehlt, greift ergänzend die Regelung des **§ 722 I BGB**, wonach jeder Gesellschafter einen gleich hohen Anteil hat. Wer mehr als die Hälfte für sich beansprucht, muss dies nach allgemeinen Beweisgrundsätzen darlegen und beweisen.[98]

Anspruch aus beendeter Ehegatten-Innengesellschaft, §§ 730 ff. BGB	191

Voraussetzungen:
1. Ausdrücklicher oder konkludenter **Gesellschaftsvertrag**
2. **Gesellschaftszweck: Schaffung** eines **gemeinschaftlichen Vermögenswerts** (muss regelmäßig über den Rahmen der ehelichen Lebensgemeinschaft hinausgehen)
3. Beiderseitige **erhebliche Beiträge** bei **gleichgeordneter Stellung** der Partner

Rechtsfolge (nach Beendigung der Gesellschaft durch endgültige Trennung): §§ 730 ff. BGB, im Zweifel hälftige Beteiligung am Gesellschaftsvermögen, §§ 734, 722 BGB

3. Ehebezogene Rechtsgeschäfte eigener Art: Ehebedingte Zuwendungen und Arbeitsleistungen auf Grundlage eines familienrechtlichen Kooperationsvertrags *sui generis*

a) Problematik

Problematisch im Zusammenhang mit Vertragsverhältnissen zwischen Ehegatten ist 192
häufig der **Nachweis eines entsprechenden Vertragsschlusses**. Zurückhaltung ist insbesondere bei der Annahme eines **Rechtsbindungswillens** geboten. Arbeitet die Frau zB unentgeltlich und ohne Abführung von Sozialabgaben in der Praxis des Ehemanns mit, so kann kein stillschweigender Arbeitsvertrag unterstellt werden. Auch das Schenkungsrecht kommt zwischen Ehegatten häufig nicht zum Zuge. Die Rechtsprechung ordnet nämlich **Zuwendungen unter Ehegatten häufig nicht als Schenkungen iSv § 516 ff. BGB** ein, auch wenn sie objektiv ohne Gegenleistung erfolgen. Für objektiv unentgeltliche Zuwendungen, die sich Ehegatten zur Verwirklichung ihrer ehelichen Lebensgemeinschaft machen, hat die Rechtsprechung vielmehr die Figur der **„ehebedingten bzw. unbenannten Zuwendung"** entwickelt, auf die das Schenkungsrecht keine Anwendung findet.

Nach ständiger Rechtsprechung liegt eine ehebezogene Zuwendung vor, wenn ein 193
Ehegatte dem anderen einen **Vermögenswert um der Ehe willen und als Beitrag zur Verwirklichung und Ausgestaltung, Erhaltung oder Sicherung der ehelichen**

96 BGH NJW 1995, 3383.
97 BGH NJW 1974, 2045.
98 BGH FamRZ 2016, 965 Rn. 26.

Lebensgemeinschaft zukommen lässt, wobei er die Erwartung hegt, dass die eheliche Lebensgemeinschaft Bestand haben und er innerhalb dieser Gemeinschaft am Vermögenswert und dessen Früchten weiter teilhaben wird.[99]

194 Von der Schenkung unterscheidet sich die ehebedingte Zuwendung gewissermaßen durch das Fehlen der „subjektiven" Unentgeltlichkeit: Es besteht nämlich subjektiv die Vorstellung, dass der Zuwendung Leistungen des anderen Gatten für die Familie gegenüberstehen.[100] Ein gutes **Kriterium für die Abgrenzung** einer Schenkung von einer ehebedingten Zuwendung bietet die Frage, ob die Zuwendung nach dem Willen der Parteien unabhängig vom Fortbestand der Ehe – also auch über eine mögliche Scheidung hinaus – Bestand haben soll.[101]

195 Wird nicht Vermögenssubstanz übertragen, sondern **Arbeitskraft** eingesetzt, so bedient sich die Rechtsprechung, wenn die Leistung nicht aufgrund einer eindeutigen vertraglichen Grundlage (Arbeits-, Dienst-, Werkvertrag etc) erfolgte, der Rechtsfigur eines **„familienrechtlichen (Kooperations-)Vertrags sui generis"**.[102]

b) Bedeutung

196 Die **Bedeutung** der Rechtsfigur der ehebedingten Zuwendung bzw. des familienrechtlichen Kooperationsvertrags besteht darin, **Ausgleichsansprüche bei Beendigung der ehelichen Lebensgemeinschaft zu begründen.** Die diesen Leistungen zugrunde liegende Erwartung, dass die eheliche Lebensgemeinschaft Bestand haben werde, bildet nämlich nach der Rechtsprechung die Geschäftsgrundlage der Leistung.[103] Das Scheitern der Ehe kann bedeuten, dass die Geschäftsgrundlage der Leistung entfallen ist.

c) Voraussetzungen und Rechtsfolge

197

Ausgleichsanspruch für ehebedingte Zuwendungen oder Mitarbeit (§ 313 I BGB)

1. Erhebliche Zuwendung oder Arbeitsleistung, die zu einem messbaren, noch vorhandenen Vermögenszuwachs beim anderen Gatten geführt hat
2. Zugrunde liegende erkennbare Erwartung des Leistenden, die eheliche Lebensgemeinschaft werde Bestand haben
3. Rechtsgrundlage der Zuwendung ist nicht durch ausdrückliche Vereinbarung geregelt
4. (Teilweises) Entfallen der Geschäftsgrundlage durch Trennung oder Scheidung
5. Unzumutbarkeit des Festhaltens an den geschaffenen Vermögensverhältnissen

Rechtsfolge: Angemessene Beteiligung am geschaffenen Vermögenswert, beurteilt nach den Umständen des Einzelfalls

Ob und inwieweit ein Anspruch besteht, hängt u.a. von der Dauer der Lebensgemeinschaft, dem Alter der Parteien, Art und Umfang der erbrachten Leistungen, der Höhe der dadurch bedingten und noch vorhandenen Vermögensmehrung sowie von den Einkommens- und Vermögensverhältnissen ab.[104]

99 BGH NJW 2006, 2330.
100 Schwab FamR GdR Rn. 337.
101 BGH NJW 2006, 2330 Rn. 9.
102 BGHZ 142, 137 (149) = NJW 1999, 2962 (2965).
103 StRspr vgl. nur BGH NJW 1997, 2747.
104 BGH NJW 2012, 3374 Rn. 26.

d) Verhältnis zum Güterrecht

Anders als die allgemein-zivilrechtlichen Ansprüche (insbesondere aus Vertrag, Gesamtschuldnerausgleich oder Innengesellschaft) ist der Ausgleichsanspruch wegen Wegfalls der Geschäftsgrundlage einer ehebedingten Zuwendung bzw. eines familienrechtlichen Kooperationsvertrags **gegenüber dem Zugewinnausgleich subsidiär. Leben die Ehegatten im gesetzlichen Güterstand, werden derartige Zuwendungen** demnach **nur gemäß den §§ 1372 ff. BGB** im Rahmen des Zugewinnausgleichs **ausgeglichen.** Für einen Rückgriff auf den Wegfall der Geschäftsgrundlage ist nach Ansicht der Rechtsprechung regelmäßig kein Raum.[105] 198

Beispiel: Ms Anfangsvermögen besteht aus einem Hausgrundstück im Wert von 100.000 EUR. F hat kein Anfangsvermögen. Während der Ehe überträgt M das Hausgrundstück an F. Das Endvermögen der Eheleute beträgt jeweils 100.000 EUR. – Hier hat M keinen Zugewinn erzielt, F hingegen einen Zugewinn von 100.000 EUR. M steht daher eine Ausgleichsforderung iHv 50.000 EUR zu. Dadurch erhält er zwar nicht den vollen Wert des übertragenen Grundstücks zurück, aber immerhin die Hälfte. Auch das sieht die Rechtsprechung nicht als unbillig an.[106] 199

Eine Rolle spielt der Ausgleichsanspruch aus § 313 I BGB in folgenden **2 Fällen:** 200

(1) Bei Vereinbarung von **Gütertrennung**, weil hier das Regime der §§ 1372 ff. BGB nicht eingreift.

(2) In **Ausnahmefällen beim gesetzlichen Güterstand**, nämlich dann, wenn der Zugewinnausgleich zu schlechthin untragbaren Ergebnissen führt.[107]

Dies wird zB angenommen bei:

- umfangreichen **vorehelichen Zuwendungen**, da diese über den Zugewinnausgleich nicht ausgeglichen werden; hier ist die Interessenlage durchaus vergleichbar mit der von Ehegatten im Güterstand der Gütertrennung.[108]
- Scheitern des Zugewinnausgleichs an der Kappungsgrenze des § 1378 II 1 BGB, insbesondere wenn ein Ehegatte infolge einer Zuwendung ein negatives Anfangsvermögen zurückführen konnte.[109]

4. Zweckverfehlungskondiktion

In Zuwendungs- und Mitarbeitsfällen kommt auch ein Anspruch aus § 812 I 2 Alt. 2 BGB (Zweckverfehlungskondiktion) in Betracht. Dieser Anspruch ist jedoch voraussetzungsreicher als der Anspruch wegen Wegfalls der Geschäftsgrundlage einer ehebedingten Zuwendung: Der Zuwendende muss den **zwischen den Gatten vereinbarten Zweck** verfolgt haben, das gemeinsame Leben zu verwirklichen und in diesem Rahmen dauerhaft am Zugewendeten teilzuhaben. Es genügt (anders als bei § 313 I BGB) also nicht, dass der Zuwendende diese Absicht einseitig (aber erkennbar) gehegt hat.[110] Liegt eine Zweckvereinbarung vor, so kann der Anspruch nicht allein deswegen verneint werden, weil die Ehe eine gewisse Zeit Bestand hatte und der Zuwendende in dieser Zeit von seiner Zuwendung weiterhin profitieren konnte. Solange der Zweck nicht vollständig erreicht wird, ist ein Bereicherungsanspruch, doppelt 201

105 BGHZ 82, 227 (235 f.) = NJW 1982, 1093 (1094).
106 BGHZ 82, 227 (235) = NJW 1982, 1093 (1094).
107 BGH NJW 1997, 2747.
108 BGHZ 115, 261 (264) = NJW 1992, 427 (428).
109 Schwab FamR GdR Rn. 358.
110 BGHZ 184, 190 Rn. 51 = NJW 2010, 2202.

begrenzt auf die Höhe der noch vorhandenen Bereicherung und der ersparten Aufwendungen, denkbar.[111]

202 Nach richtiger Ansicht werden auch Ansprüche aus Zweckverfehlungskondiktion **regelmäßig durch den Zugewinnausgleich verdrängt**, wenn die Ehegatten im gesetzlichen Güterstand leben.[112]

5. Sonderproblem: Rückforderung schwiegerelterlicher Zuwendungen

203 **Beispielsfall:** M und F wollen auf dem Grundstück des M bauen. Da ihnen die erforderlichen Barmittel fehlen, überweist die Mutter der F 50.000 EUR auf das Konto des M. 2 Jahre nach Fertigstellung des Hauses trennen sich M und F und F zieht aus. Jetzt überlegt die Mutter der F, ob sie von M Ersatz der 50.000 EUR verlangen kann. Sie hatte sich schließlich nicht vorgestellt, dass M alleine in dem von ihr mitfinanzierten Haus wohnt.

204 Zuwendungen von Schwiegereltern an Schwiegerkinder und ihre Rückabwicklung nach Trennung und Scheidung bilden ein brisantes Thema. Lange Zeit ließ der BGH Rückforderungsansprüche der Schwiegereltern an der Überlegung scheitern, dass die Zuwendung nicht anders zu beurteilen sei, als eine Zuwendung an das eigene Kind, die dann von diesem an den Ehegatten weitergegeben würde (sog. Theorie der Kettenschenkung). In diesem Fall wäre der Empfänger-Ehegatte (bei gesetzlichem Güterstand) nur einem etwaigen Zugewinnausgleichsanspruch seines Partners ausgesetzt, der grundsätzlich Rückforderungsansprüche aus § 313 BGB bzw. § 812 I 2 Alt. 2 BGB verdrängen würde (vgl. hierzu → Rn. 198).

205 Diese Ansicht hat der BGH inzwischen aufgegeben: Unentgeltliche schwiegerelterliche Zuwendungen erfüllen, anders als solche Zuwendungen unter Ehegatten (vgl. hierzu → Rn. 194), regelmäßig den Tatbestand der **Schenkung iSv § 516 ff. BGB**, auch wenn sie um der Ehe des eigenen Kindes willen erfolgen. Denn im Gegensatz zu einem Ehegatten, der Vermögen weggibt, ist den Schwiegereltern bei der Übertragung bewusst, dass *sie* an dem weggegebenen Gegenstand künftig nicht mehr partizipieren werden.

206 Die Grundsätze des Wegfalls der Geschäftsgrundlage sind jedoch nicht nur auf unbenannte Zuwendungen, sondern auch auf Schenkungen anwendbar: Insbesondere verhindern die speziellen Rückforderungsmöglichkeiten, die das Schenkungsrecht vorhält (vgl. §§ 527 ff. BGB), nicht den Rückgriff auf § 313 BGB in Sachverhalten, die außerhalb der speziellen Herausgabeansprüche des Schenkers liegen.[113]

207 Erbringt der Schwiegerelternteil eine **Zuwendung oder Arbeitsleistung in der erkennbaren Erwartung, die eheliche Lebensgemeinschaft des beschenkten Schwiegerkindes mit dem eigenen Kind werde Bestand haben** und scheitert die Ehe dann doch, so kommt eine **Rückabwicklung der Schenkung nach den Grundsätzen über den Wegfall der Geschäftsgrundlage** in Betracht. Voraussetzung ist, dass das **Festhalten an der Schenkung nach den Umständen des Einzelfalls unzumutbar** wäre. Die Unzumutbarkeit entfällt insbesondere nicht deswegen, dass die Schenkung über den Zugewinnausgleich teilweise auch dem eigenen Kind zugutekommt: Denn die

111 BGHZ 184, 190 Rn. 50 = NJW 2010, 2202.
112 Schwab FamR GdR Rn. 358.
113 BGH NJW 2010, 2884 Rn. 15.

schwiegerelterliche Schenkung wird sowohl dem Anfangs- (vgl. § 1374 II BGB) als auch dem Endvermögen des Empfängers zugerechnet und wirkt sich daher im Zugewinnausgleich nicht aus.[114]

Liegen die Voraussetzungen des Rückforderungsanspruchs vor, so ist seine **Höhe unter Abwägung sämtlicher Umstände des Einzelfalls** zu ermitteln. Zu berücksichtigen ist insbesondere (1) inwieweit sich die schwiegerelterliche Erwartung (teilweise) erfüllt hat sowie (2) der Umfang der noch vorhandenen Vermögensmehrung. Die noch vorhandene Vermögensmehrung bildet zugleich die Obergrenze des Anspruchs.[115] 208

Um eine doppelte Inanspruchnahme des Empfängers (nämlich zum einen durch die Schwiegereltern im Rahmen von § 313 BGB und zum anderen durch den anderen Ehegatten im Rahmen des Zugewinnausgleichs) zu vermeiden, ist der Rückforderungsanspruch der Schwiegereltern als Passivposten sowohl im Anfangs- als auch im Endvermögen des Empfänger-Gatten anzusetzen.[116] 209

Außer auf § 313 BGB kann die Rückforderung schwiegerelterlicher Zuwendungen uU auch auf § 812 I 2 Alt. 2 BGB gestützt werden.[117] Die erforderliche Zweckvereinbarung ist jedoch häufig schwer nachweisbar. 210

⇨ *Fall Nr. 8 – Trautes Heim*

114 BGH NJW 2010, 2884 Rn. 20.
115 BGH NJW 2012, 523 Rn. 31.
116 BGH NJW 2010, 2884 Rn. 19 ff.
117 BGH NJW 2012, 523 Rn. 33.

§ 5 Scheidung und Scheidungsfolgen

I. Scheidung

1. Allgemeines

a) Beendigungstatbestände

1 Unter einer Scheidung versteht man die Beendigung der Ehe durch Beschluss des Familiengerichts mit Wirkung für die Zukunft (§ 116 I FamFG). Die Ehe ist erst mit Rechtskraft des Scheidungsbeschlusses aufgelöst, vgl. § 1564 S. 2 BGB, § 116 II FamFG. Eine Ehe muss nicht durch Scheidung enden. Möglich ist auch die Ehebeendigung durch **Eheaufhebung** (§§ 1313 ff. BGB) und die Ehebeendigung durch **Tod**. Die weitaus meisten Ehen werden auch heute noch durch den Tod eines Gatten beendet. Von der Eheaufhebung unterscheidet sich die Scheidung dadurch, dass sie nicht auf Mängeln bei der Eheschließung, sondern auf Umständen beruht, die erst *nach* der Eheschließung eingetreten sind.

b) Zerrüttungsprinzip

2 Das Gesetz kennt **nur einen Scheidungsgrund**: Eine Ehe kann geschieden werden, wenn sie **gescheitert** ist (§ 1565 I 1 BGB). Ein Scheitern liegt nach § 1565 I 2 BGB vor, wenn die Lebensgemeinschaft der Ehegatten nicht mehr besteht und nicht erwartet werden kann, dass die Ehegatten sie wiederherstellen. Mit anderen Worten: Eine Scheidung ist möglich, wenn die **Ehe (unheilbar) zerrüttet** erscheint. Alleine der objektive Umstand der Zerrüttung rechtfertigt (nach einer Trennungsphase) die Ehescheidung, unabhängig davon, worauf die Zerrüttung zurückzuführen ist. Auch der Ehegatte, der, zB durch wiederholte Affären, die Ehezerrüttung verschuldet hat, kann die Scheidung verlangen. Auch die Scheidungsfolgen sind grundsätzlich verschuldensunabhängig geregelt, obwohl hier schwere Eheverfehlungen im Rahmen der Härteklauseln (§§ 1381, 1579 BGB) nachteilige Wirkung entfalten können.

3 Den Gegensatz zum Zerrüttungsprinzip bildet das Verschuldensprinzip, wonach nur schwere Eheverfehlungen eines Gatten den anderen (nicht aber den Schuldigen selbst) zur Scheidung berechtigen. Das Verschuldensprinzip ist das historisch ältere Prinzip. Der Gesetzgeber des 1. EheRG, auf das § 1565 BGB zurückgeht, hat sich – wie die meisten modernen Rechtsordnungen – für das Zerrüttungsprinzip entschieden.

4 Das Zerrüttungsprinzip und die übrigen Scheidungsvoraussetzungen sind **zwingendes Recht**. Die Ehegatten können die Ehescheidung durch Ehevertrag weder erleichtern noch erschweren, insbesondere können sie nicht vereinbaren, dass für ihre Ehe das Verschuldensprinzip gelten soll.[1] Allerdings besteht für Ehegatten kein Zwang, sich scheiden zu lassen, wenn die Ehe gescheitert ist. Sie können ihre Ehe auch über diesen Zeitpunkt hinaus einvernehmlich fortsetzen; sie können sich jedoch nicht im Voraus vertraglich bindend zu diesem Verhalten verpflichten.

1 BGHZ 97, 304 = NJW 1986, 2046. Wohl aber hält es der BGH für möglich, auf das durch Ehezerrüttung bereits entstandene Scheidungsrecht zu verzichten mit der Wirkung, dass eine Scheidung erst wieder aufgrund neuer Tatsachen (zB weiteres Getrenntleben) verlangt werden kann.

2. Scheidungsvoraussetzungen

In der Klausur werden die Scheidungsvoraussetzungen eher selten abgeprüft. Noch am ehesten begegnen sie inzident im Rahmen der Prüfung bestimmter familien- und erbrechtlicher Ansprüche. Zum Beispiel könnte bei der Prüfung, wer den Erblasser beerbt hat, die Frage auftauchen, ob das gesetzliche Erbrecht (§ 1931 BGB) der Ehefrau ausgeschlossen war, weil der Ehemann die Scheidung vor seinem Tod beantragt hatte und die Scheidungsvoraussetzungen vorlagen (vgl. § 1933 S. 1 BGB). 5

⇨ *Fall Nr. 10 – Down and Out*

Scheidungsvoraussetzungen	6
1. Antrag eines oder beider Gatten beim zuständigen Familiengericht (§ 124 FamFG) **2.** Bestehende Ehe **3.** Scheitern der Ehe, § 1565 I 1 BGB a) Vermutung des § 1566 I BGB • 1-jähriges Getrenntleben • beidseitiger Scheidungsantrag oder Zustimmung zum Scheidungsantrag b) Vermutung des § 1566 II BGB • 3-jähriges Getrenntleben c) Materielle Prüfung gem. § 1565 I 2 BGB • eheliche Lebensgemeinschaft besteht nicht mehr und Wiederherstellung ist nicht zu erwarten • 1-jähriges Getrenntleben oder Härtefall, § 1565 II BGB **4.** Kein Eingreifen von Kinderschutz- oder sonstigen Härtegründen gem. § 1568 BGB	

a) Scheidungsantrag

Der Scheidungsantrag kann von einem oder beiden Gatten gestellt werden. Für den Antragsteller gilt Anwaltszwang (§§ 114 I, 124 I FamFG). Für den Antrag gelten die Vorschriften der ZPO über die Klageschrift entsprechend (§ 124 S. 2 FamFG, § 253 ZPO), allerdings sind gem. § 133 FamFG folgende zusätzliche Angaben erforderlich: 7

- Namen und Geburtsdaten und gewöhnlicher Aufenthaltsort der gemeinschaftlichen minderjährigen Kinder
- Erklärung, ob die Ehegatten eine Regelung über die elterliche Sorge, den Umgang, den Kindes- oder den Ehegattenunterhalt oder die Ehewohnung und die Haushaltsgegenstände getroffen haben
- Angabe, ob Familiensachen, an denen beide Ehegatten beteiligt sind, anderweitig anhängig sind

b) Bestehende Ehe

Ist eine Ehe nichtig, so bedarf es keiner Scheidung; die Nichtigkeit kann auf Antrag festgestellt werden (Ehesache iSv § 121 Nr. 3 FamFG). Ist eine Ehe zwar nicht nichtig, aber aufhebbar und zudem zerrüttet, so haben die Gatten die Wahl, ob sie die 8

Aufhebung (Ehesache iSv § 121 Nr. 2 FamFG) oder die Scheidung (Ehesache iSv § 121 Nr. 1 FamFG) beantragen.[2]

⇨ *Fall Nr. 2 – Ungeahnte Bigamie*

c) Scheitern der Ehe

9 Das Gesetz kennt nur den **einen Scheidungsgrund** des Scheiterns der Ehe (§ 1565 I 1 BGB). Dieser Scheidungsgrund ist jedoch **in 3 Tatbeständen** ausgeprägt: Zum einen in den beiden (unwiderleglichen) Zerrüttungsvermutungen des § 1566 I und II BGB, zum anderen im Grundtatbestand des § 1565 I 2 BGB. Anders als der Grundtatbestand knüpfen die Zerrüttungsvermutungen an gewisse äußerliche, leicht feststellbare Gegebenheiten (Getrenntleben für einen bestimmten Zeitraum, Einverständlichkeit der Scheidung) an. Der Sinn der Zerrüttungsvermutungen besteht darin, möglichst nicht in eine tatsächliche Zerrüttungsprüfung (mit dem damit verbundenen Eindringen in die Intimsphäre der Ehegatten) eintreten zu müssen. Sinnvollerweise prüft man daher die **Zerrüttungsvermutungen zuerst** und greift auf den Grundtatbestand nur zurück, wo die Vermutungsvoraussetzungen nicht erfüllt sind.[3]

aa) Zerrüttungsvermutung nach § 1566 I BGB

10 Das Scheitern wird unwiderleglich vermutet, wenn die Ehegatten ein Jahr getrennt leben und beide die Scheidung beantragen oder der Antragsgegner der Scheidung zustimmt. Was unter Getrenntleben zu verstehen ist, ergibt sich aus § 1567 BGB: Getrenntleben liegt vor, wenn zwischen den Ehegatten keine häusliche Gemeinschaft mehr besteht (objektives Element) und zumindest ein Ehegatte sie auch nicht wiederherstellen will, weil er sie ablehnt (subjektives Element). Es genügt, wenn das Trennungsjahr im Zeitpunkt der Entscheidung des Gerichts abgelaufen ist.

11 Für die Zustimmung zum Scheidungsantrag besteht nach § 114 IV Nr. 3 FamFG kein Anwaltszwang. Sie kann zur Niederschrift der Geschäftsstelle oder in der mündlichen Verhandlung zur Niederschrift des Gerichts erklärt werden (§ 134 I FamFG). Sie kann bis zum Schluss der mündlichen Verhandlung, auf die über die Scheidung entschieden wird, widerrufen werden (§ 134 II FamFG). Auch für den Widerruf gilt kein Anwaltszwang (§§ 114 IV Nr. 3, 134 II 2 FamFG).

bb) Zerrüttungsvermutung nach § 1566 II BGB

12 Das Scheitern wird, auch ohne Einverständnis des anderen Teils, unwiderleglich vermutet, wenn die Ehegatten 3 Jahre getrennt leben. Ein Ehegatte kann daher (vorbehaltlich der Härteklausel des § 1568 BGB, vgl. dazu → Rn. 22 ff.) die Scheidung einseitig durchsetzen, wenn er bereit ist, 3 Jahre zu warten. Diese Regelung ist verfassungsgemäß.[4]

cc) Grundtatbestand des § 1565 I 2 BGB

13 Liegen die Vermutungsvoraussetzungen nicht vor, muss das Gericht in eine materielle Zerrüttungsprüfung einsteigen. Das verlangt eine sorgfältige Prüfung des Scheiterns der Ehe in 2 Schritten:

- die Lebensgemeinschaft der Ehegatten darf nicht mehr bestehen (**Bestandsanalyse**)

2 Wellenhofer FamR § 20 Rn. 7.
3 Schwab FamR GdR Rn. 376; Wellenhofer FamR § 20 Rn. 8.
4 BVerfG NJW 2001, 2874.

- es darf nicht zu erwarten sein, dass die Ehegatten die Lebensgemeinschaft wiederherstellen (**Zukunftsprognose**)

Unter dem Begriff „Lebensgemeinschaft" versteht man nicht die häusliche Gemeinschaft, sondern die **wechselseitige innere Bindung.**[5] Diese innere Bindung kann trotz Aufhebung der Gemeinschaft noch bestehen (zB wenn ein pflegebedürftiger Ehegatte in einem Heim untergebracht ist, der andere sich aber noch um ihn kümmert). Sie kann andererseits auch ohne Getrenntleben aufgehoben sein, etwa wenn ein unversöhnlich verfeindetes Ehepaar lediglich aus Geldmangel und wider Willen noch im gleichen Haushalt zusammenlebt. 14

Neben der Analyse des gegenwärtigen Ehezustands muss das Gericht eine Prognose für die Zukunft anstellen und die tatsächlichen Versöhnungsaussichten einschätzen. Hierzu wird das Gericht das persönliche Erscheinen der Ehegatten anordnen und sie anhören, § 128 I FamFG. Für eine negative Eheanalyse und Zukunftsprognose genügt es bereits, dass nach der Einschätzung des Gerichts sich **einer der Ehegatten – aus welchen Gründen auch immer – endgültig vom anderen abgewendet hat, weil bereits dann eine Wiederherstellung der Ehe nicht zu erwarten** ist.[6] 15

Eine **Einschränkung** erfährt die Scheidung auf Grundlage der materiellen Zerrüttungsprüfung **durch § 1565 II BGB**: Aus dem Grundtatbestand kann die Scheidung nur begehrt werden, wenn 16

- die Gatten entweder bereits **ein Jahr getrennt** leben oder
- die Fortsetzung der Ehe für den Antragsteller aus Gründen, die in der Person des anderen Ehegatten liegen, eine **unzumutbare Härte** darstellen würde.

Das grundsätzliche Erfordernis eines Trennungsjahrs soll einerseits die Zukunftsprognose erleichtern, andererseits aber auch voreilige und leichtfertige Scheidungen verhindern.[7] Auf Ehen, bei denen keine eheliche Lebensgemeinschaft begründet wurde, weil sie von vornherein gescheitert waren, und auf Scheinehen, die zu einem ehefremden Zweck geschlossen wurden, ist § 1565 II BGB ohne Einschränkung anzuwenden. Es besteht keine Veranlassung, Eheleute in Zweckehen besser zu stellen.[8] Vor dem Ablauf der Jahresfrist darf eine Ehe, obwohl sie gescheitert ist, nur geschieden werden, wenn eine unzumutbare Härte für den Antragsteller vorliegt. Die Härteausnahme ist restriktiv auszulegen. Erforderlich ist/sind 17

(1) Unzumutbarkeit gerade aus dem Fortbestand des formalen Bandes der Ehe 18
Die Unzumutbarkeit muss sich auf die Tatsache des Verheiratetseins beziehen.[9] Dass das weitere Zusammenleben unzumutbar ist, reicht nicht aus, da man sich dadurch bereits durch Getrenntleben schützen kann.

(2) Gründe aus der Person des anderen Ehegatten 19
Der Antragsteller, der vor Ablauf des Trennungsjahrs geschieden werden will, muss *in der Person des Antragsgegners liegende Gründe* dartun, die so schwer wiegen, dass dem Antragsteller nicht angesonnen werden kann, an den Antragsgegner als Ehepartner weiterhin gebunden zu sein.[10] Erwartet die Scheidungsantragstellerin zB von

5 BGHZ 149, 140 (141 f.) = NJW 2002, 671.
6 BGH NJW 1979, 978 (979); OLG Brandenburg BeckRS 2015, 5021.
7 BGH NJW 1981, 449 (450).
8 MüKoBGB/Weber § 1565 Rn. 86.
9 BGH NJW 1981, 449 (450 f.).
10 BGH NJW 1981, 449 (451).

einem anderen Mann ein Kind und will sie ihn vor der Geburt noch heiraten, so kann sie hierauf eine Härtefallscheidung nicht stützen, weil es sich sämtlich um Umstände handelt, die in *ihrer* Person begründet sind.[11] Gründe, die beide Partner gleichermaßen betreffen (zu enge Wohnung etc), genügen ebenfalls nicht.

20 **Beispiele:** Härtefall wurde angenommen bei

- schweren körperlichen Misshandlungen[12] und ernst zu nehmenden Morddrohungen[13] durch den anderen Ehegatten
- Schwangerschaft der antragsgegnerischen Frau durch einen Dritten, weil die Ehelichkeitsvermutung entfällt, wenn der Mann im Zeitpunkt der Geburt nicht mehr mit der Frau verheiratet ist (vgl. § 1592 Nr. 1 BGB); ihm wird dadurch also die Last der Vaterschaftsanfechtung genommen
- Ehebruch und Nachaußentragen der Beziehung, die aufgrund des lebensbedrohlichen Zustands der todkranken Antragstellerin für sie besonders verletzend waren[14]
- Aufnahme der Tätigkeit als Prostituierte durch die Antragsgegnerin während des Trennungsjahres[15]

21 Abgelehnt wurde ein Härtefall dagegen bei homosexuellem Zusammenleben mit einem neuen Partner[16] und bei Alkoholismus ohne extreme Folgeerscheinungen wie Tätlichkeiten, Vertrinken gerade des für den Lebensunterhalt erforderlichen Geldes oder erheblicher körperlicher Verwahrlosung.[17]

d) Kein Eingreifen der Härteklausel nach § 1568 BGB

22 Von der Härte gem. § 1565 II BGB, die die Scheidung vor Ablauf des Trennungsjahrs ermöglichen kann, ist die Härte nach § 1568 BGB zu unterscheiden, die eine Scheidung, trotz Vorliegens der Scheidungsvoraussetzungen im Übrigen, zeitweise verhindern kann. Nach § 1568 BGB soll (richtig: darf) eine Ehe nicht geschieden werden, obwohl sie gescheitert ist, solange ihre Aufrechterhaltung entweder

- im Interesse der gemeinsamen[18] minderjährigen Kinder aus besonderen Gründen ausnahmsweise notwendig ist (sog. Kinderschutzklausel) oder solange
- die Scheidung für den Antragsgegner, der sie ablehnt, aufgrund außergewöhnlicher Umstände eine so schwere Härte darstellen würde, dass die Aufrechterhaltung der Ehe auch unter Berücksichtigung der Belange des Antragstellers ausnahmsweise geboten erscheint (sog. Ehegattenschutzklausel).

aa) Kinderschutzklausel

23 Mit jeder Scheidung sind naturgemäß Belastungen insbesondere für die Kinder der Ehegatten verbunden. Dies genügt für ein Eingreifen der Kinderschutzklausel noch nicht. Nur wenn durch die Scheidung (nicht bereits die Trennung) wegen besonderer Gründe ein akuter Nachteil für ein Kind aus der Ehe zu befürchten ist, soll die Scheidung der Eltern ausnahmsweise verschoben werden können. Besondere Gründe können sich aus dem persönlichen Empfinden des Kindes (zB ernsthafte

11 OLG Naumburg NJW 2005, 1812.
12 OLG Stuttgart FamRZ 2002, 239.
13 OLG Brandenburg FamRZ 2001, 1458.
14 OLG Stuttgart BeckRS 2015, 18954.
15 OLG Bremen FamRZ 1996, 489.
16 OLG Köln FamRZ 1997, 24.
17 OLG Stuttgart FamRZ 2013, 1764.
18 Die Gesetzesformulierung ist ungenau: Erfasst sind nämlich auch gemeinsame voreheliche Kinder und Kinder aus einer früheren Ehe dieser Ehegatten. BGH LM EheG § 48 Abs. 3 Nr. 7.

Selbstmordgefahr),[19] seiner gesundheitlichen, häuslichen oder sozialen Situation oder besonderen wirtschaftlichen Umständen ergeben, zB wenn damit zu rechnen ist, dass sich die wirtschaftlichen Verhältnisse des Kindes massiv verschlechtern würden.[20] In der Praxis wird die Klausel nur in **ganz besonders gelagerten Einzelfällen** angewandt.

bb) Ehegattenschutzklausel

Nach 3-jähriger Trennungszeit muss auch ein Ehegatte, der nicht geschieden werden will, die Scheidung grundsätzlich hinnehmen (vgl. § 1566 II BGB). Ausnahmsweise kann die Scheidung jedoch noch über den Dreijahreszeitraum hinaus aufgeschoben werden, wenn der Scheidungsausspruch (nicht schon die Trennung) für den scheidungsunwilligen Ehegatten eine so schwere Härte darstellen würde, dass sein Interesse an der (zeitweiligen) Aufrechterhaltung der Ehe das Interesse des Antragstellers überwiegt. Aus der Fülle von Härten, die durch die Scheidung entstehen können und die die Ehegatten grundsätzlich hinzunehmen haben, sind nur die zu berücksichtigen, die auf außergewöhnliche Umstände zurückgehen. Auch die Ehegattenschutzklausel wird sehr zurückhaltend angewandt. Selbst die Gefahr eines Selbstmordversuchs reicht nicht aus, solange der betreffende Ehegatte sein Verhalten noch steuern kann.[21] In jüngerer Zeit ist die Klausel zB angewandt worden bei einer an Alzheimer erkrankten Antragsgegnerin, die durch die Scheidung ihr Aufenthaltsrecht in Deutschland verlieren würde.[22] Außergewöhnliche Umstände iSv § 1568 Alt. 2 BGB darf das Gericht nicht von Amts wegen, sondern nur dann berücksichtigen, wenn sie der scheidungsunwillige Gatte geltend macht (vgl. § 127 III FamFG). 24

3. Scheidungsverfahren

a) Gerichtliche Entscheidung

Die Scheidung erfolgt auf Antrag eines oder beider Ehegatten durch gerichtliche Entscheidung (§ 1564 S. 1 BGB). Mit Rechtskraft der Entscheidung ist die Ehe aufgelöst (§ 1564 S. 2 BGB). Aus der aufgelösten Ehe können sich allerdings noch bestimmte Nachwirkungen ergeben, insbesondere nacheheliche Unterhaltsansprüche (zu diesen vgl. → Rn. 89 ff.). 25

b) Verfahren

Scheidungssachen gehören zu den Ehesachen (§ 121 Nr. 1 FamFG) und damit zu den Familiensachen (§ 111 Nr. 1 FamFG). Sachlich zuständig ist das Familiengericht (§§ 23a I 1 Nr. 1, 23b I GVG). Die örtliche Zuständigkeit ergibt sich aus § 122 FamFG. Das Verfahren in Scheidungssachen ist speziell in den §§ 133 ff. FamFG geregelt, ergänzend gelten aber die allgemeinen Vorschriften in Ehesachen, also die §§ 121 ff. FamFG. Das Verfahren wird zwar nur auf Antrag eingeleitet (§ 124 FamFG), es herrscht dann aber grundsätzlich der Amtsermittlungsgrundsatz (§ 127 I FamFG). In Scheidungssachen erfährt dieser allerdings 2 wichtige Einschränkungen: 26

19 OLG Hamburg FamRZ 1986, 469.
20 Hierfür Schwab FamR GdR Rn. 383.
21 BGH NJW 1981, 2808 (2809).
22 AG Berlin-Tempelhof FamRZ 2014, 1780.

(1) Von den Beteiligten nicht vorgebrachte Tatsachen dürfen nur berücksichtigt werden, wenn sie geeignet sind, der Aufrechterhaltung der Ehe zu dienen oder wenn der Antragsteller einer Berücksichtigung nicht widerspricht (§ 127 II FamFG).

(2) Außergewöhnliche Umstände nach § 1568 Alt. 2 BGB dürfen nur berücksichtigt werden, wenn sie vom Antragsgegner vorgebracht worden sind (§ 127 III FamFG).

27 Eine „Versäumnisscheidung" (wegen Säumnis des Antragsgegners) ist unzulässig (§ 130 II FamFG); möglich ist dagegen eine Säumnisentscheidung gegen den Antragsteller mit dem Inhalt, dass sein Antrag als zurückgenommen gilt (§ 130 I FamFG). In Ehesachen besteht für die Ehegatten Anwaltszwang (§ 114 I FamFG). Einer Vertretung durch einen Anwalt bedarf es allerdings nicht für die Zustimmung zur Scheidung und zur Rücknahme des Scheidungsantrags und für den Widerruf der Zustimmung zur Scheidung (§ 114 IV Nr. 3 FamFG).

c) Scheidungsverbund

28 Im Zusammenhang mit der Scheidung können andere Fragen klärungsbedürftig sein, zB der Zugewinnausgleich, der nacheheliche Unterhalt, die Behandlung der Ehewohnung und der Haushaltsgegenstände, das Sorgerecht für und der Umgang mit Kindern. Folgesachen können mit dem Scheidungsverfahren in einem sog. Scheidungsverbund verbunden werden. Auf diese Weise wird über die Scheidung und die Folgesachen gemeinsam verhandelt und entschieden (§ 137 I FamFG). Für den Versorgungsausgleich wird der Scheidungsverbund von Amts wegen eingeleitet (vgl. § 137 II 2 FamFG). Im Übrigen ist für die Herstellung des Scheidungsverbunds Folgendes erforderlich:

aa) Verbundfähige Folgesache

29 Verbundfähig sind

- gem. § 137 II 1 FamFG
  - Versorgungsausgleichssachen
  - Unterhaltssachen, sofern sie die Unterhaltspflicht gegenüber einem gemeinschaftlichen Kind oder den nachehelichen Unterhalt betreffen
  - Ehewohnungs- und Haushaltssachen
  - Güterrechtssachen
- und außerdem gem. § 137 III FamFG Kindschaftssachen, die die elterliche Sorge, das Umgangsrecht oder die Herausgabe eines gemeinschaftlichen Kindes der Ehegatten oder das Umgangsrecht eines Ehegatten mit dem Kind des anderen Ehegatten betreffen.

bb) Entscheidung für den Fall der Scheidung

30 Verbundfähig sind die bezeichneten Angelegenheiten nur, wenn eine Entscheidung für den Fall der Scheidung zu treffen ist.

cc) Rechtzeitigkeit

31 Eine Entscheidung in der Folgesache muss rechtzeitig begehrt werden. Das bedeutet bei einer Folgesache iSv § 137 II 1 FamFG, dass die Folgesache spätestens 2 Wochen vor mündlicher Verhandlung in der Scheidungssache anhängig gemacht werden muss und bei einer Folgesache iSv § 137 III FamFG, dass der Antrag auf Einbeziehung vor Schluss der mündlichen Verhandlung in der Scheidungssache gestellt sein muss.

dd) Kein entgegenstehendes Kindeswohl

Bei einer Folgesache iSv § 137 III FamFG kann das Familiengericht die Einbeziehung ablehnen, wenn es sie aus Gründen des Kindeswohls für nicht sachgerecht hält (vgl. § 137 III aE FamFG). Das kann zB der Fall sein, wenn eine Entscheidung über die elterliche Sorge vordringlich ist und daher im Kindsinteresse vor Abschluss des – voraussichtlich langwierigen – Verbundverfahrens getroffen werden sollte. 32

Soweit der Scheidungsverbund bestehen bleibt (und die Folgesache nicht gem. § 140 II FamFG abgetrennt wird) ergeht ein einheitlicher Beschluss über die Scheidung und die Folgesachen (§ 142 I FamFG). Wird der Scheidungsantrag abgewiesen, so werden die Folgesachen gegenstandslos (es wurde ja gerade eine Entscheidung für den Fall der Scheidung begehrt, vgl. → Rn. 30), wenn nicht ein Beteiligter ausdrücklich einen anderen Antrag stellt oder es sich um eine Folgesache iSv § 137 III FamFG handelt (§ 142 II FamFG). Folgesachen iSv § 137 III FamFG werden als selbstständige Familiensachen fortgeführt (§ 142 II 3 FamFG). 33

II. Getrenntleben

1. Allgemeines

Zwischen die Phase einer intakten ehelichen Lebensgemeinschaft und einer etwaigen Scheidung schiebt sich, wegen § 1565 II BGB nahezu zwangsläufig, eine Phase des Getrenntlebens. An das Getrenntleben knüpfen zum einen die Scheidungstatbestände an (vgl. §§ 1565 II, 1566 I, II BGB), zum anderen enthält des Gesetz aber auch an verschiedenen Stellen Sonderregelungen (insbesondere §§ 1361 ff., 1671, 1687 BGB) für die Zeit des Getrenntlebens. 34

2. Definition

Legaldefiniert wird das Getrenntleben in **§ 1567 I 1 BGB**. Diese Norm steht zwar im Kontext der Scheidungsvoraussetzungen, gilt aber grundsätzlich (zumindest als Ausgangspunkt) in allen Normzusammenhängen, in denen es auf das Getrenntleben der Ehegatten ankommt (str.).[23] Nach § 1567 I 1 BGB leben die Ehegatten getrennt, wenn 35

- **keine häusliche Gemeinschaft** mehr zwischen ihnen besteht (**objektives Element**) und
- zumindest **ein Ehegatte die häusliche Gemeinschaft erkennbar nicht herstellen will, weil er die eheliche Lebensgemeinschaft ablehnt (subjektives Element)**.

a) Das objektive Element

Das Nichtbestehen einer häuslichen Gemeinschaft ist leicht feststellbar, wenn ein Ehegatte aus der gemeinsamen Ehewohnung ausgezogen ist. Wie **§ 1567 I 2 BGB** klarstellt, kann das objektive Element des Getrenntlebens auch dann erfüllt sein, wenn sich beide Ehegatten weiterhin in der Ehewohnung befinden. Die Vorschrift will denjenigen Eheleuten helfen, die aus finanziellen oder sonstigen tatsächlichen Gründen nicht in der Lage sind, getrennte Wohnungen zu bewohnen. Bisweilen mag 36

23 Wie hier Wellenhofer FamR § 21 Rn. 2; aA MüKoBGB/Weber § 1567 Rn. 1.

auch das Kindeswohl ein **Getrenntleben innerhalb der Ehewohnung** nahelegen. Andererseits droht die Gefahr, dass die Ehegatten ein Getrenntleben innerhalb der Ehewohnung nur behaupten und so das grundsätzlich obligatorische Trennungsjahr nach § 1565 II BGB unterlaufen. An den Nachweis des Getrenntlebens innerhalb der Ehewohnung werden daher hohe Anforderungen gestellt.

37 Die gemeinsame Benutzung einzelner Räume (Flur, Küche, Toilette, Bad) und eine gelegentliche Absprache über deren Benutzung hindern ein Getrenntleben in derselben Wohnung noch nicht. Doch darf **kein gemeinsamer Haushalt** geführt werden und es dürfen **keine wesentlichen persönlichen Beziehungen** zwischen den Ehegatten bestehen.[24] Es muss trotz der räumlichen Nähe ein **Höchstmaß an Absonderung nach außen erkennbar** sein.[25] Ein gelegentliches gleichzeitiges Essen an einem Tisch schadet nicht unbedingt, wenn es sich als ein bloßes räumliches Nebeneinander ohne persönliche Beziehung darstellt.[26] Dagegen soll die Benutzung des gleichen Schlafzimmers stets schädlich sein, unabhängig davon, ob dabei physische und psychische Kontakte vermieden wurden oder nicht.[27]

⇨ *Fall Nr. 9 – Ehe mit Affäre*

b) Das subjektive Element

38 Allein das Nichtbestehen einer häuslichen Gemeinschaft erfüllt den Tatbestand des Getrenntlebens noch nicht. Hinzukommen muss ein subjektives Element, das sich aus 2 Komponenten zusammensetzt: Erstens, dem **Willen** zumindest eines Ehegatten, die häusliche Gemeinschaft nicht wiederherzustellen; und, zweitens, als zugrunde liegendes **Motiv** dafür die Ablehnung der ehelichen Lebensgemeinschaft.[28] *Unfreiwillige* räumliche Trennungen (durch Krieg, Gefangenschaft etc) erfüllen den Tatbestand daher regelmäßig nicht; und freiwillige tun es nur dann, wenn der Grund für die Trennung gerade die Ablehnung der Lebensgemeinschaft ist. Deswegen wird der Getrenntlebenstatbestand durch Ehegatten, die aus beruflichen Gründen nicht zusammenleben, nicht verwirklicht. Auch die dauerhafte stationäre Pflege eines Ehegatten in einem Pflegeheim führt für sich genommen nicht zur Trennung der Ehegatten. Will ein Ehegatte dennoch die Trennung iSv § 1567 BGB herbeiführen, so bedarf es einer entsprechenden Äußerung oder eines sonstigen erkennbaren Verhaltens, das den Willen zum Ausdruck bringt, die eheliche Lebensgemeinschaft nicht weiterführen zu wollen.[29]

c) Versöhnungsversuche

39 **§ 1567 II BGB** bestimmt, dass ein **Zusammenleben über kürzere Zeit** mit dem Ziel der Versöhnung die **Trennungszeit** für die Zwecke des § 1566 BGB (Zerrüttungsvermutungen) und des § 1565 II BGB[30] **nicht unterbricht oder hemmt**. Der dahinterstehende Gedanke ist folgender: Versöhnungsversuche sind, schon im Hinblick auf

24 BGH NJW 1978, 1810.
25 OLG Hamm FamRZ 1999, 723.
26 BGH NJW 1978, 1810
27 OLG Hamm FamRZ 1999, 723.
28 MüKoBGB/Weber § 1567 Rn. 2.
29 BGH NJW 2016, 2122 Rn. 14.
30 Dass § 1567 II BGB den § 1565 II BGB nicht erwähnt, beruht auf einem Redaktionsversehen. Vgl. MüKoBGB/Weber § 1567 Rn. 55.

Art. 6 GG, erwünscht. Es steht aber zu befürchten, dass Ehegatten von Versöhnungsversuchen abgehalten würden, wenn eine bereits an- oder abgelaufene Trennungszeit durch ein kurzes Zusammenleben scheidungsrechtlich entwertet würde. Deshalb bestimmt § 1567 II BGB, dass ein Zusammenleben für kürzere Zeit dennoch als Trennungszeit behandelt wird.

Um eine „kürzere Zeit" iSv § 1567 II BGB soll es sich noch handeln, wenn die Ehegatten maximal 3 Monate zusammenleben.[31] Für die Dreijahresfrist des § 1566 II BGB können ggf. auch etwas längere Versöhnungszeiten noch als Trennungszeit anzurechnen sein, weil hier die Frist als Grundlage für die Vermutung lang genug bleibt.[32] **Wichtig:** § 1567 II BGB gilt nur für Fälle, in denen eine Rechtswirkung vom *Ablauf einer Trennungsfrist* abhängt, also insbesondere für §§ 1565 II, 1566 BGB. Knüpft eine Norm dagegen an den Zustand des Getrenntlebens an, wie etwa § 1357 III BGB, so durchbricht versöhnungsmotiviertes Zusammenleben diesen Zustand. Die Schlüsselgewalt lebt also während eines Versöhnungsversuchs wieder auf.[33] 40

Beispiel: Am 1.1.2021 zieht M aus der gemeinsamen Ehewohnung aus. Im Sommer wollen es die Ehegatten nochmal miteinander versuchen und M zieht zum 1.8. wieder ein. Der Versöhnungsversuch scheitert und es kommt zur endgültigen Trennung am 15.9. Am 1.1.2022 wäre das Trennungsjahr des § 1565 II BGB erfüllt, da der weniger als 3 Monate dauernde Versöhnungsversuch gem. § 1567 II BGB als Trennungszeit gewertet wird. Die Schlüsselgewalt lebte dagegen zwischen dem 1.8. und dem 15.9. vorübergehend wieder auf. 41

3. Wirkungen

Das Getrenntleben ist nicht nur für §§ 1565 II, 1566 I, II BGB im Rahmen der Scheidungsvoraussetzungen bedeutsam. Es löst im Familienrecht noch weitergehende Rechtswirkungen aus. 42

a) Unterhaltsrecht

Mit dem Getrenntleben entfällt die beiderseitige Verpflichtung zum Familienunterhalt nach § 1360 BGB und wird ggf. durch einen **einseitigen Anspruch auf Trennungsunterhalt nach § 1361 BGB** ersetzt, der in mancherlei Hinsicht schon dem Scheidungsunterhalt ähnelt, mit diesem aber nicht identisch ist.[34] Die Möglichkeit, der Unterhaltspflicht durch Haushaltsführung nachzukommen (§ 1360 S. 2 BGB), besteht jetzt nicht mehr. Anders als der Familienunterhalt geht der Trennungsunterhalt primär auf eine Geldrente (vgl. § 1361 IV 1 BGB). Für den Trennungsunterhalt gelten im Hinblick auf Bedarfsbemessung, Bedürftigkeit und Leistungsfähigkeit **ähnliche Grundsätze wie für den Geschiedenenunterhalt**, sodass auf die dortigen Ausführungen verwiesen werden kann (vgl. → Rn. 94 ff.). Der **Hauptunterschied** zum Scheidungsunterhalt besteht darin, dass die **Erwerbsobliegenheit** des Unterhaltsgläubigers (vgl. beim Geschiedenenunterhalt § 1569 S. 1 BGB) noch **weniger streng** gehandhabt wird: Der nicht erwerbstätige, getrennt lebende Ehegatte kann nur dann 43

31 MüKoBGB/Weber § 1567 Rn. 59.
32 MüKoBGB/Weber § 1567 Rn. 60.
33 Schwab FamR GdR Rn. 397.
34 BGH NJW 1982, 1875 (1876). Daher bedarf es nach der Scheidung eines gänzlich neuen Unterhaltstitels. Der Titel auf Trennungsunterhalt kann nicht im Abänderungsverfahren (§ 238 FamFG) korrigiert werden.

darauf verwiesen werden, seinen Unterhalt durch Aufnahme einer Erwerbstätigkeit selbst zu verdienen, wenn dies von ihm nach seinen persönlichen Verhältnissen, insbesondere wegen einer früheren Erwerbstätigkeit unter Berücksichtigung der Dauer der Ehe, und nach den wirtschaftlichen Verhältnissen beider Ehegatten erwartet werden kann (§ 1361 II BGB). Der dahinterstehende Gedanke ist, dass die Ehegatten in der Trennungsphase (die ja eventuell noch in eine Wiederversöhnung münden kann) nicht vorschnell zu einer völligen Umgestaltung ihrer bisherigen Lebensverhältnisse gezwungen werden sollen. Anders als der nacheheliche Unterhalt ist der Trennungsunterhalt auch vom Gesetz als unverzichtbar ausgestaltet (§§ 1361 IV 4, 1360a III, 1614 BGB).

44 **Beispiel:** Ehegatten mit einem indischen kulturellen Hintergrund schlossen 2017 die (von den Eltern arrangierte) Ehe. Die Ehefrau wohnte nach der Eheschließung weiter bei ihren Eltern. Ein gemeinsamer Haushalt oder eine sexuelle Beziehung wurden nicht begründet. Nach einer Aussprache im August 2018 war auch klar, dass eine Lebensgemeinschaft nicht hergestellt werden sollte, da zumindest ein Gatte sie ablehnte. – Der BGH hat auch in diesem Fall der Ehefrau Trennungsunterhalt zugesprochen. Nach dem Wortlaut des § 1361 BGB setzt dieser nämlich nicht voraus, dass die Gatten jemals zusammengelebt haben oder dass der auf Unterhalt in Anspruch genommene Gatte in der Vergangenheit etwas zum Lebensunterhalt des anderen beigetragen hat.[35]

b) Haushaltsgegenstände

45 Mit der Trennung der Ehegatten geht regelmäßig eine Verteilung der bisher gemeinsam genutzten Haushaltsgegenstände einher. **§ 1361a BGB** sieht dafür folgendes Verteilungsverfahren vor. Zuständig ist das Familiengericht nach §§ 111 Nr. 5, 200 II Nr. 1 FamFG.

aa) Herausgabe der Gegenstände im Alleineigentum eines Ehegatten

46 Leben die Ehegatten getrennt, kann jeder Herausgabe der ihm gehörenden Haushaltsgegenstände verlangen, § 1361a I 1 BGB. Das Gesetz macht allerdings eine Einschränkung: Nach § 1361a I 2 BGB muss er sie dem anderen Ehegatten zum Gebrauch überlassen, soweit dieser sie zur Führung eines abgesonderten Haushalts benötigt und die Überlassung nach den Umständen des Falls der Billigkeit entspricht.

bb) Verteilung der Gegenstände im Miteigentum der Ehegatten

47 Haushaltsgegenstände, die den Ehegatten gemeinsam gehören, werden zwischen ihnen nach Billigkeit verteilt (§ 1361a II BGB).

48 Die gerichtliche Entscheidung regelt stets nur die Nutzungsverhältnisse. Die Eigentumsverhältnisse bleiben unberührt, sofern die Ehegatten nichts anderes vereinbaren (§ 1361a IV BGB). Für die Nutzung durch den anderen Ehegatten kann das Gericht eine angemessene Vergütung festsetzen (§ 1361a III 2 BGB).

49 **Problematisch** ist das **Verhältnis von § 1361a BGB zu den sachenrechtlichen Vorschriften, insbesondere den Besitzschutzansprüchen nach §§ 858 ff. BGB.**

50 **Beispielsfall:** F und M streiten anlässlich ihrer Trennung darüber, wer eine im Miteigentum der Ehegatten stehende, vielgeliebte antike Kommode bekommen soll. Als F schließlich auszieht, nimmt sie die Kommode einfach mit. M will wissen, ob und wie er wieder an die Kommode kommen kann. – M hat

35 BGH NJW 2020, 1674.

jedenfalls einen Anspruch aus § 1361a II BGB darauf, dass eine Zuteilung nach Billigkeit vorgenommen wird und kann insoweit eine gerichtliche Entscheidung beantragen, § 1361a III 1 BGB. Der Ausgang dieses Verfahrens ist allerdings ungewiss. Aussichtsreicher wäre es, wenn M Wiedereinräumung des Mitbesitzes aus § 861 BGB verlangen könnte. Die Voraussetzungen des Anspruchs sind eigentlich erfüllt: F hat dem M seinen unmittelbaren Mitbesitz an der Kommode ohne dessen Willen entzogen, ihr durch verbotene Eigenmacht erlangter Alleinbesitz ist daher fehlerhaft (§ 858 II 1 BGB). § 866 BGB, der den possessorischen Besitzschutz unter Mitbesitzern einschränkt, steht auch nicht entgegen: Denn hier geht es nicht um die Grenzen des Mitgebrauchs, sondern um einen vollständigen Besitzentzug. Insoweit findet Besitzschutz auch unter Mitbesitzern statt. Allerdings stellt sich die Frage des Konkurrenzverhältnisses von § 861 BGB zu § 1361a BGB, da es um den Besitz an einem Haushaltsgegenstand während des Getrenntlebens geht.

Hier werden im Wesentlichen **2 Ansichten** vertreten: 51

(1) Nach einer Ansicht ist **§ 1361a BGB eine Spezialvorschrift**, die die §§ 858 ff. BGB in ihrem Anwendungsbereich verdrängt.[36] Der Vorrang von § 1361a BGB wird v.a. damit begründet, dass dieses Verfahren speziell auf die Situation im Zusammenhang mit der Trennung von Ehegatten ausgerichtet sei. Den dort statuierten Billigkeitserwägungen müsse vorrangig Rechnung getragen und mehrere Prozesse mit ggf. widersprüchlichen Entscheidungen (zB erst Wiedereinräumung des Mitbesitzes, dann Zuweisung an den Ehegatten, der die verbotene Eigenmacht verübt hatte) vermieden werden. 52

(2) Nach anderer Ansicht stehen **§§ 861 BGB und 1361a BGB in freier Konkurrenz** zueinander, weil sie unterschiedliche Zwecke verfolgen, nämlich zum einen die rasche Herstellung des besitzrechtlichen *status quo ante*, unabhängig von einem Recht zum Besitz, zum anderen die Zuweisung des Rechts zum Alleinbesitz an einem bestimmten Haushaltsgegenstand gegründet auf Billigkeitserwägungen während der Phase des Getrenntlebens.[37] 53

Gegen die erste Ansicht spricht v.a., dass dadurch einer eigenmächtigen Hausratsverteilung Vorschub geleistet würde.[38] Unabhängig davon, wie man sich entscheidet, ist jeweils das Familiengericht zuständig, nach der ersten Ansicht gem. § 111 Nr. 5 FamFG (Ehewohnungs- und Haushaltssachen), nach der anderen Ansicht gem. §§ 111 Nr. 10, 266 I Nr. 3 FamFG (sonstige Familiensachen). Unterschiedlich ist allerdings das vom Familiengericht anzuwendende Verfahren, da es sich bei den sonstigen Familiensachen um Familienstreitsachen iSv § 112 Nr. 3 FamFG handelt, bei denen sich das Verfahren überwiegend nach den Bestimmungen der ZPO richtet und für die insbesondere der Amtsermittlungsgrundsatz nicht gilt. 54

c) Ehewohnung

Streit kann es zudem über die künftige Benutzung der Ehewohnung geben. Insofern bestimmt § 1361b I 1 BGB, dass bei Getrenntleben oder Getrenntlebensabsicht ein Ehegatte vom anderen verlangen kann, dass dieser ihm die Ehewohnung ganz oder zum Teil zur alleinigen Benutzung überlässt, soweit dies notwendig ist, um eine un- 55

36 OLG Nürnberg NJW-RR 2006, 149; OLG Karlsruhe FamRZ 2007, 59;

37 So etwa OLG Koblenz NJW 2007, 2337; Schwab FamR GdR Rn. 406; Wellenhofer FamR § 21 Rn. 13; MüKoBGB/Weber-Monecke § 1361a Rn. 24.

38 So auch OLG Koblenz NJW 2007, 2337 (2338).

billige Härte zu vermeiden. Das Gesetz benennt Gesichtspunkte, die bei der Härteprüfung zu berücksichtigen sind, nämlich

- das Wohl der im Haushalt lebenden Kinder (§ 1361b I 2 BGB)
- das Eigentum oder eines der anderen aufgelisteten dinglichen Rechte eines Ehegatten an der Ehewohnung (§ 1361b I 3 BGB)
- eine widerrechtliche und vorsätzliche Körper-, Gesundheits- oder Freiheitsverletzung oder eine Verletzung der sexuellen Selbstbestimmung, oder die Drohung mit derartigen Verletzungen, durch den Antragsgegner (§ 1361b II 1 BGB); hier ist idR dem bedrohten/verletzten Ehegatten die gesamte Wohnung zur alleinigen Benutzung zu überlassen, es sei denn, es besteht keine Wiederholungsgefahr und dem Verletzten ist das weitere Zusammenleben mit dem anderen wegen der Schwere der Tat auch nicht unzumutbar (§ 1361b II 2 BGB)

56 Wird einem Ehegatten die Wohnung ganz oder zT überlassen, so kann der andere eine Nutzungsvergütung verlangen, soweit dies der Billigkeit entspricht (§ 1361b III 2 BGB). Soweit durch die Wohnungszuweisung in das Nutzungsrecht des anderen Ehegatten (als Eigentümer, Miteigentümer, Mieter etc) eingegriffen wird, entspricht eine Vergütung idR der Billigkeit, insbesondere, wenn er im Außenverhältnis allein die Wohnungskosten (Miete; Kapitaldienst) trägt.[39] In Betracht kommt alternativ eine Übernahme der Wohnungskosten im Innenverhältnis oder eine Berücksichtigung des Wohnwerts beim Unterhaltsanspruch.

57 Wichtig ist, dass die bisher gemeinsam genutzte Wohnung durch die bloße Trennung der Gatten ihre Eigenschaft als „Ehewohnung" iSv § 1361b BGB nicht verliert; vielmehr behält sie diesen Charakter während der gesamten Trennungszeit.[40] Ein Ehegatte kann also den Überlassungsanspruch aus § 1361b BGB prinzipiell während der gesamten Trennungsphase geltend machen. Das Begehren kann allerdings an **§ 1361b IV BGB** scheitern: Ist nach der Trennung ein Ehegatte aus der Ehewohnung ausgezogen, so stellt diese Vorschrift eine **unwiderlegliche Vermutung** dafür auf, dass er dem zurückgebliebenen Gatten das alleinige Nutzungsrecht überlassen hat, falls er diesem gegenüber nicht binnen 6 Monaten nach seinem Auszug eine ernstliche Rückkehrabsicht bekundet hat. Diese Regelung wird zu Recht kritisch gesehen, da der Ehegatte, der aus der Wohnung „flüchtet", ggf. sein Recht auf Mitbenutzung der Ehewohnung verliert. Immerhin kann er **bei wesentlicher Veränderung der zugrunde liegenden Umstände** eine Entscheidung zu seinen Gunsten im Ehewohnungsverfahren verfolgen.[41] Eine wesentliche Änderung der zugrunde liegenden Verhältnisse kann zB vorliegen, wenn die anfangs noch im Haushalt lebenden Kinder, zu deren Wohl der weichende Ehegatte die Überlassung zunächst hingenommen hat, inzwischen volljährig geworden und ausgezogen sind.

58 **Problematisch war lange Zeit das Verhältnis des Herausgabeanspruchs aus § 985 BGB zu § 1361b BGB. Für die Praxis** ist diese Streitfrage jedoch inzwischen durch den BGH **geklärt**: Während des Scheidungsverfahrens ist eine auf § 985 BGB gestützte Klage des Eigentümer-Ehegatten gegen den anderen auf Herausgabe der Ehewohnung unzulässig.[42] Der BGH hat den Vorrang des § 1361b BGB hauptsäch-

39 OLG Naumburg FamRZ 2003, 1748.
40 BGHZ 212, 133 Rn. 13 = NJW 2017, 260.
41 BGHZ 212, 133 Rn. 23 = NJW 2017, 260.
42 BGHZ 212, 133 Rn. 10 = NJW 2017, 260.

lich mit verfahrensrechtlichen Erwägungen begründet, nämlich damit, dass in Ehewohnungssachen der Amtsermittlungsgrundsatz gilt, der nicht unterlaufen werden solle.[43] Für einen Herausgabeantrag aus § 985 BGB wäre zwar auch das Familiengericht zuständig (§ 266 I Nr. 3 FamFG). Als Familienstreitsache (vgl. § 112 Nr. 3 FamFG) unterläge der Eigentumsherausgabeanspruch jedoch anderen Verfahrensvorschriften, nämlich weitgehend denen der ZPO (§ 113 I 2 FamFG).

Nach Ansicht des BGH ist der Anspruch auf Nutzungsvergütung aus § 1361b III 2 BGB auch *lex specialis* zum Anspruch aus Miteigentum gem. § 745 II BGB. Nutzungsvergütung kann erst (aber auch schon) ab dem Zeitpunkt verlangt werden, ab dem der in der Wohnung verbliebene Gatte eindeutig zur Zahlung aufgefordert worden ist; ein Verlangen auf Änderung der Verwaltungs- und Benutzungsregelung ist nicht erforderlich.[44] 59

d) Sorgerecht

Ein gemeinsames Sorgerecht der Ehegatten besteht grundsätzlich auch in der Trennungszeit fort. Allerdings hat der Elternteil, bei dem sich das Kind gewöhnlich aufhält, das alleinige Entscheidungsrecht in Angelegenheiten des täglichen Lebens, also solchen, die häufig vorkommen und die keine schwer abzuändernden Auswirkungen auf die Entwicklung des Kindes haben (§ 1687 I 2 BGB). Zusätzlich besteht bei Getrenntleben die Möglichkeit, das alleinige Sorgerecht – ganz oder teilweise – übertragen zu bekommen (§ 1671 I 1 BGB). Ausführlich hierzu → § 8 Rn. 26. 60

e) Allgemeine Ehewirkungen

Die Schlüsselgewalt entfällt mit der Trennung (vgl. § 1357 III BGB). 61

III. Exkurs: Gewaltschutzgesetz

Das Gewaltschutzgesetz (GewSchG) enthält keine speziellen familienrechtlichen Regelungen, sondern ermöglicht generell befristete Schutzmaßnahmen zugunsten der Opfer von Gewalttaten. 62

§ 1 GewSchG ermöglicht bestimmte Maßnahmen gegen Gewalttäter, wie zB ein Verbot, die Wohnung des Opfers zu betreten, sich in einem bestimmten Umkreis vom Opfer aufzuhalten oder Kontakt mit dem Opfer aufzunehmen. Vorausgesetzt ist, dass der Täter **vorsätzlich** (Fahrlässigkeit genügt nicht) den Körper, die Gesundheit oder die Freiheit – seit 2021 auch die sexuelle Selbstbestimmung – seines Opfers verletzt hat (§ 1 I GewSchG), sein Opfer mit einer entsprechenden Verletzung bedroht (§ 1 II 1 Nr. 1 GewSchG) oder sonst unzumutbar belästigt hat (§ 1 II 1 Nr. 2 GewSchG) sowie dass Wiederholungsgefahr besteht. 63

§ 2 GewSchG gewährt dem Opfer einer Gewalttat iSv § 1 I 1 GewSchG, das mit dem Täter einen auf Dauer angelegten gemeinsamen Haushalt geführt hat, einen **Anspruch auf Überlassung der gemeinsamen Wohnung** zur alleinigen Benutzung. Hatte der Täter nur mit einer entsprechenden Gewalttat gedroht, so kann das Opfer die Überlassung der Wohnung nur verlangen, wenn dies erforderlich ist, um eine unbillige Härte zu vermeiden (§ 1 VI GewSchG). Die Überlassung ist jedenfalls zu be- 64

43 BGHZ 212, 133 Rn. 11 = NJW 2017, 260.
44 BGH NJW-RR 2019, 68.

fristen; wenn dem Täter allein oder gemeinsam mit einem Dritten das Eigentum, Erbbaurecht oder der Nießbrauch an dem Grundstück zusteht, auf dem sich die Wohnung befindet oder er die Wohnung allein oder gemeinsam mit einem Dritten gemietet hat, beträgt die Frist höchstens 6 Monate (§ 2 II 2 GewSchG). Der Anspruch kann außerdem ausgeschlossen sein, insbesondere wenn keine Wiederholungsgefahr besteht und dem Opfer das weitere Zusammenleben mit dem Täter auch nicht wegen der Schwere der Tat nicht mehr zumutbar ist (vgl. § 2 III GewSchG). § 2 GewSchG ist neben § 1361b BGB auch auf Ehegatten anwendbar (str., nach aA ist § 1361b BGB für Ehegatten die speziellere Vorschrift), bedeutsam ist die Vorschrift aber insbesondere für nichteheliche Lebensgefährten.

65 Zuständig ist das Familiengericht, sogar in Fällen ohne familiären Bezug (§ 111 Nr. 6 FamFG). Das einschlägige Verfahrensrecht findet sich in den §§ 210 ff. FamFG.

IV. Versorgungsausgleich

1. Allgemeines

66 Dem Versorgungsausgleich liegt der **gleiche Gedanke wie dem Zugewinnausgleich** zugrunde: Das, was während der Ehezeit von den Gatten erworben wurde, soll ihnen nach der Scheidung hälftig gehören (sog. **Halbteilungsgrundsatz**[45]). Der Versorgungsausgleich hat jedoch einen **anderen Bezugsgegenstand**: Ihm unterfallen **Anrechte auf eine Versorgung wegen Alters oder Invalidität**, gleichgültig, ob im Privatrecht oder im öffentlichen Recht begründet. Diese Anrechte sind die Basis für spätere Rentenzahlungen und zur Absicherung besonders wichtig.

67 Der Versorgungsausgleich wurde 1976 eingeführt und war zunächst in den §§ 1587–1587p BGB geregelt. Das damalige System war stark an das des Zugewinnausgleichs angenähert: Für jeden Ehegatten wurden die während der Ehezeit erworbenen oder aufrechterhaltenen Versorgungspositionen bestimmt und addiert. Der Gatte mit dem höheren Zuwachs an Versorgungspositionen war in Höhe der Hälfte des Wertunterschieds ausgleichspflichtig. Unterschieden wurde zwischen dem öffentlich-rechtlichen und dem (subsidiären) schuldrechtlichen Versorgungsausgleich. Bei ersterem hatte der Ausgleichspflichtige dem Berechtigten Rentenanwartschaften in der gesetzlichen Rentenversicherung zu verschaffen. Bei letzterem hatte der Verpflichtete, der bereits eine Versorgung erlangt hatte, also zB schon Altersrente bezog, dem Berechtigten eine Geldrente in Höhe des auszugleichenden Betrags zu zahlen. Dieses System litt an einigen Strukturschwächen, insbesondere weil es den Ausgleichspflichtigen ausnahmslos zwang, seine Versorgungen voll zu behalten und in Höhe der Hälfte dieser Versorgungen zusätzliche Rentenanwartschaften zugunsten des früheren Ehepartners zu begründen, was ihn finanziell sehr belasten konnte; das BVerfG sah hierin eine Verletzung des Verhältnismäßigkeitsgrundsatzes.[46] Schwierigkeiten ergaben sich außerdem daraus, dass Versorgungsanwartschaften schwer miteinander vergleichbar sind.[47]

68 Die aktuelle Regelung geht auf das Gesetz zur Strukturreform des Versorgungsausgleichs vom 3.4.2009 zurück.[48] Die Vorschriften finden sich im Gesetz über den Versorgungsausgleich (VersAusglG), auf welches das BGB lediglich verweist (vgl. § 1587 BGB). Kern der Reform ist eine neue Ausgleichstechnik: **Jeder Ehegatte** soll nach Möglichkeit **an den vom anderen während der Ehezeit erworbenen Versorgungs-**

45 BVerfG NJW 2003, 2819.
46 BVerfGE 63, 88 (115) = NJW 1983, 1417 (1419).
47 BVerfG NJW 2006, 2175.
48 BGBl. 2009 I 700.

anrechten hälftig beteiligt werden (§ 1 VersAusglG). Die Anrechte werden also **real geteilt** und **beide Gatten** sind (soweit sie jeweils Anrechte erworben haben) **ausgleichsberechtigt und -verpflichtet**.

Versorgungsausgleichssachen sind **Familiensachen** (§§ 111 Nr. 7, 217 ff. FamFG). Das Gericht ermittelt von Amts wegen (§ 26 FamFG) und kann von den Beteiligten, Versorgungsträgern und sonstigen geeigneten Stellen Auskünfte einholen (§ 220 FamFG). Daneben gibt § 4 VersAusglG den Ehegatten und Versorgungsträgern weitreichende Auskunftsansprüche im Verhältnis zueinander. 69

70

Versorgungsausgleich

1. Scheidung
2. Bei Ehezeit unter 3 Jahren: Antrag, § 3 III VersAusglG
3. Auszugleichende Anrechte iSv § 2 II VersAusglG
4. Ermittlung des Ehezeitanteils jedes Anrechts
5. Keine Ausschließung/Beschränkung der Ausgleichspflicht wegen
   a) wirksamer Abbedingung, § 6 ff. VersAusglG
   b) Geringfügigkeit, § 18 VersAusglG
   c) fehlender Ausgleichsreife, § 19 VersAusglG
   d) grober Unbilligkeit, § 27 VersAusglG

Rechtsfolge: Im Regelfall interne, ausnahmsweise externe Teilung

2. Auszugleichende Anrechte

Auszugleichen sind **Anrechte auf Versorgung**. Darunter fallen sowohl Anwartschaften auf eine künftige Versorgung als auch **bestehende Ansprüche auf eine laufende Versorgung** (§ 2 I VersAusglG). Die Voraussetzungen, unter denen ein solches Anrecht ausgleichspflichtig ist, regelt § 2 II VersAusglG. Es muss 71

- durch Arbeit oder Vermögen geschaffen oder aufrechterhalten worden sein (also zB nicht Anrechte aus einer Unfallversicherung oder eine Schadensersatzrente wegen geminderter Erwerbsfähigkeit)
- der Absicherung im Alter oder bei Invalidität dienen und
- auf eine Rente gerichtet sein (Lebensversicherungen, die im Versicherungsfall eine Kapitalleistung vorsehen, sind daher nicht in den Versorgungsausgleich einbezogen).

Nicht vorausgesetzt ist, dass der künftige Versorgungsanspruch schon gesichert ist. Es werden auch Anrechte berücksichtigt, deren Voraussetzungen im Zeitpunkt des Versorgungsausgleichs noch nicht erfüllt sind (§ 2 III VersAusglG). 72

Unterfällt ein Anrecht dem Versorgungsausgleich, so findet ein Zugewinnausgleich im Hinblick auf dieses Anrecht nicht statt (§ 2 IV VersAusglG). Das **Versorgungs- und das Zugewinnausgleichsverfahren schließen sich** also **gegenseitig aus**. Liegt allerdings ein ausgleichspflichtiges Anrecht iSv § 2 VersAusglG nicht vor (etwa eine Schadensersatzrente wegen geminderter Erwerbsfähigkeit), so kann diesbezüglich ein güterrechtlicher Ausgleich stattfinden. 73

3. Antrag

74 Ein Antrag ist grundsätzlich nicht erforderlich. Der Versorgungsausgleich, soweit es um den Wertausgleich nach §§ 6–19 VersAusglG geht, wird im Scheidungsverfahren von Amts wegen eingeleitet, vgl. § 137 II 2 FamFG. Anderes gilt allerdings bei einer Ehezeit unter 3 Jahren. Hier wird ein Versorgungsausgleich nur durchgeführt, wenn einer der Gatten dies beantragt (§ 3 III VersAusglG).

4. Ermittlung des Ehezeitanteils

75 Wie beim Zugewinnausgleich besteht eine Ausgleichspflicht nur hinsichtlich desjenigen Teils jedes Anrechts, der „in der Ehezeit" erworben wurde (vgl. §§ 1 I, 3 II VersAusglG). Die Ehezeit definiert § 3 I VersAusglG: Sie beginnt mit dem ersten Tag des Monats, in dem die Ehe geschlossen worden ist; sie endet am letzten Tag des Monats vor Zustellung des Scheidungsantrags.

76 In der Praxis kann die Berechnung des Ehezeitanteils schwierig werden. Nach § 5 I, III VersAusglG hat der jeweilige Versorgungsträger den Ehezeitanteil zu berechnen und dem Familiengericht einen Vorschlag für den Ausgleichswert zu unterbreiten.

5. Ausschluss und Einschränkungen

77 Dem Anspruch auf Versorgungsausgleich stehen ggf. Einwendungen entgegen.

a) Vertragliche Vereinbarung

78 Ein Versorgungsausgleich findet nicht statt, wenn die Ehegatten ihn wirksam ausgeschlossen haben (§ 6 I 2 Nr. 2 VersAusglG). Seit der Reform von 2009 sind Verzichte auf den Versorgungsausgleich ohne gerichtliche Genehmigung möglich.[49] Soweit sie vor Rechtskraft der Entscheidung über den Wertausgleich bei der Scheidung geschlossen werden, unterliegen sie allerdings der notariellen Beurkundungspflicht (§ 7 I VersAusglG), die durch Aufnahme in ein gerichtliches Vergleichsprotokoll ersetzt werden kann (§ 7 II VersAusglG iVm § 127a BGB). Für Vereinbarungen über den Versorgungsausgleich, die ihm Rahmen von Eheverträgen geschlossen werden, gilt die für diese vorgesehene Form (§ 7 III VersAusglG iVm § 1410 BGB).

79 Die Schranke der Vertragsfreiheit bilden die Grundsätze der gerichtlichen Inhalts- und Ausübungskontrolle, die § 8 I VersAusglG ausdrücklich für anwendbar erklärt. Ausführlich zur gerichtlichen Kontrolle von Eheverträgen vgl. → § 4 Rn. 33 ff.

b) Geringfügigkeit

80 Das Gericht soll vom Ausgleich absehen, wenn die Differenz der Ausgleichswerte gering ist (§ 18 I VersAusglG). Ebenso sind einzelne Anrechte nicht auszugleichen, wenn sie nur einen geringen Ausgleichswert haben (§ 18 II VersAusglG). Dahinter steht der Gedanke, dass hier das Ergebnis den mit einem Versorgungsausgleich verbundenen bürokratischen und finanziellen Aufwand nicht lohnt.

---

49 Anders noch § 1587o II 3 BGB aF.

c) Fehlende Ausgleichsreife

81 Ein Wertausgleich bei Scheidung scheidet aus, wenn das Anrecht nicht ausgleichsreif ist (§ 19 I 1 VersAusglG). Wann fehlende Ausgleichsreife vorliegt, ist in § 19 II VersAusglG festgelegt, insbesondere wenn ein Anrecht noch nicht hinreichend verfestigt ist oder bei einem ausländischen Rententräger besteht. In diesen Fällen kann aber uU später ein schuldrechtlicher Ausgleich (vgl. zu diesem → Rn. 87 ff.) stattfinden.

d) Grobe Unbilligkeit

82 Nach § 27 VersAusglG findet ein Versorgungsausgleich ausnahmsweise nicht statt, wenn er grob unbillig wäre. Um dies festzustellen, müssen die gesamten Umstände des Einzelfalls gewürdigt werden. Die grobe Unbilligkeit muss sich wegen des Ausnahmecharakters von § 27 VersAusglG im Einzelfall aus einer Gesamtabwägung der wirtschaftlichen, sozialen und persönlichen Verhältnisse beider Ehegatten ergeben.[50] Eine lange Trennungszeit kann den Versorgungsausgleich grob unbillig machen, wenn die relevanten Anrechte während der Trennungszeit erworben wurden und nur ein Ehegatte ausgleichspflichtig wäre, weil der andere in der Trennungszeit vorzeitigen Ruhestand genommen hatte.[51] Auch schwere Eheverfehlungen, zB das Verschweigen der Tatsache, dass ein während der Ehe geborenes Kind von einem anderen Mann abstammt, können den (teilweisen) Ausschluss des Versorgungsausgleichs rechtfertigen.[52]

6. Rechtsfolge: Interne und (ausnahmsweise) externe Teilung

83 Grundsätzlich steht jedem Ehegatten ein Anspruch auf die Hälfte der vom anderen erworbenen Ehezeitanteile zu (§ 1 I VersAusglG). Die Ausgleichspflicht bezieht sich auf jedes Anrecht mit Ehezeitanteil, das einer der beiden Gatten erworben hat: Je mehr Anrechte mit Ehezeitanteil also, desto mehr Ausgleichspflichten.

84 Der Wertausgleich ist primär im Wege der sog. **internen Teilung** durchzuführen (vgl. § 9 II VersAusglG). Das bedeutet, dass das Familiengericht für den Ausgleichsberechtigten zulasten des Anrechts des Ausgleichspflichtigen ein Anrecht in Höhe des Ausgleichswerts beim Versorgungsträger des Ausgleichspflichtigen überträgt (§ 10 I VersAusglG). Anders ausgedrückt: Das Versorgungsanrecht wird bei dem Träger, bei dem es besteht, entsprechend dem Ausgleichswert zwischen den Ehegatten real aufgeteilt. Die Anrechte des Ausgleichspflichtigen werden gekürzt. Zugunsten des Ausgleichsberechtigten werden Anrechte übertragen. Hatte der Ehegatte, der die Anrechte erhält, bisher noch keine Anrechte bei diesem Versorgungsträger, so erhält letzterer durch die Aufteilung einen neuen „Klienten".[53] Haben beide Ehegatten Anrechte bei diesem Versorgungsträger, so wird verrechnet und der Ausgleich auf diese Weise vereinfacht (§ 10 II VersAusglG).

50 BGH NJW-RR 2016, 321 Rn. 20.
51 BGH NJW-RR 2016, 321 Rn. 22 ff.
52 BGH NJW 2012, 1446 Rn. 19.
53 Schwab FamR GdR Rn. 524.

85 Die dem Versorgungsträger entstehenden Teilungskosten sind mit den Anrechten der Ehegatten zu verrechnen, § 13 VersAusglG.

86 In durch das Gesetz bestimmten Ausnahmefällen (vgl. hierzu §§ 14 II, 16 VersAusglG), insbesondere bei einer entsprechenden Vereinbarung zwischen Ausgleichsberechtigtem und Versorgungsträger, wird der Wertausgleich durch sog. **externe Teilung** durchgeführt. Hier begründet das Familiengericht in Höhe des Ausgleichswerts ein Anrecht bei einem anderen Versorgungsträger; das Versorgungsanrecht des Verpflichteten wird entsprechend gekürzt (§ 14 VersAusglG).

87 In bestimmten Fällen kann oder soll der Versorgungsausgleich nicht durch die Schaffung von Versorgungsanrechten (Wertausgleich), sondern durch „schuldrechtliche Ausgleichszahlungen" verwirklicht werden (§§ 20–22 VersAusglG). Der Ausgleichspflichtige ist hier verpflichtet, dem Berechtigten eine monatliche Ausgleichsrente zu bezahlen, die dem Ausgleichswert entspricht (§ 20 I VersAusglG). Alternativ kann der Berechtigte verlangen, dass ihm der Pflichtige seinen Versorgungsanspruch gegen den Versorgungsträger in Höhe des Ausgleichsbetrags abtritt (§ 21 VersAusglG).

88 Der **schuldrechtliche Ausgleich setzt voraus, dass**

- der Ausgleichspflichtige bereits eine laufende Versorgung bezieht (§ 20 I VersAusglG);
- der Berechtigte selbst schon eine Versorgungsrente erhält, die Regelaltersgrenze der gesetzlichen Rentenversicherung erreicht hat oder die gesundheitlichen Voraussetzungen für eine laufende Invaliditätsversorgung erfüllt (§ 20 II VersAusglG) und
- das Anrecht noch nicht ausgeglichen ist; ein Anrecht kann insbesondere deshalb noch nicht ausgeglichen sein, weil es bei Scheidung noch nicht ausgleichsreif iSv § 19 VersAusglG war.

Jenseits dieser Voraussetzungen ist ein schuldrechtlicher Ausgleich möglich, wenn die Ehegatten dies vereinbaren (§ 6 I 1 Nr. 3 VersAusglG).

V. Nachehelicher Unterhalt

1. Grundsatz der Eigenverantwortung

89 Nach der Auflösung der Ehe obliegt es grundsätzlich jedem Ehegatten, selbst für seinen Unterhalt zu sorgen, § 1569 S. 1 BGB (Grundsatz der Eigenverantwortung). Ein Unterhaltsanspruch besteht nur beim Eingreifen einer der in **§§ 1570–1576 BGB abschließend normierten Unterhaltstatbestände**, § 1569 S. 2 BGB. Diesen Tatbeständen liegt der Gedanke einer **gemeinsamen Verantwortung für ehebedingte Bedürfnislagen** zugrunde (vgl. insbesondere § 1570 BGB), teilweise auch der Gedanke der **nachehelichen Solidarität** (vgl. etwa §§ 1571, 1572 BGB). Auch wenn ein nachehelicher Unterhaltstatbestand keine ehebedingte Bedürfnislage voraussetzt, wird jedoch ein Bezug zur aufgelösten Ehe gewahrt, da der Unterhaltstatbestand zu bestimmten **„Einsatzzeiten"** (zB Scheidung, Beendigung der Kinderbetreuung etc) erfüllt sein muss.

2. Eigenständigkeit des nachehelichen Unterhalts

Beim nachehelichen Unterhalt handelt es sich um einen gegenüber dem Familien- und dem Trennungsunterhalt **selbstständigen Unterhaltsanspruch**. Aus einem Titel auf Trennungsunterhalt kann daher nach der Scheidung nicht mehr vollstreckt werden. Es bedarf jetzt eines neuen Titels.[54] 90

3. Einheitlichkeit des Anspruchs auf nachehelichen Unterhalt

Der Anspruch auf nachehelichen Unterhalt kann sich aus verschiedenen Anspruchsgrundlagen nach den §§ 1570 ff. BGB zusammensetzen, die nebeneinander verwirklicht sind. 91

Beispiel: Der geschiedenen Ehefrau ist wegen Kinderbetreuung nur eine Halbtagstätigkeit zuzumuten. Eine solche Halbtagstätigkeit kann sie jedoch, trotz aller zumutbaren Anstrengungen, nicht finden. Die Ehefrau hat hier einen Unterhaltsanspruch, der sich aus § 1570 BGB (Kinderbetreuung) und § 1573 I BGB (Erwerbslosigkeit) zusammensetzt. 92

Auch ein solcher, aus mehreren Tatbeständen der §§ 1570 ff. BGB zusammengesetzter Anspruch ist ein einheitlicher Anspruch. Das Gleiche gilt für einen Anspruch, der sich aus verschiedenen, einander ablösenden Gesichtspunkten ergibt (zB erst Kinderbetreuung, dann Krankheit, dann Erwerbslosigkeit). Bei Wechsel des Rechtsgrunds (zB Übergang von Kinderbetreuung zu Krankheit) ist **kein neuer Unterhaltstitel** erforderlich.[55] Geänderten Verhältnissen kann in diesem Fall mit einem **Abänderungsantrag** (§ 238 FamFG) begegnet werden. 93

4. Die Voraussetzungen des nachehelichen Unterhaltsanspruchs im Überblick

Die Voraussetzungen des Geschiedenenunterhalts ähneln denen der anderen gesetzlichen Unterhaltstatbestände, etwa denen des Verwandtenunterhalts (vgl. ausführliches Prüfungsschema → § 10 Rn. 9). Vereinfacht gesprochen sind stets zu prüfen: 94

Anspruchsgrundlage – Bedarf – Bedürftigkeit – Leistungsfähigkeit – keine Einwendungen/Ausschluss 95

Der **Hauptunterschied des nachehelichen Unterhalts** besteht darin, dass im Rahmen der Anspruchsgrundlage nicht nur eine bestimmte Personenkonstellation (zB Beteiligte sind Verwandte in gerader Linie bzw. Ehegatten) vorliegen muss, sondern ein konkreter **Unterhaltstatbestand der §§ 1570 ff. BGB** erfüllt sein muss. Eine solche Einschränkung kennen – mit Ausnahme des dem nachehelichen Unterhaltsanspruch ähnlichen § 1615l BGB – die anderen Unterhaltsrechtsverhältnisse nicht. 96

54 OLG Düsseldorf NJW-RR 2010, 867 (869).
55 BGH FamRZ 1984, 353.

97

Nachehelicher Unterhaltsanspruch
1. Scheidung der Ehe **2.** Unterhaltstatbestand nach §§ 1570–1576 BGB **3.** Bedarf, § 1578 BGB **4.** Bedürftigkeit, § 1577 BGB **5.** Leistungsfähigkeit, § 1581 BGB **6.** Herabsetzung und/oder Befristung, § 1578b BGB **7.** Beschränkung oder Versagung, § 1579 BGB **8.** Sonstige Einwendungen a) Grenzen bei Unterhalt für die Vergangenheit b) Verjährung/Verwirkung c) Erlöschen durch Tod oder Wiederheirat, §§ 1586, 1586a BGB d) Vertragliche Vereinbarungen/Verzicht, § 1585c BGB **9.** Art der Unterhaltsgewährung (§ 1585 BGB)

5. Entsprechende Anwendbarkeit

98 Einen Unterhaltsanspruch nach den §§ 1570 ff. BGB kann uU auch der Partner einer aufgehobenen Ehe haben (zu den Einzelheiten vgl. § 1318 II BGB).

⇨ Fall Nr. 2 – Ungeahnte Bigamie

6. Insbesondere: Betreuungsunterhalt

99 Die **größte praktische Bedeutung** unter den Unterhaltstatbeständen der §§ 1570 ff. BGB hat der Unterhalt wegen Kinderbetreuung nach § 1570 BGB. Diese Anspruchsgrundlage wurde durch das UÄndG 2007 erheblich reformiert.

100 Zu § 1570 BGB aF hatte die Rechtsprechung ein **Altersphasenmodell** entwickelt, wonach der Umfang der vom betreuenden Elternteil zu erwartenden Erwerbstätigkeit von der Anzahl der betreuten Kinder und dem Alter des jüngsten Kindes abhing. Eine Erwerbsobliegenheit, und auch dies ggf. nur zu einer Teilzeitbeschäftigung, sollte regelmäßig erst einsetzen, wenn das jüngste Kind 8 Jahre alt war.[56]

101 Der Unterhaltsanspruch aus § 1570 BGB setzt voraus, dass ein Ehegatte wegen der Pflege und Erziehung eines **gemeinschaftlichen Kindes** nicht erwerbstätig sein kann. Bei dem Kind muss es sich nicht unbedingt um ein minderjähriges handeln; auch ein volljähriges Kind, das zwar nicht mehr der Erziehung, aber ggf. noch der Pflege bedarf,[57] kommt infrage. Die Kinderbetreuung muss auch **nicht kausal** für die Nichterwerbstätigkeit sein. Es genügt, dass eine Kinderbetreuung vorliegt und diese einer Erwerbstätigkeit entgegensteht. Dass der Betreuende auf dem Arbeitsmarkt ohnehin keine Chance hätte, ist also unerheblich.

102 § 1570 BGB zerfällt in **3 Untertatbestände**:

56 BGH NJW 1995, 1148 (1149).
57 BeckOGK/Lettmaier BGB § 1570 Rn. 25.

a) Basisunterhalt (§ 1570 I 1 BGB)

Während der **ersten 3 Jahre nach der Geburt** des Kindes besteht für den betreuenden Elternteil grundsätzlich ein Anspruch auf Betreuungsunterhalt ohne weitere Voraussetzungen. Eine **Erwerbstätigkeit kann nicht verlangt** werden. Der betreuende Elternteil darf sich von Gesetzes wegen vielmehr voll der persönlichen Betreuung widmen. Dies gilt sogar, wenn der Elternteil während der Ehe erwerbstätig war, da die Scheidung eine neue Situation herbeiführt und ein vermehrtes Bedürfnis des Kindes nach der persönlichen Zuwendung eines Elternteils auslösen kann (str.).[58] 103

Eine Verlängerung des Unterhaltsanspruchs über das 3. Lebensjahr hinaus kommt dagegen nur noch in Betracht, wenn dies aus **kind- oder elternbezogenen Gründen der Billigkeit** entspricht (§ 1570 I 2 BGB). Hierfür ist der Unterhalt fordernde Elternteil beweispflichtig. 104

b) Verlängerungsunterhalt aus kindbezogenen Gründen (§ 1570 I 2, 3 BGB)

Kindbezogene Gründe für eine Verlängerung des Betreuungsunterhalts entfalten iRd Billigkeitsentscheidung das stärkste Gewicht und sind deswegen **stets vorrangig** zu prüfen (§ 1570 I 3 BGB). Allerdings hat der Gesetzgeber für Kinder über 3 Jahren den Vorrang der persönlichen Betreuung gegenüber anderen kindgerechten Betreuungsmöglichkeiten aufgegeben. Es besteht also grundsätzlich eine Erwerbsobliegenheit, wenn angemessene **Fremdbetreuungsmöglichkeiten** für das Kind existieren. Angemessene Betreuungsangebote sind nicht nur Kindergärten, sondern **auch private Dritte** wie Großeltern. Erforderlich ist aber, dass die Dritten **zur Entlastung des Unterhaltspflichtigen** tätig werden. Handeln sie im Interesse des betreuenden Elternteils, so liegt hierin eine freiwillige (nicht berücksichtigungsfähige) Leistung zugunsten des betreuenden Elternteils. Auch der barunterhaltspflichtige Elternteil kommt als Betreuungsmöglichkeit in Betracht, wenn er dies ernsthaft und verlässlich anbietet.[59] Der Unterhalt fordernde Elternteil muss also nachweisen, dass entweder angemessene Fremdbetreuungsmöglichkeiten fehlen oder deren Inanspruchnahme im konkreten Fall nicht mit dem Kindeswohl vereinbar ist. Trotz der Obliegenheit zur Inanspruchnahme von Fremdbetreuungsmöglichkeiten wird aber regelmäßig kein abrupter Wechsel von der elterlichen Betreuung zu einer Vollzeiterwerbstätigkeit verlangt, da ein solcher nicht kindeswohlkonform wäre.[60] Der BGH spricht von einem „gestuften Übergang", feste Altersgrenzen gibt es aber nicht. 105

Beispiele für kindbezogene Verlängerungsgründe: mangelnde Fremdbetreuungsfähigkeit des Kindes; besonderer Leidensdruck und Anlehnungsbedürftigkeit nach der Trennung der Eltern;[61] besondere sportliche und musische Interessen, die Fahrleistungen des Elternteils erfordern.[62] 106

c) Verlängerungsunterhalt aus elternbezogenen Gründen (§ 1570 I 2, II BGB)

Einer Erwerbsobliegenheit des betreuenden Elternteils können auch elternbezogene Gründe entgegenstehen. Eine Verlängerung aus elternbezogenen Gründen ist aber nur zu erwägen, wenn kindbezogene Verlängerungsgründe nicht vorliegen und der 107

58 BeckOK BGB/Hau/Poseck § 150 Rn. 16.
59 BGH NJW 2011, 2430 Rn. 24.
60 BGH NJW 2009, 2592 Rn. 19.
61 BT-Drs. 16/6980, 9.
62 BGHZ 193, 78 Rn. 21 = NJW 2012, 1868.

geschiedene Ehegatte das Kind trotzdem weiterhin betreut. Die Berücksichtigung elternbezogener Gründe ist Ausdruck der **nachehelichen Solidarität**. Maßgeblich ist dabei das in der Ehe gewachsene **Vertrauen in die vereinbarte oder praktizierte Rollenverteilung** und die gemeinsame Ausgestaltung der Betreuung.[63] War zB die Frau mit Zustimmung des Mannes während der Ehe nicht berufstätig, um sich den Kindern zu widmen, so könnte es unbillig sein, ihr nach der Scheidung eine abrupte Rückkehr in den Beruf zuzumuten.[64] Die Umstände gewinnen bei längerer Ehedauer oder Aufgabe der Erwerbstätigkeit zur Kindererziehung zusätzlich an Bedeutung. Außerdem ist zu beachten, dass eine (Voll-)Erwerbstätigkeit neben der Kinderbetreuung den Betreuenden **übermäßig belasten** kann. Denn auch wenn die ganztägige Fremdbetreuung der Kinder sichergestellt ist, was an sich eine Vollerwerbstätigkeit des Betreuenden ermöglichen würde, verbleibt bei Rückkehr in die Familienwohnung noch ein weiterer Betreuungsbedarf (das Kind will von seinem Tag erzählen, gebadet werden, eine Gute-Nacht-Geschichte hören etc), dessen Umfang von der Anzahl der Kinder, deren Gesundheitszustand, Neigungen und Begabungen abhängt. Um hier eine übermäßige Belastung des betreuenden Elternteils zu vermeiden, ist seine Erwerbsobliegenheit ggf. eingeschränkt und ein Unterhaltsanspruch aus elternbezogenen Gründen weiter zu gewähren.[65]

108 **Beispiele für elternbezogene Verlängerungsgründe:** einvernehmliche Aufgabe der Erwerbstätigkeit zum Zweck der Kinderbetreuung; übermäßige Belastung durch Kombination von Erwerbstätigkeit und zu leistender Restbetreuung; nicht aber: Ausbildungs-, Fortbildungs- oder Qualifizierungsmaßnahmen (zB Habilitation) des Betreuenden oder ihre Fortsetzung nach der Scheidung, da der Grund für eine Einschränkung der Erwerbsobliegenheit in diesen Fällen nicht die Kinderbetreuung ist.[66]

109 Der Betreuungsunterhalt ist **unbefristet zuzusprechen**, wenn im Zeitpunkt der Entscheidung ein teilweiser oder vollständiger Wegfall des Anspruchs noch nicht prognostiziert werden kann.[67] Dies ist die Regel, da unvorhersehbare Änderungen bei der kindlichen Entwicklung möglich sind. Der betreuende Elternteil trägt allerdings auch bei einem späteren Abänderungsantrag die Darlegungs- und Beweislast für den Fortbestand des Unterhaltsanspruchs.

7. Die weiteren Unterhaltstatbestände

a) Alter

110 Unterhalt wird geschuldet, wenn von einem Ehegatten wegen seines Alters eine Erwerbstätigkeit nicht mehr erwartet werden kann, **§ 1571 BGB**. Im Einzelnen setzt der Anspruch voraus:

63 BGH NJW 2009, 2592 Rn. 32.
64 BT-Drs. 16/6980, 9.
65 BGH NJW 2009, 2592 Rn. 32.
66 BGH NJW 2012, 3037.
67 BGHZ 180, 170 Rn. 41 ff. = NJW 2009, 1876.

Altersunterhalt 111

1. **Berechtigter steht in höherem „Alter":** Eine feste Altersgrenze gibt es nicht, es kommt auf die Umstände an.
2. **Erwerbstätigkeit kann nicht mehr erwartet werden, und zwar (Kausalität!) hauptsächlich wegen des Alters:** Diese Voraussetzung ist erfüllt, wenn der Ehegatte entweder altersbedingt auf dem Arbeitsmarkt nicht mehr unterkommt oder wenn ihm (trotz Beschäftigungsmöglichkeit) eine Erwerbstätigkeit nicht mehr zugemutet werden kann. Eine Erwerbstätigkeit ist stets unzumutbar, wenn der Ehegatte die für ihn geltende Regelaltersgrenze erreicht hat.[68]

   Für die bis 31.12.1946 geborenen Ehegatten bedeutet dies noch eine Regelaltersgrenze von 65 Jahren, die sich für die später Geborenen schrittweise gem. § 235 II SGB VI und § 51 II BBG auf 67 Jahre erhöht.

   Der Umstand, dass ein bestimmter Beruf (zB Pilot oder Soldat) nicht länger ausgeübt werden soll, muss aber nicht indizieren, dass generell keine Erwerbstätigkeit mehr zumutbar ist. Ein vorzeitiger Ruhestand begründet regelmäßig keinen Unterhaltsanspruch wegen Alters.[69]
3. **Einsatzzeitpunkt:** Der Unterhaltstatbestand muss zu einem bestimmten Zeitpunkt erfüllt sein, nämlich entweder
   - bei Scheidung oder
   - bei Beendigung der Kinderbetreuung oder
   - bei Entfallen einer Unterhaltsberechtigung wegen Erwerbslosigkeit oder Krankheit.

Es muss also seit der Scheidung eine **ununterbrochene Unterhaltsberechtigung** bestanden haben. War die Unterhaltsberechtigung zwischendurch einmal entfallen, so kann kein Unterhalt verlangt werden, wenn der geschiedene Ehegatte später alt geworden ist. Dagegen wird eine **Ehebedingtheit** der Bedürftigkeit **nicht vorausgesetzt.** 112

Beispiel: M und F lassen sich nach 10-jähriger Ehe scheiden, als F 63 Jahre alt ist. Während der Ehe hat F den Haushalt geführt und nicht gearbeitet. F hat hier einen Anspruch nach § 1571 BGB, da von ihr angesichts ihres Lebensalters und der langen beruflichen Pause eine Rückkehr in den Beruf nicht mehr erwartet werden kann und der Unterhaltstatbestand im Zeitpunkt der Scheidung erfüllt ist. Dass sie schon bei ihrer Heirat recht alt (53 Jahre) war, steht dem Anspruch nicht entgegen, da eine Ehebedingtheit der Unterhaltsbedürftigkeit nicht vorausgesetzt wird. Es ist aber zu beachten, dass der Anspruch nach der Unbilligkeitsklausel des § 1578b BGB gemindert oder befristet werden kann (vgl. hierzu → Rn. 163 ff.). 113

68 BGH NJW 2012, 2028.
69 BGH NJW 1999, 1547.

b) Krankheit oder Gebrechen

114

Krankheitsunterhalt
1. **Krankheit, Gebrechen oder Schwäche der körperlichen oder geistigen Kräfte:** Eine Ehebedingtheit der Krankheit etc ist nicht verlangt.[70] Es kommen aber Beschränkungen nach § 1578b BGB in Betracht (zu diesen vgl. → Rn. 163 ff.). **Beispiel:** körperliche Behinderungen; Suchterkrankungen (allerdings regelmäßig mit Behandlungsobliegenheit);[71] selbst Unterhaltsneurosen, aber nur, wenn sie so übermächtig sind, dass sie einer Erwerbstätigkeit auch dann entgegenstehen, wenn der Unterhaltsanspruch versagt wird.[72] 2. **Unzumutbarkeit der Erwerbstätigkeit**, und zwar (Kausalität!) hauptsächlich **wegen 1.** 3. **Einsatzzeitpunkt** (Scheidung; Beendigung der Kinderbetreuung; Beendigung der Aus- oder Fortbildung; Wegfall eines Anspruchs nach § 1573 BGB): Zur Wahrung des Einsatzzeitpunkts genügt, dass die Krankheit schon vorhanden war und sich später verschlimmert hat. Eine nur latent vorhandene Krankheit im Einsatzzeitpunkt genügt dagegen nicht (str.).[73] Ohne Bedeutung ist, ob die Krankheit schon vor der Eheschließung ausgebrochen war. Auch der bereits im kranken Zustand geheiratete Gatte kann bei Scheidung einen Anspruch nach § 1572 BGB geltend machen.[74]

115 **Beispiel:** M betreut nach der Scheidung zunächst ihr 2 Jahre altes Kind. Nach dem 3. Lebensjahr des Kindes macht sie keinen Unterhaltsanspruch mehr geltend. Als das Kind 5 Jahre alt ist, erkrankt M so schwer, dass ihr keine Erwerbstätigkeit mehr zugemutet werden kann. Hier ist fraglich, ob der Einsatzzeitpunkt gewahrt ist. Allein der Umstand, dass ein Betreuungsunterhaltsanspruch in den Vorjahren nicht mehr geltend gemacht wurde, bedeutet noch keine zwingende Unterbrechung der Tatbestandskette. Ausreichend wäre, dass die Voraussetzungen des Verlängerungsunterhalts nach § 1570 I 2 BGB bis zum Krankheitseintritt vorlagen.[75]

c) Erwerbslosigkeit

116 **§ 1573 I, III BGB** gewährt einen Unterhaltsanspruch, wenn der **geschiedene Ehegatte an sich arbeitsfähig** wäre, aber **keine Arbeit zu finden vermag.** Es handelt sich um eine Auffangregelung.

70 BGH NJW 1982, 40.
71 BGH FamRZ 1984, 353.
72 BGH NJW 1984, 1816.
73 Offengelassen in BGH NJW 2001, 3260.
74 BGH FamRZ 1981, 1163.
75 OLG Koblenz NJW 2016, 2279.

Unterhalt wegen Erwerbslosigkeit 117

1. Der Bedürftige hat **keinen Unterhaltsanspruch nach §§ 1570–1572 BGB** und auch (über den Wortlaut hinaus[76]) keinen nach §§ 1575 f. BGB, ihm wäre also eine Erwerbstätigkeit anzusinnen.
   § 1573 I BGB kann aber **ergänzend neben einem (partiellen) Anspruch** aus einem anderen Unterhaltstatbestand vorliegen, zB wenn der betreuenden Mutter eine Halbtagstätigkeit zumutbar wäre, sie diese aber nicht zu finden vermag. Hier hat die Mutter zur Hälfte einen Anspruch aus § 1570 BGB, iÜ einen Anspruch aus § 1573 I BGB.
2. **Nichtfinden einer angemessenen Erwerbstätigkeit:** Es gelten strenge Beweisregeln. Der Unterhaltsgläubiger muss sich, spätestens[77] ab Rechtskraft des Scheidungsurteils, intensiv und kontinuierlich um Arbeit bemühen[78] und darf außerdem seine Ausbildungsobliegenheit nach § 1574 III BGB nicht verletzt haben. Nicht erforderlich ist, dass die Unfähigkeit, Arbeit zu finden, ehebedingt ist. Welche Erwerbstätigkeiten als angemessene in Betracht zu ziehen sind, konkretisiert § 1574 II BGB.
   Angemessen ist grundsätzlich eine Erwerbstätigkeit, die der Ausbildung, den Fähigkeiten, einer früheren Erwerbstätigkeit, dem Lebensalter und dem Gesundheitszustand des geschiedenen Ehegatten entspricht. Allerdings kann der Unterhalt Begehrende einwenden, dass eine solche Tätigkeit nach den ehelichen Lebensverhältnissen unbillig wäre.

   Beispiel: Heiratet ein Top-Manager eine Anwaltsgehilfin und wird die Ehe nach 20 Jahren, in denen die Ehefrau nicht gearbeitet hat, geschieden, so ist der Wiedereinstieg in den Beruf als Anwaltsgehilfin angesichts der langjährigen, sehr gehobenen ehelichen Lebensverhältnisse unbillig.

   Hat sich der Ehegatte nicht ausreichend um eine Erwerbstätigkeit bemüht, kann idR nicht festgestellt werden, dass er keine Arbeit zu finden vermag. Insoweit sind die Tatbestandsvoraussetzungen des Anspruchs nicht nachgewiesen.
3. **Einsatzzeitpunkt:** entweder „nach der Scheidung" (= max. 3 Monate danach, § 1573 I BGB) oder im Anschluss an eine Unterhaltsberechtigung nach den §§ 1570–1572, 1575 BGB (vgl. § 1573 III BGB). Unterhalt kann ausnahmsweise auch dann verlangt werden, wenn der Unterhaltsberechtigte zunächst einen Arbeitsplatz gefunden hatte, dieser jedoch alsbald wieder weggefallen ist, weil er nicht nachhaltig gesichert war, § 1573 IV BGB.

d) Aufstockungsunterhalt

Das Maß des nachehelichen Unterhalts sind die ehelichen Lebensverhältnisse (§ 1578 BGB). Bei einer Einkommensdifferenz zwischen den Eheleuten kann es vorkommen, dass der geringer Verdienende zwar eine ihm angemessene Vollerwerbstätigkeit ausübt, aber trotzdem damit seinen vollen Unterhaltsbedarf nicht decken kann. In diesem Fall gewährt ihm **§ 1573 II BGB** einen Anspruch auf Aufstockungsunterhalt für die Differenz zwischen seinem Verdienst und dem Unterhalt nach den ehelichen Lebensverhältnissen. 118

76 Auch in den Fällen des §§ 1575 f. BGB besteht keine Erwerbsobliegenheit. Da § 1573 I BGB eine Erwerbsobliegenheit voraussetzt (vgl. Tatbestandsmerkmal (2)), ist der Anspruch auch in diesen Fällen ausgeschlossen.

77 Nach aA besteht die Suchobliegenheit bereits, sobald für den Ehegatten objektiv erkennbar wird, dass wegen einer anstehenden Scheidung eine Erwerbsobliegenheit auf ihn zukommt.

78 Schwab FamR GdR Rn. 429.

119

Aufstockungsunterhalt

1. **Kein Anspruch auf vollen Unterhalt aus §§ 1570–1573 I BGB**
2. **Einkünfte aus einer angemessenen Erwerbstätigkeit reichen nicht zur Deckung des vollen Unterhalts:** Das kann auch darauf beruhen, dass das Einkommen des Unterhalt Fordernden erst durch den Vorwegabzug des Barunterhalts für die Kinder unter die ehelichen Lebensverhältnisse abfällt.[79]
3. **Einsatzzeitpunkte:** § 1573 II BGB nennt keine Einsatzzeitpunkte. Aus § 1573 III BGB ist jedoch zu folgern, dass Einsatzzeitpunkte gelten, und zwar die in § 1573 I und III BGB genannten.[80]

120 Der BGH unterscheidet bezüglich der Abgrenzung zu §§ 1570–1573 BGB danach, ob wegen des tatbestandspezifischen Hindernisses (zB Kinderbetreuung) eine **Erwerbstätigkeit vollständig oder nur zum Teil ausgeschlossen** ist.[81] Ist der geschiedene Ehegatte **vollständig** an einer Erwerbstätigkeit gehindert, ergibt sich der Unterhaltsanspruch **vollumfänglich aus §§ 1570–1573 BGB**, also auch für den Teil des Bedarfs, der nicht durch das Erwerbshindernis verursacht worden ist.[82] Kann von dem Ehegatten dagegen aufgrund dieser Umstände nur teilweise eine Erwerbstätigkeit nicht erwartet werden und geht er daher einer teilschichtigen Tätigkeit nach, bestehen aus den **§§ 1570–1573 BGB Teilansprüche bis zur Höhe des bei einer vollen Erwerbstätigkeit erzielbaren Einkommens.** Die Differenz bis zum vollen Unterhalt iSv § 1578 BGB erhält der Ehegatte dagegen aus § 1573 II BGB.[83]

121 **Beispiel:** M betreut nach der Scheidung zunächst das 2 Jahre alte Kind. Eine Erwerbstätigkeit kann ihr in dieser Phase nicht zugemutet werden. Sie hat also (nur) einen Unterhaltsanspruch aus § 1570 I 1 BGB, der ihren vollen Bedarf nach den ehelichen Lebensverhältnissen deckt. Nach dem 3. Geburtstag des Kindes ist eine halbtägige Hortbetreuung möglich. M geht daher jetzt einer (angemessenen) Halbtagstätigkeit nach. Damit verdient sie jedoch nur 900 EUR. Bei Vollzeittätigkeit würde sie 1.800 EUR verdienen. Ihr Bedarf nach den ehelichen Lebensverhältnissen beläuft sich auf 2.500 EUR. M hat einen Unterhaltsanspruch aus § 1570 I 2 BGB, der allerdings nur die Differenz zwischen ihrem tatsächlichen Einkommen und dem abdeckt, was sie bei Vollzeittätigkeit verdienen könnte (1.800 EUR – 900 EUR = 900 EUR). Die Differenz zwischen ihrem Einkommen bei voller Erwerbstätigkeit und dem Bedarf nach den ehelichen Lebensverhältnissen (2.500 EUR – 1.800 EUR = 700 EUR) erhält sie aus § 1573 II BGB.

e) Ausbildung, Fortbildung und Umschulung

122 Für den Anspruch nach **§ 1575 BGB** gelten folgende Voraussetzungen:

79 BGH NJW 2016, 322.
80 BGH NJW 1983, 2321.
81 BGHZ 179, 43 Rn. 20 = NJW 2009, 989.
82 BGHZ 179, 43 Rn. 20 = NJW 2009, 989.
83 BGHZ 179, 43 Rn. 20 = NJW 2009, 989.

Ausbildungsunterhalt
1. Der bedürftige Ehegatte hat eine Schul- oder Berufsausbildung nicht aufgenommen oder abgebrochen. 2. Dies geschah in Erwartung der Ehe oder während der Ehe: Nicht erforderlich ist, dass die Ehe für die Nichtaufnahme/den Abbruch der Ausbildung kausal war; ein Abbruch wegen Krankheit genügt.[84] 3. Der Ehegatte nimmt diese oder eine entsprechende Ausbildung so bald wie möglich auf, um eine angemessene Erwerbstätigkeit, die den Unterhalt nachhaltig sichert, zu erlangen. 4. Der erfolgreiche Abschluss der Ausbildung ist zu erwarten.

Entsprechendes gilt, wenn sich der geschiedene Ehegatte fortbilden oder umschulen lässt, um Nachteile auszugleichen, die durch die Ehe eingetreten sind, § 1575 II BGB.

Beispiele: Für eine Frau, die bei planmäßigem Abschluss der Promotion nahezu 56 Jahre alt wäre, besteht kein Anspruch auf Ausbildungsunterhalt, da nicht zu erwarten ist, dass die Promotion die beruflichen Möglichkeiten entscheidend verbessern würde.[85] Einer 46-Jährigen ist dagegen Unterhalt für eine Facharztausbildung zu gewähren, wenn eine anschließende Beschäftigung als Fachärztin zu erwarten ist.[86]

Beispiel: Die als kaufmännische Angestellte ausgebildete F plante bis zu ihrer Eheschließung ein Soziologiestudium, gab diese Absicht jedoch zugunsten der Kinderbetreuung auf. Welche Unterhaltsansprüche stehen F zu, wenn sie im Zeitpunkt der Scheidung ein 5-jähriges Kind betreut und statt der (ihr zumutbaren) Halbtagstätigkeit ein Soziologiestudium aufnehmen möchte? – Soweit der F wegen der Kinderbetreuung eine Erwerbstätigkeit nicht zumutbar ist, steht ihr ein Anspruch aus § 1570 I 2 BGB zu. Auch die Obliegenheit zur Halbtagstätigkeit entfällt, da die Voraussetzungen für einen Anspruch aus § 1575 BGB (Beschäftigungsaussichten als Soziologin unterstellt) vorliegen. F hat einen aus §§ 1570, 1575 BGB zusammengesetzten Unterhaltsanspruch. 123

Abwandlung: Nach Abschluss des Studiums findet F wider Erwarten keine Anstellung als Soziologin, wohl aber eine als kaufmännische Angestellte. Hier steht F kein Anspruch auf Erwerbslosenunterhalt gem. § 1573 I, III BGB zu. Bei der Frage der Angemessenheit der Erwerbstätigkeit (bei der die Ausbildung zu einer der ausdrücklich in § 1574 II BGB genannten Kriterien gehört), darf sie sich nämlich wegen § 1575 III BGB nicht auf den durch die Ausbildung erzielten höheren Ausbildungsstand berufen. F muss daher eine Erwerbstätigkeit auf dem bisherigen Niveau übernehmen. 124

f) Billigkeitsunterhalt

Um zu verhindern, dass es durch das Enumerationsprinzip zu Ungerechtigkeiten kommt, enthält § 1576 BGB eine positive Billigkeitsklausel. Es handelt sich um einen **subsidiären Unterhaltstatbestand**, der erst eingreift, wenn andere Unterhaltstatbestände zu verneinen sind. Seine **Funktion** ist es nicht, iS einer Generalklausel jegliche Lücken der §§ 1570 ff. BGB zu schließen, sondern grobe Unbilligkeiten auszugleichen. Ein Anspruch auf Billigkeitsunterhalt setzt voraus: 125

84 BGH NJW 1980, 393 (394).
85 OLG Karlsruhe FamRZ 2012, 789.
86 OLG Düsseldorf FamRZ 2014, 1466.

126

Billigkeitsunterhalt
1. **Kein Anspruch nach den §§ 1570–1573, 1575 BGB** 2. **Erwerbstätigkeit** ist wegen eines sonstigen **schwerwiegenden Grundes nicht** oder nur teilweise **zu erwarten**. **Beispiele:** Versorgung eines nicht gemeinschaftlichen Kindes bei Hinzutreten weiterer besonderer Umstände;[87] nicht: eheliches Fehlverhalten per se (vgl. § 1576 S. 2 BGB) 3. Versagung von Unterhalt wäre **grob unbillig**. 4. Gewisse zeitliche Nähe zur Ehe (eine strenge Einsatzzeit ist nicht vorausgesetzt)[88]

8. Anspruchskonkurrenzen

127 Wie gesehen kann sich der Unterhaltsanspruch aus mehreren Anspruchsgrundlagen zusammensetzen. Unterhaltstatbestände können auch kumulativ erfüllt, die kinderbetreuende Frau etwa zugleich krank sein. Hier gilt: § 1570 BGB hat Vorrang gegenüber § 1571 BGB, dieser wiederum gegenüber den §§ 1572 ff. BGB.[89]

128 **Beispiel:** F betreut nach der Scheidung das gemeinschaftliche 7-jährige Kind. Sie ist aus § 1570 I 2 BGB unterhaltsberechtigt. Ist ihr im konkreten Fall aber eine Teilzeitbeschäftigung zuzumuten und findet sie eine solche nicht, so folgt ihr Unterhaltsanspruch im Übrigen aus § 1573 I BGB. Findet sie eine Teilzeitbeschäftigung, so können trotzdem § 1570 BGB und § 1573 II BGB nebeneinander verwirklicht sein, wenn F selbst bei Vollerwerbstätigkeit mit ihrem Verdienst nicht den Unterhalt nach den ehelichen Lebensverhältnissen bestreiten könnte. § 1570 BGB findet dann seine Höchstgrenze in dem Mehreinkommen, das F bei Vollerwerbstätigkeit erzielen könnte. Die verbleibende „Lücke" wird durch § 1573 II BGB aufgefüllt (vgl. hierzu bereits → Rn. 118).

129 Ein **Sonderproblem** stellt sich, wenn **gleichzeitig gemeinschaftliche und nicht gemeinschaftliche Kinder** betreut werden. Dieses Verhältnis von Ansprüchen des Betreuenden gegen den geschiedenen Ehemann einerseits und gegen den Vater des anderen Kindes andererseits ist gesetzlich nicht geregelt. Der BGH hat entschieden, dass eine anteilige Haftung entsprechend § 1606 III 1 BGB eintritt, wobei sich die Haftungsanteile nach den Umständen des Einzelfalls bestimmen, insbesondere den Einkommens- und Vermögensverhältnissen der Pflichtigen, aber auch Anzahl, Alter und Betreuungsbedürftigkeit der Kinder.

9. Maß des Unterhalts/Bedarf

130 Ist eine der Anspruchsgrundlagen der §§ 1570 ff. BGB einschlägig, stellt sich als nächstes die Frage, **in welcher Höhe** Unterhalt zu gewähren ist. Diese Frage beantwortet § 1578 I 1 BGB: Das Maß des nachehelichen Unterhalts bestimmt sich nach den **ehelichen Lebensverhältnissen**. Mit dem nachehelichen Unterhalt wird also – jedenfalls auf der Ebene der Bedarfsermittlung – im Grundsatz der in der Ehe erreichte Lebensstandard aufrechterhalten.

87 BGH NJW 1984, 1538 (gemeinsam aufgenommenes Pflegekind); OLG Koblenz NJW 2010, 1537 (nicht ausreichend: bloßes Einverständnis des anderen Ehegatten mit der Betreuung).

88 OLG Karlsruhe FamRZ 1996, 948.

89 BGH NJW 2012, 2028.

a) Ermittlung der Summe der bereinigten Nettoeinkommen

Um die ehelichen Lebensverhältnisse bestimmen zu können, muss als erstes das gesamte Einkommen der Ehegatten ermittelt werden. Grundsätzlich sind **alle Arten von Einkünften** zu berücksichtigen. Zu den Einkünften zählt **auch der Vorteil mietfreien Wohnens** im eigenen Heim.[90] **Nicht zu berücksichtigten sind aber** 131

- **subsidiäre Einkünfte**, wie die Sozialhilfe (zum Begriff der subsidiären Einkünfte vgl. → § 10 Rn. 37)
- **fiktive Einkünfte**
  Diese können iRd Bedarfsermittlung grundsätzlich nicht angesetzt werden, da Einkünfte, die der Lebensgemeinschaft nicht tatsächlich zur Verfügung standen, auch die ehelichen Verhältnisse nicht prägen konnten.[91] Das ist **ausnahmsweise** anders, wenn der während der Ehe haushaltsführende Gatte nunmehr einem neuen Partner (unentgeltlich) den Haushalt führt (vgl. zu den Einzelheiten → Rn. 143). Denn die Haushaltsführung prägte tatsächlich die ehelichen Lebensverhältnisse und kann daher mit ihrem wirtschaftlichen Äquivalent berücksichtigt werden.
- **überobligatorische Einkünfte**, die ein Ehegatte erzielt, obwohl ihn unterhaltsrechtlich keine Erwerbsobliegenheit trifft (zB Arbeitstätigkeit neben der Betreuung eines Kindes unter 3 Jahren).

Da die überobligatorische Tätigkeit jederzeit aufgegeben werden konnte, waren die entsprechenden Einkünfte nicht gesichert und konnten daher die ehelichen Lebensverhältnisse nicht prägen (str.).[92]

Der BGH beurteilt das inzwischen teilweise anders und will das überobligatorisch erzielte Einkommen in Anknüpfung an § 1577 II BGB berücksichtigen. Anzurechnen sei der Anteil, der bei der Bedürftigkeit unterhaltsrechtlich beachtlich ist[93] (vgl. hierzu → Rn. 146).

Unterhaltsrechtlich relevant ist jedoch nicht das gesamte (Brutto-)Einkommen der Ehegatten, sondern nur das sog. **bereinigte Nettoeinkommen**. Abzuziehen sind nicht nur die **Steuern**, sondern auch **Sozialabgaben, berufsbedingte Aufwendungen, angemessene, tatsächliche Vorsorgeaufwendungen, eheprägende Unterhaltspflichten** (insbesondere der Zahlbetrag des Kindesunterhalts) und **eheprägende Schuldtilgungen** (etwa Zahlungen auf ein während der Ehezeit aufgenommenes Immobiliendarlehen). 132

b) Objektiver Maßstab

Möglicherweise haben betuchte Ehegatten während der Ehe ihr Einkommen nicht für den Lebensunterhalt ausgegeben, sondern sich mit einem Lebensstandard begnügt, dem ein viel niedrigeres Einkommen entsprechen würde. Umgekehrt mögen die Ehegatten auch „über ihre Verhältnisse“ gelebt haben. Hier fragt sich, ob die ehelichen Lebensverhältnisse nach den Verhältnissen der individuellen Ehe oder objektiv zu bestimmen sind. Es gilt: Maßgeblich ist ein **objektiver Maßstab**. An einem hiervon abweichenden (den Einkommensverhältnissen nicht entsprechenden, besonders üppigen oder besonders kargen) Lebensstil muss sich keiner der Ehegatten nach der Scheidung festhalten lassen. Allerdings: Auch bei Anwendung eines objektiven Maß- 133

90 BGH NJW 2014, 1733.
91 Johannsen/Henrich/Althammer/Hammermann BGB § 1578 Rn. 55.
92 So noch BGH NJW-RR 1998, 721.
93 BGH NJW 2013, 461 Rn. 16.

stabs ist zu beachten, dass **bei sehr hohen Einkommen häufig ein Teil nicht für den allgemeinen Lebensbedarf, sondern für die Vermögensbildung** verwendet wird. Da der Unterhalt allein dazu bestimmt ist, den laufenden Lebensbedarf abzudecken, muss der Unterhaltsberechtigte in solchen Fällen auf geeignete Weise vortragen, in welchem Umfang das Familieneinkommen für den Konsum verbraucht worden ist. Soweit er dieser Darlegungslast im Hinblick auf einen Teil des Einkommens nicht genügt, wird dieser Teil bei der Bedarfsbemessung nicht berücksichtigt.[94] Die ehelichen Lebensverhältnisse werden auch durch bestehende Unterhaltspflichten geprägt, selbst wenn diese gegenüber dem Unterhaltsanspruch des Ehegatten nachrangig sind.[95] Der Nachrang wirkt sich dann erst im Mangelfall aus (vgl. hierzu → Rn. 157).

c) Halbteilungsgrundsatz, Erwerbstätigenbonus und Mindestbedarf

134 Nach dem sog. **Halbteilungsgrundsatz**, den das BVerfG aus Art. 6 I und 3 II GG ableitet,[96] steht das **zusammengerechnete bereinigte Nettoeinkommen den Ehegatten je zur Hälfte zu**, auch wenn es tatsächlich auf der Erwerbstätigkeit nur eines Ehegatten beruhen sollte. Der Beitrag eines haushaltführenden Ehegatten wird nämlich von Gesetzes wegen als der Erwerbsarbeit gleichwertig erachtet (vgl. § 1360 S. 2 BGB).

135 **Für Erwerbseinkommen** weicht die Praxis jedoch vom Halbteilungsgrundsatz ab, um dem dieses Einkommen erzielenden Ehegatten einen **Erwerbsanreiz** zu geben (sog. **Erwerbstätigenbonus**). Von diesem Einkommen ist bei der Berechnung der Nettoeinkünfte ein Vorwegabzug von 1/10 (Düsseldorfer Tabelle Stand 1.1.2022) vorzunehmen. Soweit sich das bereinigte Nettoeinkommen aber aus anderen Einkünften (zB Vermögenserträge, Mieteinkünfte) speist, verbleibt es bei der Halbteilung ohne Vorwegabzug.

136 Den nach den obigen Grundsätzen ermittelten Unterhaltsbedarf bezeichnet das Gesetz als den „vollen Unterhalt" (vgl. § 1573 II BGB). Er beträgt jedoch stets **mindestens 960 EUR** (sog. **Mindestbedarf**).

137 **Beispiel:** M verdiente im Zeitpunkt der Scheidung 3.450 EUR netto. Er hat berufsbedingte Aufwendungen iHv 100 EUR, auf ein während der Ehezeit gemeinsam aufgenommenes Darlehen für den Ausbau des Dachgeschosses zahlt er 150 EUR monatlich. F erzielt Mieteinkünfte aus einer ererbten Eigentumswohnung iHv 550 EUR. Weiteres Einkommen hat F nicht. Für das gemeinsame Kind zahlt M Unterhalt iHv 400 EUR (Zahlbetrag). – Hier sind vom Erwerbseinkommen des M zunächst die berufsbedingten Aufwendungen, die Darlehensraten und der Kindesunterhalt abzuziehen, sodass ein bereinigtes Erwerbseinkommen von 2.800 EUR (3.450 EUR – 100 EUR – 150 EUR – 400 EUR) verbleibt. Hiervon ist noch ein Erwerbstätigenbonus von 1/10 (= 280 EUR) abzuziehen. Somit verbleiben 2.520 EUR. Hinzu kommen Fs Mieteinkünfte (= 550 EUR) und zwar in voller Höhe. Das Unterhaltsmaß nach den ehelichen Lebensverhältnissen beläuft sich daher auf ½ × 3.070 EUR = 1.535 EUR.

d) Stichtagsprinzip

138 Für die Ermittlung der ehelichen Lebensverhältnisse ist grundsätzlich auf den Zeitpunkt der Scheidung, genauer: den Zeitpunkt der **Rechtskraft des Scheidungsbeschlusses**, abzustellen.

94 BGHZ 217, 24 Rn. 17 = NJW 2018, 468.
95 BGHZ 192, 45 Rn. 17 ff. = NJW 2012, 384 (386).
96 BVerfGE 128, 193 (207) = NJW 2011, 836 Rn. 46.

Diesen Grundsatz hatte der BGH mit der These von den wandelbaren ehelichen Lebensverhältnissen stark aufgeweicht. Danach wirkten sich auch alle nachehelichen Einkommensrückgänge auf die Bedarfsbemessung aus (insbesondere auch der Unterhaltsanspruch für eine neue Ehefrau), solange dem Schuldner nicht unterhaltsrechtlich leichtfertiges Verhalten vorzuwerfen war.[97] Dem ist das BVerfG entgegengetreten, da sich der BGH mit der Berücksichtigung nachehelich neu hinzutretender Unterhaltspflichten schon auf Bedarfsebene zu weit von der gesetzlichen Vorgabe („eheliche Lebensverhältnisse") entfernt habe.[98] In der Tat verlor die Rechtsauslegung des BGH durch die Einbeziehung auch nachehelich entstandener Unterhaltspflichten gegenüber einem neuen Ehegatten jeglichen Bezug zu dem in § 1578 I 1 BGB normierten Bedarfsmaßstab und ließ die gesetzliche Unterscheidung zwischen Unterhaltsbedarf und Leistungsfähigkeit außer Acht. 139

Das **Stichtagsprinzip gilt allerdings nicht unbegrenzt.** Zu berücksichtigen sind 140

- **Nacheheliche Veränderungen mit Bezug zu den ehelichen Lebensverhältnissen**
  Entwicklungen nach Rechtskraft der Scheidung können ausnahmsweise einbezogen werden, wenn sie zumindest einen gewissen Bezug zu den „ehelichen Lebensverhältnissen" aufweisen. Dies kann bei Entwicklungen angenommen werden, die
  - **bereits in der Ehe angelegt waren** und deren Erwartung bereits die Ehe geprägt hatten
  - **bei Fortbestand der Ehe auch deren Verhältnisse geprägt hätten,** soweit sie nicht vorwerfbar herbeigeführt wurden (zB eine unvorhersehbare Einkommensverringerung aufseiten des Unterhaltspflichtigen)[99]

  Beispiele: Zu berücksichtigen wären allgemeine Lohnsteigerungen, eine bereits absehbare Beförderung, nicht aber der Mehrverdienst aus einem „Karrieresprung", der Unterhalt für eine zweite Ehefrau oder ein nacheheliches Kind,[100] der Splitting-Vorteil aus einer neuen Ehe. Diese Umstände können nicht beim Bedarf, wohl aber bei der Leistungsfähigkeit berücksichtigt werden, denn diese fragt nicht nach den ehelichen Lebensverhältnissen, sondern nach der aktuellen Lage des Unterhaltspflichtigen.

  ⇨ *Fall Nr. 10 – Down and Out*

- **Surrogate der früheren Haushaltstätigkeit**
  War einer der Gatten während der Ehe haushaltsführend tätig, nimmt er aber nach der Scheidung eine Erwerbstätigkeit auf, so handelt es sich an sich um eine erst nach dem Stichtag eintretende Veränderung der finanziellen Verhältnisse. Würde man sie bei der Bedarfsbemessung unberücksichtigt lassen, hätte dies eine Schlechterstellung des haushaltsführenden Unterhaltsberechtigten gegenüber einem in der Ehe erwerbstätigen Unterhaltsberechtigten zur Folge. Für ersteren fiele die Bedarfsbemessung niedriger aus. Andererseits müsste er sich sein nachehelich erzieltes Einkommen iRv § 1577 BGB (als bedürftigkeitsmindernd) auf diesen geringeren Bedarf anrechnen lassen.

Beispielsfall: F1 kehrt, nach langjähriger Haushaltstätigkeit, nach der Scheidung ins Erwerbsleben zurück und erzielt jetzt als Soziologin 1.300 EUR netto monatlich. Die Soziologin F2 war während der Ehezeit und auch danach als Soziologin (Verdienst 1.300 EUR netto) tätig. Wenn sowohl M1 als auch M2 jeweils 3.000 EUR netto verdienen, beliefe sich der Bedarf von F1 auf 1.350 EUR (= $\frac{1}{2} \times \frac{9}{10} \times$ 3.000 EUR), auf die sie sich $\frac{9}{10}$ ihrer 1.300 EUR (= 1.170 EUR) anrechnen lassen müsste. Sie hätte also einen Unterhaltsanspruch iHv 180 EUR. Der Bedarf von F2 betrüge dagegen 1.935 EUR (= $\frac{1}{2} \times \frac{6}{7} \times$ 4.300 EUR). Sie hätte also, unter Abzug von 1.170 EUR, einen Unterhaltsanspruch iHv 760 EUR. 141

97 BGHZ 177, 356 = NJW 2008, 3213; BGHZ 153, 358 = NJW 2003, 1518.
98 BVerfGE 128, 193 (214 ff.) = NJW 2011, 836 Rn. 36 ff.
99 BVerfGE 128, 193 (218 f.) = NJW 2011, 836 Rn. 70.
100 BGHZ 192, 45 Rn. 27 = NJW 2012, 384.

142 Um diese Schlechterstellung zu vermeiden, hat der BGH zu Recht die These aufgestellt, dass das **nachehelich erzielte Erwerbseinkommen** als **Surrogat der zuvor erbrachten Haushaltstätigkeit** anzusehen sei, die die ehelichen Lebensverhältnisse bereits geprägt hätte. Es bilde den wirtschaftlichen Wert der während der Ehe geleisteten Familienarbeit ab und müsse daher **ebenfalls bei der Bedarfsbemessung berücksichtigt** werden.[101]

⇨ *Fall Nr. 10 – Down and Out*

143 Führt der während der Ehe haushaltführende Gatte nach der Scheidung einem neuen Partner den Haushalt, so wird auch hier ein fiktives Einkommen als Surrogat der früheren Haushaltstätigkeit berücksichtigt.[102] Nach den Unterhaltsrechtlichen Leitlinien der Familiensenate in Süddeutschland (Stand: 1.1.2022) sind das für einen Nichterwerbstätigen zwischen 200 und 550 EUR monatlich.

⇨ *Fall Nr. 17 – Hausmann mit Sohn*

e) Bestandteile des nachehelichen Unterhalts

144 Der nacheheliche Unterhalt umfasst den **gesamten Lebensbedarf** (§ 1578 I 2 BGB). Hierzu gehören auch die Kosten einer angemessenen **Kranken- und Pflegeversicherung** sowie die Kosten einer Schul- oder Berufsausbildung, einer Fortbildung oder einer Umschulung nach den §§ 1574 f. BGB. Zum Unterhalt gehört auch die **Altersvorsorge und die Vorsorge wegen verminderter Erwerbstätigkeit** (§ 1578 III BGB), soweit der Anspruch darauf beruht, dass der Ehepartner nicht erwerbstätig sein kann oder zu sein braucht (§§ 1570–1573, 1576 BGB). Denn mit der Erwerbstätigkeit ist grundsätzlich eine Absicherung für das Alter verbunden. Dieser (rechtspolitisch sehr umstrittene[103]) sog. **Vorsorgeunterhalt** wird neben dem Elementarunterhalt gesondert ausgewiesen und nach dem Betrag berechnet, den der Berechtigte, wenn sein Elementarunterhalt Einkommen wäre, an die Rentenversicherung zahlen müsste.[104]

10. Bedürftigkeit

145 Der geschiedene Ehegatte kann Unterhalt nur verlangen, wenn er seinen Bedarf nicht aus eigenen **Einkünften und Vermögen** decken kann (§ **1577 I BGB**). Den Stamm des Vermögens braucht er allerdings nicht zu verwerten, wenn die Verwertung unwirtschaftlich oder unter Berücksichtigung der beiderseitigen wirtschaftlichen Verhältnisse unbillig wäre (§ 1577 III BGB). Bei der Beurteilung der Bedürftigkeit sind **alle Einkünfte** und vermögenswerten Vorteile (zB der Vorteil des mietfreien Wohnens) des Berechtigten anzusetzen, **gleichgültig, ob sie die ehelichen Lebensverhältnisse geprägt haben oder nicht**. Auch Dienstleistungen für einen neuen Partner sind zu berücksichtigen, wenn dieser sie vergüten könnte.[105] Freiwillige Leistungen Dritter sind zu berücksichtigen, sofern der Dritte damit den Unterhaltsschuldner entlasten wollte.[106]

101 BGH FPR 2003, 245 (246); BGHZ 148, 105 = NJW 2001, 2254.
102 BGH NJW 2004, 2303 (2304).
103 Vgl. nur BGH NJW 1981, 1556.
104 BGH NJW 1981, 1556 (1557 f.).
105 BGH NJW 1989, 1083 (1084).
106 So auch Dethloff FamR § 6 Rn. 60.

Anzurechnen sind ggf. auch fiktive Einkünfte aus erwartbarer, aber nicht ausgeübter Erwerbstätigkeit oder möglicher, aber nicht realisierter Vermögensanlage.

Eine **Sonderregelung** gilt für die Anrechnung überobligatorischer Einkünfte (zum Begriff vgl. → Rn. 131). Hier greift **§ 1577 II BGB**. Diese Vorschrift ist von ihrem Wortlaut zu weit geraten. Sie soll (nach dem eindeutigen Willen des Gesetzgebers[107]) nicht für erwartbare, sondern **nur für überobligatorische Einkünfte** gelten.[108] Diese werden überhaupt nicht angerechnet, soweit der Unterhaltsschuldner nicht den vollen Unterhalt (zum Begriff → Rn. 119) leistet, § 1577 II 1 BGB. Leistet er den vollen Unterhalt, so werden sie nach Billigkeit berücksichtigt, § 1577 II 2 BGB. 146

Nicht anzurechnen ist die **Gewährung von Grundsicherung** im Alter und bei Erwerbsminderung **nach dem SGB XII**. Diese ist gegenüber nachehelichen Unterhaltsansprüchen subsidiär. Anders als Kinder und Eltern als Unterhaltsschuldner werden geschiedene Ehegatten nämlich nicht durch § 94 Ia 1 SGB XII privilegiert. Auch das **SGB II** (Grundsicherung für Arbeitssuchende – **„Hartz IV"**) sieht keine Privilegierung zugunsten von geschiedenen Ehegatten vor. Wurde trotz eines Anspruchs nach den §§ 1570 ff. BGB Grundsicherung nach dem SGB II (Arbeitslosengeld II) gewährt, so geht der Unterhaltsanspruch auf den Sozialleistungsträger über (§ 33 SGB II). 147

Vom Einkommen sind **Steuern, Sozialabgaben, Unterhaltspflichten und berücksichtigungsfähige Schulden** in Abzug zu bringen, von **Erwerbseinkünften** außerdem **berufsbedingte Aufwendungen** sowie ein **Erwerbstätigenbonus** (regelmäßig $^1/_{10}$). Dies gilt auch beim Ansatz fiktiver Erwerbseinkünfte. 148

11. Leistungsfähigkeit

a) Allgemeines

Nur wer leistungsfähig ist, schuldet Unterhalt (§ 1581 BGB). Leistungsfähig ist, wer Einkünfte oder Vermögen hat, die über seinem eigenen Bedarf (Selbstbehalt) liegen. Spiegelbildlich zur Bestimmung der Bedürftigkeit des Unterhaltsgläubigers sind auch beim Unterhaltsschuldner grundsätzlich **alle Einkünfte, auch nicht eheprägende**, zu berücksichtigen. Deshalb sind insoweit auch die Mittel aus einem „Karrieresprung" einzubeziehen.[109] Allerdings ist bei der Prüfung der Leistungsfähigkeit – anders als beim Bedarf – **kein Erwerbstätigkeitsbonus** in Abzug zu bringen.[110] Analog zu § 1577 II BGB werden **überobligatorische Einkünfte** nur nach Treu und Glauben angerechnet. Der **Stamm des Vermögens** braucht nicht verwertet zu werden, soweit dies unwirtschaftlich oder unter Berücksichtigung der beiderseitigen wirtschaftlichen Verhältnisse unbillig wäre (§ 1581 S. 2 BGB). 149

Abzuziehen sind auch **Kreditverbindlichkeiten**, soweit sie entweder noch während der Ehe oder unverschuldet nach der Ehe aufgenommen wurden, sowie **vor- und gleichrangige Unterhaltspflichten**. Dem geschiedenen Ehegatten vorrangig sind nach § 1609 Nr. 1 BGB minderjährige und privilegierte volljährige Kinder, gleichrangig ggf. ein neuer Ehegatte (vgl. § 1609 Nr. 2 BGB). Dass die Unterhaltspflicht für 150

107 BT-Drs. 7/4361, 132.
108 Klarstellend BGH NJW 1983, 933.
109 BGH NJW 2013, 2662 (2667).
110 BGH NJW 2013, 2662 (2667).

diese Personen womöglich erst nachehelich entstanden ist, ist im Rahmen der Leistungsfähigkeit unerheblich, weil kein Vertrauensschutz dahingehend besteht, dass sich der Kreis der Unterhaltsberechtigten nicht vergrößert.[111] Abzuziehen ist beim Kindesunterhalt nicht der Tabellenunterhalt, sondern der um das (halbe oder volle) Kindergeld geminderte sog. Zahlbetrag. Nachrangige Unterhaltspflichten bleiben bei der Bestimmung der Leistungsfähigkeit außer Betracht.

Mangelnde Leistungsfähigkeit ist eine Einwendung, für die der Pflichtige die Beweislast trägt.

b) Selbstbehalt

151 Im **Verwandtenunterhalt** wird zwischen **angemessenem und notwendigem Selbstbehalt** unterschieden (vgl. → § 10 Rn. 51 f.). Diese Selbstbehaltsätze gelten im Rahmen des nachehelichen Unterhalts nicht. Vielmehr sind die folgenden **2 Grenzen** zu beachten:

aa) Billiger Selbstbehalt

152 Grundsätzlich ist dem Ehegattenunterhaltsschuldner jedenfalls der sog. billige Selbstbehalt zu belassen. Dieser beläuft sich im *Regelfall* auf einen in der Mitte **zwischen notwendigem** (§ 1603 II BGB; derzeit nach der Düsseldorfer Tabelle 2022 960 EUR für Nichterwerbstätige und 1.160 EUR für Erwerbstätige) **und angemessenem Selbstbehalt** (§ 1603 I BGB; derzeit nach der Düsseldorfer Tabelle 1.400 EUR) liegenden Betrag, unabhängig von einer Erwerbstätigkeit des Verpflichteten.[112] Nach der Düsseldorfer Tabelle 2022 beträgt er **1.280 EUR für einen erwerbstätigen und 1.180 EUR für einen nicht erwerbstätigen Unterhaltspflichtigen**. In Ausnahmefällen (zB bei Synergieeffekten durch Zusammenleben mit einem neuen Partner) kann der billige Selbstbehalt auf den notwendigen Selbstbehalt (aktuell 960 bzw. 1.160 EUR) abgesenkt werden.

bb) Eheangemessener Selbstbehalt nach dem Halbteilungsgrundsatz

153 Die Leistungsfähigkeit des Pflichtigen ist nicht erst berührt, wenn der billige Selbstbehalt (vgl. hierzu → Rn. 152) unterschritten wird. Berührt ist er vielmehr schon dann, wenn der eigene eheangemessene Unterhalt beeinträchtigt wird.[113] Der eheangemessene Unterhalt des Pflichtigen entspricht dem vollen Bedarf des Berechtigten nach den ehelichen Lebensverhältnissen (§ 1578 I 1 BGB). Er ist nach dem Halbteilungsgrundsatz und unter Anlegung gleicher Maßstäbe wie beim Berechtigten zu bemessen. Nur wenn das verfügbare Einkommen nicht ausreicht, um den eheangemessenen Unterhalt beider Ehegatten zu sichern, kann auch dem Pflichtigen nicht stets der volle eheangemessene Unterhalt belassen bleiben; eine Gefährdung des eheangemessenen Unterhalts eröffnet den Einstieg in eine Billigkeitsprüfung nach § 1581 BGB, die ihre Grenze aber grundsätzlich im billigen Selbstbehalt (vgl. → Rn. 152) findet.[114]

---

111 BGHZ 192, 45 Rn. 36 = NJW 2012, 384.
112 BGHZ 166, 351 = NJW 2006, 1654.
113 BGH NJW 2013, 2662 Rn. 87.
114 BGH NJW 2004, 3106 (3107).

Beispiel (vereinfacht, ohne Erwerbstätigenbonus): Während der Ehe verdienten M 2.800 EUR und F 1.500 EUR. Infolge einer nachehelich hinzutretenden Unterhaltspflicht für ein Kind mit seiner Lebensgefährtin reduziert sich Ms Einkommen nach der Scheidung auf 2.200 EUR. Hier beträgt der eheangemessene Bedarf ½ × 4.300 EUR = 2.150 EUR. F hätte also an sich einen Unterhaltsanspruch aus § 1573 II BGB iHv 650 EUR. Durch die Zahlung dieses Betrags würde zwar nicht der billige Unterhalt des M (1.280 EUR) verletzt (ihm würden ja noch 1.550 EUR verbleiben), wohl aber sein eigener eheangemessener Unterhalt. M muss also maximal so viel an F zahlen, dass ihm selbst ebenso viel verbleibt wie F aus Eigeneinkommen und Unterhalt zur Verfügung steht (= 350 EUR). 154

c) Mangelfall

In der Praxis trifft es nur selten zu, dass die Mittel der Ehegatten ausreichen, um den (durch Trennung und Scheidung eher erhöhten) Bedarf auf beiden Seiten sowie den Bedarf weiterer möglicher Unterhaltsberechtigter zu decken. Ist der **Pflichtige** unter Berücksichtigung seines Eigenbedarfs **nicht in der Lage, die Ansprüche aller Berechtigter zu befriedigen**, so liegt ein **Mangelfall** vor. 155

Von einem **relativen Mangelfall** spricht man, wenn dem unterhaltspflichtigen Ehegatten weniger verbliebe als der unterhaltsberechtigte Ehegatte erhält, wenn also bei Leistung des Unterhalts sein eigener eheangemessener Selbstbehalt (vgl. hierzu → Rn. 153) tangiert wäre.[115] Von einem **absoluten Mangelfall** spricht man, wenn das Verteilungseinkommen, auch bei Ansatz des dem Verpflichteten in jedem Fall zu belassenden notwendigen bzw. billigen Selbstbehalts, für die Befriedigung der vorrangig Berechtigten nicht ausreicht und deren Unterhaltsansprüche daher anteilig reduziert werden müssen. 156

aa) Unterhaltsberechnung im relativen Mangelfall

Beim relativen Mangelfall werden **nachrangig Berechtigte zurückgestellt.** 157

Das bedeutet aber nicht, dass die Höhe des Bedarfs eines Vorrangigen unabhängig davon zu bestimmen ist, ob nachrangige Unterhaltsberechtigte vorhanden sind. Auch nachrangige Unterhaltspflichten können eine vom Schuldner abgeleitete Lebensstellung im Rahmen von § 1610 BGB bzw. die ehelichen Lebensverhältnisse nach § 1578 BGB beeinflussen, sofern sie eheprägend sind[116] (vgl. hierzu → Rn. 140). Dies gilt etwa für die Unterhaltsansprüche gemeinsamer volljähriger Kinder. 158

bb) Unterhaltsberechnung im absoluten Mangelfall

Beim absoluten Mangelfall werden die **Ansprüche der vorrangig Berechtigten quotenmäßig** im Verhältnis **Verteilungsmasse: Summe aller erstrangigen Unterhaltsansprüche gekürzt.** Nachrangige Unterhaltsansprüche bleiben unberücksichtigt. 159

Beispiel: M ist seiner geschiedenen Ehefrau F (Bedarf nach den ehelichen Lebensverhältnissen: 1.500 EUR) sowie 2 Kindern unter 5 Jahren unterhaltspflichtig. Sein bereinigtes Nettoeinkommen beläuft sich auf 1.500 EUR. – Der Unterhaltsanspruch der erstrangig berechtigten Kinder (Zahlbetrag) beläuft sich nach der Düsseldorfer Tabelle 2022 auf je 286,50 EUR, also insgesamt 573 EUR. Würde M ihn voll zahlen, so wäre sein eigener notwendiger Selbstbehalt (für Erwerbstätige 1.160 EUR) verletzt. Als Verteilungsmasse stehen daher nur 340 EUR (= 1.500 EUR – 1.160 EUR) zur Verfügung. Die nachrangige F bleibt unberücksichtigt. Die Ansprüche der beiden erstrangigen Kinder sind jeweils zu kürzen auf je 170 EUR (= 286,50 EUR × 340 EUR ÷ 573 EUR). 160

115 BGH NJW 2014, 2109 Rn. 29.
116 BGHZ 178, 79 Rn. 18 = NJW 2008, 3562.

d) Insbesondere: Verteilung unter mehreren Unterhaltsberechtigten im 2. oder 3. Rang

161 Der BGH hat früher den Ausgleich zwischen einem Unterhaltsverpflichteten und je einem unterhaltsberechtigten Alt- und Neu-Ehegatten im Weg einer „Dreiteilung" auf der Bedarfsebene gesucht.[117] Inzwischen sucht er ihn (nach Ermahnung durch das BVerfG[118]) auf der Ebene der Leistungsfähigkeit. In welcher Weise die neue Unterhaltspflicht im Rahmen des § 1581 BGB zu berücksichtigen ist, hängt von der Rangfolge der Ansprüche (§§ 1582, 1609 BGB, vgl. hierzu ausführlich → § 10 Rn. 90) ab.

162 **Beispiel:** M und F1 waren 35 Jahre verheiratet. Während der Ehezeit übte F1, die ihre Berufsausbildung aus Anlass der Eheschließung abgebrochen hatte, keine Berufstätigkeit aus. Im Zeitpunkt der Scheidung 2017 sind M und F1 jeweils 68 Jahre alt. M bezieht ein bereinigtes Ruhestandsgehalt von 4.000 EUR. Er ist erneut verheiratet. F2 ist nicht berufstätig. 2018 wird ein gemeinsames Kind geboren, das die F2 betreut. – Der Bedarf der F1 nach den ehelichen Lebensverhältnissen beträgt nach der neuen Rechtsprechung 2.000 EUR. Da F1 anders als F2 eine Ehe von langer Dauer vorzuweisen hat, geht ihr Unterhaltsanspruch zunächst (bis 2018) dem der F2 vor (§ 1609 Nr. 2 BGB). Der Anspruch der F2 bleibt daher auch auf Ebene der Leistungsfähigkeit zunächst unberücksichtigt; der Unterhaltsanspruch der F1 beträgt volle 2.000 EUR.[119] Da F2 ab 2018 ein Kind betreut, sind die Unterhaltsansprüche von F1 und F2 ab diesem Zeitpunkt gleichrangig (§ 1609 Nr. 2 BGB). Auf der Ebene der Leistungsfähigkeit sind jetzt auch die (nicht eheprägenden) Unterhaltsansprüche des Kindes und der F2 zu berücksichtigen. Im Hinblick auf den Anspruch der F2 geschieht das nach dem BGH dergestalt, dass (nach Vorwegabzug des vorrangigen Kindesunterhalts) im Rahmen der nach § 1581 BGB gebotenen Billigkeitsabwägung zunächst das vorhandene (auch nicht prägende) Gesamteinkommen aller Beteiligten (M, F1 und F2) errechnet wird und dieses dann im Wege einer Dreiteilung gleichmäßig verteilt wird.[120] Zahlt M 397,50 EUR[121] Kindesunterhalt,[122] so erhalten F1 und F2 also jeweils 1.200,83 EUR. Übt F2 auch nach dem 3. Geburtstag des Kindes keine Teilerwerbstätigkeit aus, obwohl ihr eine solche (im Fall einer Scheidung) zuzumuten wäre, so sind für sie ab diesem Zeitpunkt zur Errechnung des Unterhaltsanspruchs der F1 fiktive Erwerbseinkünfte anzusetzen. Dadurch erhöht sich die für die Dreiteilung verfügbare Verteilungsmasse. Die bei Gleichrang geltende Berechnungsweise greift auch, wenn der Anspruch der F1 (zB wegen Fehlens einer langen Ehedauer) gegenüber dem Anspruch der F2 nachrangig ist.[123]

12. Absenkung und Befristung

163 Eine unbegrenzte Unterhaltspflicht auf dem Niveau der ehelichen Lebensverhältnisse (§ 1578 BGB) würde auf eine „Lebensstandardgarantie" hinauslaufen, was dem Grundsatz der Eigenverantwortlichkeit (§ 1569 S. 1 BGB) widersprechen und nicht in allen

117 BGHZ 177, 356 = NJW 2008, 3213. Der nach den ehelichen Lebensverhältnissen (§ 1578 I BGB) zu bemessende Bedarf jedes Berechtigten war (nach Vorwegabzug eines etwaigen Kindesunterhaltsanspruchs und Erwerbstätigenbonus) im Wege der Dreiteilung des Gesamteinkommens des Unterhaltspflichtigen und beider Unterhaltsberechtigter zu ermitteln.

118 BVerfGE 128, 193 = NJW 2011, 842.

119 BGH NJW 2014, 2109 Rn. 18.

120 BGH NJW 2014, 2109 Rn. 29.

121 Düsseldorfer Tabelle Stand 1.1.2022: 507 EUR (Herabstufung um eine Einkommensgruppe, da M 3 Personen unterhaltspflichtig ist). Nach Abzug des hälftigen Kindegeldes verbleiben 397,50 EUR.

122 Der Kindesunterhalt ist zur Berechnung auch dann zu monetarisieren, wenn das Kind (wie hier) im gemeinsamen Haushalt seiner Eltern betreut wird und der Unterhalt als Familienunterhalt nicht in Geld gewährt wird.

123 MüKoBGB/Maurer § 1581 Rn. 75.

Fällen angemessen sein würde. Vor diesem Hintergrund ist die Vorschrift des § 1578b BGB zu sehen, die eine Herabsetzung des Unterhaltsanspruchs auf den sog. angemessenen Lebensbedarf (§ 1578b I BGB), eine zeitliche Begrenzung (§ 1578b II BGB) und auch die Kombination von Absenkung und Befristung (§ 1578b III BGB) ermöglicht. Herabsetzung und Befristung sind allerdings nicht als Regel, sondern als Ausnahme konzipiert.[124]

a) Anwendungsbereich

Die Härteklausel findet grundsätzlich auf alle nachehelichen Unterhaltstatbestände 164
Anwendung. Soweit diese (wie § 1570 I 2 BGB) allerdings bereits eine besondere Billigkeitsabwägung für die zeitliche Dauer des Unterhaltsanspruchs vorsehen, kommt eine Befristung (wohl aber eine Absenkung) nach § 1578b BGB nicht mehr in Betracht.[125]

b) Voraussetzungen

Voraussetzung ist jeweils, dass eine **unbegrenzte Unterhaltspflicht** auch unter 165
Wahrung der Belange eines gemeinsamen vom Berechtigten betreuten Kindes **unbillig** wäre. Als nicht abschließende („insbesondere") **Abwägungskriterien** benennt § 1578b I 2 BGB **ehebedingte Nachteile** (wie Kinderbetreuung, Haushaltsführung, § 1578b I 3 BGB) sowie die **Ehedauer**. Ein ehebedingter Nachteil äußert sich darin, dass der unterhaltsberechtigte Ehegatte nachehelich nicht die Einkünfte erzielt, die er ohne Ehe hypothetisch erzielen würde.[126] Die aus der ehebedingten Erwerbsunterbrechung resultierenden Nachteile in der Altersvorsorge eines Ehegatten werden allerdings regelmäßig durch den Versorgungsausgleich ausgeglichen.[127] Auch wenn keine ehebedingten Nachteile feststellbar sind, ist eine Herabsetzung oder Befristung nur bei Unbilligkeit eines fortdauernden Unterhaltsanspruchs nach den ehelichen Lebensverhältnissen begründet (Ausnahmeprinzip).[128] Bei der Billigkeitsabwägung ist das im Einzelfall gebotene Maß der nachehelichen Solidarität festzulegen, wobei folgende Kriterien eine Rolle spielen: die wirtschaftlichen Verhältnisse der Parteien; Dauer etwaiger Trennungsunterhaltszahlungen;[129] Beitrag des einen zur Karriere des anderen bzw. die gesamte während der Ehe erbrachte Lebensleistung;[130] nicht aber: eheliches Fehlverhalten bzw. die „Scheidungsschuld".[131]

c) Rechtsfolge

Liegen die Voraussetzungen des § 1578b I oder II BGB vor, muss (kein Ermessen) 166
der Unterhaltsanspruch höhenmäßig begrenzt oder befristet werden. Eine **Absenkung** des Unterhalts kommt bis **maximal auf den angemessenen Lebensbedarf** des Berechtigten in Betracht. Dieser bemisst sich nach dem **Einkommen, das der Berechtigte hypothetisch ohne die Ehe** und ihre Folgeauswirkungen zur Verfügung

124 BGH NJW 2010, 3097 Rn. 29.
125 BGH NJW 2014, 1302 (1303).
126 BGH NJW 2013, 2434 (2435).
127 BGH NJW 2010, 3097 (3098).
128 BGH NJW 2013, 2434 (2435).
129 BGH NJW 2013, 2434 (2435 f.).
130 BGH NJW 2016, 2256 (2257); 2013, 2434 (2436).
131 BGH NJW 2013, 2434 (2435).

hätte.[132] Er darf **nicht unter dem Mindestbedarf** (derzeit: 960 EUR bei einem nicht Erwerbstätigen) liegen.[133]

13. Beschränkung und Versagung wegen grober Unbilligkeit

a) Allgemeines

167 Unabhängig von § 1578b BGB können im Einzelfall besondere Umstände dazu führen, dass die Gewährung von Unterhalt für den Pflichtigen eine grobe Unbilligkeit bedeuten würde. In diesem Fall ermöglicht die negative Härteklausel des § 1579 BGB eine Herabsetzung, Befristung oder auch völlige Versagung des Unterhaltsanspruchs. Die Vorschrift enthält in Nr. 1 bis 7 Regelbeispiele, die eine grobe Unbilligkeit begründen können, ergänzt in Nr. 8 durch einen generalklauselartigen Auffangtatbestand.

168

Beschränkung oder Versagung des Unterhalts, § 1579 BGB
1. Verwirklichung eines Regelbeispiels in § 1579 Nr. 1 bis Nr. 7 BGB oder ebenso schwerwiegender Grund, § 1579 Nr. 8 BGB **2.** Grobe Unbilligkeit einer unbeschränkten (Weiter-)Gewährung **3.** Wahrung der Belange der vom Berechtigten betreuten gemeinschaftlichen Kinder **Rechtsfolge:** Herabsetzung, Befristung oder Ausschluss

b) Härtegründe

169 Die Härtegründe sind im Einzelnen:

aa) Kurze Ehedauer, § 1579 Nr. 1 BGB

170 Die Dauer der Ehe bemisst sich von der Eheschließung bis zur Rechtshängigkeit des Scheidungsantrags.[134] Eine Ehedauer von bis zu 2 Jahren wird idR als kurz angesehen, eine Ehedauer von über 3 Jahren dagegen als nicht mehr kurz.[135] Bei Ehedauern zwischen 2 und 3 Jahren kommt es auf die Umstände des Einzelfalls an. **Kinderbetreuungszeiten** sind nicht schon bei der Ehedauer zu berücksichtigen, können aber bei der anschließenden Billigkeitsabwägung eine Rolle spielen.

bb) Verfestigte Lebensgemeinschaft, § 1579 Nr. 2 BGB

171 Mit dem Härtegrund wird nach dem Wunsch des Gesetzgebers kein vorwerfbares Fehlverhalten des Unterhaltsberechtigten sanktioniert, sondern es wird eine rein objektive Gegebenheit erfasst, die eine Unterhaltsleistung unzumutbar erscheinen lässt.[136] Der Berechtigte muss eine **neue Lebensgemeinschaft** eingegangen sein und sich damit **endgültig aus der nachehelichen Solidarität herausgelöst** und zu erken-

132 BGH NJW 2010, 3097 (3099).
133 BGH NJW 2010, 3097 (3099).
134 BGH NJW 2011, 1582 (1585).
135 BGH NJW 2011, 1582 (1585).
136 BT-Drs. 16/1830, 21.

nen gegeben haben, dass er diese nicht mehr benötigt.[137] Nach der Gesetzesbegründung soll die Leistungsfähigkeit des neuen Partners keine Rolle spielen,[138] und entsprechende Formulierungen gebraucht auch der BGH.[139] Dies erscheint fragwürdig insbesondere dann, wenn der Unterhaltsberechtigte noch mit ehebedingten Nachteilen zu kämpfen hat.[140] Verlangt ist ein auf Dauer angelegtes Verhältnis, bei der die Partner **in der Öffentlichkeit wie ein Ehepaar** in Erscheinung treten. Das setzt einen gemeinsamen Haushalt nicht zwingend voraus, aber eine solche Form des Zusammenlebens ist häufig ein typisches Anzeichen. Unerheblich ist, ob eine sexuelle Beziehung entstanden ist.[141] Eine hinreichende **Verfestigung** wird idR erst nach 2 **bis 3 Jahren** angenommen. Eine **geringere Dauer kann genügen**, etwa bei besonders starker wirtschaftlicher Verflechtung[142] oder Familiengründung.[143] Der nach § 1579 Nr. 2 BGB (teilweise) verwirkte Unterhaltsanspruch kann wieder aufleben, insbesondere als Betreuungsunterhaltsanspruch im Interesse gemeinschaftlicher Kinder, wenn die verfestigte Lebensgemeinschaft endet. Dabei bedarf es allerdings einer umfassenden Zumutbarkeitsprüfung.[144]

cc) Verbrechen oder schweres vorsätzliches Vergehen, § 1579 Nr. 3 BGB

Dieser Härtegrund betrifft schwerwiegende strafrechtliche Verhaltensweisen des Bedürftigen gegen- 172
über dem Verpflichteten oder einem nahen Angehörigen, zB ein schwerer sexueller Missbrauch[145] oder ein Prozessbetrug durch das Verschweigen eigener Einkünfte.[146]

dd) Mutwillige Herbeiführung der Bedürftigkeit, § 1579 Nr. 4 BGB

Mutwillig führt seine Bedürftigkeit herbei, wer dies vorsätzlich oder unterhaltsbe- 173
zogen leichtfertig tut. Er muss sich unter grober Missachtung dessen, was jedem einleuchten muss, über die **erkannte Möglichkeit** nachteiliger Folgen für seine Bedürftigkeit hinweggesetzt haben.[147] Schwierig ist die Bejahung der Mutwilligkeit bei **Alkoholabhängigkeit** oder Drogensucht. Hier kommt es darauf an, ob der Betroffene zu einer Zeit, als seine Einsichts- und Steuerungsfähigkeit noch vorlag, eine Therapie unterlassen hat und sich dabei der Möglichkeit bewusst war, er werde infolgedessen außerstande sein, seinen Unterhalt selbst zu verdienen.[148]

Beispiel: Die Eheleute M und F entschlossen sich zu einer In-vitro-Fertilisation. Zu diesem Zweck wur- 174
den der F Eizellen entnommen, die nach extrakorporaler Befruchtung mit dem Sperma des M implantiert werden sollten. Im November 2016 lernte M eine andere Frau kennen und teilte F mit, an der Ehe und der Abrede der extrakorporalen Befruchtung nicht mehr festhalten zu wollen. 2 Wochen später ließ F erfolgreich eine Implantation einer befruchteten Eizelle vornehmen. Hat sie nach Scheidung und Geburt des Kindes einen Anspruch auf Betreuungsunterhalt? – Der Anspruch nach § 1570 BGB ist dem Grunde nach gegeben. Nach Auffassung des BGH ist er auch nicht wegen mutwilliger Herbeiführung

137 BT-Drs. 16/1830, 21.
138 BT-Drs. 16/1830, 21.
139 BGH NJW 2011, 3712.
140 Kritisch zu Recht Schwab FamRZ 2005, 1417 (1421).
141 BT-Drs. 16/1830, 21.
142 BGH FamRZ 2005, 277 (Erwerb von Miteigentum am ehemaligen Familienheim).
143 BGH NJW 2012, 2190 (2193) (gemeinsames Kind).
144 BGHZ 190, 251 = NJW 2011, 3089.
145 OLG Hamm FamRZ 2002, 240.
146 BGH NJW 2008, 57.
147 BGH NJW 1990, 3274 (3276).
148 BGH NJW 1988, 1147 (1149).

der eigenen Bedürftigkeit ausgeschlossen: Da die Entscheidung für oder gegen Nachkommenschaft zum nicht justiziablen engsten persönlichen Intimbereich gehört und weder einer rechtsgeschäftlichen Regelung noch dem Deliktsrecht unterliegt, hatte der BGH schon Zweifel, ob eine mittelbare Überprüfung im Rahmen des § 1579 BGB überhaupt zulässig ist. Die Versagung des Unterhaltsanspruchs nach § 1579 Nr. 4 BGB käme nämlich einer Sanktion gegen ein missbilligenswertes Verhalten gleich. Im Übrigen lägen aber auch die Voraussetzungen des § 1579 Nr. 4 BGB nicht vor. Selbst wenn man unterstellt, dass F ihre Unterhaltsbedürftigkeit als Folge der Geburt des Kindes erkannt und in Kauf genommen hat (was nicht zwingend ist), so könne man ihr die Verwirklichung ihres Kinderwunschs nicht als sinnloses leichtfertiges Verhalten vorwerfen, welches ein verständiger Mensch in vergleichbarer Situation vermieden hätte.[149]

ee) Mutwilliges Hinwegsetzen über schwerwiegende Vermögensinteressen, § 1579 Nr. 5 BGB

175 Subjektiv ist Mutwilligkeit erforderlich (zum Begriff vgl. → Rn. 173). Das Verhalten muss allerdings nicht unterhaltsbezogen sein. Die Wahrnehmung berechtigter Interessen schließt die Mutwilligkeit aus. Objektiv gefordert ist das Hinwegsetzen über schwerwiegende Vermögensinteressen, etwa die bewusst falsche Anzeige beim Arbeitgeber wegen vermeintlichen Diebstahls.[150] Die Vorschrift ist weitgehend ohne praktische Bedeutung geblieben.

ff) Einseitiges, schwerwiegendes Fehlverhalten, § 1579 Nr. 7 BGB

176 Bei diesem Härtegrund zeigt das Verschuldensprinzip im Scheidungsrecht noch sein Gesicht. Der klassische Anwendungsfall sind Verstöße gegen eheliche Treu- und Solidaritätspflichten, insbesondere das einseitige Ausbrechen aus einer intakten Ehe.[151] Nicht jedes Fehlverhalten des anderen Ehegatten ist geeignet, die Einseitigkeit des Fehlverhaltens des Unterhaltsgläubigers zu verneinen. Insbesondere reicht es nicht, dass schon zuvor Probleme und Spannungen bestanden haben.[152] Das Posten von Fotos durch den Unterhaltsberechtigten, auf denen dieser und der neue Lebensgefährte in inniger Vertrautheit zu sehen ist, ist kein schwerwiegendes Fehlverhalten.[153]

gg) Auffangtatbestand: Ebenso schwerwiegender Grund, § 1579 Nr. 8 BGB

177 Ein Härtegrund kann sich schließlich auch aus jedem anderen Sachverhalt ergeben, wenn er ebenso schwer wiegt wie die ausdrücklich normierten Gründe. Nr. 8 greift allerdings nicht, wenn ein Härtegrund schon von einer anderen Nummer erfasst ist, deren Voraussetzungen fehlen, es sei denn, andere Tatsachen treten hinzu. Die Nr. 8 kann zB verwirklicht sein, wenn eine Ehe zwar nicht von kurzer Dauer war, die Ehegatten aber nur sehr kurze Zeit zusammengelebt haben.[154]

c) Grobe Unbilligkeit

178 Sind die Tatbestandsmerkmale der Härtegründe gem. § 1579 Nr. 1 bis 8 BGB erfüllt, muss zusätzlich eine **grobe Unbilligkeit als weitere Tatbestandsvoraussetzung** vorliegen. Grobe Unbilligkeit wird verstanden als dem Gerechtigkeitsempfinden in unerträglicher Weise widersprechend. Dies erfordert eine umfassende Abwägung aller

149 BGHZ 146, 391 (400) = NJW 2001, 1789 (1790 f.).
150 OLG Koblenz NJW-RR 1992, 2.
151 BGH NJW 1986, 722.
152 OLG Karlsruhe FamRZ 2008, 2279.
153 AG Lemgo NZFam 2016, 269.
154 OLG Bamberg NZFam 2014, 1095 (1096 f.).

Einzelumstände, wobei insbesondere die Interessen von gemeinsamen Kindern, die vom Berechtigten zu betreuen sind, gewahrt werden müssen. Auf § 1579 BGB kann verzichtet werden mit der Folge, dass die grobe Unbilligkeit entfällt (sog. **Verzeihung**).

d) Rechtsfolgen

Je nach Ausmaß der Unbilligkeit kommt als Rechtsfolge eine **abgestufte Begrenzung des Unterhalts** in Betracht, bis hin zur dauerhaften vollständigen Versagung. Auch eine Kombination, die zeitweise volle Gewährung, anschließende Herabsetzung und schließlich volle Versagung ist möglich. **179**

Nicht ausdrücklich geregelt ist die Frage, ob der versagte **Anspruch wieder aufleben** kann. Beim **auf Betreuung gestützten Unterhaltsanspruch nach § 1570 BGB** ist dies **entsprechend § 1586a I BGB** der Fall. Für andere Unterhaltstatbestände gilt dies nur, wenn trotz der für eine gewisse Zeit verfestigten neuen Lebensgemeinschaft noch ein Maß an nachehelicher Solidarität geschuldet ist, das im Ausnahmefall eine weitergehende nacheheliche Unterhaltspflicht rechtfertigen kann.[155] **180**

14. Sonstige Einwendungen und Einreden

a) Unterhalt für die Vergangenheit

Für den Geschiedenenunterhalt gelten – durch die Verweisung in **§ 1585b BGB** – weitestgehend die gleichen Grenzen wie für die Geltendmachung von Ansprüchen für die Vergangenheit beim Verwandtenunterhalt (§ 1613 BGB). Näher dazu → § 10 Rn. 78. **181**

b) Erlöschen durch Tod und Wiederheirat

Der nacheheliche Unterhaltsanspruch **erlischt mit der Wiederheirat**, der Begründung einer Lebenspartnerschaft **oder dem Tod des Berechtigten**, § 1586 I BGB. Ausgenommen sind Ansprüche für die Vergangenheit sowie Ansprüche, die im Zeitpunkt des Todes bzw. der Wiederheirat bereits fällig waren, § 1586 II BGB. Wird die Ehe oder Lebenspartnerschaft später wieder aufgelöst, lebt ein Unterhaltsanspruch nach § 1570 BGB wieder auf, wenn noch ein Kind aus der früheren Ehe oder Lebenspartnerschaft zu betreuen ist, § 1586a I BGB. **Stirbt der Unterhaltspflichtige**, so **erlischt der Anspruch nicht**, sondern geht auf dessen Erben als Nachlassverbindlichkeit über, § 1586b I 1 BGB. Die Erben haften allerdings bis maximal in Höhe des **fiktiven Pflichtteils**, der dem Unterhaltsberechtigten zustünde, wenn die Ehe nicht geschieden worden wäre, § 1586b I 3 BGB. **182**

c) Verjährung/Verwirkung

Nacheheliche Unterhaltsansprüche unterliegen der regelmäßigen Verjährungsfrist (§§ 195, 199 BGB). Bereits vor dem Ablauf der 3-jährigen Verjährungsfrist kommt der Einwand der Verwirkung in Betracht. **183**

155 BGHZ 190, 251 = NJW 2011, 3089.

15. Modalitäten der Unterhaltsgewährung

184 Der Unterhalt ist in Form einer **monatlich im Voraus zu entrichtenden Geldrente** zu gewähren (§ 1585 I 1, 2 BGB) und auch dann voll zu zahlen, wenn der Berechtigte im laufenden Monat verstirbt oder erneut heiratet (vgl. §§ 1585 I 3, 1586 II BGB). Eine **Kapitalabfindung** kann der Berechtigte nur verlangen, wenn ein wichtiger Grund vorliegt und der Verpflichtete nicht unbillig belastet wird, § 1585 II BGB.

185 Der geschiedene **Ehegatte haftet vor den Verwandten** des Berechtigten, § 1584 S. 1 BGB. Soweit er allerdings nicht leistungsfähig ist, haften die Verwandten vor dem geschiedenen Ehegatten, § 1584 S. 2 BGB. § 1607 II und IV BGB gilt entsprechend, dh der Unterhaltsanspruch gegen den geschiedenen Ehegatten geht auf den ersatzweise leistenden Verwandten über, wenn die Rechtsverfolgung gegen den Ehegatten im Inland ausgeschlossen oder wesentlich erschwert ist.

16. Unterhaltsverträge

186 Grundsätzlich besteht beim nachehelichen Unterhalt (anders als beim Verwandtenunterhalt, vgl. § 1614 BGB) Vertragsfreiheit, § 1585c BGB. Vereinbarungen, die einen Verzicht auf oder eine Reduzierung des gesetzlichen Unterhaltsanspruchs zum Gegenstand haben, unterliegen aber besonderen Anforderungen.

a) Form

187 Eine Vereinbarung, die bereits **vor Rechtskraft der Scheidung** geschlossen wird, bedarf der **notariellen Beurkundung**, sonst ist sie formnichtig, §§ 1585c S. 2, 125 BGB. Dies gilt auch für Vereinbarungen, die noch vor der Eheschließung getroffen werden. Das Formerfordernis ist durch das Unterhaltsrechtsänderungsgesetz eingeführt worden und verfolgt das Ziel, durch die Mitwirkung eines Notars die fachkundige und unabhängige Beratung der Vertragsparteien sicherzustellen, um sie vor übereilten Erklärungen zu bewahren und ihnen die rechtliche Tragweite ihrer Vereinbarungen vor Augen zu führen.[156] Die Beurkundung kann durch einen gerichtlichen Vergleich ersetzt werden (§ 127a BGB), und zwar auch dann, wenn die Vereinbarung in einem anderen Verfahren als der Ehesache protokolliert wird.[157] Vereinbarungen, die erst nach der rechtskräftigen Scheidung geschlossen werden, sind formfrei.

b) Inhaltskontrolle

188 Zudem unterliegen Unterhaltsvereinbarungen einer sog. Inhaltskontrolle.

189 Diese Inhaltskontrolle wurde von der Rechtsprechung[158] nach verfassungsrechtlichen Vorgaben[159] entwickelt und ist **zweistufig** aufgebaut: Auf einer **ersten Stufe** (sog. **Abschlusskontrolle**) findet eine Überprüfung anhand von **§ 138 BGB** statt. Bei dieser ist zu klären, ob bereits im Zeitpunkt des Abschlusses des Unterhaltsvertrags absehbar war, dass im Fall einer späteren Scheidung durch die Vereinbarung eine

156 BT-Drs. 16/1830, 22.
157 BGH NJW 2014, 1231 (1232).
158 Grundlegend BGHZ 158, 81 = NJW 2004, 930.
159 BVerfGE 103, 89 = NJW 2001, 957.

evident einseitige und durch die individuelle Gestaltung der ehelichen Lebensverhältnisse **nicht gerechtfertigte Verteilung der ehebedingten Lasten** entstünde, deren Hinnahme dem benachteiligten Ehegatten unzumutbar ist.[160] Wird die Frage bejaht, so ist die Unterhaltsvereinbarung **nichtig**. Eine Einseitigkeit ist umso eher anzunehmen, je „wichtiger" der abbedungene Unterhaltsanspruch im konkreten Fall ist (sog. Kernbereichsrechtsprechung). Dabei rangiert der Unterhalt wegen Kinderbetreuung an oberster Stelle, gefolgt vom Krankheits- und Altersunterhalt; am ehesten verzichtbar erscheinen Ansprüche auf Aufstockungs- und Ausbildungsunterhalt.[161] Entscheidend für die Beurteilung der Wirksamkeit ist die Gesamtwürdigung im konkreten Einzelfall. Dabei kann es auch eine Rolle spielen, ob und welche Kompensationen vorgesehen sind, um eine einseitige Verteilung der ehebedingten Lasten auszuschließen.[162] In neueren Entscheidungen hat der BGH außerdem hervorgehoben, dass ein objektiv einseitiger Vertragsinhalt noch nicht reicht, um Sittenwidrigkeit anzunehmen. Hinzutreten müsse eine subjektive Störung der Vertragsparität, also eine unterlegene Verhandlungsposition eines der Vertragsschließenden, die sich insbesondere aus einer Zwangslage, sozialen oder wirtschaftlichen Abhängigkeit oder einer intellektuellen Unterlegenheit ergeben könne.[163]

Beispiel: M und F vereinbarten am Tag vor ihrer Eheschließung in notarieller Form, dass sie wechselseitig für den Fall der Scheidung auf nacheheliche Unterhaltsansprüche verzichten. Im Zeitpunkt der Vereinbarung ist F im 8. Monat schwanger, und es ist geplant, dass sie ihre Berufstätigkeit zugunsten der Kinderbetreuung aufgeben wird. Hier ist bereits bei Abschluss des Unterhaltsvertrags erkennbar, dass im Fall einer Scheidung alleine die F die sich aus der Geburt und der Betreuung des Kindes ergebenden Nachteile tragen wird. Der Vertragsinhalt ist, wenn er keine Kompensation vorsieht, für F objektiv nachteilhaft, und auch eine unterlegene Verhandlungsposition der F wird man aufgrund der äußeren Umstände (Nähe zur geplanten Eheschließung, Schwangerschaft) bejahen können. Eine entsprechende Vereinbarung wäre daher gem. § 138 BGB nichtig. 190

Abwandlung: Wäre die F bei Abschluss des Unterhaltsvertrags noch nicht schwanger und eine Aufgabe ihrer Berufstätigkeit nicht geplant gewesen, so würde es an einer bei Abschluss des Unterhaltsvertrags bereits absehbaren einseitigen Benachteiligung fehlen, da der Anspruch aus § 1570 BGB für sie eventuell überhaupt niemals relevant werden könnte. Die Vereinbarung wäre daher in diesem Fall iRd Abschlusskontrolle nicht zu beanstanden.[164] 191

Auf der **zweiten Stufe** (sog. **Ausübungskontrolle**) wird geprüft, ob die Berufung auf die Vereinbarung rechtsmissbräuchlich (§ 242 BGB) ist, weil sich zum **Zeitpunkt des Scheiterns der Lebensgemeinschaft** die Umstände so geändert haben, dass die Vereinbarung nunmehr zu einer evident einseitigen Verteilung der ehebedingten Lasten führen würde.[165] Auch hier wird die Frage der Einseitigkeit anhand der Rangfolge des vertraglich ausgeschlossenen oder modifizierten Unterhaltsanspruchs beurteilt. 192

Beispiel: Würde, in der oben dargestellten Abwandlung, F entgegen der ursprünglichen Planung ihre Berufstätigkeit einvernehmlich zugunsten der Betreuung gemeinsamer Kinder einstellen, so wäre eine Berufung des M auf das vertraglich Vereinbarte rechtsmissbräuchlich, wenn die Ehe nach etlichen Jahren geschieden wird. 193

160 BGHZ 158, 81 (96) = NJW 2004, 930 (934).
161 BGHZ 158, 81 (97 f.) = NJW 2004, 930 (934).
162 BGH NJW 2014, 1101.
163 BGH NJW 2014, 1101 (1105).
164 BGH NJW 2013, 380 (381).
165 BGHZ 158, 81 (100 f.) = NJW 2004, 930 (935).

194 Die Rechtsfolge ist nicht die Nichtigkeit des Vereinbarten, sondern seine **Anpassung an die geänderten Verhältnisse**. Der Richter hat die Rechtsfolge anzuordnen, die den berechtigten Belangen beider Parteien in der eingetretenen Situation in ausgewogener Weise Rechnung trägt; ehebedingte Nachteile sollen ausgeglichen werden.[166]

⇨ Fall Nr. 9 – Ehe mit Affäre

17. Verfahrensfragen

195 Unterhaltssachen zwischen Ehegatten sind in den §§ 231 ff. FamFG geregelt. Eine Abänderung von Gerichtsentscheidungen oder Vergleichen, die den Unterhalt betreffen, ist nach §§ 238 f. FamFG möglich. Wichtig ist die Abänderungsmöglichkeit, wenn sich die tatsächlichen Verhältnisse (zB das Einkommen eines Ehegatten) oder die rechtlichen Verhältnisse (zB die Gesetzeslage oder die höchstrichterliche Rechtsprechung) wesentlich geändert haben.

196 Geschiedene Eheleute sind sich gegenseitig zur Auskunft über ihr Einkommen und Vermögen verpflichtet (§§ 1580, 1605 BGB). Hinzu kommen verfahrensrechtliche Auskunftspflichten, §§ 235 f. FamFG (zu diesen vgl. → § 10 Rn. 107).

VI. Wohnungszuweisung und Verteilung von Haushaltsgegenständen anlässlich der Scheidung

1. Allgemeines

197 Anlässlich der Scheidung müssen dem gemeinsamen Leben dienende Gegenstände, insbesondere die Ehewohnung und der Hausrat, endgültig aufgeteilt werden. Sind sich die Ehegatten einig, so besteht kein gesetzlicher Regelungsbedarf. Für den Fall, dass eine Verständigung über die Aufteilung nicht gelingt, sieht das Gesetz jedoch bestimmte, gerichtlich durchsetzbare Ansprüche vor.

2. Ehewohnung

198 Die Zuteilung der Ehewohnung anlässlich der Scheidung regelt § 1568a BGB.

a) Anspruch auf Nutzungsüberlassung

199 **§ 1568a I BGB** gewährt einen Anspruch auf Überlassung der Ehewohnung zur Nutzung. Der Begriff der Ehewohnung ist wie bei § 1361b BGB zu verstehen (vgl. → Rn. 55 ff.). Der Anspruch besteht unter 2 alternativen Voraussetzungen:

(1) **Entweder** der Anspruchsteller-Ehegatte **ist in stärkerem Maße auf die Ehewohnung angewiesen**; hier sind insbesondere die Interessen von Kindern und die ehelichen Lebensverhältnisse, also letztlich die Gesamtumstände der Ehegatten (zB auch Alter, Gesundheitszustand etc) zu würdigen (§ 1568a I Alt. 1 BGB)

(2) **Oder** die Überlassung an ihn entspricht aus **sonstigen Gründen der Billigkeit** (§ 1568a I Alt. 1 BGB)

---

166 BGH NJW 2015, 52.

Schärfere Anforderungen bestehen, **wenn der Anspruchsgegner alleine oder mit Dritten bestimmte dingliche Rechte** an der Wohnung hat. In diesem Fall bestimmt **§ 1568a II BGB**, dass die Überlassung notwendig sein muss, um eine unbillige Härte zu vermeiden. Der Überlassungsanspruch betrifft stets nur die Nutzung, nicht die dingliche Rechtslage. An den Eigentumsverhältnissen an der Wohnung ändert sich also nichts. 200

Hinsichtlich der weiteren Ausgestaltung des Anspruchs ist zu differenzieren, je nachdem ob es sich bei der Ehewohnung um eine Mietwohnung oder eine sonstige Wohnung handelt (vgl. hierzu → Rn. 202 ff. und → Rn. 205 ff.). 201

b) Mietwohnungen

Sind die Ehegatten oder einer der Ehegatten Mieter der Ehewohnung, so wird das Mietverhältnis mit der Überlassung **kraft Gesetzes umgestaltet**. Nach **§ 1568a III BGB** wird der **Ehegatte, dem die Wohnung überlassen wird, jetzt alleiniger Mieter**. War der andere Ehegatte bisheriger Alleinmieter, vollzieht sich die Umgestaltung dergestalt, dass der Ehegatte, dem die Wohnung überlassen wird, anstelle des bisherigen Alleinmieters in das Mietverhältnis eintritt (§ 1568a III 1 Alt. 1 BGB). Waren beide Ehegatten Mieter, so setzt der Ehegatte, dem die Ehewohnung überlassen wird, dieses Mietverhältnis fort (§ 1568a III 1 Alt. 2 BGB). 202

Der **Zeitpunkt dieser Umgestaltung** kraft Gesetzes ist ebenfalls geregelt: Abzustellen ist (1) auf den **Zugang der Mitteilung** der Ehegatten über die Überlassung **an den Vermieter** (§ 1568a III 1 Nr. 1 BGB) oder die **Rechtskraft der Entscheidung im Wohnungszuweisungsverfahren** (§ 1568a III 1 Nr. 2 BGB). 203

Tangiert werden hierdurch auch die Interessen des **Vermieters**: Dieser hat jetzt einen anderen oder nur noch einen statt vorher 2 Mieter. Die Vermieterinteressen werden durch das ihm eingeräumte **außerordentliche Kündigungsrecht** (vgl. § 1568a III 2 BGB iVm § 563 IV BGB) gewahrt. Dieses Recht kann er ausüben, wenn in der Person des nunmehrigen Alleinmieters ein wichtiger Grund vorliegt. 204

c) Sonstige Wohnungen

Ist kein Ehegatte Mieter der Wohnung, so gibt es noch kein Rechtsverhältnis, das die Entscheidung, einem der Gatten die Wohnung zu überlassen, näher ausgestalten könnte. Es besteht also noch weitergehender Regelungsbedarf. Das Gesetz räumt dem Ehegatten, dem die Wohnung überlassen wird, daher in **§ 1568a V BGB** einen **weiteren Anspruch** ein: Er kann die **Begründung eines Mietverhältnisses über die Wohnung zu ortsüblichen Bedingungen** verlangen. Den gleichen Anspruch hat „die zur Vermietung berechtigte Person" (§ 1568a V 1 BGB). Kommt eine Einigung über die Miete nicht zustande, ist im Zweifel die ortsübliche Vergleichsmiete zu bezahlen (§ 1568a V 3 BGB). Bei der „zur Vermietung berechtigten Person" kann es sich insbesondere handeln 205

- um den anderen Ehegatten (als Alleineigentümer)
- um die beiden Ehegatten (als Miteigentümer)
- um einen Dritten, der die Wohnung den Eheleuten (regelmäßig aus persönlicher Verbundenheit) bislang ohne Mietvertrag überlassen hat.

206 **Beispiel:** M und F bewohnten bislang eine Wohnung in einem Mehrfamilienhaus, das der Mutter des M, der O, gehört. Im Scheidungsverfahren wird die Wohnung der F überlassen, da sie wegen der bei ihr lebenden Kinder in stärkerem Maße auf die Wohnung angewiesen ist als M. Hier hat F zusätzlich zum Überlassungsanspruch aus § 1568a I 1 BGB einen Anspruch aus § 1568a V BGB auf Abschluss eines Mietverhältnisses zwischen ihr und O (als „zur Vermietung berechtigten Person") über die Wohnung. Will F diesen Anspruch nicht geltend machen, hat O den spiegelbildlichen Anspruch. Bei fehlender Einigung über die Miethöhe gilt die ortsübliche Vergleichsmiete.

207 Die „Ansprüche“ auf Eintritt/Fortsetzung des Mietverhältnisses nach § 1568a III BGB und auf Neubegründung eines Mietverhältnisses nach § 1568a V BGB erlöschen gem. § 1568a VI BGB ein Jahr nach Rechtskraft der Endentscheidung in der Scheidungssache, wenn sie nicht vorher rechtshängig gemacht worden sind. Überraschenderweise wird der Überlassungsanspruch aus § 1568a I 1 BGB in Abs. 6 nicht erwähnt. Nach str. Meinung erfasst die Zeitgrenze aber auch den Grundanspruch auf Überlassung der Wohnung. Da der Gesetzgeber offensichtlich eine Koppelung von Überlassung und Änderung bzw. Begründung eines Mietvertrags beabsichtigt hat, erscheint dies nur folgerichtig und konsequent.[167]

208 Verfahren nach § 1568a BGB gehören als „Ehewohnungssachen“ zu den Familiensachen (§§ 111 Nr. 5, 200 ff. FamFG).

3. Haushaltsgegenstände

a) Gesetzliche Ansprüche

209 Das Schicksal der Haushaltsgegenstände anlässlich der Scheidung regelt (mangels Einigung der Ehegatten) **§ 1568b BGB**. Das Gesetz löst die Konfliktlage durch **2 Ansprüche**:

210 (1) Einen Anspruch auf **Überlassung und Übereignung** der im **Miteigentum** der Ehegatten stehenden Haushaltsgegenstände (§ 1568b I 1 BGB).

Vorausgesetzt ist, dass der Anspruchsteller auf die Benutzung unter Berücksichtigung des Wohls der im Haushalt lebenden Kinder und der Lebensverhältnisse der Ehegatten entweder in stärkerem Maße angewiesen ist als der andere Ehegatte oder dass die Überlassung und Übereignung an ihn aus anderen Gründen der Billigkeit entspricht. Im Rahmen der 2. Alternative kann beispielsweise darauf abgestellt werden, wer die Anschaffung des Gegenstandes veranlasst oder ihn während der Ehe auf eigene Kosten gepflegt und erhalten hat.[168]

211 (2) Einen Anspruch auf angemessene **Ausgleichszahlung** für denjenigen Ehegatten, der seinen Miteigentumsanteil verliert (§ 1568b III BGB).

212 **Wichtig** ist, dass nur die im **Miteigentum beider Ehegatten** stehenden Haushaltsgegenstände im Verfahren nach § 1568b BGB verteilungsfähig sind. Haushaltsgegenstände, die einem Ehegatten gehören, sind kein Thema gesetzlicher Hausratsteilung (für das Verhältnis zum Zugewinnausgleich vgl. → Rn. 214). Zum Nachweis des Miteigentums hilft allerdings die **Vermutung des § 1568a II BGB**: Während der Ehe angeschaffte Haushaltsgegenstände „gelten“ (iS einer widerleglichen Vermutung) als

167 OLG Bamberg NJW 2017, 1687.
168 BR-Drs. 635/08, 49.

gemeinsames Eigentum der Eheleute, wenn nicht das Alleineigentum eines Teils feststeht. Anders als bei § 1568a BGB und bei der Hausratsverteilung während der Trennungszeit nach § 1361a BGB geht es bei § 1568b BGB nicht nur um die bloße Nutzungsüberlassung. Der Anspruch nach Abs. 1 geht auf Übergabe **und Übereignung**.

b) Verfahren und Verhältnis zum Zugewinnausgleich

Verfahren nach § 1568b BGB gehören als „Haushaltssachen" zu den Familiensachen (§§ 111 Nr. 5, 200 ff. FamFG). **213**

Verteilung der Haushaltsgegenstände nach § 1568b BGB und Zugewinnausgleich schließen sich gegenseitig aus.[169] Gegenstände, die in den Anwendungsbereich des § 1568b BGB fallen, unterliegen nur dem Hausratsverteilungsverfahren und werden iRd Zugewinnausgleichs weder beim Anfangs- noch beim Endvermögen berücksichtigt.[170] Haushaltsgegenstände, für die das Verfahren nach § 1568b BGB nicht eröffnet ist (insbesondere im Alleineigentum nur eines Ehegatten) unterfallen dagegen dem Zugewinnausgleich.[171] **214**

⇨ Fall Nr. 8 – Trautes Heim

169 BR-Drs. 635/08, 49.
170 Wellenhofer FamR § 22 Rn. 13.
171 BGH NJW 2011, 601.

§ 6 Nichteheliche Lebensgemeinschaft

I. Grundlagen

1. Bedeutung

1 Zusammenleben „ohne Trauschein" ist inzwischen gesellschaftlich akzeptiert und zunehmend verbreitet: Nach Angaben des Statistischen Bundesamts lebten im Jahr 2019 in Deutschland rund 6,5 Millionen Personen als nichteheliche Lebensgemeinschaft zusammen, ein Drittel davon mit Kindern.[1] In den vergangenen knapp 20 Jahren ist die Anzahl der nichtehelichen Lebensgemeinschaften um gut eine Million gestiegen. Es handelt sich damit um eine Lebens- bzw. Familienform, die die Rechtsordnung nicht (mehr) ignorieren kann.

2. Definition

2 Definiert wird die nichteheliche Lebensgemeinschaft herkömmlicherweise als „eine **Lebensgemeinschaft zwischen einem Mann und einer Frau**, die **auf Dauer** angelegt ist, daneben **keine weitere Lebensgemeinschaft gleicher Art zulässt** und sich durch innere Bindungen auszeichnet, die ein **gegenseitiges Einstehen** der Partner füreinander begründen, also über die Beziehungen in einer reinen Haushalts- und Wirtschaftsgemeinschaft hinausgehen.[2] An dem Kriterium der Verschiedengeschlechtlichkeit kann – spätestens seit Einführung der gleichgeschlechtlichen Ehe – nicht mehr festgehalten werden: Ebenso wie es gleichgeschlechtliche Ehen geben kann, kann es **gleichgeschlechtliche nichteheliche Lebensgemeinschaften** geben, sofern nur die Voraussetzungen der Definition im Übrigen erfüllt sind. Das entscheidende Abgrenzungskriterium zu anderen Formen des Zusammenlebens besteht darin, dass das Zusammenleben in nichtehelicher Lebensgemeinschaft über ein gemeinsames Wohnen und ggf. Wirtschaften hinausgeht und durch **Verantwortungsübernahme und Füreinander-Einstehen-Wollen** charakterisiert wird. Nicht notwendig vorausgesetzt (obschon häufig vorhanden) ist eine Geschlechtsgemeinschaft.

3 **Beispiele:** Auch 2 ältere, verwitwete Menschen, die keine Geschlechtsgemeinschaft mehr wollen, können eine nichteheliche Lebensgemeinschaft bilden. Keine nichteheliche Lebensgemeinschaft liegt dagegen vor bei einer reinen studentischen Wohngemeinschaft.

4 Innerhalb der Definition sind freilich **erhebliche Unterschiede** in der Motivation und Ausgestaltung möglich, vom vorehelichen Zusammenleben „auf Probe" bis hin zur bewussten Entscheidung gegen die Ehe, ob aus finanziellen, rechtlichen (bestehende anderweitige Ehe) oder sonstigen (frühere gescheiterte Ehe, Ablehnung des Rechtsinstituts Ehe an sich etc) Gründen. Schon diese Vielgestaltigkeit macht es unwahrscheinlich, dass ein einziges rechtliches Regelungsmodell für alle Erscheinungsformen der nichtehelichen Lebensgemeinschaft passen könnte.

---

1 Bundeszentrale für politische Bildung, Zahlen und Fakten: Die soziale Situation in Deutschland – Paare, https://www.bpb.de/nachschlagen/zahlen-und-fakten/soziale-situation-in-deutschland/61575/paare (zuletzt aufgerufen am 3.1.2022).

2 BVerfGE 87, 234 (264) = NJW 1993, 643 (645).

3. Verfassungsrechtliche Vorgaben

Die Begründung und Führung einer nichtehelichen Lebensgemeinschaft unterfällt Art. 2 I GG. Gleichzeitig wird die Entscheidung, eine Ehe *nicht* einzugehen, durch Art. 6 I GG geschützt (sog. negative Eheschließungsfreiheit). Aus der Formulierung in Art. 6 I GG, dass die Ehe „unter dem besonderen Schutze der staatlichen Ordnung" stehe, folgt zweierlei: 5

Zum einen kann die nichteheliche Lebensgemeinschaft **keinen ehegleichen Schutz für sich beanspruchen**. Dies verpflichtet den Staat nach der Rechtsprechung des BVerfG allerdings nicht darauf, die nichteheliche Lebensgemeinschaft gegenüber der Ehe, iS eines Abstandsgebots, bewusst schlechter zu stellen (str.).[3] Außerdem kann sich ein Anspruch auf Gleichbehandlung ergeben, wenn es zugleich um Familienschutz geht, weil eine nichteheliche Lebensgemeinschaft mit gemeinschaftlichem Kind betroffen ist. 6

Beispiele: Es ist mit Art. 3 I GG vereinbar, nichteheliche Lebensgemeinschaften im Hinblick auf Maßnahmen der künstlichen Befruchtung durch § 27a I Nr. 3 SGB V schlechter zu stellen als Ehegatten, insofern als bei ihnen eine Finanzierung durch die gesetzliche Krankenkasse ausgeschlossen ist.[4] Das Gleiche gilt für den Ausschluss nicht verheirateter Paare vom steuerlichen Splitting-Tarif.[5] Andererseits ist es mit Art. 3 I GG iVm Art. 6 I GG nicht vereinbar, dass das Opferentschädigungsgesetz keine Versorgungsleistung für den Partner einer nichtehelichen Lebensgemeinschaft vorsieht, der nach dem gewaltsamen Tod des anderen Lebenspartners unter Verzicht auf eine Erwerbstätigkeit die Betreuung der gemeinsamen Kinder übernimmt.[6] 7

Zum anderen darf der Staat **Ehegatten gegenüber nichtehelichen Paaren nicht benachteiligen**.[7] Dies kann es gebieten, eine eherechtliche Vorschrift auf nichteheliche Lebensgemeinschaften analog anzuwenden. 8

Beispiel: So befürwortet die Rechtsprechung beispielsweise eine analoge Anwendung des § 1586 BGB (Erlöschen eines Unterhaltsanspruchs bei Wiederverheiratung) auf den Anspruch aus § 1615l BGB. 9

II. Rechtliche Behandlung

1. Mögliche Regelungsmodelle

Für die rechtliche Behandlung der nichtehelichen Lebensgemeinschaft stehen grundsätzlich **4 Modelle** zur Verfügung: 10

(1) Der Gesetzgeber könnte ein **eigenständiges Regelungsmodell** für die nichteheliche Lebensgemeinschaft **schaffen**. Wegen der Vielgestaltigkeit dieser Lebensform (vgl. hierzu → Rn. 4) ist dies jedoch schwierig. Ausdrücklich berücksichtigt der Gesetzgeber die nichteheliche Lebensgemeinschaft bislang in einigen wenigen Einzelnormen (zB § 563 II 3 BGB; § 20 SGB XII). 11

3 Vgl. etwa BVerfGE 105, 313 = NJW 2002, 2543 (zur eingetragenen Lebenspartnerschaft); aA BeckOK GG/Uhle Art. 6 Rn. 36; Pauly NJW 1997, 1955 (1956).
4 BVerfGE 117, 316 = NJW 2007, 1343.
5 BFH/NV 2012, 1125 = BeckRS 2012, 95112.
6 BVerfGE 112, 50 = NJW 2005, 1413.
7 BVerfGE 99, 216 = NJW 1999, 557.

12 (2) Man kann das Bestehen einer nichtehelichen Lebensgemeinschaft bei der rechtlichen Beurteilung **außer Acht lassen** mit der Begründung, die Betroffenen hätten auf eine rechtliche Verfestigung ihrer Gemeinschaft bewusst verzichtet. Jede rechtliche Regelung sei ein Stück weit „Zwangsbindung" und missachte den Willen der Beteiligten. Ohne Modifikationen anwendbar wären damit die Vorschriften des Allgemeinen Teils, des Schuld- und Sachenrechts.

13 (3) Man kann die nichteheliche Lebensgemeinschaft als eine „eheähnliche" Lebensform ansehen und sie **durch Analogiebildungen zur Ehe weitgehend „verrechtlichen" und ehegleich ausgestalten**.

14 (4) Schließlich kann man die nichteheliche Lebensgemeinschaft zwar als **schutz- und daher regelungsbedürftig** ansehen, gleichzeitig aber ihre **Verschiedenartigkeit zur Ehe respektieren**.

15 Die Rechtsprechung hat sich im Prinzip für das **Regelungsmodell (4)** entschieden. Eine pauschale Analogie zum Eherecht (im Sinne des Regelungsmodells (3)) wird zu Recht abgelehnt.[8] Eherechtliche Normen, die keinen ehespezifischen Gehalt aufweisen, sondern an das Bestehen einer Nähebeziehung anknüpfen (wie etwa der Haftungsmaßstab des § 1359 BGB[9]) können allerdings analog anwendbar sein.

2. Rechtslage während des Zusammenlebens

16 Die Rechtslage während des Zusammenlebens soll anhand einiger wichtiger Teilbereiche erläutert werden:

a) Eigentums- und Besitzverhältnisse

aa) Mitgebrachte Gegenstände

17 Während des Zusammenlebens bleibt jeder Partner grundsätzlich (also ohne besonderen Übertragungsakt) Eigentümer seiner mitgebrachten Sachen. Der andere Partner hat regelmäßig die Befugnis zum Mitbesitz und Mitgebrauch. Diese Befugnis beruht allerdings – sofern die Partner keinen Vertrag abschließen – auf einer jederzeit frei widerruflichen Gestattung des Eigentümers.

bb) Während des Zusammenlebens angeschaffte Gegenstände

18 Werden Gegenstände für den gemeinsamen Haushalt während des Zusammenlebens angeschafft, so ist die Eigentumslage schwieriger. Bringt der handelnde Lebenspartner zum Ausdruck, für wen er erwerben will (nur für sich allein, nur für seinen Lebensgefährten, für beide gemeinsam zu Miteigentum), so gilt dies. Im Übrigen greifen die Regeln über das **Geschäft für den, den es angeht**. Ist die Person des Erwerbers für den Veräußerer gleichgültig, wie insbesondere bei Bargeschäften, so zählt die **innere Willensrichtung des Handelnden**. Diese ist freilich oft zweifelhaft und **anhand von Indizien** zu ermitteln. Als entscheidendes Indiz dürfte regelmäßig die **Finanzierung des Gegenstands** angesehen werden.[10]

8 BGH NJW 1980, 124 (125).
9 OLG Karlsruhe FamRZ 1992, 940.
10 OLG Hamm NJW 1989, 909; OLG Köln NJW-RR 1996, 1411.

Beispiel: Nach längerer Beziehung trennen sich F und M. Beide beanspruchen eine Kommode für sich, die 4 Jahre zuvor von M angeschafft wurde. Vom Kaufpreis hatte F 200 EUR, M 100 EUR gezahlt. Hier ist von einem Erwerb zu Miteigentum auszugehen, und zwar im Verhältnis der Beiträge, lediglich hilfsweise zur Hälfte. F wäre demnach Miteigentümerin zu 2/3, M zu 1/3. 19

Ausschließlich zum persönlichen Gebrauch eines Partners bestimmte Sachen erwirbt allerdings im Zweifel der, für dessen Gebrauch sie bestimmt sind (Rechtsgedanke des § 1362 II BGB). 20

cc) Keine analoge Geltung von § 1362 I BGB

Die Gläubigerschutzvorschrift des § 1362 I BGB, wonach zugunsten der Gläubiger vermutet wird, dass die im Besitz eines oder beider Ehegatten befindlichen beweglichen Sachen ihrem jeweiligen Schuldner-Ehegatten gehören, gilt für die nichteheliche Lebensgemeinschaft nicht (str.). Die Interessenlage ist zwar vergleichbar, weil auch bei der nichtehelichen Lebensgemeinschaft die Gefahr von Vermögensvermischungen und der Verschleierung der wahren Eigentumslage besteht. Nach dem BGH scheidet eine Analogie aber mangels planwidriger Regelungslücke aus, da der Gesetzgeber eine Erweiterung des Anwendungsbereichs auf nichteheliche Lebensgemeinschaften ausdrücklich abgelehnt hat.[11] Die Frage, ob sich daraus eine gegen Art. 6 I GG verstoßende Schlechterbehandlung der Ehe ergibt, hat der BGH offengelassen.[12] 21

dd) Besitzschutz

Regelmäßig wird die Berechtigung des Nicht-Eigentümer-Partners zum Mitbesitz der Haushaltsgegenstände auf einer jederzeit frei widerruflichen Gestattung des anderen Partners beruhen (vgl. hierzu → Rn. 17). Sein Recht zum Besitz entfällt daher grundsätzlich mit Widerruf. Entzieht ihm sein Partner den (nunmehr unberechtigten) Besitz durch verbotene Eigenmacht (zB indem er das Wohnungsschloss austauscht), so genießt er gleichwohl den possessorischen Besitzschutz aus §§ 859 ff. BGB. 22

b) Verpflichtungsgeschäfte

aa) Verträge mit Dritten

Schließen nichteheliche Partner Verträge mit Dritten und wollen sie sich beide verpflichten, so werden sie **beide Vertragspartei**. Sie sind Gesamtgläubiger (§ 428 BGB) und Gesamtschuldner (§ 421 BGB). Beim Vertragsschluss kann auch nur ein Partner handeln und den anderen (mit-)verpflichten, wenn die Voraussetzungen der §§ 164 ff. BGB vorliegen. Eine **gesetzliche Verpflichtungsermächtigung** (wie im Rahmen von § 1357 BGB für Ehegatten) gibt es für unverheiratete Paare **nicht**. Im Einzelfall kann ein Partner freilich für die Verträge des anderen über die Grundsätze der Anscheinsvollmacht haften. 23

An der Beendigung des Vertragsverhältnisses müssen beide mitwirken; umgekehrt muss die Beendigung des Vertragsverhältnisses durch die Gegenseite gegenüber beiden ausgesprochen werden (Rechtsgedanke des § 351 S. 1 BGB). 24

Unter Umständen können auch **Verträge, die nur ein Partner schließt, Schutzwirkungen** für den anderen Partner entfalten, wenn die Voraussetzungen des Vertrags 25

11 BGHZ 170, 187 Rn. 14 ff. = NJW 2007, 992.
12 BGHZ 170, 187 Rn. 21 ff. = NJW 2007, 992.

mit Schutzwirkung für Dritte (Gläubigernähe, Leistungsnähe, Erkennbarkeit und Schutzbedürftigkeit) erfüllt sind. Das Kriterium der Gläubigernähe wird aufgrund des Bestehens einer nichtehelichen Lebensgemeinschaft regelmäßig gegeben sein.

26 **Beispiele:** In den Schutzbereich eines Mietvertrags, den nur ein Partner schließt, ist auch der andere miteinbezogen, wenn auch er das Mietobjekt bewohnen soll. In den Schutzbereich eines auf Schwangerschaftsverhütung gerichteten Vertrags zwischen Arzt und Patientin ist auch ihr nichtehelicher Partner einbezogen, sodass dieser, im Fall eines Behandlungsfehlers, vom Arzt Ersatz aus §§ 280 I, 241 II BGB für die ihn treffenden Unterhaltspflichten nach §§ 1601 ff. BGB und § 1615l BGB verlangen kann.[13]

⇨ Fall Nr. 11 – Szenen einer wilden Ehe

bb) Verträge der Partner untereinander

27 Die Partner können auch miteinander Verträge schließen. Das gilt insbesondere auch für Verträge, die der Ausgestaltung ihrer nichtehelichen Lebensgemeinschaft dienen. Diese Verträge sind nicht deshalb sittenwidrig (§ 138 BGB), weil sie das nichteheliche Zusammenleben ermöglichen oder fördern. Der BGH formuliert ganz allgemein, Rechtsgeschäfte „in einer nichtehelichen Lebensgemeinschaft, die auf Dauer angelegt und von inneren Bindungen getragen ist, [… seien] nicht sittenwidrig, wenn nicht besondere Umstände hinzutreten“.[14] Mit der Annahme solcher besonderer Umstände verfährt die Rechtsprechung zunehmend restriktiv.

28 Verträge unter nichtehelichen Partner können jedoch gegen die guten Sitten verstoßen, wenn sie versuchen, die **Selbstbestimmung eines oder beider Partner im höchstpersönlichen Bereich einzuschränken.** So ist ein Vertrag, der darauf gerichtet ist, empfängnisverhütende Mittel zu verwenden, nicht wirksam, weil der von ihm erfasste engste persönliche Freiheitsbereich einer vertraglichen Regelung entzogen ist.[15] Nach dem BGH soll auch keine Aufklärungspflicht eines Partners darüber bestehen, dass er empfängnisverhütende Mittel, entgegen einer früheren Absprache, abgesetzt hat, da auch hierdurch der Intimbereich dieses Partners unzumutbar beeinträchtigt wäre. Selbst bei einer bewussten Täuschung über den Einsatz empfängnisverhütender Mittel scheiden nach der Rechtsprechung alle (inklusive deliktische) Ansprüche aus.[16] Dies erscheint, insbesondere vor dem Hintergrund der Interessen des Kindes, das durch finanzielle Sanktionen gegen den Elternteil mittelbar betroffen wäre, gerechtfertigt. Auch sonstiges persönliches Verhalten in der Partnerschaft (zB Partnertreue) kann keiner verbindlichen vertraglichen Regelung unterworfen oder mittelbar (durch unselbstständige Strafgedinge oder die Vereinbarung hoher Abfindungen für den Fall einer einseitigen Auflösung der Partnerschaft) erzwungen werden.

29 Die Problematik liegt jedoch in der Realität meist darin, dass ausdrückliche Verträge zwischen nichtehelichen Lebenspartnern für ihr Zusammenleben oder für den Fall der Trennung fehlen. Zwar können Verträge auch konkludent geschlossen werden, doch ist mit der Annahme konkludenter Vereinbarungen unter Personen in emotionalen Nähebeziehungen Vorsicht geboten[17] (vgl. ausführlich → Rn. 48 ff.).

13 BGH NJW 2007, 989.
14 BGHZ 77, 55 (59) = NJW 1980, 1520 (1521).
15 BGHZ 97, 372 (379) = NJW 1986, 2043 (2045).
16 BGHZ 97, 372 (379 f.) = NJW 1986, 2043 (2045).
17 BGHZ 97, 372 (378) = NJW 1986, 2043 (2044).

c) Insbesondere: Mietrecht

In den Schutzbereich eines Mietvertrags, den nur ein Partner schließt, ist der andere miteinbezogen. Die Aufnahme eines Lebensgefährten in eine Mietwohnung ist erlaubnispflichtig, § 540 BGB. Während Ehegatten mit Blick auf Art. 6 I GG nicht als „Dritte" iSd Vorschrift eingeordnet werden, gilt diese Privilegierung nach der Rechtsprechung für nichteheliche Lebenspartner nicht.[18] Allerdings besteht gem. § 553 BGB ein (unabdingbarer, vgl. § 553 III BGB) Anspruch auf Aufnahme, es sei denn, in der Person des Lebensgefährten liegt ein wichtiger Grund vor, der Wohnraum würde übermäßig belegt oder dem Vermieter kann die Überlassung aus sonstigen Gründen nicht zugemutet werden, § 553 I 2 BGB. Das Interesse an der Aufnahme darf erst „nach Abschluss des Mietvertrags" (vgl. § 553 I 1 BGB) entstanden sein. 30

Einen wichtigen Grund für die Versagung der Einwilligung bilden konkrete Anhaltspunkte, dass der Dritte den Hausfrieden stören oder die Mietsache beschädigen könnte. Die Solvenz des Dritten spielt – anders als bei § 563 IV BGB – keine Rolle, weil der Dritte nicht gegenüber dem Vermieter für die Verbindlichkeiten aus dem Mietverhältnis haftet. 31

⇨ *Fall Nr. 12 – Wohngemeinschaft mit Nebenwirkungen*

d) Haftungsfragen

Im Innenverhältnis der Partner zueinander gilt nach hM die Haftungsprivilegierung des § 1359 BGB (Haftung nur für eigenübliche Sorgfalt iSv § 277 BGB) analog,[19] da diese Vorschrift (ebenso wie die vergleichbaren Vorschriften der §§ 708 und 1664 BGB) nicht an die Ehe als solche, sondern an die enge persönliche Verbundenheit der Beteiligten anknüpfen. 32

e) Unterhalt

Gesetzliche Unterhaltspflichten bestehen zwischen nicht verheirateten Paaren nur im Rahmen von § 1615l BGB, also zugunsten eines nicht verheirateten Partners, der ein gemeinschaftliches Kind betreut (vgl. hierzu → Rn. 93 ff.). Dabei knüpft die Unterhaltspflicht allerdings an die Tatsache der gemeinsamen Elternschaft an und nicht an das Bestehen einer nichtehelichen Lebensgemeinschaft. Das Bestehen einer nichtehelichen Lebensgemeinschaft kann aber im Rahmen der Billigkeitsabwägung nach § 1615l II 4, 5 BGB relevant werden. 33

Vertragliche Unterhaltsansprüche können jederzeit begründet werden. Dies kann allerdings nicht zulasten gesetzlich Unterhaltsberechtigter geschehen. 34

Beispiel: Ein Mann kann sich gegenüber seiner geschiedenen Frau nicht auf mangelnde Leistungsfähigkeit mit der Begründung berufen, er müsse den vereinbarten Unterhalt für den von seiner neuen Freundin in die Beziehung mitgebrachten Sohn zahlen. 35

f) Sorgerecht

Haben nichteheliche Lebenspartner Kinder, so sind sie, anders als verheiratete Eltern, nicht automatisch gemeinsam sorgeberechtigt (vgl. § 1626a BGB). Dies rechtfertigt sich daraus, dass gemeinsame Elternschaft auch außerhalb fester Paarbindungen mög- 36

18 BGHZ 157, 20 = NJW 2004, 56.
19 OLG Celle FamRZ 1992, 941 (942).

lich ist und dass ein gemeinsames Sorgerecht daher nicht in allen Fällen sachgerecht wäre. Bei nichtehelichen Eltern hat daher zunächst nur die Mutter das Sorgerecht inne (§ 1626a III BGB). Zum Erwerb der Mitsorge durch den nichtehelichen Vater sind gemeinschaftliche Sorgeerklärungen der Eltern, ihre spätere Heirat oder eine gerichtliche Übertragung der Mitsorge auf den Vater vorausgesetzt (§ 1626a I Nr. 1–3, II BGB). Der nichteheliche Vater kann nach § 1671 II BGB auch die Alleinsorge anstreben. Näheres vgl. → § 8 Rn. 29.

⇨ *Fall Nr. 14 – Von Impfungen und Fotos*

g) Prozess- und Zwangsvollstreckungsrecht

37 **§ 178 I Nr. 1 ZPO** ermöglicht die Ersatzzustellung an einen „erwachsenen ständigen Mitbewohner", mithin auch an den nichtehelichen Lebenspartner, sofern dieser ständig mit dem Adressaten zusammenlebt. Strittig ist, ob dem nichtehelichen Partner die für Verlobte, Ehegatten und Lebenspartner geltenden Zeugnisverweigerungsrechte aus **§ 383 I Nr. 1, 2, 2a ZPO** (bzw. § 52 I Nr. 1, 2, 2a StPO) zustehen. Dies ist mE zu bejahen, da aufgrund des persönlichen Näheverhältnisses vergleichbare Konfliktsituationen drohen und auch das Bestehen eines Verlöbnisses nicht durch öffentliche Register nachweisbar ist. Die mit § 1362 BGB korrespondierende **Gewahrsamsfiktion des § 739 ZPO** gilt nach umstrittener Ansicht, ebenso wie § 1362 BGB selbst (vgl. hierzu → Rn. 21), für die nichteheliche Lebensgemeinschaft nicht analog.[20]

3. Ansprüche bei Beendigung der nichtehelichen Lebensgemeinschaft durch Trennung

a) Einführung

38 Zu den Hauptproblemen der nichtehelichen Lebensgemeinschaft – sowohl in der Realität als auch in der Klausur – gehört die Frage nach vermögensrechtlichen Ansprüchen der nichtehelichen Partner im Fall der Trennung. Die **für Ehegatten geltenden Vorschriften** über Trennungs- und nachehelichen Unterhalt (§§ 1361, 1569 ff. BGB), Verteilung der Wohnung und des Hausrats (§§ 1361a, 1361b, 1568a, 1568b BGB), Zugewinn- (§§ 1372 ff. BGB) und Versorgungsausgleich gelten für Lebensgefährten **nicht analog**. Bei Trennung hat jeder Partner **grundsätzlich** das **Recht zur Mitnahme** und den Anspruch auf Herausgabe **der ihm gehörenden Sachen**. Miteigentum ist nach den Regeln über die Bruchteilsgemeinschaft (§§ 749 ff. BGB) auseinanderzusetzen. Die für Ehegatten geltende Vermutung des § 1568b II BGB, dass Haushaltsgegenstände, die während der Ehe für den gemeinsamen Haushalt angeschafft wurden, als gemeinsames Eigentum der Ehegatten gelten, gilt nicht analog. Für gemeinsam besessenes Mobiliar greift aber die widerlegliche Miteigentumsvermutung aus § 1006 I BGB, es sei denn, dass ein Partner den Nachweis führt, dass er die Sache schon vor dem Zusammenleben besaß.[21]

39 Grundsätzlich ist dies auch richtig, da die nichtehelichen Lebenspartner sich, aus welchen Gründen auch immer, gegen die Form der Ehe für ihre Partnerschaft entschieden haben. **Problematisch** wird der Grundsatz jedoch dann, wenn im Rahmen

20 BGHZ 170, 187 Rn. 13 ff. = NJW 2007, 992.
21 OLG Karlsruhe BeckRS 2006, 9710.

der Partnerschaft durch den einen Partner **Leistungen oder Zuwendungen an den anderen** erbracht wurden. Typische Konstellationen sind:

- langjährige Mitarbeit im Betrieb des Partners, für die kein Lohn gezahlt wurde
- Begleichung von Schulden des Partners
- Arbeiten am oder Investitionen in das Haus des Partners
- Übertragung größerer Vermögenswerte an den Partner

Nach der Trennung stellt sich für den leistenden Partner oft die Frage, ob er Rückgabe oder Ausgleich vom anderen verlangen kann. 40

b) Grundsatz: Nichtausgleichung

Ausgangspunkt der hM ist, dass es bei Trennung der Partner **grundsätzlich keine vermögensrechtlichen Ausgleichsansprüche** gibt (Grundsatz der Nichtausgleichung). Nach dem BGH stehen bei der nichtehelichen Lebensgemeinschaft die persönlichen Beziehungen derart im Vordergrund, dass sie auch das vermögensmäßige Handeln der Partner bestimmen und daher nicht nur in persönlicher, sondern **auch in wirtschaftlicher Hinsicht keine Rechtsgemeinschaft** besteht. Beiträge zur Lebensgemeinschaft werden geleistet, sofern Bedürfnisse entstehen, und wenn nicht von beiden, so von dem, der dazu in der Lage ist. **Wenn die Partner nicht durch Vertrag etwas Besonderes unter sich geregelt haben**, was nur selten der Fall ist (vgl. hierzu → Rn. 48), werden **persönliche und wirtschaftliche Leistungen bei Trennung nicht ausgeglichen**. Gemeinschaften dieser Art sei – ähnlich wie einer Ehe – die Vorstellung grundsätzlich fremd, für Leistungen im gemeinsamen Interesse könnten ohne besondere Vereinbarung „Gegenleistung", „Wertersatz", „Ausgleich" oder „Entschädigung" verlangt werden.[22] 41

An diesem Grundsatz hält der BGH weiterhin fest, soweit es um die **laufenden Beiträge zur Aufrechterhaltung der Lebensgemeinschaft** geht.[23] Derartige Leistungen würden in dem Bewusstsein erbracht, dass jeder Partner nach seinen Möglichkeiten zur Gemeinschaft beizutragen habe und könnten daher nach der Beendigung der nichtehelichen Lebensgemeinschaft nicht zurückgefordert oder ausgeglichen werden. Derartige Leistungen sind zudem im Trennungszeitpunkt kaum noch zu erfassen. Im Übrigen kann auf den Rechtsgedanken des § 1360b BGB verwiesen werden, wonach derjenige, der zum Unterhalt der Familie einen höheren Beitrag leistet als ihm obliegt, im Zweifel nicht beabsichtigt, vom anderen Ersatz zu verlangen. 42

Beispiele: Für Lebensmitteleinkäufe, die Pflege von Kindern oder Angehörigen, die Gewährung von Unterhalt oder Wohnraum, die Tragung von Hypothekenzinsen für die gemeinsam genutzte Wohnung, gelegentliche Handwerkerleistungen rund ums Haus kann bei Trennung kein Ausgleich verlangt werden. 43

⇨ *Fall Nr. 12 – Wohngemeinschaft mit Nebenwirkungen*

c) Ausnahme: Wesentliche Beiträge

Der Grundsatz löst jedoch dann Störgefühle aus, wenn ein Partner zugunsten des Anderen Leistungen erbracht hat, die **deutlich über den Rahmen dessen hinausgehen, was zur Aufrechterhaltung der Lebensgemeinschaft erforderlich** war und 44

22 BGHZ 176, 234 Rn. 16 = NJW 2008, 2333; BGHZ 177, 193 Rn. 17 = NJW 2008, 3277.
23 Vgl. BGHZ 177, 193 Rn. 25 = NJW 2008, 3277.

die beim anderen Partner bleibende Vermögenswerte hinterlassen haben. Denn obwohl die Entscheidung für eine nichteheliche Lebensgemeinschaft eine Entscheidung gegen die Rechtsform der Ehe ist, liegt in ihr regelmäßig nicht die Entscheidung für einen gänzlich rechtsfreien Raum.[24] Für wesentliche Beiträge hält der BGH nicht nur (gesellschafts-)vertragliche Ansprüche für möglich, sondern, seit einer Rechtsprechungsänderung aus dem Jahr 2008, insbesondere auch Ausgleichsansprüche aus § 313 BGB und § 812 I 2 Alt. 2 BGB (Zweckverfehlungskondiktion).[25]

45 **Beispiel:** F erwirbt ein Grundstück, das mit einem Einfamilienhaus bebaut ist. Das Anwesen soll für sie und ihren Lebensgefährten M als gemeinsame Wohnung dienen. Zur Renovierung des Hauses, deren Kosten mit 160.000 EUR veranschlagt sind, trägt M finanzielle Leistungen und Arbeitsleistungen im Wert von insgesamt 90.000 EUR bei.

d) Übersicht der in Betracht kommenden Anspruchsgrundlagen

46 Bei (gegenständlichen und nicht gegenständlichen) Leistungen, die sich im Vermögen des anderen Partners niederschlagen, sind in der Klausur folgende Anspruchsgrundlagen anzudenken und (ggf. nur kurz) anzusprechen:

47

Ansprüche nach Beendigung einer nichtehelichen Lebensgemeinschaft durch Trennung
1. Ansprüche aus analoger Anwendung verlöbnis- und eherechtlicher Vorschriften (insbesondere §§ 1298 f., 1301, 1372 ff. BGB) Derartige Ansprüche sind (außer wenn die Parteien tatsächlich verlobt waren) aus den oben genannten Gründen (vgl. → Rn. 38 f.) abzulehnen und sollten allenfalls kurz erwähnt werden. **2.** Ansprüche aus Vertragsverhältnissen Klausurrelevant sind Ansprüche aus Dienst- und Werkvertrag, Darlehen, Schenkung und Auftrag **3.** Ansprüche aus beendeter BGB-Innengesellschaft, §§ 730 ff. BGB **4.** Ansprüche auf Aufwendungsersatz aus GoA, §§ 683 S. 1, 670 BGB **5.** Ansprüche aus Gesamtschuldnerausgleich, § 426 I, II BGB **6.** Ansprüche aus Wegfall der Geschäftsgrundlage, § 313 BGB **7.** Ansprüche aus Zweckverfehlungskondiktion, § 812 I 2 Alt. 2 BGB

e) Ansprüche aus Vertragsverhältnissen

48 Wie üblich sind vertragliche Ansprüche **vorrangig** zu prüfen. Bei Dienst- und Werkleistungen eines Partners, zB Pflegeleistungen oder Arbeiten am Haus, kommen Ansprüche aus Dienst- oder Werkvertrag (§§ 611, 631 BGB), für die Zahlung von Schulden des Partners Ansprüche aus Auftrag (§ 662 BGB), für eine Gebrauchsüberlassung Ansprüche aus Mietvertrag (§ 535 BGB) und für die Überlassung von Geld oder Gegenständen ein Darlehen oder eine Schenkung (§§ 488, 516 BGB) in Betracht. Diese Verträge können auch von den Partnern einer nichtehelichen Lebensgemeinschaft geschlossen werden, ggf. auch konkludent (vgl. → Rn. 29). Mit der Annahme des **erforderlichen Rechtsbindungswillens** ist aber Vorsicht geboten. Bei einer nichtehelichen Lebensgemeinschaft stehen nach der Rechtsprechung die persönlichen Beziehungen derart im Vordergrund, dass sie auch das vermögensmäßige Handeln der

24 Vgl. BGHZ 177, 193 Rn. 26 = NJW 2008, 3277.
25 BGHZ 177, 193 Rn. 33 = NJW 2008, 3277.

Partner bestimmen. **Leistungen** werden daher **im Zweifel nicht aufgrund von Verträgen** erbracht. Zur Annahme eines Vertragsschlusses bedarf es **besonderer tatsächlicher Anhaltspunkte**, dass die Partner die infrage stehende Leistung aus dem rein tatsächlichen wechselseitigen Leistungsgefüge herausnehmen und einer vertraglich verbindlichen Regelung zuführen wollten.[26] In den meisten Fällen wird ein Rechtsbindungswille nicht nachweisbar sein.

Besonders klausurrelevant ist der Rückgabe- bzw. Wertersatzanspruch aus §§ 530, 531 II, 812 I 2 Alt. 1 BGB. 49

50

Anspruch auf Herausgabe nach bereicherungsrechtlichen Grundsätzen nach Schenkungswiderruf, §§ 530, 531 II, 812 I 2 Alt. 1 BGB

1. Schenkung iSv § 516 BGB
2. Widerrufsgrund: Grober Undank gegen Schenker oder nahen Angehörigen, § 530 BGB
3. Widerrufserklärung, § 531 I BGB

Rechtsfolge: Herausgabe nach §§ 531 II, 812 I 2 Alt. 1 BGB (Rechtsgrundverweisung)

Bei Zuwendungen unter nichtehelichen Partnern (Gleiches gilt für Zuwendungen unter Ehegatten) wird es aber häufig schon am Tatbestand einer **Schenkung** fehlen. Für eine Schenkung ist eine **Zuwendung aus dem Vermögen des Schenkers** erforderlich, die zu einer Bereicherung beim Beschenkten und einer Entreicherung beim Schenker geführt hat, wobei sich die **Parteien subjektiv darüber einig** sein müssen, dass die Zuwendung **unentgeltlich**, iS echter Freigiebigkeit, erfolgt. 51

Beachte: Eine Zuwendung erfordert die **Übertragung von Vermögenssubstanz**. Deswegen können Arbeitsleistungen nicht geschenkt werden (möglich ist die unentgeltliche Erledigung im Rahmen eines Auftrags).[27] 52

Bei Lebenspartnern fehlt es häufig an einer **Einigung über die Unentgeltlichkeit** in diesem Sinne, weil der Zuwendende an die Leistung idR die Erwartung knüpft, die Lebensgemeinschaft werde fortbestehen. Deswegen stellt eine Zuwendung unter Lebenspartnern, der die Vorstellung zu Grunde liegt, dass die Lebensgemeinschaft Bestand haben werde, oder die sonst um der Lebensgemeinschaft willen oder als Beitrag zu ihrer Verwirklichung erbracht wird, keine Schenkung, sondern eine sog. **unbenannte bzw. gemeinschaftsbezogene Zuwendung** dar.[28] Im Übrigen wird auch regelmäßig ein **Widerrufsgrund** fehlen. Grober Undank setzt eine objektiv schwere Verletzung der Verpflichtung zur Rücksichtnahme auf die Belange des Schenkers voraus und subjektiv eine Gesinnung des Beschenkten, die in erheblichem Maß die Dankbarkeit vermissen lässt, die der Schenker erwarten kann.[29] 53

Beispiel: M zieht in die Wohnung der F ein. Da F in diesem Monat etwas klamm ist, übergibt ihr M den erforderlichen Geldbetrag für die Miete (500 EUR). 2 Monate später kommt es zur Trennung, weil sich F mit einem Arbeitskollegen des M eingelassen hat. M will nun die „geschenkten" 500 EUR zurück. – Ein Anspruch aus § 488 I 2 BGB scheitert daran, dass der erforderliche Rechtsbindungswille nicht durch besondere tatsächliche Anhaltspunkte belegt ist. Ein Anspruch aus §§ 530, 531 II, 812 I 2 Alt. 1 BGB 54

26 BGHZ 176, 262 Rn. 17 = NJW 2008, 2333.
27 BGH NJW 2015, 1523.
28 BGHZ 177, 193 Rn. 15 = NJW 2008, 3277.
29 BGH NJW 2014, 3021 (3022).

scheidet ebenfalls aus. Es fehlt bereits am Tatbestand einer Schenkung. Denn die 500 EUR wurden nicht unentgeltlich, iS echter Freigiebigkeit und zur freien Verfügung der F übergeben, sondern sollten einen Beitrag des M zum Zusammenleben darstellen. Abgesehen davon wäre die Affäre mit dem Arbeitskollegen nicht geeignet, groben Undank zu begründen. Die Beziehungen nichtehelicher Partner sind auf völliger Freiheit aufgebaut und jeder Partei steht das Recht zu, sich nach Belieben zu trennen, ohne dass hieraus Rechtsnachteile entstehen sollen. Grober Undank liegt erst vor, wenn ein Partner auch noch Geschenke annimmt, obwohl er sich (insgeheim) bereits anderen Partnern zugewandt hat. Dies stellt einen groben Vertrauensbruch und eine Herabsetzung der Würde des Schenkers dar, die die gebotene Dankbarkeit vermissen lässt.[30] Da F die Beziehung zum Arbeitskollegen jedoch erst nach der Übergabe der 500 EUR aufgenommen hat, liegt diese Konstellation hier nicht vor.

f) Ansprüche aus beendeter BGB-Innengesellschaft, §§ 730 ff. BGB

55 Ausgleich nach den Vorschriften über die bürgerlich-rechtliche Gesellschaft kann in Betracht kommen, wenn die Partner ausdrücklich oder konkludent einen entsprechenden **Gesellschaftsvertrag** geschlossen haben. Bei Auflösung einer GbR sind jedem Gesellschafter die Gegenstände, die er der Gesellschaft zur Benutzung überlassen hat, zurückzugeben (§ 732 S. 1 BGB). Geldeinlagen sind zurückzugewähren und für Einlagen, die nicht in Geld bestanden haben, ist der Wert zu ersetzen (§ 733 II BGB). Ein verbleibender Überschuss ist unter den Gesellschaftern nach dem Verhältnis ihrer Anteile zu teilen (§ 734 BGB). Um diese Ansprüche bejahen zu können, müssen sich die nichtehelichen Partner allerdings **auf vertraglicher Grundlage** (Rechtsbindungswille!) zur Erreichung eines bestimmten (wirtschaftlichen oder ideellen) **Zwecks** durch **beiderseitige Beiträge** verbunden haben (§§ 705 ff. BGB). Im Einzelnen:

56 **(1) Vertrag.** Es muss ein Gesellschaftsvertrag geschlossen werden. Eine rein faktische Willensübereinstimmung reicht nicht aus. Nach dem BGH kann der Abschluss eines Gesellschaftsvertrags in Betracht kommen, wenn die Parteien die Absicht verfolgt haben, mit dem Erwerb eines Vermögensgegenstands, etwa einer Immobilie, einen Wert zu schaffen, der von ihnen für die Dauer der Partnerschaft nicht nur gemeinsam genutzt werden, sondern ihnen nach ihrer Vorstellung – wenn auch nur wirtschaftlich und nicht formal-juristisch – gemeinsam gehören sollte.[31] **Beurteilungskriterien sind etwa Planung, Umfang und Dauer des Zusammenwirkens, die erbrachten Leistungen und die finanziellen Verhältnisse der Parteien.** Auch die **Art des geschaffenen Vermögenswerts** spielt eine Rolle.[32] Zwar setzt die Rechtsprechung bei einer nichtehelichen Lebensgemeinschaft (anders als bei Ehegatten) nicht voraus, dass ein über den typischen Rahmen der Gemeinschaft hinausgehender Zweck verfolgt wird.

57 Diese Differenzierung wird damit begründet, dass Ehegatten dazu verpflichtet sind, durch ihre Arbeit und mit ihrem Vermögen die Familie angemessen zu unterhalten und dafür grundsätzlich bei Beendigung der Ehe einen angemessenen Ausgleich (insbesondere nach den §§ 1372 ff. BGB) erhalten. Bei der nichtehelichen Lebensgemeinschaft bestünden dagegen weder rechtliche Mitarbeitspflichten noch güterrechtliche Ausgleichsmöglichkeiten. Das erlaube eine großzügigere Anwendung gesellschaftsrechtlicher Auseinandersetzungsregeln.[33]

30 OLG Hamm NJW 1978, 224.
31 BGHZ 177, 193 Rn. 18 = NJW 2008, 3277.
32 BGHZ 177, 193 Rn. 18 = NJW 2008, 3277.
33 BGHZ 177, 193 Rn. 20 = NJW 2008, 3277.

Allerdings bestehen Zweifel am erforderlichen Rechtsbindungswillen, wenn die Partner einen Zweck verfolgen, der nicht über die Verwirklichung der nichtehelichen Lebensgemeinschaft hinausgeht.[34] 58

(2) Gesellschaftszweck. Die Partner müssen in Bezug auf einen bestimmten Vermögensgegenstand den Zweck verfolgen, einen **gemeinschaftlichen erheblichen Wert zu schöpfen**, der von ihnen während ihres Zusammenlebens nicht nur gemeinsam genutzt, sondern **ihnen nach ihrer subjektiven Vorstellung auch gemeinsam gehören** soll.[35] Die formal-dingliche Zuordnung ist dafür nicht entscheidend, entstehen doch die Probleme gerade deshalb, weil formal nur ein Partner Eigentümer ist. Eine über den typischen Rahmen der Lebensgemeinschaft hinausgehende Zweckverfolgung ist (anders als bei Ehegatten) nicht erforderlich (vgl. hierzu bereits → Rn. 56; es gelten dann aber höhere Anforderungen an den Nachweis des Rechtsbindungswillens). Ausreichend wäre zB der Bau eines selbstgenutzten Wohnhauses.[36] 59

(3) Beiderseitige Beiträge. Charakteristisch für eine Gesellschaft ist, dass sich die Partner auf Augenhöhe gegenüberstehen. Eine GbR kann zwischen nichtehelichen Partnern daher nur angenommen werden, wenn beide **gleichberechtigt**, also hierarchisch ungefähr auf derselben Stufe stehend, **wesentliche Beiträge** erbringen.[37] 60

Beispiele: Erwirbt ein Partner ein Grundstück und wird darauf mit den Mitteln des anderen ein Wohnhaus errichtet, so liegen gleichwertige und erhebliche Leistungen vor. Arbeitet ein Partner dagegen nur als Büromitarbeiter im Unternehmen des anderen mit, so sind sie zu verneinen. 61

Anspruch aus beendeter BGB-Innengesellschaft, §§ 730 ff. BGB 62

1. Ausdrücklicher oder konkludenter **Gesellschaftsvertrag** (besonders sorgfältig zu prüfen, wo kein über die nichteheliche Lebensgemeinschaft hinausgehender Zweck verfolgt wird)
2. **Gesellschaftszweck: Schaffung** eines **gemeinschaftlichen Vermögenswerts** (muss nicht über den Rahmen der nichtehelichen Lebensgemeinschaft hinausgehen)
3. Beiderseitige **erhebliche Beiträge** bei gleichgeordneter Stellung der Partner

Rechtsfolge (nach Beendigung der Gesellschaft durch endgültige Trennung): §§ 730 ff. BGB, im Zweifel hälftige Beteiligung am Gesellschaftsvermögen, §§ 734, 722 BGB

g) Ansprüche aus Geschäftsführung ohne Auftrag

Werden Schulden des einen Partners vom anderen beglichen, so kann im Einzelfall ein Auftrag (§ 662 BGB) vorliegen. Regelmäßig ist jedoch der erforderliche Rechtsbindungswille nicht nachweisbar (vgl. hierzu → Rn. 48). In diesem Fall kann das Verauslagte ggf. nach den Regeln über die Geschäftsführung ohne Auftrag (insbesondere §§ 677, 683 S. 1, 670 BGB) zurückgefordert werden. 63

34 BGHZ 177, 193 Rn. 22 = NJW 2008, 3277.
35 BGH NJW-RR 2003, 1658.
36 BGH NJW 2011, 2880.
37 OLG Brandenburg NJW-RR 2015, 516 (517).

64

Anspruch auf Aufwendungsersatz aus GoA, §§ 677, 683 S. 1, 670 BGB

1. Rechtsgeschäftliches oder tatsächliches Tätigwerden
2. Fremdheit
3. Fremdgeschäftsführungswille (vermutet bei auch-fremdem oder fremdem Geschäft)
4. Ohne Auftrag oder sonstige Berechtigung
5. Berechtigung
   a) Geschäftsführung entspricht Wille oder Interesse des Geschäftsherrn, § 683 S. 1 BGB
   b) Erfüllung einer im öffentlichen Interesse liegenden Pflicht, § 679 Alt. 1 BGB
   c) Erfüllung einer gesetzlichen Unterhaltspflicht des Geschäftsherrn, § 679 Alt. 2 BGB
   d) Genehmigung durch Geschäftsherrn, § 684 S. 2 BGB
   Bei fehlender Berechtigung: bereicherungsrechtlichen Wertersatzanspruch nach §§ 684 S. 1, 818 ff. BGB prüfen.
6. Keine Schenkungsabsicht, § 685 BGB

Rechtsfolge: Ersatz der erforderlichen Aufwendungen, § 670 BGB

65 Schuldtilgungen und andere Leistungen eines Partners dienen meist der Verwirklichung der Lebensgemeinschaft und erfolgen daher im beiderseitigen Interesse. Zwar genügt grundsätzlich für die Anwendbarkeit der GoA-Regeln ein auch-fremdes Geschäft, und auch bei diesem wird nach der hM der Fremdgeschäftsführungswille vermutet. Bei nichtehelichen Lebensgemeinschaften ist der **Fremdgeschäftsführungswille** jedoch für Leistungen, die **während der Bestehensdauer** der Lebensgemeinschaft **im gemeinsamen Interesse** erbracht werden, **regelmäßig widerlegt.** Denn in einer Lebensgemeinschaft ist grundsätzlich davon auszugehen, dass persönliche und wirtschaftliche Leistungen der Partner, die der Verwirklichung der Gemeinschaft dienen, nicht abgerechnet, sondern ersatzlos von demjenigen Partner erbracht werden sollen, der dazu in der Lage ist.[38]

66 Ein **Fremdgeschäftsführungswille** ist **ausnahmsweise** anzunehmen bei **Leistungen,** die erst **nach Trennung** erbracht werden (und daher nicht mehr der Verwirklichung der Lebensgemeinschaft dienen können)[39] und bei Leistungen, die **nur dem eigenen Lebensbereich des anderen Partners** zugutekommen und mit dem gemeinsamen Leben nichts zu tun haben. Letzteres wird aber selten anzunehmen sein. So hat der BGH etwa bei der Tilgung des Kredits für einen Pkw, den der andere Partner für seinen Beruf brauchte, einen Bezug zur Lebensgemeinschaft bejaht, weil die Parteien ihren Lebensunterhalt auch aus dem beruflichen Einkommen dieses Partners bestritten.[40]

h) Ansprüche aus Gesamtschuldnerausgleich, § 426 I, II BGB

67 **Beispielsfall:** M und F mieten gemeinsam eine Wohnung an. F ist Studentin und noch nicht erwerbstätig. M zahlt daher die Miete für Mai und Juni iHv 2.000 EUR. Ende Oktober kommt es zum Streit und die Parteien trennen sich. Zu diesem Zeitpunkt sind noch die Mieten für September und Oktober (2.000 EUR) offen. Im November begleicht M die rückständigen Mieten und außerdem die Novembermiete (1.000 EUR). Er ist der Meinung, dass er von F hälftigen Ersatz für alle Mieten (also insgesamt 2.500 EUR) verlangen kann. Zu Recht?

38 BGH NJW 1981, 1502 (1503).
39 BGH NJW 1981, 1502 (1503).
40 BGH NJW 1981, 1502 (1503).

Sind die nichtehelichen Partner Gesamtschuldner (§§ 427, 421 BGB), wird die Forderung jedoch nur von einem beglichen, so besteht ggf. ein hälftiger Ersatzanspruch aus Gesamtschuldnerausgleich. Der Grundsatz des § 426 I 1 BGB, dass die Schuldner im Innenverhältnis zu gleichen Teilen verpflichtet sind, gilt jedoch nur, „soweit nicht ein anderes bestimmt ist" (§ 426 I 1 aE BGB). Die anderweitige Bestimmung kann sich aus dem Gesetz, einer Vereinbarung, Inhalt und Zweck des Rechtsverhältnisses oder auch aus „der Natur der Sache" ergeben. Nach dem BGH ergibt sich bei einer nichtehelichen Lebensgemeinschaft „aus der Natur der Sache", dass – wenn die Partner nichts anderes vereinbaren – **Leistungen während der Dauer der Gemeinschaft** von dem erbracht werden, der dazu in der Lage ist und dass über derartige Leistungen nicht nachträglich abgerechnet wird.[41] Dies gilt nicht nur für Leistungen, die während der Dauer der Gemeinschaft erbracht werden, sondern auch für solche, **die während der Dauer des Zusammenlebens zu erbringen gewesen wären** (sprich: fällig geworden sind), auch wenn sie tatsächlich erst nach Trennung erbracht wurden. Denn maßgeblich ist, ob die Schuld noch der Verwirklichung der nichtehelichen Lebensgemeinschaft zuzuordnen ist, nicht der Zeitpunkt der Leistung.[42] Im Beispielsfall besteht daher ein Anspruch aus Gesamtschuldnerausgleich nur hinsichtlich der Miete (November), die **erst nach Beendigung der nichtehelichen Lebensgemeinschaft fällig** geworden ist. Denn mit der Trennung der Lebensgefährten kommt grundsätzlich wieder der gesetzliche Regelfall der Haftung zu gleichen Anteilen gem. § 426 I 1 BGB zur Anwendung.[43] 68

⇨ *Fall Nr. 12 – Wohngemeinschaft mit Nebenwirkungen*

i) Ansprüche aus Störung der Geschäftsgrundlage einer unbenannten Zuwendung oder eines familienrechtlichen Kooperationsvertrags (§ 313 BGB)

Bis 2008 war der BGH der Ansicht, das Scheitern einer nichtehelichen Lebensgemeinschaft lasse die Geschäftsgrundlage für etwaige Leistungen im Rahmen der Gemeinschaft nicht entfallen, weil die Partner auf den Fortbestand der Gemeinschaft nicht vertrauen könnten.[44] Hieran hält der BGH weiterhin fest, allerdings nur für Leistungen, die der Erfüllung der laufenden Unterhaltsbedürfnisse dienen (zB Entrichtung der Miete für die gemeinsam genutzte Wohnung). Solche Leistungen werden in dem Bewusstsein erbracht, dass jeder Partner nach seinen Möglichkeiten zur Gemeinschaft beizutragen habe, haben ihren Unterhaltszweck mit der Leistung erfüllt und können nach Beendigung der Lebensgemeinschaft nicht rückwirkend als zwecklos erachtet werden.[45] 69

Für über diesen Rahmen hinausgehende Leistungen hat der BGH seine **strenge Linie aufgegeben**. Er ist jetzt der Ansicht, nichteheliche Partner wüssten zwar, dass die Lebensgemeinschaft jederzeit beendet werden kann, gegenseitige Leistungen würden aber regelmäßig trotzdem in der Erwartung erbracht, dass die Gemeinschaft Bestand haben werde. Soweit der leistende Partner auf den Fortbestand der Gemeinschaft tatsächlich und für den Empfänger erkennbar vertraut hat, so sei dies schutzwürdig und könne einen Anspruch aus § 313 BGB begründen.[46] 70

41 BGH NJW 2010, 868 (869).
42 BGH NJW 2010, 868 (869).
43 OLG Bremen NJW 2016, 1248.
44 Vgl. etwa BGH NJW 1996, 2727.
45 Vgl. BGHZ 177, 193 Rn. 25 = NJW 2008, 3277.
46 BGHZ 177, 193 Rn. 32 ff. = NJW 2008, 3277.

71

Anspruch wegen Störung der Geschäftsgrundlage (§ 313 BGB)

1. Erhebliche Zuwendung oder Arbeitsleistung, die zu einem messbaren, noch vorhandenen Vermögenszuwachs beim Anderen geführt hat
2. Zugrunde liegende erkennbare Erwartung des Leistenden, die Lebensgemeinschaft werde Bestand haben
3. Unzumutbarkeit des Festhaltens an den geschaffenen Vermögensverhältnissen

Rechtsfolge: Angemessene Beteiligung am geschaffenen Vermögenswert

72 Erforderlich ist zunächst eine **Zuwendung oder Arbeitsleistung**. Eine Zuwendung liegt nur vor, wenn Vermögenssubstanz übertragen wird. Arbeitsleistungen erfüllen den Zuwendungsbegriff nicht (vgl. hierzu bereits → Rn. 52), können aber ebenfalls einen Ausgleich nach § 313 BGB begründen. Die Zuwendung bzw. Leistung muss **über den Rahmen von gewöhnlichen Beiträgen** zur Ausgestaltung des Zusammenlebens hinausgehen. Für die Einordnung, ob ein Beitrag gewöhnlich ist oder nicht, ist dabei nicht entscheidend, ob er laufend oder in Form einer größeren Einmalzahlung erbracht wird.[47] Sonst wäre nämlich der Partner privilegiert, der zB die Miete für das ganze Jahr auf einmal zahlt.

73 Der Leistung muss die (für den Anderen erkennbare) **Erwartung** zugrunde liegen, die Lebensgemeinschaft werde Bestand haben. Anders als für den Anspruch aus Zweckverfehlungskondiktion (vgl. zu diesem → Rn. 78 ff.), ist eine konkrete Zweckvereinbarung allerdings nicht erforderlich, sodass der (weniger voraussetzungsreiche) Anspruch aus § 313 BGB vor dem Anspruch aus § 812 I 2 Alt. 2 BGB zu prüfen ist.

74 Ein korrigierender Eingriff ist nach dem BGH grundsätzlich nur gerechtfertigt, wenn dem Leistenden die Beibehaltung der geschaffenen Vermögensverhältnisse nach Treu und Glauben **unzumutbar** ist. Maßgebend ist eine Gesamtabwägung der Umstände des Einzelfalls, in die insbesondere der Zweck der Zuwendung einzubeziehen ist. Ebenso sind zu berücksichtigen: inwieweit der verfolgte Zweck erreicht wurde;[48] Dauer der Lebensgemeinschaft; Alter der Parteien; Art und Umfang der erbrachten Leistungen; Höhe der dadurch bedingten und noch vorhandenen Vermögensmehrung; beiderseitige Einkommens- und Vermögensverhältnisse.[49]

75 **Beispiel:** Selbst umfangreiche Investitionen am Haus des Anderen sind uU nicht auszugleichen, wenn der Leistende dafür jahrelang mietfrei im Haus wohnen durfte.[50]

76 Als **Rechtsfolge** bei Unzumutbarkeit des Festhaltens an der bestehenden Vermögenslage kann keine Bezahlung, sondern nur eine **angemessene Beteiligung am gemeinsam Erwirtschafteten** verlangt werden. Der Ausgleichsanspruch ist **in zweifacher Weise begrenzt:** Zum einen durch den Betrag, um den das Vermögen des Anderen zur Zeit des Wegfalls der Geschäftsgrundlage noch vermehrt ist, zum anderen durch die ersparten Kosten einer fremden Arbeitskraft.[51]

47 BGHZ 177, 193 Rn. 40 = NJW 2008, 3277.
48 BGHZ 177, 193 Rn. 44 = NJW 2008, 3277.
49 BGH NJW 2013, 2187 (2188).
50 BGH NJW 2013, 2187.
51 BGHZ 177, 193 Rn. 45 = NJW 2008, 3277.

j) Bereicherungsrechtliche Ansprüche

§ 812 BGB enthält 4 verschiedene Anspruchsgrundlagen: Die Leistungskondiktion (§ 812 I 1 Alt. 1 BGB), die Nichtleistungskondiktion (§ 812 I 1 Alt. 2 BGB), die *condictio ob causam finitam* (§ 812 I 2 Alt. 1 BGB) und die Zweckverfehlungskondiktion (§ 812 I 2 Alt. 2 BGB). Für Ansprüche nichtehelicher Partner wegen Wertzuführungen zum Vermögen des anderen Partners kommen die ersten 3 regelmäßig nicht in Betracht: Die Leistungskondiktion scheitert daran, dass die Wertzuführung in der Lebensgemeinschaft ihren Rechtsgrund findet. Im Übrigen stünde auch § 814 BGB einer Rückforderung entgegen, da die Partner wissen, dass sie zur Leistung nicht verpflichtet sind.[52] Der Rechtsgrund (nichteheliche Lebensgemeinschaft) entfällt auch nicht rückwirkend mit der Trennung, sondern allenfalls *ex nunc*. Deshalb scheiden Ansprüche auch nach § 812 I 2 Alt. 1 BGB aus, weil die in der Vergangenheit erfolgten Zuwendungen trotz der Trennung nach wie vor mit Rechtsgrund erfolgt sind.[53] Die Nichtleistungskondiktion schließlich scheitert an deren Subsidiarität. 77

Für möglich hält der BGH jedoch seit einer Grundsatzentscheidung aus dem Jahr 2008 Ansprüche aus Zweckverfehlungskondiktion (§ 812 I 2 Alt. 2 BGB).[54] Nach § 812 I 2 Alt. 2 BGB besteht für den Empfänger eine Pflicht zur Herausgabe, wenn mit der Leistung ein bestimmter Zweck verfolgt wurde, auf den kein Anspruch besteht, und dieser Zweck nicht erreicht wird. Dies setzt zunächst eine **gemeinschaftliche Zweckabrede** voraus, wie sie etwa dann vorliegen kann, wenn die Partner zwar keinen gemeinsamen Vermögenswert schaffen wollen (wie bei einer GbR), der eine aber das Vermögen des Anderen in der Erwartung vermehrt, an dem erworbenen Gegenstand langfristig partizipieren zu können, und der andere Partner diese Erwartung erkennt und widerspruchslos hinnimmt.[55] Einseitig gebliebene Vorstellungen des Leistenden genügen nicht. Daraus folgt zugleich, dass sich **(konkludente) Zweckabreden** regelmäßig **nur bezüglich solcher Zuwendungen oder Arbeitsleistungen** feststellen lassen, die **deutlich über das hinausgehen, was die Gemeinschaft Tag für Tag benötigt** (zB Übertragung des Miteigentumsanteils an einer Immobilie; umfangreiche Investitionen in das Haus des Anderen). In einem solchen Fall kann angenommen werden, dass der Leistende die Erwartung hegt, er werde die Immobilie auch in Zukunft wie bisher nutzen können, und dass der Zuwendungsempfänger diese Vorstellung erkannt und akzeptiert hat. 78

Des Weiteren ist erforderlich, dass der **Zweck verfehlt** wurde. Dabei ist zu beachten, dass ein Zweck bei der Auflösung der Gemeinschaft ggf. schon (teilweise) erreicht wurde. So etwa bei umfangreichen Investitionen, die durch jahrelanges mietfreies Mitwohnen im Haus „kompensiert" wurden. 79

Ist ein Anspruch aus Zweckverfehlungskondiktion dem Grunde nach zu bejahen, so schließt **§ 815 BGB** ihn nicht aus: Denn eine lebenszeitliche Dauer der nichtehelichen Lebensgemeinschaft war nicht von Anfang an unmöglich.[56] Die Vorschrift könnte allenfalls dann eingreifen, wenn der Leistende selbst die Beziehung wider Treu und Glauben gelöst und so den bezweckten Erfolg (lebzeitige Partizipation) wider Treu 80

52 BGH NJW-RR 2009, 1142 (1144).
53 Wellenhofer FamR § 28 Rn. 27.
54 BGHZ 177, 193 Rn. 33 = NJW 2008, 3277.
55 BGHZ 177, 193 Rn. 34 f. = NJW 2008, 3277; NJW-RR 2009, 1142 (1143).
56 BGHZ 177, 193 Rn. 49 = NJW 2008, 3277.

und Glauben verhindert hat. Da es den Partnern einer nichtehelichen Lebensgemeinschaft aber grundsätzlich freisteht, sich jederzeit und aus welchen Gründen auch immer zu trennen, ist dieser Fall praktisch kaum vorstellbar.

81 Als **Rechtsfolge** ist der Anspruch auf Herausgabe des Erlangten, bei Unmöglichkeit der Herausgabe in Natur (zB bei Arbeitsleistungen) auf Wertersatz gerichtet (§ 818 I, II BGB). Soweit eine Entreicherung beim Empfänger eingetreten ist, reduziert sich der Anspruch (§ 818 III BGB). Eine verschärfte Haftung des Empfängers nach § 820 I 1 BGB scheidet nach Ansicht des BGH regelmäßig aus: Der Bestand der nichtehelichen Lebensgemeinschaft stelle keinen beabsichtigten Erfolg dar, dessen Eintritt ungewiss war. Die Partner wüssten zwar um die jederzeitige Auflösbarkeit ihres Verhältnisses. In der Regel werde es sich aber bei der Trennung aus Sicht des Empfängers nur um eine als entfernt angesehene Möglichkeit handeln. Dies sei jedoch noch keine Ungewissheit iSv § 820 I 1 BGB.[57]

82

Anspruch aus Zweckverfehlungskondiktion

1. Erlangtes Etwas
2. Leistung
3. Verfolgung eines Zwecks, auf den kein Anspruch besteht, der aber über die eigentliche Erfüllungswirkung hinausgeht
   Insbesondere: (langfristige/lebzeitige) Teilhabe am Leistungsgegenstand
4. (Stillschweigende) Vereinbarung dieses Zwecks zwischen den Parteien
   Erfordert im Mindestmaß: erkennbare Erwartung, die der andere stillschweigend akzeptiert
5. (Teilweise) Verfehlung des bezweckten Erfolgs
6. Kein Ausschluss nach § 815 BGB

Rechtsfolge: Herausgabe des Erlangten bzw. Wertersatz, § 818 I, II BGB

4. Ansprüche bei Beendigung der Lebensgemeinschaft durch Tod

a) Erbrecht

83 Nichteheliche Lebenspartner haben wechselseitig, insbesondere auch im Wege der Analogie, **kein gesetzliches Erb- oder Pflichtteilsrecht**. Im Todesfall steht ihnen auch kein Zugewinnausgleichsanspruch nach § 1371 BGB zu. Nichteheliche Lebenspartner fallen jedoch nach der Rechtsprechung unter den Begriff der „**Familienangehörigen** des Erblassers" iSv **§ 1969 BGB** und haben daher, sofern der Erblasser dieses Recht nicht durch letztwillige Verfügung ausschließt, **Anspruch auf Weitergewährung von Unterhalt und Weiterbenutzung der Wohnung und der Haushaltsgegenstände** für 30 Tage nach dem Erbfall im vorherigen Umfang.[58]

84 Als **gewillkürter Erbe** kann der nichteheliche Lebenspartner jederzeit eingesetzt werden, allerdings nicht durch gemeinschaftliches Testament der Partner, da diese Testamentsform Ehegatten vorbehalten ist (vgl. § 2265 BGB). Da bei der nichtehelichen Lebensgemeinschaft per Definition (vgl. → Rn. 2) eine von Verantwortungs-

57 BGHZ 177, 193 Rn. 49 = NJW 2008, 3277.
58 OLG Düsseldorf NJW 1983, 1566.

übernahme geprägte Gemeinschaft vorliegt, ist eine letztwillige Verfügung zugunsten des Partners grundsätzlich nicht sittenwidrig (§ 138 BGB).[59]

Umstritten ist, ob ein Testament, das ein Partner während des Bestehens der Lebensgemeinschaft zugunsten des anderen errichtet hat, nach einer Trennung **analog § 2077 I, II BGB** im Zweifel unwirksam ist. Dies wird **überwiegend abgelehnt** mit dem Argument, letztwillige Zuwendungen an den Lebenspartner könnten auf ganz unterschiedlichen Motivationen beruhen. Es fehle deshalb an einer vergleichbaren Lebenserfahrung, wie sie der Vermutungswirkung des § 2077 I 1, II BGB zugrunde liege.[60] Die Gegenansicht scheint aber richtig: Auch bei nichtehelichen Partnern wird der tragende Grund für eine erbrechtliche Zuwendung idR in der bei Testamentserrichtung bestehenden persönlichen Verbindung liegen. Da es sich bei § 2077 BGB ohnehin nur um eine Zweifelsregel handelt, die Raum für abweichende Entscheidungen lässt, erscheint die Analogie angebracht. Folgt man der hM, so kann die letztwillige Verfügung durch Anfechtung nach § 2078 II BGB unwirksam werden. 85

b) Mietrecht

Bei Tod des Mieters hat sein nichtehelicher Lebenspartner, sofern er mit ihm einen auf Dauer angelegten gemeinsamen Haushalt geführt hat, ein (nachrangiges) Eintrittsrecht nach § 563 II 3 BGB. Der Vermieter hat ein Sonderkündigungsrecht, wenn in der Person des Lebensgefährten ein wichtiger Grund vorliegt, § 563 IV BGB. 86

⇨ *Fall Nr. 11 – Szenen einer wilden Ehe*

Beispiel: Eine objektiv feststehende finanzielle Leistungsunfähigkeit des Eintretenden kann einen wichtigen Grund darstellen. Voraussetzung ist aber regelmäßig, dass dem Vermieter ein Abwarten, bis die Voraussetzungen einer Kündigung wegen Zahlungsverzugs nach § 543 II 1 Nr. 3 BGB erfüllt sind, nicht zuzumuten ist. Solche Umstände können zB darin liegen, dass die Mietwohnung fremdfinanziert und der Vermieter aus diesem Grund oder zur Bestreitung seines Lebensunterhalts auf die pünktliche und vollständige Erbringung der Mietzahlungen angewiesen ist. Sie können aber auch darin bestehen, dass schon in dem ursprünglichen Mietverhältnis Zahlungsrückstände aufgelaufen sind, weil die finanziellen Mittel des Mieters und des nunmehr Eingetretenen für die Begleichung der (Brutto-)Miete nicht ausgereicht haben. Eine gefährdet erscheinende Leistungsfähigkeit genügt dagegen regelmäßig nicht.[61] 87

Waren beide Partner Partei des Mietvertrags, gilt § 563a BGB, wonach das Mietverhältnis grundsätzlich mit dem überlebenden Mieter fortgesetzt wird. 88

c) Deliktsrecht

Bei Tötung eines nichtehelichen Partners hat der andere keinen Schadensersatzanspruch aus § 844 II BGB wegen entgangenen Unterhalts, da zwischen nichtehelichen Partnern (von § 1615l BGB für nichteheliche Lebensgemeinschaften mit Kindern abgesehen) keine gesetzlichen Unterhaltspflichten bestehen (vgl. hierzu → Rn. 93 ff.). Der Ersatzpflichtige hat dem hinterbliebenen Lebensgefährten aber uU für das zugefügte **seelische Leid** eine angemessene **Geldentschädigung** zu leisten (§ 844 III 1 BGB). Anders als für Ehegatten wird das für diesen Anspruch erforderliche besondere per- 89

59 BGH NJW 1984, 2150 (2151).
60 OLG Celle NJW-RR 2003, 1304.
61 BGHZ 217, 263 Rn. 27 ff. = NJW 2018, 2397.

sönliche Näheverhältnis allerdings nicht nach § 844 III 2 BGB vermutet, sondern wäre durch den Lebensgefährten zu beweisen.

d) Ausgleichsansprüche wegen Zuwendungen und sonstiger Leistungen

90 Ausgleichsansprüche wegen Zuwendungen und sonstiger Leistungen besitzen eine hohe Klausur- und Praxisrelevanz, wenn die nichteheliche Lebensgemeinschaft durch Trennung beendet wird (vgl. hierzu → Rn. 38 ff.). Bedeutsam sind insbesondere Ansprüche aus Wegfall der Geschäftsgrundlage und Zweckverfehlungskondiktion, die der BGH seit seiner Grundsatzentscheidung aus dem Jahr 2008 für möglich hält.[62] Derartige Ansprüche sind grundsätzlich **auch dann denkbar, wenn die Gemeinschaft** nicht durch Trennung, sondern **durch den Tod eines Partners aufgelöst wird**. Allerdings ist **danach zu differenzieren, welcher Partner verstirbt**.

aa) Wegfall der Geschäftsgrundlage

91 Lag der gemeinschaftsbezogenen Zuwendung oder Arbeitsleistung die erkennbare Vorstellung zugrunde, die Lebensgemeinschaft werde Bestand haben und **stirbt der Leistende**, so führt dies regelmäßig nicht zum Wegfall der Geschäftsgrundlage.[63] Denn die Lebensgemeinschaft hatte – aus Sicht des Leistenden – so lange Bestand, bis sie durch seinen Tod ein natürliches Ende gefunden hat und er konnte am geschaffenen Vermögenswert, wie erwartet, bis an sein Lebensende partizipieren. Ein Anspruch aus § 313 BGB ist hingegen denkbar, wenn die Lebensgemeinschaft durch den **Tod des Zuwendungsempfängers** beendet worden ist. Denn in diesem Fall kann der Zuwendende nicht mehr an dem Vermögensgegenstand partizipieren.

bb) Zweckverfehlungskondiktion

92 Ebenso liegt es bei der Zweckverfehlungskondiktion. Verstirbt der Leistende, so ist der Zweck (lebenslange Partizipation am geschaffenen Vermögenswert) regelmäßig erreicht worden und wird gerade nicht verfehlt. Ansprüche der Erben des Leistenden scheiden daher aus. Dagegen kann eine Zweckverfehlung vorliegen, wenn der Leistungsempfänger verstirbt und der Vermögensgegenstand durch den Erbfall dem Zugriff des Leistenden entzogen wird.

III. Unterhaltsansprüche nicht verheirateter Eltern aus § 1615l BGB

1. Grundlagen

93 Zwischen Unverheirateten bestehen grundsätzlich keine gesetzlichen Unterhaltsansprüche, auch nicht nach vielen Jahren des nichtehelichen Zusammenlebens. Eine **Ausnahme** bildet allein **§ 1615l BGB** für den Fall, dass nichteheliche Eltern ein Kind zusammen haben. Dass das Kind aus einer (verfestigten) nichtehelichen Lebensgemeinschaft hervorgegangen ist, ist allerdings nicht erforderlich. Anknüpfungspunkt für den Unterhaltsanspruch ist nicht die Lebensgemeinschaft, sondern die nichteheliche Elternschaft.

62 BGHZ 177, 193 = NJW 2008, 3277.
63 BGHZ 183, 242 Rn. 26 = NJW 2010, 998; Coester JZ 2008, 315 (316).

2. Regelungsgehalte

a) Mutterschutzunterhalt

Nach **§ 1615l I 1 BGB** hat der Vater der Mutter für **6 Wochen vor und 8 Wochen nach** der Geburt des Kindes Unterhalt zu gewähren. Es gelten die allgemeinen Voraussetzungen für Unterhaltsansprüche, dh die Mutter muss bedürftig, der Vater leistungsfähig sein. Der Unterhaltsanspruch kommt v.a. (ungewollt) Nicht-Erwerbstätigen und Freiberuflern zugute. Abhängig Beschäftigte haben in der fraglichen Zeit Lohnfortzahlungsansprüche gegen Arbeitgeber und Krankenkasse, sodass ihre Bedürftigkeit entfällt. Warum die Mutter nicht erwerbstätig ist, spielt im Rahmen von § 1615l I 1 BGB keine Rolle. Der Anspruch besteht daher auch dann, wenn die Mutter bereits aus anderen Gründen, etwa wegen Krankheit, der Betreuung eines anderen Kindes oder mangels Beschäftigungsmöglichkeit nicht erwerbstätig sein kann, ihre Bedürftigkeit also nicht erst durch die (bevorstehende) Geburt eingetreten ist.[64] 94

b) Krankheitsunterhalt

Die Mutter kann vom Vater nach **§ 1615l II 1 BGB** über den oben beschriebenen Zeitraum hinaus Unterhalt verlangen, soweit sie **infolge der Schwangerschaft oder** wegen einer durch die Schwangerschaft oder Entbindung **mitverursachten Krankheit** zu einer **Erwerbstätigkeit außerstande** ist. Für diesen Anspruch ist also Kausalität zwischen Schwangerschaft und der Erwerbsunfähigkeit vorausgesetzt. Die Unterhaltspflicht beginnt frühestens 4 Monate vor der Geburt und besteht (bei fortbestehender schwangerschaftsbedingter Erwerbsunfähigkeit) für mindestens 3 Jahre nach der Geburt. Sie verlängert sich, solange und soweit dies der Billigkeit entspricht (§ 1615l II 3, 4 BGB). 95

c) Betreuungsunterhalt

Kann von der Mutter **wegen der Pflege oder Erziehung des Kindes** eine Erwerbstätigkeit nicht erwartet werden, so hat sie einen Unterhaltsanspruch aus § 1615l II 2–4 BGB. Da der Anspruch an die Betreuung des Kindes – und damit, anders als die Ansprüche nach Abs. 1 oder Abs. 2 S. 1 – nicht an Schwangerschaft oder Entbindung anknüpft, steht er **über § 1615l IV BGB auch dem nichtehelichen Vater** zu, sofern dieser das Kind betreut. Vgl. zum Betreuungsunterhalt ausführlich → Rn. 97 ff. 96

3. Insbesondere: Der Betreuungsunterhalt nach § 1615l II 2–4, IV BGB

a) Basisunterhalt

Entscheidet sich die Mutter (oder der Vater, vgl. § 1615l IV BGB) für die persönliche Betreuung des Kindes, so besteht wie für einen geschiedenen Ehegatten nach § 1570 BGB ein Unterhaltsanspruch gegen den anderen Elternteil für die ersten 3 Jahre nach der Geburt, § 1615l II 2, 3 BGB. In dieser Phase ist eine Erwerbstätigkeit vom betreuenden Elternteil nämlich generell nicht zu erwarten. Eine kausale Verknüpfung zwischen der Kinderbetreuung und der Erwerbslosigkeit ist nach Ansicht des BGH 97

64 BGH NJW 1998, 1309 (1310).

nicht gefordert; der Anspruch besteht daher auch dann, wenn die Mutter bzw. der Vater schon vorher (zB wegen der Betreuung eines anderen Kindes) erwerbslos war.[65]

b) Billigkeitsunterhalt

98 Seit 2008 ist, wie beim nachehelichen Betreuungsunterhalt nach § 1570 BGB, eine Verlängerung des Unterhaltsanspruchs über 3 Jahre hinaus möglich, wenn „dies der **Billigkeit** entspricht", § 1615l II 4 BGB.

99 Die Betreuungsunterhaltsansprüche für eheliche und nichteheliche Kinder unterschieden sich in der bis Ende 2007 geltenden Fassung erheblich, weil der Anspruch nach § 1615l II BGB aF lediglich bei grober Unbilligkeit verlängert werden konnte, während der Betreuungsunterhalt nach geschiedener Ehe nach § 1570 BGB aF einen zeitlich unbefristeten Unterhaltsanspruch vorsah. In dieser Differenzierung sah das BVerfG einen Verstoß gegen Art. 6 V GG, weil die strengere Unterhaltsregelung für nichteheliche Kinder zur Folge hatte, dass deren Betreuungssituation von der ehelicher Kinder nachteilhaft abwich.[66]

100 Den **Kindesinteressen** kommt bei der Billigkeitsabwägung entscheidende Bedeutung zu, weil sie und entsprechende Betreuungsmöglichkeiten **„insbesondere"** zu berücksichtigen sind, § 1615l II 5 BGB. Die Formulierung „insbesondere" bedeutet aber gleichzeitig, dass auch andere (nämlich elternbezogene) Gründe eine Verlängerung rechtfertigen können.[67]

101 **Beispiel für elternbezogene Verlängerungsgründe:** Ein oder mehrere gemeinsame Kinder wurden im Hinblick auf eine gemeinsame Verantwortung beider Eltern gezeugt und dadurch ein auch nach Auflösung der Lebensgemeinschaft fortdauernder Vertrauenstatbestand geschaffen;[68] eine Kombination von Vollerwerbstätigkeit und Kinderbetreuung würde zu einer übermäßigen Belastung des Betreuenden führen.[69]

102 Freilich ist stets zu beachten, dass die gesetzliche Regel, wonach der Betreuungsunterhalt grundsätzlich nur für 3 Jahre geschuldet ist und eine Verlängerung über diesen Zeitraum hinaus ausdrücklich begründet werden muss, nicht in ihr Gegenteil verkehrt werden darf.[70]

c) Modalitäten des Anspruchs

103 Für die weitere Ausgestaltung des Anspruchs gelten über die Verweisung in **§ 1615l III 1 BGB** die **Bestimmungen des Verwandtenunterhalts**. Dabei handelt es sich um eine Rechtsgrundverweisung, sodass etwa für die Geltendmachung von Unterhalt für die Vergangenheit die Voraussetzungen des § 1613 I BGB (Aufforderung zur Auskunft oder Inverzugsetzung) vorliegen müssen.[71] Teilweise wendet die Rechtsprechung aber trotz des Verweises Bestimmungen des nachehelichen Unterhaltsrechts entsprechend an, weil diese für den Betreuungsunterhaltsanspruch eines nichtehelichen Elternteils besser passen.

65 BGH NJW 1998, 1309.
66 BVerfGE 118, 45 (62 ff.) = NJW 2007, 1735 (1737).
67 BGH NJW 2010, 1138 (1140).
68 BGHZ 177, 272 Rn. 102 = NJW 2008, 3125.
69 BGHZ 177, 272 Rn. 103 = NJW 2008, 3125.
70 BGH NJW 2010, 1138 (1140).
71 BGHZ 198, 242 = NJW 2013, 3578.

aa) Bedarf

Der Bedarf richtet sich infolge des Verweises nach der Lebensstellung des Berechtigten, § 1610 BGB. Diese orientiert sich grundsätzlich am Einkommen, das die Mutter ohne die Geburt ihres Kindes zur Verfügung hätte.[72] Ist oder war die Mutter mit einem anderen Mann verheiratet, so bestimmt sich ihre Lebensstellung uU noch nach den Verhältnissen ihrer (aufgelösten) Ehe (§§ 1360a II, 1361, 1578 BGB). 104

Umgekehrt ist aber der Unterhaltsbedarf der nicht verheirateten Mutter zusätzlich durch den für Ehegatten geltenden Halbteilungsgrundsatz begrenzt. Nach dem BGH rechtfertigt sich das aus der weitgehenden Angleichung der Unterhaltsansprüche aus § 1615l II 2 BGB mit denen auf nachehelichen Betreuungsunterhalt nach § 1570 BGB.[73] 105

bb) Bedürftigkeit

Für überobligatorische Einkünfte des nichtehelichen Elternteils soll wiederum eine Vorschrift aus dem Recht des nachehelichen Unterhalts, nämlich § 1577 II BGB, analog gelten.[74] 106

cc) Leistungsfähigkeit

Der Vater ist nur im Rahmen seiner Leistungsfähigkeit unterhaltspflichtig, § 1603 BGB. Als angemessenen Selbstbehalt setzt die Rechtsprechung allerdings nicht den notwendigen oder angemessenen Selbstbehalt des Verwandtenunterhalts (zu diesem vgl. → § 10 Rn. 51 f.), sondern, wie für geschiedene Ehegatten, einen Betrag zwischen dem angemessenen und notwendigen Eigenbedarf fest, derzeit nach der Düsseldorfer Tabelle 1.280 bzw. 1.180 EUR, je nachdem, ob der Unterhaltspflichtige erwerbstätig ist oder nicht. In jedem Fall soll die Haftung des Unterhaltspflichtigen, ebenfalls in Parallelität zum Geschiedenenunterhalt, durch den **Halbteilungsgrundsatz begrenzt** sein. 107

dd) Rang

Bei **Konkurrenz mehrerer Unterhaltsgläubiger** gilt: Der Anspruch des nichtehelichen Elternteils auf Betreuungsunterhalt steht im **2. Rang, § 1609 Nr. 2 BGB**. Wegen des Sachzusammenhangs gilt das für alle in § 1615l BGB geregelte Ansprüche, auch wenn es sich bei diesen nicht durchweg um Ansprüche wegen Kinderbetreuung handelt.[75] 108

Die **Haftung mehrerer potenzieller Unterhaltsschuldner** richtet sich nach **§ 1615l III 2 BGB:** Danach geht die Verpflichtung des nichtehelichen Elternteils, für den Unterhalt aufzukommen, der Verpflichtung der Verwandten des bedürftigen Elternteils vor. Betreut die Mutter mehrere Kinder aus ehelichen und nichtehelichen oder mehreren nichtehelichen Verbindungen, so haften die Väter anteilig entsprechend § 1606 III 1 BGB. 109

72 BGH NJW 2005, 818.
73 BGH NJW 2005, 818.
74 BGH NJW 2005, 818.
75 MüKoBGB/Langeheine § 1615l Rn. 65.

ee) Erlöschen

110 Der Anspruch erlischt, entgegen der für den Verwandtenunterhalt geltenden Regel (vgl. § 1615 BGB), **nicht mit dem Tod des Unterhaltspflichtigen**, sondern geht auf dessen Erben als Nachlassverbindlichkeit über, § 1615l III 4 BGB. Dies entspricht der Regelung beim Geschiedenenunterhalt (§ 1586b I 1 BGB). Anders als für den Geschiedenenunterhalt ist für den Anspruch aus § 1615l BGB allerdings nicht ausdrücklich vorgesehen, dass die Haftung der Erben auf den fiktiven Pflichtteil begrenzt ist. Dies ist insofern logisch, als nicht verheiratete Eltern nicht wechselseitig pflichtteilsberechtigt sind.

Zum Betreuungsunterhaltsanspruch des nichtehelichen Elternteils ⇨ *Fall Nr. 11 – Szenen einer wilden Ehe*.

§ 7 Abstammung, Verwandtschaft und Allgemeines zum Eltern-Kind-Verhältnis

I. Grundlagen

Im Anschluss an die Ehe (§§ 1297–1588 BGB) regelt das BGB im 2. Abschnitt des 4. Buchs die **Verwandtschaft** (§§ 1589–1772 BGB). Den bedeutendsten Teil des Verwandtschaftsrechts macht allerdings das **Eltern-Kind-Verhältnis** aus, obwohl auch unter weiter entfernten Verwandten Rechtsbeziehungen, insbesondere Unterhaltspflichten, bestehen können. Das Wort „Kind" im Begriffsverständnis des BGB bezeichnet nur das Abstammungsverhältnis als Sohn oder Tochter, unabhängig vom Alter. Auch der 50-jährige Sohn ist daher noch das Kind seiner Eltern. Bestimmte, an die Eltern-Kind-Beziehung anknüpfende Wirkungen, insbesondere das elterliche Sorgerecht, bestehen jedoch nur während der Minderjährigkeit des Kindes. Andere Wirkungen – wie etwa die Verpflichtung zu gegenseitigem Beistand und Rücksicht in § 1618a BGB und ggf. auch die Unterhaltspflicht – bestehen dagegen lebenslang. 1

Die Eltern-Kind-Beziehung hat über Jahrhunderte hinweg, und selbst in den gut 100 Jahren seit Inkrafttreten des BGB, einen bedeutenden Wandel erfahren. Kennzeichnend waren insbesondere die zunehmende rechtliche Aufwertung der Persönlichkeit des Kindes im Rahmen der elterlichen Sorge, die Gleichstellung ehelicher und nichtehelicher Kinder (und ihrer Eltern) sowie die Gleichberechtigung der Eltern *inter se*. 2

Noch das BGB 1900 sprach davon, dass das Kind unter der „Gewalt" seiner Eltern stehe (vgl. § 1626 BGB 1900). Heute ist dagegen unbestritten, dass das minderjährige Kinder nicht bloß Objekt elterlichen Handelns, sondern ein Grundrechtsträger mit einem eigenen Recht auf Entfaltung seiner Persönlichkeit ist und dass den Eltern Rechte in Beziehung auf das Kind (nur) zur treuhänderischen Wahrnehmung im Kindesinteresse zugewiesen sind.[1] Das SorgeRG vom 18.7.1979 brachte dieses Grundverständnis durch die neue Bezeichnung „elterliche Sorge" (statt des alten Begriffs „Gewalt") zum Ausdruck.[2] 3

Bis 1998 unterschied das BGB zwischen ehelichen und nichtehelichen Kindern zum Nachteil der Letzteren. Dies verstieß gegen den Auftrag in Art. 6 V GG, wonach nichtehelichen Kindern „die gleichen Bedingungen für ihre leibliche und seelische Entwicklung und ihre Stellung in der Gesellschaft zu schaffen" sind wie ehelichen. Die Benachteiligungen des nichtehelichen Kindes wurden insbesondere seit dem KindRG vom 16.12.1997 sukzessive abgebaut. Heute spricht das BGB auch nicht mehr von nichtehelichen Kindern, sondern nur noch von Kindern, deren Eltern nicht miteinander verheiratet sind. Korrespondierend zur Verbesserung der Rechtsstellung des Kindes nicht miteinander verheirateter Eltern ist auch die Rechtsstellung der nicht miteinander verheirateten Eltern gestärkt worden. So unterscheidet sich etwa der Betreuungsunterhaltsanspruch eines nichtehelichen Elternteils (§ 1615l II 2 BGB) kaum noch von dem Betreuungsunterhaltsanspruch, der einem geschiedenen Ehegat- 4

1 BVerfGE 24, 119 = NJW 1968, 2233.
2 BT-Drs. 8/2788, 36, 43 ff.

ten zusteht (§ 1570 BGB). Ebenso besteht heute auch für den nichtehelichen Vater – und zwar ggf. auch gegen den Willen der Mutter – die Möglichkeit eines gemeinsamen Sorgerechts, §§ 1626a ff. BGB. Gleichwohl hat das Bestehen oder Nichtbestehen einer (verschiedengeschlechtlichen) Ehe immer noch Auswirkungen auf die Rechtsstellung von Eltern und Kind: Dies gilt etwa für die Erlangung der rechtlichen Vaterschaft oder des Sorgerechts; bislang vollzieht sich diese nur beim ehelichen Kind schon kraft Gesetzes (vgl. §§ 1592 Nr. 1, 1626 BGB).

5 Allerdings wird inzwischen eine (nur) an den rechtlichen Elternstatus geknüpfte gemeinsame Sorge nicht verheirateter Eltern auf breiter Front favorisiert.[3]

6 Abgebaut wurde auch die (sorgerechtliche) Benachteiligung der Mutter, die noch das BGB 1900 geprägt hatte. §§ 1627 f. BGB verdeutlichen heute, dass die elterliche Sorge für das Kind grundsätzlich beiden Eltern in gleicher Weise und Verantwortung zukommt.

7 **Klausur- und examensrelevante Materien** des Kindschaftsrechts sind insbesondere die Bereiche **Verwandtschaft und Abstammung** sowie das **Sorgerecht** und in manchen Bundesländern auch das Unterhaltsrecht.[4]

II. Abstammung und Verwandtschaft

1. Grundsätzliches

8 Voraussetzung der Verwandtschaft – und damit auch der rechtlichen Zuordnung des Kindes zu seinen Eltern – ist grundsätzlich die Abstammung. Um das Abstammungsrecht zu verstehen, muss man die **genetische Abstammung** von der rechtlichen unterscheiden: Die **rechtliche Abstammung** knüpft zwar grundsätzlich an die genetische an; es kann aber vorkommen, dass eine Abstammung im Rechtssinne begründet wird (und ggf. auch bestehen bleibt), die der genetischen Abstammung nicht entspricht.

9 **Beispiel:** Das im Ehebruch gezeugte Kind wird gem. § 1592 Nr. 1 BGB dem Ehemann der Mutter abstammungsrechtlich zugeordnet. Wird diese rechtliche Zuordnung nicht durch Anfechtung (§§ 1600 ff. BGB) beseitigt, so fallen genetische und rechtliche Vaterschaft dauerhaft auseinander.

10 Von der genetischen und der rechtlichen Eltern-Kind-Beziehung ist außerdem noch die **soziale Elternschaft** zu unterscheiden. Eine soziale Elternschaft kann etwa entstehen, wenn ein Kind bei Pflegeeltern aufwächst. Diese Art der Elternschaft ist für die rechtliche Zuordnung des Kindes zunächst belanglos. Das Bestehen einer sozial-familiären Beziehung kann aber Bedeutung erlangen, zB bei der Frage, ob der genetische Vater die rechtliche Vaterschaft eines anderen Mannes anfechten kann (vgl. § 1600 II BGB). Auch kann einer Person, die „nur" eine sozial-familiäre Beziehung zum Kind hat, ein Umgangsrecht zustehen (§ 1685 II BGB).

11 Abweichend von §§ 1589 ff. BGB können rechtliche Verwandtschaftsverhältnisse auch durch **Adoption** begründet werden (§ 1754 BGB). Vgl. hierzu → § 11.

3 Thesenpapier der Arbeitsgruppe „Sorge und Umgangsrecht, insbesondere bei gemeinsamer Betreuung nach Trennung und Scheidung", C 13; ähnlich Schumann Gutachten 72. DJT, B 112.

4 Vgl. etwa § 18 II Nr. 1 lit. d JAPO Bayern; § 11 II Nr. 1 lit. e JAG NRW; § 3 IV Nr. 1 lit. a vierter Gedankenstrich JAO Berlin; § 3 III Nr. 1 lit. d JAVO Schleswig-Holstein.

2. Verwandtschaft und Schwägerschaft

12 Das Gesetz unterscheidet zwischen Verwandten in gerader Linie und Verwandten in der Seitenlinie. **Verwandte in gerader Linie** sind solche, bei der die eine Person von der anderen abstammt (§ 1589 S. 1 BGB). Insbesondere Eltern und Kinder sind damit in gerader Linie verwandt, aber zB auch Großeltern und Enkelkinder. **Verwandte in der Seitenlinie** stammen zwar nicht voneinander, aber jeweils von derselben Person ab (§ 1589 S. 2 BGB). Geschwister sind damit in der Seitenlinie verwandt, da sie von denselben Eltern abstammen. Über den **Grad der Verwandtschaft** entscheidet die Anzahl der sie vermittelnden Geburten (§ 1589 S. 3 BGB).

13 **Beispiel:** Um den Verwandtschaftsgrad von Verwandten in der Seitenlinie, zB Cousins, zu bestimmen, zählt man die Geburten vom einen Cousin zurück zum gemeinsamen Ahnherrn (= gemeinsamer Großelternteil) und dann von dort wieder hinunter zum anderen Cousin. Cousins sind damit in der Seitenlinie im 4. Grad verwandt (2 + 2).

14 Bestimmte Rechtswirkungen (zB Zeugnisverweigerungsrechte, § 52 I Nr. 3 StPO und § 383 I Nr. 3 ZPO) ergeben sich auch zwischen einer Person und den Verwandten ihres Ehegatten (**Schwägerschaft**, § 1590 BGB). Linie und Grad der Schwägerschaft bestimmen sich nach Linie und Grad der sie vermittelnden Verwandtschaft (§ 1590 I 2 BGB).

15 **Beispiel:** Eine Schwiegermutter und ihr Schwiegersohn sind in gerader Linie im 1. Grad verschwägert.

16 Die Schwägerschaft besteht fort, auch wenn die sie begründende Ehe aufgelöst wird (§ 1590 II BGB). Keine Schwägerschaft besteht zwischen den beiderseitigen Verwandten der Ehegatten untereinander.

17 **Beispiel:** Die Schwester der Ehefrau und der Bruder des Ehemanns sind nicht miteinander verschwägert.

18 Die Verwandtschaft begründet ein gesetzliches Erbrecht (§§ 1924 ff. BGB), uU auch ein Pflichtteilsrecht (§ 2303 BGB) und/oder Unterhaltspflichten (§§ 1601 ff. BGB) und/oder sonstige rechtliche Beschränkungen (vgl. etwa das Ehehindernis in § 1307 BGB) oder Vergünstigungen (vgl. etwa die Zeugnisverweigerungsrechte in § 52 I Nr. 3 StPO und § 383 I Nr. 3 ZPO).

3. Mutterschaft

19 Bis zum KindRG vom 16.12.1997 enthielt das BGB keine Definition der Mutterschaft, da der historische Gesetzgeber davon ausging, dass die Zuordnung des Kindes zu einer bestimmten Frau als Mutter immer eindeutig sei (Dig. 2,4,5: „mater semper certa est“). Die moderne Fortpflanzungsmedizin jedoch macht es möglich, dass ein Kind der Eizelle einer anderen Frau entstammt als derjenigen, die es gebiert (Eizell- und Embryonenspende; Leihmutterschaft). Fast alle dieser Praktiken[5] sind zwar in Deutschland verboten (§ 1 ESchG; § 13c AdVermiG). Doch können entsprechende Fälle einer „gespaltenen Mutterschaft“ – häufig in Konstellationen mit Auslandsberührung – trotzdem vor deutsche Gerichte kommen. Der Gesetzgeber hat sich daher

5 Von keiner der Verbotsnormen erfasst ist allerdings die nicht-kommerzielle Vermittlung von Embryonen, die während einer Kinderwunschbehandlung legal entstanden sind und die der Kinderwunschpatientin anschließend nicht eingesetzt werden konnten.

für eine Definition der Mutterschaft in § 1591 BGB entschieden. Ausschließlich diejenige **Frau, die das Kind geboren hat** (sog. Geburtsmutter) soll die rechtliche Mutter sein, da nur sie zu dem Kind während der Schwangerschaft und unmittelbar nach der Geburt eine körperliche und psychosoziale Beziehung hat, mag ihr auch jegliche genetische Verbindung zum Kind fehlen.[6]

20 Die Mutterschaft der Geburtsmutter kann nicht durch Anfechtung,[7] sondern nur durch Adoption beendet werden (§ 1755 BGB). Ebenso wenig kann die „nur" genetische Mutter durch ein Statusverfahren nach § 169 Nr. 1 FamFG als rechtliche Mutter des Kindes festgestellt werden.

21 Schwierigkeiten können auftreten, wenn ein Kind nach rechtskräftigem Wechsel der Geschlechtszugehörigkeit eines Elternteils von Frau zu Mann (oder umgekehrt) geboren wird. Nach Ansicht des BGH ist ein Frau-zu-Mann Transsexueller, der das Kind gebiert, Mutter im Rechtssinne und als solche im Geburtsregister und den Geburtsurkunden unter ihrem früher geführten weiblichen Vornamen einzutragen.[8] Ebenso ist eine Mann-zu-Frau Transsexuelle, mit deren Samen ein Kind gezeugt worden ist, bei einer Geburt nach rechtskräftiger Geschlechtsumwandlung weiterhin als Vater anzusehen. Auch eine „Anerkennung" der Mit-Mutterschaft neben der Gebärenden ist nicht möglich.[9]

4. Vaterschaft

22 Die Vaterschaft kann

- auf einer Ehe mit der Mutter (§ 1592 Nr. 1 BGB)
- auf einer rechtsgültigen Vaterschaftsanerkennung (§ 1592 Nr. 2 BGB)
- oder auf gerichtlicher Feststellung (§ 1592 Nr. 3 BGB)

beruhen.

23 Die 3 Zurechnungsgründe stehen in einem **Rangverhältnis**: Ist der Ehemann der Mutter nach § 1592 Nr. 1 BGB als Vater anzusehen, so kann, solange seine Vaterschaft nicht rechtskräftig angefochten worden ist, kein anderer Mann die Vaterschaft anerkennen (§ 1594 II BGB; Ausnahme: § 1599 II BGB bei Geburt des Kindes nach Anhängigkeit des Scheidungsantrags und Anerkennung durch den Dritten innerhalb eines Jahres ab Rechtskraft des Scheidungsbeschlusses mit Zustimmung des Ehemanns). Auch die gerichtliche Feststellung nach § 1592 Nr. 3 BGB ist nur möglich, wenn keine Vaterschaft nach § 1592 Nr. 1 oder Nr. 2 BGB besteht (§ 1600d I BGB). Es empfiehlt sich daher in abstammungsrechtlichen Prüfungsaufgaben, die gesetzliche Reihenfolge der Zurechnungsgründe einzuhalten.

a) Vaterschaft kraft Ehe (§ 1592 Nr. 1 BGB)

24 § 1592 Nr. 1 BGB erklärt den Mann zum Vater des Kindes, der im Zeitpunkt der Geburt mit der Mutter verheiratet ist. Die Ehe muss wirksam geschlossen sein (also keine Nicht-Ehe); ein Aufhebungsgrund schadet nicht. Maßgebend ist nach dem eindeutigen Gesetzeswortlaut der Zeitpunkt der Geburt, nicht der des Eintritts der Schwangerschaft. Für ein Kind, das noch kurz vor der Eheschließung geboren wird, greift die Zurechnung nach § 1592 Nr. 1 BGB daher nicht. Auch die nachfolgende

6 BT-Drs. 13/4899, 82.
7 BT-Drs. 13/4899, 82.
8 BGHZ 215, 318 = NJW 2017, 3379 (unter Berufung auf § 11 S. 1 TSG).
9 BGH NJW 2018, 471.

Eheschließung seiner Eltern führt zu keiner Veränderung seines Status. Zur Begründung der Vaterschaft bleibt nur der Weg über § 1592 Nr. 2 oder Nr. 3 BGB.

Ist die Ehe bereits aufgelöst (und Achtung: bei Scheidung ist sie erst *mit Rechtskraft* des Scheidungsbeschlusses aufgelöst, vgl. § 1564 S. 2 BGB), wenn das Kind geboren wird, so greift Nr. 1 ebenfalls nicht ein. **25**

Eine Ausnahme gilt jedoch bei einer Eheauflösung durch Tod: Hier sieht § 1593 BGB eine Zuordnung zum Ehemann vor, wenn das Kind innerhalb von 300 Tagen nach seinem Tod geboren wurde. Ist die Mutter im Geburtszeitpunkt allerdings bereits wiederverheiratet, löst § 1593 S. 3 BGB den drohenden Konflikt zwischen 2 potenziellen Vätern kraft Ehe zugunsten des neuen Ehemanns, es sei denn, dessen Vaterschaft wird rechtskräftig angefochten (§ 1593 S. 4 BGB). **26**

Für andere als eheliche Kinder greift die automatische gesetzliche Statuszuordnung nach § 1592 Nr. 1 BGB nicht ein. Bei der Begründung der Vaterschaft ergeben sich also auch nach heutigem Recht noch Unterschiede zwischen Kindern, je nachdem, ob ihre Eltern bei der Geburt verheiratet sind oder nicht. **27**

Ist die Mutter nicht mit einem Mann, sondern mit einer anderen Frau verheiratet, so wird diese nicht automatisch kraft bestehender Ehe zur Mit-Mutter. Der BGH hat eine analoge Anwendung von § 1592 Nr. 1 BGB auf diesen Fall zu Recht abgelehnt, da mit dem Gesetz zur Einführung des Rechts auf Eheschließung für Personen gleichen Geschlechts keine Regelungen zu abstammungsrechtlichen Folgen getroffen wurden.[10] **28**

Gegenwärtige Vorschläge zur Reform des Abstammungsrechts sehen allerdings eine automatische Mit-Mutterschaft für die Ehefrau der Geburtsmutter vor. Diese Mit-Mutterschaft wäre dann auch anfechtbar, wenn eine wirksame Einwilligung der Mit-Mutter in die künstliche Befruchtung ihrer Partnerin nicht vorlag.[11] Außerdem haben 2 Obergerichte dem BVerfG die Frage der Vereinbarkeit des § 1592 Nr. 1 BGB mit Art. 3 I GG vorgelegt.[12] **29**

b) Vaterschaft kraft Anerkennung (§ 1592 Nr. 2 BGB)

aa) Voraussetzungen

Eine Vaterschaftsanerkennung setzt voraus: **30**

(1) Anerkennungserklärung des Mannes

Die Anerkennungserklärung ist eine höchstpersönlich abzugebende (§ 1596 IV BGB), einseitige und nicht empfangsbedürftige Willenserklärung. Sie ist bedingungs- und befristungsfeindlich (§ 1594 III BGB) und muss öffentlich beurkundet werden (§ 1597 I BGB). Zuständige Stellen sind der Notar, das Standesamt (§ 44 PStG) sowie das Jugendamt (§ 59 I 1 Nr. 1 SGB VIII). Im gerichtlichen Abstammungsverfahren ist auch die Erklärung zur Niederschrift des Gerichts möglich (§ 180 FamFG). Unerheblich ist, ob der Anerkennende tatsächlich genetischer Vater des Kindes ist; eine Abstammungsuntersuchung findet nicht statt. Deswegen kann die durch Anerkennung begründete Vaterschaft auch angefochten werden. Ist der Anerkennende beschränkt geschäftsfähig, kann er selbst anerkennen, bedarf aber der Zustimmung seines gesetzlichen Vertreters (§ 1596 I 1, 2 BGB). Für einen Geschäftsunfähigen kann nur der gesetzliche Vertreter mit gerichtlicher Genehmigung anerkennen (§ 1596 I 3 BGB). **31**

---

10 BGHZ 220, 58 = NJW 2019, 153.

11 Vgl. hierzu den Diskussionsteilentwurf für ein Gesetz zur Reform des Abstammungsrechts des BMJV vom 13.3.2019.

12 OLG Celle FamRZ 2021, 862; KG Berlin FamRZ 2021, 854.

32 Die Anerkennung kann bereits vor der Geburt (nicht aber vor der Zeugung) des Kindes erklärt werden (§ 1594 IV BGB). Sie wird jedoch erst mit der Geburt des Kindes wirksam. Im Übrigen gilt für sie keine Frist. Eine Anerkennung ist also auch noch möglich, wenn das Kind schon längst erwachsen ist.

33 Die Anerkennungserklärung kann widerrufen werden, wenn sie ein Jahr nach ihrer Beurkundung noch nicht wirksam geworden ist (§ 1597 III 1 BGB), zB weil die Zustimmung der Mutter noch nicht vorliegt. Die Anforderungen an die Widerrufserklärung entsprechen denen an die Anerkennungserklärung (§ 1597 III 2 BGB).

(2) Zustimmung der Mutter

34 Die Anerkennung bedarf stets der Zustimmung der Mutter (§ 1595 I BGB). Verweigert die Mutter die Zustimmung, bleibt nur der Weg über § 1592 Nr. 3 BGB, auch wenn das Kind schon volljährig sein sollte und die Anerkennung wünscht. Wie die Anerkennungserklärung des Mannes ist die Zustimmung der Mutter höchstpersönlich, bedingungs- und befristungsfeindlich sowie formbedürftig (§§ 1596 IV, 1595 III, 1597 I BGB). Auch sie kann schon vorgeburtlich abgegeben werden (§ 1595 III BGB). Bei Geschäftsunfähigkeit oder beschränkter Geschäftsfähigkeit gilt das zur Anerkennungserklärung des Mannes Gesagte entsprechend (§ 1596 I 4 BGB).

(3) Ausnahmsweise: Zustimmung des Kindes

35 Obwohl das Kind ein Hauptbetroffener der Anerkennung ist, bedarf es seiner Zustimmung nur ausnahmsweise, nämlich dann, wenn der Mutter „insoweit [also jedenfalls für den Bereich der Vaterschaftsanerkennung] die elterliche Sorge nicht zusteht" (§ 1595 II BGB), etwa weil sie ihr (teilweise) entzogen wurde oder das Kind schon volljährig ist. Die Anforderungen an die Zustimmung des Kindes entsprechen weitestgehend denen an die Zustimmung der Mutter. Allerdings kann für ein geschäftsunfähiges oder noch nicht 14 Jahre altes Kind nur der gesetzliche Vertreter zustimmen. Das beschränkt geschäftsfähige Kind über 14 Jahren kann dagegen nur selbst zustimmen, bedarf hierzu allerdings der Zustimmung seines gesetzlichen Vertreters (§ 1596 II BGB).

(4) Ausnahmsweise: Zustimmung des Ehemanns

36 Der Ehemann der Mutter muss nur ausnahmsweise zustimmen, nämlich wenn durch die Anerkennung nach § 1599 II BGB die Vaterschaftszurechnung kraft Ehe beseitigt werden soll (§ 1599 II 2 BGB).

(5) Kein Bestehen einer anderen Vaterschaft

37 Die Anerkennung wird nicht wirksam, solange die Vaterschaft eines anderen Mannes besteht (§ 1594 II BGB). Das will heißen, dass eine Anerkennungserklärung und die entsprechenden Zustimmungen in dieser Phase zwar abgegeben werden können. Sie werden jedoch erst wirksam, wenn die rechtliche Vaterschaft des anderen Mannes (durch Anfechtung) beseitigt ist.

(6) Keine missbräuchliche Anerkennung

38 Seit 2017 kann die Vaterschaft nicht wirksam beurkundet werden, solange die beurkundende Stelle das Verfahren wegen konkreter Anhaltspunkte für das Vorliegen einer missbräuchlichen Anerkennung der Vaterschaft ausgesetzt und die Entscheidung der Ausländerbehörde eingeholt hat oder wenn die Ausländerbehörde den Missbrauch bereits unanfechtbar festgestellt hat (§ 1597a III BGB). Missbräuchlich ist die

Vaterschaftsanerkennung, wenn sie gerade darauf abzielt, die rechtlichen Voraussetzungen für die Einreise oder den Aufenthalt des Kindes, der Mutter oder des Anerkennenden zu schaffen (§ 1597a I BGB). Niemals rechtsmissbräuchlich ist die Anerkennung, wenn der Anerkennende der leibliche Vater des Kindes ist (§ 1597a V BGB).

(7) Unbeachtlichkeit anderer Mängel

Wegen ihrer Statuswirkung sind Anerkennung, Zustimmungen und Widerruf mit einer besonderen Bestandskraft ausgestattet. Sie sind nur unwirksam, wenn sie §§ 1594–1597 BGB widersprechen oder ein Fall des § 1597a III oder IV BGB vorliegt (§ 1598 I BGB). Außerdem unterliegen sogar die genannten Mängel einer Heilungsmöglichkeit nach § 1598 II BGB: Sind seit der Eintragung in ein deutsches Personenstandsregister 5 Jahre verstrichen, ist die Anerkennung wirksam. Andere Unwirksamkeits- und Anfechtungsgründe (zB §§ 118, 123 BGB) sind nicht anwendbar. Die Beseitigung eines Anerkenntnisses, das den unter (1) bis (6) genannten Voraussetzungen genügt, ist nur im Wege der Vaterschaftsanfechtung nach den §§ 1599 ff. BGB möglich. 39

bb) Rechtsfolgen

Die Wirkungen der Vaterschaftsanerkennung treten erst dann ein, wenn alle erforderlichen Erklärungen (Anerkennung, Zustimmungen) ordnungsgemäß vorliegen, dann allerdings automatisch, ohne dass es eines besonderen behördlichen oder gerichtlichen Akts bedürfte. Die Anerkennung der Vaterschaft hat absolute Wirkung für und gegen alle. Vom Zeitpunkt der Wirksamkeit an kann sich also jedermann auf die Rechtswirkungen der Vaterschaft berufen. Da die Anerkennung auf den Zeitpunkt der Geburt zurückwirkt, sind auch Ansprüche für die Vergangenheit denkbar, die ab dem Zeitpunkt des Wirksamwerdens der Anerkennung erstmals geltend gemacht werden können. 40

Beispiel: Nachdem der Vater seine Vaterschaft anerkannt hat, kann der Großvater des Kindes, der bislang den Kindesunterhalt bestritten hatte, beim Vater Regress nehmen. Die Voraussetzungen der §§ 1607 III 1, 1601 ff., 1613 II Nr. 2 lit. a BGB liegen vor, da die Geltendmachung des Unterhaltsanspruchs gegen den Vater bis zur wirksamen Anerkennung wegen § 1594 I BGB ausgeschlossen war. 41

Zur Vaterschaftsanerkennung ➪ *Fall Nr. 14 – Von Impfungen und Fotos.*

c) Vaterschaft kraft gerichtlicher Feststellung (§ 1592 Nr. 3 BGB)

Besteht keine Vaterschaft kraft Ehe oder Anerkennung – oder wurde eine solche Vaterschaft durch Anfechtung beseitigt –, so ist die Vaterschaft gerichtlich festzustellen (§ 1600d I BGB). Das diesbezügliche familiengerichtliche Verfahren (Abstammungssache iSv §§ 111 Nr. 3, 169 ff. FamFG) wird allerdings nicht von Amts wegen, sondern **nur auf Antrag** (§ 171 I FamFG) eingeleitet. Wem die Antragsberechtigung zusteht, ist nicht ausdrücklich geregelt, doch sind das nach Sinn und Zweck das Kind, die Mutter sowie der Mann, um dessen Vaterschaft es geht. Im Verfahren selbst gilt der Amtsermittlungsgrundsatz (§ 26 FamFG). 42

Der Antrag ist begründet, wenn das Kind genetisch unmittelbar vom beteiligten Mann abstammt. Eine Ausnahme gilt dann, wenn das Kind durch eine ärztlich unterstützte künstliche Befruchtung in einer Einrichtung medizinischer Versorgung gezeugt worden ist. Hier kann der Spender, der seinen Samen einer Entnahmeeinrich- 43 tung iSd Samenspenderregistergesetzes zur Verfügung gestellt hat, nicht als Vater festgestellt werden (§ 1600d IV BGB).

44 Die gerichtliche Feststellung hat *inter-omnes*-Wirkung (§ 184 II FamFG). Die Rechtswirkungen der Vaterschaft können erst ab dem Zeitpunkt der gerichtlichen Feststellung geltend gemacht werden (§ 1600d V BGB), dann allerdings auch für die Vergangenheit. Ausnahmsweise lässt die Rechtsprechung – in Durchbrechung des § 1600d V BGB – eine inzidente Vaterschaftsfeststellung im Unterhaltsregressverfahren eines Scheinvaters gegen den mutmaßlichen leiblichen Vater des Kindes zu.[13]

45 **Beispiel:** Der Mann, der dem Kind als vermeintlicher Vater Unterhalt gewährt hat (sog. Scheinvater), erlangt im Wege der *cessio legis* den Unterhaltsanspruch des Kindes gegen den leiblichen Vater, und zwar rückwirkend ab dem Zeitpunkt der Geburt (§ 1607 III 2 BGB iVm §§ 1601 ff., 1613 II Nr. 2 lit. a BGB). Wegen der Ausübungssperre in § 1600d V BGB könnte er seinen Regressanspruch jedoch erst dann durchsetzen, wenn die Vaterschaft des leiblichen Vaters festgestellt ist. Das ist dann unangemessen, wenn die Antragsberechtigten (also die Mutter und der mutmaßliche leibliche Vater; der Scheinvater selbst ist nicht antragsberechtigt) nicht bereit sind, die Vaterschaftsfeststellung durchführen zu lassen. Die Inzidentfeststellung der Vaterschaft im Unterhaltsregressverfahren hat – anders als die Feststellung nach § 184 FamFG – keine inter-omnes-Wirkung. Als bloße Entscheidung einer Vorfrage erwächst sie noch nicht einmal in Rechtskraft zwischen den Beteiligten des Regressverfahrens.

⇨ *Fall Nr. 18 – Vaterschaftszweifel*

d) Anfechtung der Vaterschaft

46 Die Vaterschaft kraft Ehe und kraft Anerkennung (§ 1592 Nr. 1, 2 BGB) setzen keine genetische Abstammung des Kindes vom Ehemann bzw. Anerkennenden voraus. Hier bietet die Vaterschaftsanfechtung die Möglichkeit, die der biologischen Abstammung nicht entsprechende Vaterschaft durch gerichtliche Entscheidung zu beseitigen. Die Regelungen zur Vaterschaftsanfechtung finden sich in den §§ 1599 ff. BGB und den §§ 169 ff. FamFG.

aa) Voraussetzungen

47 Eine erfolgreiche Vaterschaftsanfechtung setzt voraus:

(1) Antrag eines Anfechtungsberechtigten

48 Das Vaterschaftsanfechtungsverfahren wird nur auf Antrag eingeleitet (§ 171 I FamFG). Der Antrag ist zu substantiieren, dh es müssen Umstände vorgetragen werden, die gegen die Vaterschaft sprechen (§ 171 II 2 FamFG; ausreichend etwa: Nachweis der Zeugungsunfähigkeit; Angebot von Zeugen für einen Mehrverkehr der Mutter; nicht ausreichend: Verweis auf einen anonymen Anrufer; heimlicher Vaterschaftstest, da dieser wegen Verletzung des Rechts des Kindes auf informationelle Selbstbestimmung unverwertbar ist[14]). Berechtigt, die Vaterschaft anzufechten und das Verfahren einzuleiten, sind nach § 1600 BGB:

49 • der **rechtliche Vater kraft Ehe oder Anerkenntnis**

Die Anfechtung ist ein **höchstpersönliches Gestaltungsrecht** (§ 1600a I BGB). Auch der beschränkt geschäftsfähige rechtliche Vater kann nur selbst anfechten; er bedarf

13 BGHZ 176, 327 (334) = NJW 2008, 2433 (2435).
14 BVerfGE 117, 202 = NJW 2007, 753.

hierzu keiner Mitwirkung seines gesetzlichen Vertreters. Ist der Vater geschäftsunfähig, kann allerdings nur der gesetzliche Vertreter anfechten (§ 1600a II BGB).

- der **Mann, der an Eides statt versichert, der Mutter während der Empfängniszeit beigewohnt zu haben** (sog. **mutmaßlicher leiblicher Vater**) 50

Das Anfechtungsrecht des mutmaßlichen leiblichen Vaters, das erst 2004 aufgrund einer Entscheidung des BVerfG[15] eingefügt wurde, unterliegt allerdings **besonderen weiteren Anforderungen**. Das **Erfordernis der eidesstattlichen Versicherung der Beiwohnung** in § 1600 I Nr. 2 BGB soll verhindern, dass beliebige Männer ohne hinreichenden Anlass ein Anfechtungsverfahren betreiben und so eine bestehende Familiengemeinschaft stören. „Beiwohnung" ist allerdings weit zu verstehen, sodass auch ein Samenspender von der Anfechtung nicht grundsätzlich ausgeschlossen ist.[16] 2 weitere Voraussetzungen enthält § 1600 II BGB: Zwischen dem Kind und seinem rechtlichen Vater darf **keine sozial-familiäre Beziehung** bestehen oder im Zeitpunkt des Todes des rechtlichen Vaters bestanden haben. Dabei setzt eine sozial-familiäre Beziehung die Übernahme tatsächlicher Verantwortung für das Kind voraus (§ 1600 III 1 BGB; Regelbeispiele in § 1600 III 2 BGB: Ehe mit der Mutter; Zusammenleben mit dem Kind für längere Zeit in häuslicher Gemeinschaft). Außerdem muss **der Anfechtende der leibliche Vater** des Kindes sein. Die Voraussetzungen des § 1600 II BGB sollen verhindern, dass bestehende Familienbande des Kindes zerstört werden oder das Kind vaterlos wird. Besteht zur Zeit der Anfechtung zum rechtlichen Vater eine sozial-familiäre Beziehung, so ist die Anfechtung des leiblichen Vaters auch dann ausgeschlossen, wenn er selbst ebenfalls eine sozial-familiäre Beziehung zum Kind aufgebaut hat. Dies ist für den leiblichen Vater zwar hart, nach Ansicht des BVerfG allerdings grundsätzlich verfassungsgemäß.[17]

51 Diesen Grundsatz hat das BVerfG jetzt etwas eingeschränkt. In dem Ausgangsverfahren hatte der Ehemann der Mutter deren voreheliche Kinder zu einem Zeitpunkt anerkannt, als der leibliche Vater bereits eine sozial-familiäre Beziehung zu ihnen aufgebaut und ein Vaterschaftsfeststellungsverfahren eingeleitet hatte. Im Zeitpunkt der Verfahrenseinleitung lagen die Voraussetzungen für eine Vaterschaftsfeststellung also noch vor, insbesondere bestand noch keine sozial-familiäre Beziehung der Kinder zum späteren Anerkennenden. Das BVerfG sah in dieser Konstellation eine Verletzung des Elternrechts des leiblichen Vaters aus Art. 6 II 1 GG, wenn man ihm wegen § 1600 II BGB keine Möglichkeit zur Erlangung der rechtlichen Elternstellung einräumen würde.[18]

- die **Mutter** 52
- das **Kind**

Ist das anfechtende Kind noch minderjährig, so kann ausnahmsweise nur der gesetzliche Vertreter anfechten (§ 1600a III BGB; Achtung Falle: Der minderjährige Vater kann grundsätzlich nur selbst anfechten → Rn. 49). Die materielle Entscheidung, ob die Vaterschaft im Namen des Kindes angefochten werden soll, treffen stets die Inhaber der Personensorge, da es sich bei dieser Entscheidung weder um eine Willenserklärung noch um einen Rechtsstreit handelt, sodass ein Ausschluss der Eltern nach

15 BVerfGE 108, 82 = NJW 2003, 2151.
16 BGHZ 197, 242 Rn. 14 ff. = NJW 2013, 2589.
17 BVerfG FamRZ 2014, 277.
18 BVerfG NJW 2018, 3773.

§§ 1629 II, 1795 BGB (= §§ 1629 II, 1824 BGB nF) nicht in Betracht kommen kann.[19] Im sich anschließenden Anfechtungsverfahren (das dem Begriff des „Rechtsstreits" iSv § 1795 I Nr. 3 BGB = § 1824 I Nr. 3 BGB nF unterfällt) kann das Kind grundsätzlich nicht durch den Mann vertreten werden, dessen Vaterschaft beseitigt werden soll (Rechtsgedanke der §§ 1629 II, 1795 II, 181 BGB = §§ 1629, 1824 II, 181 BGB nF). Eine Vertretung durch die Mutter ist dagegen nur dann ausgeschlossen, wenn sie mit dem rechtlichen Vater verheiratet ist (§§ 1629 II, 1795 I Nr. 1, 3 BGB = §§ 1629 II, 1824 I Nr. 1, 3 BGB nF).[20]

(2) Wahrung der Anfechtungsfrist

53 Da der Status des Kindes nicht auf Dauer ungewiss bleiben darf, ist die Anfechtung an Fristen geknüpft. Die Frist beträgt grundsätzlich **2 Jahre** (§ 1600b I 1 BGB). Sie beginnt in dem Zeitpunkt, in dem der **Berechtigte von Umständen erfährt, die gegen die bestehende Vaterschaft sprechen** (§ 1600b I 2 BGB), keinesfalls jedoch vor der Geburt des Kindes oder bevor die Anerkennung wirksam geworden ist (§ 1600b II 1 BGB). Der Fristlauf kann gehemmt sein (vgl. § 1600b V BGB). Dass der anfechtungsberechtigte leibliche Vater wegen Bestehens einer sozial-familiären Beziehung zum rechtlichen Vater nicht anfechten kann, hindert den Lauf der Frist allerdings nicht (§ 1600b I 2 Hs. 2 BGB).

54 **Besonderheiten** gelten für die **Anfechtung des Kindes**: Das Kind kann nach Eintritt der Volljährigkeit selbst anfechten, und zwar sogar dann, wenn die Anfechtungsfrist für seinen gesetzlichen Vertreter schon abgelaufen war. Die Anfechtungsfrist des Kindes beginnt dann erneut, wenn das volljährige Kind von Umständen erfährt, die gegen die Vaterschaft sprechen (§ 1600b III BGB). Für das Kind beginnt außerdem dann eine neue Frist, wenn es von Umständen Kenntnis erhält, aufgrund derer die Folgen der Vaterschaft für es unzumutbar werden (§ 1600b VI BGB).

55 **Beispiel:** Die 19-jährige A erfährt, dass ihre Mutter im Empfängniszeitpunkt eine außereheliche Liebesbeziehung hatte. Sie unternimmt jedoch nichts, da sie sich mit dem Ehemann der Mutter gut versteht. Mit 32 Jahren erfährt sie, dass ihr rechtlicher Vater ihre Mutter über Jahre hinweg mit anderen Frauen betrogen hat. Sie kann wegen § 1600b VI BGB auch jetzt noch die Vaterschaft anfechten.

(3) Nur bei der Anfechtung durch den gesetzlichen Vertreter: Kindeswohlprüfung

56 Die Anfechtung durch einen gesetzlichen Vertreter ist nur zulässig, wenn sie dem Wohl des Vertretenen dient (§ 1600a IV BGB). Praxisrelevant ist insbesondere die Anfechtung durch den gesetzlichen Vertreter (idR die Mutter) des minderjährigen Kindes. Da die Mutter jedoch auch über ein eigenes Anfechtungsrecht verfügt, kann die Prüfung nach § 1600a IV BGB vermieden werden, wenn sie von diesem Recht Gebrauch macht.

(4) Nur bei der Anfechtung durch den mutmaßlichen Erzeuger

57 Zusätzlich gefordert sind: eidesstattliche Versicherung der Beiwohnung; keine bestehende sozial-familiäre Beziehung zum rechtlichen Vater; Vaterschaft des Anfechtenden, § 1600 I Nr. 2, II BGB.

58 Zu diesen Voraussetzungen bereits → Rn. 50.

19 BGHZ 180, 51 = NJW 2009, 149.
20 BGHZ 229, 239 = NJW 2021, 1875 (in Aufgabe einer früheren stRspr).

(5) Kein Ausschluss der Anfechtung nach § 1600 IV BGB

Die Anfechtung durch den rechtlichen Vater und die Mutter ist ausgeschlossen, wenn das Kind mit ihrer Einwilligung durch künstliche Befruchtung mittels Spendersamen (heterologe Insemination) gezeugt worden ist. Der Gesetzgeber will damit verhindern, dass die „Wunscheltern" ihre bewusste Entscheidung durch Vaterschaftsanfechtung revidieren können. Die Einwilligung kann formlos erklärt werden. Über den Wortlaut hinaus sperrt § 1600 IV BGB auch die Anfechtung für einen Samenspender, wenn die Spende aufgrund einer auf die ausschließliche rechtliche Vaterstellung eines anderen Mannes gerichteten Abrede erfolgt ist, wie zB bei einer privaten Becherspende für ein unfruchtbares verschiedengeschlechtliches Ehepaar (anders dagegen bei Samenspende für ein gleichgeschlechtliches Paar, da hier nach der Absprache kein bestimmter anderer Mann die Vaterstellung einnehmen sollte).[21] Keinen Ausschluss bewirkt § 1600 IV BGB für eine Anfechtung durch das mittels heterologer Insemination gezeugte Kind. 59

bb) Wirkungen der erfolgreichen Vaterschaftsanfechtung

Die Anfechtung hat Erfolg, wenn nach der Überzeugung des Gerichts feststeht, dass der Mann, dem das Kind bislang rechtlich zugerechnet wurde, nicht der biologische Vater des Kindes ist. Der stattgebende Beschluss beseitigt die Vaterschaft rückwirkend, und zwar mit Wirkung für und gegen alle (§ 184 II FamFG). Grundsätzlich hat er allein diese negative (Beseitigungs-)Wirkung. Wer der wirkliche Vater des Kindes ist, wird im Anfechtungsverfahren nicht bindend festgestellt. Eine Ausnahme gilt jedoch bei der Anfechtung durch den mutmaßlichen leiblichen Vater nach § 1600 I Nr. 2 BGB. Diese setzt, wie gesehen, voraus, dass der Anfechtende als leiblicher Vater feststeht. Der erfolgreiche Antrag hat dementsprechend auch die Wirkung, dass die Vaterschaft des Anfechtenden positiv festgestellt wird (§ 182 I FamFG). Ist der anfechtende Dritte dagegen nicht der leibliche Vater, ist sein Antrag abzuweisen, auch wenn sich im Verfahren herausgestellt hat, dass der rechtliche Vater ebenfalls nicht der leibliche Vater des Kindes ist. 60

Aus der erfolgreichen Anfechtung können sich **Folgeansprüche** ergeben. So mag der „Scheinvater" dem Kind und der Mutter Unterhaltsleistungen erbracht haben, die aufgrund der Anfechtung rückwirkend rechtsgrundlos sind. Ausführlich zu den möglichen Ansprüchen des Scheinvaters gegen das Kind, die Mutter und den leiblichen Vater ⇨ *Fall Nr. 18 – Vaterschaftszweifel.* 61

5. Auskunft über die Abstammung

Aus dem Allgemeinen Persönlichkeitsrecht (Art. 2 I GG iVm Art. 1 I GG) und der Menschenwürdegarantie (Art. 1 I GG) folgt nach Ansicht des BVerfG ein Recht des Einzelnen auf Kenntnis der eigenen Abstammung.[22] Dieses Grundrecht richtet sich in erster Linie gegen den Staat. Es beinhaltet zwar keinen Anspruch gegen staatliche Stellen auf Verschaffung von Kenntnissen, doch schützt es vor der Vorenthaltung erlangbarer Informationen durch staatliche Organe. Das BVerfG hat aus denselben Grundrechtspositionen auch ein Recht des rechtlichen Vaters bejaht zu erfahren, ob 62

21 BGHZ 197, 242 Rn. 16 = NJW 2013, 2589.
22 BVerfGE 96, 56 = NJW 1997, 1769.

ein Kind von ihm abstammt.[23] Eine Klärung dieser Frage kann zwar grundsätzlich im Anfechtungsverfahren erreicht werden; doch beseitigt dieses Verfahren im „Erfolgsfall" zugleich die rechtliche Vaterschaftszuordnung, was den Interessen des Kindes und/oder seines rechtlichen Vaters nicht unbedingt entspricht.

63 Der Gesetzgeber hat daher im Jahr 2008 die Möglichkeit einer **rechtsfolgenlosen Abstammungsklärung** geschaffen.[24]

a) Rechtsfolgenlose Abstammungsklärung nach § 1598a BGB

64 § 1598a BGB gewährt unter bestimmten Voraussetzungen **materiell-rechtliche Ansprüche auf Einwilligung in** eine genetische **Abstammungsuntersuchung** und auf Duldung der Entnahme einer für diese Untersuchung geeigneten genetischen Probe (§ 1598a I 1 BGB). Werden diese Ansprüche nicht freiwillig erfüllt, so kann die erforderliche **Einwilligung auf Antrag in einem familiengerichtlichen Verfahren** (Abstammungssache iSv § 169 Nr. 2 FamFG) **ersetzt** und die Duldung der Probeentnahme gerichtlich angeordnet werden (§ 1598a II BGB). Diese Duldung ist dann erzwingbar: Bei wiederholter unberechtigter Verweigerung der Untersuchung kann auch unmittelbarer Zwang angewandt, insbesondere die zwangsweise Vorführung zur Untersuchung angeordnet werden (§ 96a II FamFG).

65 Die Voraussetzungen sind bewusst „sehr niedrigschwellig"[25] gehalten. Die Geltendmachung des Anspruchs bzw. der gerichtliche Antrag auf Ersetzung bedürfen keiner Begründung und setzen insbesondere nicht voraus, dass substantiierte Zweifel an der genetischen Abstammung vorgetragen werden (kein Erfordernis eines Anfangsverdachts). Allerdings kann das Gericht das Verfahren aussetzen, wenn und solange die Klärung der Abstammung eine erhebliche Beeinträchtigung des Wohls des minderjährigen Kindes begründen würde (§ 1598a III BGB, zB Suizidgefahr). Außerdem ist der Antrag zurückzuweisen, wenn er rechtsmissbräuchlich ist (etwa weil die Vaterschaft in einem vorangegangenen gerichtlichen Verfahren unter Einholung eines Abstammungsgutachtens bereits verlässlich festgestellt wurde[26]).

66 Jedoch steht das Verfahren der Abstammungsklärung nach § 1598a BGB **nur einem sehr engen Personenkreis offen:** Anspruchs- bzw. antragsberechtigt und -verpflichtet sind nur die Mitglieder der rechtlichen Familie, also der **rechtliche Vater, die rechtliche Mutter und das Kind**. Nicht berechtigt (und auch nicht verpflichtet) ist damit insbesondere der potenzielle leibliche Vater, was rechtspolitisch umstritten ist, jedoch vom BVerfG als verfassungskonform eingestuft wurde.[27] Nach Auffassung des BVerfG hat der Gesetzgeber angesichts der gegenläufigen Grundrechtspositionen (Persönlichkeitsrecht des Klärungsinteressierten vs. Schutz der Intimsphäre des in Anspruch Genommenen, bei dem es sich nicht um den wahren leiblichen Vater handeln mag, und seiner Familie) einen weiten Ausgestaltungsspielraum. Im Diskussionsteilentwurf des BMJV vom März 2019 ist gleichwohl eine Ausweitung des wechselseitigen Klärungsanspruchs auf den mutmaßlichen leiblichen Vater und die mutmaßliche leibliche Mutter vorgesehen (§ 1600g I 1 Nr. 4–6 BGB-E). Die Klärung der rechtlichen

23 BVerfGE 117, 202 = NJW 2007, 753.
24 BGBl. 2008 I 441.
25 BT-Drs. 16/6561, 11.
26 OLG Frankfurt a. M. NZFam 2016, 575.
27 BVerfGE 141, 186 = NJW 2016, 1939.

Mutterschaft (zB bei Verdacht einer Eizellspende) ist zwar nicht das eigentliche Ziel der Vorschrift, doch kann sie auch hierzu eingesetzt werden.

Gegenstand des Anspruchs bzw. Antrags sind nur die genannten Einwilligungen bzw. gerichtlichen Anordnungen. Das Gerichtsverfahren selbst klärt die Abstammung nicht. Hat der Anspruchsteller die genetische Probe erhalten, liegt es vielmehr an ihm oder ihr, sie – zusammen mit einer Eigenprobe – untersuchen zu lassen. Tut er/sie dies, so hat auch der Antragsgegner ein Recht auf Einsicht in das Abstammungsgutachten oder die Erteilung einer Abschrift (§ 1598a IV BGB). 67

Das **Ergebnis der Abstammungsuntersuchung** – ganz gleich, ob sie die bestehende rechtliche Abstammung bestätigt oder negiert – zeitigt **keine unmittelbaren rechtlichen Wirkungen**. Bei dem Verfahren geht es gerade um die **rechtsfolgenlose Kenntniserlangung** über die bestehende oder nicht bestehende Abstammung. Verneint das Gutachten allerdings eine genetische Abstammung, so kann dies als **Grundlage für eine Vaterschaftsanfechtung** dienen, soweit deren Voraussetzungen gegeben sind. Anfechtungsberechtigt sind dann auch die Klärungsverpflichteten, also zB auch die Mutter oder das Kind, selbst wenn der rechtliche Vater das Verfahren nach § 1598a BGB betrieben hatte. Freilich darf die Anfechtungsfrist für den Betreffenden noch nicht abgelaufen sein: So kann etwa die Mutter nicht mehr anfechten, wenn sie bereits 2 Jahre vor dem Ergebnis der Abstammungsuntersuchung von Umständen wusste, die gegen die Vaterschaft sprechen (§ 1600b I 1, 2 BGB). Dabei ist allerdings zu beachten, dass die Anfechtungsfrist durch die Einleitung eines Verfahrens nach § 1598a II BGB gehemmt wird (§ 1600b V 1 BGB). 68

b) Recht des Kindes auf Kenntnis seiner genetischen Eltern

Die Abstammungsklärung nach § 1598a BGB ermöglicht dem Kind nur zu erfahren, dass es von dem ihm rechtlich zugeordneten Vater *nicht* abstammt. Häufig wird es dem Kind aber darum gehen, positiv zu wissen, wer sein genetischer Vater ist. Hierzu ist das Verfahren nach § 1598a BGB – außer wenn es eine bestehende Zuordnung bestätigt – nicht geeignet (der leibliche Vater ist ja weder anspruchsberechtigt noch -verpflichtet). 69

Relevant wird die Frage nach der genetischen Vaterschaft insbesondere für Kinder, die im Wege der **ärztlich assistierten künstlichen Befruchtung** mit Spendersamen gezeugt wurden. Der Gesetzgeber hat hier 2017 durch das Samenspenderregistergesetz ein zentrales **Samenspenderregister** eingerichtet, das beim Deutschen Institut für Medizinische Dokumentation und Information (DIMDI) geführt wird. Kinder, die nach Inkrafttreten dieses Gesetzes zum 1.7.2018 gezeugt wurden und vermuten, dass dies durch eine ärztlich assistierte künstliche Befruchtung unter Verwendung von Spendersamen geschah, haben gegenüber dem DIMDI einen Auskunftsanspruch hinsichtlich der im Register gespeicherten personenbezogenen Daten des Spenders sowie etwaiger weiterer freiwilliger Angaben zu seiner Person (§ 10 I, II SaRegG). Nach Vollendung des 16. Lebensjahrs kann das Kind den Anspruch nur selbst geltend machen (§ 10 I 2 SaRegG), vorher sind seine gesetzlichen Vertreter hierzu befugt (§ 10 III 2 SaRegG). 70

Schon vor Inkrafttreten des Samenspenderregistergesetzes bejahte die Rechtsprechung einen Auskunftsanspruch des Kindes gegen den **behandelnden Arzt** aus § 242 BGB. Die hierzu erforderliche Sonderverbindung soll sich aus dem Behandlungsvertrag des Arztes mit den Wunscheltern ergeben, der eine schützende Drittwirkung 71 zugunsten des Kindes entfaltet.[28] Ob es dem Arzt zuzumuten ist, Auskunft über die Identität des Spenders zu erteilen, ist durch eine Einzelfallabwägung zu entscheiden; allerdings wird dabei dem Interesse des Kindes auf Kenntnis seiner eigenen Abstammung regelmäßig ein erhebliches Gewicht zukommen. Ein Anspruch scheidet allerdings aus, wenn das Kind auf andere zumutbare Weise die begehrte Auskunft erlangen kann, insbesondere durch eine Anfrage beim DIMDI.

72 Ist das Kind nicht durch künstliche Befruchtung gezeugt worden, kommt als Informationsquelle über den genetischen Vater häufig nur die **Mutter** in Betracht. Auch hier bejaht die Rechtsprechung – gestützt auf die familiäre Sonderverbindung (§ 242 BGB bzw. § 1618a BGB) und das Persönlichkeitsrecht des Kindes – einen Auskunftsanspruch, der allerdings sorgfältig gegen das Recht der Mutter auf Schutz ihrer Intimsphäre abgewogen werden muss. Den Gerichten steht insoweit ein weiter Spielraum zur Verfügung.[29]

73 Wenngleich seltener als über die Identität des Vaters, mag das Kind über die Identität seiner Mutter im Ungewissen sein, zB wenn die Mutter das Kind ohne Offenlegung ihrer Identität in einer Babyklappe abgelegt hat. Um dieser Praxis entgegenzuwirken, hat der Gesetzgeber 2013 die Möglichkeit einer **vertraulichen Geburt** (§§ 25 ff. SchKG) geschaffen.[30] Bei einer vertraulichen Geburt bringt die Mutter nach Feststellung ihrer Identität durch eine Beratungsstelle ihr Kind in einer Klinik unter einem Pseudonym zur Welt. Mit Vollendung des 16. Lebensjahrs hat das vertraulich geborene Kind das Recht, den beim Bundesamt für Familie und zivilgesellschaftliche Aufgaben verwahrten sog. Herkunftsnachweis einzusehen, wobei die Mutter einem solchen Antrag entgegentreten kann (§ 31 I–III SchKG).

c) Auskunftsanspruch des Scheinvaters über die Identität des leiblichen Vaters

74 Der rechtliche Vater kann zwar im Verfahren nach § 1598a BGB feststellen lassen, dass das Kind nicht von ihm abstammt. Er kann seine rechtliche Vaterschaft – darauf aufbauend – grundsätzlich auch durch Anfechtung beseitigen. Die sich daraus ergebenden Regressansprüche gegen den leiblichen Vater des Kindes (zum Scheinvaterregress → § 10 Rn. 102) kann er jedoch nur durchsetzen, wenn er dessen Identität kennt. Insoweit bejahte der BGH wiederholt einen Anspruch des Scheinvaters gegenüber der Mutter auf Auskunft über die Person des mutmaßlichen Vaters, sofern diese Auskunft der Mutter im Einzelfall zumutbar schien. Gestützt wurde dieser Anspruch auf § 242 BGB.[31] Die hierzu erforderliche Sonderverbindung zwischen den Parteien konnte zB in einer Ehe oder darin bestehen, dass der Vater mit Zustimmung der Mutter die Vaterschaft anerkannt hatte.

75 Das BVerfG hat diese Rechtsprechung jedoch als unzulässige richterliche Rechtsfortbildung gewertet.[32] Zwar sei eine Verpflichtung der Mutter, dem Scheinvater zur Durchsetzung seines Regressanspruchs auch gegen ihren Willen Auskunft über die Person des Vaters zu geben, verfassungsrechtlich nicht von Vornherein ausgeschlossen. Doch stelle eine solche Pflicht zur Offenbarung von Partnern sexueller Kontakte einen

28 BGHZ 204, 54 = NJW 2015, 1098.
29 BVerfGE 96, 56 = NJW 1997, 1769.
30 BGBl. 2013 I 3458.
31 BGH NJW 2014, 2571; BGHZ 191, 259 = NJW 2012, 450.
32 BVerfGE 138, 377 = NJW 2015, 1506.

so tiefgreifenden Eingriff in das Intimleben dar, dass es hierfür einer hinreichend deutlichen Grundlage im geschriebenen Recht bedürfe – jedenfalls wenn auf der anderen Seite verfassungsrechtlich geringerwertige finanzielle Interessen betroffen sind, wie regelmäßig beim Scheinvater. Auf eine Generalklausel wie § 242 BGB lasse sich eine entsprechende Pflicht nicht stützen.

Eine entsprechende spezialgesetzliche Anspruchsgrundlage auf Auskunft hat der Gesetzgeber bislang nicht geschaffen. Nach geltendem Recht kann ein Auskunftsanspruch des Scheinvaters damit allenfalls auf § 826 BGB gestützt werde, wenn man die Auskunft über den Erzeuger als einen Beitrag zu und ein Minus gegenüber der an sich geschuldeten vollen Schadensregulierung auffasst.[33] Das erfordert jedoch einen besonders krassen Fall. Das schlichte Nichtoffenbaren einer möglichen Nichtvaterschaft reicht jedenfalls nicht aus. Das Sittenwidrigkeitsurteil muss sich vielmehr aus eigenständigen Wertungsbereichen ergeben. Sittenwidrigkeit mag anzunehmen sein, wenn ein Ehebruch ausdrücklich abgestritten oder Zweifel des Mannes an seiner Vaterschaft bewusst zerstreut werden.[34] Doch selbst wenn man einen krassen Fall und damit das Bestehen eines Auskunftsanspruchs unterstellt, kann die Nichterfüllung des Auskunftsanspruchs nicht mit einem Schadensersatzanspruch sanktioniert werden. Der Schaden des Scheinvaters (= Undurchsetzbarkeit des Regressanspruchs gegen den leiblichen Vater) ist nämlich regelmäßig nicht bezifferbar. Denn der auf den Scheinvater im Wege des Regresses nach § 1607 III 2 BGB übergegangene Wert des Unterhaltsanspruchs des Kindes aus §§ 1601 ff. BGB ist von den finanziellen Verhältnissen des leiblichen Vaters (und nicht etwa von der Höhe des vom Scheinvater geleisteten Unterhalts!) abhängig. Die finanziellen Verhältnisse des leiblichen Vaters sind jedoch ohne Auskunft der Mutter ebenso unbekannt wie der Erzeuger selbst.[35] 76

III. Rechtsbeziehungen zwischen Eltern und Kindern im Allgemeinen

Das Eltern-Kind-Verhältnis (kraft Abstammung, hierzu → Rn. 8, oder kraft Adoption, hierzu → § 11) erzeugt vielfältige Rechtswirkungen. Die wichtigsten sind das Recht und die Pflicht zur elterlichen Sorge und zum Umgang mit dem Kind sowie die wechselseitige Verpflichtung zur Unterhaltsleistung, die daher in gesonderten Paragrafen des Buchs (vgl. hierzu → §§ 8, 10) behandelt werden. Weniger klausurrelevant, wenngleich gleichwohl wichtig, sind die nachfolgenden Bereiche: 77

1. Kindesname

a) Vorname

Die Wahl des Vornamens des Kindes ist Teil der Personensorge und steht daher den **Personensorgeberechtigten**, regelmäßig also den Eltern, zu. Ist nur ein Elternteil personensorgeberechtigt, so steht ihm das Recht zur Bestimmung des Vornamens alleine zu. Sind die Eltern gemeinsam sorgeberechtigt, so müssen sie grundsätzlich versuchen, sich über den oder die Namen zu einigen (§ 1627 S. 2 BGB). Gelingt die Einigung nicht, so kann jeder Elternteil nach § 1628 BGB das Familiengericht anrufen. 78

33 So Wellenhofer FamR § 31 Rn. 62.
34 BGHZ 196, 207 = NJW 2013, 2108.
35 BGHZ 196, 207 = NJW 2013, 2108.

Das Gericht wählt dann allerdings nicht selbst den Vornamen aus, sondern überträgt demjenigen Elternteil, den es unter Kindeswohlgesichtspunkten für den geeigneteren hält, die alleinige Entscheidungsbefugnis. Ein nicht sorgeberechtigter Elternteil hat kein Recht, den Vornamen des Kindes zu bestimmen.

79 **Inhaltlich** unterliegt die Vornamensbestimmung, wie das BVerfG klargestellt hat, nur der **Schranke des Kindeswohls**.[36] Entgegen der früheren Rechtsprechung ist es daher nicht erforderlich, dass der Vorname das Geschlecht des Kindes eindeutig anzeigt. Eine Kindeswohlgefährdung wird erst dann naheliegen, wenn der Vorname geeignet ist, das konkrete Kind in eine Außenseiterposition zu bringen und ihm die Selbstfindung innerhalb der Familie und im sozialen Umfeld zu erschweren. Das OLG Bremen hat das zB für den Vornamen „Waldmeister" angenommen.[37] Dagegen ist es idR nicht kindeswohlgefährdend, den Mädchennamen der Mutter zu einem (weiteren) Vornamen des Kindes zu machen, es sei denn, dieser ist gänzlich ungeeignet, dem Kind eine Identitätsfindung zu ermöglichen. Letzteres wurde zB angenommen für den Vornamen „Schmitt".[38]

b) Nachname

80 Die Wahl des Nachnamens obliegt grundsätzlich auch den **Personensorgeberechtigten**, die Wahlmöglichkeiten sind aber sehr viel weiter **eingeschränkt**. Führen die Eltern des Kindes bei Geburt einen gemeinsamen Ehenamen (§ 1355 I 1, II BGB), besteht überhaupt keine Wahlfreiheit: Der Ehename wird vielmehr automatisch zum Kindesnamen (§ 1616 BGB). Im Übrigen – also wenn die Eltern bei Geburt keinen gemeinsamen Ehenamen führen, sei es, weil sie keinen gewählt haben oder überhaupt nicht miteinander verheiratet sind – unterscheidet das Gesetz nach der Sorgerechtslage. Sind beide Eltern sorgeberechtigt, so stehen die beiden Namen zur Wahl, die sie im Zeitpunkt der Kindesnamensbestimmung führen (§ 1617 I 1 BGB). Nicht zulässig ist die Wahl eines aus beiden Elternamen zusammengesetzten Doppelnamens. Treffen die Eltern keine Wahl, überträgt das Familiengericht das Namensbestimmungsrecht dem Elternteil, der davon den kindeswohldienlichsten Gebrauch zu machen verspricht; übt dieser sein Recht nicht aus, trägt das Kind seinen Namen (§ 1617 II BGB). Beim nächsten gemeinsamen Kind ist das Prozedere dann nicht zu wiederholen: Nachgeborene Kinder erhalten automatisch den Namen ihres älteren Geschwisterteils (§ 1617 I 3 BGB). Ist nur ein Elternteil sorgeberechtigt, trägt das Kind grundsätzlich den Namen, den dieser Elternteil führt (§ 1617a I BGB). Der Sorgerechtsinhaber kann allerdings mit Zustimmung des anderen Elternteils (und mit Zustimmung des Kindes, wenn dieses das 5. Lebensjahr bereits vollendet hat), dem Kind den Namen dieses Elternteils erteilen (§ 1617a II BGB). Für die Zustimmung des Kindes gelten grundsätzlich die allgemeinen Regeln für Erklärungen Minderjähriger und die gesetzliche Vertretung. Allerdings kann ein minderjähriges Kind über 14 Jahren die Erklärung nur selbst abgeben, bedarf hierfür allerdings der Zustimmung seines gesetzlichen Vertreters (§ 1617a II 4 BGB iVm § 1617c I 2 BGB).

81 Das geltende Namensrecht ist seit einiger Zeit in der Kritik und soll liberalisiert werden. Vgl. das Eckpunktepapier zur Reform des Namensrechts des BMJV (Stand: 11.2.2020), das u.a. die Zulassung zweigliedriger Doppelnamen vorschlägt.

36 BVerfG NJW 2009, 663.
37 OLG Bremen NJW-RR 2014, 1156.
38 BGH NJW 2008, 2500.

Der Name des Kindes kann sich **später nochmal ändern**, und zwar in folgenden Fällen: 82

- Namenswechsel der Eltern oder des namensgebenden Elternteils 83

Wählen die Eltern nachträglich einen gemeinsamen Ehenamen (möglich nach § 1355 III 2 BGB) und weicht dieser von dem Namen ab, den das Kind bereits erhalten hat, so wechselt der Name des Kindes zum Ehenamen. Für das unter 5 Jahre alte Kind gilt das automatisch, für das ältere Kind nur dann, wenn es sich der Namensänderung durch öffentlich beglaubigte Erklärung gegenüber dem Standesbeamten anschließt. Für diese Anschlusserklärung gelten die oben für die Einwilligungserklärung genannten Modalitäten (§ 1617c I BGB). Das Gleiche gilt grundsätzlich, wenn sich der Name des Elternteils ändert, von dem sich der Nachname des Kindes ableitet (§ 1617c II BGB). Das gilt nur dann nicht, wenn sich diese Namensänderung durch Eheschließung vollzieht (§ 1617c II Nr. 2 aE BGB).

Beispiel: Die unverheiratete Frau Meyer bekommt eine Tochter Anna, die zunächst Anna Meyer heißt 84
(§ 1617a I BGB). Als Anna 3 Jahre alt ist, lässt sich Frau Meyer von Herrn v. Stieglitz adoptieren und heißt jetzt v. Stieglitz (§ 1767 II 1 BGB iVm § 1757 I 1 BGB). Damit heißt auch Anna jetzt automatisch v. Stieglitz (§ 1617c II Nr. 2 BGB). Eine Anschlusserklärung wäre erforderlich gewesen, wenn Anna bereits das fünfte Lebensjahr vollendet hätte (§ 1617c I 1 BGB). Bei der Abgabe der Anschlusserklärung könnte sie grundsätzlich durch ihre Mutter vertreten werden; ist sie schon 14 Jahre alt, so muss sie die Erklärung selbst abgeben, bedarf aber noch der Zustimmung ihrer gesetzlichen Vertreterin (§ 1617c I 2 BGB). Hätte Frau Meyer Herrn v. Stieglitz geheiratet und seinen Namen angenommen, so würde – wegen § 1617 II Nr. 2 aE BGB – bei Anna kein automatischer Namenswechsel eintreten. Es liegt auch weder ein Fall des § 1617c I 1 BGB (es haben nicht Annas Eltern einen Ehenamen bestimmt, sondern Annas Mutter und ihr Stiefvater) noch des § 1617c II Nr. 1 BGB vor (Frau Meyer hat nicht ihren Ehe-, sondern ihren Geburtsnamen geändert). Es bleibt allerdings die Möglichkeit einer sog. Einbenennung in die Stieffamilie (§ 1618 BGB).

- nachträgliche Begründung der gemeinsamen Sorge 85

Wird die gemeinsame Sorge erst begründet, nachdem das Kind bereits einen Geburtsnamen erhalten hat, so können die Eltern binnen 3 Monaten den Namen neu bestimmen (§ 1617b I 1 BGB). Eine Anschlusserklärung des Kindes ist erforderlich, wenn es bereits das fünfte Lebensjahr vollendet hat (§ 1617b I 3 BGB).

- nachträgliche Feststellung der Scheinvaterschaft 86

Wird nachträglich rechtskräftig festgestellt, dass der Mann, dessen Namen das Kind als Geburtsnamen erhalten hat, nicht der genetische Vater des Kindes ist, so kann das Kind auf seinen Antrag oder auf Antrag des Scheinvaters den Namen erhalten, den die Mutter im Zeitpunkt der Geburt geführt hat (§ 1617b II BGB). Für den Scheinvater besteht diese Möglichkeit nur, solange das Kind noch keine 5 Jahre alt ist, für das Kind besteht sie zeitlich unbeschränkt.

- Einbenennung in eine Stieffamilie 87

Probleme um den Kindesnamen können entstehen, wenn die Eltern nicht zusammen sind oder bleiben und der das Kind betreuende Elternteil einen Dritten heiratet und dessen Namen annimmt: Dann heißt das Kind nämlich plötzlich anders als der es betreuende Elternteil. Um diesem Problem abzuhelfen, sieht § 1618 BGB einen Wechsel des Kindesnamens zum neuen Ehenamen der Stieffamilie vor. Dies gilt allerdings nur unter folgenden engen Voraussetzungen.

88

Einbenennung in eine Stieffamilie
1. Minderjährigkeit des Kindes 2. Elternteil, der zusammen mit seinem Ehegatten dem Kind den neuen Ehenamen erteilen will, ist zumindest mitsorgeberechtigt. 3. Anderer Elternteil muss zustimmen, wenn er mitsorgeberechtigt ist oder das Kind seinen Namen führt (§ 1618 S. 3 BGB); Zustimmung des anderen Elternteils kann allerdings ersetzt werden, wenn die Namensänderung zum Wohl des Kindes erforderlich ist (§ 1618 S. 4 BGB). 4. Kind muss zustimmen, wenn es das fünfte Lebensjahr vollendet hat; für seine Zustimmung gelten die Grundsätze des § 1617c I 2, 3 BGB (§ 1618 S. 6 BGB). 5. Abgabe aller Erklärungen gegenüber dem Standesamt und öffentliche Beglaubigung (§ 1618 S. 5 BGB)

89 Liegen diese Voraussetzungen vor, so kann der bisherige Name des Kindes entweder vollständig durch den neuen Ehenamen ersetzt oder alternativ mit diesem zu einem echten (und ausnahmsweise zulässigen) Doppelnamen verbunden werden (§ 1618 S. 2 BGB).

90 • öffentlich-rechtliche Namensänderung

Jenseits der genannten familienrechtlichen Tatbestände sind Namensänderungen nur unter den sehr restriktiven Voraussetzungen des § 3 NamÄndG – nämlich bei Vorliegen eines wichtigen Grundes – zulässig. Für diese Verfahren sind die Verwaltungsbehörden und -gerichte zuständig.

2. Staatsangehörigkeit und Wohnsitz

91 Nach deutschem Recht wird die **Staatsangehörigkeit des Kindes** grundsätzlich durch die Eltern vermittelt (*ius sanguinis*-Prinzip). Ausreichend ist, dass ein Elternteil Deutscher ist (§ 4 I 1 StAG). Ist nur der Vater Deutscher, so muss die Vaterschaft wirksam anerkannt oder ein Feststellungsverfahren eingeleitet worden sein, bevor das Kind das 23. Lebensjahr vollendet hat (§ 4 I 2 StAG): Das Kind ausländischer Eltern kann die deutsche Staatsangehörigkeit durch die Geburt in Deutschland erwerben (*ius soli*-Prinzip), wenn ein Elternteil seit mindestens 8 Jahren rechtmäßig seinen gewöhnlichen Aufenthalt in Deutschland hat und zum Zeitpunkt der Geburt ein unbefristetes Aufenthaltsrecht genießt (§ 4 III StAG).

92 Der **Wohnsitz** ist ein rechtlich geprägter Begriff (§§ 7–11 BGB) und besonders für die Zuständigkeit von Behörden und Gerichten bedeutsam (zB § 13 ZPO). Ein minderjähriges Kind teilt den Wohnsitz seiner Eltern, soweit diese zur Personensorge berechtigt sind (§ 11 S. 1 BGB). Steht beiden Eltern die Personensorge zu und leben diese getrennt, so hat das Kind einen von beiden Eltern abgeleiteten Doppelwohnsitz. Ist kein Elternteil personensorgeberechtigt, teilt das Kind den Wohnsitz desjenigen, dem die Personensorge zusteht, also etwa des Vormunds (§ 11 S. 2 BGB).

93 Anstelle des oder zusätzlich zum gesetzlichen Wohnsitz nach § 11 BGB kann der gesetzliche Vertreter des Kindes oder das beschränkt geschäftsfähige Kind selbst mit Zustimmung seines gesetzlichen Vertreters einen sog. gewillkürten Wohnsitz begründen (§§ 7 f. BGB). Im internationalen Familienrecht (hierzu vgl. → § 1) wird die Anknüpfung an den Wohnsitz zunehmend durch die Anknüpfung an den gewöhnlichen Aufenthalt ersetzt (vgl. zB Art. 3, 8 Brüssel IIa-VO).

3. Beistand und Rücksicht

Nach § 1618a BGB sind Eltern und Kinder einander Beistand und Rücksicht schuldig. Diese **Solidaritätspflicht** ist nicht auf die Zeit der Minderjährigkeit beschränkt, sondern gilt grundsätzlich **lebenslang**. Obwohl es sich um eine **echte Rechtspflicht** handelt, lassen sich aus ihr nicht ohne Weiteres Leistungsansprüche ableiten. Anerkannt ist allerdings, dass sich aus dem Persönlichkeitsrecht iVm § 1618a BGB ein Auskunftsanspruch des Kindes gegen die Eltern über seine genetische Abstammung ergeben kann (→ Rn. 72). Ein Verstoß gegen § 1618a BGB bildet auch keine eigenständige Grundlage für Schadensersatzansprüche. Allerdings kann das Solidaritätsgebot bei der Konturierung (vertraglicher, deliktischer etc) Verhaltenspflichten herangezogen werden. Im Strafrecht kann die Solidaritätspflicht eine Garantenstellung (§ 13 I StGB) begründen. § 1618a BGB wirkt v.a. auch rechtsbegrenzend: Zum Beispiel kann eine Unterhaltsbestimmung durch die Eltern nach § 1612 II BGB wegen Verstoßes gegen die Rücksichtnahmepflicht unwirksam sein;[39] ebenso kann der Unterhaltsanspruch eines Kindes wegen groben Verstoßes gegen § 1618a BGB iVm § 1611 I 1 Var. 3 BGB verwirkt werden.[40] 94

4. Dienstleistungspflicht des Kindes

§ 1619 BGB statuiert für das Kind gegenüber seinen Eltern eine familienrechtliche Pflicht zur unentgeltlichen Dienstleistung im Hauswesen und im Geschäft der Eltern. Vorausgesetzt ist, dass 95

(1) das Kind dem elterlichen Haushalt angehört und
(2) von den Eltern entweder erzogen oder unterhalten wird.

Liegen diese Voraussetzungen vor, besteht die Dienstpflicht auch dann, wenn das Kind schon volljährig ist (das volljährige Kind kann zwar nicht mehr erzogen, wohl aber noch von seinen Eltern unterhalten werden). Das Maß der Verpflichtung richtet sich nach den Kräften und der Lebensstellung des Kindes. So haben Eltern etwa darauf zu achten, dass ein Kind, das sich in Ausbildung befindet, nicht überfordert wird. 96

Klausurbedeutung hat die Dienstpflicht des Kindes im Deliktsrecht: Hier kann sich ein Ersatzanspruch der Eltern aus § 845 BGB wegen der entgangenen Dienste ergeben, wenn das Kind getötet oder verletzt wird und seine Arbeitskraft damit den Eltern (vorübergehend) entzogen wird. 97

39 BayObLG NJW-RR 1989, 1487.
40 OLG Bamberg NJW 1992, 1112.

§ 8 Elterliche Sorge

I. Grundlagen

1 Ein wesentlicher Bestandteil des Eltern-Kind-Verhältnisses ist die elterliche Sorge, dh das umfassende Recht der Eltern (im Rechtssinne), für das minderjährige Kind zu sorgen. Verfassungsrechtlich garantiert wird das elterliche Sorgerecht durch Art. 6 II 1 GG. Das Sorgerecht ist insofern ein besonderes Recht, als es den Eltern nicht um ihrer selbst willen gewährt ist. Es ist ihnen vielmehr **ausschließlich im Interesse und zum Schutz des Kindes** verliehen. Die Eltern sind verpflichtet, ihre Befugnisse zum Wohl des Kindes auszuüben. Das machen Art. 6 II 1 GG und § 1626 BGB deutlich, die jeweils nicht nur von einem Recht, sondern v.a. auch von einer *Pflicht* der Eltern sprechen. Trotz alledem haben die Eltern bei der Sorge für ihr Kind einen weiten Gestaltungsspielraum. Es ist nicht Aufgabe des Staates, für eine optimale Entwicklung des Kindes zu sorgen. Einschreiten muss der Staat jedoch, wenn das Kindeswohl akut gefährdet ist (Art. 6 II 2 GG, §§ 1666 ff. BGB; zu den Grenzen des Sorgerechts → Rn. 49 ff.).

2 Die elterliche Sorge hat einen umfassenden **Inhalt**: Sie zielt auf die Wahrung und Förderung sämtlicher Rechtsgüter und Interessen des Kindes. Allerdings unterscheidet das Gesetz zwischen der Sorge für die Person (**Personensorge**, §§ 1631 ff. BGB) und der Sorge für das Vermögen des Kindes (**Vermögenssorge**, §§ 1638 ff. BGB). Während die Vermögenssorge die Erhaltung und Verwaltung des Kindesvermögens betrifft, umfasst die Personensorge sowohl die Pflege des Kindes (dh die Sorge für sein leibliches Wohl und seine äußere Entwicklung) als auch seine Erziehung (dh die Sorge für seine geistig-seelisch und sittlich-soziale Entwicklung).

3 **Beispiel:** Zur Personensorge gehören insbesondere das Aufenthalts- und das Umgangsbestimmungsrecht (§§ 1631 I, 1632 II BGB). Die Eltern können daher das Kind von jedem herausverlangen, der es ihnen widerrechtlich vorenthält (§ 1632 I BGB). In Einzelfällen ist zur Aufenthaltsbestimmung eine Genehmigung des Familiengerichts erforderlich, so etwa, wenn es um eine freiheitsentziehende Unterbringung des Kindes geht (§ 1631b BGB).

4 Beide Sorgerechtsbereiche können sich sowohl in tatsächlichen Handlungen (zB Baden des Kindes) als auch in rechtsgeschäftlichen Handlungen (zB Abschluss eines Behandlungsvertrags) äußern. Deswegen lässt sich sowohl im Rahmen der Personen- als auch im Rahmen der Vermögenssorge eine Binnendifferenzierung in **tatsächliche Sorgerechtswahrnehmung** und **gesetzliche Vertretung** des Kindes vornehmen. Die gesetzliche Vertretung des Kindes als wesentlicher Bestandteil der Elternsorge ist in § 1629 BGB näher geregelt und hat eine besondere Klausurbedeutung.

5

Elterliche Sorge			
Personensorge (§§ 1631 ff. BGB)		Vermögenssorge (§§ 1638 ff. BGB)	
tatsächliche Personensorge	gesetzliche Vertretung in persönlichen Angelegenheiten	tatsächliche Vermögenssorge	gesetzliche Vertretung in Vermögensangelegenheiten

Nach zutreffender Ansicht liegt – entsprechend den allgemeinen Kriterien für eine Stellvertretung in § 164 BGB – eine gesetzliche Vertretung des Kindes durch die Eltern allerdings nur vor, wenn die Eltern rechtsgeschäftliche Handlungen *im Namen des Kindes* vornehmen. Handeln sie im eigenen Namen, wenngleich im Interesse und ggf. auch zugunsten des Kindes iSv § 328 BGB, so liegt keine gesetzliche Vertretung, sondern eine Ausübung der tatsächlichen (Personen- oder Vermögens-)Sorge vor.[1] 6

Das Gesetz differenziert zudem zwischen **2 Formen elterlicher Sorge**, und zwar der **gemeinsamen Sorge beider Eltern** und der **Alleinsorge nur eines Elternteils**. Ebenfalls möglich sind **Kombinationen** von gemeinsamer und alleiniger Sorge. Beispielsweise kann nur einem Elternteil die Vermögenssorge zustehen, während die Personensorge beiden Eltern gemeinsam zusteht. 7

II. Erwerb, Veränderungen und Verlust der elterlichen Sorge

Die Pflege und Erziehung ihres Kindes ist nach Art. 6 II 1 GG das natürliche Recht der Eltern und die ihnen zuvörderst obliegende Pflicht. Das einfachrechtliche Sorgerecht aus §§ 1626 ff. BGB steht daher grundsätzlich den Eltern (gemeint sind die Eltern im Rechtssinne, also nach §§ 1591 f. BGB) zu. Dies gilt allerdings nicht unbedingt schon von Geburt an und automatisch. Insbesondere für den nichtehelichen Vater bestehen hinsichtlich des Erwerbs der elterlichen Sorge besondere Anforderungen. 8

1. Erwerb

a) Verheiratete Eltern

Sind die Eltern bei Geburt des Kindes miteinander verheiratet, so haben sie automatisch die gemeinsame Sorge für das Kind inne. Dies ist zwar nicht explizit ausgesprochen, ergibt sich aber im Umkehrschluss aus § 1626a BGB, der nur für Eltern, die bei Geburt nicht miteinander verheiratet sind, Abweichendes vorsieht. 9

b) Unverheiratete Eltern

Den Erwerb der elterlichen Sorge nicht miteinander verheirateter Eltern regelt § 1626a BGB. 10

aa) Grundsatz: Alleinsorge der Mutter

Von Gesetzes wegen steht hier der Mutter die Alleinsorge zu (§ 1626a III BGB). Dies rechtfertigt sich daraus, dass nichteheliche Elternschaften sehr heterogen beschaffen sein können (vom One-Night-Stand bis hin zur eheähnlichen Verbindung), sodass im Zeitpunkt der Geburt nicht immer davon ausgegangen werden kann, dass ein Vater vorhanden ist, der Verantwortung für das Kind übernehmen möchte. Nach Ansicht des BVerfG darf der Gesetzgeber daher legitimerweise ein gesetzliches Sorgerecht für 11

1 Str. Wie hier etwa BeckOK BGB/Veit § 1626 Rn. 42.1; aA MüKoBGB/Huber § 1626 Rn 35: Hiernach umfasst die gesetzliche Vertretung iSv § 1629 BGB alle Handlungen, bei denen Rechtswirkungen für und gegen das Kind mit Außenwirkung in Betracht kommen.

das nichteheliche Kind alleine bei der Mutter vorsehen.[2] Die Alleinsorge der Mutter im Zeitpunkt der Geburt eines nichtehelichen Kindes entspricht nicht nur gesetzlich, sondern auch statistisch dem Regelfall.[3]

bb) Gemeinsame Sorge

12 Bei Geburt nicht miteinander verheiratete Eltern können – abweichend von der Regel des § 1626a III BGB – die gemeinsame Sorge für ihr Kind begründen, und zwar auf dreierlei Weise:

(1) Nachfolgende Eheschließung

13 Die gemeinsame Sorge gilt kraft Gesetzes, wenn die Eltern einander **nachgeburtlich heiraten** (§ 1626a I Nr. 2 BGB).

(2) Abgabe von Sorgeerklärungen

14 Die gemeinsame Sorge kann zudem durch **parallel laufende Sorgeerklärungen des Vaters und der Mutter** begründet werden (§ 1626a I Nr. 1 BGB). Hierzu müssen beide Eltern **höchstpersönlich** (§ 1626c I BGB) und **ohne Beifügung von Bedingungen oder Befristungen** (§ 1626b I BGB) den Willen zweifelsfrei erkennen lassen, **gemeinsam** für das Kind sorgen zu wollen. Weder die Erklärung, der Vater solle das alleinige Sorgerecht haben, noch die Erklärung, dem Vater solle ein partielles bzw. beschränktes (etwa nur die Vermögenssorge) Mitsorgerecht zustehen, entspricht dem gesetzlichen Inhalt einer Sorgeerklärung und wäre daher wirkungslos. Die Sorgeerklärungen müssen **öffentlich beurkundet** werden (§ 1626d I BGB), wobei hierfür die Notare (§ 20 I 1 BNotO) und das Jugendamt (§ 59 I 1 Nr. 8 SGB VIII) zuständig sind. Formwirksam ist – wegen § 127a BGB – auch die Aufnahme der Elternvereinbarung in ein gerichtlich gebilligtes Vergleichsprotokoll.[4] Die Eltern müssen die Erklärungen nicht zeitgleich abgeben und können auch verschiedene Beurkundungsstellen (zB der eine den Notar, der andere das Jugendamt) wählen. Die Sorgeerklärungen können – ebenso wie die Vaterschaftsanerkennung (§ 1594 IV BGB) – schon **vorgeburtlich** (aber nicht vor der Zeugung!) abgegeben werden (§ 1626b II BGB). Sie wirken dann automatisch mit Geburt. Bei einer nachgeburtlichen Abgabe ist keine Ausschlussfrist vorgesehen; allerdings kann eine gemeinsame Sorge denknotwendig nicht mehr begründet werden, wenn die elterliche Sorge bereits durch Volljährigkeit des Kindes beendet ist.

15 Ist der Elternteil beschränkt geschäftsfähig, so bedarf es – wegen der Höchstpersönlichkeit der Erklärung – zum einen der Erklärung des beschränkt Geschäftsfähigen und zum anderen der Zustimmung seines gesetzlichen Vertreters (§ 1626c II 1 BGB), die ggf. durch das Familiengericht ersetzt werden kann (§ 1626c II 3 BGB). Geschäftsunfähige können keine wirksame Sorgeerklärung abgeben.

16 Eine **Sperre für Sorgerechtserklärungen** enthält **§ 1626b III BGB:** Mit Sorgeerklärungen können keine gerichtlichen Entscheidungen abgeändert werden. Beruht die Alleinsorge eines Elternteils nicht auf dem Gesetz (§ 1626a III BGB), sondern auf einer gerichtlichen Entscheidung (insbesondere nach § 1671 BGB), können die Eltern daher nicht durch die schlichte Abgabe von Sorgeerklärungen wieder zur gemeinsamen Sorge zurückkehren. Sie müssen vielmehr die gerichtliche Sorgerechtsregelung durch eine weitere Gerichtsentscheidung nach § 1696 BGB abändern lassen.

---

2 BVerfGE 127, 132 Rn. 40 = NJW 2010, 3008.
3 BeckOGK/Schumann BGB § 1626a Rn. 3.
4 BGH NJW 2011, 2360.

Wie bei der Vaterschaftsanerkennung gilt auch für Sorgeerklärungen, dass die Anforderungen der §§ 1626a ff. BGB abschließend sind (§ 1626e BGB). Das bedeutet, dass sonstige Unwirksamkeits- und Anfechtungsgründe (zB §§ 123, 138 BGB) für die Wirksamkeit von Sorgeerklärungen keine Bedeutung haben sollen. Der Wirksamkeit von Sorgeerklärungen steht auch nicht entgegen, dass die Eltern nicht zusammenleben oder anderweit verheiratet sind. 17

Sorgeerklärungen entfalten erst **Wirkung**, wenn alle erforderlichen Erklärungen (und ggf. Vertreterzustimmungen) wirksam abgegeben wurden und das Kind geboren ist. Ob die gemeinsame Sorge dem Kindeswohl dient (oder gar widerspricht), wird nicht geprüft. Beseitigen lässt sich die einmal privatautonom begründete gemeinsame Sorge nicht durch weiteren elterlichen Willensakt, sondern nur durch gerichtliche Entscheidung, zB nach § 1671 BGB. Die erhöhten Anforderungen des § 1696 BGB (triftige Kindeswohlgründe) gelten hierfür – mangels Vorliegens einer gerichtlichen Ausgangsentscheidung zum Sorgerecht – nicht. 18

Zu Sorgeerklärungen vgl. ⇨ *Fall Nr. 14 – Von Impfungen und Fotos*

(3) Gerichtliche Entscheidung

Seit 2013 kann das Familiengericht auch auf Antrag eines Elternteils den unverheirateten Eltern die elterliche Sorge (oder einen Teil hiervon) gemeinsam übertragen (§ 1626a I Nr. 3, II BGB).[5] Die bis dahin geltende Rechtslage, die den nichtehelichen Vater zur Erlangung der Mitsorge auf die Mitwirkung der Mutter bei der Abgabe gemeinsamer Sorgeerklärungen verwiesen hatte, hatten das BVerfG und zuvor der EGMR als grundgesetz- bzw. konventionswidrig verworfen.[6] 19

20

Begründung der gemeinsamen Sorge durch gerichtliche Entscheidung nach § 1626a I Nr. 3, II BGB

1. Antrag eines Elternteils auf Übertragung der gemeinsamen Sorge beim Familiengericht; praktisch relevant ist wohl nur der Antrag des Vaters. Eine Frist gilt für ihn nicht.
2. Bisherige Alleinsorge der Mutter nach § 1626a III BGB
3. Kein Widerspruch der gemeinsamen Sorge mit dem Kindeswohl (sog. negative Kindeswohlprüfung)

Für die Kernfrage, ob die gemeinsame Sorge im Einzelfall dem Kindeswohl widerspricht, bedarf es einer umfassenden Abwägung aller für und wider die gemeinsame Sorge sprechenden Umstände, die das Gericht grundsätzlich von Amts wegen zu ermitteln hat. Die Prüfungspflicht des Gerichts wird jedoch nach § 1626a II 2 BGB eingeschränkt, wenn der andere Elternteil (also regelmäßig die Mutter) keine Gründe vorträgt, die gegen die gemeinsame Sorge sprechen und solche Gründe auch sonst nicht ersichtlich sind. Dann wird nämlich vermutet, dass die Begründung der gemeinsamen Sorge dem Kindeswohl nicht widerspricht. Korrespondierend hierzu bestimmt § 155a III FamFG, dass das Gericht in diesem Fall im schriftlichen Verfahren ohne Anhörung des Jugendamts und ohne persönliche Anhörung der Eltern entscheiden – also 21

5 Eingefügt durch das Gesetz zur Reform der elterlichen Sorge nicht miteinander verheirateter Eltern (BGBl. 2013 I 795).

6 BVerfGE 127, 132 = NJW 2010, 3008; EGMR FamRZ 2010, 103.

kurzen Prozess machen – soll (nicht eingeschränkt ist die Verpflichtung zur persönlichen Anhörung des Kindes nach § 159 FamFG[7]). An die Darlegung von Gründen, die gegen die gemeinsame Sorge sprechen, sind allerdings keine hohen Anforderungen zu stellen. Um die vollumfängliche Amtsermittlungspflicht des Gerichts auszulösen, genügt bereits, dass sich aus den dem Gericht vorliegenden Entscheidungsgrundlagen aufgrund konkreter tatsächlicher Anhaltspunkte die Möglichkeit ergibt, dass die gemeinsame elterliche Sorge nicht mit dem Kindeswohl vereinbar ist.[8]

22 Nach Ansicht des BGH entspricht der anzuwendende Maßstab für eine Zurückweisung des Antrags auf Begründung der gemeinsamen Sorge nach § 1626a I Nr. 3 BGB dem Maßstab für die Aufhebung der gemeinsamen Sorge nach § 1671 I 2 Nr. 2 BGB: Eine Entscheidung *gegen* die gemeinsame Sorge setzt jeweils voraus, dass positiv festgestellt wird, dass sie dem Kindeswohl widerspricht. Bleiben nach umfassender Sachverhaltsaufklärung hierüber Zweifel, so ergibt sich aus der negativen Formulierung der Kindeswohlprüfung, dass die Übertragung der Sorge auf die Eltern gemeinsam auszusprechen ist.[9] Wichtige Kindeswohlgesichtspunkte sind die Erziehungseignung der Eltern, die Bindungen des Kindes, die Prinzipien der Förderung und Kontinuität sowie der Kindeswille, wobei diese Kriterien im Einzelfall unterschiedliches Gewicht haben können. Besonders praxisrelevant ist die Frage, inwiefern eine konflikthafte Elternbeziehung bzw. der Umstand, dass die bislang alleinsorgeberechtigte Mutter die gemeinsame Sorge strikt ablehnt, einer Übertragung der Mitsorge auf den Vater entgegenstehen. Der BGH hat hierzu entschieden, dass eine Weigerungshaltung oder ein Elternkonflikt alleine noch nicht gegen die gemeinsame Sorge sprechen. Allerdings setze die gemeinsame Sorge ein Mindestmaß an Übereinstimmung in wesentlichen Bereichen der elterlichen Sorge und insgesamt eine tragfähige soziale Beziehung zwischen den Eltern voraus. Ist die Kommunikation der Eltern so gestört, dass zu befürchten ist, dass sie nicht in der Lage sein werden, ihre Streitigkeiten in wesentlichen Sorgerechtsbereichen konstruktiv und ohne gerichtliche Auseinandersetzung beizulegen, sollte die Übertragung der Sorge auf die Eltern gemeinsam unterbleiben. Denn ein fortgesetzter destruktiver Elternstreit ist zwangsläufig mit erheblichen Belastungen für das Kind verbunden.[10]

23 Anders als bei Sorgeerklärungen (hierzu → Rn. 14 ff.) ist bei einer gerichtlichen Entscheidung nach § 1626a I Nr. 3 BGB auch die Einräumung einer partiellen bzw. beschränkten gemeinsamen Sorge möglich (§ 1626a II 1 BGB: „die elterliche Sorge *oder einen Teil* der elterlichen Sorge"). Das Gericht kann daher beispielsweise hinter dem Antrag des Vaters zurückbleiben und ihm nur einen Teil der Sorge zuweisen, wenn nur eine beschränkte gemeinsame Sorge dem Kindeswohl nicht widerspricht.

2. Veränderungen

24 Die einmal begründete elterliche Sorge kann sich unter bestimmten Voraussetzungen ändern, und zwar entweder durch Sorgeerklärungen der Eltern (zu diesen → Rn. 14 ff.), kraft Gesetzes oder durch gerichtliche Entscheidung. Änderungen kraft Gesetzes treten v.a. dann ein, wenn die Eltern gemeinsam sorgeberechtigt waren und

7 BGHZ 211, 22 Rn. 31 = NJW 2016, 2497.
8 BGHZ 211, 22 Rn. 32 = NJW 2016, 2497.
9 BGHZ 211, 22 Rn. 38 = NJW 2016, 2497.
10 BGHZ 211, 22 Rn. 22 ff. = NJW 2016, 2597.

sodann ein Elternteil stirbt oder sonst ausfällt, zB weil ihm die elterliche Sorge entzogen wird; der andere Elternteil ist dann alleinsorgeberechtigt (§ 1680 I, III BGB). Die Möglichkeiten, die Sorgerechtslage durch Gerichtsentscheidung zu ändern, sind vielgestaltig. Zu den klausurrelevantesten Konstellationen zählen:

a) Übertragung auf den hinterbliebenen Elternteil bei Tod des Alleinsorgeberechtigten

Stirbt der alleinsorgeberechtigte Elternteil, so ergeht idR eine gerichtliche Sorgeentscheidung zugunsten des hinterbliebenen, es sei denn, dies widerspricht dem Kindeswohl (§ 1680 II BGB). 25

b) Antrag auf Alleinsorge nach § 1671 I BGB

§ 1671 I BGB betrifft die Konstellation, dass den Eltern (sei es aus § 1626 BGB oder aus § 1626a BGB) die elterliche Sorge gemeinsam zusteht und sie nicht nur vorübergehend getrennt leben. In diesem Fall hat jeder Elternteil die Möglichkeit, beim Familiengericht zu beantragen, dass ihm dieses die elterliche Sorge (oder einen Teil davon) allein überträgt. 26

Die Übertragung der (teilweisen) Alleinsorge auf einen Elternteil setzt voraus: 27

Übertragung der Alleinsorge auf einen Elternteil nach § 1671 I BGB
1. Antrag eines Elternteils beim Familiengericht 2. Bisherige gemeinsame Sorge der Eltern 3. Nicht nur vorübergehendes Getrenntleben der Eltern (vgl. zum Begriff des Getrenntlebens § 1567 BGB und → Rn. 46) 4. *Entweder:* Zustimmung des anderen Elternteils und kein Widerspruch des über 14-jährigen Kindes (§ 1671 I 2 Nr. 1 BGB) *oder* positive doppelte Kindeswohlprüfung, dh die Aufhebung der gemeinsamen Sorge *und* die Übertragung der Alleinsorge auf den Antragsteller müssen dem Wohl des Kindes am besten entsprechen (§ 1671 I 2 Nr. 2 BGB) 5. Keine Notwendigkeit anderweitiger Entscheidung aufgrund Gesetzes (§ 1671 IV BGB)

Bei der Prüfung der Voraussetzungen kommt es insbesondere darauf an, ob der andere Elternteil oder das Kind über 14 Jahren dem Antrag widerspricht. Ist dies nicht der Fall, ist eine Kindeswohlprüfung durch das Gericht nicht durchzuführen (§ 1671 I 2 Nr. 1 BGB). Bei einem streitigen Antrag muss das Gericht dagegen eine **2-stufige umfassende Kindeswohlprüfung** vornehmen: Es muss die Überzeugung gewinnen, dass es, erstens, besser für das Kind ist, die gemeinsame Sorge aufzuheben und, zweitens, die Übertragung der Alleinsorge auf den Antragsteller dem Kindeswohl am besten entspricht (§ 1671 II 2 Nr. 2 BGB). Dabei kann weder aufgrund von Art. 6 II 1 GG noch aufgrund von psychologischen Erkenntnissen davon ausgegangen werden, dass die gemeinsame Sorge nach der Trennung der Eltern im Zweifel die beste Form der Wahrnehmung elterlicher Verantwortung ist.[11] Häufig wird das Gericht ein Sachverständigengutachten einholen. Die Aufhebung der gemeinsamen Sorge wird naheliegen, wenn zwischen den Eltern ein Mindestmaß an Übereinstimmung in wesentli- 28

11 BVerfG NJW-RR 2004, 577 (578); BGH NJW 2008, 994 (995).

chen Bereichen der elterlichen Sorge und insgesamt eine tragfähige soziale Beziehung fehlt.[12] Für die zweite Frage, ob der Antragsteller der bessere Sorgeberechtigte ist, ist zu überlegen, welcher Elternteil das Kind besser fördern kann (Förderprinzip) und welcher Elternteil dem Kind mehr Kontinuität hinsichtlich seines Lebensumfelds und seiner gewachsenen Bindungen bieten kann (Kontinuitätsprinzip). Im Übrigen ist der Wille des Kindes zu beachten. Denkbare Ergebnisse sind die Zurückweisung des Antrags, die Übertragung der kompletten Alleinsorge sowie die Übertragung eines Teils des Sorgerechts (zB des Aufenthaltsbestimmungsrechts) auf einen Elternteil. Einem Antrag darf nach § 1671 IV BGB nicht stattgegeben werden, wenn die elterliche Sorge abweichend geregelt werden muss. Dies betrifft Fälle, in denen andernfalls das Kindeswohl gefährdet wäre (§ 1666 BGB).

c) Antrag des Vaters auf Alleinsorge nach § 1671 II BGB

29 § 1671 II BGB betrifft als Ausgangssituation nicht die gemeinsame Sorge der Eltern, sondern die Alleinsorge der nichtehelichen Mutter nach § 1626a III BGB. Wahlweise zu der in diesem Fall möglichen Übertragung der gemeinsamen Sorge nach § 1626a I Nr. 3, II BGB kann der Vater auch beantragen, dass ihm das Familiengericht die elterliche Sorge *alleine* überträgt (§ 1671 II BGB). Dem Antrag ist allerdings nur stattzugeben, wenn *entweder* die Mutter zustimmt, es sei denn, die Übertragung widerspricht dem Wohl des Kindes oder das Kind ist über 14 und widerspricht (§ 1671 II 2 Nr. 1 BGB) *oder* wenn eine gemeinsame Sorge nicht in Betracht kommt und die Übertragung der Alleinsorge auf den Vater dem Kindeswohl am besten entspricht (§ 1671 II 2 Nr. 2 BGB).

d) Abänderung gerichtlicher Sorgerechtsentscheidungen

30 Beruht eine Sorgerechtsregelung auf einem gerichtlichen Beschluss, so kann sie nach § 1696 I 1 BGB durch einen neuen Antrag oder auch von Amts wegen geändert werden. Weil sorgerechtliche Entscheidungen dem Primat des Kindeswohls verpflichtet sind, erwachsen sie nicht in Rechtskraft. Eine (für das Gericht dann verpflichtende) Abänderung setzt grundsätzlich voraus, dass sie aus triftigen, das Wohl des Kindes nachhaltig berührenden Gründen angezeigt ist. Diese relativ hohe Schwelle will das Interesse des Kindes an der Stabilität seiner Lebens- und Erziehungsverhältnisse schützen. Eine Spezialregelung gilt für gerichtliche Sorgerechtsentscheidungen nach § 1626a II BGB; diese können nach § 1671 I BGB geändert werden (§ 1696 I 2 BGB).

3. Ruhen und Beendigung

a) Ruhen

31 Das Ruhen der elterlichen Sorge ist von ihrer Beendigung zu unterscheiden: Ruht die Sorge nur, so hat der Elternteil sie zwar noch inne, ist aber nicht mehr berechtigt, sie auszuüben (§ 1675 BGB). Das Ruhen kann rechtliche (zB Geschäftsunfähigkeit, § 1673 I BGB; beschränkte Geschäftsfähigkeit, § 1673 II BGB, vgl. allerdings die beschränkte Ausnahme in § 1673 II 2; Einwilligung in die Adoption des Kindes, § 1751 I 1 BGB) oder tatsächliche Gründe haben. Während das Ruhen bei rechtlichen

12 BGH NJW 2008, 994 (995).

Hindernissen automatisch eintritt, setzt das Ruhen aus tatsächlichen Gründen eine Feststellung des Familiengerichts voraus, dass der Elternteil die Sorge auf längere Zeit, zB wegen einer längeren Strafhaft, nicht ausüben kann (§ 1674 BGB). Bei gemeinsamem Sorgerecht hat das Ausübungshindernis zur Folge, dass der andere Elternteil die Sorge allein ausübt (§ 1678 I Hs. 1 BGB). Bei Alleinsorge des Elternteils, dessen Sorge ruht, gilt das nur, wenn das Familiengericht die elterliche Sorge dem anderen Elternteil überträgt, was die Feststellung voraussetzt, dass die Übertragung des Sorgerechts dem Kindeswohl nicht widerspricht (§ 1687 II BGB).

b) Beendigung

Die elterliche Sorge endet mit dem Erreichen der **Volljährigkeit** des Kindes. Die 32
Volljährigkeit tritt ein mit der Vollendung des 18. Lebensjahrs (§ 2 BGB). Da bei der Berechnung des Lebensalters nach § 187 II 2 BGB der Tag der Geburt mitgerechnet wird, endet das 18. Lebensjahr nach § 188 II BGB bereits mit dem Ablauf des Tages, der dem 18. Geburtstag vorausgeht. Mit der **Adoption** des Kindes wird die elterliche Sorge der Adoptiveltern begründet, § 1754 BGB, gleichzeitig erlischt das Verwandtschaftsverhältnis zu den leiblichen Eltern mitsamt der sich daraus ergebenden Rechte und Pflichten, also auch der elterlichen Sorge (§ 1755 I 1 BGB; Ausnahme: Stiefkindadoption, § 1755 II BGB). Die elterliche Sorge endet durch **Tod eines Elternteils**. Stand die Sorge den Eltern gemeinsam zu, so wird mit dem Tod der überlebende Elternteil alleinsorgeberechtigt (§ 1680 I BGB). Stand dem verstorbenen Elternteil die Alleinsorge zu, so kann das Familiengericht die elterliche Sorge auf den überlebenden übertragen, wenn dies dem Kindeswohl nicht widerspricht (§ 1680 II BGB). Zumindest faktisch endet die elterliche Sorge auch, soweit sie durch **Beschluss des Familiengerichts nach § 1666 I, III Nr. 6 BGB** entzogen wird (hierzu ausführlich → Rn. 85). Bestand zuvor ein gemeinsames Sorgerecht, so gilt auch hier, dass der andere Elternteil jetzt alleinsorgeberechtigt ist (§ 1680 I, III BGB). War der Elternteil, dem das Sorgerecht entzogen wird, bislang alleinsorgeberechtigt, so besteht auch hier unter der Voraussetzung einer negativen Kindeswohlprüfung die Möglichkeit einer gerichtlichen Übertragung des Sorgerechts auf den bislang nicht sorgeberechtigten Elternteil (§ 1680 II, III BGB). Die elterliche Sorge endet nicht bereits bei Trennung oder Scheidung der Eltern. Allerdings besteht bei nicht nur vorübergehendem Getrenntleben für jeden Elternteil die Möglichkeit, die **Übertragung der Alleinsorge** auf sich zu beantragen (§ 1671 BGB). Kommt das Gericht diesem Antrag nach, so endet die Sorge des anderen Elternteils.

Die verwandtschaftliche Stellung als Eltern und Kind und die sich daraus ergebenden 33
Rechte und Pflichten werden durch das Ende der elterlichen Sorge nicht beeinflusst. Die Unterhaltspflicht (§§ 1601 ff. BGB) gilt ebenso fort wie die Pflicht zur Dienstleistung (§ 1619 BGB) und die Pflicht zur Rücksichtnahme (§ 1618a BGB).

III. Ausübung und Grenzen des Sorgerechts (inklusive gesetzlicher Vertretung)

1. Allgemeine Ausübungsgrundsätze

Das Sorgerecht ist den Eltern im Interesse ihres Kindes eingeräumt. Leitlinie der Sor- 34
gerechtsausübung ist daher das **Kindeswohl**. Dieser Begriff wird vom Gesetz an ver-

schiedener Stelle verwendet (zB §§ 1626 III, 1666, 1697a BGB) und zT auch konkretisiert: So sollen die Eltern etwa die wachsende Fähigkeit und das wachsende Bedürfnis des Kindes zu selbstständigem Handeln berücksichtigen (§ 1626 II BGB). In Angelegenheiten der Ausbildung und des Berufs haben sie auf Eignung und Neigung des Kindes Rücksicht zu nehmen (§ 1631a BGB). Nach § 1626 III BGB gehört es idR zum Wohl des Kindes, mit beiden Eltern sowie mit Personen Umgang zu haben, zu denen es Bindungen besitzt. Eine kindeswohlgerechte Erziehung ist zudem gewaltfrei (§ 1631 II BGB): Körperliche Bestrafungen, seelische Verletzungen und andere entwürdigende Maßnahmen sind unzulässig. Bei der Auslegung von § 1631 II BGB ist zu beachten, dass sich das Verbot auf Erziehungsmaßnahmen beschränkt, gewaltsame Schutzmaßnahmen sind nicht erfasst.

35 **Beispiel:** Die Eltern dürfen ihr Kind nicht ohrfeigen, weil es eine elterliche Anordnung missachtet hat. Sie dürfen aber ihr Kind selbstverständlich mit Gewalt daran hindern, vor ein Auto zu laufen.

36 Bei der Entscheidung darüber, was dem Wohl ihres Kindes entspricht, ist den Eltern ein breiter Beurteilungsspielraum eingeräumt. Erst wenn ihr Erziehungsverhalten das körperliche, geistige oder seelische Wohl des Kindes oder sein Vermögen erheblich gefährdet, ist das Familiengericht berechtigt und verpflichtet, die Maßnahmen zu treffen, die zur Abwendung der Gefahr erforderlich sind (§ 1666 I BGB; näher → Rn. 79 ff.).

2. Besonderheiten bei gemeinsamem Sorgerecht

a) Eigenverantwortlichkeit und Einvernehmen

37 Hat ein Elternteil das alleinige Sorgerecht inne, so entscheidet er in Kindesangelegenheiten allein. In den praktisch häufigen Fällen eines gemeinsamen Sorgerechts sind die Eltern dagegen gleichermaßen und gleichberechtigt zur Sorgerechtsausübung berufen. § 1627 S. 1 BGB bestimmt hierzu, dass die Eltern ihr Sorgerecht dann jeweils in eigener Verantwortung und in gegenseitigem Einvernehmen ausüben müssen. Für die gesetzliche Vertretung des Kindes im Außenverhältnis ergänzt § 1629 I 2 Hs. 1 BGB, dass die gemeinsam sorgeberechtigten Eltern das Kind auch gemeinschaftlich vertreten müssen. Ausnahmen gelten für die Passivvertretung (§ 1629 I 2 Hs. 2 BGB) und bei Gefahr im Verzug, also in Fällen, in denen eine Abstimmung mit dem anderen Elternteil nicht mehr rechtzeitig möglich ist (§ 1629 I 4 BGB: Alleinvertretungsrecht, allerdings beschränkt auf Rechtshandlungen, die zum Wohl des Kindes notwendig sind). Handelt ein Elternteil außerhalb dieser Ausnahmefälle allein, so handelt er als Vertreter ohne Vertretungsmacht. Die Rechtsfolgen ergeben sich dann aus §§ 177 ff. BGB.

38 Gegenseitiges Einvernehmen bedeutet allerdings nicht, dass die Eltern nach außen gemeinsam handeln müssen. Gefordert ist nur **ein Zusammenwirken bei der Beratung und Entscheidung im Innenverhältnis.**[13] Zur Umsetzung der Entscheidung im Außenverhältnis kann ein Elternteil alleine bevollmächtigt bzw. ermächtigt sein. Und selbst hinsichtlich der Entscheidung im Innenverhältnis können die Eltern eine **Funktionsteilung** vornehmen: So ergibt sich im Familienalltag häufig, dass die Eltern einander für Sachbereiche, mit denen der eine oder andere besonders zu tun hat, sowohl

13 BGHZ 105, 45 = NJW 1988, 2946.

die interne Entscheidung als auch ihre Umsetzung im Außenverhältnis überlassen.[14] Das ist zulässig. Allerdings trifft jeden Elternteil, trotz der Aufgabenaufteilung, weiterhin die **Pflicht**, den nach der internen Absprache primär zuständigen Elternteil in den Grenzen der Zumutbarkeit zu **überwachen.**[15] Wegen dieser unverkürzbaren Eigenverantwortung jedes Elternteils besteht auch keine Bindung an gemeinsam beschlossene Erziehungsmaßnahmen oder Funktionsaufteilungen, soweit und sobald sie sich nach der Überzeugung dieses Elternteils nicht mehr kindeswohlgerecht auswirken.[16]

b) Meinungsverschiedenheiten der Eltern

Bei Meinungsverschiedenheiten sind die Eltern nach § 1627 S. 2 BGB aufgerufen, sich 39
zu einigen. Kommt diese Einigung nicht zustande, so droht eine gegenseitige Blockade der Eltern, die für das Kindeswohl von Nachteil wäre, jedenfalls soweit Kindesangelegenheiten von erheblicher Bedeutung betroffen sind. **§ 1628 BGB** gibt daher jedem Elternteil die Möglichkeit, das Familiengericht um eine **gerichtliche Konfliktlösung** anzurufen. Voraussetzungen hierfür sind:

Antrag auf Übertragung der Alleinentscheidungsbefugnis nach § 1628 BGB 40

1. **Antrag** eines Elternteils (also kein gerichtliches Einschreiten von Amts wegen oder aufgrund einer Anrufung durch das Kind)
2. Eltern können sich in einer **einzelnen Angelegenheit oder einer bestimmten Art von Angelegenheiten** der elterlichen Sorge nicht einigen (= **punktueller Konflikt**).
3. Beide Eltern sind in der betreffenden Angelegenheit **gemeinsam sorgeberechtigt**.
4. Regelung der betreffenden Angelegenheit ist von **erheblicher Bedeutung** für das Kind.

Was für das Kind von erheblicher Bedeutung ist, bemisst sich nach der Bedeutung der 41
elterlichen Uneinigkeit für sein Wohl sowie nach der Wichtigkeit der Angelegenheit für seine Sozialisation und für die Gestaltung seines dafür nötigen Umfelds. Erheblichkeit ist anzunehmen, wenn **Elternentscheidungen** entweder **rechtlich gefordert** sind (zB Vornamensgebung) oder wenn zu erwarten ist, dass sie die **kindliche Entwicklung maßgebend und dauerhaft beeinflussen.** Als erheblich wurden zB Fragen der Schulwahl,[17] über riskante Auslandsreisen,[18] Fotoveröffentlichungen im Internet[19] und Schutzimpfungen[20] angesehen. Auch die Entscheidung über die Teilnahme des Kindes an einem Corona-Schnelltest (wegen des drohenden Ausschlusses vom Präsenzunterricht bei Verweigerung der Testung) ist eine erheblich bedeutsame Angelegenheit.[21]

14 BVerfGE 10, 59 (82) = NJW 1959, 1483 (1486).
15 BGH NJW 1976, 2344: Zurechnung der Kenntnis des anderen Elternteils, dem ein Sorgerechtsbereich intern überlassen worden war.
16 Gernhuber/Coester-Waltjen FamR § 61 Rn 3.
17 OLG Dresden NJW 2016, 3042: normale oder Kreativitätsgrundschule.
18 OLG Köln NJW 1999, 295: zweiwöchiger Urlaub in Ägypten mit einem 3-Jährigen bei zweifelhafter kleinkindgerechter medizinischer Betreuung am Urlaubsort.
19 OLG Oldenburg NJW-RR 2018, 1134.
20 BGH NJW 2017, 2826: Bei der Vornahme, aber auch der Nichtvornahme von Impfungen ist das im ungünstigen Fall drohende Gefährdungspotenzial so erheblich, dass es bei der Einordnung der Angelegenheit nicht außer Betracht gelassen werden kann.
21 OLG Bamberg BeckRS 2021, 22544; AG Mainz NJW-RR 2021, 942.

42 Für elterliche Meinungsverschiedenheiten in Angelegenheiten von geringerer Bedeutung ist kein Konfliktlösungsmechanismus vorgesehen. Es bleibt mithin beim *status quo*, wenn nicht der durchsetzungsfähigere Elternteil schließlich einseitig entscheidet. Etwas anderes gilt jedoch bei Getrenntleben der Eltern (vgl. § 1687 I 2 BGB und → Rn. 46). Hier greift ein Alleinentscheidungsrecht des Obhutselternteils in Angelegenheiten des täglichen Lebens.

43 Liegen die genannten Voraussetzungen des § 1628 BGB vor, so **entscheidet das Familiengericht**. Es trifft allerdings keine eigene Entscheidung in der Sache, wählt also zB den Vornamen für das Kind nicht eigenständig aus. Die gerichtliche Entscheidung beschränkt sich vielmehr darauf, **einem Elternteil die alleinige Entscheidungsbefugnis** in der betreffenden Angelegenheit **zu übertragen**. Durch die Übertragung wird die gemeinsame elterliche Sorge durchbrochen und in der betreffenden Angelegenheit auf einen Elternteil konzentriert. Im Umfang der Übertragung steht dem ermächtigten Elternteil dann auch die alleinige Vertretung des Kindes im Außenverhältnis zu (§ 1629 I 3 BGB).

44 Die Übertragung erfolgt an denjenigen Elternteil, der aus Sicht des Gerichts am ehesten geeignet ist, eine am Kindeswohl ausgerichtete Entscheidung zu treffen. Dabei muss es sich nicht um den antragstellenden Elternteil handeln.

45 **Beispiel:** Bei Impfentscheidungen entspricht es idR dem Kindeswohl, die Kompetenz auf den Elternteil zu übertragen, der Impfentscheidungen offen gegenübersteht und seine Haltung an den Empfehlungen der STIKO orientiert.[22] Bei der Veröffentlichung privater Daten (zB Fotos im Internet) ist mit Blick auf persönlichkeitsrechtliche Erwägungen die Entscheidungsbefugnis dagegen idR dem Elternteil zu übertragen, der sich gegen die Veröffentlichung stellt.[23]

Zur Übertragung der Entscheidungskompetenz auf einen Elternteil nach § 1628 BGB ⇨ *Fall Nr. 14 – Von Impfungen und Fotos.*

c) Getrenntleben

46 Mit der Trennung der Eltern endet die elterliche Pflicht zur einvernehmlichen Sorgeausübung grundsätzlich ebenso wenig wie ihre gemeinsame elterliche Verantwortung. Der Gesetzgeber trägt allerdings dem Umstand Rechnung, dass die Kooperationsfähigkeiten und -möglichkeiten dauerhaft getrennt lebender Eltern gegenüber denen in einer „intakten" Paarbeziehung häufig eingeschränkt sind. Nach **§ 1687 BGB** gilt daher der Grundsatz des gegenseitigen Einvernehmens nicht im vollen Umfang fort. Vielmehr unterscheidet das Gesetz zwischen den Entscheidungsbefugnissen des **Elternteils, bei dem sich das Kind für gewöhnlich aufhält** (sog. **Obhutselternteil**) und den Entscheidungsbefugnissen des anderen Elternteils. Nach § 1687 I 2 BGB entscheidet der Obhutselternteil allein in den sog. **Angelegenheiten des täglichen Lebens**. Das sind Angelegenheiten, die häufig vorkommen und die keine schwer abzuändernden Auswirkungen auf die Entwicklung des Kindes haben (vgl. § 1687 I 3 BGB). Sie bilden die Gegenkategorie zu den Angelegenheiten von erheblicher Bedeutung, für die § 1628 BGB einen Konfliktlösungsmechanismus bereitstellt (hierzu → Rn. 39 ff.). Hält sich das Kind mit Einwilligung des Obhutselternteils oder aufgrund einer gerichtlichen Entscheidung vorübergehend beim anderen Elternteil auf,

22 OLG Jena FamRZ 2016, 1175.
23 Götz FamRZ 2019, 573 (575); Weber NZFam 2019, 6 (9).

so hat dieser die Befugnis zur alleinigen Entscheidung in Angelegenheiten der tatsächlichen Betreuung (§ 1687 I 4 BGB). Eine Sorgerechtsausübung in gegenseitigem Einvernehmen ist bei dauerhaft getrennt lebenden Eltern nur noch bei **Angelegenheiten** erforderlich, deren Regelung für das Kind **von erheblicher Bedeutung** ist (§ 1687 I 1 BGB). Die Kriterien hierfür entsprechen den oben genannten (→ Rn. 41). In dem Umfang, in dem der Obhutselternteil alleinsorgeberechtigt ist, ist er dann auch alleinvertretungsbefugt.

Die Entlastung, die § 1687 BGB für die Sorgerechtsausübung getrennt lebender Eltern bewirken soll, wird dadurch eingeschränkt, dass sein Regelungsmechanismus versagt, wenn die Eltern – wie zunehmend häufig – ein **echtes Wechselmodell** praktizieren, das Kind also (nahezu) gleichgewichtig betreuen. Denn dann fehlt es am gewöhnlichen Aufenthalt des Kindes bei nur einem (Obhuts-)Elternteil. § 1687 BGB ist damit nicht anwendbar. 47

Die gemeinsame elterliche Sorge kann nur dann kindeswohlgemäß ausgeübt werden, wenn zwischen den Eltern zumindest ein **Mindestmaß an Kooperationsfähigkeit und -willigkeit** besteht. Sind die Meinungsverschiedenheiten der Eltern so häufig und gravierend, dass eine kindeswohlgerechte Wahrnehmung der gemeinsamen Sorge gar nicht mehr möglich erscheint, können getrennt lebende Eltern eine vollständige oder teilweise Aufhebung der gemeinsamen Sorge und die Zuweisung der Alleinsorge an sich nach § 1671 BGB beantragen (hierzu → Rn. 26 ff.).[24] 48

3. Grenzen

Die elterliche Sorge ist **kein Herrschaftsrecht am Kind** und daher in ihrer Reichweite nicht unbegrenzt. Bestimmte, vom Gesetzgeber als besonders gefährlich eingestufte Handlungen und Entscheidungen sind den Sorgeberechtigten entweder vollständig entzogen oder an eine gerichtliche Genehmigung geknüpft (hierzu → Rn. 50 ff.). In anderen Bereichen können die Sorgeberechtigten wegen des besonderen Persönlichkeitsbezugs nicht oder nur unter Mitwirkung des insoweit teilmündigen Kindes entscheiden (hierzu → Rn. 59 ff.). In einer dritten Gruppe von Fällen sind die Sorgeberechtigten wegen einer abstrakten oder konkreten Interessenkollision von der Vertretung des Kindes ausgeschlossen (hierzu → Rn. 65 ff.). Schließlich besteht die Möglichkeit zu gerichtlichen Eingriffen in das Sorgerecht, wenn andernfalls das körperliche, geistige oder seelische Wohl oder das Kindesvermögen erheblich gefährdet ist (hierzu → Rn. 79 ff.). 49

a) Schranken für Elternhandeln von besonderer Tragweite

Bestimmte, als besonders riskant oder bedeutsam eingestufte Handlungen dürfen die Eltern nicht oder nur mit gerichtlicher Genehmigung vornehmen. 50

Im Bereich der **Personensorge** zählen hierzu insbesondere: 51

- die **Einwilligung in die Sterilisation** des Kindes 52

Diese dürfen weder die Eltern (§ 1631c S. 1 BGB) noch das Kind – oder ein sonstiger Vertreter des Kindes – erteilen (§ 1631c S. 2 BGB). Die Einwilligung in die medizi-

24 OLG Köln NJW 2019, 2705; OLG Karlsruhe NJW-RR 2019, 966.

nisch nicht erforderliche Beschneidung des männlichen Kindes ist zwar – wie der inmitten einer heftigen Kontroverse[25] im Jahr 2012 neu eingefügte[26] § 1631d BGB klarstellt – Bestandteil der Personensorge, allerdings nur unter den in der Vorschrift genannten besonderen Voraussetzungen: Das Kind darf noch nicht einsichtsfähig (also selbst entscheidungsfähig) sein, die Beschneidung muss nach den Regeln der ärztlichen Kunst durchgeführt werden und darf zu keiner Kindeswohlgefährdung führen. Die Beschneidung von Mädchen ist nach § 226a StGB eine Straftat, das Erteilen einer entsprechenden Einwilligung ist nicht Bestandteil der Personensorge.

53 • die **Einwilligung in die Organlebendspende** des Kindes

Diese ist weder durch die Sorgeberechtigten noch durch den Minderjährigen selbst möglich (§ 8 I 1 Nr. 1 lit. a und lit. b TPG). Innerhalb enger Grenzen zulässig ist die Einwilligung des gesetzlichen Vertreters in die Knochenmarkspende einer minderjährigen Person (§ 8a TPG). Für diese wird u.a. der Co-Konsens des einwilligungsfähigen Minderjährigen gefordert (§ 8a S. 1 Nr. 5 TPG).

54 • die **Einwilligung in eine freiheitsentziehende Unterbringung** des Kindes

Diese ist an eine familiengerichtliche Genehmigung gebunden (§ 1631b I 1 BGB; Ausnahme bei Gefahr im Verzug, vgl. § 1631b I 3 BGB), die nur unter den in § 1631b I 2 BGB genannten Voraussetzungen (Erforderlichkeit zum Wohl des Kindes) erteilt werden darf. Nicht erfasst ist die Unterbringung in einem gewöhnlichen Internat, auch wenn in dessen Ordnung bestimmte Ausgangsbeschränkungen vorgesehen sind. Der Genehmigungsvorbehalt gilt für „unterbringungsähnliche" Maßnahmen (zB Fixierungen oder medikamentöse Sedierungen, die zu einem nicht altersgerechten Freiheitsentzug führen) entsprechend, wenn sich das Kind in einem Krankenhaus oder einer sonstigen Einrichtung aufhält. Dagegen gelten sie nicht für Maßnahmen im elterlichen Haushalt (§ 1631b II BGB).

55 • die Einwilligung in eine **Behandlung des nicht einwilligungsfähigen Kindes mit einer Variante der Geschlechtsentwicklung**, wenn die Behandlung alleine zum Zweck der Geschlechtsangleichung erfolgt (§ 1631e BGB).

Diese Vorschrift ist zum 22.5.2021 neu in das Gesetz gekommen.[27] Sie betrifft Kinder, die aufgrund ihrer chromosomalen, gonadalen, hormonellen oder genitalen Merkmale nicht eindeutig dem männlichen oder weiblichen Geschlecht zugeordnet werden können. Die Vorschrift soll das Recht des noch nicht einwilligungsfähigen Kindes auf seine geschlechtliche Selbstbestimmung sichern. Es sollen keine durch die Eltern veranlasste Behandlungen durchgeführt werden, die darauf abzielen, dass das intersexuelle Kind zum einen oder anderen Geschlecht „passt".

56 Einwilligungsfähig sind aber Eingriffe, bei denen es an einer Geschlechtsangleichungsabsicht fehlt oder bei denen weitere Gründe für die Behandlung hinzutreten. Handelt es sich um einen operativen Eingriff an den inneren oder äußeren Geschlechtsmerkmalen, so darf dieser nicht bis zu einer selbstbestimmten Entscheidung des Kindes aufgeschoben werden können (§ 1631e II BGB). Er steht außerdem unter einem familiengerichtlichen Genehmigungsvorbehalt (§ 1631e III BGB). Das Gericht prüft dann, ob die Operation dem Wohl des Kindes am besten entspricht (§ 1631e III 2 BGB).

---

25 Vgl. LG Köln NJW 2012, 2128; zu der durch diese Entscheidung ausgelösten Debatte Klinkhammer FamRZ 2012, 1913; Spickhoff FamRZ 2013, 337.

26 BGBl. 2012 I 2749.

27 BGBl. 2021 I 1082.

Zu den wichtigsten Schranken im Bereich der **Vermögenssorge** zählen: 57

- Verbot von Schenkungen aus dem Kindesvermögen (§ 1641 S. 1 BGB; Ausnahme in § 1641 S. 2 BGB für Anstandsschenkungen)
- Sorgerechtsausschluss im Hinblick auf Vermögen, das dem Kind durch Verfügung von Todes wegen oder durch unentgeltliche Zuwendung von einem Dritten mit der Bestimmung zugewendet wird, dass die Eltern das Vermögen nicht verwalten sollen (§ 1638 BGB)
- gerichtlicher Genehmigungsvorbehalt für gewisse riskante Verpflichtungs- und Verfügungsgeschäfte, s. §§ 1643 ff. BGB

Das Gesetz beschränkt außerdem die Haftung des Minderjährigen für Verbindlichkeiten, die die Eltern im Rahmen ihrer gesetzlichen Vertretungsmacht für das Kind begründet haben, auf das Kindesvermögen, das bei Eintritt der Volljährigkeit vorhanden ist (§ 1629a BGB). 58

b) Grenzen aufgrund Eigenzuständigkeit des Kindes

Das Gesetz geht nicht generell und undifferenziert von einer 18 Jahre währenden Phase der Unmündigkeit des jungen Menschen aus: In bestimmten Fällen sieht es Abweichungen vom Grundsatz der (Allein-)Zuständigkeit der Eltern zugunsten eines Mit- oder auch Alleinentscheidungsrechts des Minderjährigen vor. 59

So besteht etwa eine **Testiermündigkeit** des Kindes ab dem vollendeten 16. Lebensjahr (§ 2229 I, II BGB), freilich nur in der Form eines **öffentlichen** Testaments und auch nur in der in § 2233 I BGB genannten Form (also mündliche Erklärung oder Übergabe einer offenen Schrift an den Notar), nicht durch eigenhändiges Testament (§ 2247 IV BGB). Die Sorgeberechtigten dürfen im Bereich der Rechtsnachfolge des Kindes von Todes wegen damit nicht tätig werden. Bereits ab dem vollendeten 14. Lebensjahr kann das Kind frei entscheiden, an welches Bekenntnis es sich halten will (§ 5 S. 1 RelKErzG). Ab diesem Alter ist das Kind also vollständig **religionsmündig**. Ab dem vollendeten 12. Lebensjahr kann das Kind sich weigern, in einem anderen religiösen Bekenntnis als dem bisherigen erzogen zu werden (§ 5 S. 2 RelKErzG). Eine Teilmündigkeit besteht ferner für die Ausübung prozessualer Weigerungsrechte für Minderjährige, die die erforderliche Verstandesreife besitzen, um die Bedeutung des Weigerungsrechts zu beurteilen. Diese können eigenständig über die Ausübung des Zeugnisverweigerungsrechts entscheiden. Ausdrücklich geregelt ist diese Eigenzuständigkeit zwar nur für das strafprozessuale Zeugnisverweigerungsrecht aus § 52 StPO. Es gilt aber nach allgemeiner Meinung für das Zeugnisverweigerungsrecht gem. §§ 383 ff. ZPO entsprechend und über entsprechende Verweisungsvorschriften (vgl. § 29 II FamFG, § 118 SGG, § 98 VwGO) auch im Rahmen anderer Verfahrensordnungen. Besitzt der Minderjährige noch nicht die erforderliche Verstandesreife, darf er nur vernommen werden, wenn er selbst zur Aussage bereit ist und auch der gesetzliche Vertreter der Vernehmung zustimmt (§ 52 II 1 aE StPO). Auch der noch **nicht einsichtsfähige Minderjährige** hat demnach ein Vetorecht hinsichtlich seiner Aussage. 60

Besonders heftig diskutiert wird, ob eine **Eigenzuständigkeit** des noch minderjährigen, aber bereits selbstbestimmungsfähigen Kindes **auch jenseits dieser ausdrücklichen gesetzlichen Normierungen** besteht. Von Teilen der Literatur und Rechtspre- 61 chung wird das insbesondere für die Erteilung von Einwilligungen in die Verletzung höchstpersönlicher Rechtsgüter erwogen.

62 **Beispiel:** Die 16-jährige K ist von ihrem Freund im 2. Monat schwanger und möchte einen straflosen Schwangerschaftsabbruch nach der sog. Fristen- bzw. Beratungslösung (§ 218a I StGB) vornehmen lassen. Ihre streng katholischen Eltern verweigern die Einwilligung. Kann der Arzt den Eingriff alleine aufgrund der Einwilligung der K vornehmen, wenn er den Eindruck gewinnt, dass diese die erforderliche Reife hat, um das Für und Wider des Eingriffs sowie das Lebensrecht des Embryos gegen das eigene Selbstbestimmungsrecht abzuwägen?

63 Bei der Einwilligung in die Verletzung der körperlichen Integrität handelt es sich nach der hM nicht um eine rechtsgeschäftliche Erklärung, sondern um die Gestattung einer tatsächlichen Handlung, die in Rechtsgüter eingreift. Die Einwilligung untersteht daher nicht dem Regime der §§ 107 ff. BGB.[28] Zur Zuständigkeitsverteilung zwischen Sorgeberechtigtem und einwilligungsfähigem Kind werden im Wesentlichen **3 Ansichten** vertreten: Die **im** Vordringen befindliche Auffassung geht von einer **Alleinzuständigkeit des einwilligungsfähigen Minderjährigen** aus.[29] Eine zweite Auffassung fordert sowohl die Zustimmung des Sorgeberechtigten als auch die Zustimmung des einsichtsfähigen Kindes (sog. **Co-Konsens-Lösung**).[30] Die dritte Position, nach der die **Eltern bis zur Vollendung des 18. Lebensjahrs grundsätzlich alleinzuständig** sind, wird nur noch selten vertreten. Meines Erachtens ist der zweiten Ansicht zu folgen: Ein grundsätzliches Alleinentscheidungsrecht einwilligungsfähiger Minderjähriger, wie es von der ersten Ansicht angenommen wird, ist abzulehnen. Gegen eine Erweiterungsfähigkeit der gesetzlich normierten Teilmündigkeiten spricht bereits deren begrenzter Katalog. Im Übrigen hat der Gesetzgeber die Einführung einer Teilmündigkeit für die Einwilligung in ärztliche Behandlungen (bzw. enger: Heilbehandlungen) im Zuge der Sorgerechtsreform zwar erwogen,[31] eine solche Regelung schließlich jedoch verworfen, weil sie „die Verantwortung der Eltern für das leibliche Wohl des Kindes zu sehr in den Hintergrund [hätte] treten lassen".[32] Im Beispielsfall ist der Eingriff des Arztes in die körperliche Integrität daher nur gerechtfertigt, wenn die Eltern der K ebenfalls einwilligen oder wenn die elterliche Einwilligung durch das Familiengericht nach § 1666 I, III Nr. 5 BGB ersetzt wird. Das Familiengericht kann die vom Elternteil verweigerte Einwilligung ersetzen, wenn ohne die Abtreibung das Wohl der K gefährdet ist.

64 **Hinweis:** Von der Einwilligung in den körperlichen Eingriff ist der Abschluss des Behandlungsvertrags zu unterscheiden. Letzterer setzt ohne Zweifel eine Willenserklärung der K voraus, die diese – solange sie noch beschränkt geschäftsfähig ist – nicht ohne die Zustimmung ihrer gesetzlichen Vertreter erteilen kann. Denn der Abschluss des Behandlungsvertrags ist im Hinblick auf die durch diesen begründeten Vergütungsansprüche und Nebenpflichten nicht lediglich rechtlich vorteilhaft iSv § 107 BGB. Das Familiengericht kann freilich auch insoweit die Zustimmung des Sorgeberechtigten nach § 1666 I, III Nr. 5 BGB ersetzen.

28 Vgl. nur BGH NJW 1972, 335.

29 Götz FamRZ 2020, 336 (340).

30 BGH NJW 2007, 217; OLG Frankfurt a. M. FamRZ 2020, 336; OLG Frankfurt a. M. BeckRS 2021, 22870.

31 Vgl. zu einem geplanten § 1626a BGB, der dem einwilligungsfähigen und über 14 Jahre alten Kind eine mit der Einwilligungskompetenz der Eltern konkurrierende eigenständige Einwilligungskompetenz für Heilbehandlungen gewährt hätte BT-Drs. 7/2060, 4; BT-Drs. 8/111, 3.

32 BT-Drs 8/2788, 45.

c) Grenzen aufgrund möglicher Interessenkollision

aa) Gesetzlicher Ausschluss der Vertretungsmacht bei abstrakter Interessenkollision (§ 1629 II 1 BGB iVm § 1795 BGB)

Für die gesetzliche Vertretung durch die Eltern normiert § 1629 II 1 BGB iVm § 1795 BGB Ausschlüsse, wenn die abstrakte Gefahr einer Interessenkollision besteht. **65**

§ 1629 II 1 BGB verweist hierzu auf die für den Vormund geltende Regelung des **§ 1795 BGB.** Danach sind die Eltern von der Vertretung ausgeschlossen bei **66**

- Insichgeschäften (§§ 1795 II, 181 BGB)
- Rechtsgeschäften zwischen dem Ehegatten, Lebenspartner oder einem geradlinig Verwandten des Elternteils und dem Kind, es sei denn, das Rechtsgeschäft besteht ausschließlich in der Erfüllung einer Verbindlichkeit (§ 1795 I Nr. 1 BGB)
- Rechtsgeschäften, die die Übertragung oder Belastung einer durch Pfandrecht, Hypothek, Schiffshypothek oder Bürgschaft gesicherten Forderung des Kindes gegen die Eltern oder die Aufhebung oder Minderung dieser Sicherheit zum Gegenstand haben oder die eine Verpflichtung zu einer solchen Übertragung, Belastung, Aufhebung oder Minderung begründet (§ 1795 I Nr. 2 BGB)
- Rechtsstreitigkeiten im Anwendungsbereich von § 1795 I Nr. 1 und 2 BGB (§ 1795 I Nr. 3 BGB)

Achtung Gesetzesänderung: Ab dem 1.1.2023 (Inkrafttreten der Reform des Vormundschafts- und des Betreuungsrechts[33]) ergeben sich die oben genannten Einschränkungen aus einem Verweis in § 1629 II BGB auf § 1824 BGB nF, der den Betreuer uU von einer Vertretung des Betreuten ausschließt. Die Ausschlussgründe selbst bleiben aber identisch. **67**

Die genannten Vertretungsausschlüsse setzen nicht voraus, dass im Einzelfall tatsächlich eine Interessenkollision besteht. Es genügt vielmehr die in diesen Konstellationen typischerweise bestehende abstrakte Gefahr einer Hintanstellung der Kindesinteressen. Eine ungeschriebene Ausnahme vom Vertretungsverbot des § 1629 II 1 BGB iVm § 1795 BGB ergibt sich jedoch aus einer teleologischen Reduktion für **lediglich rechtlich vorteilhafte Geschäfte.** Ist das Geschäft für das Kind nur vorteilhaft, darf die Vorschrift richtigerweise nicht angewandt werden, weil der befürchtete Interessenkonflikt gar nicht entstehen kann und das Kind, das geschützt werden soll, im Ergebnis nur benachteiligt würde.[34] Wichtigster Anwendungsfall sind Eltern- oder sonstige Angehörigenschenkungen an das minderjährige Kind. **68**

Beispiel: Opa Otto will seiner 8-jährigen Enkelin Eva ein mit einem vermieteten Einfamilienhaus bebautes Grundstück schenken. Beim Abschluss des schuldrechtlichen Schenkungsvertrags (§§ 516 ff., 311b I BGB) und der dinglichen Übereignung (§§ 873, 925 BGB) soll Anna von ihrer alleinsorgeberechtigten Mutter Mia, der Tochter von Otto, vertreten werden. Beim Schenkungsvertrag ist das trotz § 1795 I Nr. 1 BGB möglich, weil dieses Verbot für lediglich rechtlich vorteilhafte Rechtsgeschäfte teleologisch zu reduzieren ist. Der Schenkungsvertrag selbst begründet weder persönliche Pflichten für Eva noch schmälert er ihre vorbestehenden Rechte. Er ist daher lediglich rechtlich vorteilhaft iSv § 107 BGB. Dass der Abschluss des dinglichen Geschäfts zu einem für Eva nachteilhaften Eintritt in die Rechte und Pflichten aus dem Mietvertrag führt (vgl. § 566 BGB), ist für die Beurteilung des schuldrechtlichen **69**

33 G. v. 4.5.2021 (BGBl. 2021 I 882).
34 BGHZ 59, 236 = NJW 1972, 2262.

Geschäfts ohne Belang, da der BGH die sog. Gesamtbetrachtungslehre[35] aufgegeben hat.[36] Am dinglichen Vollzugsgeschäft kann Mia dagegen nicht als gesetzliche Vertreterin für Eva mitwirken. Zwar greift § 1795 I Nr. 1 BGB nach seinem Wortlaut nicht ein, wenn das Geschäft „ausschließlich in der Erfüllung einer Verbindlichkeit besteht", wie hier der Erfüllung des wirksam begründeten Schenkungsvertrags. Die Ausnahme in § 1795 I Nr. 1 aE BGB ist jedoch teleologisch zu reduzieren, wenn das Vollzugsgeschäft über den Erfüllungserfolg hinaus mit Rechtsnachteilen für den Minderjährigen verbunden ist. Dies ist hier wegen des Eintritts in den Mietvertrag gem. § 566 BGB der Fall.[37]

Zu Grundstücksschenkungen an das minderjährige Kind ⇨ *Fall Nr. 13 – Eltern und ihre Kinder.*

70 Ist der alleinsorgeberechtigte Elternteil von der Vertretung ausgeschlossen, so ist für das Kind zur Vornahme des Rechtsgeschäfts ein Ergänzungspfleger zu bestellen (§§ 1693, 1909 BGB = §§ 1693, 1809 I BGB nF). Das Gleiche galt nach einer gefestigten Rechtsprechung grundsätzlich auch dann, wenn die Eltern gemeinsam sorgeberechtigt sind und für nur einen von ihnen ein Ausschlusstatbestand nach § 1629 II 1 BGB iVm § 1795 BGB erfüllt war. Der Vertretungsausschluss des einen sollte dann automatisch auch den anderen Elternteil erfassen.[38] Eine **Ausnahme** galt bislang nur bei der **Geltendmachung von Unterhaltsansprüchen des Kindes gegen einen Elternteil**: Hier wäre an sich der Unterhaltsschuldner-Elternteil nach § 1629 II 1 BGB iVm § 1795 BGB von der Vertretung ausgeschlossen, weil er kein Verfahren gegen sich selbst führen kann, und der Ausschluss würde nach dem soeben Gesagten an sich auch den mitsorgeberechtigten Elternteil erfassen. Um eine möglichst schnelle Erfüllung des Kindesunterhaltsanspruchs sicherzustellen, sieht **§ 1629 II 2 BGB** allerdings vor, dass der mitsorgeberechtigte Elternteil, in dessen Obhut sich das Kind befindet, zur Geltendmachung von Kindesunterhaltsansprüchen gegen den anderen Elternteil alleine berechtigt ist.

71 Eine weitere Sonderregel greift, wenn die Eltern (noch) miteinander verheiratet sind: Hier bestimmt § 1629 III BGB, dass ein Elternteil, solange die Eltern getrennt leben oder eine Ehesache zwischen ihnen anhängig ist, den Unterhaltsanspruch des minderjährigen Kindes nur im eigenen Namen (also in Verfahrensstandschaft) geltend machen kann (ausführlich zu dieser Problematik → § 10 Rn. 112).

72 Von dem Grundsatz, dass der Ausschluss eines Elternteils automatisch auch die Vertretungsmacht des anderen, mitsorgeberechtigten Elternteils beseitigt, ist der **BGH** nun in einer **neueren Entscheidung abgerückt**.[39] Er hält die der früheren Rechtsprechung zugrunde liegende Annahme, dass bei gemeinsamer Sorge häufig eine Befangenheit beider Elternteile vorliege, auch wenn nur einer einen gesetzlichen Ausschlussgrund verwirklicht, nicht mehr für tragfähig und seine frühere Rechtsprechung damit für einen unzulässigen Eingriff in das Elternrecht des vom Ausschlussgrund nicht direkt erfassten Elternteils. Ein gesetzlicher Vertretungsausschluss zulasten des anderen Elternteils besteht also nur noch, wenn dieser mit dem ausgeschlossenen Elternteil verheiratet ist, vgl. § 1629 II 1 BGB iVm § 1795 I Nr. 1 oder 3 BGB. Im Übrigen bleibt

35 Nach der Gesamtbetrachtungslehre erfolgte im Rahmen der Beurteilung des schuldrechtlichen Geschäfts eine Gesamtbetrachtung der sich aus diesem *und aus dem dinglichen Vollzugsgeschäft* ergebenden rechtlichen Nachteile. Ein Nachteil des dinglichen Geschäfts „infizierte" also das isoliert betrachtet lediglich vorteilhafte schuldrechtliche Geschäft. Vgl. zur Gesamtbetrachtungslehre BGHZ 78, 29 = NJW 1981, 109.

36 BGHZ 161, 170 = NJW 2005, 415; BGHZ 187, 119 = NJW 2010, 3643.

37 BGHZ 187, 119 = NJW 2010, 36435.

38 OLG Karlsruhe NJW-RR 2016, 1158.

39 BGHZ 229, 239 = NJW 2021, 1875.

seine (dann Allein-)Vertretungsmacht bestehen, wenn sie ihm nicht vom Gericht im Einzelfall nach § 1629 II 3 BGB iVm § 1796 BGB (= § 1789 II 3, 4 BGB nF) entzogen wird (hierzu → Rn. 73 ff.).

Zu diesem Problemkreis ⇨ *Fall Nr. 18 – Vaterschaftszweifel.*

Tätigen die Eltern ein Rechtsgeschäft trotz Vorliegens eines Vertretungsverbots, so handeln sie als Vertreter ohne Vertretungsmacht (§§ 177 ff. BGB). Zur wirksamen Vornahme des Rechtsgeschäfts ist für das Kind ein sog. Ergänzungspfleger zu bestellen, § 1909 BGB (= § 1809 I BGB nF).

bb) Gerichtlicher Vertretungsentzug wegen konkreter Interessenkollision (§ 1629 II 3 BGB iVm § 1796 BGB)

In Fällen, in denen der Inhaber der elterlichen Sorge nicht bereits kraft Gesetzes wegen einer abstrakten Interessenkollision iSv §§ 1629 II 1, 1795 BGB von der Vertretung ausgeschlossen ist, kann ihm die Vertretung dennoch **kraft Richterakt** vom Familiengericht entzogen werden (außer wenn es um die Feststellung der Vaterschaft geht, vgl. hierzu § 1629 II 3 Hs. 2 BGB). Für den gerichtlichen Vertretungsentzug ist erforderlich, dass in einem **konkreten Einzelfall ein erheblicher Interessenkonflikt** besteht (§§ 1629 II 3, 1796 BGB). 73

Beispiel: Ein solcher Interessenwiderstreit ist zB anzunehmen, wenn ein Elternteil im Erbscheinsverfahren die Ansicht vertritt, das Testament sei so auszulegen, dass seine Kinder nicht neben ihm als Miterben berufen sind oder wenn er meint, das das Kind begünstigende Testament sei nicht echt oder sonst unwirksam mit der Folge, dass er als gesetzlicher Erbe zum Zuge käme.[40] 74

Zwar spricht § 1796 BGB nur von der Entziehung der **Vertretungsmacht**, doch ist dieser Begriff hier weiter zu verstehen als im Rahmen von §§ 164 ff. BGB. Nach § 1629 II 3 BGB iVm § 1796 BGB können den Eltern **auch andere Aspekte der elterlichen Sorge** entzogen werden, insbesondere die Entscheidungsgewalt darüber, *ob* das Kind überhaupt bestimmte Rechtsgeschäfte tätigen, Ansprüche geltend machen oder Rechte ausüben soll.[41] Diese Frage ist dem eigentlichen Vertreterhandeln vorgelagert. 75

Beispiel: Den Eltern kann im oben genannten Beispielsfall auch die Entscheidung darüber entzogen werden, ob das Kind seine testamentarischen Rechte überhaupt geltend machen soll, nicht nur die Vertretung bei der Geltendmachung dieser Rechte. 76

Das Gericht hat die Voraussetzungen des § 1796 BGB für jeden Elternteil gesondert zu prüfen, ein Vertretungsentzug bei einem erfasst also nicht automatisch auch den anderen Elternteil. Wird nur einem Elternteil die Vertretungsmacht entzogen, so erstarkt das bisherige Mitvertretungsrecht des anderen Elternteils kraft Gesetzes (§ 1680 I, III BGB) zum Alleinvertretungsrecht. Wird beiden Eltern die Vertretungsmacht entzogen, so ist dem Kind ein Ergänzungspfleger zu bestellen. Gibt der Elternteil eine Willenserklärung im Namen des Kindes ab, nachdem ihm seine Vertretungsmacht nach § 1796 BGB entzogen wurde, gelten die §§ 177 ff. BGB. 77

Achtung Gesetzesänderung: Ab dem 1.1.2023 ergibt sich die Befugnis des Gerichts zur Entziehung der Vertretungsmacht aus § 1629 II 3 BGB iVm § 1789 II 3, 4 BGB. 78

40 OLG Köln FamRZ 2001, 430; OLG Brandenburg FamRZ 2019, 1246.
41 BGH NJW 1975, 345.

d) Eingriffe in das Sorgerecht nach §§ 1666 ff. BGB

79 Den Eltern kommt bei der Ausübung ihres Sorgerechts ein weiter Gestaltungsspielraum zu. Wenn sie allerdings das Wohl ihres Kindes ernsthaft gefährden, muss der Staat in Ausübung seines Wächteramts (Art. 6 II 2 GG) zum Schutz des Kindes eingreifen. Die einfachrechtliche Grundlage dafür bietet **§ 1666 BGB.** § 1666 BGB erlaubt familiengerichtliche Eingriffe in das Sorgerecht unter folgenden Voraussetzungen:

80

Voraussetzungen für gerichtliche Maßnahmen gem. § 1666 BGB
1. Gefährdung des körperlichen, geistigen oder seelischen Wohls des Kindes oder seines Vermögens 2. Keine (ausreichende) Gefahrabwendung durch die Eltern 3. Beachtung des Verhältnismäßigkeitsgrundsatzes

81 Nach der aktuellen Rechtsprechung des BGH ist das Kindeswohl gefährdet, wenn eine **gegenwärtige oder zumindest unmittelbar bevorstehende Gefahr** für die Kindesentwicklung besteht, die eine **erhebliche Schädigung** des geistigen oder leiblichen Wohls des Kindes **mit hinreichender Wahrscheinlichkeit** erwarten lässt. Dabei besteht eine Wechselwirkung zwischen der Wahrscheinlichkeit des Schadenseintritts und der Größe des zu erwartenden Schadens: An die Wahrscheinlichkeit des Schadenseintritts sind umso geringere Anforderungen zu stellen, je schwerer der drohende Schaden wiegt.[42] Erforderlich sind konkrete Verdachtsmomente; eine nur abstrakte Gefahr genügt nicht. Die Besorgnis künftiger Schädigung speist sich oft aus Vorfällen aus der Vergangenheit, die allerdings nachgewiesen sein müssen.

82 **Beispiele:** Eine Kindeswohlgefährdung kann zB darin liegen, dass die Eltern aus religiösen Gründen die Zustimmung zu einer lebensnotwendigen ärztlichen Maßnahme (etwa einer Bluttransfusion) verweigern. Auch ein Abhalten des schulpflichtigen Kindes vom Schulbesuch oder das Dulden von Schulabstinenz kann eine Kindeswohlgefährdung begründen, wenn die körperliche, kognitive, sprachliche, emotionale oder soziale Entwicklung des Kindes darunter leidet (anders bei in jeder Hinsicht altersgemäßer Entwicklung).[43]

83 Eine **Vermögensgefährdung** liegt vor, wenn die Eltern durch eigennützige oder unsinnige Maßnahmen die Schmälerung des Kindesvermögens riskieren (s. auch die Vermutungsregelung in § 1666 II BGB).

84 Auch bei Vorliegen einer Kindeswohl- oder Kindesvermögensgefährdung ist ein Eingreifen des Staates nur geboten, wenn die **Eltern nicht gewillt oder nicht in der Lage sind, diese abzuwenden**.

85 Ist der Anwendungsbereich von § 1666 BGB grundsätzlich eröffnet, so hat das Gericht eine Reihe von **Reaktionsmöglichkeiten**, die in **§ 1666 III BGB** beispielhaft aufgezählt sind: Die denkbaren Maßnahmen reichen von Geboten, öffentliche Hilfen in Anspruch zu nehmen oder für die Einhaltung der Schulpflicht zu sorgen über die gerichtliche Ersetzung von Erklärungen des Sorgerechtsinhabers (zB Ersetzung der Einwilligung in eine ärztliche Behandlung, § 1666 III Nr. 5 BGB) bis hin zur vollständigen oder teilweisen Entziehung des Sorgerechts. Beispiele für gerichtliche Anordnungen bei Vermögensgefährdung bietet § 1667 BGB. Bei der Auswahl der Maß-

42 BGH NJW 2019, 1435.
43 OLG Düsseldorf FamRZ 2019, 35.

nahme ist der **Grundsatz der Verhältnismäßigkeit** strikt zu wahren: Auch insoweit besteht eine Wechselwirkung zwischen der Schwere des Eingriffs in das Sorgerecht und dem Grad der Schadenswahrscheinlichkeit. Eine (teilweise) Entziehung des Sorgerechts ist nur bei einer erhöhten Schadenswahrscheinlichkeit – nämlich ziemlicher Sicherheit des Schadenseintritts – verhältnismäßig.[44] Die gesamte Personensorge darf nur entzogen werden, wenn andere Maßnahmen erfolglos geblieben sind oder sie zur Abwendung der Gefahr voraussichtlich nicht ausreichen (§ 1666a II BGB). Die Trennung des Kindes von den Eltern ist der stärkste Eingriff in das Sorgerecht und nur zulässig, wenn der Gefahr nicht auf andere Weise, auch nicht durch öffentliche Hilfen, begegnet werden kann (§ 1666a I 1 BGB).

Auch Maßnahmen gegen Dritte sind möglich, vgl. § 1666 IV BGB. Allerdings muss 86
es sich hierbei um private Dritte handeln. Das Familiengericht hat keine Rechtsgrundlage, einen öffentlich-rechtlichen Rechtsträger (etwa eine Schule oder Behörde der Kinder- und Jugendhilfe) zu verpflichten.

Zwar sind auch diese Behörden an die das Kindeswohl schützenden Grundrechte gebunden. Die 87
gerichtliche Kontrolle dieses Behördenhandelns obliegt jedoch allein den Verwaltungsgerichten.[45]

Für die **Konsequenzen** eines (teilweisen) Sorgerechtsentzugs bei einem oder beiden 88
Elternteilen gelten §§ 1680 und 1909 BGB (= §§ 1680, 1809 BGB nF). Eine Kindesschutzmaßnahme nach §§ 1666 ff. BGB ist von Amts wegen aufzuheben, wenn eine Kindeswohlgefährdung nicht mehr besteht oder die Erforderlichkeit der Maßnahme entfallen ist (§ 1696 II BGB).

IV. Einbindung Dritter in die Sorgerechtsausübung

1. Unverzichtbarkeit und Ausübungsüberlassung

Die Elternsorge ist unverzichtbar. Die Eltern können sich ihrer insbesondere nicht 89
dadurch entledigen, dass sie sie auf Dritte übertragen (enge Ausnahmen bestehen in § 1671 I 2 Nr. 1 BGB sowie bei der Adoption, § 1747 BGB, erfordern jedoch zusätzlich zum Einverständnis der Eltern einen gerichtlichen Hoheitsakt). Diese **grundsätzliche Unverzichtbarkeit des Sorgerechts** bedeutet allerdings nicht, dass sich die Eltern nicht bei ihrer Ausübung durch Dritte unterstützen lassen dürfen. Müssten sie sich stets höchstpersönlich um das Kind kümmern, wären die meisten Eltern überfordert. Die Eltern können daher zB die Oma bitten, das Kind während einer Urlaubsabwesenheit zu beaufsichtigen oder sie können es in ein Ferienlager oder ein Internat geben. Übertragen wird in diesen Fällen allerdings nicht die Elternsorge an sich, sondern nur die **Ausübung bestimmter Sorgebefugnisse und -pflichten**. Soll der Dritte auch rechtsgeschäftlich im Namen des Kindes handeln können, ist die **Erteilung einer Vollmacht** erforderlich. Sorgerechtsvollmachten sind auch im Verhältnis der sorgeberechtigten Eltern untereinander möglich. Sie können ein milderes Mittel gegenüber einer gerichtlichen Entscheidung nach § 1671 BGB (Alleinsorge für einen Elternteil) sein.[46] Im Verhältnis der sorgeberechtigten Eltern zueinander kommt als Alternative zur Vollmacht auch eine sog. **Ermächtigung** in Betracht. Das Institut

44 BGH NJW 2019, 1435.
45 VG Weimar FamRZ 2021, 939.
46 BGH NJW 2020, 2182.

der Ermächtigung wurde im Handelsrecht auf der Grundlage von § 125 II 2 HGB entwickelt. Rechtsdogmatisch handelt es sich um eine (partielle) Erweiterung der Vertretungsmacht des ermächtigten Gesamtvertreters: Dessen zunächst bestehende Gesamtvertretungsmacht erstarkt für den in der Ermächtigung bestimmten Gegenstand zur Alleinvertretungsmacht.[47] Anders als ein Bevollmächtigter (der regelmäßig seinen Vollmachtgeber – dh den Elternteil/die Eltern – und nicht unmittelbar das Kind vertritt[48]) handelt der zur Alleinvertretung ermächtigte Elternteil unmittelbar und ausschließlich für das Kind. Die Ermächtigung folgt, was ihre Erteilung, aber auch ihre Überschreitung und ihren Missbrauch angeht, grundsätzlich den Regeln für die Vollmacht. Sie kann daher auch konkludent erteilt werden; auch Rechtsscheinsermächtigungen sind unter den für Duldungs- und Anscheinsvollmachten geltenden Voraussetzungen denkbar. Auch nach der Überlassung einzelner sorgerechtlicher Befugnisse an Dritte **bleiben die Eltern Inhaber der elterlichen Sorge in vollem Umfang**. Sie können also weiterhin selbst für das Kind handeln.

90 Dies gilt auch dann, wenn ein Elternteil den anderen zur Alleinvertretung bevollmächtigt oder ermächtigt (zum Unterschied → Rn. 89). Weder Vollmacht noch Ermächtigung führen zu einer komplementären Einschränkung der Vertretungsbefugnis des vollmachtgebenden/ermächtigenden Elternteils. Dieser kann daher trotzdem für den betroffenen Bereich weiterhin im Namen des Kindes tätig werden. Allerdings gilt für ihn das Alleinvertretungsrecht nicht.

91 Die Eltern können außerdem die auf Überlassung gerichtete **Abrede jederzeit frei widerrufen**. Der (stets mögliche) Widerruf der sorgerechtlichen Befugnisse ist – ähnlich wie bei der Vollmacht, vgl. § 168 S. 2 BGB – streng von der Beendigung des schuldrechtlichen Verpflichtungsgeschäfts zu unterscheiden.

92 **Beispiel:** Die Eltern können zwar ihr Kind jederzeit – vorbehaltlich der §§ 1666 ff. BGB – wieder aus dem Internat abholen, sie müssen aber ggf. weiter ihre finanziellen Pflichten aus dem Internatsvertrag erfüllen.

2. Familienpflege

93 Sind die Eltern mit der Erziehung grundsätzlich überfordert, scheuen sie aber den Schritt zur Adoption, so besteht die Möglichkeit, das Kind bei Dritten in Pflege zu geben. Die Unterbringung in einer Pflegefamilie kann auch als Sozialleistung gewährt werden (§§ 27, 33 SGB VIII). Sie wird insbesondere relevant, wenn den Eltern das Aufenthaltsbestimmungsrecht für das Kind gerichtlich entzogen wurde und das Jugendamt als Pfleger (§ 1909 BGB) die Unterbringung des Kindes in einer Pflegefamilie bestimmt. Auch wenn die Unterbringung des Kindes in einer Pflegefamilie zunächst nur vorübergehend gedacht war, wird sie in der Praxis oft zur Dauerlösung und die Pflegeperson zum sozialen Elternteil. Aus dem Auseinanderfallen von rechtlicher und sozialer Elternschaft können sich Probleme ergeben. Das Gesetz sieht hierzu folgende Regelungen vor.

a) Kleines Sorgerecht der Pflegeperson

94 Lebt ein Kind längere Zeit in einer Pflegefamilie, so erhält die Pflegeperson die Befugnis, in Angelegenheiten des täglichen Lebens zu entscheiden und den Sorgerechts-

---

47 BGHZ 64, 72 = NJW 1975, 1117; Weber FamRZ 2019, 1125 (1126).

48 Anders ist das nur, wenn die Vertretungsmacht auch das Erteilen von Vollmachten unmittelbar im Namen des Vertretenen gestattet und hiervon Gebrauch gemacht wird.

inhaber insoweit zu vertreten (§ 1688 I 1 BGB). Die Pflegeperson ist auch befugt, den Arbeitsverdienst des Kindes zu verwalten sowie Unterhalts-, Versicherungs-, Versorgungs- und sonstige Sozialleistungen für das Kind geltend zu machen und zu verwalten (§ 1688 I 2 BGB). In Eilfällen hat sie auch das Notvertretungsrecht aus § 1629 I 4 BGB (§ 1688 I 3 BGB). Diese Befugnisse der Pflegeperson sind jedoch nicht garantiert: Der sorgeberechtigte Elternteil kann sie grundsätzlich ausschließen, indem er anderes erklärt (§ 1688 III 1 BGB; Ausnahme in § 1688 IV BGB bei Bleibeanordnung, hierzu → Rn. 97).

Jenseits der bereits durch das Gesetz vorgesehenen Befugnisse der Pflegeperson aus § 1688 BGB kann das Gericht der Pflegeperson weitere Befugnisse nach § 1630 III BGB übertragen (zB in bestimmten Angelegenheiten von erheblicher Bedeutung, wie etwa der Gesundheitsfürsorge). Erforderlich ist ein Antrag der Eltern oder der Pflegeperson. Stets bleibt die Übertragung jedoch von der Zustimmung der Eltern abhängig (§ 1630 III 2 BGB). 95

b) Bleibeanordnungen

Eine wichtige Vorschrift zum Schutz des Pflegekindes enthält **§ 1632 IV BGB**. Befindet sich das Kind schon länger bei Pflegeeltern und wollen die rechtlichen Eltern das Kind wieder wegnehmen, so kann das Familiengericht von Amts wegen oder auf Antrag der Pflegeeltern anordnen, dass das Kind in der Pflegefamilie verbleibt (sog. Bleibeanordnung), wenn und solange das Kindeswohl durch die Herausnahme aus der Pflegefamilie gefährdet wäre. Das Kindeswohl gebietet es, die gewachsenen Bindungen des Kindes zu seinen Pflegepersonen zu berücksichtigen und es aus seiner gewohnten Umgebung nur herauszunehmen, wenn die körperlichen, geistigen und seelischen Beeinträchtigungen des Kindes als Folge der Trennung von seinen bisherigen Bezugspersonen noch hinnehmbar sind.[49] Die Gerichte sehen sich hier oft schwierigen Entscheidungen gegenüber. Infolge des Kinder- und Jugendstärkungsgesetzes besteht nunmehr auch die Möglichkeit, von Amts wegen oder auf Antrag der Pflegeperson einen Verbleib auf Dauer anzuordnen, wenn sich die Erziehungsverhältnisse bei den Eltern nachhaltig nicht verbessert haben, eine Verbesserung auch künftig mit hoher Wahrscheinlichkeit nicht zu erwarten ist und die Anordnung zum Wohl des Kindes erforderlich ist (§ 1632 IV 2 BGB).[50] 96

Besteht eine gerichtliche Bleibeanordnung zugunsten der Pflegeeltern, kann deren „kleines Sorgerecht" aus § 1688 BGB nicht mehr durch eine Erklärung des rechtlichen Elternteils, sondern nur noch durch das Familiengericht eingeschränkt werden (§ 1688 IV BGB). 97

3. Stiefeltern

Trennt sich ein Elternpaar und heiratet der Elternteil, bei dem sich das Kind aufhält, erneut, so kommt regelmäßig auch der neue Ehepartner dieses Elternteils mit dem Kind intensiv in Berührung. Auch diese Konstellation wird durch das Gesetz berücksichtigt. 98

49 BVerfG NZFam 2016, 261 (266).
50 BGBl. 2021 I 1444.

a) Mitsorgerecht von Stiefeltern

99 Nach **§ 1687b BGB** hat der Stiefelternteil unter folgenden Voraussetzungen ein begrenztes Mitsorgerecht:

- Er ist mit dem **alleinsorgeberechtigten** Elternteil verheiratet.
- Dieser ist damit **einverstanden**, dass er in **Angelegenheiten des täglichen Lebens** mitentscheidet (§ 1687b I BGB).
  Ohne das Einvernehmen seines Ehegatten ist der Stiefelternteil nur befugt, **bei Gefahr im Verzug alle Rechtshandlungen** vorzunehmen, die **zum Wohl des Kindes notwendig** sind; der sorgeberechtigte Elternteil ist von solchen Maßnahmen dann unverzüglich zu unterrichten (§ 1687b II BGB).
- Der Stiefelternteil und sein Ehegatte leben **nicht dauerhaft getrennt** (§ 1687b IV BGB).

b) Bleibeanordnungen

100 Auch etwaige Bindungen des Kindes zu seinem Stiefelternteil bedürfen des Schutzes. Auch zugunsten eines Stiefelternteils sieht das Gesetz daher die Möglichkeit von Bleibeanordnungen vor. Eine solche Anordnung setzt nach **§ 1682 BGB** Folgendes voraus:

- Das Kind hat **längere Zeit in einem Haushalt mit einem Elternteil und dem Stiefelternteil** gelebt.
- Dem **anderen Elternteil steht nunmehr das Sorgerecht** (oder zumindest das Aufenthaltsbestimmungsrecht) **alleine** zu, und zwar **nach §§ 1678, 1680 oder 1681 BGB** (also insbesondere wegen einer Verhinderung oder des Todes des bisher mitsorgeberechtigten Elternteils).
- Der nunmehr **alleinsorgeberechtigte Elternteil will das Kind dem Stiefelternteil wegnehmen.**
- Die Wegnahme würde das **Kindeswohl gefährden.**

101 Unter den genannten Voraussetzungen kann das Familiengericht eine Bleibeanordnung zugunsten des Stiefelternteils erlassen. Aufgrund des massiven Eingriffs in das Sorgerecht des alleinsorgeberechtigten Elternteils ist diese Möglichkeit allerdings auf Fälle zu beschränken, in denen die Herausnahme des Kindes aus seiner vertrauten Umgebung erhebliche Gefahren für sein körperliches oder seelisches Wohl bedeuten würde. Auch kann die Herausnahme idR nicht gänzlich verhindert, sondern nur hinausgezögert werden (§ 1682 S. 1 aE BGB: „solange"). Erlässt das Gericht eine Bleibeanordnung, so erhält der **Stiefelternteil kraft Gesetzes die Entscheidungs- und Vertretungsmacht in Angelegenheiten des täglichen Lebens** und bestimmten anderen Angelegenheiten (§ 1688 IV, I BGB). Nach § 1682 S. 2 BGB kann eine Bleibeanordnung unter den gleichen Voraussetzungen auch zugunsten eines Lebenspartners des Elternteils oder zugunsten von Großeltern und volljährigen Geschwistern des Kindes ergehen.

102 **Beispiel:** Herr und Frau Schulze trennen sich, behalten jedoch das gemeinsame Sorgerecht für ihre gemeinsame Tochter Frieda. Frau Schulze zieht nach der Trennung wieder bei ihren Eltern ein, in deren Haushalt Frieda heranwächst. Als Frau Schulze verstirbt, ist Frieda 16 Jahre alt. Ihrem Vater steht jetzt nach § 1680 I BGB die Alleinsorge zu. Er könnte Frieda kraft seines Aufenthaltsbestimmungsrechts grundsätzlich aus dem großelterlichen Haushalt herausnehmen. Würde diese Herausnahme das Wohl von Frieda gefährden, so kann das Gericht anordnen, dass Frieda (vorübergehend) bei ihren Großeltern verbleibt (§ 1682 S. 2 BGB).

4. Bestellung eines Pflegers

Sorgerechtliche Befugnisse können auch einem Pfleger zustehen. Ein Ergänzungspfleger wird bestellt, wenn die Eltern an der Besorgung bestimmter Sorgeangelegenheiten verhindert sind (§ 1909 I 1 BGB). 103

Beispiel: Herr und Frau Vogt wollen ihrer 8-jährigen Tochter Nina ein mit einem vermieteten Haus bebautes Grundstück schenken. Für die Auflassung (§§ 873, 925 BGB) ist die Bestellung eines Ergänzungspflegers erforderlich. Die Eltern sind nach §§ 1629 II 1, 1795 II, 181 BGB gehindert, die Willenserklärung für Nina als deren gesetzliche Vertreter abzugeben. Die Ausnahme in § 181 aE BGB (Erfüllung einer Verbindlichkeit) ist hier teleologisch zu reduzieren, weil die Erfüllung des (isoliert betrachtet lediglich rechtlich vorteilhaften und daher wirksamen) Schenkungsvertrags einen für Nina nachteiligen Eintritt in die Pflichten aus dem Mietvertrag nach sich zieht (§ 566 BGB; ausführlich ⇨*Fall Nr. 13 – Eltern und ihre Kinder*). 104

Achtung bevorstehende Gesetzesänderung: Die Ergänzungspflegschaft ist ab dem 1.1.2023 in § 1809 BGB nF geregelt. 105

V. Schutz der elterlichen Sorge

In ihrem Sorgerecht sind die Eltern vor unerwünschten Einmischungen Dritter geschützt. Nach **§ 1632 I BGB** können die Eltern die Herausgabe des Kindes von jedem Dritten verlangen, der es ihnen widerrechtlich vorenthält. Nach **§ 1632 II BGB** können sie den Umgang des Kindes auch mit Wirkung für und gegen Dritte bestimmen. Aufgrund dieser Drittwirkung ist das Sorgerecht auch als **absolutes Recht iSv § 823 I BGB** anerkannt.[51] In der Folge ergeben sich Unterlassungs- und Beseitigungsansprüche gegen Störer der elterlichen Sorge analog § 1004 BGB sowie unter den Voraussetzungen des § 823 I BGB uU auch Schadensersatzansprüche. Diese Ansprüche können auch gegenüber dem anderen Elternteil, inklusive einem selbst sorgeberechtigten, bestehen (zB bei Kindesentzug). Zu den **ersatzfähigen Schäden** zählen v.a. die Kosten, die den Eltern bzw. dem Elternteil entstehen, um die Wirkungen des unbefugten Sorgerechtseingriffs wieder rückgängig zu machen, also etwa die Kosten einer psychotherapeutischen Behandlung des Kindes oder Kosten der Aufenthaltsermittlung und/oder der Kindesrückführung.[52] Sämtliche Ansprüche zum Schutz der elterlichen Sorge stehen allerdings unter dem Vorbehalt, dass die Berufung auf die Elternsorge und die Durchführung der (kostenverursachenden) Maßnahme nicht kindeswohlwidrig bzw. rechtsmissbräuchlich ist.[53] 106

Beispiel: Die 17-jährige Lola, die sich von ihren Eltern schon lange unverstanden fühlt, zieht zu ihrem 25-jährigen Freund. Die Eltern sind mit diesem Umgang und auch mit dem Aufenthaltswechsel nicht einverstanden. Rufen sie in diesem Fall das Familiengericht an (zur Zuständigkeit des Familiengerichts s. § 1632 III BGB; §§ 111 Nr. 2, 151 Nr. 1, 3 FamFG), so kann dieses seine Unterstützung versagen, wenn das Umgangsverbot nicht durch Sachgründe (zB Ninas Freund nimmt Drogen) gerechtfertigt ist. Denn die Eltern haben bei der Ausübung ihres Sorge- und Umgangsbestimmungsrechts dem Bedürfnis des Minderjährigen nach Entfaltung seiner Persönlichkeit Rechnung zu tragen (vgl. § 1626 II BGB). Sie han- 107

51 Ganz hM, vgl. nur BGHZ 111, 168 = NJW 1990, 2060.
52 BGHZ 111, 168 = NJW 1990, 2060.
53 BGHZ 111, 168 = NJW 1990, 2060.

deln daher rechtsmissbräuchlich, wenn sie den intensiv und stabil geäußerten Kontaktwunsch eines fast volljährigen Kindes ohne triftige Gründe ignorieren.[54]

VI. Haftung für Sorgerechtsverletzungen

108 Bei pflichtwidriger Sorgerechtsausübung können sich Schadensersatzansprüche des Kindes oder geschädigter Dritter gegen die Eltern ergeben.

1. Haftung gegenüber dem Kind

109 Dass die Eltern dem Kind für die Ausübung der elterlichen Sorge dem Kind gegenüber haften, wird schon in § 1664 I BGB vorausgesetzt, der da lautet: „Die Eltern haben bei der Ausübung der elterlichen Sorge dem Kind gegenüber nur für die Sorgfalt einzustehen, die sie in eigenen Angelegenheiten anzuwenden pflegen" (wenn auch stets für grobe Fahrlässigkeit und vorsätzliches Handeln, §§ 277, 276 BGB). § 1664 BGB enthält unstreitig eine **Haftungsprivilegierung**. Nach der hM kommt der Vorschrift allerdings noch eine **zweite Funktion** zu: § 1664 BGB soll eine eigenständige **Anspruchsgrundlage** für Schadensersatzansprüche des Kindes wegen Pflichtverletzungen der Eltern bei Ausübung der Vermögens- oder Personensorge bilden.[55] Nach der aA ist es dagegen systemwidrig, in § 1664 BGB – anders als in der Parallelnorm für den Haftungsmaßstab unter Ehegatten in § 1359 BGB – zugleich eine Anspruchsgrundlage zu sehen.[56] Nach dieser Ansicht haften die Eltern dem Kind (nur) nach allgemeinen Grundsätzen, also insbesondere nach §§ 823 ff. BGB. Nach wie vor umstritten ist, ob als allgemeine Anspruchsgrundlage auch § 280 BGB in Betracht kommt. Eine im Vordringen befindliche Ansicht bejaht dies, indem sie das Verhältnis zwischen sorgeberechtigtem Elternteil und Kind als familienrechtliches gesetzliches Schuldverhältnis ansieht, das Pflichten, insbesondere nach § 241 II BGB, begründet. Die wohl noch hM lehnt es dagegen ab, die primär persönlich geprägten Beziehungen zwischen Eltern und Kind in ihrem Kern dem Schuldrecht zuzuordnen.[57] Konsequenzen für die Klausurlösung hat der Meinungsstreit regelmäßig nicht: Die Haftungsmilderung auf die eigenübliche Sorgfalt (§ 1664 BGB) muss den Eltern nämlich richtigerweise unabhängig davon zugutekommen, ob man § 1664 BGB oder allgemeine Vorschriften (§§ 280 ff., 823 ff. BGB etc) als Anspruchsgrundlage heranzieht. Eine Voraussetzung der Haftungsprivilegierung ist allerdings, dass ein innerer Zusammenhang mit der Sorgerechtsausübung besteht.[58]

110 **Beispiel:** Der 9-jährige Sascha fährt mit seiner Mutter im Auto. Infolge einer leichten Unachtsamkeit von Saschas Mutter kommt es zu einem Auffahrunfall, bei dem Sascha verletzt wird. Steht Sascha ein Schadensersatzanspruch gegen seine Mutter zu? – Hier ist fraglich, ob die Haftungsprivilegierung aus §§ 1664, 277 BGB auch dann Anwendung findet, wenn es nicht nur um die Verletzung rein familienrechtlich begründeter Sorgfaltspflichten geht, sondern zugleich um die Verletzung (allgemeiner) Verhaltenspflichten, insbesondere bei der Teilnahme am Straßenverkehr. Die hM lässt die Anwendung von

54 So etwa OLG Brandenburg FamRZ 2016, 1282 für den intensiv, zielorientiert, erlebnisgestützt und stabil geäußerten Wunsch einer knapp 16-Jährigen, eine Liebesbeziehung zu ihrem wesentlich älteren angeheirateten Onkel aufrechtzuerhalten.

55 BGHZ 222, 376 = NJW 2019, 3075.

56 OLG Bamberg FamRZ 2013, 636; Mayer FamRZ 2019, 461.

57 Kritisch etwa Schwab FamR GdR Rn. 878.

58 OLG Bamberg NJW 2012, 1820 (1821).

§§ 1664, 277 BGB auf (konkurrierende) Ansprüche aus Delikt und Gefährdung zu, fordert allerdings einen inneren Zusammenhang mit der Sorgerechtsausübung. Bei Ansprüchen, die aus der Teilnahme des Elternteils als Fahrer am öffentlichen Straßenverkehr entstehen, soll ein solcher innerer Zusammenhang regelmäßig fehlen.[59] Sascha hat demnach einen Anspruch gegen seine Mutter aus §§ 7, 18 StVG und § 823 I, II BGB iVm § 229 StGB.

Ein **beliebtes Klausurthema** ist, inwieweit sich ein Kind im Rahmen eines Schadensersatzanspruchs gegen einen Dritten ein Mitverschulden seiner Sorgeberechtigten zurechnen lassen muss. 111

⇨ Fall Nr. 15 – Hans Guck in die Luft

Solange das Kind unter elterlicher Sorge steht, müssen seine Haftungsansprüche gegen die Eltern wegen Sorgepflichtsverletzung durch einen Pfleger geltend gemacht werden, §§ 1629 II 1, 1795 BGB. Sie unterliegen einer Verjährungshemmung nach § 207 I 2 Nr. 2 BGB. 112

2. Haftung gegenüber Dritten

Die elterliche Sorge dient dem Schutz des Kindes, nicht Dritter. Die §§ 1626 ff. BGB sind daher keine Schutzgesetze iSv § 823 II BGB. Die Eltern haften bei Schädigung Dritter durch das Kind grundsätzlich nicht nach § 823 BGB, sondern nur im Rahmen ihrer Aufsichtspflicht nach § 832 BGB. Unklar ist, ob auch im Rahmen von § 832 BGB die Haftungsprivilegierung des § 1664 BGB gilt.[60] Meines Erachtens ist dies schon wegen des auf das Innenverhältnis beschränkten Wortlauts von § 1664 I BGB („dem Kind gegenüber") zu verneinen. 113

Welche Anforderungen an die elterliche Aufsichtspflicht zu stellen sind, kann nur im Einzelfall entschieden werden und bemisst sich insbesondere nach den Eigenschaften des aufsichtsbedürftigen Kindes und der Schadensgeneigtheit der Situation. 114

Beispiel: Die Anforderungen sind zB höher bei einem jüngeren, retardierten oder verhaltensgestörten Kind oder beim Umgang mit gefährlichen Gegenständen. 115

59 OLG Karlsruhe NZV 2008, 511 (512).
60 Offengelassen in BGHZ 103, 338 = FamRZ 1988, 810.

§ 9 Umgang und Auskunft

I. Umgang zwischen Eltern und Kind

1. Allgemeines

1 Manchmal lebt das Kind nur bei einem Elternteil oder es lebt überhaupt nicht bei seinen Eltern (sondern zB bei Pflegeeltern). Der Gesetzgeber geht jedoch davon aus, dass der Kontakt zu beiden Elternteilen idR zum Wohl des Kindes gehört (§ 1626 III 1 BGB). Lebt das Kind nicht bei beiden Eltern, so droht eine Entfremdung in der Eltern-Kind-Beziehung. Um dem vorzubeugen, normiert § 1684 I Hs. 1 BGB ein **höchstpersönliches, gerichtlich durchsetzbares Recht des Kindes** auf Umgang mit jedem Elternteil. Umgekehrt sind die **Eltern** zum Umgang mit dem Kind **berechtigt, aber auch verpflichtet** (§ 1684 I Hs. 2 BGB).

2 Die gewählte Konstruktion des Umgangsrechts als Recht des Kindes und als Pflichtrecht der Eltern ist neu. Bis zum Inkrafttreten des KindRG war das Umgangsrecht als Recht des nicht sorgeberechtigten Elternteils ausgestaltet.[1] Der ursprüngliche Regierungsentwurf zum KindRG hatte die neue, kindzentrierte Sichtweise noch verklausuliert zum Ausdruck gebracht, indem er bestimmte, dass der Umgang mit den Eltern zum Wohl des Kindes gehöre.[2] Auf die einstimmige Empfehlung des Rechtsausschusses wurde jedoch die in § 1684 I BGB enthaltene Formulierung gewählt, um deutlich zu machen, dass das Kind nicht Objekt des elterlichen Umgangs sei, sondern dass der Umgang der Eltern mit ihrem Kind ganz wesentlich den Bedürfnissen des Kindes diene. Der Rechtsausschuss versprach sich von der Änderung v.a. einen Bewusstseinswandel und eine Signalwirkung sowohl für den Elternteil, bei dem das Kind lebt und der den Umgang mit dem anderen ermöglichen muss, als auch für den außenstehenden Elternteil.[3]

3 Das Umgangsrecht soll es einem Elternteil, der nicht regelmäßig mit dem Kind zusammenwohnt, ermöglichen, sich vom Befinden des Kindes und seiner Entwicklung fortlaufend persönlich zu überzeugen, die Beziehungen zu ihm aufrecht zu erhalten, einer Entfremdung vorzubeugen und dem Liebesbedürfnis Rechnung zu tragen.[4] Das Umgangsrecht ist **vom Sorgerecht unabhängig.** Es kann einem Elternteil daher auch dann zustehen, wenn ihm das Sorgerecht fehlt. Durch das Umgangsrecht werden die Bestimmungsbefugnisse des alleinsorgeberechtigten Elternteils (insbesondere die Aufenthaltsbestimmung) entsprechend eingeschränkt. Andererseits ist auch ein sorgeberechtigter Elternteil, der nicht mit dem Kind zusammenlebt, auf das Umgangsrecht angewiesen.

4 Das Umgangsrecht eines Elternteils steht, ebenso wie das Sorgerecht, unter dem **Schutz des Art. 6 II 1 GG**[5] und ist, ebenso wie dieses, ein **absolutes subjektives Recht** iSv § 823 I BGB, und zwar nicht nur gegenüber Dritten, sondern auch gegenüber dem (Mit-)Inhaber der elterlichen Sorge.[6] Darüber hinaus begründet es nach Auffassung des BGH ein **gesetzliches Rechtsverhältnis familienrechtlicher Art** zwischen dem Umgangsberechtigten und dem zur Gewährung des Umgangs Ver-

1 BT-Drs. 13/8511, 17.
2 BT-Drs. 13/4899, 11.
3 BT-Drs. 13/8511, 68.
4 BVerfG FamRZ 2016, 1917.
5 BVerfG NJW 2015, 2561; 2002, 1863 (1864).
6 BGH NJW 1984, 1951 (1952); offengelassen in BGHZ 151, 155 = NJW 2002, 2566.

pflichteten, das Letzteren verpflichtet, bei der Gewährung des Umgangs auf die Vermögensbelange des Umgangsberechtigten Rücksicht zu nehmen.[7] Verletzungen können Schadensersatzansprüche auslösen (hierzu → Rn. 28 f.).

2. Loyalitätspflichten, § 1684 II BGB

Nach § 1684 II 1 BGB haben die Eltern alles zu unterlassen, was das Verhältnis des Kindes zum jeweils anderen Elternteil beeinträchtigen oder die Erziehung erschweren könnte. Der betreuende Elternteil darf also zB das Kind nicht gegen den anderen Elternteil beeinflussen. Umgekehrt darf der Umgangselternteil nicht die Erziehungsentscheidungen des anderen Elternteils unterlaufen.[8] Die Loyalitätspflichten gelten auch für Dritte (etwa Großeltern), in deren Obhut sich das Kind befindet (§ 1684 II 2 BGB). 5

Das Familiengericht kann die Beteiligten durch **Anordnungen** zur Erfüllung ihrer Loyalitätspflichten anhalten (§ 1684 III 2 BGB). Als besondere Sanktion für dauerhafte oder wiederholt erhebliche Verletzungen der Loyalitätspflichten aus Abs. 2 sieht das Gesetz die Anordnung einer **Umgangspflegschaft** vor (§ 1684 III 3–5 BGB). Der Umgangspfleger hat die Aufgabe, vom Betreuerelternteil die Herausgabe des Kindes zur Durchführung des Umgangs zu verlangen und für die Dauer des Umgangs den Aufenthalt des Kindes zu bestimmen. Verweigert der betreuende Elternteil die Herausgabe, so stehen dem Umgangspfleger allerdings keine Zwangsmittel zur Verfügung.[9] Vielmehr muss das Gericht bei Notwendigkeit unmittelbaren Zwangs eine Entscheidung nach § 90 FamFG treffen. 6

In Extremfällen kommen bei Verletzung der Loyalitätspflichten auch eine Änderung der sorgerechtlichen Lage, ein Eingreifen des Gerichts nach § 1666 BGB oder (zulasten eines unterhaltsberechtigten Ehegatten) eine Herabsetzung oder Versagung des Unterhalts nach § 1579 I Nr. 7 BGB in Betracht. Außerdem soll der Umgangsberechtigte nach Auffassung des BGH Ersatz seines Schadens verlangen können, wenn ihm der andere Elternteil den Umgang nicht in der gerichtlich vorgesehenen Art und Weise gewährt und ihm dadurch Mehraufwendungen entstehen (→ Rn. 28 f.). 7

⇨ *Fall Nr. 16 – Kein Umgang mit Papa*

3. Umfang und Ausübung des Umgangsrechts

Der Umgang vollzieht sich durch **zeitlich begrenzte Kontakte**. Die inhaltliche Spannbreite reicht von Telefonaten, über Halb- oder Ganztagsbesuche, gemeinsame Wochenenden, einem schon einer gleichwertigen Mitbetreuung angenäherten sog. erweiterten Umgangsrecht bis hin zu einem „echten" Wechselmodell iS einer gleichgewichtigen Betreuung (vgl. hierzu → Rn. 12). 8

Der genaue **Umfang** des Umgangs wird im Gesetz nicht geregelt, da eine Festlegung der Vielschichtigkeit der Fallgestaltungen nicht gerecht würde. In erster Linie sind die **Eltern** aufgefordert, sich über die Reichweite des Umgangsrechts zu **verständigen**. 9

7 BGHZ 151, 155 = NJW 2002, 2566.
8 KG NJW-RR 2015, 579.
9 Vogel FF 2014, 150 (158).

Dies folgt bereits aus den Loyalitätspflichten in § 1684 II 1 BGB. Auf die Wünsche des Kindes ist entsprechend § 1626 II BGB Rücksicht zu nehmen. Über die konkrete Ausgestaltung des vereinbarten Umgangs im Einzelnen (zB: Was wird unternommen? Wer darf dabei sein?) entscheidet dann der Umgangsberechtigte. Das Gericht soll in jeder Lage des Verfahrens auf ein Einvernehmen aller Beteiligten hinwirken (§ 156 FamFG).

10 Häufig können sich die Eltern nicht über das Umgangsrecht einigen. Im Hintergrund steht oft die Befürchtung des Obhutselternteils, der Umgangselternteil werde das Kind gegen ihn beeinflussen. Manchmal werden auch Feindseligkeiten zwischen den Eltern über die Verweigerung des Umgangs fortgesetzt. In diesem Fall kann das **Familiengericht** den **Umfang des Umgangs und seine Ausübung regeln** (§ 1684 III 1 BGB). Nach dem Gesetzeswortlaut ist für eine gerichtliche Regelung zwar kein Antrag erforderlich. Nach richtiger Ansicht ist jedoch kein Raum für eine gerichtliche Regelung, solange sich die Eltern einig sind (str.). Bei der gerichtlichen Festlegung des Umgangs sind die Umstände des Einzelfalls, die beiderseitigen Grundrechtspositionen der Eltern sowie das Wohl und der Wille des Kindes und dessen Individualität als Grundrechtsträger zu berücksichtigen.[10] Das Gericht muss zu diesem Zweck auch kleinere Kinder (ab einem Alter von etwa 3 Jahren) anhören (§ 159 FamFG).

11 **Beispiele:** Das Gericht kann Häufigkeit und Dauer der Besuche oder bestimmte Besuchszeiten festlegen. Es kann auch vorsehen, dass der Umgang nur in Anwesenheit einer weiteren Person stattfinden darf (sog. begleiteter Umgang), etwa wenn der Kontakt zwischen dem Kind und dem Umgangselternteil abgerissen war und erst wieder angebahnt werden muss. Die Entscheidung über untergeordnete Aspekte einer Umgangsregelung wie beispielsweise die Festlegung der genauen Uhrzeit oder anderer „Feinabstimmungen" kann das Gericht auch auf einen Dritten, etwa einen Umgangspfleger, übertragen, sofern es einen hinreichend konkreten „Umgangsrahmen" vorgibt.[11]

12 Das Gericht kann bei der Ausgestaltung des Umgangsrechts auch so weit gehen, dass die **angeordneten Umgangskontakte für beide Elternteile zu etwa hälftigen Betreuungsanteilen** führen, sich also durch die gerichtliche Umgangsregelung ein **paritätisches Wechselmodell** ergibt.[12] Eine solche Umgangsregelung ist nach Ansicht des BGH anzuordnen, wenn die hälftig geteilte Betreuung durch beide Eltern im konkreten Fall dem Kindeswohl am besten entspricht.[13] Dass ein Elternteil oder sogar beide Elternteile dieses Umgangsmodell ablehnen, steht seiner gerichtlichen Anordnung noch nicht zwingend entgegen, da der Wille der Eltern und das Kindeswohl nicht notwendig übereinstimmen.[14] Rein faktisch dürfte eine paritätische Umgangsregelung bei fehlender Kommunikations- und Kooperationsfähigkeit der Eltern allerdings häufig nicht im wohlverstandenen Interesse des Kindes liegen und damit nicht angezeigt sein.[15]

13 Die Umgangsregelung darf nicht dazu führen, dass der **Umgang für den umgangsberechtigten Elternteil** unzumutbar und damit **faktisch vereitelt** wird. Wenn der Umgang, etwa aufgrund der unterschiedlichen Wohnorte der Eltern, nur unter einem erheblichen Zeit- und Kostenaufwand ausgeübt werden kann, muss das Gericht er-

10 BVerfG NJW 2002, 1863.
11 KG FamRZ 2016, 1780.
12 BGHZ 214, 31 Rn. 15 ff. = NJW 2017, 1815.
13 BGHZ 214, 31 Rn. 27 = NJW 2017, 1815.
14 BGHZ 214, 31 Rn. 26 = NJW 2017, 1815.
15 BGHZ 214, 31 Rn. 30 f. = NJW 2017, 1815.

wägen, den betreuenden Elternteil ggf. anteilig an dem zur Ausübung des Umgangs erforderlichen Zeit- und Organisationsaufwand zu beteiligen.[16]

Über die konkrete Ausgestaltung der einzelnen Umgangskontakte (wo sie stattfinden, was unternommen wird und wer teilnehmen darf) entscheidet grundsätzlich (soweit es an einer Elterneinigung fehlt) der Umgangsberechtigte. Das Gericht kann aber, gestützt auf § 1684 III 1 BGB, auch insoweit Anordnungen erlassen, zB bestimmen, dass bestimmte Personen beim Umgang nicht anwesend sein dürfen.[17] 14

Problematisch sind gerichtliche **Umgangsregelungen**, die **gegen den Willen des Kindes** ergehen. Da das Gericht bei seiner Anordnung auch die Individualität des Kindes als Grundrechtsträger in den Blick zu nehmen und zu achten hat, kommt dem Kindeswillen mit zunehmendem Kindesalter vermehrt Bedeutung zu.[18] Ein gegen den Widerstand des Kindes erzwungener Umgang kann durch die Erfahrung der Missachtung der eigenen Persönlichkeit mehr schaden als nutzen. Selbst ein (zB durch den betreuenden Elternteil) beeinflusster Wunsch des Kindes, keinen Umgang zu pflegen, kann beachtlich sein und einer Anordnung des Umgangs entgegenstehen, wenn er Ausdruck schützenswerter Bindungen ist.[19] 15

Erfordert es das Kindeswohl, so kann das Familiengericht das **Umgangsrecht einschränken oder ausschließen** (§ 1684 IV 1 BGB). Ob das gerichtliche Tätigwerden zum Wohl des Kindes erforderlich ist, bestimmt sich danach, ob triftige, das Kindeswohl nachhaltig berührende Gründe vorliegen, die besorgen lassen, dass ohne die Maßnahme eine ungünstige Entwicklung des Kindes oder seiner zu schützenden Interessen eintreten könnte.[20] Eine Einschränkung oder einen Ausschluss **für längere Zeit oder auf Dauer** darf **nur** ergehen, wenn andernfalls das **Kindeswohl gefährdet** wäre, zB weil dem Kind Misshandlungen drohen (§ 1684 IV 2 BGB). Bei Ausschluss oder Einschränkungen des Umgangsrechts ist in jedem Fall zu prüfen, ob die Maßnahme verhältnismäßig ist.[21] Dies ist nicht der Fall, wenn die Gefährdung des Kindeswohls durch mildere Mittel (zB einen **begleiteten Umgang**) ausgeschlossen werden könnte. Ein begleiteter Umgang zeichnet sich dadurch aus, dass beim Umgangskontakt ein mitwirkungsbereiter Dritter anwesend ist (zB ein Mitarbeiter des Jugendamts), der Gefährdungen des Kindeswohls, die sich im Zuge des Umgangs ergeben könnten, abwehren kann. In der Regel wird ein begleiteter Umgang als milderes Mittel zum völligen Umgangsausschluss in Betracht zu ziehen sein. Auch ein unbefristeter Ausschluss des Umgangsrechts kann allerdings verhältnismäßig sein, etwa wenn das schon ältere Kind eine verfestigte Ablehnungshaltung gegenüber einem Elternteil aufgebaut hat, um sich vor den Elternkonflikten zu schützen und der Gefahr künftiger Belastungsstörungen zu entgehen.[22] 16

16 BVerfG NJW 2002, 1863.
17 KG FamRZ 2016, 1780 (1782).
18 BVerfG FamRZ 2016, 1917.
19 Zutreffend BVerfG FamRZ 2016, 1917.
20 BeckOK BGB/Veit § 1684 Rn. 51.
21 BVerfG FamRZ 2016, 1917.
22 BVerfG FamRZ 2016, 1917.

4. Umgangskosten

17 Die Ausübung des Umgangs verursacht regelmäßig **Kosten**, zB für das Abholen und Zurückbringen des Kindes, dessen Unterbringung und Verpflegung beim Umgangsberechtigten sowie für gemeinsame Unternehmungen. Diese Kosten trägt **grundsätzlich der Umgangsberechtigte.**[23] Ist er dem Kind oder seinem Ehegatten unterhaltspflichtig, so darf er diese Kosten weder beim Ansatz seines Nettoeinkommens noch bei der geschuldeten Unterhaltszahlung in Ansatz bringen.[24] **Ausnahmen** von diesem Grundsatz hat die Rechtsprechung in zwei Fallkonstellationen anerkannt:

18 **Erstens** bei der Ausübung eines **deutlich erweiterten Umgangsrechts**, das sich schon einer Mitbetreuung annähert.

19 **Beispiel:** Der Vater betreut das Kind in einem 2-wöchentlichen Rhythmus von Freitagmittag bis Sonntagabend und darüber hinaus wöchentlich an 2 weiteren Tagen. Die Mutter betreut das Kind den Rest der Zeit und nimmt wichtige organisatorische Aufgaben wahr.

20 Hier sollen Aufwendungen des Umgangselternteils, die den Bedarf des Kindes nicht verringern, sondern als umgangsbezogene „Mehrbelastung" anfallen (insbesondere Fahrt- und Unterbringungskosten), bei der Ermittlung des Kindesunterhalts berücksichtigt werden können, und zwar dergestalt, dass der Richter im Rahmen seines Ermessens den Barunterhaltsbedarf des Kindes unter Herabstufung um eine oder mehrere Einkommensgruppen der Düsseldorfer Tabelle bestimmt.[25]

21 Der so ermittelte Unterhaltsbedarf kann außerdem noch weitergehend gemindert sein, wenn der Umgangselternteil den Barbedarf des Kindes im Rahmen des Umgangs anders als durch Zahlung einer Geldrente teilweise deckt. Dies ist jedoch idR nur dann anzunehmen, wenn durch den Umgang nennenswerte Ersparnisse aufseiten des betreuenden Elternteils eintreten.[26]

22 **Zweitens**, wenn die Kostenbelastung für den Umgangsberechtigten unzumutbar ist und damit sein **Umgangsrecht faktisch vereitelt** wird. Dies ist der Fall, wenn dem Umgangsberechtigten das anteilige Kindergeld weder ganz noch teilweise zugutekommt und er zur Bestreitung der Umgangskosten seinen Selbstbehalt (zum Begriff → § 10 Rn. 50 ff.) angreifen müsste.[27] In diesem Fall kommt eine maßvolle Erhöhung des Selbstbehalts bei der Unterhaltsberechnung in Betracht, da sich der Elternteil andernfalls zur Einschränkung seiner Umgangskontakte veranlasst sehen könnte, was den Interessen des Kindes zuwiderlaufen würde.[28]

23 Im Übrigen kann das Familiengericht den betreuenden Elternteil durch eine Umgangsregelung nach § 1684 III BGB am zeitlichen und organisatorischen Aufwand des Umgangs – und damit mittelbar an den dafür entstehenden Kosten – beteiligen. Es könnte zB vorsehen, dass der Obhutselternteil das Kind zum Umgangselternteil bringt. Für eine Verteilung der Umgangskosten unmittelbar durch das Gericht fehlt allerdings eine entsprechende gesetzliche Grundlage.[29]

23 BGH NJW 2014, 1958 (1961 f.).
24 BGH NJW 2014, 1958 (1962); 2005, 1493 (1494).
25 BGH NJW 2014, 1958 (1962).
26 BGH NJW 2014, 1958 (1962).
27 BGH NJW 2005, 1493 (1494 f.).
28 BGH NJW 2005, 1493 (1495).
29 Wie hier OLG Bremen FamRZ 2017, 297; aA OLG Nürnberg FamRZ 2014, 858 (859).

5. Vereinbarungen über das Umgangsrecht

Das Umgangsrecht ist aufgrund seines verpflichtenden Charakters gegenüber dem Kind und als Bestandteil des natürlichen Elternrechts **unverzichtbar**.[30] Zulässig soll es aber sein, sich zur Nichtausübung des Umgangsrechts zwar nicht unbefristet, aber doch für eine gewisse Zeit zu verpflichten, sofern dies dem Kindeswohl entspricht.[31] Die Bereitschaft zur Nichtausübung muss allerdings durch das Kindeswohl und nicht etwa finanziell motiviert sein: Dient sie als Gegenleistung, insbesondere für eine Freistellung des Umgangsberechtigten von der Unterhaltspflicht, so ist sie als unzulässige „Kommerzialisierung“ des elterlichen Umgangsrechts sittenwidrig und damit nichtig (§ 138 BGB).[32] 24

Einigen sich die Eltern **in inhaltlich zulässiger Weise** über die Art und Weise der Ausübung des Umgangsrechts, so ist diese Einigung zwischen den Parteien (auch ohne gerichtliche Genehmigung) grundsätzlich verbindlich. Ein einseitiges Lösungsrecht besteht nicht, vielmehr muss der das Vereinbarte später ablehnende Elternteil eine familiengerichtliche Entscheidung nach § 1684 III 1 BGB veranlassen (str.).[33] Eine noch weitergehende Verbindlichkeit, namentlich bis zur Abänderungsschwelle des § 1696 BGB (triftige, das Wohl des Kindes nachhaltig berührende Gründe), und Vollstreckbarkeit (§ 86 I Nr. 2 FamFG) erlangt die Vereinbarung mit einer gerichtlichen Billigung (§ 156 II FamFG). Das Gericht billigt die vereinbarte Umgangsregelung, wenn sie dem Kindeswohl nicht widerspricht (§ 156 II 2 FamFG). 25

6. Durchsetzung gerichtlicher Umgangsregelungen

Gerichtliche Umgangsregelungen (und die ihnen gleichstehenden gerichtlich gebilligten Vergleiche, §§ 156 II, 86 I Nr. 2 FamFG) sind mit den **Zwangsmitteln der §§ 89, 90 FamFG** vollstreckbar (Ordnungsgeld; Ordnungshaft; Anwendung unmittelbaren Zwangs für den Fall, dass die Festsetzung von Ordnungsmitteln erfolglos geblieben ist, keinen Erfolg verspricht oder die baldige Vollstreckung unbedingt geboten ist). Für die fehlende Mitwirkung des Obhutselternteils (zB ist dieser wiederholt nicht da, wenn der Umgangselternteil das Kind abholen will) sieht das Gesetz die Anordnung von Ordnungsgeld und, wenn dieses nicht beigetrieben werden kann, Ordnungshaft vor (§ 89 FamFG). Als *ultima ratio* kann auch unmittelbarer Zwang gegen den Obhutselternteil angeordnet werden (§ 90 I FamFG). **Gegen das Kind selbst** darf zur Herausgabe, um den Umgang auszuüben, allerdings **kein unmittelbarer Zwang** angewandt werden (§ 90 II 1 FamFG). Vereitelt der Obhutselternteil eine gerichtliche oder gerichtlich gebilligte Umgangsregelung, sind auch Schadensersatzansprüche zwischen den Eltern möglich (hierzu → Rn. 28 f.). 26

Zwangsmittel sind grundsätzlich auch gegen den Umgangsverpflichteten denkbar. Allerdings ist zu bedenken, dass der Umgang mit einem Elternteil, der mit Zwangsmitteln durchgesetzt werden müsste, idR nicht dem Kindeswohl dient, weil das Kind nur mit der Ablehnung seines Elternteils konfrontiert werden würde und hierdurch 27

30 BGH NJW 1984, 1951 (1952).
31 BGH NJW 1984, 1951 (1952).
32 BGH NJW 1984, 1951 (1952).
33 Wie hier BeckOK BGB/Veit § 1684 Rn. 13.

die Gefahr entsteht, dass sein Selbstwertgefühl Schaden nimmt. Nach Ansicht des BVerfG ist die zwangsweise Durchsetzung eines Umgangsbeschlusses gegen einen umgangsunwilligen Elternteil daher nur dann ein noch verhältnismäßiger Eingriff in das Persönlichkeitsrecht dieses Elternteils, wenn eine reale Chance besteht, dass ein (zunächst) erzwungener Umgang dennoch dem Kindeswohl dienen kann, zB weil das in seiner Entwicklung bereits gefestigte Kind den Elternteil unbedingt kennenlernen will oder weil die Hoffnung besteht, der Widerstand des Elternteils könnte sich durch die freundliche Haltung des Kindes auflösen.[34]

7. Schadensersatz bei Umgangsvereitelung

28 Vereitelt der Obhutselternteil einen gerichtlich angeordneten Umgangskontakt des anderen Elternteils, so fragt sich, ob dem Umgangselternteil hieraus Ansprüche erwachsen können. Zur Vorbereitung des Umgangskontakts werden dem Umgangselternteil regelmäßig Kosten (zB Fahrtkosten für die Abholung des Kindes; Buchung von Flügen und Hotels für eine geplante Urlaubsreise mit dem Kind) entstehen. Nach der Rechtsprechung begründet das **beiderseitige Umgangsrecht der Eltern mit dem Kind zwischen diesen ein gesetzliches Rechtsverhältnis familienrechtlicher Art**, dessen Verletzung Schadensersatzansprüche nach den §§ 280 ff. BGB auslösen kann.[35] Ansprüche wegen Verletzung des Umgangsrechtsverhältnisses können nicht nur dem Umgangselternteil, sondern ggf. auch dem Obhutselternteil zustehen.

29 **Beispiel:** Der umgangsverpflichtete Vater holt das Kind entgegen der gerichtlichen Umgangsregelung nicht ab. Da die Mutter bereits einen Konzertabend geplant hat, muss sie sich nun um eine Betreuung des Kindes durch einen Babysitter kümmern. Die Kosten hierfür kann sie nach § 280 I BGB ersetzt verlangen.

⇨ *Fall Nr. 16 – Kein Umgang mit Papa*

II. Umgangsrechte weiterer Personen

30 Die **§§ 1685, 1686a BGB** sehen unter bestimmten Voraussetzungen Umgangsrechte zugunsten bestimmter weiterer Personen vor. Im Gegensatz zu § 1684 BGB normieren diese Vorschriften allerdings kein korrespondierendes Umgangsrecht des Kindes und auch keine Umgangsverpflichtung der Begünstigten und stehen daher zu Recht in der Kritik.[36]

1. Umgangsrechte nahestehender Personen, § 1685 BGB

31 Nach § 1685 BGB besteht ein Umgangsrecht zugunsten bestimmter nahestehender Bezugspersonen des Kindes. Ausdrücklich erwähnt werden **Großeltern** und **Geschwister** (§ 1685 I BGB). Ein Umgangsrecht besteht darüber hinaus nach § 1685 II BGB für enge **Bezugspersonen** des Kindes, **wenn diese** für das Kind **tatsächliche Verantwortung** tragen oder getragen haben (sozial-familiäre Beziehung). Die erforder-

34 BVerfGE 121, 69 (103 f.) = NJW 2008, 1287 (1291).
35 BGHZ 151, 155 = NJW 2002, 2566.
36 Kritisch etwa Schwab FamR GdR Rn. 993.

liche Verantwortungsübernahme soll nach § 1685 II 2 BGB regelmäßig zu bejahen sein, wenn die Person längere Zeit mit dem Kind in einer häuslichen Gemeinschaft zusammengelebt hat.

Beispiele: Stief- und Pflegeeltern; langjähriger nichtehelicher Partner des betreuenden Elternteils; Scheinvater nach der Vaterschaftsanfechtung.

Das Umgangsrecht aus § 1685 BGB besteht nur, wenn der **Umgang dem Wohl des Kindes dient**. § 1626 III 2 BGB geht zwar davon aus, dass der Umgang des Kindes mit Personen, zu denen es Bindungen besitzt, seinem Wohl idR dienlich ist. Erforderlich ist jedoch stets eine Prüfung im Einzelfall: So kann der Umgang mit den Großeltern dem Kindeswohl widersprechen, wenn die Eltern und die Großeltern so zerstritten sind, dass das Kind bei Kontakt mit den Großeltern in Loyalitätskonflikte geriete.[37] 32

Für das Umgangsrecht nahestehender Personen gilt § 1684 II–IV BGB (Wohlverhaltensgebot; gerichtliche Regelungsbefugnis) entsprechend (§ 1685 III 1 BGB). Eine Umgangspflegschaft kann allerdings nur unter den Voraussetzungen des § 1666 I BGB (Kindeswohlgefährdung) eingerichtet werden (§ 1685 III 2 BGB). 33

2. Umgangsrecht des leiblichen, nicht rechtlichen Vaters, § 1686a BGB

Ist ein Mann nicht Vater im Rechtssinne (§ 1592 BGB), so hat er grundsätzlich keine elterlichen Rechte und Pflichten, selbst wenn er der genetische Vater des Kindes ist. Besteht die rechtliche Vaterschaft eines anderen Mannes, so hat der leibliche Vater uU auch keine Möglichkeit, rechtlicher Vater zu werden, weil er die bestehende Vaterschaft nicht stets anfechten kann (vgl. § 1600 II BGB). Dann stellt sich die Frage, ob dem leiblichen Vater nicht wenigstens ein Umgangsrecht mit seinem Kind einzuräumen ist. Das BVerfG hat dies 2003 bejaht für den Fall, dass zwischen dem leiblichen Vater und dem Kind eine sozial-familiäre Beziehung besteht oder bestanden hat.[38] 34

Im Zeitpunkt der BVerfG-Entscheidung galt noch eine Vorgängerfassung des § 1685 II BGB, die ein Umgangsrecht nur für (frühere) Ehegatten und Lebenspartner, aber nicht für sonstige enge Bezugspersonen (etwa einen leiblichen Vater) vorsah. 35

Hatte der Vater nie mit dem Kind zusammengelebt (zB weil die Beziehung zur Mutter schon vorgeburtlich zerbrochen war), so reichte die bloße Bereitschaft, künftig Verantwortung für das Kind zu übernehmen, für das BVerfG zur Begründung eines Umgangsrechts nicht aus.[39] Hierin sah der **EGMR** eine Verletzung des Rechts auf Achtung der Privatsphäre und des Familienlebens aus Art. 8 EMRK (Recht auf Achtung des Privat- und Familienlebens).[40] Der deutsche Gesetzgeber hat dies zum Anlass genommen, ein gesondertes Umgangsrecht des leiblichen, nicht rechtlichen Vaters in § 1686a BGB vorzusehen.[41] 36

37 BGH NJW 2017, 2908.
38 BVerfGE 108, 82 (112) = NJW 2003, 2151 (2158).
39 BVerfG FamRZ 2006, 1661.
40 EGMR NJW 2011, 3565; 2012, 2781.
41 Eingefügt durch das Gesetz zur Stärkung der Rechte des leiblichen, nicht rechtlichen Vaters v. 4.7.2013 (BGBl. 2013 I 2176).

Das Umgangsrecht ist an folgende **einschränkende Voraussetzungen** geknüpft:

37

Umgangsrecht des leiblichen, nicht rechtlichen Vaters (§ 1686a BGB)

1. **Vaterschaft eines anderen Mannes**
   Ist die Vaterposition noch nicht belegt, so muss der leibliche Vater, wenn er in den Genuss eines Umgangsrechts kommen will, die volle rechtliche Vaterschaft (also mit allen Rechten und Pflichten, insbesondere zur Unterhaltsgewährung) anstreben.
2. Demonstration **ernsthaften Interesses** am Kind
   Als mögliche Kriterien werden in der Gesetzesbegründung genannt, ob der Vater sein Kind zeitnah nach der Geburt kennenlernen wollte, ob er sich um weiteren Kontakt bemüht hat, ob er den Wunsch nach Umgang wiederholt artikuliert und ggf. Pläne entwickelt hat, wie er ihn im Hinblick auf Wohnort und Arbeitszeiten realisieren kann, ob er sich vor und nach der Geburt zum Kind bekannt hat oder ob er die Bereitschaft geäußert hat, Verantwortung für das Kind – auch finanziell – zu übernehmen.[42]
3. **Kindeswohldienlichkeit** des Umgangs
   Im Fall des Umgangsrechts des leiblichen Vaters kann es zur Verneinung der Kindeswohldienlichkeit nicht ausreichen, dass das Umgangsrecht in einen intakten Familienverband eingreift. Sonst liefe das Umgangsrecht in vielen Fällen leer. Bei ablehnender Haltung der rechtlichen Eltern und der damit einhergehenden Befürchtung, dass diese mit einer Umgangsregelung psychisch überfordert wären und dadurch letztlich auch das Kindeswohl beeinträchtigt wäre, sind deshalb strenge Anforderungen an die entsprechenden Feststellungen zu stellen.[43] Zu weitgehend erscheint jedoch die Annahme des BGH, das Kind sei – vorrangig durch seine Eltern, im Fall von deren Weigerung aber auch durch den Sachverständigen oder den Richter – über seine wahre Abstammung aufzuklären, um zu einer Einschätzung der Kindeswohldienlichkeit des Umgangs zu gelangen.[44]
4. **Leibliche Vaterschaft des Kindes**
   Dies ist notfalls im Umgangsverfahren inzident festzustellen. Hierzu muss jede Person Untersuchungen, insbesondere die Entnahme von Blutproben, dulden, es sei denn, dass ihr die Untersuchung nicht zugemutet werden kann (§ 167a II FamFG). Der Antrag ist nur zulässig, wenn der Antragsteller an Eides statt versichert, der Mutter während der Empfängniszeit beigewohnt zu haben (§ 167a I FamFG). Diese Zulässigkeitshürde gilt allerdings nicht, wenn seine Vaterschaft zwischen den Beteiligten unstreitig oder bereits anderweitig geklärt ist.[45] Steht fest, dass das Umgangsrecht aus anderen Gründen (insbesondere mangels Kindeswohldienlichkeit) zu verneinen ist, ist die Klärung der Vaterschaftsfrage nicht veranlasst.[46]

Für die genetische Mutter, die das Kind nicht geboren hat (Eizellspenderin), ist kein Umgangsrecht vorgesehen. Dies ist folgerichtig, ist doch die Eizellspende durch den deutschen Gesetzgeber nicht erwünscht (vgl. § 1 I Nr. 2 ESchG).[47]

42 BT-Drs. 17/12163, 13.
43 BGHZ 212, 155 Rn. 35 f. = NJW 2017, 160.
44 BGHZ 212, 155 Rn. 56 ff. = NJW 2017, 160 mkritAnm Löhnig NJW 2017, 165.
45 BGHZ 212, 155 Rn. 20 ff. = NJW 2017, 160 (in diesem Fall durch die Entscheidung des EGMR).
46 OLG Frankfurt a. M. NJW-RR 2019, 197.
47 Für eine analoge Anwendung des § 1686a BGB in diesem Fall aber Löhnig FamRZ 2015, 806.

3. Umfang und Ausübung des Umgangsrechts

Hinsichtlich der näheren Ausgestaltung des Umgangsrechts verweisen sowohl § 1685 III BGB als auch § 1686a II BGB auf **§ 1684 II–IV BGB**. Dies bedeutet, dass sich die Parteien über Umfang und Ausübung des Umgangsrechts vorrangig zu einigen haben. Gelingt ihnen das nicht, so entscheidet das Gericht. Auch hierin zeigt sich, dass das Umgangsrecht der weiteren Bezugspersonen und des leiblichen Vaters stark – man möchte fast sagen zu stark[48] – ausgestaltet ist. Der einzige Unterschied zum Umgangsrecht der rechtlichen Eltern nach § 1684 BGB besteht darin, dass eine Umgangspflegschaft nach § 1684 III 3–5 BGB nur angeordnet werden kann, wenn die Voraussetzungen des § 1666 I BGB (Kindeswohlgefährdung) erfüllt sind (§§ 1685 III 2, 1686a II 2 BGB). 38

III. Recht auf Auskunft

§ 1686 BGB gewährt **jedem rechtlichen Elternteil**, unabhängig von der sorgerechtlichen Lage, ein Recht auf Auskunft über die persönlichen Verhältnisse des Kindes, sofern er ein berechtigtes Interesse darlegen kann und die Auskunft dem Kindeswohl nicht widerspricht. Nicht erforderlich ist, dass der auskunftsverpflichtete Elternteil das Kind in seiner Obhut hat.[49] **Auskunftsverpflichtet** ist primär der andere rechtliche Elternteil (bzw. jeder rechtliche Elternteil im Fall des § 1686a I Nr. 2 BGB). Über den Wortlaut hinaus besteht der Anspruch allerdings auch gegenüber dritten Personen, die eine (v.a. in rechtlicher Hinsicht) vergleichbare Stellung wie Eltern haben, etwa ein Vormund oder ein Ergänzungspfleger.[50] Durch die Vormundschaftsreform wird eine entsprechende Auskunftspflicht des Vormunds und des Pflegers allerdings speziell in § 1790 IV BGB nF (iVm § 1813 I BGB nF) geregelt. 39

Inhaltlich setzt der Anspruch ein **berechtigtes Informationsinteresse** und **eine negative Kindeswohlprüfung** voraus, dh die Auskunftserteilung darf dem Kindeswohl nicht widersprechen. Ein **berechtigtes Interesse** liegt idR vor, wenn der Berechtigte keine andere zumutbare Möglichkeit (etwa im Rahmen des Umgangs oder durch sonstige Informationsquellen) hat, um sich über die Entwicklung des Kindes zu unterrichten.[51] Das Auskunftsverlangen darf dem **Kindeswohl nicht widersprechen**. Ein solcher Widerspruch kann anzunehmen sein, wenn die Auskunft dazu dienen soll, in die Intimsphäre eines fast volljährigen Jugendlichen einzudringen, oder wenn Übergriffe in die elterliche Sorge zu befürchten sind.[52] 40

Der Elternteil soll durch die Auskunft in die Lage versetzt werden, sich einen Überblick über die Entwicklung und das Befinden des Kindes zu verschaffen. Der Auskunftsanspruch erstreckt sich nur auf die **persönlichen Verhältnisse** des Kindes. Auskunft über die Vermögensverhältnisse ist nicht zu erteilen. Ein Anspruch auf Auskunft über wirtschaftliche Verhältnisse (zB Verfügungen über das Kinderkonto) kann sich aber – unter gemeinsam sorgeberechtigten Eltern – ausnahmsweise aus 41

48 Eine verfassungswidrige Einschränkung der Erziehungskompetenz der Eltern sieht hierin Schwab FamR GdR Rn. 993.
49 BGH NJW 2017, 2828.
50 BGH NJW 2017, 2828.
51 BGH NJW 2017, 2828.
52 BGH NJW 2017, 2828.

§ 242 BGB ergeben. Die hierzu erforderliche Sonderverbindung besteht in der Kooperationspflicht der Eltern bei gemeinsamem Sorgerecht.[53]

42 § 1686 BGB gewährt nur dem rechtlichen Elternteil ein Recht auf Auskunft. Andere Bezugspersonen haben zwar ggf. ein Umgangsrecht nach § 1685 BGB, aber kein Auskunftsrecht. Ein gesondert geregeltes Auskunftsrecht hat lediglich der **leibliche, aber nicht rechtliche Vater** nach **§ 1686a I Nr. 2 BGB**. Dieses Auskunftsrecht besteht gegenüber jedem rechtlichen Elternteil und entspricht in seinen Voraussetzungen (berechtigtes Interesse; kein Widerspruch mit dem Kindeswohl) denjenigen des § 1686 BGB. Durch die Vormundschaftsreform wird außerdem gegenüber Vormündern und Pflegern ein Auskunftsrecht nahestehender Angehöriger und von Vertrauenspersonen des Kindes begründet, vgl. § 1790 IV BGB nF (iVm § 1813 I BGB nF).

IV. Verfahrensfragen

43 Für **Streitigkeiten um das Umgangsrecht** ist das Familiengericht zuständig (§§ 111 Nr. 2, 151 Nr. 2 FamFG). Diese Zuständigkeit besteht auch für Schadensersatzansprüche, die zB bei einer Umgangsvereitelung gegeben sein können (sonstige Familiensache iSv §§ 111 Nr. 10, 266 FamFG). Die Entscheidung obliegt dem Richter (§ 14 I Nr. 7 RPflG). Für das Verfahren gilt das FamFG. Insbesondere sind Umgangsverfahren, damit keine Unterbrechung der Kontakte und Entfremdung eintritt, **beschleunigt** zu behandeln (§ 155 I FamFG). Eltern und Kinder sind im Verfahren nach § 1684 BGB vom Familiengericht anzuhören (§§ 159, 160 FamFG). Kinder sind dabei regelmäßig persönlich anzuhören, außer sie sind offensichtlich nicht in der Lage (zB Säuglinge), ihre Neigungen und ihren Willen kundzutun (§ 159 I, II FamFG).[54] Ebenfalls anzuhören, wie stets in Verfahren, die die Person des Kindes betreffen, ist das Jugendamt (§ 162 FamFG). Eine Anhörungspflicht für die nach § 1685 BGB Umgangsberechtigten ist nicht ausdrücklich vorgesehen, lässt sich jedoch aus dem Anspruch auf rechtliches Gehör ableiten. Die **Abänderung** einer gerichtlichen Umgangsentscheidung findet nur unter den Voraussetzungen des **§ 1696 BGB** statt.

44 Für **Streitigkeiten um das Auskunftsrecht** entscheidet ebenfalls das Familiengericht (§§ 111 Nr. 2, 151 Nr. 2 FamFG). Funktionell zuständig ist jedoch der **Rechtspfleger** (§§ 3 Nr. 2 lit. a, 14 RPflG). Auch das Beschleunigungsgebot gilt nicht. Die **Abänderung** einer Entscheidung über den Auskunftsanspruch ist nicht an § 1696 BGB zu messen, da die Entscheidung nicht unmittelbar das Umgangsrecht betrifft. Es kommt aber auf Antrag eine Abänderung nach § 48 I FamFG in Betracht, wenn die Entscheidung Dauerwirkung hat und sich die Sach- oder Rechtslage nachträglich wesentlich geändert hat.[55]

53 OLG Oldenburg NJW-RR 2018, 453.
54 BVerfG FamRZ 2002, 1078 (1079).
55 Dürbeck ZKJ 2017, 457 (461).

§ 10 Unterhalt zwischen Verwandten, insbesondere der Kindesunterhalt

I. Gesetzliche und vertragliche Unterhaltspflichten

1 Ein Unterhaltsanspruch berechtigt eine Person, die Mittel zur Bestreitung ihres Lebensunterhalts (ganz oder teilweise) von einer anderen Person zu verlangen. Voraussetzung eines solchen Anspruchs ist das Bestehen eines unterhaltsrechtlichen Grundverhältnisses. **Kraft Gesetzes** besteht ein solches Verhältnis **zwischen**

- Ehegatten, §§ 1360–1361 BGB (vgl. → § 3 Rn. 23 ff.)
- Eingetragenen Lebenspartnern, §§ 5, 12 LPartG
- Partnern aufgelöster Ehen und aufgelöster eingetragener Lebensgemeinschaften, §§ 1318 II, 1569 ff. BGB; § 16 LPartG (vgl. → § 2 Rn. 29)
- Verwandten in gerader Linie, §§ 1601 ff. BGB (vgl. → § 7 Rn. 18)
- Eltern eines nichtehelichen Kindes, § 1615l BGB (vgl. → § 6 Rn. 93 ff.).

2 Als Ausfluss der Privatautonomie können Unterhaltspflichten auch **durch Vertrag** begründet werden (zB zwischen den Partnern einer nichtehelichen Lebensgemeinschaft). Soweit in ihnen kein Schenkungsversprechen zu sehen ist, geht das formfrei, ggf. auch konkludent. In den letzten Jahren beschäftigen insbesondere Unterhaltsverträge zugunsten von Kindern, die mit Spendersamen gezeugt wurden, immer wieder die Gerichte.

3 **Beispiel:** Ein unverheiratetes, zeugungsunfähiges Paar mit Kinderwunsch entschließt sich zu einer künstlichen Befruchtung der Frau mittels Samenspende. Nach der Geburt lehnt es der männliche Partner entgegen seiner vorherigen Ankündigung ab, die Vaterschaft anzuerkennen. Der BGH erblickt in der Zustimmung des Mannes zur künstlichen Befruchtung einen (konkludenten) Vertrag zugunsten des Kindes, aus dem sich für ihn gegenüber dem Kind die Verpflichtung ergibt, für dessen Unterhalt wie ein rechtlicher Vater einzustehen.[1]

II. Prinzipien des Unterhaltsrechts

1. Höchstpersönlichkeit

4 Unterhaltsansprüche sind höchstpersönlich. Sie können idR nicht übertragen (§ 400 BGB) und nicht gepfändet (§ 850b I Nr. 2 ZPO) werden. Sie erlöschen grundsätzlich mit dem Tod des Berechtigten und des Verpflichteten (§ 1615 I BGB). Ausnahmen gelten beim nachehelichen Unterhalt (vgl. § 1586b BGB) und beim Unterhaltsanspruch nach § 1615l BGB (vgl. § 1615l III 4 BGB), wo die Unterhaltsverbindlichkeiten beim Tod des Verpflichteten auf dessen Erben übergehen.

2. Prinzip der Individualität

5 Unterhalt wird nur für den Bedarf des konkreten Unterhaltsgläubigers geschuldet, nicht etwa auch für den Bedarf von Dritten, denen der Gläubiger seinerseits zum

1 BGHZ 207, 135 = NJW 2015, 3434.

Unterhalt verpflichtet ist. Andernfalls würden die beschränkten gesetzlichen Unterhaltstatbestände erheblich ausgeweitet.

3. Prinzip der Aktualität

6 Der Unterhalt soll den **laufenden Lebensbedarf** des Berechtigten sichern. Unterhalt gibt es daher grundsätzlich nicht für die Vergangenheit („in praeteritum non vivitur", Ausnahme: § 1613 BGB) auch nicht für die Zukunft (Ausnahme: § 1578 III BGB).

4. Prinzip der Zeitidentität

7 Sämtliche Voraussetzungen des Unterhaltsanspruchs, insbesondere Bedürftigkeit des Unterhaltsgläubigers und Leistungsfähigkeit des Unterhaltsschuldners, müssen zeitgleich während der Zeit vorliegen, für die Unterhalt erbracht werden soll.

5. Prinzip der Eigenverantwortung

8 Grundsätzlich ist jeder selbst für seinen Unterhalt verantwortlich. Im Unterhaltsrecht kommt das ganz allgemein dadurch zum Ausdruck, dass Unterhalt nur verlangen kann, wer (berechtigt) **bedürftig** ist, also außerstande, sich selbst zu unterhalten (vgl. §§ 1577, 1602 BGB). Eine Ausnahme gilt nur für den Familienunterhalt nach §§ 1360 f. BGB.[2] Im Recht des Geschiedenenunterhalts hat dieser Grundsatz durch die Unterhaltsrechtsreform zum 1.1.2008 eine besondere Betonung erfahren (vgl. § 1569 S. 1 BGB).

III. Allgemeines Prüfungsschema, exemplarisch am Verwandtenunterhalt

9 Alle gesetzlichen Unterhaltsansprüche folgen einem ähnlichen Aufbauschema, das exemplarisch am Verwandtenunterhalt dargestellt werden soll.

Verwandtenunterhalt

1. **Tatbestand einer konkreten unterhaltsrechtlichen Anspruchsgrundlage**
   Für den Verwandtenunterhalt ergibt sich die Anspruchsgrundlage aus § 1601 BGB: Die Beteiligten müssen miteinander in gerader Linie verwandt sein. Es wird also nur eine anerkannte unterhaltsrechtliche Beziehung (zu dieser vgl. → Rn. 1) vorausgesetzt. Andere Anspruchsgrundlagen (insbesondere die §§ 1569 ff. BGB für den nachehelichen Unterhalt) sind dagegen noch an weitergehende Voraussetzungen geknüpft.
   Im Einzelfall können mehrere Verwandte in gerader Linie als Anspruchsgegner in Betracht kommen. In welcher Reihenfolge diese für den Verwandtenunterhalt heranzuziehen sind, ergibt sich aus den §§ 1606–1608 BGB (vgl. hierzu → Rn. 85 ff.).
2. **Bedarf des Unterhaltssuchenden** (beim Verwandtenunterhalt: § 1610 BGB)
   Der Bedarf bestimmt sich grundsätzlich nach der Lebensstellung des Berechtigten, beim Trennungs- und nachehelichen Unterhalt nach den ehelichen Lebensverhältnissen.

2 BGH FamRZ 1966, 138.

3. **Bedürftigkeit** des Unterhaltssuchenden (beim Verwandtenunterhalt: § 1602 BGB)
   Bedürftig ist, wer seinen Bedarf nicht vollständig selbst decken kann.
4. **Leistungsfähigkeit** des in Anspruch Genommenen (beim Verwandtenunterhalt: § 1603 BGB) **ohne Beeinträchtigung seines** (angemessenen, eheangemessenen oder notwendigen) **Selbstbehalts**
   An dieser Stelle kann (insbesondere bei einer Mehrheit von Unterhaltssuchenden und begrenzter Leistungsfähigkeit des in Anspruch Genommenen) der Rang des Unterhaltsanspruchs (§ 1609 BGB) eine Rolle spielen.
5. **Art der Unterhaltsgewährung**, § 1612 BGB
6. **Weitergehende Einschränkungen des Anspruchs** aus:
   a) Sperren des § 1613 BGB, soweit Unterhalt für die Vergangenheit verlangt wird
   b) Härtegründen (beim Verwandtenunterhalt: § 1611 BGB)
   c) Erlöschen durch Tod (beim Verwandtenunterhalt: § 1615 BGB)
   d) Verzicht/abweichende Regelung durch Vertrag (beachte für den Verwandtenunterhalt allerdings das Verzichtsverbot des § 1614 BGB)
   e) Verwirkung, § 242 BGB
   f) Verjährung, §§ 194 f. BGB (in 3 Jahren, soweit sich der Unterhaltsschuldner darauf beruft)
7. Abschließende Überprüfung des Ergebnisses auf seine **Angemessenheit**

IV. Voraussetzungen des Verwandtenunterhalts

1. Unterhaltsrechtliche Beziehung: Verwandtschaft in gerader Linie

Nur **Verwandte in gerader Linie** sind im Verhältnis zueinander nach den **§§ 1601 ff. BGB** zum Unterhalt berechtigt und verpflichtet (vgl. § 1601 BGB). 10

Wer in gerader Linie miteinander verwandt ist, ergibt sich aus **§ 1589 S. 1 BGB**: Es muss sich um Personen handeln, deren eine von der anderen abstammt. Eine Unterhaltspflicht besteht damit zB zwischen Eltern und Kindern, Großeltern und Enkeln (und zwar jeweils „in beide Richtungen"). Dagegen sind Geschwister, da sie nicht voneinander, sondern nur von derselben dritten Person abstammen (vgl. § 1589 S. 2 BGB), einander nicht zum Unterhalt verbunden. Ein Verwandtschaftsverhältnis kann auch durch Adoption begründet werden, vgl. § 1754 BGB. 11

Die Unterhaltsverpflichtung als solche knüpft zwar allein an die Verwandtschaft in gerader Linie an. Für die weiteren Prüfungspunkte (zB die Frage der Bedürftigkeit und der Leistungsfähigkeit) spielt es aber durchaus eine Rolle, um **welche Art der geradlinigen Verwandtschaft** es sich handelt. Insbesondere **im Verhältnis der Eltern zu ihren minderjährigen** (und teilweise auch bestimmten volljährigen) **Kindern** besteht eine **gesteigerte Unterhaltspflicht.** Umgekehrt ist der Unterhaltsanspruch eines Elternteils gegenüber seinem Kind besonders schwach ausgestaltet. **Keine Rolle** mehr spielt, ob die Verwandtschaft durch **eheliche oder nichteheliche Geburt** begründet wird. Dies stellt § 1615a BGB ausdrücklich klar wird (zur Besonderheit des § 247 FamFG → Rn. 109). 12

2. Umfang des Unterhaltsanspruchs/Bedarf

a) Allgemeiner Lebensbedarf nach der Lebensstellung des Berechtigten

Der zu gewährende Unterhalt umfasst nach **§ 1610 II BGB** den **gesamten Lebensbedarf.** Hierzu zählen insbesondere Wohnung, Nahrung, Gesundheitssorge, Pflege be- 13 rechtigter Interessen, Freizeit, nicht aber Unterhaltspflichten, die der Bedürftige seinerseits zu erfüllen hätte, da die gesetzlichen Unterhaltspflichten sonst indirekt ausgeweitet würden (→ Rn. 5).

14 Die genannten Bedürfnisse können in unterschiedlicher Qualität befriedigt werden. Das Gesetz bezeichnet dies als **Unterhaltsmaß (§ 1610 I BGB)**. Das Unterhaltsmaß bestimmt sich grundsätzlich nach der **Lebensstellung des Bedürftigen**, also nach dessen bisherigen Einkommens- und Vermögensverhältnissen. Jeder Mensch braucht allerdings mindestens einen Betrag zum Leben, der ihm die Existenz sichert. Der Unterhaltsbedarf ist mindestens in Höhe des sozialhilferechtlichen Existenzminimums anzusetzen, der mit dem notwendigen Selbstbehalt eines Nichterwerbstätigen (nach der Düsseldorfer Tabelle Stand 1.1.2022: 960 EUR) pauschaliert werden darf (**Mindestunterhalt**).[3]

b) Abgeleitete Lebensstellung bei noch unselbstständigen Kindern

15 Bei noch **unselbstständigen Kindern** besteht die Besonderheit, dass diese noch über **keine eigene Lebensstellung** verfügen, sondern ihre Lebensstellung von der Lebensstellung ihrer Eltern ableiten. Im Einzelnen gilt:

- Die Lebensstellung eines **minderjährigen Kindes**, das (überwiegend) **bei nur einem Elternteil lebt** und von diesem betreut wird, richtet sich grundsätzlich allein nach dem **Einkommen des anderen (dann barunterhaltspflichtigen) Elternteils**. Der Elternteil, bei dem das Kind lebt, erfüllt seine Unterhaltspflicht idR durch die **Pflege und Erziehung** des Kindes (§ 1606 III 2 BGB).
- Praktizieren die Eltern eines **minderjährigen Kindes** ein sog. **paritätisches Wechselmodell** (vgl. → Rn. 58 ff.) mit gleichwertigen Betreuungsanteilen, so bestimmt sich die Lebensstellung nach dem **zusammengerechneten Einkommen beider Eltern**.[4]
- Die Lebensstellung eines **minderjährigen Kindes**, das im Haus **beider Eltern oder auswärts** wohnt, richtet sich am **zusammengerechneten Einkommen** beider Eltern aus. Ist das Kind in einem Heim untergebracht, richtet sich sein Bedarf nach den durch die Heimunterbringung veranlassten und konkret feststehenden Kosten.[5]
- Auch die Lebensstellung des **volljährigen Kindes** leitet sich noch so lange von den wirtschaftlichen Verhältnissen der Eltern ab, bis es durch eigene Einkünfte oder Vermögen zu wirtschaftlicher Selbstständigkeit gelangt ist. Da das volljährige Kind aber keiner Betreuung mehr bedarf, ist grundsätzlich auf die **zusammengerechneten Einkommen** beider Eltern abzustellen;[6] bei Auszubildenden und Studenten, die nicht mehr bei den Eltern oder einem Elternteil wohnen, wird von festen Regelbedarfssätzen (nach der Düsseldorfer Tabelle Stand 1.1.2022: 860 EUR) ausgegangen.[7]

c) Tabellenunterhalt

16 Für die **Ermittlung des Bedarfs eines Kindes** hat die Praxis Unterhaltstabellen entwickelt, die das Unterhaltsmaß schematisierend in Gestalt von **Einkommensgruppen** sowie **Kindesaltersstufen** bestimmen.

3 BGHZ 184, 13 = NJW 2010, 937.
4 BGH NJW 2014, 1958 (1961).
5 BGH NJW-RR 2007, 505 (506).
6 BGH NJW-RR 1986, 426.
7 Für zu niedrig bei günstigen Einkommensverhältnissen hält diesen Betrag MüKoBGB/Langeheine § 1610 Rn. 106.

Die bekannte Düsseldorfer Tabelle etwa unterscheidet 15 Einkommensstufen und 4 Altersgruppen (0–5, 6–11, 12–17, ab 18 Jahre). Für die Einstufung ist daher das unterhaltsrelevante Einkommen des barunterhaltspflichtigen Elternteils maßgeblich. Die Tabellenwerte sind nur Richtwerte für die Praxis, die stets auf ihre Angemessenheit im Einzelfall zu überprüfen sind. **17**

Düsseldorfer Tabelle – A. Kindesunterhalt (Stand: 1.1.2022) **18**

	Nettoeinkommen des/der Barunterhaltspflichtigen (Anm. 3, 4)			Altersstufen in Jahren (§ 1612a Abs. 1 BGB)				Prozentsatz	Bedarfskontrollbetrag (Anm. 6)
				0–5	6–11	12–17	ab 18		
				Alle Beträge in Euro					
1.	bis 1.900			396	455	533	569	100	960/1.160
2.	1.901	–	2.300	416	478	560	598	105	1.400
3.	2.301	–	2.700	436	501	587	626	110	1.500
4.	2.701	–	3.100	456	524	613	655	115	1.600
5.	3.101	–	3.500	476	546	640	683	120	1.700
6.	3.501	–	3.900	507	583	683	729	128	1.800
7.	3.901	–	4.300	539	619	725	774	136	1.900
8.	4.301	–	4.700	571	656	768	820	144	2.000
9.	4.701	–	5.100	602	692	811	865	152	2.100
10.	5.101	–	5.500	634	728	853	911	160	2.200
11.	5.501	–	6.200	666	765	896	956	168	2.500
12.	6.201	–	7.000	697	801	939	1.002	176	2.900
13.	7.001	–	8.000	729	838	981	1.047	184	3.400
14.	8.001	–	9.500	761	874	1.024	1.093	192	4.000
15.	9.501	–	11.000	792	910	1.066	1.138	200	4.700

Anmerkungen:

1. Die Tabelle hat keine Gesetzeskraft, sondern stellt eine Richtlinie dar. Sie weist den monatlichen Unterhaltsbedarf aus, bezogen auf zwei Unterhaltsberechtigte, ohne Rücksicht auf den Rang. Der Bedarf ist nicht identisch mit dem Zahlbetrag; dieser ergibt sich unter Berücksichtigung der nachfolgenden Anmerkungen.
   Bei einer größeren/geringeren Anzahl Unterhaltsberechtigter können *Ab- oder Zuschläge* durch Einstufung in niedrigere/höhere Gruppen angemessen sein. Anmerkung 6 ist zu beachten. Zur Deckung des Mindestbedarfs aller Beteiligten – einschließlich des Ehegatten – ist gegebenenfalls eine Herabstufung bis in die unterste Tabellengruppe vorzunehmen. Reicht das verfügbare Einkommen auch dann nicht aus, setzt sich der Vorrang der Kinder im Sinne von Anm. 5 Abs. 1 durch. Gegebenenfalls erfolgt zwischen den erstrangigen Unterhaltsberechtigten eine Mangelberechnung nach Abschnitt C.
2. Die Richtsätze der 1. Einkommensgruppe entsprechen dem Mindestbedarf gemäß der Vierten Verordnung zur Änderung der Mindestunterhaltsverordnung vom 30.11.2021 (BGBl. 2021 I 5066). Der Prozentsatz drückt die Steigerung des Richtsatzes der jeweiligen Einkommensgruppe gegenüber dem Mindestbedarf (= 1. Einkommensgruppe) aus. Die durch Multiplikation des gerundeten Mindestbedarfs mit dem Prozentsatz errechneten Beträge sind entsprechend § 1612a Absatz 2 Satz 2 BGB aufgerundet.

Bei volljährigen Kindern, die noch im Haushalt der Eltern oder eines Elternteils wohnen, bemisst sich der Unterhalt nach der 4. Altersstufe der Tabelle.

3. *Berufsbedingte Aufwendungen*, die sich von den privaten Lebenshaltungskosten nach objektiven Merkmalen eindeutig abgrenzen lassen, sind vom Einkommen abzuziehen, wobei bei entsprechenden Anhaltspunkten eine Pauschale von 5 % des Nettoeinkommens – mindestens 50 EUR, bei geringfügiger Teilzeitarbeit auch weniger, und höchstens 150 EUR monatlich – geschätzt werden kann. Bei Geltendmachung die Pauschale übersteigender Aufwendungen sind diese insgesamt nachzuweisen.
4. Berücksichtigungsfähige *Schulden* sind in der Regel vom Einkommen abzuziehen.
5. Der *notwendige Eigenbedarf (Selbstbehalt)*
   - gegenüber minderjährigen unverheirateten Kindern,
   - gegenüber volljährigen unverheirateten Kindern bis zur Vollendung des 21. Lebensjahres, die im Haushalt der Eltern oder eines Elternteils leben und sich in der allgemeinen Schulausbildung befinden,

   beträgt beim nicht erwerbstätigen Unterhaltspflichtigen monatlich 960 EUR, beim erwerbstätigen Unterhaltspflichtigen monatlich 1.160 EUR. Hierin sind bis 430 EUR für Unterkunft einschließlich umlagefähiger Nebenkosten und Heizung (Warmmiete) enthalten.

   Der *angemessene Eigenbedarf*, insbesondere gegenüber anderen volljährigen Kindern, beträgt in der Regel mindestens monatlich 1.400 EUR. Darin ist eine Warmmiete bis 550 EUR enthalten.

   Der notwendige bzw. der angemessene Eigenbedarf sollen erhöht werden, wenn die Wohnkosten (Warmmiete) 430 EUR (notwendiger Eigenbedarf) bzw. 550 EUR (angemessener Eigenbedarf) übersteigen und nicht unangemessen sind.
6. Der *Bedarfskontrollbetrag* des Unterhaltspflichtigen ab Gruppe 2 ist nicht identisch mit dem Eigenbedarf. Er soll eine ausgewogene Verteilung des Einkommens zwischen dem Unterhaltspflichtigen und den unterhaltsberechtigten Kindern gewährleisten. Wird er unter Berücksichtigung auch anderer Unterhaltspflichten unterschritten, ist der Tabellenbetrag der nächst niedrigeren Gruppe, deren Bedarfskontrollbetrag nicht unterschritten wird, anzusetzen.
7. Der angemessene Gesamtunterhaltsbedarf eines studierenden Kindes, das nicht bei seinen Eltern oder einem Elternteil wohnt, beträgt in der Regel monatlich 860 EUR. Hierin sind bis 375 EUR für Unterkunft einschließlich umlagefähiger Nebenkosten und Heizung (Warmmiete) enthalten. Dieser Bedarfssatz kann auch für ein Kind mit eigenem Haushalt angesetzt werden.

   Von dem Betrag von 860 EUR kann bei erhöhtem Bedarf oder mit Rücksicht auf die Lebensstellung der Eltern nach oben abgewichen werden.
8. Die *Ausbildungsvergütung* eines in der Berufsausbildung stehenden Kindes, das im Haushalt der Eltern oder eines Elternteils wohnt, ist vor ihrer Anrechnung in der Regel um einen ausbildungsbedingten Mehrbedarf von monatlich 100 EUR zu kürzen.
9. In den Bedarfsbeträgen (Anmerkungen 1 und 7) sind keine *Beiträge zur Kranken- und Pflegeversicherung und keine Studiengebühren* enthalten.
10. Das auf das jeweilige Kind entfallende *Kindergeld* ist nach § 1612b BGB auf den Tabellenunterhalt (Bedarf) anzurechnen.

19 **Beispiel:** Der Bedarf eines 15-jährigen Kindes mit einem barunterhaltspflichtigen Elternteil der 10. Einkommensstufe beläuft sich nach der Düsseldorfer Tabelle auf 853 EUR, der Bedarf eines 4-Jährigen mit einem barunterhaltspflichtigen Elternteil in der 1. Einkommensgruppe dagegen auf nur 396 EUR. Ist das Einkommen der Eltern so hoch, dass es die Tabelle nicht mehr erfasst, so muss das Kind seinen Lebensbedarf konkret darlegen, um einen über den Höchstbetrag hinausgehenden Unterhalt zu bekommen. Der Bedarf eines Kindes ist aber stets nach oben durch das Kindsein begrenzt. Selbst bei sehr wohlhabenden Eltern findet keine „Teilhabe am Luxus" statt.

20 Der in der Tabelle ausgewiesene Betrag ist meistens nicht der **Zahlbetrag**, also der Betrag, der tatsächlich für das Kind gezahlt wird. Auf den Tabellenunterhalt ist nämlich das staatliche **Kindergeld anzurechnen**, das regelmäßig von der Kindergeldkasse an den betreuenden Elternteil ausgezahlt wird, aber beide Eltern entlasten soll (vgl. zur Anrechnung → Rn. 40). Der in der Tabelle ausgewiesene **Bedarfskontrollbetrag** soll eine ausgewogene Verteilung des Einkommens zwischen dem Unterhaltspflichtigen und den unterhaltsberechtigten Kindern gewährleisten. Wird er unter Be-

rücksichtigung anderer Unterhaltspflichten unterschritten, ist der Tabellenbetrag der nächstniedrigeren Gruppe, deren Bedarfskontrollbetrag nicht unterschritten wird, anzusetzen (vgl. Düsseldorfer Tabelle Anm. A 6).

d) Ausbildungsunterhalt

aa) Allgemeines

Zum gesamten Lebensbedarf gehören nach § 1610 II BGB auch die **Kosten für eine angemessene Vorbildung zu einem Beruf**. Während der Berufsausbildung besteht grundsätzlich noch keine Erwerbsobliegenheit des Kindes (einschließlich des volljährigen Kindes) und die Eltern sind verpflichtet, sowohl die allgemeinen Lebenshaltungskosten (zu diesen vgl. → Rn. 13) als auch die speziellen Ausbildungskosten (zB Studiengebühren, Auslandssemester) zu tragen. Umgekehrt muss das Kind aber die Ausbildung in angemessener Zeit (nach einer kurzen Orientierungsphase) aufnehmen und zielstrebig betreiben (sog. **Gegenseitigkeitsprinzip**).[8] Feste Zeitgrenzen gibt es nicht. Eine nachhaltige Vernachlässigung der Ausbildung, die nicht auf Krankheit oder anderen gewichtigen Umständen beruht, führt allerdings zum Verlust des Anspruchs auf Ausbildungsunterhalt, ohne dass die Voraussetzungen des § 1611 BGB vorliegen müssen.[9] Nach Abschluss der Ausbildung besteht ein Unterhaltsanspruch allenfalls noch für eine kurze Bewerbungszeit. Das Risiko, keine Anstellung zu finden, liegt beim Kind. 21

bb) Angemessene Ausbildung

Unter angemessener Ausbildung ist eine Berufsausbildung zu verstehen, die der Begabung, dem Leistungswillen und den Neigungen des Kindes am besten entspricht und sich hinsichtlich der Kosten im Rahmen der Leistungsfähigkeit der Eltern hält.[10] 22

Geschuldet ist grundsätzlich nur **eine Ausbildung**. Hat das Kind den Abschluss einer Berufsausbildung erlangt, dann sind die Eltern grundsätzlich nicht verpflichtet, dem Kind eine zweite Ausbildung zu finanzieren.[11] Dies gilt sogar dann, wenn die erste Ausbildung die Eltern nichts gekostet hat.[12] **Ausnahmsweise** ist eine **Zweitausbildung** geschuldet, wenn die Erstausbildung nicht „angemessen" im obigen Sinne war (zB die Eltern das Kind in einen seiner Begabung nicht entsprechenden Beruf gedrängt haben[13] oder die Begabungen und Neigungen des Kindes deutlich falsch eingeschätzt wurden, auch wenn sich dies erst während oder nach Abschluss der Erstausbildung zeigt[14]) bzw. wenn ein Berufswechsel aus gesundheitlichen Gründen notwendig wird. Außerdem fasst die Rechtsprechung unter bestimmten Umständen **mehrstufige Ausbildungswege** noch als eine einzige Ausbildung auf. So können etwa das Bachelor- und Masterstudium insbesondere bei engem zeitlichem Zusammenhang ein einheitlicher Ausbildungsgang sein,[15] dagegen gehört die Promotion idR 23

---

8 BGH NJW 2013, 2751.
9 BGH NJW 2001, 2170.
10 BGHZ 69, 190 (192) = NJW 1977, 1774 (1775).
11 BGHZ 69, 190 (194) = NJW 1977, 1774 (1775).
12 BGH FamRZ 1981, 427.
13 BGH NJW-RR 1991, 194.
14 BGH NJW 2006, 2984 (2986).
15 OLG Celle NJW-RR 2010, 1229.

nicht mehr zur üblichen Erstausbildung.[16] Darüber hinaus kann eine **einheitliche Erstausbildung** insbesondere in folgenden **Fallgruppen** vorliegen:

(1) Realschule – Lehre – Fachholschulreife – Fachhochschule

24 Von einem einheitlichen Ausbildungsgang kann hier ausgegangen werden, wenn die Ausbildungsabschnitte in einem **sachlichen und zeitlichen Zusammenhang** stehen und das Kind schon **bei Beginn der Lehre**, die (für zumindest einen Elternteil erkennbare) Absicht hatte, nach der Lehre die Fachoberschule zu besuchen und anschließend zu studieren.[17] Die Finanzierung der Ausbildung muss den Eltern außerdem **zumutbar** sein.

(2) Abitur – Lehre – Studium

25 Absolviert das Kind nach Erreichen der Hochschulreife zunächst eine praktische Ausbildung, kann es sich dennoch bei einem späteren Studium noch um einen Teil der Erstausbildung handeln. Nämlich dann, wenn zwischen Lehre und Studium ein **enger zeitlicher und fachlicher Zusammenhang** besteht und die Finanzierung dieses Ausbildungsgangs den Eltern **finanziell zumutbar** ist.

26 Ein fachlicher Zusammenhang besteht, wenn sich die einzelnen Ausbildungsabschnitte sinnvoll ergänzen (was zB bei einer Banklehre mit anschließendem Jurastudium der Fall sein soll).[18]

27 In Abweichung zu den Realschule-Lehre-Fachoberschule-Fachholschule-Fällen (vgl. hierzu Fallgruppe (1) → Rn. 24) ist nicht erforderlich, dass der Entschluss zum Studium schon bei Beginn der Lehre gefasst wurde.[19] Der BGH rechtfertigt das damit, dass die Eltern eines Abiturienten auch ohne besondere Ankündigung mit einer Studierneigung rechnen müssten, während dies bei den Eltern eines Kindes mit Haupt- oder Realschulabschluss nicht der Fall sei.[20]

Zum Ausbildungsunterhalt ⇨ *Fall Nr. 17 – Hausmann mit Sohn*

3. Mehr- und Sonderbedarf

28 Der nach den Tabellensätzen bemessene Unterhalt deckt nur den allgemeinen Lebensbedarf. Zudem können Mehrbedarfe und Sonderbedarfe entstehen.

a) Mehrbedarf

29 Von Mehrbedarf spricht man, wenn **vorhersehbare, regelmäßig anfallende Mehraufwendungen** auftreten und diese im Interesse des Kindes berechtigt sind.

30 **Beispiele:** Kindergartenbeiträge;[21] Aufwendungen für die Pflegebedürftigkeit eines behinderten Kindes; Kosten eines privaten Repetitoriums zur Vorbereitung auf die Erste Juristische Staatsprüfung nur, wenn die Universität kein kostenloses Repetitorium anbietet.[22]

16 MüKoBGB/Langeheine § 1610 Rn. 190 (mit möglicher Ausnahme für Medizinstudenten und bei außergewöhnlicher Begabung des Kindes).
17 BGH NJW 1995, 718 (720).
18 BGH NJW 2017, 1478.
19 BGH NJW 2017, 1478; BGHZ 107, 376 = NJW 1989, 2253.
20 BGH NJW 1995, 718 (720).
21 BGH NJW 2009, 1816.
22 OLG Hamm NJW 2013, 2911.

Mehrbedarf ist neben dem laufenden Unterhalt zu zahlen. Für den Mehrbedarf haben die Eltern eines Minderjährigen stets anteilig nach ihren Einkommens- und Vermögensverhältnissen aufzukommen, auch wenn nur ein Elternteil das Kind betreut.[23] 31

b) Sonderbedarf

Von diesem regelmäßig anfallenden Mehrbedarf zu unterscheiden ist der Sonderbedarf. Hierbei handelt es sich nach der Legaldefinition in § 1613 II Nr. 1 BGB um einen **unregelmäßigen außergewöhnlich hohen Bedarf**, der überraschend auftrat und daher beim laufenden Unterhalt nicht berücksichtigt werden konnte (zB unvorhersehbare hohe Krankheitskosten).[24] Sonderbedarf kann (auch für die Vergangenheit, vgl. § 1613 II Nr. 1 BGB) durch einen (Zusatz-)Antrag geltend gemacht werden. Er ist grundsätzlich vom Barunterhaltspflichtigen zu tragen. 32

4. Bedürftigkeit des Berechtigten

Grundsätzlich ist jeder selbst für die Deckung seines Lebensbedarfs verantwortlich. Unterhaltsberechtigt ist daher nur, wer – wie dies **§ 1602 BGB** formuliert – **außerstande ist, sich selbst zu unterhalten**. Diese Voraussetzung erfüllt, wer seinen **Bedarf** (vgl. hierzu → Rn. 13 ff.), weder aus eigenem **Vermögen**, eigenem **Einkommen** noch aus dem Einsatz seiner **Arbeitskraft** (vollständig) bestreiten kann. Unterhalt kann selbst dann gefordert werden, wenn die Bedürftigkeit selbst verschuldet ist, es sei denn, es liegen die Voraussetzungen des § 1611 BGB vor (vgl. hierzu → Rn. 73 ff.). Die Bedürftigkeit muss in dem Zeitraum vorliegen, für den der Unterhalt verlangt wird.[25] 33

a) Vermögen

Der Bedarf kann durch vorhandenes Vermögen gedeckt werden. Zu berücksichtigen sind zum einen die **Vermögenserträge** (Zinsen, Vorteil des mietfreien Wohnens im Eigenheim usw). Zu verwerten ist aber grundsätzlich auch der **Vermögensstamm** (arg. § 1603 II BGB e contrario). Bedürftigkeit kann trotz vorhandenen Vermögens vorliegen, wenn die **Verwertung des Vermögens ausnahmsweise unzumutbar** ist. Das ist der Fall, wenn die Verwertung **unwirtschaftlich** oder unter Berücksichtigung der beiderseitigen wirtschaftlichen Verhältnisse **unbillig** wäre. Ein geringfügiger **Schonbetrag** ist dem Unterhaltsberechtigten generell zu belassen, wenn nicht aufseiten des Verpflichteten enge wirtschaftliche Verhältnisse vorliegen.[26] Die Höhe dieses Schonbetrags kann nach dem „Notgroschen" des Sozialhilferechts bemessen werden und liegt bei ca. 5.000 EUR.[27] 34

Minderjährige Kinder werden im Hinblick auf die Obliegenheit zur Verwertung ihres Vermögensstamms **privilegiert**: Sie können **von den Eltern** auch dann Unterhalt verlangen, wenn sie eigenes Vermögen haben, die Einkünfte aus diesem Vermögen und der Ertrag der Arbeitskraft aber nicht zur Bedarfsdeckung ausreichen (vgl. § 1602 II BGB). Das minderjährige Kind braucht also den **Stamm seines Ver-** 35

23 BGH NJW 2013, 2900.
24 BGH NJW 2006, 1509.
25 BVerfGE 113, 88 = NJW 2005, 1927; BGH NJW 2013, 1676 (1677).
26 OLG Karlsruhe FamRZ 2012, 1573.
27 OLG Karlsruhe FamRZ 2012, 1573.

mögens nicht zu verwerten. Anders ist dies nur, wenn die Eltern außerstande sind, ohne Gefährdung ihres eigenen angemessenen Unterhalts (vgl. hierzu → Rn. 51) dem Kind den Unterhalt zu gewähren (§ 1603 II 3 Hs. 2 BGB). Für das volljährige Kind gilt die Einschränkung des § 1602 II BGB nicht; dieses ist also nicht bedürftig, soweit der Einsatz seines Vermögensstamms zur Deckung seines Unterhalts ausreicht.

b) Einkommen

36 Das **unterhaltsrechtlich relevante Nettoeinkommen** des Bedürftigen errechnet sich in 2 Schritten:

37 **aa)** Zu berücksichtigen sind zunächst **alle nachhaltig erzielten (Brutto-)Einkünfte**, insbesondere Erwerbseinkünfte **inklusive aller Zusatzleistungen** wie Urlaubs- oder Weihnachtsgeld. Einkünfte aus Überstunden und Zusatzarbeit können ausnahmsweise analog § 1577 II BGB (teilweise) außer Ansatz bleiben, soweit sie deutlich über den üblichen Rahmen hinausgehen.[28] Auch vom Arbeitgeber gewährte **Sachleistungen** (etwa verbilligtes Wohnen) sind mit ihrem Geldwert dem Einkommen hinzuzurechnen. Einkünfte aus **Schwarzarbeit** sind für die Vergangenheit, soweit sie tatsächlich erzielt wurden, zu berücksichtigen, können aber für die Zukunft nicht in Ansatz gebracht werden. Hat der Berechtigte Einkommen aus **Sozialleistungen**, so ist zu differenzieren: Sozialstaatliche Leistungen mit **Lohnersatzfunktion** (insbesondere das Arbeitslosengeld I nach § 136 SGB III, aber auch Regelleistungen nach dem BAföG[29]) sind als Einkommen zu berücksichtigen. Nicht zu berücksichtigen sind Sozialleistungen, die **subsidiär**, also gegenüber der gesetzlichen Unterhaltspflicht nachrangig, gewährt werden. Die Subsidiarität erkennt man daran, dass das Gesetz eine Überleitung des Unterhaltsanspruchs auf den Sozialleistungsträger vorsieht, wie zB bei der Sozialhilfe nach dem SGB XII (vgl. §§ 2, 94 SGB XII). Auch das Kindergeld ist Einkommen des Kindes und auf den Bedarf des Kindes anzurechnen (zu den Modalitäten der Anrechnung vgl. → Rn. 40).

38 **bb)** Zur Ermittlung des unterhaltsrechtlich relevanten Nettoeinkommens sind **Steuern, Sozialabgaben** (Renten-, Kranken-, Pflege- und Arbeitslosenversicherung) und **berufs- oder ausbildungsbedingte Aufwendungen** (zB Fahrtkosten zur Arbeitsstätte) **abzuziehen**. Auch die **Kosten für die Fremdbetreuung von Kindern** können berufsbedingte Aufwendungen darstellen und demzufolge einkommensmindernd berücksichtigt werden, wenn sie tatsächlich beruflich veranlasst sind, also allein infolge der Berufstätigkeit des betreuenden Elternteils erforderlich werden.[30] Dienen sie dagegen den pädagogischen Interessen des Kindes und gehen sie über die üblichen elterlichen Betreuungsleistungen hinaus, so begründen sie einen Mehrbedarf des Kindes (vgl. hierzu → Rn. 29 ff.).[31]

c) Arbeitskraft/Fiktives Einkommen

39 Wer kein Einkommen hat, muss es sich grundsätzlich verschaffen, insbesondere durch den Einsatz seiner Arbeitskraft. Verletzt der Berechtigte seine Erwerbsoblie-

28 BGH NJW-RR 2004, 217 (218).
29 BGH NJW 1985, 2331; Scholz/Kleffmann FamR-HdB/Kleffmann Teil G Rn. 77; MüKoBGB/Langeheine § 1610 Rn. 236.
30 BGHZ 216, 96 Rn. 18 = NJW 2017, 3786.
31 BGHZ 216, 96 Rn. 19 = NJW 2017, 3786.

genheit, indem er eine zumutbare Erwerbsmöglichkeit nicht wahrnimmt, so ist ein **fiktives Einkommen** anzusetzen. Zugemutet werden auch Tätigkeiten außerhalb des erlernten Berufs und der bisherigen Lebensstellung.[32] Die Erwerbsobliegenheit entfällt auch nicht deshalb, weil der Unterhalt Begehrende ein Kleinkind betreut: Anders als den Erzeuger des Kindes trifft nämlich die Eltern (bzw. sonstigen Verwandten) als Unterhaltsschuldner keine Mitverantwortung für das Kleinkind, sodass im Rahmen von Ansprüchen nach § 1601 BGB schärfere Anforderungen an die Erwerbsobliegenheit zu stellen sind als bei Ansprüchen nach §§ 1570, 1615l II BGB.[33] **Keine Erwerbsobliegenheit** besteht, solange sich das (auch volljährige) Kind noch in einer angemessenen **Schul- oder Berufsausbildung** befindet.[34] Allerdings ist das für das Kind gewährte staatliche Kindergeld wie Einkommen des Kindes zu behandeln und daher grundsätzlich auf den Bedarf des Kindes anzurechnen (zu den Einzelheiten vgl. → Rn. 40). Für einen Studenten besteht die Obliegenheit, einen Antrag auf BAföG-Leistungen zu stellen. Eine Obliegenheitsverletzung liegt aber nicht vor, wenn ein Antrag abgelehnt wurde und der Berechtigte es unterlassen hat, einen neuen Antrag zu stellen oder gegen den ablehnenden Bescheid Rechtsmittel einzulegen. Anders ist dies nur, wenn der Unterhaltspflichtige dies ausdrücklich von ihm verlangt.[35]

d) Anrechnung des Kindergeldes

Das staatliche Kindergeld ist eine zweckgebundene staatliche Leistung an die Eltern, die ihrer beiderseitigen wirtschaftlichen Entlastung dienen soll. Ab dem 1.1.2021 beläuft sich das Kindergeld für das erste und zweite Kind auf 219 EUR, für das dritte auf 225 EUR und für das vierte und jedes weitere Kind auf 250 EUR. Das **Kindergeld ist auf den Bedarf des Kindes anzurechnen**, und zwar zur Hälfte, wenn nur ein Elternteil barunterhaltspflichtig ist und der andere seine Unterhaltspflicht durch Betreuung erfüllt (§ 1612b I 1 Nr. 1 BGB) und in allen anderen Fällen in voller Höhe (§ 1612b I 1 Nr. 2 BGB). Befindet sich das Kind in der Ausbildung und erhält es hierfür eine Ausbildungsvergütung oder Regelleistungen nach dem BAföG, so sind auch diese anzurechnen, und zwar zur Hälfte, sofern nur ein Elternteil barunterhaltspflichtig ist, in allen anderen Fällen in voller Höhe.[36] 40

5. Leistungsfähigkeit des Verpflichteten

Ein Unterhaltsanspruch besteht stets nur nach Maßgabe der Leistungsfähigkeit des Unterhaltsschuldners, die zeitgleich mit der Bedürftigkeit des Berechtigten vorliegen muss. Leistungsfähig ist nach **§ 1603 I BGB**, wer unter Berücksichtigung seiner sonstigen Verpflichtungen und ohne Gefährdung seines eigenen angemessenen Unterhalts imstande ist, den Unterhalt zu gewähren. 41

32 BGHZ 93, 123 = NJW 1985, 806.
33 BGHZ 93, 123 (127) = NJW 1985, 806 (807).
34 Dies gilt, solange noch eine gesetzliche Schulpflicht besteht, auch wenn das Kind die Schule tatsächlich nicht besucht, sondern sie schwänzt, vgl. OLG Frankfurt a. M. NJW 2015, 3105 (3106).
35 OLG Brandenburg BeckRS 2018, 9723.
36 MüKoBGB/Langeheine § 1602 Rn. 21 f.

a) Ermittlung des unterhaltsrechtlich relevanten Nettoeinkommens

42 Zur **Ermittlung der Leistungsfähigkeit** ist zunächst das **unterhaltsrechtlich relevante Nettoeinkommen** des Verpflichteten zu bestimmen. Dies vollzieht sich grundsätzlich nach denselben Maßstäben, die bereits zur Ermittlung der Bedürftigkeit des Berechtigten herangezogen wurden (vgl. zu diesen → Rn. 36 ff.). Zu ermitteln ist also zunächst, in welcher Höhe der Pflichtige tatsächlich Einkünfte erzielt oder in zumutbarer Weise erzielen könnte.

43 **Beispiele:** Zu berücksichtigen sind Ansprüche des Verpflichteten gegen Dritte, insbesondere ein Anspruch auf Familienunterhalt nach §§ 1360, 1360a BGB, zu dessen Bemessung § 1578 BGB als Orientierungshilfe herangezogen werden kann,[37] ebenso ein Anspruch des Pflichtigen auf Taschengeld gegen seinen Ehegatten (Höhe: ca. 5 % des bereinigten Gesamtnettoeinkommens der Familie).[38] Möglich ist auch die Zurechnung eines fiktiven Einkommens, wenn der Pflichtige die gebotenen Erwerbsbemühungen unterlassen hat und nicht auszuschließen ist, dass er eine reale Beschäftigungschance gehabt hätte.[39]

44 Abzuziehen sind sodann Steuern, Sozialabgaben und sonstige unterhaltsrechtlich relevante Aufwendungen.

b) Gesteigerte Leistungspflicht gegenüber minderjährigen und privilegiert volljährigen Kindern

45 Gemäß **§ 1603 II 1 BGB** unterliegen Eltern im Verhältnis zu ihren **minderjährigen** Kindern einer gesteigerten Unterhaltspflicht. Das Gleiche gilt gem. **§ 1603 II 2 BGB** gegenüber sog. **privilegierten volljährigen Kindern**. Das sind Kinder, die

- unverheiratet sind,
- das 21. Lebensjahr noch nicht vollendet haben,
- im Haushalt mindestens eines Elternteils leben und
- sich noch in der allgemeinen Schulausbildung befinden.

46 Eltern sind diesen Kindern zu absoluter Solidarität verpflichtet und müssen alle verfügbaren Mittel zu ihrem und der Kinder Unterhalt gleichmäßig verwenden. Die gesteigerte Unterhaltspflicht kann dazu führen, dass dem Pflichtigen neben einer Vollzeittätigkeit noch eine Nebenbeschäftigung[40] oder ein Arbeitsplatz- oder Wohnortwechsel (zur Einsparung berufsbedingter Fahrtkosten)[41] zugemutet wird.

47 Eine **Verletzung der Erwerbsobliegenheit** kann gegenüber minderjährigen und gleichgestellten volljährigen Kindern auch darin liegen, dass der Pflichtige in einer neuen Ehe oder nichtehelichen Lebensgemeinschaft die **Rolle als „Hausmann“** übernimmt. Diese Rollenwahl ist durch den Unterhaltsgläubiger nur hinzunehmen, wenn

- in der neuen Partnerschaft Kinder betreut werden und
- sich der **Familienunterhalt** in der neuen Familie durch die Übernahme der Hausmannsrolle **wesentlich günstiger** gestaltet, etwa weil die neue Ehefrau mehr verdienen kann.[42]

37 BGH NJW 2003, 3770 (3771).
38 BGH NJW 2014, 3514.
39 BGH NJW 2014, 932.
40 BGH NJW 2009, 1410. Allerdings sind im Rahmen der objektiven Zumutbarkeit auch die Grenzen des Arbeitszeitgesetzes zu beachten.
41 BGH NJW 2009, 1410.
42 OLG Naumburg NJW-RR 2009, 873.

Auch dann bleibt der Unterhaltsschuldner den ersten Kindern gegenüber verpflichtet, eine Nebentätigkeit aufzunehmen, um auch ihren Barunterhalt sicherstellen zu können.[43] 48

Die gesteigerte Unterhaltspflicht **tritt nicht ein**, wenn ein anderer unterhaltspflichtiger Verwandter (zB ein reicher Opa) vorhanden ist; sie tritt auch nicht ein, wenn der Kindesunterhalt aus dem Stamm des Kindesvermögens bestritten werden kann (§ 1603 II 3 BGB). 49

c) Wahrung des Selbstbehalts

Eine Unterhaltspflicht, die den Unterhaltsschuldner unzumutbar belastet, wäre verfassungswidrig.[44] Die Unzumutbarkeit beginnt jedenfalls dort, wo der Unterhaltspflichtige nicht mehr in der Lage ist, seine eigene Existenz zu sichern. Zur Bestimmung dieser Grenze haben die Oberlandesgerichte in Tabellen und unterhaltsrechtlichen Leitlinien **Selbstbehaltssätze** aufgestellt. Nur was dem Pflichtigen über den Selbstbehalt hinaus zur Verfügung steht, muss er für den Unterhalt des Berechtigten einsetzen. 50

aa) Grundsatz: Angemessener Selbstbehalt

Dem Unterhaltsschuldner, der auf Verwandtenunterhalt in Anspruch genommen wird, steht grundsätzlich der sog. **angemessene Selbstbehalt** zu (vgl. § 1603 I BGB). Hierbei handelt es sich nicht um eine feste Größe. Die Höhe des angemessenen Selbstbehalts ist vielmehr davon abhängig, in welchem Verhältnis Unterhaltsberechtigter und -schuldner zueinanderstehen. Nach der Düsseldorfer Tabelle (Stand: 1.1.2022) beträgt der angemessene Selbstbehalt gegenüber volljährigen Kindern (mit Ausnahme privilegierter Volljähriger) mindestens **1.400 EUR**. Gegenüber Eltern des Unterhaltsschuldners betrug er in der Düsseldorfer Tabelle 2020 mindestens 2.000 EUR für Alleinstehende und 3.600 EUR für Ehepaare. Seit 2021 wird er in der Düsseldorfer Tabelle nicht mehr konkret beziffert. Nach dem Angehörigen-Entlastungsgesetz[45] können Kinder zum Elternunterhalt zudem nur noch herangezogen werden, wenn sie ein Jahreseinkommen von mindestens 100.000 EUR brutto erzielen. 51

bb) Ausnahme: Notwendiger Selbstbehalt bei minderjährigen und privilegiert volljährigen Kindern

Aufgrund der gesteigerten Leistungsverpflichtung der Eltern gegenüber ihren minderjährigen und privilegiert volljährigen Kindern (vgl. hierzu bereits → Rn. 45 ff.) ist auch der Selbstbehalt in dieser unterhaltsrechtlichen Beziehung niedriger anzusetzen als gegenüber anderen Unterhaltsberechtigten. Hier gilt der sog. notwendige Selbstbehalt. Nach der Düsseldorfer Tabelle (Stand: 1.1.2022) beträgt er für einen erwerbstätigen Unterhaltsschuldner monatlich 1.160 EUR, für einen nicht erwerbstätigen 960 EUR. 52

cc) Herabsetzung des Selbstbehalts bei Ersparnis durch Zusammenleben mit neuem Partner

Der Selbstbehalt kann herabzusetzen sein, wenn der Unterhaltsschuldner mit einem (Ehe-)Partner zusammenlebt und sich hierdurch Ersparniseffekte ergeben.[46] Dem 53

43 BGHZ 147, 19 = NJW 2001, 1488.
44 BGH NJW-RR 2002, 73.
45 BGBl. 2019 I 2135.
46 BGH NJW 2008, 1373 (1376).

Unterhaltspflichtigen muss aber jedenfalls der Betrag verbleiben, der seinen eigenen Lebensbedarf nach sozialhilferechtlichen Grundsätzen sicherstellt. Mit anderen Worten: Der Unterhaltsschuldner darf infolge seiner Unterhaltsleistung nicht selbst sozialhilfebedürftig werden.[47]

6. Art der Unterhaltsgewährung

a) Barunterhalt und Unterhalt durch Pflege und Erziehung

54 Bei den Unterhaltsarten ist zwischen **Naturalunterhalt** und **Barunterhalt** (= Geldunterhalt) zu differenzieren. Der Naturalunterhalt wiederum besteht aus Betreuungsunterhalt in Form unmittelbarer Bedarfsbefriedigung durch höchstpersönliche Dienstleistungen (Pflege und Erziehung) sowie Sachunterhalt, dh die Leistung von Mitteln (etwa Essen oder Wohnraum) zur Bedarfsbefriedigung.

aa) Erfüllung der Unterhaltspflicht durch Pflege und Erziehung

55 Im Hinblick auf **minderjährige Kinder** erfüllt der **Elternteil, der das Kind betreut**, also Naturalunterhalt im obigen Sinne leistet, bereits hierdurch seine Unterhaltspflicht **(§ 1606 III 2 BGB)**. Der so betreuende Elternteil ist also grundsätzlich nicht barunterhaltspflichtig. Die Regel des § 1606 III 2 BGB bleibt auch anwendbar, wenn beide Eltern betreuen, aber **ein Elternteil weiterhin die Hauptverantwortung** für das Kind trägt (zB das Kind zu ²/₃ betreut). Aus der vollen Erfüllung der Unterhaltspflicht durch Betreuung folgt, dass sich im Regelfall der Barunterhalt allein nach den wirtschaftlichen Verhältnissen des barunterhaltspflichtigen Elternteils bestimmt (vgl. hierzu bereits → Rn. 41).

56 Dies gilt allerdings nur „in der Regel". Eine anteilige Barunterhaltspflicht des Betreuenden kann eintreten, wenn er über deutlich mehr Einkommen verfügt als der barunterhaltspflichtige Elternteil. Verfügt der betreuende Elternteil über das Dreifache der unterhaltsrelevanten Nettoeinkünfte des an sich barunterhaltspflichtigen Elternteils, kann sogar eine Alleinhaftung des betreuenden Elternteils auch für den Barunterhalt anzunehmen sein.[48]

57 Für einen etwaigen **Mehrbedarf** haften die Eltern auch bei Betreuung durch nur einen Elternteil **anteilig** nach § 1606 III 1 BGB.

bb) Wechselmodell

58 **Betreuen die Eltern** das minderjährige Kind **zu gleichen Teilen** (sog. paritätisches Wechselmodell), so haben sie neben ihrer jeweiligen Betreuungsleistung **anteilig für den Barunterhalt** aufzukommen.[49] § 1606 III 2 BGB ist in diesem Fall nicht anwendbar, weil andernfalls beide Elternteile vom Barunterhalt befreit wären, obwohl nur der Betreuungsbedarf des Kindes gedeckt wäre.[50] Der Unterhaltsbedarf des Kindes bemisst sich nach den **zusammengerechneten Einkünften** der Eltern und umfasst neben dem in der Tabelle ausgewiesenen Regelbedarf auch etwaige Mehrkosten, die sich durch die Aufteilung der Betreuung auf 2 Haushalte ergeben.[51]

47 BGH NJW 2008, 1373 (1375).
48 BGH NJW 2013, 2897 (2899).
49 BGH NJW 2015, 331.
50 BGHZ 213, 254 Rn. 20 = NJW 2017, 1676.
51 BGH NJW 2016, 1956 (1957).

Beispiel: Mehrkosten des Wechselmodells können sich daraus ergeben, dass das Kind zwischen den Haushalten der Eltern hin und her befördert werden muss und dass beide Eltern ein Kinderzimmer vorhalten und dadurch mehr Miete zahlen müssen. 59

Für die **Anteile der Eltern** ist das Verhältnis ihrer **Nettoeinkommen, jeweils abzüglich des Selbstbehalts,** maßgebend (§ 1606 III 1 BGB). Der jeweilige Anteil ist außerdem auf den Betrag begrenzt, den der Unterhaltspflichtige bei alleiniger Unterhaltshaftung auf der Grundlage seines Einkommens zu zahlen hätte.[52] Zusätzlich ist zu berücksichtigen, dass jeder Elternteil einen Teil des so errechneten Unterhalts bereits durch seine Betreuungsleistung erfüllt. Das Kindergeld ist auch im Fall des Wechselmodells zur Hälfte auf den Barbedarf des Kindes anzurechnen und kommt den Eltern damit gemäß ihrer Beteiligungsquote zugute. Der auf die Betreuung entfallende Anteil ist zwischen den Eltern hälftig auszugleichen.[53] 60

Beispiel: Die Mutter M mit einem bereinigten Nettoeinkommen von 2.000 EUR und der Vater V mit einem bereinigten Nettoeinkommen von 3.000 EUR betreuen das 4 Jahre alte Kind im Wechselmodell. Durch die gewählte Betreuung fallen Mehrkosten für V für ein zusätzliches Zimmer iHv monatlich 100 EUR und für M zusätzliche Fahrtkosten von 60 EUR an. 61

Der Regelbedarf des Kindes beträgt nach der Düsseldorfer Tabelle 602 EUR (Einkommensgruppe 9, da die Nettoeinkommen zusammenzurechnen sind). Anzurechnen ist das hälftige Kindergeld (219 EUR ÷ 2 = 109,50 EUR), sodass ein ungedeckter Bedarf iHv 492,50 EUR besteht. Für diesen haften die Eltern V und M gem. § 1606 III 1 BGB mit folgenden Anteilen: 62

Anteil V: $\dfrac{492{,}50\text{ EUR} \times 1.600\text{ EUR (dh } 3.000 - 1.400^{54}\text{ EUR)}}{2.200\text{ EUR}} = 358{,}18\text{ EUR}$

Anteil M: $\dfrac{492{,}50\text{ EUR} \times 600\text{ EUR (dh } 2.000 - 1.400\text{ EUR)}}{2.200\text{ EUR}} = 134{,}32\text{ EUR}$

Die Barunterhaltspflicht teilt sich unter den Eltern im Verhältnis 73:27 auf. Da jeder Elternteil 50 % der Betreuungsleistungen erbringt, hat V im Hinblick auf den Regelbedarf einen Ausgleichsbetrag von 23 % (= 73 % – 50 %) von 492,50 EUR, also 113,28 EUR an M zu zahlen.

Der Mehrbedarf des K ist wie bei einseitiger Barunterhaltspflicht gesondert nach den Haftungsanteilen abzurechnen:
Erstattungsanspruch V: 27 % von 100 EUR = 27 EUR
Erstattungsanspruch M: 73 % von 60 EUR = 43,80 EUR

Ein **„Wechselmodell"** soll jedoch nur vorliegen, wenn die **Betreuungsanteile beider Eltern praktisch gleich groß** sind. Liegt der Betreuungsanteil eines Elternteils dagegen etwa bei nur 40 %, so handelt es sich um einen **erweiterten Umgang**. Ein erweiterter Umgang stellt die Anwendung von § 1606 III 2 BGB nach Ansicht des BGH nicht infrage. Der umgangsberechtigte Elternteil muss also weiterhin den vollen Barunterhalt leisten. Der finanziellen Mehrbelastung des umgangsberechtigten Elternteils will der BGH dadurch Rechnung tragen, dass im Hinblick auf die umgangsbedingten Aufwendungen (zB Fahrtkosten zur Abholung des Kindes; größerer Wohnraum) 63

52 BGHZ 213, 254 Rn. 23 ff. = NJW 2017, 1676.

53 BGHZ 213, 254 Rn. 47 ff. = NJW 2017, 1676. Wird diese Kindergeldhälfte nur an einen Elternteil ausbezahlt, steht dem anderen ein familienrechtlicher Ausgleichsanspruch zu, der auch durch Verrechnung mit der Unterhaltspflicht dieses Elternteils erfüllt werden kann.

54 Auf den notwendigen Selbstbehalt (1.160 EUR) wäre nur abzustellen, wenn die Eltern nicht in der Lage wären, den Kindesunterhalt ohne Gefährdung ihres angemessenen Selbstbehalts zu erbringen.

eine Herabstufung um eine oder mehrere Einkommensgruppen der Düsseldorfer Tabelle erfolgt. Der Barunterhaltsanspruch kann sich zudem weiter verringern, wenn der Umgangsberechtigte Leistungen erbringt, die den Unterhaltsbedarf des Kindes in anderer Weise als durch Zahlung einer Geldrente teilweise befriedigen.[55]

b) Geldrente und Bestimmungsrecht der Eltern

aa) Grundsatz

64 **Grundsätzlich** ist der Unterhalt monatlich im Voraus in Form einer **Geldrente** zu gewähren (§ 1612 I 1, III 1 BGB). Eine andere Art der Unterhaltsgewährung kann der Verpflichtete nur verlangen, wenn dies besondere Gründe rechtfertigen (§ 1612 I 2 BGB).

bb) Ausnahme: Bestimmungsrecht der Eltern gegenüber unverheirateten Kindern

65 In Ausnahme zu diesem Grundsatz haben die Eltern ihren unverheirateten (auch volljährigen) Kindern gegenüber ein Bestimmungsrecht darüber, in welcher Art und für welche Zeit im Voraus sie Unterhalt gewähren. Sie können daher, bei entsprechender Bestimmung, ihre Unterhaltspflicht auch dadurch erfüllen, dass sie Naturalleistungen anbieten. Auf die Belange des Kindes müssen sie die gebotene Rücksicht nehmen (§ 1612 II BGB), was auf Antrag des Kindes im Unterhaltsverfahren durch das Familiengericht überprüft werden kann.

66 Das **Bestimmungsrecht** über die Art des Unterhalts ist bei einem **minderjährigen Kind** Ausfluss der Personensorge. Der Elternteil, dem die Sorge für die Person des Kindes nicht zusteht, kann eine Bestimmung nur für die Zeit treffen, in der das Kind in seinen Haushalt aufgenommen ist (§ 1612 II 2 BGB). Solange beide Eltern das Sorgerecht gemeinsam besitzen, können sie das Bestimmungsrecht nur **gemeinschaftlich** ausüben und müssen versuchen, sich zu einigen (§ 1627 S. 2 BGB). Können sie sich nicht einigen, gilt § 1628 BGB.[56]

67 Streitig ist, wem das Bestimmungsrecht bei einem **volljährigen Kind** zusteht. Da das elterliche Sorgerecht nicht mehr besteht, kann hieran nicht mehr angeknüpft werden. Nach einer Ansicht gelten dennoch auch hier §§ 1627 S. 2, 1628 BGB analog. Nach anderer Auffassung steht das Bestimmungsrecht beiden Eltern unabhängig voneinander zu. Jeder Elternteil kann es also allein ausüben.[57] Zutreffend erscheint die Ansicht des BGH, dass dem Elternteil ein alleiniges Bestimmungsrecht dann zusteht, wenn er bei der Ausübung seines Bestimmungsrechts den **gesamten Unterhalt** (und nicht nur den auf ihn entfallenden Anteil) anbietet und er zu einer entsprechenden Unterhaltsgewährung imstande ist.[58] Die Absicht, beim anderen Elternteil Regress zu nehmen, macht die Bestimmung noch nicht unwirksam.[59] Der Unterhaltsschuldner muss jedoch bei der Ausübung des Bestimmungsrechts auf die Belange des anderen Elternteils Rücksicht nehmen und darf nicht rechtsmissbräuchlich handeln.[60]

68 Dies erfordert eine Abwägung der Elterninteressen. Bei dieser verdienen aufseiten dessen, der das Bestimmungsrecht ausüben möchte, auch wirtschaftliche Gründe Beachtung. Belange des anderen

55 BGH NJW 2015, 331 (333).
56 BGH NJW 1983, 2200 (2202).
57 Zum Ganzen BGHZ 104, 224 = NJW 1988, 1974.
58 BGHZ 104, 224 (227) = NJW 1988, 1974 (1975).
59 BGHZ 104, 224 (230 f.) = NJW 1988, 1974 (1975 f.).
60 BGHZ 104, 224 (229) = NJW 1988, 1974 (1975).

Elternteils werden v.a. tangiert, wenn die beabsichtigte Unterhaltsgewährung einen Eingriff in seine Lebensgestaltung zur Folge hat (zB weil das Kind bislang bei ihm lebte) oder wenn er bereits im Vertrauen auf eine bestimmte Art der Unterhaltsgewährung Dispositionen getroffen hat.[61]

7. Grenzen und Erlöschen des Unterhaltsanspruchs

Dem Unterhaltsanspruch können Einwendungen und Einreden entgegenstehen. Insbesondere kommen in Betracht: 69

a) Vertragliche Modifikationen/Verzicht

Der gesetzliche Verwandtenunterhalt ist **für die Zukunft nicht verzichtbar**, auch 70 nicht teilweise, § 1614 I BGB. Der Unterhaltsberechtigte darf seine Rechte selbst dann nicht aufgeben, wenn ihm hierfür eine gleichwertige Gegenleistung gewährt worden ist. Unwirksam ist auch ein dem Verzicht gleichkommendes *pactum de non petendo*.[62] Der Verzicht auf vergangenen oder gegenwärtigen Unterhalt ist dagegen möglich, und zwar auch konkludent.

Solange die Angemessenheit des Unterhalts (§ 1610 BGB) gewahrt bleibt, sollen **Vereinbarungen über die Unterhaltshöhe** allerdings **wirksam** sein. Schwierigkeiten 71 bereitet freilich die **Abgrenzung zum unzulässigen Teilverzicht**. Die Abgrenzung setzt voraus, dass zunächst die Höhe des angemessenen Unterhaltsanspruchs festgestellt wird. Eine Unterschreitung des so ermittelten Unterhalts von bis zu 20 % wird noch als angemessen erachtet, während eine Unterschreitung um 33 % im Regelfall als mit § 1614 I BGB unvereinbar angesehen wird. Im dazwischenliegenden Bereich soll aufgrund der individuellen Umstände entschieden werden.[63]

Leistet der Unterhaltspflichtige Unterhalt für mehr als 3 Monate oder für mehr als 72 einen von ihm bestimmten angemessenen Zeitraum im Voraus, so tut er das auf eigene Gefahr. Benötigt der Berechtigte erneut Unterhalt (zB wegen Verschwendung), so kann er den Pflichtigen trotz der Vorleistung in Anspruch nehmen, § 1614 II BGB.

b) Härteklausel

Die Unterhaltspflicht kann beim Vorliegen gravierender Tatbestände, die dem 73 Schuldner die **Gewährung des Unterhalts unzumutbar** machen, begrenzt werden oder auch ganz entfallen, **§ 1611 I BGB**.

aa) Voraussetzungen

Voraussetzung ist, dass der Berechtigte 74

- durch eigenes sittliches Verschulden bedürftig geworden ist,
- seine eigene Unterhaltspflicht gegenüber dem Verpflichteten gröblich vernachlässigt hat (relevant insbesondere beim Elternunterhalt) oder
- sich vorsätzlich einer schweren Verfehlung gegen den Pflichtigen oder dessen nahe Angehörige schuldig gemacht hat. Die Ablehnung des persönlichen Kontakts durch ein Kind stellt allerdings idR keine derartige Verfehlung dar.[64]

61 BGHZ 104, 224 (229 f.) = NJW 1988, 1974 (1975).
62 BGH NJW 2015, 3715 (3716).
63 BGH NJW 2015, 3715 (3716).
64 BGH NJW 1995, 1215.

bb) Rechtsfolge

75 Folge ist grundsätzlich eine **Beschränkung** des Unterhalts auf einen billigen Betrag (§ 1611 I 1 BGB). Ein völliges **Entfallen** des Anspruchs tritt nur bei grober Unbilligkeit der Inanspruchnahme ein (§ 1611 I 2 BGB). Bei einer Beschränkung des Anspruchs nach § 1611 I BGB kann auch nicht ein nachrangiger Verwandter, gegenüber dem keine Verwirkung vorliegt, in Anspruch genommen werden, § 1611 III BGB. Die Vorschrift würde sonst zum Nachteil des nachrangig Haftenden und nicht (wie gewollt) zum Nachteil des vorwerfbar Handelnden wirken.

cc) Ausnahme

76 Die **Härteklausel gilt nicht** im Verhältnis der Eltern zu ihren **minderjährigen Kindern**, § 1611 II BGB. Dies rechtfertigt sich aus der gesteigerten Leistungspflicht der Eltern und auch aus ihrer mutmaßlichen Mitverantwortung (in Form eines Erziehungsfehlers) für das Fehlverhalten des Kindes. Nicht verwirkt werden kann auch der Anspruch volljähriger Kinder, wenn das Fehlverhalten aus der Zeit der Minderjährigkeit herrührt.[65]

c) Erlöschen

77 Der Unterhaltsanspruch erlischt mit dem Tod des Berechtigten sowie des Verpflichteten, § 1615 I BGB. Bereits fällig gewordene Ansprüche, auch solche auf Schadensersatz, bleiben allerdings bestehen, § 1615 I aE BGB. Mit dem Tod des Verpflichteten entsteht ein neuer Unterhaltsanspruch gegen den nächstfolgenden Verwandten (§ 1606 BGB). Im Rang nach den Erben (§ 1968 BGB) treffen den Unterhaltsschuldner auch die Beerdigungskosten beim Tod des Berechtigten, § 1615 II BGB.

d) (Kein) Unterhalt für die Vergangenheit

aa) Grundsätzliche Zeitsperre und Ausnahmen nach § 1613 I BGB

78 Der gesetzliche Unterhaltsanspruch soll einen laufenden Bedarf decken. Abweichend vom Schuldrecht, wo eine späte Geltendmachung der Forderung allenfalls ein Gegenrecht (Verjährung; Verwirkung) begründet, erlischt der Unterhaltsanspruch **nach § 1613 I BGB** daher grundsätzlich mit dem Verstreichen des Bedarfszeitraums („in praeteritum non vivitur", in der Vergangenheit lebt man nicht). Sinn der Sperre ist es u.a. auch, den Unterhaltsschuldner vor einer Inanspruchnahme für Unterhaltsrückstände zu schützen, mit der er nicht rechnen musste. Die **Sperrwirkung entfällt** daher, wenn der Gläubiger **besondere rechtswahrende Handlungen** vorgenommen hat, die das Vertrauen des Pflichtigen, nicht in Anspruch genommen zu werden, zerstört haben.

79 Also solche Handlungen nennt das Gesetz in § 1613 I BGB:

- die **Aufforderung des Pflichtigen zur Auskunft** über Einkünfte und Vermögen zur Geltendmachung von Unterhalt,
- die **In-Verzug-Setzung** oder
- die **Klage auf Unterhalt**.

80 Der Unterhalt kann dann schon ab dem ersten Tag des Monats verlangt werden, in den das entsprechende Ereignis fällt, § 1613 I 2 BGB.

65 BGH NJW 1988, 2371 (2372).

bb) Weitergehende Ausnahmen nach § 1613 II BGB

Weitergehende Ausnahmen vom Grundsatz, dass Unterhalt nicht für die Vergangenheit verlangt werden kann, enthält **§ 1613 II BGB**. Zum einen kann **Sonderbedarf** (zur Definition vgl. → Rn. 32) ein Jahr lang **ohne Einschränkungen rückwirkend** geltend gemacht werden (**§ 1613 II Nr. 1 BGB**; nach Ablauf eines Jahres nur noch bei vorherigem Verzug oder Rechtshängigkeit). Auch der allgemeine Unterhalt kann für die Vergangenheit verlangt werden, wenn der **Berechtigte** aus rechtlichen Gründen oder aus tatsächlichen Gründen, die in den Verantwortungsbereich des Pflichtigen fallen, **an der Geltendmachung des Anspruchs gehindert war (§ 1613 II Nr. 2 BGB)**. Soweit in den Fällen des Abs. 2 Nr. 2 die Erfüllung eine unbillige Härte bedeuten würde, kann nach Abs. 3 der rückständige Unterhalt nicht, nur teilweise, später oder nur in Raten verlangt werden. 81

Hauptanwendungsbereich für rechtliche Hinderungsgründe ist der **Unterhalt für das nichteheliche Kind.** Unterhalt kann hier wegen der Rechtsausübungssperre in §§ 1594 I, 1600d V BGB erst ab Anerkennung oder Feststellung der Vaterschaft geltend gemacht werden, auch wenn der Anspruch schon mit der Geburt des Kindes entsteht und fällig wird. 82

Beispiel: Vater V, der bislang aufgrund einer vertraglichen Anerkennung seiner Unterhaltspflicht für den gemeinsamen Sohn Unterhalt vereinbarungsgemäß zum Monatsersten gezahlt hat, stellt seine Zahlungen unvermittelt ein. Mutter M unternimmt zunächst nichts. Erst mehrere Monate später tritt sie an V heran und verlangt die rückständigen Unterhaltszahlungen. Mit Erfolg? 83

Der Anspruch ergibt sich aus § 1601 BGB. Da es sich um die Geltendmachung von Unterhalt für die Vergangenheit handelt, müssen jedoch grundsätzlich zusätzlich die Voraussetzungen des § 1613 BGB vorliegen. V könnte sich in Verzug befunden haben. Vereinbarungsgemäß waren die Zahlungen zum Monatsersten fällig. Da die Leistungszeit nach dem Kalender bestimmt war, war eine Mahnung zur Verzugsbegründung entbehrlich, § 286 II Nr. 1 BGB. M kann daher Nachzahlung verlangen. Es ist allerdings fraglich, ob es auf die Voraussetzungen des § 1613 I BGB vorliegend überhaupt ankommt. § 1613 BGB verfolgt den Zweck, den Unterhaltsschuldner vor einer rückwirkenden Inanspruchnahme zu schützen, mit der er nicht rechnen musste. Diese Gefahr droht jedoch nicht, wenn die Unterhaltspflicht vertraglich anerkannt und fixiert ist, weil sich der Schuldner auch in diesem Fall auf die konkrete Zahlungsverpflichtung einstellen kann.[66] 84

⇨ Fall Nr. 18 – Vaterschaftszweifel

8. Rangfragen

a) Mehrheit von Unterhaltsschuldnern

Kommen mehrere Unterhaltsschuldner (zB mehrere Verwandte) in Betracht, so ist zu klären, in welcher Reihenfolge sie haften. Möglich ist entweder eine **gleichrangige Haftung** der Schuldner oder eine **vorrangige Haftung** eines Schuldners. Diese Fragen regeln die §§ 1606–1608 BGB. 85

Im Einzelnen gilt: 86

- Ehegatten und Lebenspartner haften vorrangig vor den Verwandten des Bedürftigen, § 1608 S. 1, 4 BGB. Ausnahmsweise haften die Verwandten vor dem Ehegatten/Lebenspartner, wenn dieser außerstande ist, den Unterhalt ohne Gefährdung seines eigenen angemessenen Unterhalts zu leisten, § 1608 S. 2 BGB.

66 BGHZ 105, 250 (253 f.) = NJW 1989, 526 (527).

- Unter mehreren Verwandten haften die Abkömmlinge vor den Verwandten der aufsteigenden Linie, § 1606 I BGB, und hier jeweils die näheren vor den entfernteren, § 1606 II BGB.
- Gleich nahe Verwandte haften gleichrangig, und zwar nicht als Gesamtschuldner, sondern als Teilschuldner, deren Anteile sich nach ihren jeweiligen Erwerbs- und Vermögensverhältnissen bemessen, § 1606 III BGB.

87 **Beispiel:** Für den Ausbildungsunterhalt eines volljährigen Studenten mit eigenem Hausstand (Bedarf: 860 EUR) haften der Vater V (unterhaltsrechtlich relevantes Nettoeinkommen: 3.600 EUR) und die Mutter M (unterhaltsrechtlich relevantes Nettoeinkommen: 2.500 EUR) gleichrangig wie folgt: Das verfügbare Einkommen der Eltern ist unter Ansatz des angemessenen Selbstbehalts (derzeit: 1.400 EUR) zu ermitteln. Auf den notwendigen Selbstbehalt ist nur bei Eingreifen der gesteigerten Unterhaltspflicht nach § 1603 II BGB abzustellen. Die Formel für den vom jeweiligen Teilschuldner zu zahlenden Betrag lautet:

Anteil V:

$$\frac{\text{Bedarf} \times (\text{Nettoeinkommen V} - \text{Selbstbehalt V})}{\text{addierte Nettoeinkommen} - \text{addierte Selbstbehalte}} = \frac{860\text{ EUR} \times 2.200\text{ EUR}}{3.300\text{ EUR}} = 573{,}33\text{ EUR}$$

Anteil M:

$$\frac{\text{Bedarf} \times (\text{Nettoeinkommen M} - \text{Selbstbehalt M})}{\text{addierte Nettoeinkommen} - \text{addierte Selbstbehalte}} = \frac{860\text{ EUR} \times 1.100\text{ EUR}}{3.300\text{ EUR}} = 286{,}67\text{ EUR}$$

88 Fällt ein Verwandter mangels Leistungsfähigkeit als Unterhaltsschuldner aus, so trifft die Unterhaltspflicht den im Rang nach ihm haftenden Verwandten, § 1607 I BGB. Das gilt entsprechend, wenn von anteilig haftenden Verwandten einer mangels Leistungsfähigkeit ausfällt.

Beispiel: Ein Elternteil ist nicht leistungsfähig. Das Kind kann den gesamten Unterhalt vom anderen Elternteil verlangen.

b) Mehrheit von Unterhaltsgläubigern

89 Ist ein einziger Unterhaltsschuldner mehreren Personen unterhaltspflichtig, so reicht seine Leistungsfähigkeit ggf. nicht aus, um alle Ansprüche zu erfüllen. In diesen sog. Mangelfällen entscheidet der Rang darüber, in welcher Reihenfolge die Ansprüche befriedigt werden. Die Rangfolge ergibt sich aus **§ 1609 BGB.**

90 **Im Einzelnen** gilt:

- Im 1. Rang stehen **minderjährige und privilegierte volljährige Kinder**, § 1609 Nr. 1 BGB.
- Im 2. Rang stehen Elternteile, die **wegen der Betreuung eines Kindes unterhaltsberechtigt** sind oder im Fall einer Scheidung wären, sowie (geschiedene) **Ehegatten bei einer Ehe von langer Dauer**, § 1609 Nr. 2 BGB.

  Umstritten ist, ob dem Anspruch des Elternteils auch dann in vollem Umfang der 2. Rang gebührt, wenn er sich nicht ausschließlich aus Betreuungsunterhalt, sondern zum Teil aus einem anderen Tatbestand (zB § 1573 BGB) ergibt, etwa weil dem betreuenden Elternteil eine Halbtagstätigkeit angesonnen werden könnte, er aber eine solche nicht findet. Nach Auffassung des BGH steht der Anspruch dennoch insgesamt im 2. Rang. Für eine Differenzierung nach Anspruchsgrundlagen findet sich im Gesetzeswortlaut kein Anhaltspunkt. Die Formulierung in § 1609 Nr. 2 BGB „Elternteile, die wegen der Betreuung eines Kindes unterhaltsberechtigt sind" stellt allein auf die Person des Unterhaltsberechtigten ab und ist erfüllt, bis der Betreuungsunterhaltsanspruch insgesamt entfällt.[67]

- Im 3. Rang stehen die **sonstigen (geschiedenen) Ehegatten.**
- Im 4. Rang stehen die **übrigen Kinder** (dh außer die in Nr. 1 genannten).
- In den weiteren Rängen folgen sonstige Abkömmlinge (§ 1609 Nr. 5 BGB), die Eltern des Schuldners (§ 1609 Nr. 6 BGB) und weitere Verwandte der aufsteigenden Linie nach Gradnähe (§ 1609 Nr. 7 BGB).

Vorrang bedeutet, dass sich die Leistungsfähigkeit des Schuldners gegenüber den nachrangigen Unterhaltsgläubigern um den an den Vorrangigen gezahlten Unterhalt vermindert. Ein nachrangiger Gläubiger kann also ggf. ganz leer ausgehen. Kann der Schuldner die Ansprüche gleichrangiger Gläubiger nicht vollständig erfüllen, so sind die geschuldeten Unterhaltsbeträge anteilig herabzusetzen. 91

Beispiel: Vater V mit einem bereinigten Nettoeinkommen von 1.460 EUR schuldet seinen beiden Töchtern im Alter von 4 und 7 Jahren Unterhalt. Der Bedarf der Mädchen beträgt 396 EUR und 455 EUR. Abzuziehen ist jeweils das hälftige Kindergeld von 109,50 EUR. Es besteht also ein ungedeckter Gesamtbedarf iHv 632 EUR (286,50 EUR + 345,50 EUR). V ist jedoch nur iHv 300 EUR leistungsfähig (abzustellen ist diesmal auf den notwendigen Selbstbehalt, da V nicht voll leistungsfähig ist). Die Formel für die Berechnung des anteilig gekürzten Unterhaltsbetrages lautet: 92

$$\frac{\text{Einsatzbetrag} \times \text{Verteilungsmasse}}{\text{Summe der Einsatzbeträge}} = \text{gekürzter Unterhalt}$$

Für die kleine Tochter ergibt sich: $\frac{286{,}50\ \text{EUR} \times 300\ \text{EUR}}{632\ \text{EUR}} = 136{,}00\ \text{EUR}$

Für die große Tochter ergibt sich: $\frac{345{,}50\ \text{EUR} \times 300\ \text{EUR}}{632\ \text{EUR}} = 164{,}00\ \text{EUR}$

V. Unterhaltsregress

Leistet jemand Unterhalt, obwohl er dazu **nicht oder nur nachrangig verpflichtet** ist, so stellt sich die Frage, ob er die Leistung beim Empfänger kondizieren oder Ersatz dafür beim eigentlich oder vorrangig Verpflichteten verlangen kann. 93

⇨ Fall Nr. 18 – Vaterschaftszweifel

1. Kondiktion beim Empfänger

Im Verhältnis zum Empfänger kommt in erster Linie ein Anspruch aus § 812 I 1 Alt. 1 BGB in Betracht. 94

a) Zahlung als nachrangig Verpflichteter

Leistet der Zahlende als nachrangig Verpflichteter, weil der an sich vorrangige Schuldner gem. § 1603 BGB leistungsunfähig ist, so erfolgt die Leistung auf eine eigene Unterhaltspflicht des Zahlenden und daher mit Rechtsgrund. 95

67 BGH NJW 2014, 3649 (3650 f.).

96 Leistet der nachrangig verpflichtete Verwandte, weil die Anspruchsdurchsetzung gegen den vorrangig haftenden Verwandten/Ehegatten im Inland ausgeschlossen oder erheblich erschwert ist (= Fälle der §§ 1607 II 1, 1608 S. 3 BGB), so ist zu beachten, dass der Empfänger im Umfang der in § 1607 II 2 BGB (iVm § 1608 S. 3 BGB) angeordneten *cessio legis* entreichert ist.

b) Zahlung als Nichtverpflichteter

97 Erfolgte die Leistung als Nichtverpflichteter, insbesondere in der **irrtümlichen Annahme einer Unterhaltspflicht** (zB durch den Scheinvater), so fehlt ihr zwar der Rechtsgrund. Zu beachten sind aber die §§ 818 III, 814 BGB.

2. Rückgriff beim eigentlichen/vorrangigen Unterhaltsschuldner

98 Für den Rückgriff beim eigentlichen oder vorrangigen Unterhaltsschuldner kommen nach allgemeinen Zivilrecht Ansprüche insbesondere aus Geschäftsführung ohne Auftrag und Bereicherungsrecht in Betracht.

a) Zahlung als nachrangig Verpflichteter

99 Besteht die Unterhaltsverpflichtung des vorrangig haftenden Verwandten mangels Leistungsfähigkeit nicht, so trifft den nachrangig haftenden Verwandten eine **eigene Unterhaltspflicht ohne Rückgriffsmöglichkeit**. Ansprüche aus Geschäftsführung ohne Auftrag bzw. Bereicherungsrecht scheitern bereits daran, dass kein Geschäft des Vorrangigen geführt wird und keine Vermögensmehrung bei diesem eintritt.

100 Leistet der nachrangig Verpflichtete, weil die Anspruchsdurchsetzung gegen den vorrangig Haftenden im Inland ausgeschlossen oder erheblich erschwert ist (= Fälle der §§ 1607 II 1, 1608 S. 3 BGB), so erhält er den Unterhaltsanspruch des Empfängers gegen den vorrangig Haftenden im Wege der *cessio legis* (vgl. §§ 1607 II 2, 1608 S. 3 BGB). Ansprüche aus Geschäftsführung ohne Auftrag und Bereicherungsrecht sind im Umfang des gesetzlichen Forderungsübergangs ausgeschlossen.[68]

b) Zahlung als Nichtverpflichteter

101 Auch bei **Zahlung infolge der irrtümlichen Annahme einer Unterhaltspflicht** bestehen im Hinblick auf die Anwendung der allgemeinen zivilrechtlichen Anspruchsgrundlagen erhebliche Probleme (vgl. § 687 I BGB; bei der Kondiktion hat der eigentlich Haftende zunächst nichts erlangt [keine Erfüllung!] und es stellt sich die Frage der Zulässigkeit einer nachträglichen Tilgungsbestimmung).[69] Daher erleichtert **§ 1607 III BGB** für bestimmte Fälle den Rückgriff durch die **Anordnung eines gesetzlichen Forderungsübergangs.** Der Unterhaltsanspruch des Leistungsempfängers gegen den eigentlich Verpflichteten geht dann kraft Gesetzes auf den Leistenden über und dieser kann aus abgeleitetem Recht gegen den eigentlich Verpflichteten vorgehen.

102 Der gesetzliche Forderungsübergang nach § 1607 III BGB ist **auf folgende Fälle beschränkt:**

- anstelle eines unterhaltspflichtigen Elternteils leistet ein anderer, *nicht unterhaltspflichtiger* Verwandter dem Kind Unterhalt, weil die Rechtsverfolgung gegen den Elternteil im Inland ausgeschlossen oder erheblich erschwert ist (§ 1607 III 1 Alt. 1 BGB)

68 BeckOK BGB/Reinken § 1607 Rn. 21.
69 Vgl. zum Ganzen BGH NJW 1986, 2700.

- anstelle eines unterhaltspflichtigen Elternteils leistet der Ehegatte des anderen Elternteils dem Kind Unterhalt, weil die Rechtsverfolgung gegen den Elternteil im Inland ausgeschlossen oder erheblich erschwert ist (§ 1607 III 1 Alt. 2 BGB)
- ein **Dritter leistet dem Kind „als Vater" Unterhalt** (§ 1607 III 2 BGB; sog. Scheinvaterregress). **Dritter** ist derjenige, der, ohne Vater zu sein, die Vaterschaft anerkannt oder als vermeintlicher Vater geleistet hat. Keine Rolle spielt, ob der Leistende sich fälschlich für den Vater hielt oder ob er die Umstände kannte, die für die Vaterschaft eines anderen Mannes sprachen.[70] § 1607 III BGB soll nämlich für die genannten Fälle die Bereitschaft Dritter fördern, statt des eigentlich Verpflichteten vorläufig den Unterhalt eines Kindes sicherzustellen. Auch hier ist vorausgesetzt, dass die **Rechtsverfolgung gegen den tatsächlichen Vater im Inland ausgeschlossen oder erheblich erschwert** ist. Dies ist der Fall, solange die Vaterschaft des tatsächlichen Vaters weder wirksam anerkannt noch gerichtlich festgestellt ist (vgl. die Rechtsausübungssperre in §§ 1594 I, 1600d V BGB). Die Rechtsausübungssperre ist grundsätzlich auch für das Regressverfahren beachtlich. Ausnahmsweise kann die Vaterschaft des tatsächlichen Erzeugers inzident im Regressverfahren festgestellt werden, wenn der Scheinvater eine etwaige rechtliche Vaterschaft erfolgreich angefochten hat[71] und davon auszugehen ist, dass ein Vaterschaftsfeststellungsverfahren auf längere Zeit nicht stattfinden wird, weil die zur Erhebung eines solchen Antrags Befugten dies ausdrücklich ablehnen oder von einer solchen Möglichkeit seit längerer Zeit keinen Gebrauch gemacht haben.[72] Der Unterhaltsregress schließt auch den Unterhalt für die Vergangenheit ein, da das Kind aus rechtlichen Gründen an der Geltendmachung des Anspruchs gegen den wirklichen Vater gehindert war (§ 1613 II Nr. 2 lit. a BGB). Die Kosten eines etwaigen Vaterschaftsanfechtungsverfahrens hinsichtlich seiner eigenen Vaterschaft kann der Scheinvater analog § 1607 III 2 BGB vom Erzeuger ersetzt verlangen.[73] Die **Verjährung des Regressanspruchs** beginnt frühestens am Ende des Jahres, in dem die erfolgreiche Anfechtung der Vaterschaft des Scheinvaters rechtskräftig geworden ist: Ein gesetzlicher Anspruch auf Kindesunterhalt gegen den Erzeuger kann nämlich nicht iSv § 199 I BGB „entstehen", solange ein anderer Mann aufgrund von § 1592 BGB als Vater des Kindes und damit als Unterhaltspflichtiger anzusehen ist.[74]

3. Sonderfall: Familienrechtlicher Ausgleichsanspruch

Haften mehrere Unterhaltsschuldner (insbesondere Eltern) anteilig nach ihren Erwerbs- und Vermögensverhältnissen (§ 1606 III 1 BGB), so kann es vorkommen, dass dennoch allein einer der Schuldner für den gesamten Unterhalt aufkommt. Will er für die überschüssige Leistung beim anderen Teilschuldner Rückgriff nehmen, so greifen § 426 BGB (keine Gesamtschuldnerschaft) und § 1607 II BGB (keine wesentlich erschwerte Rechtsverfolgung) regelmäßig nicht zu seinen Gunsten ein. Allerdings billigt die Rechtsprechung[75] und ihr folgend die herrschende Lehre[76] ihm einen 103

70 OLG Schleswig NJW-RR 2007, 1017.
71 Klarstellend BGH NJW 2012, 852 (853).
72 BGHZ 176, 327 = NJW 2008, 2433.
73 OLG Schleswig NJW-RR 2007, 1017 (1018).
74 BGH NJW 2017, 1954 (1955).
75 BGH NJW 1994, 2234.
76 Vgl. nur MüKoBGB/Langeheine § 1606 Rn. 54 ff.

sog. **familienrechtlichen Ausgleichsanspruch** zu. Der BGH leitet den Anspruch aus der gemeinsamen Unterhaltspflicht der Eltern in Verbindung mit der Notwendigkeit ab, die Unterhaltslast im Innenverhältnis gerecht aufzuteilen.[77]

104 Der Anspruch ist an folgende **Voraussetzungen** geknüpft:

- der den Unterhalt leistende Elternteil muss mit seiner Leistung eine im Innenverhältnis dem anderen Elternteil obliegende Verpflichtung erfüllt haben
- es muss feststehen, dass der leistende Elternteil zur Zeit der Leistung die **Absicht** hatte, **Ersatz zu beanspruchen**
  Unter Ehegatten gilt die Vermutung des § 1360b BGB, dass für überobligatorische Beiträge zum Familienunterhalt kein Ausgleich erlangt wird; bei verheirateten Eltern muss daher die Absicht späteren Rückgriffs strikt bewiesen werden. Bei unverheirateten oder geschiedenen Eltern gilt die Vermutung dagegen nicht, sodass die Absicht keines besonderen Nachweises bedarf.
- der Leistende darf mit seiner Leistung nicht einer durch rechtskräftige gerichtliche Entscheidung festgesetzten Unterhaltsverpflichtung nachkommen

In diesen Fällen ist ein **Abänderungsantrag** nach § 238 FamFG zu stellen, etwa nach Überwechseln des Kindes vom sorgeberechtigten zum barunterhaltspflichtigen Elternteil. Der Ausgleichsanspruch ist nämlich nicht dazu da, gerichtlich festgesetzte Unterhaltsverpflichtungen, die auf einer Abwägung der Leistungsfähigkeit beider Eltern beruhen, abzuändern.

Unschädlich ist es dagegen, wenn die Verpflichtung des Leistenden auf einem gerichtlichen Vergleich beruht. Da sich der Umfang der Abänderung eines Vergleichs allein nach materiellem Recht bestimmt (vgl. § 239 FamFG), kann die Abänderbarkeit des Vergleichs (zB wegen Wegfalls der Geschäftsgrundlage) auch inzident im Rahmen des familienrechtlichen Ausgleichsanspruchs überprüft werden.[78]

105 Als **Rechtsfolge** kann nur die **Erstattung des überschüssig geleisteten Barunterhalts**, nicht dagegen Ersatz für geleistete Betreuung verlangt werden.[79] Der Ausgleichsanspruch unterliegt den Schranken des **§ 1613 BGB**. Danach kann der Ausgleichsberechtigte grundsätzlich für die Vergangenheit Erfüllung (nur) von der Zeit an fordern, zu welcher der Verpflichtete mit der Erfüllung des Ausgleichsanspruchs in Verzug gekommen oder dieser Ausgleichsanspruch selbst rechtshängig geworden ist. Weitergehend genügt allerdings die Rechtshängigkeit des Kindesunterhaltsbegehrens.[80] Der Ausgleichsanspruch verjährt gem. §§ 195, 199 BGB.

VI. Auskunftsanspruch

106 Die Beweislast für die anspruchsbegründenden Tatsachen trifft den Unterhalt Suchenden. Da diesem vielfach der Einblick in die Einkommens- und Vermögensverhältnisse des in Anspruch Genommenen fehlt, gewährt das Gesetz Auskunftsansprüche über **Einkommen und Vermögen**, soweit dies **zur Feststellung eines Unterhaltsanspruchs erforderlich** ist (§ 1605 BGB; vgl. auch § 1580 BGB für geschiedene Ehegatten). Voraussetzung ist, dass der Unterhaltsanspruch dem Grunde nach besteht, was im Rahmen des Auskunftsbegehrens ggf. überschlägig zu prüfen ist, und dass die

77 BGH NJW 1989, 2816 (2817).
78 BGH NJW 2017, 1108 (1109).
79 BGH NJW 1994, 2234.
80 BGH NJW 1989, 2816 (2817 f.).

Auskunft Einfluss auf den Unterhaltsanspruch haben kann. Das Auskunftsrecht erstreckt sich auch auf mögliche Unterhaltsansprüche, die dem Pflichtigen gegenüber Dritten zustehen.[81] Auf Verlangen sind Einkommensbelege (§ 1605 I 2 BGB) bzw. ein Verzeichnis der Einnahmen und Ausgaben vorzulegen, dessen Vollständigkeit uU an Eides Statt zu versichern ist (§ 260 II BGB).

Das **Gericht** verfügt darüber hinaus über eigene **verfahrensrechtliche Möglichkeiten**, vom Antragsteller und Antragsgegner Auskunft über Einkünfte, Vermögen und persönliche und wirtschaftliche Verhältnisse zu verlangen sowie sich die entsprechenden Belege vorlegen zu lassen (§ 235 FamFG). Kommt ein Beteiligter einer solchen Aufforderung nicht innerhalb einer hierfür gesetzten Frist nach, kann das Gericht, soweit dies für die Bemessung des Unterhalts von Bedeutung ist, über die Höhe der Einkünfte Auskunft und Belege auch bei bestimmten Dritten, insbesondere Arbeitgebern, Sozialleistungsträgern und Finanzämtern, anfordern (§ 236 FamFG). 107

VII. Verfahrensfragen

1. Allgemeines

Für gesetzliche Unterhaltsansprüche sind die Familiengerichte ausschließlich zuständig (§ 23b I GVG; §§ 111 Nr. 8, 231 I FamFG). Es handelt sich um **Familienstreitsachen** (vgl. § 112 Nr. 1 FamFG), bei denen ergänzend zu den Spezialvorschriften des FamFG (§§ 231–260 FamFG) die Regeln der ZPO gelten (vgl. die genaue Bestimmung in § 113 I–III FamFG). Zu beachten ist die dennoch gegenüber der ZPO andere Terminologie: Unterhaltsansprüche werden nicht durch Klage, sondern durch Antrag geltend gemacht und die Entscheidung ergeht nicht durch Urteil, sondern durch Beschluss. Statt von Kläger, Beklagtem und Partei spricht man von Antragsteller, Antragsgegner und Beteiligtem (§ 113 V FamFG). 108

Bedeutsam in Unterhaltssachen ist die Möglichkeit von **einstweiligen Anordnungen (§§ 246 ff. FamFG)**. Allgemein dient der einstweilige Rechtsschutz nur dazu, vorläufige Maßnahmen zu treffen (vgl. § 49 FamFG). Bei einstweiligen Anordnungen im Rahmen von Unterhaltsverfahren ist das Gericht jedoch nicht auf vorläufige Maßnahmen beschränkt, sondern kann den vollen Unterhalt gewähren (vgl. § 246 FamFG). Eine **Besonderheit zugunsten des nichtehelichen Kindes** fügt § 247 FamFG ein. Im Wege der einstweiligen Anordnung kann **bereits vor der Geburt des Kindes** die Verpflichtung zur Unterhaltszahlung für die ersten 3 Monate ausgesprochen werden, und zwar sowohl hinsichtlich des Kindesunterhalts als auch des Unterhalts der Mutter nach § 1615l BGB. Der Antrag kann von der Mutter gestellt werden (§ 247 II 1 FamFG). Er ist gegen den Mann zu richten, der gem. § 1600d II, III BGB als Vater des Kindes vermutet wird. Auch nach der Geburt ist – in Durchbrechung der Sperrwirkung des § 1600d V BGB – ein entsprechendes Verfahren zulässig, allerdings nur, wenn ein Vaterschaftsfeststellungsverfahren bereits anhängig ist (§ 248 I FamFG). 109

Der Mindestunterhalt eines minderjährigen Kindes kann auch im vereinfachten Verfahren geltend gemacht werden (vgl. hierzu → Rn. 114 ff.). 110

81 BGHZ 186, 13 Rn. 14 = NJW 2011, 226.

2. Geltendmachung des Unterhaltsanspruchs eines minderjährigen Kindes

111 Der Unterhaltsanspruch eines Minderjährigen wird **von dessen gesetzlichem Vertreter** geltend gemacht. Das sind regelmäßig die Eltern. Ist ein Elternteil alleinsorgeberechtigt, so kann nur er die Unterhaltsansprüche geltend machen, § 1629 I 3 BGB. Steht die elterliche Sorge den Eltern gemeinsam zu, so kann nur der **Elternteil, in dessen Obhut sich das Kind befindet**, Unterhaltsansprüche des Kindes gegen den anderen Elternteil geltend machen, § 1629 II 2 BGB. Ein Kind befindet sich in der Obhut desjenigen Elternteils, bei dem der **Schwerpunkt der tatsächlichen Fürsorge** liegt und der die elementaren Lebensbedürfnisse des Kindes vorrangig befriedigt. Wurde zwischen den Parteien ein paritätisches **Wechselmodell** vereinbart (vgl. hierzu → Rn. 58 ff.), so lässt sich ein Betreuungsschwerpunkt nicht feststellen, mit der Folge, dass § 1629 II 2 BGB nicht greift.[82] In diesem Fall muss der Elternteil, der den anderen für barunterhaltspflichtig hält, entweder die Bestellung eines Pflegers herbeiführen, der das Kind bei der Geltendmachung seines Unterhaltsanspruchs vertritt, oder der Elternteil muss beim Familiengericht beantragen, ihm gem. § 1628 BGB die Entscheidung zur Geltendmachung von Kindesunterhalt allein zu übertragen.

112 **Ausnahmsweise** kann der Elternteil den Anspruch nicht als Vertreter im Namen des Kindes geltend machen, sondern muss dies **im eigenen Namen in gesetzlicher Verfahrensstandschaft** (der Elternteil ist dann selbst Beteiligter) tun. Das ist der Fall **bei verheirateten Eltern**, solange sie **getrennt leben oder** eine **Ehesache zwischen ihnen anhängig** ist, § 1629 III 1 BGB. Dadurch soll verhindert werden, dass das Kind als Beteiligter in die gerichtliche Auseinandersetzung hineingezogen wird.

3. Abänderung von Unterhaltstiteln

113 Gerichtliche Unterhaltsentscheidungen verpflichten regelmäßig zu künftig fällig werdenden wiederkehrenden Leistungen. Sie unterliegen, auch wenn sie rechtskräftig sind, der Möglichkeit der Abänderung, wenn sich die tatsächlichen oder rechtlichen Verhältnisse **wesentlich geändert** haben (vgl. §§ 238–240 FamFG). Zu beachten ist jedoch bei gerichtlichen Titeln die Präklusionswirkung des § 238 II FamFG: Der Antrag kann nur auf Gründe gestützt werden, die nach Schluss der Tatsachenverhandlung des vorausgegangenen Verfahrens entstanden sind und deren Geltendmachung durch Einspruch nicht möglich ist oder war. Grundsätzlich kann die Abänderung nur für die Zeit ab Rechtshängigkeit des Antrags verlangt werden (§ 238 III 1 FamFG). Bei einer begehrten Unterhaltserhöhung ist der Antrag allerdings auch zulässig für die Zeit, für die nach § 1613 BGB Unterhalt für die Vergangenheit verlangt werden kann. Wird eine Unterhaltsherabsetzung begehrt, so geht dies rückwirkend zum auf ein entsprechendes Auskunfts- oder Verzichtsverlangen des Antragstellers folgenden Monat, allerdings maximal für einen Zeitraum von einem Jahr vor Rechtshängigkeit (§ 238 III 2–4 BGB). Liegt ein Titel über den laufenden Unterhalt vor, so ist ein Mehrbedarf (vgl. hierzu → Rn. 29 ff.) durch Abänderungsantrag, ein Sonderbedarf (vgl. hierzu → Rn. 32) dagegen durch einen neuen Zusatzantrag geltend zu machen.

82 BGH NJW 2014, 1958 (1959).

4. Vereinfachtes Verfahren zur Geltendmachung des Kindesunterhalts

Für den **Unterhalt eines minderjährigen Kindes gegen einen Elternteil, mit dem es nicht in einem Haushalt lebt**, ist ein vereinfachtes Verfahren vorgesehen, das die Anspruchsdurchsetzung erleichtern soll (§§ 249–260 FamFG). Das vereinfachte Verfahren findet nur statt, wenn der geltend gemachte **Unterhalt das 1,2-Fache (120 %) des Mindestunterhalts** (vgl. hierzu → Rn. 18) für die jeweilige Altersstufe **nicht überschreitet** (§ 249 I aE FamFG). Dem Mindestunterhalt entsprechen die in der Düsseldorfer Tabelle in der ersten Einkommensgruppe genannten Werte. Davon darf das 1,2-Fache eingefordert werden, ohne dass es einer näheren Begründung bedarf. 114

Das vereinfachte Verfahren bietet im Wesentlichen **2 Vorteile**: Zum einen ist es ein **beschleunigtes Verfahren**. 115

Das vereinfachte Verfahren regeln die §§ 250 ff. FamFG. Es entscheidet der Rechtspfleger (§ 25 Nr. 2 lit. c RPflG). Die Einwendungsmöglichkeiten des Antragsgegners sind beschränkt. Grundsätzlich kann er Einwendungen, die nicht die Zulässigkeit des Verfahrens betreffen, nur geltend machen, wenn er zugleich erklärt, inwieweit er zur Unterhaltsleistung bereit ist und sich insoweit zur Erfüllung des Unterhaltsanspruchs verpflichtet (§ 252 II FamFG). Der Einwand eingeschränkter Leistungsfähigkeit ist nur zulässig, wenn der Antragsgegner zugleich Auskunft über seine Einkünfte und sein Vermögen erteilt und für die letzten 12 Monate belegt (§ 252 IV FamFG). 116

Zum anderen kann der Unterhaltsbedarf **dynamisch als Prozentsatz** des für die jeweilige Altersgruppe des Kindes maßgeblichen **Mindestunterhalts** geltend gemacht werden. Der Unterhaltstitel passt sich dann automatisch dem jeweils maßgeblichen Mindestunterhaltssatz an, was eine Abänderung erübrigt. 117

§ 11 Annahme als Kind

I. Grundsätzliches

1 Die Annahme als Kind ist in den §§ 1741–1772 BGB geregelt. Das Gesetz regelt zunächst – als gesetzlichen und praktischen Normalfall – die **Annahme Minderjähriger (§§ 1741–1766a BGB)**. Die **Annahme Volljähriger ist die Ausnahme**. Für sie gelten die §§ 1741 ff. BGB entsprechend, soweit sich aus den §§ 1767–1772 BGB nichts anderes ergibt (§ 1767 II 1 BGB). Die Adoption erfordert stets eine **gerichtliche Entscheidung** (Adoptionsbeschluss, § 1752 BGB). Zuständig ist das Familiengericht (§§ 111 Nr. 4, 186 FamFG). Das Verfahren wird durch einen Antrag des Annehmenden eingeleitet (§ 1752 I BGB). Der Annehmende und das Kind müssen, die übrigen Beteiligten sollen angehört werden (§ 192 I, II FamFG). Das Gericht muss außerdem eine fachliche Äußerung der Adoptionsvermittlungsstelle bzw. des Jugendamts einholen (§ 189 FamFG). Es darf die Annahme nur aussprechen, wenn die Adoptionsvoraussetzungen erfüllt sind.

II. Voraussetzungen der Minderjährigenadoption

2

Voraussetzungen der Minderjährigenadoption im Überblick
1. Antrag des Annehmenden bei Gericht (§ 1752 BGB) **2.** Kindeswohldienlichkeit (§ 1741 I 1 BGB) **3.** Positive Prognose hinsichtlich eines Eltern-Kind-Verhältnisses (§ 1741 I 1 BGB) **4.** Besondere Anforderungen an den Annehmenden a) Geschäftsfähigkeit b) Familienstand: grundsätzlich nur gemeinschaftliche Adoption bei Ehegatten (§ 1741 II 2 BGB, Ausnahmen: § 1741 II 3, 4 BGB); grundsätzlich nur Einzeladoption bei Unverheirateten (§ 1741 II 1 BGB, Ausnahme: § 1766a BGB) c) Mindestalter (§ 1743 BGB) **5.** Einwilligungen a) des Kindes (§ 1746 BGB) b) der Eltern (§§ 1747, 1748 BGB) c) des Ehegatten (§ 1749 BGB)

1. Antrag des Annehmenden bei Gericht

3 Das Adoptionsverfahren wird durch einen persönlich gestellten, bedingungs- und befristungsfeindlichen sowie notariell beurkundeten **Antrag** des Annahmewilligen eingeleitet § 1752 I, II BGB.

2. Kindeswohldienlichkeit

Die Adoption muss dem Kindeswohl dienen, dh in den gesamten Lebensbedingungen des Kindes im Vergleich zur Situation ohne Annahme müsste eine nachhaltige und nicht nur vorübergehende Verbesserung zu erwarten sein (§ 1741 I 1 BGB).[1] 4

3. Positive Prognose eines Eltern-Kind-Verhältnisses

Es muss zu erwarten sein, dass zwischen dem Kind und dem Annahmewilligen ein Eltern-Kind-Verhältnis entsteht. Um das beurteilen zu können, soll das Gericht die Annahme idR erst aussprechen, wenn der Annehmende das Kind eine angemessene Zeit (in der Praxis ca. ein Jahr) in Pflege gehabt hat (sog. Adoptionspflege, § 1744 BGB). Bereits dieses Pflegeverhältnis entfaltet weitgehende Rechtswirkungen, s. § 1751 BGB und → Rn. 20. 5

Liegen die genannten Voraussetzungen vor, spricht das Familiengericht die Annahme durch Beschluss aus, § 197 I 1 FamFG. Der Beschluss ist **unanfechtbar** und grundsätzlich **unabänderlich**, § 197 III FamFG. Zur ausnahmsweisen Aufhebung des Adoptionsverhältnisses → Rn. 24 ff. 6

4. Besondere Anforderungen an den Annehmenden

Der Annehmende muss grundsätzlich **geschäftsfähig** sein. Ist er verheiratet, so ist grundsätzlich nur eine gemeinschaftliche Adoption durch beide Ehegatten möglich (§ 1741 II 2 BGB). Ausnahmen (Einzeladoption möglich) bestehen, wenn ein Ehegatte das Kind des anderen annimmt (Stiefkindadoption, § 1741 II 3 BGB) oder wenn der andere Ehegatte nicht an der Adoption mitwirken kann, weil er geschäftsunfähig oder noch nicht 21 Jahre alt ist (§ 1741 II 4 BGB). Eine unverheiratete Person kann ein Kind grundsätzlich nur alleine annehmen (§ 1741 II 1 BGB). Faktisch schied damit eine Stiefkindadoption durch einen nichtehelichen Lebensgefährten aus: Denn dieser konnte das Kind seines Partners nur alleine annehmen mit der Folge, dass das Verwandtschaftsverhältnis des Kindes zum leiblichen Elternteil erlöschen würde (§ 1755 I BGB; zu dieser Wirkung der Adoption → Rn. 21). Die für die Stiefkindadoption vorgesehene Ausnahme von diesem Grundsatz in § 1755 II BGB galt nur für Ehegatten. Der pauschale Ausschluss von Unverheirateten von der Stiefkindadoption verstieß nach Ansicht des BVerfG gegen Art. 3 I GG, weil es Kinder in nichtehelichen Stiefkindfamilien gegenüber Kindern in ehelichen Stiefkindfamilien ohne ausreichenden Grund benachteiligte.[2] Zwar sei es ein legitimer Zweck sicherzustellen, dass das Kind in stabilen familiären Verhältnissen aufwächst. Auch ist es verfassungsrechtlich zulässig, dass der Gesetzgeber die Ehelichkeit der Beziehung zwischen dem leiblichen Elternteil des Kindes und dem Annehmenden als einen Stabilitätsindikator wertet. Es sei aber unverhältnismäßig, bei einer nichtehelichen Beziehung zwischen Annahmewilligem und leiblichem Elternteil von Vornherein von einer nicht kindeswohldienlichen Adoption auszugehen: Ein milderes Mittel bestünde 7

1 BeckOGK/Löhnig BGB § 1741 Rn. 5.
2 BVerfGE 151, 101 = NJW 2019, 1793.

darin, die Stiefkindadoption auch in nichtehelichen Stiefkindfamilien zuzulassen, sofern diese hinreichende Stabilität versprechen.[3]

8 Der Gesetzgeber hat daraufhin **§ 1766a BGB** geschaffen.[4] Diese Norm dehnt die Vorschriften über die Stiefkindadoption auf Personen aus, die in einer verfestigten Lebensgemeinschaft in einem gemeinsamen Haushalt leben. Damit gilt auch für derartige Lebensgemeinschaften § 1755 II BGB, wonach das Verwandtschaftsverhältnis des Kindes nur zum außenstehenden Elternteil und dessen Verwandten erlischt (und nicht etwa auch zu demjenigen leiblichen Elternteil, der in der nichtehelichen Partnerschaft mit dem adoptierenden Stiefelternteil lebt). § 1766a II BGB enthält positive und negative Regelbeispiele für das Bestehen einer verfestigten Lebensgemeinschaft. Nach § 1766a II 1 BGB liegt eine verfestigte Lebensgemeinschaft idR vor, wenn sie seit mindestens 4 Jahren besteht oder wenn ein gemeinschaftliches Kind vorhanden ist, mit dem das Paar in einem Haushalt eheähnlich zusammenlebt. Dagegen soll eine verfestigte Lebensgemeinschaft idR fehlen, wenn ein Partner anderweit verheiratet ist (§ 1766a II 2 BGB).

9 Besondere Bedeutung hat die Stiefkindadoption bislang in den Fällen künstlicher Befruchtung in gleichgeschlechtlichen Partnerschaften. Bringt etwa eine Partnerin einer lesbischen Verbindung ein mithilfe einer Samenspende gezeugtes Kind zu Welt, so kann ihre Partnerin den rechtlichen Status einer „Co-Mutter" nur im Wege der Stiefkindadoption erlangen. Nach § 1766a BGB ist eine solche Adoption jetzt auch möglich, wenn das lesbische Paar nicht verheiratet ist, sondern „nur" in einer verfestigten Lebensgemeinschaft lebt. Der Gesetzgeber plant jetzt allerdings, in solchen Fällen die Begründung der Mit-Mutterschaft auch durch eine § 1592 BGB entsprechende Regelung zuzulassen (s. hierzu → § 7 Rn. 29).

10 Das **Mindestalter** für einen Adoptivelternteil liegt grundsätzlich bei **25 Jahren** (§ 1743 S. 1 BGB). Adoptiert ein Ehepaar gemeinschaftlich oder nimmt der Ehegatte/Partner einer verfestigten nichtehelichen Lebensgemeinschaft im Wege der Stiefkindadoption das Kind seines Partners an, so gilt für den zweiten Ehegatten bzw. den Stiefelternteil ein abgesenktes Mindestalter von 21 Jahren (§ 1743 S. 1, 2 BGB).

5. Einwilligungen

11 Die Adoption stellt einen tiefgreifenden Eingriff in das Persönlichkeitsrecht aller Beteiligten dar. Sie kann daher durch das Gericht nur ausgesprochen werden, wenn alle unmittelbar Betroffenen einverstanden sind oder wenn eine fehlende Einwilligung ausnahmsweise ersetzt werden kann. Sämtliche Einwilligungen sind **höchstpersönlich** zu erklären, **bedingungs- und befristungsfeindlich** und bedürfen der **notariellen Beurkundung** (§ 1750 I–III BGB). Die Einwilligung – ausgenommen die des Kindes (vgl. § 1746 II BGB) – ist grundsätzlich unwiderruflich (§ 1750 II 2 BGB). Allerdings verliert sie ihre Kraft, wenn der Adoptionsantrag zurückgenommen oder die Adoption versagt wird. Die Einwilligung eines Elternteils verliert außerdem ihre Kraft, wenn die Adoption nicht innerhalb von 3 Jahren seit dem Wirksamwerden der Einwilligung ausgesprochen wird (§ 1750 IV BGB).

3 BVerfGE 151, 101 Rn. 61 ff. = NJW 2019, 1793.
4 Eingefügt durch G. v. 19.3.2020 (BGBl. 2020 I 541).

a) Einwilligung des Kindes

Erforderlich ist zunächst die Einwilligung des Kindes. Für das unter 14 Jahre alte Kind wird diese Einwilligung durch den gesetzlichen Vertreter abgegeben. Das über 14 Jahre alte Kind kann dagegen nur selbst einwilligen (außer es ist geschäftsunfähig), bedarf hierzu allerdings der Zustimmung seines gesetzlichen Vertreters (§ 1746 I BGB, Ausnahme in § 1746 III Hs. 2 BGB). 12

b) Einwilligung der Eltern

Weiterhin muss die Einwilligung der Kindeseltern vorliegen (§ 1747 BGB), und zwar unabhängig davon, ob sie sorgeberechtigt sind oder nicht. Steht die rechtliche Vaterschaft des Kindes (noch) nicht fest, so muss derjenige Mann einwilligen, der glaubhaft macht, der Mutter in der Empfängniszeit beigewohnt zu haben (§ 1747 I 2 BGB). Die Einwilligung des nur-leiblichen Vaters ist entbehrlich, wenn er (insbesondere als anonymer Samenspender) von Vornherein auf sein Recht, die Stellung als Vater einzunehmen, verzichtet hat.[5] Ist ein Elternteil noch minderjährig, so bedarf seine Einwilligung nicht der Zustimmung seines gesetzlichen Vertreters (§ 1750 III 2 BGB). 13

Zum Schutz der Eltern vor unüberlegten Schritten kann die Einwilligung erst wirksam abgegeben werden, wenn das Kind bereits 8 Wochen alt ist (§ 1747 II 1 BGB). Eine Ausnahme besteht nur für den nichtehelichen Vater: Dieser kann schon vorgeburtlich einwilligen (§ 1747 III Nr. 1 BGB). Im Zeitpunkt der Einwilligung muss objektiv feststehen, wer das Kind adoptieren soll. Eine sog. Blanko-Einwilligung (dh eine Adoptionsfreigabe des Kindes, ohne dass der Annehmende schon feststeht) ist unwirksam. Allerdings muss dem einwilligenden Elternteil die Identität des Annehmenden subjektiv nicht bekannt sein. Eine sog. Inkognito-Adoption ist also zulässig (§ 1747 II 2 BGB). 14

Die Einwilligung des Elternteils ist ausnahmsweise entbehrlich, wenn er hierzu dauerhaft außerstande oder sein Aufenthalt unbekannt ist. Dabei gilt der Aufenthalt einer Mutter, die ihr Kind vertraulich geboren hat, als dauernd unbekannt, bis sie gegenüber dem Familiengericht die zum Geburtseintrag erforderlichen Angaben gemacht hat (§ 1747 IV BGB). 15

Die **Einwilligung eines Elternteils kann auch durch das Familiengericht nach § 1748 BGB** unter engen Voraussetzungen **ersetzt werden, wenn** der betreffende Elternteil 16

- seine **Pflichten gegenüber dem Kind verletzt hat** (und zwar entweder anhaltend gröblich oder so besonders schwer, dass das Kind seiner Obhut voraussichtlich nicht mehr anvertraut werden kann) *oder* durch sein Verhalten gezeigt hat, dass ihm das Kind gleichgültig ist *und* wenn das Unterbleiben der Annahme dem Kind zu unverhältnismäßigem Nachteil gereichen würde
- wegen einer **besonders schweren psychischen Krankheit** oder einer besonders schweren geistigen oder seelischen Behinderung zur Pflege und Erziehung des Kindes dauernd unfähig ist und das Kind ohne die Adoption nicht in einer Familie aufwachsen und dadurch in seiner Entwicklung schwer geschädigt würde
- der **nichtsorgeberechtigte nichteheliche Vater** des Kindes ist und das Unterbleiben der Annahme dem Kind zu unverhältnismäßigem Nachteil gereichen würde.

5 OLG Nürnberg NJW-RR 2019, 1154.

17 Ein unverhältnismäßiger Nachteil für das Kind ist nur gegeben, wenn die Adoption so erhebliche Vorteile für das Kind bietet, dass ein sich verständig um sein Kind sorgender Elternteil auf der Erhaltung des Verwandtschaftsbandes nicht bestehen würde.[6]

18 Bereits die Einwilligung eines Elternteils in die Adoption entfaltet **Rechtswirkungen**: Mit der Einwilligung ruht die elterliche Sorge des betreffenden Elternteils und das Recht zum persönlichen Umgang mit dem Kind darf nicht mehr ausgeübt werden (§ 1751 I 1 BGB). Das gilt allerdings nicht bei der Stiefkindadoption (§ 1751 II BGB).

c) Einwilligung des Ehegatten

19 Soweit ein Ehegatte ausnahmsweise allein annimmt, ist die Einwilligung seines Ehegatten in die Adoption erforderlich (§ 1749 BGB). Die Vorschrift betrifft Fälle, in denen der andere Ehegatte nicht adoptieren kann, weil er das Mindestalter von 21 Jahren noch nicht erreicht hat.

III. Rechtswirkungen der Minderjährigenadoption

20 Dem gerichtlichen Adoptionsbeschluss geht regelmäßig eine **Adoptionspflege** voraus (§ 1744 BGB, → Rn. 5). Bereits diese hat **Rechtswirkungen**: Der Annehmende erhält regelmäßig die Befugnis, für das Kind in Angelegenheiten des täglichen Lebens zu entscheiden und den Sorgerechtsinhaber insoweit zu vertreten (§ 1751 I 4 BGB iVm § 1688 I, III BGB). Sobald die Eltern ihre Einwilligung in die Adoption erteilt haben, wird der Annahmewillige, der das Kind in Adoptionspflege hat, dem Kind auch unterhaltspflichtig (§ 1751 IV 1 BGB).

21 Mit dem **Adoptionsbeschluss** erhält das Kind die rechtliche **Stellung eines leiblichen Kindes** des Annehmenden bzw. der Annehmenden, mit allen diesbezüglichen Rechten und Pflichten (§ 1754 BGB). Auch im Verhältnis zu den Verwandten des Annehmenden treten volle verwandtschaftliche Beziehungen (zB Erb- und Unterhaltsansprüche) ein, während die **bisherigen Verwandtschaftsverhältnisse erlöschen** (§ 1755 I 1 BGB. Ausnahmen in §§ 1755 II, 1756 I, II BGB). Das Kind erhält den **Familiennamen des Annehmenden** (§ 1757 I BGB). Das Gericht kann auf Antrag des Annehmenden und mit der Einwilligung des Kindes dem neuen Namen des Kindes seinen bisherigen Namen voranstellen oder anfügen, wenn dies aus schwerwiegenden Gründen zum Wohl des Kindes erforderlich ist (§ 1757 III 1 Nr. 2 BGB).

22 Solange das Annahmeverhältnis besteht, kann das adoptierte Kind bei Lebzeiten des Annehmenden grundsätzlich nicht nochmals adoptiert werden (§ 1742 BGB, Verbot der Kettenadoption). Eine Ausnahme gilt für den Ehegatten des Annehmenden.

23 **Beispiel:** Herr und Frau Meister wollen ein Kind adoptieren. Im Zeitpunkt der Adoption ist Herr Meister 40, seine Frau dagegen erst 20 Jahre alt. Hier ist zunächst nur eine Adoption durch Herrn Meister alleine möglich (§§ 1741 II 4, 1743 S. 2 BGB). Sobald auch Frau Meister das Mindestalter von 21 Jahren erreicht, kann sie sich der Adoption ihres Mannes anschließen (§§ 1741 II 3, 1742, 1743 S. 1 BGB).

6 BGHZ 162, 357 = NJW 2005, 1781.

IV. Aufhebung des Adoptionsverhältnisses

Die Annahme als Kind ist grundsätzlich endgültig, um adoptierten Kindern die gleiche Stabilität zu bieten wie leiblichen. Der Adoptionsbeschluss kann allerdings unter sehr engen Voraussetzungen wieder aufgehoben werden. 24

1. Aufhebung bei Erklärungsmängeln

Eine Aufhebung ist möglich, wenn bestimmte für die Adoption erforderliche Anträge bzw. Einwilligungen nicht oder nicht wirksam abgegeben wurden (§§ 1761 f. BGB) und derjenige, dessen Erklärung nicht wirksam abgegeben wurde, dies beantragt (§ 1762 I 1 BGB). Die Aufhebungsgründe sind in § 1760 II BGB aufgezählt. So ist eine Erklärung etwa unwirksam, wenn sie im Zustand der Geschäftsunfähigkeit oder innerhalb der ersten 8 Wochen nach der Geburt des Kindes abgegeben oder wenn sie durch arglistige Täuschung über wesentliche Umstände erschlichen wurde (vgl. bei arglistiger Täuschung aber die Einschränkung in § 1760 IV BGB). Die Unwirksamkeit einer Erklärung wird dadurch geheilt, dass sie der Erklärende wirksam nachholt oder sonst zu erkennen gibt, dass das Annahmeverhältnis aufrechterhalten werden soll (§ 1760 III BGB). Weitere Aufhebungshindernisse normiert § 1761 BGB (insbesondere grundsätzlich keine Aufhebung, wenn dadurch das Wohl des Kindes erheblich gefährdet würde). Der Aufhebungsantrag ist an eine einjährige Frist gebunden; sind seit dem Adoptionsbeschluss bereits 3 Jahre vergangen, kommt eine Aufhebung nicht mehr in Betracht (§ 1762 II 1 BGB). 25

2. Aufhebung im Kindesinteresse

Nach § 1763 BGB kann die Adoption eines minderjährigen Kindes von Amts wegen aufgehoben werden, wenn dies aus schwerwiegenden Gründen zum Wohl des Kindes erforderlich ist. Die Aufhebung darf nur erfolgen, wenn ein leiblicher Elternteil bereit und geeignet ist, die Pflege und Erziehung des Kindes zu übernehmen oder wenn die Aufhebung eine erneute Adoption des Kindes ermöglichen soll (§ 1763 III BGB). Die Aufhebung im Kindesinteresse ist nicht mehr möglich (auch nicht bei schwersten Verfehlungen wie sexuellem Missbrauch durch den Adoptivelternteil), sobald das Kind volljährig geworden ist.[7] 26

3. Rechtsfolgen der Aufhebung

Der Aufhebungsbeschluss wirkt nur für die Zukunft (§ 1764 I 1 BGB). Mit ihm erlöschen die durch die Adoption begründeten Verwandtschaftsverhältnisse (§ 1764 II BGB). Gleichzeitig leben die Verwandtschaftsverhältnisse zur leiblichen Familie wieder auf (§ 1764 III BGB). Das Sorgerecht erhalten die leiblichen Eltern allerdings nur, wenn ihnen diese durch das Familiengericht zurückübertragen wird, was eine negative Kindeswohlprüfung voraussetzt (§ 1764 IV BGB). Kommt das Gericht zu dem Ergebnis, dass eine Rückübertragung des Sorgerechts auf die Eltern dem Kindeswohl widersprechen würde, so muss es dem Kind einen Vormund oder Pfleger bestellen. 27

7 BGH NJW 2014, 1663.

V. Besonderheiten der Volljährigenadoption

28 Der Gesetzgeber betrachtet die Volljährigenadoption als Ausnahme. Er hat sie in den §§ 1767–1772 BGB grundsätzlich über einen Verweis auf die Vorschriften der Minderjährigenadoption geregelt (vgl. § 1767 II 1 BGB). Es gibt jedoch auch bedeutende Unterschiede.

1. Voraussetzungen

29 Die Adoption eines Volljährigen ist nur zulässig, wenn sie **sittlich gerechtfertigt** ist (§ 1767 I Hs. 1 BGB). Dies ist grundsätzlich anzunehmen, wenn ein Eltern-Kind-Verhältnis faktisch bereits entstanden ist und es nur um seine rechtliche Anerkennung geht (§ 1767 I Hs. 2 BGB). In allen anderen Fällen ist eine umfassende Prüfung vorzunehmen. Sittlich gerechtfertigt ist die Annahme zB, wenn der Anzunehmende den Annehmenden im Alter unterstützt oder wenn er sein Lebenswerk (Betrieb, Hof etc) fortführen soll und eine enge persönliche Bindung besteht. Werden mit der Adoption dagegen vorrangig[8] wirtschaftliche (Reduzierung der Erbschaftssteuer, Veränderung des gesetzlichen Erb- und Pflichtteilsrechts) oder sonst familienfremde Zwecke (zB Adoption nur zum Erwerb eines Adelstitels) verfolgt, fehlt es an der sittlichen Rechtfertigung.[9]

30 **Beispiel (nach AG Büdingen NZFam 2019, 462):** Die Beteiligten kannten sich seit 36 Jahren und waren 10 Jahre davon miteinander verheiratet. Auch nach der Scheidung sahen sie sich regelmäßig, obwohl die (20 Jahre jüngere) ehemalige Ehefrau nach der Trennung auch andere Partner hatte. Sie besprachen nach wie vor nahezu alle persönlichen Dinge und verbrachten häufig die Freizeit miteinander, ebenso wie Feiertage, Weihnachten und Geburtstage. Arztbesuche nahmen sie nach Möglichkeit zusammen wahr. Das Gericht hat in diesem Fall die sittliche Rechtfertigung verneint: Die auch nach der Scheidung noch „sehr intensive, vertrauensvolle und auch liebevolle Beziehung" der Beteiligten lasse eher auf eine (asexuelle) gleichberechtigt partnerschaftliche Beziehung und nicht auf ein Eltern-Kind-Verhältnis schließen.

31 Der Adoptionsantrag muss bei der Volljährigenadoption von Annehmendem und Anzunehmendem gemeinsam gestellt werden (§ 1768 I 1 BGB). Die Einwilligung der leiblichen Eltern ist nicht erforderlich (§ 1768 I 2 BGB); ihnen ist allerdings rechtliches Gehör zu gewähren.

2. Wirkungen

32 Anders als die Minderjährigenadoption ist die Volljährigenadoption grundsätzlich **keine Volladoption**: Der Anzunehmende wird weder mit den Verwandten noch mit dem Ehegatten des Annehmenden verwandt; auch ein Ehegatte des Anzunehmenden wird nicht mit dem Annehmenden verschwägert (§ 1770 I BGB). Dementsprechend werden auch die bisherigen Verwandtschaftsverhältnisse des Anzunehmenden nicht beendet (§ 1770 II BGB). Ausnahmsweise kann durch das Gericht auf Antrag auch die starke Wirkung der Minderjährigenadoption angeordnet werden (§ 1772 BGB).

8 Unschädlich sind entsprechende Motive als Nebenzweck.
9 BeckOGK/Löhnig BGB § 1767 Rn. 30 f.

3. Aufhebung

Die Aufhebung der Volljährigenadoption kann aufgrund ihrer schwachen Wirkungen grundsätzlich bereits dann erfolgen, wenn ein wichtiger Grund vorliegt (§ 1771 BGB; Ausnahme in § 1772 II BGB für die Volljährigenadoption mit starker Wirkung). Ein **wichtiger Grund** ist gegeben, wenn den Beteiligten eine Fortsetzung des Annahmeverhältnisses nicht mehr zugemutet werden kann. 33

§ 12 Vormundschaft, Pflegschaft und Betreuung

I. Einführung

1 Zu den Aufgaben des Staates gehört es, den Schutz von Personen sicherzustellen, die ihre Angelegenheiten nicht selbst wahrnehmen können und für die – soweit es sich um Minderjährige handelt – auch nicht die Eltern als primär Verantwortliche agieren können. Zum Schutz dieser hilfsbedürftigen Personen stellt die Rechtsordnung 3 Instrumente bereit. Diese sind durch die **Reform des Vormundschafts- und Betreuungsrechts**[1] – der umfassendsten Änderung des BGB seit seinem Inkrafttreten 1900, die quantitativ selbst die Schuldrechtsreform von 2002 übertrifft – auf neue Füße gestellt worden. Die Änderungen treten zum **1.1.2023** in Kraft. Nachfolgend wird nur die ab diesem Zeitpunkt geltende **neue Rechtslage** dargestellt, mit einer Hervorhebung der Punkte, die wesentliches Anliegen des Gesetzgebungsprojekts waren.

2 Bei der **Vormundschaft** handelt es sich um die **umfassende Fürsorge** für eine **minderjährige Person**, die nicht unter elterlicher Sorge steht oder zumindest keinen vertretungsberechtigten Elternteil hat bzw. deren Familienstand nicht zu ermitteln ist (§ 1773 I Nr. 1–3 BGB). Die Vormundschaft soll für das Kind den Schutz der Eltern „ersetzen".

3 Der Vormundschaft als umfassendem Fürsorgeverhältnis steht die **Pflegschaft** als „kleinere Schwester" zur Seite.[2] Eine Pflegschaft kann für minderjährige Personen (§§ 1809–1813 BGB), für unbekannte Beteiligte (§ 1882 BGB, das Gesetz nennt als Beispiel einen noch nicht gezeugten Nacherben), als Abwesenheitspflegschaft für einen Volljährigen, dessen Aufenthalt unbekannt ist oder der an der Rückkehr und der Besorgung seiner Vermögensangelegenheiten verhindert ist (§ 1884 BGB) sowie als Sachpflegschaft auch für gesammelte Vermögen (§ 1883 BGB) angeordnet werden. Als Pflegschaft für Minderjährige ist v.a. die **Ergänzungspflegschaft** von Bedeutung (§ 1809 BGB). Auch sie betrifft die Fürsorge für eine **minderjährige Person**, jedoch mit dem Unterschied, dass sie auf eine bestimmte Aufgabe oder einen **bestimmten Aufgabenkreis beschränkt** ist. Sie „ergänzt" quasi die Lücken, die in den Fürsorgebefugnissen der Eltern (oder eines für den Kind bestellten Vormunds) bestehen.

4 Die **Betreuung** bildet ein **Schutzinstrument für Volljährige**, die aufgrund einer Krankheit oder Behinderung ihre Angelegenheiten ganz oder teilweise nicht selbst rechtlich besorgen können. Sie ist in den §§ 1814–1881 BGB geregelt.

5 Gemeinsam ist diesen Schutzverhältnissen, dass sie **durch gerichtlichen Akt** entstehen und enden und dass die Tätigkeit der Sorgeperson gerichtlicher Kontrolle unterliegt. Rechtssystematisch sind nach der Reform die Regelungen zur Betreuung von besonderer Bedeutung, da die Vorschriften zur Vormundschaft und zur Pflegschaft partiell (vgl. zB §§ 1798 II, 1799, 1800 II, 1801, 1811 II BGB) und teilweise auch das elterliche Sorgerecht (vgl. § 1629 II BGB nF) auf sie verweisen. Die **Klausurrelevanz** der genannten Vorschriften ist dagegen **eher gering**. Abgeprüft werden sie noch am ehesten im Zusammenhang mit dem Geschäftsfähigkeits- und dem Vertretungsrecht

1 BGBl. 2021 I 882.
2 Schwab FamR GdR Rn. 1118.

(§§ 104 ff., 164 ff. BGB), da sie einen ungewöhnlichen „Einstieg" in klassische Problemkonstellationen bieten.

II. Vormundschaft

1. Anordnung

6 Die Vormundschaft wird idR durch eine Anordnung des Familiengerichts begründet,[3] die von Amts wegen zu treffen ist (§ 1773 I BGB; § 151 Nr. 4 FamFG), wenn die Voraussetzungen des § 1773 BGB vorliegen, dh wenn

- der Minderjährige nicht unter elterlicher Sorge steht (§ 1773 I Nr. 1 BGB) oder
- kein Elternteil vertretungsberechtigt ist (§ 1773 I Nr. 2 BGB)
- sein Familienstand nicht ermittelbar ist (§ 1773 I Nr. 3 BGB; zB Findelkind, Babyklappenkind, anonyme Geburt).

7 Das Familiengericht bestellt **idR nur einen Vormund**. Ehegatten können gemeinschaftlich zu Vormündern bestellt werden (§ 1775 I BGB). Die Möglichkeit, zusätzlich zum Vormund einen sog. Gegenvormund zu bestellen (§ 1792 I 1 BGB aF; Ausnahme bei Jugendamt als Vormund, vgl. § 1792 I 2 BGB aF), dem die Kontrolle des Vormunds obliegt und der bestimmte Geschäfte des Vormunds genehmigen musste, gibt es nicht mehr. Allerdings kann einem ehrenamtlichen Vormund mit dessen Einverständnis für einzelne Sorgeangelegenheiten oder eine bestimmte Art von Sorgeangelegenheiten ggf. ein Pfleger zur Seite gestellt werden, wenn das dem Wohl des Mündels dient (§ 1776 BGB).

8 Bei der **Auswahl des Vormunds** stehen dem Gericht verschiedene Vormundschaftstypen zur Verfügung, nämlich eine natürliche Person, die die Vormundschaft ehrenamtlich führt (§ 1774 I Nr. 1 BGB), eine natürliche Person, die die Vormundschaft beruflich selbstständig führt (sog. Berufsvormund, § 1774 I Nr. 2 BGB) sowie der Mitarbeiter eines anerkannten Vormundschaftsvereins (§ 1774 I Nr. 3 BGB) oder das Jugendamt (§ 1774 I Nr. 4 BGB). Primär ist als Vormund zu bestellen, wen die sorgeberechtigten (!) Eltern durch letztwillige Verfügung benannt haben (§§ 1778 I, 1782 BGB), was allerdings selten vorkommt. Der von den Eltern benannte Vormund darf nur unter den Voraussetzungen des § 1783 BGB übergangen werden. Ist die Vormundschaft nicht einer durch die Eltern benannten Person zu übertragen, wählt das Gericht nach § 1778 I BGB denjenigen Vormund aus, der am besten geeignet ist, für die Person und das Vermögen des Mündels zu sorgen. Maßgebliche Auswahlkriterien sind der Wille des Mündels, seine Beziehungen und Bindungen, sein religiöses Bekenntnis und sein kultureller Hintergrund, der wirkliche oder mutmaßliche Wille der Eltern, die Lebensumstände des Mündels (§ 1778 II BGB). Kommt eine natürliche Person als Vormund in Betracht, so soll sich die Beurteilung ihrer Eignung an ihren Kenntnissen und Erfahrungen, ihren persönlichen Eigenschaften, ihren persönlichen Verhältnissen und ihrer Vermögenslage sowie ihrer Fähigkeit und Bereitschaft zur Zusammenarbeit mit anderen an der Erziehung des Mündels beteiligten Personen

3 Ausnahmsweise entsteht die Vormundschaft kraft Gesetzes, nämlich bei Fehlen eines sorgeberechtigten Elternteils bei Geburt (§ 1786 BGB), bei vertraulicher Geburt (§ 1787 BGB) und mit der Einwilligung der Eltern in eine Adoption des Kindes (§ 1751 I 2 BGB). In diesen Fällen wird das Jugendamt automatisch Vormund.

orientieren (§ 1779 I BGB). Von Bedeutung für die Eignung eines Berufs- oder Vereinsvormunds soll auch seine Arbeitsbelastung, insbesondere durch bereits zu führende Vormundschaften und Pflegschaften, zu berücksichtigen sein (§ 1780 BGB). Bei der Auswahl besteht ein **Vorrang nach § 1779 II BGB zugunsten eines ehrenamtlichen Vormunds**, der allerdings nur bei gleicher Eignung des ehrenamtlichen Vormunds besteht.[4] Eine geschäftsunfähige Person kann nicht, eine beschränkt geschäftsfähige oder eine unter Betreuung stehende Person soll nicht zum Vormund bestellt werden; ebenfalls nicht bestellt werden soll eine Person, die durch elterliche Anordnung von der Vormundschaft ausgeschlossen wurde (§ 1784 BGB). Der Vormund erhält eine Bestellungsurkunde (§ 168b FamFG), in die etwaige Beschränkungen seiner Vertretungsmacht und Aufgabenbereiche aufgenommen werden.

9 Die vom Gericht ausgewählte Person ist grundsätzlich zur Übernahme der Vormundschaft verpflichtet, wenn ihr die Übernahme unter Berücksichtigung ihrer familiären, beruflichen und sonstigen Verhältnisse zugemutet werden kann (§ 1785 I BGB; Ausnahme für Vormundschaftsvereine und Vereinsvormund, deren Bestellung ihre Zustimmung voraussetzt, § 1785 III BGB).

10 Das Gericht bestellt einen sog. **vorläufigen Vormund** nach § 1781 BGB, wenn die erforderlichen Ermittlungen zur Auswahl des geeigneten Vormunds, insbesondere im persönlichen Umfeld des Mündels, im Zeitpunkt der Anordnung der Vormundschaft noch nicht abgeschlossen sind oder wenn ein vorübergehendes Hindernis für die Bestellung des Vormunds besteht.

2. Rechtsfolgen

a) Personen- und Vermögenssorge (inklusive gesetzlicher Vertretung)

11 Der Vormund soll die Sorge durch die Eltern ersetzen. Er erhält daher grundsätzlich sowohl die Personen- als auch die Vermögenssorge und die damit einhergehenden Vertretungsbefugnisse (§ 1789 I, II BGB).

12 § 1788 BGB enthält einen Katalog von Mündelrechten, der das Recht des Mündels auf Förderung seiner Entwicklung und Erziehung zur Eigenverantwortlichkeit und Gemeinschaftsfähigkeit, auf Achtung seines Willens und auf eine entwicklungsgerechte Beteiligung an den das Mündel betreffenden Angelegenheiten enthält (Parallelen bestehen zu § 1626 II BGB). Unter § 1788 Nr. 2 BGB ist – entsprechend § 1631 II BGB – ein Recht auf gewaltfreie Pflege und Erziehung vorgesehen. Häufig betreut der Vormund das Kind nicht tatsächlich selbst, sondern betraut hiermit eine Pflegeperson oder ein Jugendheim. Auch in diesem Fall bleibt der Vormund allerdings verpflichtet, mit dem Mündel persönlich Kontakt zu halten und es idR einmal im Monat in dessen persönlicher Umgebung aufzusuchen (§§ 1788 Nr. 3, 1790 III BGB).

13 **Klausurrelevant** sind insbesondere die **Vertretungsbefugnisse des Vormunds und deren Einschränkungen**. In den Fällen der §§ 1789 II 2, 1824 BGB – also bei der abstrakten Gefahr von Interessenkollisionen zwischen Vormund und Mündel – ist der Vormund kraft Gesetzes von der Vertretung ausgeschlossen. Bei einer von § 1824 BGB nicht erfassten, aber konkret gegebenen Interessenkollision kann das Familiengericht dem Vormund die Vertretungsmacht nach §§ 1789 II 3, 4 BGB entziehen, wenn das Interesse des Mündels zu dem Interesse des Vormunds, eines von diesem vertretenen Dritten oder einer der in § 1824 I Nr. 1 BGB bezeichneten Personen in erheblichem Gegensatz steht. Außerdem sind Schenkungen im Namen des Kindes

4 Eine fehlende gleiche Eignung kann aber nach § 1779 II 2 BGB durch die Bestellung eines zusätzlichen Pflegers nach § 1776 BGB ausgeglichen werden.

grundsätzlich nichtig (§ 1798 III 1 BGB; Ausnahme für Anstandsschenkungen in S. 2). Während die Rechtsstellung des Vormunds insoweit der der Eltern entspricht, ist der Kreis der Geschäfte, für die er einer **Genehmigung des Familiengerichts** bedarf, weiter gezogen als bei den Eltern (vgl. §§ 1795 II BGB für Angelegenheiten der Personensorge und § 1799 BGB für Angelegenheiten der Vermögenssorge mit § 1643 BGB). Das Familiengericht kann den Vormund jedoch uU von den Beschränkungen der Vermögenssorge befreien (§ 1801 II BGB).

Besonders klausurträchtig scheinen insbesondere **mögliche konkurrierende Zuständigkeiten**. Diese können sich zum einen ergeben, wenn **Vormund und tatsächliche Betreuungsperson** des Kindes – wie in der Praxis häufig – **auseinanderfallen**. Lebt das Mündel längere Zeit bei der Pflegeperson, so ist diese nach § 1797 I BGB entscheidungsbefugt in Angelegenheiten des täglichen Lebens. Sie kann den Vormund insoweit vertreten. Der Vormund kann diese Befugnisse allerdings durch Erklärung gegenüber der Pflegeperson einschränken, wenn dies zum Wohl des Mündels erforderlich ist (§ 1797 III BGB). Das Gericht kann außerdem auf Antrag des Vormunds oder der Pflegeperson bei gegenseitigem Einverständnis weitere Sorgeangelegenheiten auf die Pflegeperson nach § 1777 BGB übertragen, wenn dies dem Wohl des Mündels dient. Die Pflegeperson hat in diesem Umfang dann neben dem Vormund die Rechtsstellung eines gesetzlichen Vertreters inne, § 1777 IV BGB. Sorgeangelegenheiten von erheblicher Bedeutung können allerdings nur zur gemeinsamen Wahrnehmung mit dem Vormund übertragen werden, § 1777 II BGB. Vorsicht ist auch geboten, wenn das Familiengericht **zusätzlich zu einem ehrenamtlichen Vormund einen Pfleger** bestellt, dem einzelne Sorgeangelegenheiten übertragen werden, § 1776 BGB. Das Verhältnis von Vormund und Pfleger regelt sich dann nach § 1792 BGB. Insbesondere entscheiden sie in Angelegenheiten, für die ihnen nach § 1777 BGB die elterliche Sorge gemeinsam zusteht, im gegenseitigen Einvernehmen, § 1792 IV BGB. Können sie sich nicht einigen, entscheidet auf Antrag das Familiengericht, § 1793 BGB. 14

b) Rechtsverhältnis zwischen Vormund und Mündel

Zwischen Vormund und Mündel besteht ein **gesetzliches Dauerschuldverhältnis *sui generis***, das wesentliche Elemente einer **unentgeltlichen Geschäftsführung** enthält.[5] Grundsätzlich wird die Vormundschaft unentgeltlich geführt (§ 1808 I BGB; Ausnahme bei berufsmäßiger Vormundschaft, § 1808 III BGB; das Gericht kann auch dem ehrenamtlichen Vormund ausnahmsweise eine Vergütung bewilligen, § 1808 II 2 BGB). Der ehrenamtliche Vormund hat aber in jedem Fall einen Anspruch auf Vorschuss und Aufwendungsersatz oder die Zahlung einer Aufwandspauschale (§ 1808 II 1 BGB iVm §§ 1877 f. BGB). 15

c) Haftung

Der Vormund ist dem Mündel für Schäden, die aus Pflichtverletzungen entstehen, voll ersatzpflichtig, wobei das Verschulden vermutet wird. Er hat dabei jeden Grad von Fahrlässigkeit zu vertreten (§ 1794 I BGB). Eine Haftungsprivilegierung wie bei Eltern (§ 1664 BGB) gibt es grundsätzlich nicht. Eine Ausnahme gilt nur für den Fall, dass es sich um einen ehrenamtlichen Vormund handelt und dieser das Kind zur Pflege und Erziehung in seinen Haushalt aufgenommen hat (§ 1794 II BGB). 16

5 Schwab FamR GdR Rn. 1139.

3. Beendigung

17 Die **Vormundschaft endet** kraft Gesetzes mit dem Wegfall ihrer Voraussetzungen (§ 1806 BGB), also zB mit der Volljährigkeit des Kindes. Davon zu unterscheiden ist die **Beendigung der Amtsführung eines konkreten Vormunds.** Die Amtsführung endet, wenn der Vormund stirbt oder wenn das Gericht ihn entlässt. Das Gericht muss insbesondere den Vormund entlassen, wenn die Fortführung des Amts die Interessen oder das Wohl des Mündels gefährden würde (§ 1804 I Nr. 1 BGB, weitere Entlassungsgründe in Abs. 1 Nr. 2–5). Auf seinen eigenen Antrag hin muss das Gericht einen Vormund entlassen, wenn ihm die Fortführung des Amts nicht mehr zugemutet werden kann (§ 1804 II Nr. 1 BGB). Das Gericht soll auf Antrag einen Vormund außerdem entlassen, wenn der Wechsel des Vormunds dem Wohl des Mündels dient (§ 1804 III BGB). Einen entsprechenden Antrag können nicht nur der bisherige Vormund, sondern auch der potenzielle künftige Vormund, das über 14 Jahre alte Mündel und jede sonstige Person stellen, die ein berechtigtes Interesse des Mündels geltend macht (§ 1804 III 3 BGB). Wird nur die Amtsführung des konkreten Vormunds – und nicht die Vormundschaft insgesamt – beendet, muss regelmäßig unverzüglich ein neuer Vormund bestellt werden (§ 1805 BGB).

III. Pflegschaft (insbesondere Ergänzungspflegschaft)

18 Das Institut der Pflegschaft hat verschiedene Ausprägungen erfahren. Nach neuem Recht sind 2 Arten von Pflegschaften zu unterscheiden. Die Pflegschaften für Minderjährige, die systematisch im Anschluss an das Vormundschaftsrecht geregelt werden (§§ 1809–1813 BGB), und die sonstigen Pflegschaften, die erst auf das Betreuungsrecht folgen (§§ 1882–1888 BGB). Für die erste Gruppe von Pflegschaften ist das Familiengericht zuständig, für die zweite das Betreuungsgericht. Auch das grundsätzlich anwendbare Recht unterscheidet sich (Vormundschaftsrecht, § 1813 I BGB, bzw. Betreuungsrecht, § 1888 I BGB). Familienrechtlich besonders relevant ist die **Ergänzungspflegschaft für Minderjährige** (§ 1809 BGB). Sie ist gewissermaßen die „kleine Schwester" der Vormundschaft, denn sie tritt **ergänzend zur elterlichen Sorge** (oder zu einer bestehenden Vormundschaft) hinzu, soweit die Eltern (bzw. der Vormund) an der Besorgung bestimmter Angelegenheiten verhindert sind.

19 **Beispiel:** Bei Insichgeschäften sind die Eltern gem. §§ 1629 II 1, 1824 II, 181 BGB von der Vertretung des Kindes ausgeschlossen. Soll das Rechtsgeschäft wirksam vorgenommen werden, bedarf es grundsätzlich der Bestellung eines Ergänzungspflegers, der das Kind vertritt.

20 Die Vertretungsmacht des Ergänzungspflegers ergibt sich daher aus §§ 1813 I, 1789 I, II 1 BGB. Ebenso gelten die für den Vormund angeordneten Beschränkungen der Vertretungsmacht auch für den Pfleger.

IV. Betreuung

21 Das Betreuungsrecht ist durch die Reform erheblich umgestaltet worden. Ein wesentlicher Impetus ging von der UN-Erwachsenenschutzkonvention aus. Das Ziel ist eine größere Beteiligung des Betreuten an den ihn betreffenden Entscheidungen, dh Assistenz vor Vertretung. Deswegen ist auch nicht mehr das „Wohl des Betreuten"

(vgl. § 1901 II 1 BGB aF), wie bislang, der maßgebende Begriff des Betreuungsrechts. Zentral sind nunmehr die Wünsche des Betreuten. Diesen hat der Betreuer grundsätzlich zu entsprechen, bei ihrer Umsetzung muss er rechtliche Unterstützung leisten.

1. Voraussetzungen

Handelt es sich bei der hilfsbedürftigen Person um einen **Volljährigen**, so kommt die Bestellung eines Betreuers in Betracht.

22

Voraussetzungen der Betreuerbestellung

Eine Betreuung kann nach § 1814 BGB bestellt werden, wenn
- ein **Volljähriger** ganz oder teilweise seine **Angelegenheiten rechtlich nicht selbst besorgen kann** (§ 1814 I BGB), und zwar
- **aufgrund** einer **Krankheit oder einer Behinderung** (§ 1814 I BGB)
- der **freie Wille des Betroffenen nicht entgegensteht** (§ 1814 II BGB)
  Das bedeutet: Ist der Betroffene mit der Betreuerbestellung nicht einverstanden, so kann sie nur erfolgen, wenn der Betroffene – bezogen auf den in Aussicht genommenen Aufgabenkreis – einen freien Willen nicht bilden oder nicht äußern kann. Die Kriterien des freien Willens sind dabei die gleichen wie bei § 104 Nr. 2 BGB, es kommt also auf die natürliche Einsichts- und Steuerungsfähigkeit an.[6]
- und eine **Betreuung erforderlich** ist (§ 1814 III BGB).

An der Erforderlichkeit der Betreuung kann es insbesondere fehlen, wenn der Betroffene noch in der Lage ist, jemanden mit der Wahrnehmung seiner Angelegenheiten zu beauftragen, oder wenn er bereits eine wirksame Vorsorgevollmacht errichtet hat (§ 1814 III 2 Nr. 1 BGB). Sie ist auch dann nicht erforderlich, wenn die Angelegenheiten durch andere Hilfen, bei denen kein gesetzlicher Vertreter bestellt wird, erledigt werden können, insbesondere durch solche Unterstützung, die auf sozialen Rechten oder anderen Vorschriften beruht (§ 1814 III 2 Nr. 2 BGB). Die Betreuung ist grundsätzlich auf bestimmte Aufgabenkreise zu beschränken, die im Einzelnen angeordnet werden müssen; ein Aufgabenbereich darf nur angeordnet werden, wenn und soweit dessen Wahrnehmung durch einen Betreuer erforderlich ist (§ 1815 BGB). Bestimmte weitreichende Entscheidungen (zB über eine freiheitsentziehende Unterbringung) darf der Betreuer außerdem nur treffen, wenn sie als Aufgabenbereich vom Betreuungsgericht ausdrücklich angeordnet worden sind (§ 1815 II BGB).

Keine Voraussetzung ist, dass der Betroffene geschäftsunfähig ist. Die Betreuung 23 kann daher grundsätzlich auch für einen Geschäftsfähigen angeordnet werden, wenn sie erforderlich ist. Die Betreuerbestellung kann auf Antrag des Betroffenen oder von Amts wegen erfolgen (§ 1814 IV 1 BGB). Erfolgt die Betreuerbestellung wegen einer körperlichen Krankheit oder Behinderung, ist stets ein Antrag des Betroffenen erforderlich, es sei denn, dieser kann seinen Willen nicht kundtun (§ 1814 IV 2 BGB).

Zuständig für die Anordnung der Betreuung ist das Amtsgericht als Betreuungsgericht (§ 23c GVG). 24 Das Verfahrensrecht ist in den §§ 271 ff. FamFG geregelt. Der Betroffene ist in Betreuungssachen ohne Rücksicht auf seine Geschäftsfähigkeit verfahrensfähig (§ 275 FamFG). Das Gericht wählt grundsätzlich eine geeignete Person als Betreuer (§ 1816 I BGB). Einem Wunsch des Betreuungsbedürftigen ist zu folgen, es sei denn, die gewünschte Person ist nicht geeignet (§ 1816 II 1 BGB). Lehnt

6 BeckOGK/Schmidt-Recla BGB § 1896 Rn. 131.

der Volljährige eine bestimmte Person als Betreuer ab, so ist diesem Wunsch zu entsprechen, es sei denn, die Ablehnung bezieht sich nicht auf die Person des Betreuers, sondern auf die Bestellung eines Betreuers als solche (§ 1816 II 2 BGB). In jedem Fall sind bei der Auswahl des Betreuers die familiären Beziehungen, persönlichen Bindungen des Betreuten sowie die Gefahr von Interessenkonflikten zu berücksichtigen (§ 1816 III BGB). Ein beruflicher Betreuer soll nur dann zum Betreuer bestellt werden, wenn keine geeignete Person für die ehrenamtliche Führung der Betreuung zur Verfügung steht (§ 1816 V BGB). Das Gericht kann[7] auch mehrere Betreuer bestellen, entweder für getrennte oder für den gleichen Aufgabenkreis (§ 1817 BGB). Im letzteren Fall können die Mitbetreuer grundsätzlich nur gemeinsam handeln (§ 1817 III BGB).

2. Rechtsfolgen

a) Innenverhältnis zwischen Betreuer und Betreutem

25 Im Innenverhältnis ist der Betreuer verpflichtet, die Angelegenheiten des Betreuten so zu besorgen, dass dieser im Rahmen seiner Möglichkeiten sein Leben nach seinen Wünschen gestalten kann. Hierzu hat der Betreuer die Wünsche des Betreuten festzustellen. Diesen hat er zu entsprechen und den Betreuten bei ihrer Umsetzung zu unterstützen, es sei denn, die Person des Betreuten oder dessen Vermögen würden hierdurch erheblich gefährdet und der Betreute kann diese Gefahr aufgrund seiner Krankheit oder Behinderung nicht erkennen oder nicht nach dieser Einsicht handeln. Der Betreuer muss den Wünschen überdies auch dann nicht entsprechen, wenn ihm das unzumutbar ist (§ 1821 II, III BGB). Kann der Betreuer die Wünsche des Betreuten nicht feststellen oder darf er ihnen nicht entsprechen, hat er den mutmaßlichen Willen des Betreuten aufgrund konkreter Anhaltspunkte zu ermitteln und diesem Geltung zu verschaffen (§ 1821 IV BGB). Der Betreuer haftet dem Betreuten für Schäden infolge Pflichtverletzungen und hat Anspruch auf Vorschuss und Aufwendungsersatz wie ein Beauftragter (§ 1877 BGB). Der ehrenamtliche Betreuer wird grundsätzlich nicht vergütet (§ 1876 S. 1 BGB).

b) Außenverhältnis: Die Stellung des Betreuers im Rechtsverkehr

26 Nach außen umfasst die Betreuungstätigkeit alle Handlungen, die erforderlich sind, um die Angelegenheiten des Betreuten zu besorgen. In seinem Aufgabenkreis kann der Betreuer den Betreuten gerichtlich und außergerichtlich **vertreten** (§ 1823 BGB). Von seiner Vertretungsmacht soll der Betreuer nur Gebrauch machen, soweit dies erforderlich ist (§ 1821 I 2 aE BGB). Ein Verstoß gegen den Erforderlichkeitsgrundsatz oder die Wünsche des Betreuten kann zu einer Schadensersatzverpflichtung führen, wirkt allerdings grundsätzlich nicht im Außenverhältnis, lässt also die Vertretungsmacht nicht entfallen.[8] Anders ist das nur ausnahmsweise unter den allgemeinen Voraussetzungen eines Missbrauchs der Vertretungsmacht. **Echte Beschränkungen der Vertretungsmacht** enthält dagegen **§ 1824 BGB**, auf den auch die Normen des Vormundschaftsrechts und des elterlichen Sorgerechts verweisen (vgl. §§ 1789 II, 1629 II BGB). Die Vorschrift regelt abstrakte Interessenkollisionen; wichtig ist insbesondere der Verweis in § 1824 II BGB auf § 181 BGB. Weitergehend bedarf der Betreuer für zahlreiche Maßnahmen der Genehmigung des Betreuungsgerichts, zB im Hinblick auf riskante ärztliche Maßnahmen oder eine Sterilisation (vgl. § 1829 BGB,

7 Unter Umständen muss es das sogar. So muss für Einwilligungen in eine Sterilisation etwa immer ein gesonderter Sterilisationsbetreuer bestellt werden, § 1817 II BGB.

8 Schwab FamRZ 2020, 1321 (1325).

mit Ausnahme in Abs. 4; § 1830 II BGB) oder bei der Kündigung einer vom Betreuten bewohnten Mietwohnung (§ 1833 III 1 Nr. 1 BGB). Im Bereich der Vermögensverwaltung sind die Genehmigungsvorbehalte in §§ 1848 ff. BGB bedeutsam. Ein einseitiges Rechtsgeschäft, das der Betreuer ohne die Genehmigung des Betreuungsgerichts vornimmt, ist unwirksam (§ 1858 BGB); bei Verträgen hängt die Wirksamkeit von der nachträglichen Genehmigung des Betreuungsgerichts ab (§ 1856 BGB).

Die **Betreuerbestellung schränkt die Geschäftsfähigkeit des Betreuten grundsätzlich nicht ein.** Ist der Betreute nicht iSv § 104 Nr. 2 BGB geschäftsunfähig, so kann es zu **widersprechenden Handlungen** des Betreuers und des Betreuten kommen. Soweit die Geschäfte nicht nebeneinander bestehen können, gilt das zeitlich frühere Geschäft. Geschäfte, die nebeneinander bestehen können, sind dagegen beide gültig. 27

Beispiel: Erklärt der Betreute den Rücktritt von einem Kaufvertrag und 2 Wochen später der Betreute die Minderung, so ist alleine der Rücktritt wirksam. Schließt der Betreuer dagegen einen Kaufvertrag für eine Mikrowelle ab und 2 Wochen später auch der Betreute, so sind beide Verträge gültig, auch wenn die Anschaffung von 2 Mikrowellen nicht sinnvoll ist. 28

Auswirkungen auf die Handlungsfähigkeit des Betreuten hat die Betreuerbestellung nur, wenn das Gericht einen **Einwilligungsvorbehalt nach § 1825 BGB** anordnet. Dies ist möglich, wenn es **zur Abwendung einer erheblichen Gefahr für die Person oder das Vermögen des (geschäftsfähigen) Betreuten erforderlich** ist. Gegen den freien Willen des Volljährigen darf ein Einwilligungsvorbehalt allerdings nicht angeordnet werden (§ 1825 I 2 BGB). Die Folge ist eine Art beschränkter Geschäftsfähigkeit des Betreuten: Die §§ 108–113, 131 II und 210 BGB gelten entsprechend (§ 1825 I 3 BGB). Ähnlich einem beschränkt Geschäftsfähigen fehlt dem unter Einwilligungsvorbehalt stehenden Betreuten auch die Empfangszuständigkeit: Zahlungen an ihn haben keine Erfüllungswirkung, soweit der Einwilligungsvorbehalt reicht.[9] Trotz Einwilligungsvorbehalt bedarf der Betreute allerdings nicht der Einwilligung des Betreuers für Willenserklärungen, die ihm **nur rechtlich vorteilhaft** sind (§ 1825 III 1 BGB) oder die **geringfügige Angelegenheiten des täglichen Lebens** betreffen (§ 1825 III 2 BGB, der Einwilligungsvorbehalt kann allerdings durch gerichtliche Anordnung auch auf solche Geschäfte erstreckt werden). Für **höchstpersönliche Willenserklärungen** (wie die Eheschließung oder Testamentserrichtung, Anfechtung oder Aufhebung eines Erbvertrags) kann ein Einwilligungsvorbehalt nicht angeordnet werden (vgl. § 1825 II BGB). 29

3. Beendigung

Die Betreuung als solche endet mit der Aufhebung durch das Betreuungsgericht oder mit dem Tod des Betreuten (§ 1870 BGB). Die **Betreuung ist aufzuheben**, wenn ihre Voraussetzungen wegfallen (§ 1871 I BGB). Dafür genügt, dass sich der Betreute nunmehr mit freiem Willen gegen eine Betreuung entscheidet.[10] Bei teilweisem Wegfall ist der Aufgabenkreis des Betreuers entsprechend zu beschränken (§ 1871 I 2 BGB). Das Gericht hat spätestens 7 Jahre nach der Betreuerbestellung zu überprüfen, ob die Maßnahme aufzuheben ist, bei einer gegen den erklärten Willen des Betreuten 30

9 BGHZ 205, 90 = NJW 2015, 2497.
10 BGH NJW 2017, 3302.

angeordneten Betreuung sogar schon nach 2 Jahren (§ 295 II FamFG). Wird die Frist nicht eingehalten, bleibt die Betreuerbestellung gleichwohl wirksam.

31 Möglich ist auch die **Entlassung des eingesetzten Betreuers**. Diese hat zu erfolgen, wenn dessen Eignung, die Angelegenheiten des Betreuten zu besorgen, nicht oder nicht mehr gewährleistet ist oder ein anderer wichtiger Grund für die Entlassung vorliegt. Hierfür kann bereits genügen, dass der Betreuer nicht den erforderlichen persönlichen Kontakt zum Betreuten gehalten hat (§ 1868 I BGB). Umgekehrt kann auch der Betreuer seine Entlassung verlangen, wenn ihm die Betreuung nicht mehr zugemutet werden kann oder er eine übernahmebereite, mindestens gleich geeignete Person vorschlägt (§ 1868 IV, V BGB; weitergehend für Vereine und Behörden sowie deren Mitarbeiter als Betreuer, vgl. § 1868 VI, VII BGB). Die Entlassung beendet das Amt des konkreten Betreuers. Besteht der Betreuungsbedarf fort, ist ein neuer Betreuer zu bestellen (§ 1869 BGB).

Teil 2. Fälle und Lösungen

§ 13 Fälle zu Verlöbnis und Eheschließung

Fall Nr. 1 – Der verheiratete Verlobte

Schwerpunkte: *Rechtsnatur des Verlöbnisses; wichtiger Grund für Rücktritt; Rückforderung von Verlobungsgeschenken*

Die 17-jährige Anna (A) ist seit einem Jahr mit dem 38-jährigen Robert (R) zusammen. Zu ihrem 17. Geburtstag hat sich R etwas ganz Besonderes ausgedacht. Er lädt A in ein lokales Sternerestaurant zu 7 Gängen mit passender Weinbegleitung ein (Kosten pro Person: 200 EUR). In ihrem Dessert hat er einen Brillantring versteckt, den er eine Woche zuvor beim Juwelier für 5.000 EUR gekauft hatte. Der verdutzten A, die sich an dem Ring beinahe verschluckt, erklärt er, dass das vergangene Jahr das Beste seines Lebens gewesen sei und dass das zwischen ihnen gerne „für immer" so weitergehen könne, wenn sie das auch wolle. A, die R – schon alleine wegen seines guten Einkommens als Inhaber einer Steuerrechtskanzlei – auch ganz toll findet, nickt sehr kräftig. Am nächsten Tag hängt sie ihren Job als Bäckereifachverkäuferin an den Nagel. Auch As Eltern sind begeistert. Da R ein guter Fang ist und ihre Tochter möglichst schnell „unter die Haube" kommen soll, kauft As Mutter (M) von ihrem eigenen Geld gleich ein von A ausgewähltes Hochzeitskleid (Preis: 2.800 EUR). 1

Doch die Freude währt nicht lange. Als A den R eine Woche später besucht, ist in seiner Wohnung eine fremde Frau anzutreffen, die R als seine „Noch-Ehefrau" vorstellt. Er erklärt hierzu, dass er vor vielen Jahren seine Jugendliebe geheiratet habe. Er hätte jedoch schnell erkannt, dass sie nicht zusammenpassten und sich daher bereits vor 10 Jahren getrennt. Da er jetzt A kennengelernt habe, wolle er seine private Situation bereinigen und sich schnellstmöglich scheiden lassen. Danach könne man dann heiraten.

A ist entsetzt, von Rs bewegtem „Vorleben" erst jetzt zu erfahren, und hat auf die Eheschließung keine Lust mehr, was sie R auch sofort erklärt. Sie fragt sich, ob sie oder ihre Mutter Ersatz für das Hochzeitskleid (das sie nur noch gegen einen Abzug von 1.000 EUR an den Laden zurückgeben können) und für ihren entgangenen Wochenverdienst in der Bäckerei (350 EUR) verlangen können. Doch auch R ist jetzt verärgert: Wenn A ihn nicht heiraten wolle, dann solle sie auch den Ring zurückgeben und die Kosten für ihren Anteil (200 EUR) am „Verlobungsessen" tragen.

Wie ist die Rechtslage?

2 Gliederung

A. Ansprüche der A
  I. § 1299 BGB iVm § 1298 I, II BGB
    1. Wirksames Verlöbnis
    2. Weitere Tatbestandsvoraussetzungen des § 1299 BGB iVm § 1298 I, II BGB
  II. § 823 I BGB iVm Art. 2 I, 1 I GG bzw. § 826 BGB
B. Ansprüche der M
  I. § 1299 BGB iVm § 1298 I, II BGB
  II. § 823 I BGB iVm Art. 2 I, 1 I GG bzw. § 826 BGB
C. Ansprüche des R
  I. § 1301 BGB
  II. §§ 531 II, 530 BGB
  III. § 812 I 1 Alt. 1 BGB
  IV. § 812 I 2 Alt. 2 BGB
  V. § 313 BGB

Lösung

A. Ansprüche der A

3 A könnte ein Schadensersatzanspruch im Hinblick auf das gekaufte Hochzeitskleid und ihren Verdienstausfall als Bäckereifachverkäuferin zustehen.

I. § 1299 BGB iVm § 1298 I, II BGB

4 Dieser Anspruch könnte sich aus § 1299 BGB iVm § 1298 I, II BGB ergeben. Als Spezialregelung des Verlöbnisrechts ist dieser Anspruch grundsätzlich vorrangig zu prüfen.

1. Wirksames Verlöbnis

5 Voraussetzung ist, dass überhaupt ein wirksames Verlöbnis vorliegt.

Dies ist aus 3 Gründen zweifelhaft: Erstens haben A und R nicht ausdrücklich erklärt, dass sie sich verloben wollen. Zweitens war A im maßgeblichen Zeitpunkt noch minderjährig und beschränkt geschäftsfähig (§§ 2, 106 BGB). Drittens war R noch mit einer anderen Person verheiratet. Welche Auswirkungen diese Umstände auf die Wirksamkeit des Verlöbnisses haben, hängt von der Rechtsnatur des Verlöbnisses ab.

6 Nach der sog. Vertragstheorie ist das Verlöbnis ein Vertrag, der sich aus 2 auf Eheschließung gerichteten Willenserklärungen zusammensetzt.[1] Es kommt also durch Angebot und Annahme zustande (§§ 145 ff. BGB). Das Wort „Verlobung" muss nicht fallen, es reicht aus, dass die Auslegung das Vorliegen eines beiderseitigen ernsthaften Eheschließungswillens ergibt (§§ 133, 157 BGB). Dies ist hier der Fall: Der Eheschießungswille des R ist durch die Übergabe des Brillantrings im feierlichen Rahmen und

1 BGH NJW 1959, 529 (530) (Verlöbnis als ein die Ehe vorbereitender familienrechtlicher Vertrag).

die Äußerung des Wunsches nach einer „für immer" dauernden Lebensgemeinschaft dokumentiert. An der Ernsthaftigkeit seines Eheschließungswillens könnte man allenfalls deswegen zweifeln, weil R bereits verheiratet ist. Allerdings teilt der Sachverhalt mit, dass R seine privaten Verhältnisse bereinigen und sich scheiden lassen will, um eine Eheschließung mit A zu ermöglichen. Im Übrigen wäre eine der A verborgen gebliebene Absicht, das Erklärte nicht zu wollen, als Mentalreservation unbeachtlich (§ 116 S. 1 BGB). A hat ihren Eheschließungswillen konkludent durch ihr heftiges Nicken erklärt. Problematisch ist, dass A bei Abgabe ihrer Willenserklärung noch beschränkt geschäftsfähig war. Behandelt man das Verlöbnis – mit der Vertragstheorie – als Vertrag, so führt dies zur Anwendung der §§ 107 ff. BGB. Da das Verlöbnis – selbst das mit einem gut situierten Mann – für A nicht lediglich rechtlich vorteilhaft ist (vgl. insbesondere §§ 1298 f. BGB), bedarf sie grundsätzlich der Einwilligung ihrer Eltern als gesetzlicher Vertreter (§§ 107, 1626, 1629 BGB). Da diese Einwilligung nicht vorlag, war das Verlöbnis zunächst schwebend unwirksam. Durch die nachträgliche Zustimmung der Eltern zu As „gutem Fang" wurde diese schwebende Unwirksamkeit jedoch rückwirkend geheilt (vgl. §§ 108 I, 184 I BGB). Der Wirksamkeit des Verlöbnisses könnte schließlich noch die Ehe des R entgegenstehen. Grundsätzlich kann – wegen des Monogamieprinzips (§ 1306 BGB) – eine verheiratete Person sich nicht anderweit verheiraten. Nach derzeit noch vorherrschender Auffassung verstößt selbst das Verlöbnis einer im Verlobungszeitpunkt noch verheirateten Person gegen das Anstandsgefühl aller billig und gerecht Denkenden. Dies soll sogar dann gelten, wenn der Betreffende zur Scheidung berechtigt ist und selbst dann, wenn er das Scheidungsverfahren im Verlobungszeitpunkt bereits betreibt.2 Unter Anwendung der Vertragstheorie ist das Verlöbnis daher unheilbar nichtig (§ 138 BGB). § 1299 BGB iVm § 1298 BGB ist – jedenfalls direkt – nicht anwendbar.[3] Gegen die Einordnung des Verlöbnisses als Vertrag spricht jedoch, dass die Beteiligten keine *rechtliche Bindung* zur Eingehung einer Ehe herbeiführen wollen (und dies auch gar nicht könnten, vgl. § 1297 II BGB).

Die im Vordringen befindliche Vertrauenshaftungstheorie ordnet das Verlöbnis dagegen als ein (vorvertragliches) gesetzliches Schuldverhältnis (ähnlich der c.i.c.) ein, das zu einer Schadensersatzhaftung wegen enttäuschten Vertrauens führen kann.[4] Erforderlich ist allein, dass das Verhalten des einen Partners im anderen Partner zurechenbares und schutzwürdiges Vertrauen auf die künftige Eheschließung erzeugt hat. Diese Ansicht ist vorzugswürdig, da sie die auf Sekundäransprüche begrenzten Rechtsfolgen des Verlöbnisses besser zu erklären vermag. Folgt man ihr, so kommt eine Schadensersatzhaftung des R in Betracht. Da A nichts von der „Noch-Ehefrau" des R wusste, ist ihr Vertrauen schutzwürdig. Es begegnet auch keinen Bedenken, einen Vertrauensschutztatbestand zugunsten einer Minderjährigen anzuwenden. 7

2 BayObLG NJW 1983, 831.

3 Zu erwägen ist aber eine Analogie zugunsten eines gutgläubigen Verlobten, sodass sich die Vertrags- und die Vertrauenshaftungstheorie iErg selten unterscheiden.

4 Grundlegend Canaris AcP 165 (1965), 1; Schwab FamR GdR Rn. 47; Wellenhofer FamR § 5 Rn. 6; Dethloff FamR § 2 Rn. 7.

2. Weitere Tatbestandsvoraussetzungen des § 1299 BGB iVm § 1298 I, II BGB

8 A ist vom Verlöbnis (konkludent) zurückgetreten. Der Rücktritt muss höchstpersönlich erklärt werden, was hier der Fall war. Ein beschränkt Geschäftsfähiger bedarf hierzu nicht der Zustimmung seines gesetzlichen Vertreters.[5]

Der Schadensersatzanspruch setzt weiterhin voraus, dass der andere Verlobte einen wichtigen Grund für den Rücktritt gegeben hat (§ 1299 BGB). Ein wichtiger Grund liegt nicht vor, wenn die Auflösung des Verlöbnisses alleine auf einem subjektiven Gesinnungswandel beruht. Vielmehr müssen aus der Sphäre des anderen Teils Umstände hinzutreten oder erstmals bekannt werden, die es verständlich erscheinen lassen, dass die Eheschließung nunmehr abgelehnt wird. Der A erst nachträglich bekannt gewordene Umstand, dass Rs Vorleben eine „Noch-Ehefrau" beinhaltet, lässt es verständlich erscheinen, dass sie von der Eheschließung Abstand nimmt. Ein wichtiger Grund für ihren Rücktritt liegt also vor.

9 Zu ersetzen sind Aufwendungen, also freiwillige Vermögensopfer, die in Erwartung der Ehe gemacht worden sind. Unter den Begriff der Aufwendung fällt das Hochzeitskleid, doch hat diese Aufwendungen nicht A selbst getätigt. Insoweit kommt alleine ein Anspruch von M in Betracht (s. hierzu unten B.). Der Verzicht auf berufliches Einkommen ist keine Aufwendung im Rechtssinne, jedoch eine die „Erwerbsstellung berührende Maßnahme", für die ein Verlobter grundsätzlich ebenfalls Schadensersatz verlangen kann (vgl. § 1298 I 2 BGB). Erforderlich ist jedoch, dass die Maßnahme „in Erwartung der Ehe" (§ 1298 I 2 BGB) getroffen wurde und den Umständen nach angemessen war (§ 1298 II BGB). Bei der Beurteilung der Angemessenheit spielt eine Rolle, ob die Maßnahme mit dem anderen Verlobten abgesprochen war oder nicht. Grundsätzlich ist die Aufgabe eines Arbeitsplatzes eine weitreichende Entscheidung, die gut überlegt und miteinander ausdiskutiert sein will. Unabgesprochene Maßnahmen, die, wie hier, reflexartig auf das Verlöbnis erfolgen noch ehe überhaupt ein Hochzeitstermin festgesetzt ist, sind nicht als angemessen anzusehen. Für sie kann kein Schadensersatz verlangt werden.

II. § 823 I BGB iVm Art. 2 I, 1 I GG bzw. § 826 BGB

10 Zu erwägen sind noch Schadensersatzansprüche aus Delikt. Deliktische Ansprüche – insbesondere aus § 826 BGB – können im Wege der Anspruchskonkurrenz neben die §§ 1298 f. BGB treten. Das Eingehen eines Verlöbnisses, ohne über den eigenen Ehestatus aufzuklären, ist ein rechtswidriger und schuldhafter Eingriff in das Allgemeine Persönlichkeitsrecht der A (§ 823 I BGB iVm Art. 2 I, 1 I GG) bzw. eine sittenwidrige Schädigungshandlung iSv § 826 BGB.

11 Ein Schadensersatzanspruch aus den genannten Vorschriften scheidet dennoch aus: Denn die unmittelbare Ursache für ihren Schaden (Aufgabe des Arbeitsplatzes) hat A selbst gesetzt. Zu diesem übereilten (s. oben) Schritt durfte sie sich auch nicht „herausgefordert" fühlen, sodass eine Schadenszurechnung zu R ausscheidet. Für den Anspruch aus § 826 BGB wäre erforderlich, dass auch der Schadenseintritt vom Vorsatz des R umfasst war. Dies ist aus den genannten Gründen nicht anzunehmen.

5 RGZ 98, 13.

B. Ansprüche der M

I. § 1299 BGB iVm § 1298 I, II BGB

M hat in Erwartung der Ehe ihrer Tochter Aufwendungen getätigt und einen Schaden erlitten, weil sie das Kleid nur mit einem Abzug von 1.000 EUR zurückgeben konnte. Als Elternteil gehört auch sie zu dem Kreis der aus §§ 1298 f. BGB berechtigten Anspruchsteller. Fraglich ist allein, ob die Aufwendungen nach den Umständen angemessen waren, da noch kein Hochzeitstermin festgesetzt worden war. Es ist allerdings nicht fernliegend (und erfordert anders als die Aufgabe einer Arbeitsstelle keine besondere Absprache), dass alsbald nach der Verlobung Hochzeitskleidung gekauft wird *(aA vertretbar)*. 12

Bearbeiter, die der Vertragstheorie folgen und das Verlöbnis für nichtig halten, müssten die genannten Vorschriften analog anwenden (s. oben).

II. § 823 I BGB iVm Art. 2 I, 1 I GG bzw. § 826 BGB

Auch für M scheiden deliktische Ansprüche aus. Aus § 823 I BGB iVm Art. 2 I, 1 I GG ersatzberechtigt ist nur der unmittelbar Geschädigte (hier A).[6] Dritte werden durch das Deliktsrecht nur ausnahmsweise geschützt. Auch im Hinblick auf § 826 BGB fehlt es an einer vorsätzlichen und sittenwidrigen Schadensherbeiführung bei M. 13

C. Ansprüche des R

I. § 1301 BGB

Rückforderung von Geschenken kann R ggf. aus § 1301 BGB verlangen. Die Herausgabepflicht bezieht sich allerdings nur auf dasjenige, was „zum Zeichen des Verlöbnisses" geschenkt oder übergeben worden ist. Zum Zeichen des Verlöbnisses werden insbesondere Verlobungsringe übergeben. Bei dem Brillantring handelt es sich daher um ein Verlobungsgeschenk, das grundsätzlich der Rückforderung nach § 1301 BGB unterliegt. Dagegen hat die Einladung zum Essen ihr Motiv nicht in dem bestehenden Verlöbnis, sondern in der Tatsache, dass es As 17. Geburtstag war. Im Übrigen wäre aufgrund des umgehenden Verzehrs von Entreicherung nach § 818 III BGB auszugehen, da nicht ersichtlich ist, dass sich A ohne die Einladung ein 7-Gänge-Sterne-Menü geleistet hätte. 14

Auch die Herausgabe des Rings setzt jedoch voraus, dass überhaupt ein wirksames Verlöbnis vorlag. Nach der Vertragstheorie fehlt es an einem wirksamen Verlöbnis (§ 138 BGB, s. hierzu bereits oben).[7] Nach der Vertrauenshaftungstheorie kommt es darauf an, ob R auf das Vorliegen eines wirksamen Verlöbnisses vertrauen durfte. Da ihm seine eigene Ehe bekannt war, ist das ebenfalls nicht der Fall. Ein Streitentscheid kann also dahinstehen, weil beide Ansichten zum gleichen Ergebnis kommen. Auch 15

6 MüKoBGB/Wagner § 823 Rn. 88.
7 Die Minderjährigkeit spielt dagegen keine Rolle, weil die Eltern von A die Verlobung nachträglich genehmigt hatten.

eine analoge Anwendung der Vorschrift – die sich letztlich zulasten von A auswirken würde – kommt aus Gründen des Minderjährigenschutzes nicht in Betracht.

16 Eine aA verneint dagegen die Schutzbedürftigkeit des Minderjährigen wegen der Begrenzung der Herausgabepflicht durch § 818 III BGB.[8] Folgt man dieser Ansicht und wendet also § 1301 BGB analog an, so wäre weiter zu fragen, ob eine Rückforderung nach § 815 BGB ausgeschlossen ist. Die Anwendbarkeit dieser Vorschrift (zum Problem, ob es sich bei § 1301 BGB um eine Rechtsgrund- oder eine Rechtsfolgenverweisung handelt → § 2 Rn. 11) kann hier offenbleiben, da jedenfalls die Tatbestandsvoraussetzungen von § 815 BGB nicht erfüllt sind. Nach dieser Ansicht ließe sich daher ein Herausgabeanspruch hinsichtlich des Verlobungsrings bejahen.

II. §§ 531 II, 530 BGB

17 Über den Verlobungsring kam – trotz der Minderjährigkeit der A – ein wirksamer Schenkungsvertrag zustande (vgl. § 107 BGB). Ein Widerruf der Schenkung und eine Rückforderung nach Bereicherungsrecht kommt schon deswegen nicht in Betracht, weil A sich nicht durch eine schwere Verfehlung gegen R groben Undanks schuldig gemacht hat: Ihr Rücktritt vom Verlöbnis war unter den gegebenen Umständen verständlich.

III. § 812 I 1 Alt. 1 BGB

18 Eine Rückforderung nach § 812 I 1 Alt. 1 BGB scheidet aus, weil für die Leistung des Eigentums und Besitzes am Ring ein wirksamer Rechtsgrund (Schenkungsvertrag, s. oben) existiert.

IV. § 812 I 2 Alt. 2 BGB

19 Ein Anspruch aus Zweckverfehlungskondiktion kommt nur in Betracht, wenn das Geschenk erkennbar dem Zweck dienen sollte, die geplante Eheschließung bzw. Ehe zu fördern. Hinsichtlich der Esseneinladung ist dies zu verneinen. Im Übrigen wäre der Zweck der Esseneinladung auch nicht „verfehlt" worden. Dagegen sollte das Geschenk des Rings die Eheschließung fördern und dieser Zweck ist nicht erreicht worden. Ein Anspruch auf Herausgabe aus Zweckverfehlungskondiktion ist dennoch auch in Bezug auf den Ring abzulehnen. Lehnt man einen Anspruch aus § 1301 BGB ab, sollte bei einer Rückforderung durch einen der Verlobten (anders bei Rückforderung durch Dritte, für die § 1301 BGB nicht gilt) konsequenterweise auch der Anspruch aus § 812 I 2 Alt. 2 BGB versagt werden, um ein widerspruchsfreies Ergebnis zu erreichen. Hält man § 1301 BGB dagegen auch bei nichtigem Verlöbnis für (analog) anwendbar, so wird § 812 I 2 Alt. 2 BGB als *lex generalis* verdrängt.

V. § 313 BGB

20 Ein Anspruch wegen Wegfalls der Geschäftsgrundlage wird im Anwendungsbereich von § 1301 BGB verdrängt.[9]

8 BeckOGK/Wellenhofer BGB § 1301 Rn. 12.
9 MüKoBGB/Roth § 1301 Rn. 10.

Fall Nr. 2 – Ungeahnte Bigamie

Schwerpunkte: *Eheaufhebungsgründe; Scheidungsvoraussetzungen; unterschiedliche Rechtsfolgen von Eheaufhebung und Scheidung; Ehegattenerbrecht nach Aufhebungsbeschluss*

Robert (R) aus → Fall Nr. 1 hat Anna (A) nicht über seine erste Ehe aufgeklärt. Deswegen kam es kurz nach As 18. Geburtstag am 12.5.2018 doch zu einer Eheschließung und im Jahr darauf zur Geburt des ersten gemeinsamen Kindes. Doch das traute Familienglück währt nicht lange. Denn am 11.10.2019 taucht plötzlich Frauke (F) vor As Haustür auf und informiert sie, dass sie R 2001 geheiratet habe. Eine Scheidung habe R zwar am 10.5.2018 eingereicht, es sei aber bis heute nicht zu einem Scheidungsausspruch gekommen. Mit dieser Tatsache konfrontiert, gibt R alles zu und beichtet bei dieser Gelegenheit auch noch ganz erhebliche Spielschulden iHv 120.000 EUR, die bereits bei Eheschließung vorlagen. A erklärt R zunächst, sie wolle wegen des Kindes nicht an ihrer „Ehe" rütteln und setzt ihre Lebensgemeinschaft mit R weitere 6 Monate fort. 1

Rs Karriere entwickelt sich seit der Geburt des Kindes nicht optimal, sodass er mit dem Kind zuhause bleibt und auch weiterhin plant, die Betreuung des Kindes zu übernehmen. Außerdem vergrößern sich Rs beträchtliche Schulden seit der Eheschließung um weitere 5.000 EUR, während A ihr bei Eheschließung bestehendes Vermögen von 20.000 EUR durch einen Lottogewinn auf inzwischen 180.000 EUR steigern kann. Schließlich begibt sich A daher doch zu ihrer Anwältin und möchte wissen:

Frage 1: Ist sie überhaupt wirksam verheiratet?

Frage 2: Unterstellt, A ist wirksam verheiratet: Wie ist die Frage zu beantworten, ob und welche Möglichkeiten für A bestehen, um sich von dieser Ehe wieder zu lösen? Welche Auswirkungen haben die verschiedenen Eheauflösungsmöglichkeiten jeweils für den abstammungs- und sorgerechtlichen Status ihres Kindes? Drohen jeweils Zugewinnausgleichs- und Unterhaltsansprüche des R?

Frage 3: Hat sie es alleine in der Hand, ob ihre Ehe aufgelöst wird?

Unterstellt, die Ehe von A und R wird aufgrund eines Antrags der A vom 24.10.2019 durch einen familiengerichtlichen Beschluss vom 18.1.2020 aufgehoben, der den Beteiligten am 20.1.2020 schriftlich bekanntgegeben wird. Am 5.2.2020 verstirbt A bei einem Autounfall. In ihrem Nachlass wird ein am Tag ihrer Eheschließung errichtetes handschriftliches und nur mit „Deine Anna" unterzeichnetes Testament ohne Ortsangabe gefunden, in dem sie R „alles, was ich habe, vermacht". A wird – außer von R – von ihren Eltern und ihrem Kind überlebt.

Frage 4: Wie ist die Erbfolge nach A? Wäre die Rechtslage anders, wenn nicht A, sondern die zuständige Verwaltungsbehörde den Eheaufhebungsantrag gestellt hätte?

2 Gliederung

Frage 1: Wirksamkeit der Ehe

Frage 2: Möglichkeiten der Eheauflösung
A. Ehescheidung
  I. Voraussetzungen
  II. Rechtsfolgen
    1. Zugewinnausgleichsanspruch gem. § 1378 I BGB
    2. Unterhaltsanspruch gem. § 1570 I 1 BGB
    3. Abstammung des Kindes
    4. Sorgerecht für das Kind
B. Eheaufhebung
  I. Voraussetzungen
  II. Rechtsfolgen
    1. Zugewinnausgleichsanspruch gem. § 1378 I BGB
    2. Unterhaltsanspruch gem. § 1570 I 1 BGB
    3. Abstammung des Kindes
    4. Sorgerecht für das Kind

Frage 3: Berechtigung zur Einleitung eines Eheauflösungsverfahrens
A. Ehescheidung
B. Eheaufhebung

Frage 4: Erbfolge nach A
A. Gewillkürte Erbfolge
B. Gesetzliche Erbfolge

Lösung

Frage 1: Wirksamkeit der Ehe

3 Fraglich ist zunächst, ob eine wirksame Ehe zwischen R und A zustande gekommen ist. Dies ist der Fall, wenn zumindest die zwingenden Eheschließungsvoraussetzungen vorliegen.

4 R und A haben erklärt, dass sie miteinander die Ehe eingehen wollen und damit die gem. § 1310 I 1 BGB zwingend erforderlichen Ehewillenserklärungen abgegeben. Die Erklärungen wurden auch unter Anwesenheit und Mitwirkung eines Standesbeamten abgegeben, vgl. § 1310 I BGB. Zum Zeitpunkt der Eheschließung hatten zudem beide Partner das 16. Lebensjahr schon vollendet, sodass auch das gem. § 1303 S. 2 BGB zwingend erforderliche Mindestalter nicht unterschritten wurde.

5 Mangels eines Verstoßes gegen die zwingenden Eheschließungsvoraussetzungen ist eine wirksame Ehe zwischen R und A zustande gekommen.

Frage 2: Möglichkeiten der Eheauflösung

Es könnte jedoch die Möglichkeit zur Auflösung der Ehe bestehen, sowohl durch Ehescheidung als auch durch Eheaufhebung. 6

A. Ehescheidung

I. Voraussetzungen

Gem. §§ 1564 S. 1, 1565 I 1 BGB kann eine Ehe auf Antrag eines oder beider Ehegatten geschieden werden, wenn sie gescheitert ist. 7

R und A leben nicht getrennt, sodass die in § 1566 BGB enthaltenen Vermutungen für das Scheitern der Ehe nicht eingreifen. Um ein Scheitern der Ehe festzustellen, ist somit auf den Grundtatbestand des § 1565 I 2 BGB zurückzugreifen, der eine materielle Zerrüttungsprüfung durch das zuständige Familiengericht vorsieht, im Rahmen derer der Zustand der Ehe analysiert und deren Entwicklung prognostiziert wird. 8

Ein Hindernis stellt indes § 1565 II BGB dar, wonach grundsätzlich ein einjähriges Getrenntleben vorausgesetzt wird. Liegt dieses nicht vor, kann die Ehe nur geschieden werden, wenn die Fortsetzung der Ehe für den Antragsteller aus Gründen, die in der Person des anderen Ehegatten liegen, eine unzumutbare Härte darstellen würde. Um dem Normzweck, leichtfertigen und voreiligen Scheidungsentschlüssen entgegenzuwirken, Rechnung zu tragen, ist eine restriktive Auslegung der Härteausnahme geboten.[1] Sie erfordert, dass die Unzumutbarkeit gerade aus dem Fortbestand des formalen Ehebandes, also dem „Weiter-miteinander-Verheiratetsein“[2] resultiert, sich also nicht lediglich aus dem Zusammenleben mit dem Partner ergibt, vor dem man sich durch Getrenntleben schützen könnte. 9

Einen Grund für die unzumutbare Härte könnte einerseits die zwischen R und F bestehende Ehe begründen. Zwar stellt das Verschweigen einer schon bestehenden Ehe einen starken Vertrauensbruch dar und wirkt sich negativ auf das Verhältnis der Ehegatten untereinander aus. Auch kann der Umstand, nicht der einzige Ehepartner einer Person zu sein, eine schwere mentale Belastung darstellen. Allerdings ist – insbesondere vor dem Hintergrund der gebotenen restriktiven Handhabung der Norm – zu berücksichtigen, dass das Bekanntwerden der bestehenden Ehe die A nicht dazu bewegt hat, eine Veränderung ihrer Lebens- und Wohnsituation mit R vorzunehmen. Wenngleich dies auch nicht für § 1565 II BGB erforderlich ist – da sich gerade der Fortbestand der Ehe, nicht das weitere Zusammenleben als unzumutbar darstellen muss –, bildet es jedoch ein Indiz dafür, dass auch der Fortbestand der Ehe an sich für A nicht subjektiv unerträglich ist. Zu beachten ist auch, dass R bereits einen Scheidungsantrag für seine Erstehe gestellt hat und nicht in intensivem und regelmäßigem Kontakt mit F steht. Auch in objektiver Hinsicht erscheint das „Weiter-miteinander-Verheiratetsein“ trotz des Vertrauensbruchs von R gegenüber A und dem Bestehen einer zweiten Ehe somit nicht als so unerträglich, dass es ihr nicht angesonnen werden könnte, an R weiterhin als Ehepartner gebunden zu sein.[3] 10

1 MüKoBGB/Weber § 1565 Rn. 78.
2 BGH NJW 1981, 449 (450).
3 Zu diesem Kriterium vgl. BGH NJW 1981, 449 (451).

11 Einen Grund für die Annahme einer unzumutbaren Härte könnten andererseits die schon bei Eheschließung bestehenden Schulden des R iHv 120.000 EUR bilden, die er der A verschwiegen hatte und welche die finanzielle Situation der Familie erheblich belasten. Dennoch resultiert daraus keine derart schwere Beeinträchtigung, dass schon ein rein formales Fortführen der Ehe unzumutbar wäre.

12 Unabhängig davon erfordert auch die Härtefallausnahme aus § 1565 II BGB ein Scheitern der Ehe nach § 1565 I BGB, was hier schon wegen der noch bestehenden intakten Lebensgemeinschaft abzulehnen wäre.

13 Somit liegt kein Härtefall gem. § 1565 II BGB vor, sodass das Scheitern der Ehe erst nach Ablauf eines Trennungsjahrs festgestellt werden könnte, entweder nach Durchführung einer materiellen Zerrüttungsprüfung nach § 1565 I 2 BGB oder, sofern beide Ehegatten die Scheidung beantragen oder ein Ehegatte dem Antrag des anderen Ehegatten zustimmt, nach § 1566 I BGB.

II. Rechtsfolgen

14 Mit der Rechtskraft der Scheidung würde die Ehe gem. § 1564 S. 2 BGB mit Wirkung für die Zukunft aufgelöst werden. Die Ehescheidung könnte daneben jedoch noch andere Rechtsfolgen haben.

1. Zugewinnausgleichsanspruch gem. § 1378 I BGB

15 R könnte gegen A einen Anspruch auf Zahlung eines Zugewinnausgleichs gem. § 1378 I BGB haben. Dieser würde sich durch die zu Lebzeiten erfolgte Beendigung der Zugewinngemeinschaft gem. § 1372 BGB nach den §§ 1373–1390 BGB richten.

16 Mangels gegenteiliger Sachverhaltsangaben leben R und A im gesetzlichen Güterstand der Zugewinngemeinschaft, § 1363 I BGB, sodass grundsätzlich ein Zugewinnausgleich vorzunehmen wäre. Fraglich ist, ob und in welcher Höhe ein Anspruch bestünde. R hatte bei Eheschließung Schulden iHv 120.000 EUR, die sich um weitere 5.000 EUR erhöht haben. Er hat somit keinen Zugewinn gem. § 1373 BGB erzielt. A konnte das bei Eheschließung bestehende Vermögen iHv 20.000 EUR durch einen Lottogewinn auf 180.000 EUR steigern. Der Lottogewinn ist jedenfalls im Endvermögen zu berücksichtigen. Er könnte jedoch gem. § 1374 II BGB zusätzlich im Anfangsvermögen anzusetzen sein und sich dadurch im Rahmen des Zugewinnausgleichs nicht auswirken (durch die gleichzeitige Berücksichtigung im Anfangs- und Endvermögen würde er vielmehr für den Zugewinn „neutralisiert"). Ausdrücklich normiert § 1374 II BGB den hier einschlägigen Fall nicht; es handelt sich bei dem Lottogewinn weder um Erwerb von Todes wegen oder mit Rücksicht auf ein künftiges Erbrecht noch um eine Schenkung oder Ausstattung. Möglicherweise ist jedoch eine analoge Anwendung des § 1374 II BGB in Betracht zu ziehen. Es ist insoweit eine vergleichbare Interessenlage gegeben, als es sich sowohl bei den in der Norm genannten Fällen als auch bei einem Lottogewinn um Erwerbsvorgänge handelt, die keinen Bezug zur ehelichen Lebensgemeinschaft aufweisen.[4] Man könnte somit der

4 Gegen das von der Rspr. vertretene Analogieverbot in derart gelagerten Fällen (ohne konkreten Bezug auf Lottogewinn) Johannsen/Henrich/Althammer/Kohlenberg BGB § 1374 Rn. 33; Brudermüller NJW 2010, 401 (402 f.); MüKoBGB/Koch § 1374 Rn. 20.

Meinung sein, es handele sich dabei aufgrund fehlender Mitwirkung des anderen Ehegatten nicht um auszugleichendes gemeinschaftlich erwirtschaftetes Vermögen. Dieser Umstand allein vermag eine Ausnahme nach § 1374 II BGB jedoch nicht zu begründen. Der Norm liegt nämlich vielmehr der Gedanke zugrunde, dass allein die Erwerbsvorgänge, die auf einer persönlichen Beziehung zwischen einem (dem erwerbenden) Ehegatten und einem Dritten beruhen, nicht am Zugewinnausgleich teilnehmen sollen.[5] Ein Lottogewinn beruht hingegen gerade nicht auf einer derartigen persönlichen Beziehung, sodass eine entsprechende Anwendung von § 1374 II BGB nicht in Betracht kommt.[6] Dieses Ergebnis entspricht auch dem Ausnahmecharakter der Norm, der eine enge Auslegung gebietet. Somit ist der Lottogewinn nicht im Anfangsvermögen, sondern nur im Endvermögen zu berücksichtigen, sodass A während der Ehe einen Zugewinn iHv 160.000 EUR erzielt hat. Die Differenz der Zugewinne beider Ehegatten beträgt – vorbehaltlich späterer Vermögensänderungen – aufgrund des fehlenden Zugewinns von R ebenfalls 160.000 EUR. Gemäß § 1378 I BGB entspricht die Hälfte davon, also 80.000 EUR, der Höhe der Ausgleichsforderung. R hätte gegen A somit einen Anspruch auf Zugewinnausgleich iHv 80.000 EUR gem. § 1378 I BGB.

A könnte die Erfüllung der Ausgleichsforderung gem. § 1381 I BGB verweigern, so- 17
weit der Ausgleich des Zugewinns nach den Umständen des Falls grob unbillig wäre. Dies ist indes nur der Fall, wenn der Ausgleichsanspruch im Einzelfall dem Gerechtigkeitsempfinden in unerträglicher Weise widerspricht.[7] Zwar hat R der A das Bestehen seiner Erstehe verschwiegen und damit ihr Vertrauen verletzt, jedoch ist darin keine derart schwerwiegende Ehepflichtverletzung, insbesondere wirtschaftlicher Art (vgl. § 1381 II BGB), zu sehen, dass ein Zugewinnausgleich dem Gerechtigkeitsempfinden in unerträglicher Weise widerspräche *(aA in Parallele zur Argumentation bei § 1318 III BGB, hierzu unten, vertretbar; da bei § 1381 BGB allerdings stärker als bei § 1318 III BGB ein wirtschaftliches Fehlverhalten und weniger die Umstände der Eheschließung in Bezug genommen werden, ist es möglich, die Frage der groben Unbilligkeit jeweils anders zu entscheiden).* Dass die überraschende Höhe des Zugewinnausgleichs durch den Lottogewinn keine grobe Unbilligkeit begründet, ergibt sich schon daraus, dass die Summe gerade nicht dem Anfangsvermögen hinzuzurechnen ist (s. oben). A könnte die Erfüllung der Ausgleichsforderung somit nicht gem. § 1381 I BGB verweigern.

2. Unterhaltsanspruch gem. § 1570 I 1 BGB

R könnte nach der Scheidung einen Unterhaltsanspruch gegen A wegen Betreuung 18
eines Kindes gem. § 1570 I 1 BGB haben.

Sofern sich R auch nach der Scheidung noch um das gemeinsame Kind kümmern 19
würde und seit dessen Geburt noch nicht 3 Jahre vergangen wären, hätte er gegen A einen Anspruch auf den sog. Basisunterhalt gem. § 1570 I 1 BGB. Ob nach dem Ablauf dieser Zeit eine Verlängerung des Anspruchs vorzunehmen wäre, richtet sich nach § 1570 I 2, 3, II BGB. Die Höhe des Unterhalts richtet sich gem. § 1578 I BGB nach den ehelichen Lebensverhältnissen. In Ermangelung eigenen Vermögens ist die

5 BGH NJW 2007, 2245 (2247); 2017, 734.
6 BGH NJW 1977, 377; 2013, 3645; Staudinger/Thiele BGB § 1374 Rn. 40.
7 BGH NJW 1966, 2109 (2110).

Bedürftigkeit von R gem. § 1577 BGB gegeben. A ist auch leistungsfähig gem. § 1581 BGB.

20 Der Unterhalt könnte jedoch gem. § 1579 BGB zu versagen, herabzusetzen oder zeitlich zu begrenzen sein, sofern die Inanspruchnahme von A auch unter Wahrung der Belange des gemeinschaftlichen Kindes grob unbillig wäre. Dies könnte insbesondere aufgrund der kurzen Dauer der Ehe der Fall sein, vgl. § 1579 Nr. 1 BGB. Im November 2019, nach ca. eineinhalb Jahren Ehedauer, ist F bei R und A aufgetaucht, woraufhin diese ihre Lebensgemeinschaft für ein weiteres halbes Jahr fortgesetzt haben. Sollte sich A für ein künftiges Getrenntleben entscheiden, könnte sie nach Ablauf eines Jahres im April 2021 einen Scheidungsantrag stellen. Damit hätte die Ehe fast eine Dauer von 3 Jahren, womit sie nach allgemeiner Ansicht nicht mehr als kurz gälte.[8] Insbesondere unter Berücksichtigung von § 1579 Nr. 1 Hs. 2 BGB und damit der Zeit, in der R Unterhalt wegen Betreuung des gemeinschaftlichen Kindes verlangen kann, erscheint die Inanspruchnahme der A nicht iSd § 1579 BGB als grob unbillig. In Betracht käme weiterhin eine Beschränkung des Unterhalts wegen mutwilliger Herbeiführung der Bedürftigkeit, § 1579 Nr. 4 BGB. Dies könnte insbesondere vor dem Hintergrund der hohen Spielschulden von R, die vermeidbar gewesen wären, der Fall sein. Ein mutwilliges Herbeiführen der Bedürftigkeit setzt indes voraus, dass sich die Vorstellungen und Antriebe des betreffenden Verhaltens auf die Bedürftigkeit als Folge dieses Verhaltens beziehen.[9] Es ist nicht ersichtlich, dass R die – schon vor der Eheschließung entstandenen – Spielschulden iHv 120.000 EUR in Kenntnis der Herbeiführung der Bedürftigkeit für einen möglicherweise später entstehenden Unterhaltsanspruch gemacht hat. Dies gilt auch nicht für die nach Eheschließung entstandenen Schulden iHv 5.000 EUR, die sich nicht zwangsläufig auf ein vorsätzliches oder leichtfertiges Verhalten des R zurückführen lassen. Wegen des Verschweigens der Erstehe wäre an einen Versagungsgrund nach § 1579 Nr. 8 BGB zu denken, doch dürften insoweit die Belange des Kindes entgegenstehen. Der Unterhaltsanspruch wäre mithin nicht gem. § 1579 BGB zu beschränken oder zu versagen.

21 Folglich hätte R gegen A einen Unterhaltsanspruch gem. § 1570 I 1 BGB.

3. Abstammung des Kindes

22 Gem. § 1592 Nr. 1 BGB ist Vater eines Kindes der Mann, der zum Zeitpunkt der Geburt mit der Mutter des Kindes verheiratet war. Das Kind von R und A wurde während der Ehe geboren, sodass R rechtlicher Vater des Kindes ist. Eine spätere Scheidung bliebe im Hinblick auf dieses Verwandtschaftsverhältnis ohne Auswirkungen.

4. Sorgerecht für das Kind

23 A und R steht während der Ehe die elterliche Sorge gem. § 1626 I 1 BGB gemeinsam zu. Sie bestünde auch grundsätzlich nach der Scheidung fort, soweit nicht einem Elternteil gem. § 1671 I BGB auf Antrag die Alleinsorge übertragen würde. Lediglich um der Tatsache Rechnung zu tragen, dass das Kind nach der Scheidung trotz gemeinsamer Sorge regelmäßig bei einem Elternteil wohnt, hätte dieser das Recht, Entscheidungen in Angelegenheiten des täglichen Lebens eigenständig zu treffen, § 1687 I 2 BGB.

8 MüKoBGB/Maurer § 1579 Rn. 20 ff. mwN.
9 BeckOGK/Haidl BGB § 1579 Rn. 118.

B. Eheaufhebung

I. Voraussetzungen

Die Ehe kann aufgehoben werden, wenn einer der in § 1314 BGB abschließend[10] aufgezählten Aufhebungsgründe vorliegt und ein Antrag gestellt wird. 24

Gem. § 1314 I Nr. 2 BGB ist die Ehe aufhebbar, wenn sie entgegen § 1306 BGB geschlossen wurde. R war im Zeitpunkt der Eheschließung mit A noch mit F verheiratet, sodass ein Verstoß gegen § 1306 BGB vorliegt und die Ehe aufhebbar ist. Die Aufhebung ist auch nicht nach § 1315 II Nr. 1 BGB ausgeschlossen, weil es vor Schließung der neuen Ehe keinerlei Scheidungsausspruch (sondern nur einen Scheidungsantrag) gab. 25

Weiterhin könnte eine zur Aufhebbarkeit führende arglistige Täuschung nach § 1314 II Nr. 3 BGB vorliegen. Diese muss solche Umstände betreffen, die den getäuschten Ehegatten bei Kenntnis der Sachlage und bei richtiger Würdigung des Wesens der Ehe von der Eingehung der Ehe abgehalten hätten. Die Täuschung von R über seine Vermögensverhältnisse stellt keinen Aufhebungsgrund dar, vgl. § 1314 II Nr. 3 Hs. 2 BGB. In Erwägung zu ziehen ist jedoch eine Täuschung durch Unterlassen aufgrund des Verschweigens der schon bestehenden Ehe mit F. Dafür müsste eine Offenbarungspflicht für diesen Umstand bestanden haben. Eine solche besteht insbesondere für Umstände, die für die eheliche Gemeinschaft und das Familienleben von grundlegender Bedeutung sind.[11] Wenngleich R und F schon lange getrennt sind und bereits ein Scheidungsantrag gestellt wurde, ist es für die funktionierende eheliche Gemeinschaft wichtig, sich vor der Eheschließung gegenseitig über Umstände aufzuklären, die für den anderen Ehegatten von erheblicher Bedeutung sein könnten. Davon ist bei einer – wenn auch nur formalen – noch bestehenden Bindung an einen anderen Ehegatten auszugehen, sodass eine Offenbarungspflicht seitens des R bestanden hat.[12] Hätte R die A über seine bestehende Ehe aufgeklärt, wäre sie nicht mit ihm die Ehe eingegangen, sodass der erforderliche Kausalzusammenhang gegeben ist. Die Aufhebung aus diesem Grund könnte jedoch gem. § 1315 I 1 Nr. 4 BGB durch Bestätigung ausgeschlossen sein. Dies setzt voraus, dass der getäuschte Ehegatte nach Entdeckung der Täuschung zu erkennen gegeben hat, dass er die Ehe fortsetzen will. Vorliegend hat A nach Aufklärung der Täuschung durch R zunächst erklärt, sie wolle wegen des Kindes an der Ehe festhalten und hat sodann die Lebensgemeinschaft mit R weitere 6 Monate fortgeführt. Damit ist nach außen objektiv erkennbar, dass sie die Ehe trotz des Mangels fortsetzen will. Dass sie sich innerlich vorbehält, eventuell später die Auflösung der Ehe anzustreben, ist unbeachtlich.[13] Eine Bestätigung gem. § 1315 I 1 Nr. 4 BGB liegt somit vor, sodass sich A nicht auf den Aufhebungsgrund aus § 1314 II Nr. 3 BGB berufen könnte. 26

---

10 Mit Ausnahme vom Aufhebungsgrund des § 1320 BGB und der Aufhebung als Rechtsfolge bei § 1319 BGB.

11 MüKoBGB/Wellenhofer § 1314 Rn. 21.

12 Eine Offenbarungspflicht für frühere Ehen grundsätzlich bejahend Staudinger/Voppel BGB § 1314 Rn. 27.

13 MüKoBGB/Wellenhofer § 1315 Rn. 11.

II. Rechtsfolgen

27 Die Ehe würde mit Wirkung für die Zukunft mit Rechtskraft der Entscheidung aufgelöst werden, § 1313 S. 2 BGB. Weitere Folgen der Aufhebung ergeben sich aus § 1318 BGB.

1. Zugewinnausgleichsanspruch gem. § 1378 I BGB

28 Gem. § 1318 III BGB stünde R ein Zugewinnausgleichsanspruch gegen A (s. oben) nur zu, soweit dies nicht im Hinblick auf die Umstände bei der Eheschließung grob unbillig wäre. In Anlehnung an § 1381 BGB erfordert grobe Unbilligkeit iSd § 1318 III BGB ebenfalls, dass der Zugewinnausgleich dem Gerechtigkeitsgefühl in unerträglicher Weise widersprechen würde.[14] Zusätzlich dazu sind gem. § 1318 III BGB jedoch auch die Umstände der Eheschließung in die Feststellung der groben Unbilligkeit mit einzubeziehen. R wusste, dass er noch mit F verheiratet war, und hat A dies absichtlich verschwiegen; hätte er dies nicht getan, wäre A nicht die Ehe mit ihm eingegangen. Es widerspräche dem Gerechtigkeitsgefühl, ihm dennoch einen Zugewinnausgleichsanspruch zuzugestehen, der ohne die Täuschung mangels einer Eheschließung zwischen R und A nie zustande gekommen wäre.[15] Hinzu kommt, dass R uU ein Zugewinnausgleichsanspruch gegen F zusteht, sofern die Ehe geschieden wird, sodass er doppelt begünstigt wäre. R hätte somit keinen Zugewinnausgleichsanspruch gegen A.

2. Unterhaltsanspruch gem. § 1570 I 1 BGB

29 Gem. § 1318 II 1 Nr. 1 BGB finden die §§ 1569–1586b BGB nur entsprechende Anwendung zugunsten des Ehegatten, der bei Verstoß gegen § 1306 BGB die Aufhebbarkeit der Ehe bei Eheschließung nicht kannte bzw. des nach § 1314 II Nr. 3 BGB getäuschten Ehegatten, demnach zugunsten von A. Somit hätte R keinen Anspruch gegen A auf Betreuungsunterhalt gem. § 1570 I 1 BGB. Eine Ausnahme besteht jedoch, sofern die Versagung des Unterhalts im Hinblick auf die Belange des Kindes grob unbillig wäre, § 1318 II 2 BGB. Die Einschätzung darüber hat sich am Kindeswohl zu orientieren und hängt davon ab, ob sich die Notwendigkeit einer Erwerbstätigkeit des betreuenden Elternteils negativ auf die Entwicklung des Kindes auswirken würde.[16] Aufgrund des geringen Alters und der Unselbstständigkeit des Kindes ist davon auszugehen, dass es ununterbrochener Betreuung bedarf und somit eine Erwerbstätigkeit von R nicht mit der Kinderbetreuung vereinbar wäre. Die Versagung des Unterhalts wäre mithin grob unbillig, sodass R in entsprechender Anwendung des § 1570 I 1 BGB ein Unterhaltsanspruch gegen A zustünde.

3. Abstammung des Kindes

30 Die Auflösung der Ehe durch Aufhebung führt aufgrund ihrer ex-nunc-Wirkung wie die Ehescheidung nicht zu abstammungsrechtlichen Veränderungen.

14 MüKoBGB/Wellenhofer § 1318 Rn. 14.
15 So auch in einem ähnlichen Fall OLG Karlsruhe NJW-RR 2004, 1514.
16 MüKoBGB/Wellenhofer § 1318 Rn. 9.

4. Sorgerecht für das Kind

Dies gilt ebenfalls für die gemeinsame elterliche Sorge gem. § 1626 I 1 BGB. Sofern 31
die Eltern nach Eheaufhebung dauerhaft getrennt leben, ist jedoch ein Antrag jedes Elternteils auf Übertragung der Alleinsorge nach § 1671 I BGB möglich.

Frage 3: Berechtigung zur Einleitung eines Eheauflösungsverfahrens

Fraglich ist, ob A die Auflösung der Ehe allein bewirken kann. Dies ist für Scheidung 32
und Aufhebung der Ehe unterschiedlich zu beurteilen.

A. Ehescheidung

Sowohl A als auch R können die Scheidung beantragen. Sofern nur einer von beiden 33
einen Antrag stellt, muss der jeweils andere der Scheidung zustimmen, um die Vermutungswirkung des § 1566 I BGB eingreifen zu lassen, sodass es insoweit auf die Mitwirkung beider Ehegatten ankommt. Mangelt es an einer Mitwirkung von R, so kann die Ehe auch ohne seine Zustimmung geschieden werden, sofern die materielle Zerrüttungsprüfung gem. § 1565 I 2 BGB ergibt, dass die Ehe gescheitert ist. Nach 3-jährigem Getrenntleben wird das Scheitern unwiderleglich vermutet, auch ohne dass R zustimmt, § 1566 II BGB.

B. Eheaufhebung

Die Antragsberechtigung für die Eheaufhebung ergibt sich aus § 1316 BGB und ist 34
davon abhängig, welcher Aufhebungsgrund herangezogen wird.[17] Bei Aufhebung wegen eines Verstoßes gegen § 1306 BGB sind sowohl jeweils A und R als auch F als „dritte Person" sowie die zuständige Verwaltungsbehörde gem. § 1316 I Nr. 1 BGB zur Antragstellung berechtigt. Somit hat A eine Antragsberechtigung und ist nicht auf die Mitwirkung von R angewiesen.

Frage 4: Erbfolge nach A

A. Gewillkürte Erbfolge

R könnte testamentarischer Alleinerbe der A gem. §§ 1937, 1922 BGB geworden sein. 35
Dazu müsste A ein wirksames, vorliegend ein eigenhändiges, Testament gem. §§ 2231 Nr. 2, 2247 BGB errichtet haben, zu dessen Wirksamkeit die in § 2247 BGB normierten Formvorschriften gewahrt sein müssen. A hat das Testament gem. § 2247 I BGB eigenhändig und handschriftlich angefertigt. Allerdings erfolgte die Unterschrift unter dem Testament lediglich mit dem Vornamen, sodass ein Verstoß gegen § 2247 III 1 BGB vorliegt. Dies steht der Gültigkeit des Testaments gem. § 2247 III 2 BGB nicht entgegen, sofern die Unterzeichnung dennoch zur Feststellung der Urheberschaft des

17 Würde man hingegen § 1314 II Nr. 3 BGB als Aufhebungsgrund heranziehen (s. oben), so ergäbe sich die alleinige Antragsberechtigung von A aus § 1316 I Nr. 2 BGB.

Erblassers und der Ernstlichkeit seiner Erklärung ausreicht. Das Testament wird im Nachlass der A gefunden, sodass es sich eindeutig ihr zuordnen lässt und die Unterschrift allein mit dem Vornamen keine Zweifel an ihrer Urheberschaft begründen können. Laien sind sich zudem oftmals nicht des Erfordernisses einer Unterschrift mit Vor- und Nachnamen bewusst, sodass die Unterschrift der A zwar Ausdruck ihrer rechtlichen Unkenntnis, nicht jedoch einer mangelnden Ernstlichkeit ist. Die Unterschrift steht einer Formwirksamkeit des Testaments somit nicht entgegen. Fraglich ist weiterhin, wie es sich auswirkt, dass das Testament keine nach § 2247 II BGB erforderliche Ortsangabe enthält. Auch dabei handelt es sich um eine Soll-Vorschrift; ein Verstoß ist nach § 2247 V BGB insbesondere unbeachtlich, wenn sich aus dem Mangel der Ortsangabe keine Zweifel über die Gültigkeit ergeben. Derartige Zweifel kann das Fehlen der Ortsangabe vorliegend nicht begründen, sodass dieser Umstand nicht der Formwirksamkeit des Testaments entgegensteht. Das Testament ist somit formwirksam.

36 Weiterhin ist der Inhalt des Testaments zu ermitteln. Ob die Verfügung der A eine Erbeinsetzung zugunsten des R enthält, erscheint insofern fraglich, als sie ihm „alles, was sie hat, vermachen" möchte. Dem Wortlaut nach läge somit gem. §§ 1939, 2147 ff. BGB die Anordnung eines Vermächtnisses zugunsten von R vor. Allerdings möchte A dem R ihr ganzes Vermögen zuwenden, sodass sie ihn womöglich eher zum Erben berufen wollte. Dies ist durch Auslegung gem. § 133 BGB zu ermitteln, wobei es allein auf den Willen des Erblassers im Zeitpunkt der Testamentserrichtung ankommt. Juristische Laien verwenden die Begriffe „vererben" und „vermachen" oft falsch. Dem Willen von A, R ihr gesamtes Vermögen zuzuwenden, entspricht eine Erbeinsetzung, und damit eine Universalsukzession gem. § 1922 BGB, eher als lediglich die Zubilligung eines schuldrechtlichen Anspruchs gegen die Erben im Rahmen eines Vermächtnisses. Somit ist der Inhalt des Testaments als Einsetzung des R als Alleinerbe auszulegen. Für dieses Auslegungsergebnis spricht auch die Zweifelsregel in § 2087 I BGB.

37 Das Testament könnte jedoch unwirksam geworden sein. Gemäß § 2077 I 1 BGB ist eine letztwillige Verfügung zugunsten eines Ehegatten unwirksam, wenn die Ehe vor dem Tod des Erblassers aufgelöst worden ist. Das Familiengericht hat am 18.1.2020 die Aufhebung der Ehe von A und R beschlossen, was den Beteiligten am 20.1.2020 bekannt gegeben wurde. Der Aufhebungsbeschluss ist somit vor dem Tod der A ergangen, allerdings noch nicht in Rechtskraft erwachsen (vgl. §§ 45, 63 FamFG), sodass die Ehe gem. § 1313 S. 2 BGB noch nicht aufgelöst war. Da A hingegen bereits den Antrag auf Aufhebung gestellt hatte und die Voraussetzungen für die Eheaufhebung gegeben waren (s. oben), steht dies der Anwendbarkeit der Norm nicht entgegen, vgl. § 2077 I 3 BGB. Es ist auch nicht davon auszugehen, dass A die Verfügung zugunsten des R für den Fall treffen wollte, dass die Ehe aufgehoben wird, vgl. § 2077 III BGB. Die letztwillige Verfügung ist somit unwirksam.

B. Gesetzliche Erbfolge

38 A wird folglich nach der gesetzlichen Erbfolge gem. §§ 1924 ff. BGB beerbt.

39 R könnte gem. § 1931 BGB (Mit-)Erbe von A geworden sein. Voraussetzung für das gesetzliche Ehegattenerbrecht ist das Bestehen einer wirksamen Ehe mit dem Erblas-

ser zur Zeit des Erbfalls. Die Ehe von A und R wurde durch familiengerichtlichen Beschluss vom 18.1.2020 aufgehoben; dieser Beschluss war jedoch noch nicht rechtskräftig, sodass beim Erbfall grundsätzlich noch eine Ehe bestand. § 1318 V BGB bestimmt indes, dass § 1931 BGB im Fall des Verstoßes gegen § 1306 BGB zugunsten des Ehegatten, der die Aufhebbarkeit der Ehe bei der Eheschließung kannte, vorliegend R, keine Anwendung findet. Unabhängig davon ist auch nach der allgemeineren Vorschrift des § 1933 S. 2 BGB das Erbrecht des überlebenden Ehegatten ausgeschlossen, sofern der Erblasser berechtigt war, die Aufhebung der Ehe zu beantragen und den Antrag gestellt hatte. A hatte bereits am 24.10.2019 einen Antrag auf Eheaufhebung gestellt, sodass auch nach dieser Vorschrift das Erbrecht von R ausgeschlossen ist.

Gesetzliche Erben der A sind daher gem. §§ 1924 ff. BGB allein ihre Verwandten. **40**
Gemäß § 1930 BGB sind Verwandte nachfolgender Ordnungen von der Erbfolge ausgeschlossen, sofern ein Verwandter einer vorhergehenden Ordnung vorhanden ist. Das Kind von A ist gem. § 1924 I BGB Erbe erster Ordnung. Mangels weiterer Abkömmlinge der A wird sie von ihrem Kind als Alleinerbe beerbt.

Wenn nicht A, sondern die zuständige Verwaltungsbehörde den Eheaufhebungs- **41**
antrag gestellt hätte, lägen die Voraussetzungen des § 2077 I 3 BGB nicht vor, sodass die letztwillige Verfügung nicht unwirksam wäre. R würde A somit als Alleinerbe gem. §§ 1937, 1922 BGB beerben.

§ 14 Fälle zur ehelichen Lebensgemeinschaft

Fall Nr. 3 – Das missglückte Geburtstagsgeschenk

Schwerpunkte: *Mitverpflichtung des Ehegatten im Rahmen eines Verbrauchergeschäfts; Feststellung des Verbraucherhandelns; Haftungsbeschränkung von Ehegatten; dingliche Wirkung des § 1357 BGB; eheliche Lebensgemeinschaft als Besitzmittlungsverhältnis*

1 Rachel Ritter (R) ist verheiratet mit dem Arzt Siegfried Sauer (S). Während R auf einer längeren Fortbildung ist, beschließt S, seiner Frau eine Freude zu bereiten und eine Statue zur Verschönerung der Wohnung zu kaufen. Er entdeckt auf der Homepage des Anbieters A eine solche für 100 EUR (Wert: 80 EUR). Die Homepage entspricht allen gesetzlichen Anforderungen für den elektronischen Geschäftsverkehr und enthält alle vorgeschriebenen Belehrungen. Am Montag, dem 20.4., bestellt S die Statue per Mausklick und überweist den Preis. Als Lieferadresse gibt er seine Arztpraxis an. Als das Paket am Mittwoch, dem 22.4., geliefert wird, platziert er die Statue in der Ehewohnung. Als R zurückkommt, erklärt S voller Freude, die Statue sei „ein verspätetes Geburtstagsgeschenk für seine tolle Frau". Statt der erwarteten Begeisterung muss er jedoch feststellen, dass R wenig erfreut ist, vielmehr zweifelt sie an seinem Stil. S ist darüber so erschrocken, dass er aus Versehen gegen die Statue stößt, die zerbricht.

R beschließt am Donnerstag, dem 7.5., die Statue loszuwerden. Sie wendet sich noch am selben Tag an A und erklärt gegenüber diesem, sie wolle vom Vertrag „zurücktreten" und verlange die Rückzahlung des Kaufpreises. A erwidert, er kenne sie gar nicht, er habe die Statue ordnungsgemäß an S verkauft und werde keine zerstörte Ware zurücknehmen. Außerdem handele es sich bei S um einen Unternehmer, schließlich habe er als Adresse die Praxis angegeben. Zudem sei das Anliegen der R zu spät an ihn herangetragen worden.

Frage 1: Kann R Rückzahlung des Kaufpreises verlangen?

Frage 2: Unterstellt, R kann – infolge eines wirksamen, noch fristgerecht erklärten Widerrufs – von A Rückzahlung des Kaufpreises verlangen. Muss sie dem A Wertersatz für die zerstörte Statue leisten und, falls ja, in welcher Höhe? R meint hierzu, sie könne doch wohl nichts dafür, dass ihr Mann – sorglos wie immer – die Statue zerstört habe. Außerdem möchte R wissen, ob sie ggf. auch von S einen geldwerten Ersatz für die Zerstörung „ihrer" Statue haben könnte.

Gliederung 2

Frage 1: Rückzahlung des Kaufpreises, §§ 357 I, 355 I, 312g I Alt. 2, 312c BGB
I. Beteiligung der R am Kaufvertrag zwischen S und A gem. § 1357 I 2 BGB
II. Ausschluss des § 1357 BGB durch Verbraucherschutzrecht
III. Widerrufsrecht der R
1. Fernabsatzvertrag, § 312c I BGB
2. Zwischenergebnis
IV. Widerrufserklärung
1. Ausübung des Widerrufsrechts durch R
2. Formgerechte Widerrufserklärung
V. Widerrufsfrist
1. Belehrung der R
2. Belehrung des S
3. Zwischenergebnis
VI. Ergebnis

Frage 2: Wertersatz für die zerstörte Statue
A. Wertersatzanspruch des A gegen R
I. Wertersatzpflicht gem. §§ 357 VII, 355 I, 312g I Alt. 2, 312c BGB
II. Höhe des Wertersatzes
III. Ergebnis
B. „Wertersatzanspruch" der R gegen S
I. § 1359 BGB
II. §§ 280 I, 241 II BGB
III. § 823 I BGB
1. Rechtsgutsverletzung
a) Eigentumserwerb nach § 1357 BGB
b) Eigentumserwerb über den Grundsatz des Geschäfts für den, den es an geht
c) Eigentumserwerb durch rechtsgeschäftliche Übereignung von S an R
d) Zwischenergebnis
2. Verschulden
IV. Ergebnis

Lösung

Frage 1: Rückzahlung des Kaufpreises, §§ 357 I, 355 I, 312g I Alt. 2, 312c BGB

3 R könnte gegen A einen Anspruch auf Rückzahlung aus §§ 357 I, 355 I, 312g I Alt. 2, 312c BGB haben. Hierfür müsste zwischen R und A ein wirksamer Kaufvertrag bestehen, den R aufgrund eines ihr zustehenden Widerrufsrechts fristgerecht widerrufen hat.

I. Beteiligung der R am Kaufvertrag zwischen S und A gem. § 1357 I 2 BGB

4 Problematisch ist zunächst, dass R nicht selbst mit A einen Vertrag geschlossen hat. Vielmehr hat S den Vertrag geschlossen. S handelte hierbei auch nicht als Stellvertreter der R, da er im eigenen Namen auftrat, sodass auch eine Verpflichtung der R über § 164 I BGB nicht in Betracht kommt.

5 **Hinweis:** Man könnte hier uU argumentieren, dass es sich um ein Bargeschäft des täglichen Lebens handelt (fraglich allerdings, da gerade nicht bar, sondern per Überweisung gezahlt wurde), bei dem die Offenkundigkeit der Stellvertretung nicht gewahrt werden muss. Allerdings hatte S auch nicht den (unerklärten) Willen, für seine Ehefrau zu handeln. Vielmehr ist davon auszugehen, dass er sich selbst verpflichten wollte (arg.: die Statue war als Geschenk für R gedacht). Hier liegt zugleich ein großer Unterschied zwischen § 1357 BGB und § 164 BGB: Bei § 1357 BGB ist nicht erforderlich, dass der handelnde Ehegatte beabsichtigt, seinen Partner (mit-)zuverpflichten.

6 Jedoch könnte R gem. § 1357 I 2 BGB an dem Vertrag zwischen S und A mitberechtigt und -verpflichtet sein. R und S sind verheiratet, sodass § 1357 BGB (eine güterstandsunabhängige allgemeine Ehewirkung) zur Anwendung gelangen kann, da die Ehegatten auch nicht getrennt leben (§ 1357 III BGB).

7 Voraussetzung wäre, dass S mit A ein Geschäft zur angemessenen Deckung des Lebensbedarfs für die Familie geschlossen hat. Bei der Statue handelt es sich um einen Einrichtungsgegenstand. Auch die Anschaffung einzelner Einrichtungsgegenstände fällt unter § 1357 BGB, wenn sie angemessen ist.[1] Beim Kauf einer Statue von recht geringem Wert (100 EUR) handelt es sich um ein Geschäft, bei dem nicht üblicherweise erwartet wird, dass sich Ehegatten zuvor verständigen. Grundsätzlich kann jeder Gatte selbstständig zur Wohnungseinrichtung beitragen. Zudem handelt es sich hier um eine Doppelverdienerehe. Auch der Umstand, dass die Statue nicht dem Geschmack der R entspricht, hat keinen Einfluss auf die Anwendbarkeit des § 1357 BGB. Zudem gibt es kein nachträgliches Vetorecht, es besteht nur die Möglichkeit, die Berechtigung des anderen Ehegatten (vor Abschluss des konkreten Geschäfts) nach § 1357 II BGB zu beschränken oder auszuschließen,[2] was aber nicht geschehen ist.

8 Beim Kauf der Statue handelt es sich mithin um ein Geschäft iSd § 1357 BGB.

9 Der Einwand des A, er kenne R nicht, wirkt sich nicht auf die Anwendbarkeit aus. Denn der Vertragspartner muss für die Anwendung des § 1357 BGB keine Kenntnis von der Existenz eines Ehegatten (oder überhaupt dem Verheirateten-Status seines Vertragspartners) haben. Die Mithaftung tritt vielmehr ohne Rücksicht auf die Kenntnis des Gläubigers kraft Gesetzes ein.[3]

II. Ausschluss des § 1357 BGB durch Verbraucherschutzrecht

10 Die Anwendung des § 1357 BGB könnte vorliegend aber zweifelhaft sein, weil es sich beim Kauf um einen Verbrauchervertrag iSd §§ 312 I, 310 III BGB handeln könnte. Die Anwendung des § 1357 BGB könnte daher dem Schutzzweck der Verbraucherschutzrechte widersprechen, insbesondere weil hierdurch die Gefahr bestünde, dass

1 BeckOGK/Erbarth BGB § 1357 Rn. 74; MüKoBGB/Roth § 1357 Rn. 23.
2 MüKoBGB/Roth § 1357 Rn. 22.
3 MüKoBGB/Roth § 1357 Rn. 39.

die Widerrufsfrist vor der Belehrung des mitverpflichteten Gatten zu laufen beginnt. Diese Bedenken alleine führen aber nicht dazu, dass § 1357 BGB nicht anwendbar ist. Schließlich beginnt auch im Rahmen der Stellvertretung die Widerrufsfrist mit Vertragsschluss durch den Stellvertreter.[4] Auch das Argument, dass es durch die Anwendung des § 1357 BGB im Rahmen eines Verbraucherkaufs zu einer Globalvollmacht komme, spricht nicht für einen Ausschluss. Geschäfte im Rahmen des Verbraucherschutzrechts sind nicht grundsätzlich von der Möglichkeit ausgenommen, durch eine Stellvertretung zustande zu kommen.[5] Des Weiteren dienen die Schutzvorschriften nur dem, der den Vertrag abschließt. Dieser soll vor den Gefahren, welche die in den §§ 312 ff. BGB geregelten Situationen mit sich bringen (insbesondere Überrumpelung), geschützt werden. Zudem beeinflussen die Modalitäten des Vertragsschlusses nicht die Angemessenheit des Geschäfts für die Deckung des Lebensbedarfs der Familie; § 1357 BGB unterscheidet aber gerade nur nach dem Geschäftsumfang/-inhalt, nicht nach der Geschäftsart.[6]

R ist demnach gem. § 1357 I 2 BGB aus dem Kaufvertrag zwischen S und A mitver- 11
pflichtet und -berechtigt.

III. Widerrufsrecht der R

R könnte den Vertrag jedoch gem. § 355 BGB widerrufen haben, indem sie erklärte, 12
sie wolle „zurücktreten". In Betracht kommt hier ein Widerrufsrecht nach §§ 312g I Alt. 2, 312c BGB.

1. Fernabsatzvertrag gem. § 312c I BGB

Bei dem Kaufvertrag müsste es sich um einen Fernabsatzvertrag gem. § 312c BGB 13
handeln – also einen Verbrauchervertrag über die Lieferung von Waren unter ausschließlicher Verwendung von Fernkommunikationsmitteln.[7] Der zwischen S und A geschlossene Vertrag betrifft die Lieferung einer Statue und wurde über das Internet geschlossen.

Ein Widerrufsrecht kommt aber nur in Betracht, wenn es sich um ein Verbraucherge- 14
schäft nach §§ 312 I, 310 III BGB handelt. Während eine entgeltliche Leistung (§ 312 I BGB nF: Verpflichtung des Verbrauchers zu der Zahlung eines Preises) und ein Unternehmerhandeln seitens A vorliegen, ist das Verbraucherhandeln des S zweifelhaft.

Die Verbrauchereigenschaft könnte fehlen, da S als Arzt tätig ist und als Adresse die 15
Praxis angegeben hat.

Verbraucher ist jede natürliche Person, die ein Rechtsgeschäft zu einem Zweck ab- 16
schließt, der weder ihrer gewerblichen noch ihrer selbstständigen beruflichen Tätigkeit zugerechnet werden kann.[8] Vorliegend wollte S die Statue in der Privatwohnung aufstellen, sodass ein Zusammenhang mit seiner beruflichen Tätigkeit nicht besteht.

4 Löhnig FamRZ 2001, 135 (136).
5 Löhnig FamRZ 2001, 135 (136).
6 Löhnig FamRZ 2001, 135 (137).
7 BeckOGK/Busch BGB § 312c Rn. 13 ff.; MüKoBGB/Wendehorst § 312c Rn. 13 ff.
8 BGH NJW 2009, 3780.

Objektiv ist das Geschäft somit nicht der selbstständigen beruflichen Tätigkeit des S als Arzt zuzurechnen. Anders wäre dies allenfalls, wenn S über ein häusliches Arbeitszimmer verfügen würde und die Statue für dieses bestellt hätte.

17 Etwas anderes könnte sich daraus ergeben, dass S die Praxisadresse angegeben hat. Insoweit konnte A den Eindruck gewinnen, die Statue sei für berufliche Zwecke gedacht. Wäre diese Sichtweise maßgeblich, würde es an der Verbrauchereigenschaft fehlen, sodass ein Widerrufsrecht ausscheiden würde.

18 Der Wortlaut des § 13 BGB lässt nicht erkennen, ob für die Abgrenzung allein auf den von der handelnden Person verfolgten Zweck abzustellen ist[9] oder auf die dem Vertragspartner erkennbaren Umstände.[10]

19 Die negative Formulierung des zweiten Halbsatzes („weder") macht deutlich, dass das rechtsgeschäftliche Handeln einer natürlichen Person grundsätzlich als Verbraucherhandeln anzusehen ist und Zweifel zugunsten der Verbrauchereigenschaft entschieden werden.[11]

20 Eine Zurechnung entgegen dem tatsächlichen Zweck kommt allenfalls in Betracht, wenn die dem Vertragspartner erkennbaren Umstände zweifelsfrei darauf hinweisen, dass die Person in Ausübung ihrer gewerblichen oder selbstständigen beruflichen Tätigkeit handeln will. Die Einordnung des Handelns als Verbraucherhandeln hängt also nicht davon ab, dass sich der Erklärende dem Vertragspartner eindeutig als Verbraucher zu erkennen gibt.[12] Vielmehr ist bei Vertragsschluss mit einer natürlichen Person grundsätzlich von Verbraucherhandeln auszugehen, solange nicht die äußeren Umstände zweifelsfrei auf Unternehmerhandeln hindeuten.[13]

21 Gemessen daran kann im vorliegenden Fall nur von einem Verbraucherhandeln ausgegangen werden. Dass S sich die Statue an seine Praxis schicken ließ, ist kein eindeutiges Zeichen. Die Wahl der Anschrift mag schon darin begründet sein, dass er zu den üblichen Zustellzeiten nicht zu Hause, dagegen in der Praxis eine Entgegennahme gewährleistet ist.[14]

22 Dementsprechend ist S Verbraucher iSd § 13 BGB.

2. Zwischenergebnis

23 Beim Kaufvertrag handelt es sich um einen Fernabsatzvertrag, bei dem § 312g I Alt. 2 BGB ein Widerrufsrecht gewährt.

IV. Widerrufserklärung

24 R müsste den Widerruf auch wirksam nach § 355 BGB erklärt haben.

9 BGH NJW 2009, 3780; MüKoBGB/Micklitz § 13 Rn. 35.
10 BGH NJW 2009, 3780; Grüneberg/Ellenberger BGB § 13 Rn. 4.
11 BGH NJW 2009, 3780 (3781).
12 BGH NJW 2009, 3780 (3781).
13 BGH NJW 2009, 3780 (3781).
14 Vgl. auch BGH NJW 2009, 3780 (3781).

1. Ausübung des Widerrufsrechts durch R

Eine Vorfrage ist, ob auch die R selbst – und zwar alleine – den Vertrag widerrufen kann. Schließlich wurde er zwischen S und A geschlossen. Ein Widerruf durch R wäre nur möglich, wenn auch der jeweils andere Gatte zur Ausübung von Gestaltungsrechten berechtigt wäre und dafür auch nicht der Mitwirkung seines Ehepartners bedürfte. 25

Weil durch Geschäfte nach § 1357 BGB beide Ehegatten berechtigt und verpflichtet werden, erscheint es sachgerecht, beiden die Befugnis zur Ausübung von Gestaltungsrechten einzuräumen, auch wenn der fragliche Gatte den Vertrag nicht selbst geschlossen hat.[15] Es bleibt aber zweifelhaft, ob ein Alleingang möglich war. Grundsätzlich sieht § 351 BGB für (das dem Widerruf vergleichbare) Rücktrittsrecht vor, dass es bei einer Beteiligung mehrerer nur gemeinschaftlich ausgeübt werden kann. Allerdings könnte dieser Grundsatz durch § 1357 BGB überlagert sein. Hierfür spricht, dass nach § 1357 BGB ein Gatte alleine mit Wirkung auch für den anderen kontrahieren kann. Dann erscheint es sachgerecht, dem einzelnen Ehegatten auch die Möglichkeit einzuräumen, sich von den Folgen eines solchen Geschäfts allein und mit Wirkung für beide zu befreien.[16] Dementsprechend konnte R alleine widerrufen. 26

2. Formgerechte Widerrufserklärung

Indem R die Rückzahlung verlangt hat, hat sie deutlich gemacht, dass sie den Vertrag nicht gelten lassen will. Das Wort „widerrufen" muss nicht verwendet werden, der Begriff „Rücktritt" ist unschädlich. Der Widerruf bedarf keiner Begründung, § 355 I 4 BGB. Zudem kann der Widerruf inzwischen auch mündlich erklärt werden, solange der Widerrufswille eindeutig ist. 27

V. Widerrufsfrist

Der Widerruf muss auch fristgerecht erklärt worden sein. 28

1. Belehrung der R

Grundsätzlich beträgt die Widerrufsfrist bei einem Verbrauchsgüterkauf nach §§ 355 II 1, 356 II Nr. 1 lit. a BGB 14 Tage, beginnend ab dem Tag, an dem die Ware geliefert wird (s. oben). Die Statue wurde am 22.4. geliefert. Nach § 187 I BGB begann die Widerrufsfrist am 23.4., 0:00 Uhr. Der Widerruf müsste daher spätestens bis zum 6.5., 24:00 Uhr, erklärt worden sein (§ 188 II Alt. 1 BGB). R wandte sich jedoch erst am 7.5. an A. 29

Etwas anderes könnte allenfalls gelten, wenn die Frist wegen § 356 III BGB ausnahmsweise nicht zu laufen begonnen hat. Dies wäre der Fall, wenn A den Verbraucher-Käufer nicht entsprechend den Anforderungen des Art. 246a § 1 II 1 Nr. 1 oder Art. 246b § 2 EGBGB unterrichtet hat. R selbst wurde nicht belehrt. 30

2. Belehrung des S

Möglicherweise wurde aber S ordnungsgemäß belehrt. Diese Belehrung könnte auch für R wirken. 31

15 Löhnig NZFam 2018, 330; Löhnig FamRZ 2001, 135 (137).
16 Löhnig NZFam 2018, 330; Löhnig FamRZ 2001, 135 (137 f.).

32 Die Homepage des A entsprach allen gesetzlichen Anforderungen und enthielt alle vorgeschriebenen Belehrungen. S wurde mithin ordnungsgemäß belehrt. Die Widerrufsfrist betrug für ihn daher 14 Tage ab Erhalt der Statue (s. oben).

33 Fraglich ist, ob die gegenüber S erfolgte Belehrung auch gegenüber R wirkt, sodass auch für R diese Frist maßgeblich ist. Die Mitverpflichtung nach § 1357 BGB könnte erfordern, dass auch der Mitverpflichtete über seine Rechte belehrt wird.

34 Die Mitverpflichtung ist jedoch gesetzliche Folge eines unter § 1357 I BGB fallenden Geschäfts. In § 1357 BGB gilt der Grundsatz der wechselseitigen Akzessorietät. Erst aufgrund des wirksamen Vertragsschlusses eines Gatten entsteht die Mitverpflichtung beider, sodass schon deshalb alleine der kontrahierende Gatte vom Schutzbereich des Verbraucherrechts erfasst sein kann.[17] Dieser Grundsatz erstreckt sich auch auf Form- und Informationspflichten.[18] Für Fristen, deren Lauf beim Widerrufsrecht durch eine verbraucherschützende Belehrung ausgelöst wird, kommt es somit nur auf den handelnden Ehegatten an.[19]

3. Zwischenergebnis

35 Die Widerrufserklärung erfolgte somit verfristet.

VI. Ergebnis

36 Mangels wirksamen Widerrufs kann R nicht Rückzahlung verlangen *(aA vertretbar)*.

Frage 2: Wertersatz für die zerstörte Statue

A. Wertersatzanspruch des A gegen R

37 A könnte gegen R aus §§ 357 VII, 355 I, 312g I Alt. 2, 312c BGB einen Anspruch auf Wertersatz für die zerstörte Statue haben.

I. Wertersatzpflicht gem. §§ 357 VII, 355 I, 312g I Alt. 2, 312c BGB

38 Wenn R den Vertrag wirksam widerruft, hat der Verbraucher gem. § 357 VII BGB Wertersatz für einen Wertverlust der Ware zu leisten, wenn der Wertverlust auf einen zur Prüfung nicht notwendigen Umgang mit der Ware zurückzuführen ist (Nr. 1) und der Unternehmer den Verbraucher über sein Widerrufsrecht unterrichtet hat (Nr. 2). Vorliegend ist bei der Statue von einer Wertreduzierung auf Null auszugehen. Dieser Wertverlust ist auch auf einen zur Prüfung nicht notwendigen Umgang zurückzuführen. Ihrem Wortlaut nach ist die Wertersatzpflicht aus § 357 VII BGB nicht verschuldensabhängig. Demnach wäre es an dieser Stelle völlig unerheblich, ob R oder S die Zerstörung zu vertreten haben. Nach aA ist in den § 357 VII BGB im Wege unionsrechtskonformer Auslegung ein ungeschriebenes Tatbestandsmerkmal hineinzulesen, dass unter einem nicht-prüfungsnotwendigen Umgang stets ein Verstoß des

17 Löhnig FamRZ 2001, 135 (137).
18 Löhnig FamRZ 2001, 135 (137).
19 Löhnig NZFam 2018, 330; Löhnig FamRZ 2001, 135 (137).

Verbrauchers gegen die ihm auferlegte Sorgfaltspflicht zu verstehen ist. Unabdingbare Voraussetzung für eine Wertersatzpflicht des Verbrauchers sei damit stets ein Vertretenmüssen des Verbrauchers iSv § 276 BGB.[20] Vorliegend stieß S die Statue fahrlässig um („sorglos"). Grundsätzlich hat der Schuldner für Vorsatz und Fahrlässigkeit einzustehen, vgl. § 276 BGB. R trägt jedoch vor, dass der S „immer" sorglos handele. Gemäß § 1359 BGB haben Gatten bei der Erfüllung der ehelichen Verpflichtungen einander nur für diejenige Sorgfalt einzustehen, welche sie in eigenen Angelegenheiten anzuwenden pflegen, stets jedoch für grobe Fahrlässigkeit (für die freilich hier nichts ersichtlich ist), § 277 BGB. Fraglich ist aber, ob § 1359 BGB auch angewandt werden darf, in der ein Dritter Wertersatz verlangt. Sinn und Zweck des § 1359 BGB ist die Sicherung des Familienfriedens.[21] Die Vorschrift würde aber zulasten Dritter gehen, wenn die Haftungsmilderung des § 1359 BGB auch im Verhältnis zu diesen zur Anwendung gelangen würde. Für eine solche auf das Innenverhältnis beschränkte Wirkung des § 1359 BGB spricht auch dessen Wortlaut („einander"). Im Verhältnis zu A kann sich S bzw. R somit nicht auf § 1359 BGB berufen. Das leicht fahrlässige Verhalten des S muss sich R über § 278 BGB zurechnen lassen, da auch S bestimmungsgemäß mit der Kaufsache in Berührung kam.

Die Wertersatzpflicht hängt demnach davon ob, ob eine ordnungsgemäße Widerrufs- 39
belehrung vorlag. Geht man davon aus, dass sich R die Belehrung gegenüber S zurechnen lassen muss (s. oben), ist dies der Fall.

Da S und R für die Ansprüche aus dem (nunmehr rückabzuwickelnden) Kaufvertrag 40
als Gesamtschuldner nach § 421 BGB haften, kann A Wertersatz auch von R fordern.

II. Höhe des Wertersatzes

Fraglich ist, in welcher Höhe R Wertersatz schuldet. Der objektive Wert beträgt 41
80 EUR. S hat die Statue jedoch für 100 EUR erworben. Der BGH stellte bei Haustürgeschäften nicht auf das vereinbarte Entgelt, sondern den objektiven Wert ab.[22] Auch nach der Neuregelung folgt die Maßgeblichkeit des objektiven Werts aus einem Umkehrschluss aus § 357 VIII 4 BGB und § 357d S. 2 BGB.[23] Nach diesen Vorschriften ist (nur) beim Widerruf von Verträgen über Dienstleistungen, Energielieferungen oder Verbraucherbauverträgen für den Wertersatz auf die vereinbarte Gegenleistung abzustellen. Zudem erscheint es auch aus dem Erfordernis einer effektiven Gewährleistung des Widerrufsrechts geboten, auf den objektiven Wert abzustellen. R schuldet somit nur Wertersatz iHv 80 EUR.

III. Ergebnis

A kann von R somit aus §§ 357 VII, 355 I, 312g I Alt. 2, 312c BGB Wertersatz für die 42
zerstörte Statue iHv 80 EUR verlangen – dies aber nur Zug-um-Zug gegen Rückerstattung des Kaufpreises iHv 100 EUR. Sowohl für R als auch für S bestünde dann die Möglichkeit der Aufrechnung gem. §§ 387 ff. BGB.

20 BeckOGK/Mörsdorf BGB § 357 Rn. 67 mwN.
21 MüKoBGB/Roth § 1359 Rn. 4; Staudinger/Voppel BGB § 1359 Rn. 7; Szalai NZFam 2018, 761.
22 BGH NJW 2010, 2868; vgl. auch MüKoBGB/Fritsche § 357 Rn. 36.
23 MüKoBGB/Fritsche § 357 Rn. 36; Grüneberg/Grüneberg BGB § 357 Rn. 11.

B. „Wertersatzanspruch" der R gegen S

I. § 1359 BGB

43 Anders als § 1664 BGB normiert § 1359 BGB nach hM nur einen besonderen Haftungsmaßstab, keine eigene Anspruchsgrundlage.

II. §§ 280 I, 241 II BGB

44 Im Verhältnis zu S kommen Ansprüche aus §§ 280 I, 241 II, 1353 I BGB in Betracht, wenn S eine Pflicht aus einem Schuldverhältnis verletzt hat und diese Pflichtverletzung auch zu vertreten hat. Das Gesetz normiert echte Rechtspflichten unter Ehegatten, u.a. die Pflicht zur Rücksichtnahme in § 1353 I 2 aE BGB, quasi eine ehespezifische Ausprägung von § 241 II BGB. Der BGH lehnt eine „Verschuldrechtlichung" dieser Pflichten für rein persönliche Ehepflichten (insbesondere Treuepflicht) allerdings ab, weil die Konsequenzen eines Verstoßes hiergegen alleine im Familienrecht geregelt sein sollen.[24] Hier geht es aber um eine allgemeine Rücksichtnahmepflicht auf das Eigentum des anderen Gatten. Für solche Pflichtverletzungen hält der BGH Schadensersatzansprüche für denkbar, wobei er die Anspruchsgrundlage entweder nicht erwähnt oder dem Deliktsrecht entnommen hat.[25] In der Literatur wird seit seiner Schaffung vermehrt auch § 280 BGB herangezogen.[26]

45 **Hinweis:** Es ist vertretbar, diesen Anspruch weiter zu prüfen. Der Anspruch ist wegen der Verschuldensvermutung günstiger für R; freilich ist hier leichte Fahrlässigkeit vom Sachverhalt vorgegeben, sodass es auf die Beweislastumkehr nicht ankommt. Gleichermaßen vertretbar ist es, mit den gängigen Kritikpunkten die neue Ansicht abzulehnen.

III. § 823 I BGB

46 R könnte ein Schadensersatzanspruch gegen S aus § 823 I BGB wegen Zerstörung der Statue zustehen.

1. Rechtsgutsverletzung

47 In Betracht kommt die Verletzung des Eigentums der R. Fraglich ist jedoch, ob R Eigentümerin geworden ist.

a) Eigentumserwerb nach § 1357 BGB

48 R könnte zunächst nach §§ 1357, 929 BGB Miteigentum erlangt haben. Dies wäre aber nur der Fall, wenn § 1357 BGB zu einem dinglichen Erwerb führen würde.

49 Hierfür könnte der Wortlaut des § 1357 I 2 BGB sprechen, wenn man der Formulierung „berechtigt" eine dingliche Wirkung zuspricht.[27] Es mag auch gerecht erscheinen, dem außenstehenden Gatten – quasi als Ausgleich für seine Mithaftung – eine

24 BGH NJW 2013, 2108.
25 BeckOGK/Riehm BGB § 280 Rn. 75.
26 BeckOGK/Riehm BGB § 280 Rn. 75 mwN.
27 Sich hiermit auseinandersetzend MüKoBGB/Roth § 1357 Rn. 42.

dingliche Mitberechtigung einzuräumen. Es ist aber zu beachten, dass der gesetzliche Güterstand Gütertrennung bedeutet (§ 1363 II 1 BGB), welcher ein automatischer Miteigentumserwerb nach § 1357 BGB zuwiderlaufen würde. § 1357 BGB beschränkt sich daher richtigerweise auf die schuldrechtliche Ebene.[28]

b) Eigentumserwerb über den Grundsatz des Geschäfts für den, den es angeht

Auch ein Eigentumserwerb der R im Wege eines Geschäfts für den, den es angeht nach §§ 929, 164 I, III BGB, liegt fern. Zwar kann im Einzelfall bei einer Übereignung an einen Gatten durchaus eine Übereignung an den, den es angeht, angenommen werden.[29] Vorrangig ist hier aber immer der Wille der Parteien.[30] Auch wenn es dem Verkäufer häufig gleichgültig sein wird, wer Eigentum erlangen soll, wird bei der Figur des Geschäfts für den, den es angeht, nur auf die Offenkundigkeit verzichtet. Weiterhin nötig wäre ein Stellvertreterwille des S. Das spätere Verhalten des S, nämlich der Umstand, dass er die Statue der R zum Geburtstag schenken wollte, spricht gegen einen solchen Willen. 50

c) Eigentumserwerb durch rechtsgeschäftliche Übereignung von S an R

R könnte das Eigentum jedoch durch eine Übereignung von S erlangt haben. 51

S wollte der R mit der Statue ein nachträgliches Geburtstagsgeschenk bereiten. Seine Erklärung ist daher als Übereignungserklärung aufzufassen. Zweifeln könnte man am Vorliegen einer Annahmeerklärung durch R, da diese „wenig erfreut" war. Allerdings wird man ihr Verhalten noch als Annahme (mit Unmutsäußerung über den Geschenkgegenstand) verstehen können, zumal die Rechtsprechung hinsichtlich der Anforderungen an die Annahme von dem Erklärungsempfänger günstigen Willenserklärungen großzügig verfährt[31] *(aA vertretbar; dann könnte man in der Schadensersatzforderung der R gegen S eine Annahme erblicken. Fraglich ist allerdings, ob diese – in Anbetracht von § 147 I 1 BGB – rechtzeitig wäre).* Fraglich ist, ob auch eine Übergabe erfolgt ist oder ein Übergabesurrogat vorliegt. Eine Übergabe nach § 929 S. 1 BGB kommt nicht in Betracht, da die Statue in der gemeinsamen Wohnung stehen sollte und es daher zu keinem vollständigen Besitzverlust aufseiten des S kam. Eine Übergabe ist indes nicht nötig, da diese nach § 930 BGB durch ein Besitzkonstitut ersetzt werden kann. Zwischen Ehegatten muss dabei kein besonderes Besitzmittlungsverhältnis vereinbart werden. Vielmehr wird die eheliche Lebensgemeinschaft nach §§ 1353 ff. BGB als gesetzliches Besitzmittlungsverhältnis angesehen.[32] 52

S handelte auch als Berechtigter. 53

28 BeckOGK/Erbarth BGB § 1357 Rn. 137; MüKoBGB/Roth § 1357 Rn. 42; vgl. ausführlich Schwab FS Koch 2019, 209 (213 ff.).

29 BGH NJW 1991, 2283; MüKoBGB/Roth § 1357 Rn. 42; krit. Gernhuber/Coester-Waltjen FamR § 19 Rn. 46.

30 MüKoBGB/Roth § 1357 Rn. 42.

31 Vgl. etwa BGH DNotZ 2016, 265 (269 f.), wo der BGH zur Annahme eines Angebots auf Abschluss eines Erlassvertrags „sprechende Untätigkeit" ausreichen ließ.

32 BGH NJW 1992, 1162 (1163); 1979, 976; MüKoBGB/Oechsler § 930 Rn. 34; Gursky JZ 1984, 604 (606).

d) Zwischenergebnis

54 R erlangte somit Eigentum an der Statue nach §§ 929, 930 BGB. Als Rechtsgutsverletzung kommt somit eine Eigentumsverletzung in Betracht, welche durch die Zerstörung der Statue durch S auch eingetreten ist.

2. Verschulden

55 Gemäß § 823 I BGB hat der Schuldner für Vorsatz und Fahrlässigkeit einzustehen. Indem S sorglos die Statue umstieß, handelte er zumindest fahrlässig, vgl. § 276 II BGB.

56 Etwas anderes könnte aber gelten, weil R und S verheiratet sind. Gemäß § 1359 BGB haben Ehegatten bei der Erfüllung der sich aus dem ehelichen Verhältnis ergebenden Verpflichtungen einander nur für die Sorgfalt einzustehen, welche sie in eigenen Angelegenheiten anzuwenden pflegen, stets aber für grobe Fahrlässigkeit, § 277 BGB. Hier liegt nur einfache und eigenübliche Fahrlässigkeit vor (s. oben). Allerdings müsste § 1359 BGB auf deliktische Ansprüche anwendbar sein. Dagegen könnte sprechen, dass die Formulierung des § 823 I BGB – anders als die des § 276 I BGB – nicht ausdrücklich offen für einen strengeren oder milderen Haftungsmaßstab ist.[33] Hiergegen ist aber einzuwenden, dass § 1359 BGB den Grad der Fahrlässigkeit des § 823 I BGB näher bestimmt.[34] Daher ist die Anwendung des Haftungsprivilegs auch auf deliktische Ansprüche zu bejahen, soweit es sich um Sachbeschädigungen handelt, die sich im häuslich-familiären Bereich ereignen.[35] Andernfalls liefe der Schutzzweck des § 1359 BGB weitgehend leer. S hat somit für die eigenübliche Sorgfalt einzustehen. Da er diese nicht verletzt hat, haftet er nicht gegenüber R.

IV. Ergebnis

57 R steht gegen S kein Anspruch auf Schadensersatz aus § 823 I BGB zu.

33 Preisner JA 2010, 584 (587).
34 Preisner JA 2010, 584 (587).
35 BeckOGK/Erbarth BGB § 1359 Rn. 37; MüKoBGB/Roth § 1359 Rn. 7.

Fall Nr. 4 – Bei den v. Erdmanns

Schwerpunkte: *Eigentumsvermutungen; Ehename; Sittenwidrigkeit eines Ehevertrags*

Michael Müller (M) und Fiona v. Erdmann (F) haben am 2.1. die Ehe miteinander geschlossen. In einem notariell beurkundeten Ehevertrag haben sie den Zugewinnausgleich ausgeschlossen. Als Ehenamen haben sie „v. Erdmann" gewählt. Im Ehevertrag ist vereinbart, dass M den Namen im Fall der Scheidung gegen eine Abstandszahlung von 5.000 EUR wieder ablegen wird. 1

Während der Ehe hat F ein Cabrio für den gemeinsamen Haushalt gekauft. In den Fahrzeugpapieren ist sie als Halterin eingetragen. Die Versicherung läuft dagegen auf M. Auch den Kaufpreis hat M aus seinen Mitteln finanziert. Im Mai des folgenden Jahres kommt es zur Trennung der Eheleute, indem M aus der gemeinsamen Wohnung auszieht. Nach der Trennung wird der Wagen alleine durch F genutzt. Anlässlich eines Besuchs der F bei M entnimmt die F die Fahrzeugpapiere aus einer unverschlossenen Kommode und nimmt sie zu sich nach Hause mit. Anschließend verkauft sie den Wagen unter Vorlage der Papiere an K für 14.000 EUR (Zeitwert: 12.000 EUR). Auch M hat den Wagen inzwischen lieb gewonnen und verlangt ihn daher von K heraus, hilfsweise verlangt er „Geldersatz" von F.

Wie ist die Rechtslage?

Zusatzfrage: Angenommen, es kommt zu einer Scheidung der Ehe: Kann M den Namen „v. Erdmann" wieder ablegen? Kann F dies von ihm verlangen?

2 Gliederung

A. Ansprüche des M gegen K auf Herausgabe
  I. § 604 I, IV BGB
  II. § 985 BGB
    1. Besitz des K
    2. Eigentum des M
      a) Ursprüngliche Eigentumslage
      b) Verlust des Miteigentums durch Übereignung von M an F nach § 929 S. 1 BGB
      c) Verlust des Miteigentums durch Übereignung von F an K nach § 929 S. 1 BGB
      d) Verlust des Miteigentums durch Übereignung von F an K nach §§ 929 S. 1, 932 BGB
    3. Ergebnis
  III. § 861 I BGB
  IV. § 1007 I oder II BGB
  V. § 823 I BGB
  VI. § 812 I 1 Alt. 2 BGB
B. Ansprüche des M gegen F auf „Geldersatz"
  I. Ansprüche auf Schadensersatz
    1. §§ 280 I, III, 283, 604 I BGB
    2. §§ 280 I, 249 I BGB
      a) Schuldverhältnis
      b) Pflichtverletzung
        aa) Pflichten aus der Ehe
        bb) Pflichten aus den Bestimmungen des Gemeinschaftsrechts
      c) Ergebnis
    3. §§ 280 I, III, 283 BGB analog iVm § 985 BGB
    4. §§ 990 I, 989 BGB
    5. §§ 687 II 1, 678 BGB
    6. § 823 I BGB
    7. § 823 II BGB iVm § 246 StGB
    8. § 826 BGB
  II. Ansprüche auf Herausgabe des Veräußerungsgewinns
    1. §§ 285, 604 I BGB
    2. §§ 687 II 1, 681 S. 2, 667 BGB
    3. § 816 I 1 BGB
    4. § 285 BGB analog iVm § 985 BGB

Zusatzfrage: Namensführung
A. Freiwilliges Ablegen des Namens
B. Anspruch auf Ablegen des Namens
  I. Zulässigkeit der Vereinbarung
    1. Ausschluss analog § 1297 BGB
    2. Weitere Interessenabwägung
  II. Nichtigkeit der Vereinbarung, § 138 I BGB
    1. Verstoß gegen die Ehe- und Familienordnung

2. Allgemeines Persönlichkeitsrecht und Vertragsfreiheit
3. Kommerzialisierung

III. Ergebnis

Lösung

A. Ansprüche des M gegen K auf Herausgabe

I. § 604 I, IV BGB

Mangels rechtsgeschäftlichen Kontakts zwischen M und K ist kein Leihvertrag zustande gekommen, ein Anspruch aus § 604 I BGB scheidet aus. Allerdings könnte K als Dritter, an den der Gebrauch überlassen wurde, nach § 604 IV BGB in Anspruch genommen werden. Jedoch ist auch zwischen M und F mangels Rechtsbindungswillens kein Leihvertrag zustande gekommen. Ein vertraglicher Herausgabeanspruch besteht nicht. 3

II. § 985 BGB

M kann von K Herausgabe des Cabrios verlangen, wenn er selbst (Mit-)Eigentümer ist und K Besitzer ohne Recht zum Besitz. Auch wenn M nur Miteigentümer sein sollte, könnte er den Anspruch allein geltend machen, grundsätzlich aber nur Leistung an alle Miteigentümer fordern, §§ 1011, 432 I 1 BGB. 4

1. Besitz des K

K ist Besitzer des Cabrios. 5

2. Eigentum des M

a) Ursprüngliche Eigentumslage

Fraglich ist, ob ursprünglich nur entweder F oder M oder beide gemeinsam Eigentum am Cabrio erlangten. M und F sind sich uneinig über die Eigentumsverhältnisse. Beide behaupten, Alleineigentümer zu sein. 6

Nach der Trennung war F Besitzerin des Cabrios. Zunächst könnte daher die Eigentumsvermutung des § 1006 I BGB für ihr Alleineigentum sprechen. Gleichermaßen könnte es sich bei dem Cabrio aber auch um einen Haushaltsgegenstand handeln, der während der Ehe für den gemeinsamen Haushalt angeschafft wurde. Damit könnte § 1568b II BGB einschlägig sein, wonach solche Gegenstände für die Verteilung als gemeinsames Eigentum gelten, es sei denn, das Alleineigentum eines Gatten steht fest. 7

Unmittelbar ist die Vermutung nur im Hausratsverteilungsverfahren nach § 1568b BGB anwendbar. Ihr liegt aber ein allgemeiner Rechtsgedanke zugrunde (der letztlich auch der Verpflichtung aus § 1353 BGB zur ehelichen Lebensgemeinschaft entspricht), dass ehelicher Hausrat idR beiden Eheleuten gemeinsam gehören soll, wenn nicht besondere Umstände dagegensprechen. Auf diesen Rechtsgedanken kann daher 8 auch in anderen Kontexten zurückgegriffen werden.[1] Die Miteigentumsvermutung des § 1568b II BGB ist vorrangig gegenüber der allgemeineren Vermutung nach § 1006 BGB.[2]

9 Als Vermutungsbasis setzt die Vorschrift voraus, dass es sich um während der Ehe für den gemeinsamen Haushalt angeschaffte Haushaltsgegenstände handelt.[3] Haushaltsgegenstände sind bewegliche Gegenstände, die für die gesamte Lebensführung der Familie bestimmt sind und nicht dem persönlichen Gebrauch nur eines Gatten dienen.[4] Vorliegend haben M und F das Cabrio während ihres Zusammenlebens gemeinsam benutzt. Anhand des Vortrags der Parteien ist davon auszugehen, dass das Fahrzeug für die gesamte Lebensführung der Familie und nicht dem persönlichen Gebrauch nur eines Gatten zu dienen bestimmt war. Angeschafft iSd Vorschrift sind grundsätzlich entgeltlich erworbene Haushaltsgegenstände.[5] Auch diese Voraussetzung ist erfüllt.

10 Da die von § 1568b II BGB geforderte Vermutungsbasis vorliegt, kann und muss deshalb bis zum Beweis des Gegenteils (vgl. § 292 ZPO) von Miteigentum ausgegangen werden. Zwar könnte F den Kauf des Cabrios und die Haltereigenschaft nachweisen; andererseits M die Finanzierung aus eigenen Mitteln und Versicherung auf seinen Namen. Letztlich reicht dies jedoch nicht für den Beweis des Alleineigentums aus.[6] Weder F noch M wird daher der Nachweis ihres Alleineigentums gelingen.

11 Es ist folglich davon auszugehen, dass M und F ursprünglich Miteigentümer gewesen sind.

b) Verlust des Miteigentums durch Übereignung von M an F nach § 929 S. 1 BGB

12 M könnte sein Miteigentum zwischenzeitlich verloren haben. Die Überlassung des Besitzes an F infolge der Trennung könnte eine (konkludente) Übertragung seines Miteigentumsanteils darstellen. Die Übertragung von Anteilen an einer gemeinschaftlichen beweglichen Sache (§ 747 S. 1 BGB) richtet sich nach den für den gemeinschaftlichen Gegenstand einschlägigen Vorschriften,[7] also nach §§ 929 ff. BGB. Eine konkrete Abrede ist nicht ersichtlich, M und F trafen nicht einmal eine ausdrückliche Vereinbarung hinsichtlich der Nutzung. Auch der Umstand, dass M die Papiere einbehielt, spricht gegen einen Übereignungswillen. Letztlich überließ M den Besitz im Rahmen seines Auszugs aus der Ehewohnung. Dass er allein dadurch auch das Eigentum an allen Gegenständen in der Sphäre der ehemaligen Wohnung an F übertragen wollte, ist fernliegend.

c) Verlust des Miteigentums durch Übereignung von F an K nach § 929 S. 1 BGB

13 M und F könnten ihr Miteigentum verloren haben, wenn F das Eigentum wirksam nach § 929 S. 1 BGB an den K übertragen hat.

1 BGH NJW 1991, 2283 (2285); OLG Stuttgart NJW 2016, 1665.
2 MüKoBGB/Wellenhofer § 1568b Rn. 27.
3 BeckOGK/Erbarth BGB § 1568b Rn. 22
4 OLG Stuttgart NJW 2016, 1665 (1666).
5 MüKoBGB/Wellenhofer § 1568b Rn. 28.
6 AG Wiesbaden NZFam 2017, 814.
7 MüKoBGB/K. Schmidt § 747 Rn. 18.

F und K haben sich über den Eigentumsübergang geeinigt und das Cabrio wurde auch an den K übergeben. Fraglich ist jedoch, ob die F auch als Berechtigte handelte. Hinsichtlich ihres eigenen Miteigentums könnte[8] die Verfügung bereits nach § 1369 BGB unwirksam sein. Demgemäß müsste K als anderer Gatte zustimmen, damit das Eigentum an dem gemeinsam genutzten Cabrio als Haushaltsgegenstand wirksam an K übertragen werden kann. Eine solche Zustimmung fehlte vorliegend. Allerdings haben die Eheleute in einem Ehevertrag den Zugewinnausgleich ausgeschlossen. Damit tritt mangels abweichender Vereinbarungen gem. § 1414 S. 2 BGB Gütertrennung ein. Die (nur im gesetzlichen Güterstand geltende) Verfügungsbeschränkung greift folglich nicht ein. Eine Verfügung über ihren eigenen Anteil ist nicht ausgeschlossen. F konnte jedoch nicht als Berechtigte über den Gegenstand im Ganzen verfügen, vgl. § 747 S. 2 BGB. 14

d) Verlust des Miteigentums durch Übereignung von F an K nach §§ 929 S. 1, 932 BGB

M könnte sein Miteigentum jedoch im Wege des gutgläubigen Erwerbs an K verloren haben, §§ 929 S. 1, 932 BGB. Der Gutgläubigkeit (vgl. § 932 II BGB) des K steht nichts entgegen: F legte dem K die auf sie ausgestellten Fahrzeugpapiere vor. Auch forderte sie keinen deutlich zu niedrigen Preis, sondern verkaufte den Wagen über dem Zeitwert.[9] 15

Das Cabrio darf zudem nicht abhandengekommen sein, § 935 I BGB. Abhandenkommen erfasst jeden unfreiwilligen Verlust des unmittelbaren Besitzes. Nach der Trennung wurde das Cabrio einverständlich alleine durch F genutzt, sodass ein unfreiwilliger unmittelbarer Besitzverlust des M hinsichtlich des Cabrios selbst ausscheidet. Allerdings wurde M die unmittelbare Sachherrschaft über die Zulassungsbescheinigung Teil II gegen seinen Willen entzogen. Indes ist § 952 BGB entsprechend auf die Zulassungsbescheinigung Teil II anzuwenden,[10] sodass eigenständiges Eigentum an den Fahrzeugpapieren nicht besteht. Sie teilen stattdessen das Schicksal des Eigentums am Cabrio. Dieser Wertung entspricht es, für die Frage des Abhandenkommens ebenfalls ausschließlich auf das Fahrzeug abzustellen.[11] 16

Damit hat K gutgläubig Eigentum am Cabrio erworben. 17

3. Ergebnis

M hat keinen Anspruch auf Herausgabe des Fahrzeugs aus § 985 BGB. 18

III. § 861 I BGB

Verbotene Eigenmacht in Hinsicht auf das Fahrzeug liegt nicht vor; ein Anspruch aus § 861 I BGB scheitert. 19

---

8 Str., s. MüKoBGB/Koch § 1369 Rn. 15.
9 Vgl. MüKoBGB/Oechsler § 932 Rn. 58.
10 Grüneberg/Herrler BGB § 952 Rn. 7.
11 AG Miesbach MDR 2015, 1177.

IV. § 1007 I oder II BGB

20 K war gutgläubig, ein Anspruch aus § 1007 I BGB scheidet aus. Zudem ist er jedenfalls Eigentümer des Kfz, sodass auch ein Anspruch aus § 1007 II BGB scheitert, § 1007 II aE BGB.

V. § 823 I BGB

21 § 932 BGB ist ein gesetzlicher Rechtfertigungsgrund, sodass kein Herausgabeanspruch aus § 823 I BGB besteht.

VI. § 812 I 1 Alt. 2 BGB

22 Ein weiterer Anspruch des M gegen K gem. § 812 I 1 Alt. 2 BGB scheitert an der Subsidiarität der Eingriffskondiktion. Dem K wurden Eigentum und Besitz von der F geleistet.

B. Ansprüche des M gegen F auf „Geldersatz"

I. Ansprüche auf Schadensersatz

1. §§ 280 I, III, 283, 604 I BGB

23 Mangels Rechtsbindungswillens ist ein konkludenter Leihvertrag zwischen M und F abzulehnen. Auch Schadensersatzansprüche wegen Unmöglichwerdens eines Herausgabeanspruchs sind dann nicht denkbar.

2. §§ 280 I, 249 I BGB

24 Allerdings könnte M einen Schadensersatzanspruch gegen F aus §§ 280 I, 249 I BGB haben.

a) Schuldverhältnis

25 Zunächst muss ein Schuldverhältnis zwischen M und F bestehen. In Betracht käme die eheliche Sonderverbindung (ausführlich vgl. bereits → Rn. 44). Darüber hinaus könnte sich aus der Bruchteilsgemeinschaft der Miteigentümer (§§ 741 ff. BGB) ein Schuldverhältnis ergeben. Die Gemeinschaft als solche ist kein Schuldverhältnis. Aus den Bestimmungen des Gemeinschaftsrechts in §§ 743 ff. BGB können sich jedoch einzelne gesetzliche Schuldverhältnisse ergeben.[12]

b) Pflichtverletzung

aa) Pflichten aus der Ehe

26 Die Verletzung des Eigentums verletzt keine spezifisch ehelichen Pflichten gegenüber dem anderen Ehegatten. Eine Pflichtverletzung iSd § 280 I BGB liegt nicht vor

12 Staudinger/v. Proff BGB § 741 Rn. 260.

(aA vertretbar mit dem Argument, dass die Verletzung der Rücksichtnahmepflicht auf fremde Rechtsgüter keine personale Ehepflicht ist, welche dem Anwendungsbereich des Schuldrechts nach hM entzogen wäre).

bb) Pflichten aus den Bestimmungen des Gemeinschaftsrechts

Maßnahmen, die zur Aufhebung der Gemeinschaft führen, fallen nicht unter die 27
Verwaltung.[13] Die Veräußerung des gemeinschaftlichen Gegenstands verletzt damit M nicht in seinen Rechten aus § 744 I BGB. Auch § 747 S. 2 BGB stellt keinen tauglichen Anknüpfungspunkt für eine Pflichtverletzung dar: Aus der Vorschrift ergeben sich keine obligatorischen Rechte und Pflichten, sie regelt vielmehr die Wirksamkeit von Verfügungen.[14]

c) Ergebnis

M hat keinen Anspruch aus §§ 280 I, 249 I BGB.

3. §§ 280 I, III, 283 BGB analog iVm § 985 BGB

Die Herbeiführung der subjektiven Unmöglichkeit hinsichtlich des Anspruchs auf 28
Einräumung des Mitbesitzes aus § 985 BGB[15] könnte eine taugliche Pflichtverletzung darstellen. Eine entsprechende Anwendung der §§ 280 I, III, 283 BGB scheidet jedoch bereits aus dem Grunde aus, dass sich in §§ 990 I, 989 BGB eine für das Sachenrecht abschließende Spezialregelung findet.

4. §§ 990 I, 989 BGB

Zwar kann auch zwischen Miteigentümern ein auf Einräumung des Mitbesitzes ge- 29
richteter Vindikationsanspruch aus § 985 BGB bestehen. Aufgrund der aus dem Miteigentum fließenden Besitzberechtigung der Anspruchsgegnerin F zum Zeitpunkt des schädigenden Ereignisses ist für die Anwendung der Vindikationsfolgenormen jedoch kein Raum.[16] Die Ansprüche aus §§ 987 ff. BGB sind gegenüber der Miteigentümerin F ausgeschlossen. Ohnehin überließ M der F mit seinem Auszug jedenfalls konkludent den Alleinbesitz, wenngleich mit jederzeitigem Recht zur Rückforderung. Damit ist F nach hM bis zum Herausgabeverlangen besitzberechtigt.[17]

5. §§ 687 II 1, 678 BGB

M könnte einen Anspruch aus §§ 687 II 1, 678 BGB haben. 30

F hat über den gemeinsamen Gegenstand im Ganzen verfügt. Damit hat sie sich an- 31
gemaßt, allein zu verfügen, obwohl diese Befugnis nur M und F gemeinsam zustand, vgl. § 747 S. 2 BGB. Die echte Geschäftsführung ohne Auftrag setzt lediglich voraus, dass das Geschäft nicht ausschließlich ein eigenes ist. Nach hL soll ein solches auchfremdes Geschäft auch für § 687 II BGB ausreichen.[18] Die neuere Rechtsprechung

13 Staudinger/v. Proff BGB § 744 Rn. 10.
14 Roth/Warmer ZJS 2008, 497 (505).
15 BeckOGK/Spohnheimer BGB § 985 Rn. 50.
16 Staudinger/Gursky 2013, BGB § 1011 Rn. 11; aA Soergel/Stürner BGB § 1011 Rn. 3.
17 BeckOGK/Spohnheimer BGB § 986 Rn. 32.
18 AA Soergel/Beuthien BGB § 687 Rn. 6.

tritt dem jedenfalls im Ergebnis bei.[19] Stellt man dagegen allein auf die Verfügung über den Miteigentumsanteil des M ab, so liegt bereits ein ausschließlich fremdes Geschäft vor.

32 Der Geschäftsführer muss zudem den Willen haben, das Geschäft für einen anderen zu tätigen. Dies beinhaltet einerseits das Bewusstsein, andererseits den Willen (ieS), zumindest auch im Interesse eines anderen tätig zu sein.[20] Beim objektiv fremden Geschäft wird der Fremdgeschäftsführungswille vermutet; beim auch-fremden Geschäft ist dies strittig. Die Frage kann jedoch letztlich dahinstehen, wenn die Vermutung widerlegt ist. Zunächst war sich F der Eigentumslage gewahr und handelte damit im Bewusstsein, ein (auch-)fremdes Geschäft zu führen. Angesichts der Tatsache, dass F nicht offen das Geld mit M teilte, sondern das Geschäft allein auf eigene Rechnung durchführte, ist jedoch der entsprechende Fremdgeschäftsführungswille ieS abzulehnen.[21] Sie wollte diese (auch-)fremde Angelegenheit ausschließlich als eigene wahrnehmen,[22] damit liegt Eigengeschäftsführungswille vor.

33 F hat dem M damit den aus der angemaßten Geschäftsführung entstandenen Schaden zu ersetzen. M ist so zu stellen, wie er stünde, hätte F die Geschäftsführung nicht übernommen.[23] Das Cabrio hatte einen Wert von 12.000 EUR. Ohne den Verkauf hätte M weiterhin einen Miteigentumsanteil am Wagen im Wert von 6.000 EUR. Mit dem gutgläubigen Erwerb durch K hat er diesen Anteil restlos verloren. M kann somit Schadensersatz iHv 6.000 EUR fordern.

6. § 823 I BGB

34 Der haftungsbegründende Tatbestand ist erfüllt, s. oben. Im Ausgangspunkt richtet sich der Umfang des Schadensersatzes nach dem Grundsatz der Naturalrestitution, § 249 I BGB. Nach der Differenzhypothese ist die tatsächliche Vermögenslage des M mit der ohne Eintritt des schädigenden Ereignisses (Verkauf) zu vergleichen. Wie bereits unter 5. dargelegt, kann M damit 6.000 EUR fordern.

7. § 823 II BGB iVm § 246 StGB

35 § 246 StGB schützt als Verbotsnorm und Gesetz iSd Art. 2 EGBGB das Individualrechtsgut Eigentum,[24] es handelt sich um ein Schutzgesetz iSd § 823 II BGB. Dieses könnte F verletzt haben, indem sie das Fahrzeug an K veräußert hat. Bei dem Kfz handelte es sich für die F um eine fremde bewegliche Sache, insbesondere war das Fahrzeug nicht in ihrem Alleineigentum. In der Verfügung über das Miteigentum des M liegt eine Zueignung.[25] Auch im Übrigen liegen die Voraussetzungen des § 246 StGB vor.

36 M hat einen Anspruch iHv 6.000 EUR aus § 823 II BGB iVm § 246 StGB.

19 Hierzu MüKoBGB/Schäfer § 687 Rn. 14.
20 BGH NJW 2016, 1887 (1889).
21 Vgl. BeckOGK/Hartmann BGB § 687 Rn. 68.
22 Vgl. BGH NJW 2016, 1887 (1889).
23 MüKoBGB/Schäfer § 678 Rn. 13.
24 MüKoStGB/Hohmann § 246 Rn. 1.
25 MüKoStGB/Hohmann § 246 Rn. 25.

8. § 826 BGB

In der Eigentumsverletzung (s. oben 6.) liegt eine Schadenszufügung iSd § 826 BGB. Aufgrund des strafrechtlichen Unwerturteils kann ohne Weiteres auch ein Verstoß gegen die guten Sitten angenommen werden. K hat dadurch einen kausalen Schaden iHv 6.000 EUR erlitten. Letztlich hat F die Schädigung des M jedenfalls billigend in Kauf genommen und war sich auch der Sittenwidrigkeit begründenden Umstände bewusst. 37

M hat daher auch einen Anspruch iHv 6.000 EUR aus § 826 BGB. 38

II. Ansprüche auf Herausgabe des Veräußerungsgewinns

1. §§ 285, 604 I BGB

Zwar ist F die Herausgabe des Mitbesitzes gem. § 275 I Alt. 1 BGB unmöglich. Es besteht jedoch wiederum kein Leihvertrag zwischen M und F. 39

2. §§ 687 II 1, 681 S. 2, 667 BGB

Die Voraussetzungen der angemaßten Geschäftsführung ohne Auftrag liegen vor. Damit hat M gegen F einen Anspruch auf Herausgabe des Erlangten, dh des Kaufpreises, der seinem Miteigentumsanteil entspricht, also 7.000 EUR. 40

3. § 816 I 1 BGB

M könnte zudem einen Anspruch auf Herausgabe des durch die Verfügung Erlangten gem. § 816 I 1 BGB haben. F hat als Nichtberechtigte entgeltlich über seinen Miteigentumsanteil verfugt. M muss diese Verfügung in Ansehung der Regelungen über den gutgläubigen Erwerb gegen sich gelten lassen. Damit hat F das durch die Verfügung Erlangte herauszugeben. Fraglich ist jedoch, worauf sich diese Herausgabepflicht bezieht. Denkbar ist einerseits, die Herausgabepflicht auf den objektiven Wert des veräußerten Gegenstands zu begrenzen. Damit würde der Anspruch in Höhe der Hälfte des Zeitwerts (12.000 EUR) bestehen. Für die Begrenzung spricht, dass der Gewinn lediglich auf die Geschäftstüchtigkeit des Nichtberechtigten zurückzuführen ist. Weiterhin wäre es systemwidrig, einen schuldlos handelnden Nichtberechtigten über § 816 I 1 BGB mit dem wissentlich handelnden Eigengeschäftsführer nach §§ 687 II 1, 681 S. 2, 667 BGB gleichzustellen, für den eine Gewinnherausgabe angeordnet ist. Zudem hat F durch die Verfügung eigentlich die Befreiung von ihrer Verbindlichkeit aus dem Kaufvertrag erlangt: Diese Befreiung kann nicht herausgegeben werden, sodass der objektive Wert gem. § 818 II BGB zu ersetzen ist. Andererseits könnte die Herausgabepflicht das *commodum ex negotiatione*, also den Veräußerergewinn, umfassen. Der Anspruch bestünde dann insgesamt in Höhe der Hälfte des Kaufpreises (14.000 EUR). Hierfür streitet, dass der Berechtigte unstreitig das Risiko eines Unter-Wert-Verkaufs trägt. Es ist daher nur folgerichtig, dass er auch den Mehrerlös erhält. Mit einer Herausgabepflicht in diesem Umfang wird auch der gesetzgeberischen Regelungsabsicht Rechnung getragen.[26] Soweit hiergegen ein Wertungswiderspruch zu § 818 I BGB eingewandt wird, kann dies schon insofern nicht 41

26 Mot. III, S. 224.

überzeugen, als dort nur ein obligatorischer Rückübertragungsanspruch betroffen ist. Bei § 816 I 1 BGB geht hingegen ein dinglicher Anspruch verloren.

42 Damit hat M einen Anspruch iHv 7.000 EUR.

4. § 285 BGB analog iVm § 985 BGB

43 Ein Anspruch analog § 285 BGB iVm § 985 BGB scheidet aus: Die (nunmehr unmögliche) Leistungspflicht aus § 985 BGB umfasste lediglich die Einräumung von Mitbesitz. Der Veräußerungserlös ist hingegen Surrogat des Eigentums. Damit kann M zumindest nicht den vollen Erlös verlangen. Ein Anspruch analog § 285 BGB iVm § 985 BGB würde jedoch ohnehin den abschließenden Charakter des § 816 I 1 BGB unterlaufen, sodass die Anwendbarkeit abzulehnen ist.[27]

Zusatzfrage: Namensführung

A. Freiwilliges Ablegen des Namens

44 M kann den Namen gem. § 1355 V 2 BGB wieder ablegen, indem er durch Erklärung gegenüber dem Standesamt seinen Geburtsnamen oder den Namen wieder annimmt, den er bis zur Bestimmung des Ehenamens geführt hat.

B. Anspruch auf Ablegen des Namens

45 Fraglich ist allerdings, inwieweit F dies von ihm verlangen kann. Mögliche Rechtsgrundlage ist der Ehevertrag.

I. Zulässigkeit der Vereinbarung

1. Ausschluss analog § 1297 BGB

46 Zunächst könnte der Rechtsgedanke des § 1297 BGB einer Klagbarkeit eines derartigen Anspruchs entgegenstehen.

47 Bei der Eingehung der Ehe handelt es sich um eine höchstpersönliche Angelegenheit, die ausweislich § 1297 BGB nicht einklagbar ist. Da die Wahl des Ehenamens ebenfalls höchstpersönlich ist, könne die Verpflichtung zur Namenswahl keine stärkere Rechtswirkung entfalten. Spiegelbildlich müsste auch das Ablegen des Namens nach der Scheidung einer vertraglichen Vereinbarung entzogen sein. Die Interessenlage ist jedoch nicht vergleichbar: Im Fall der Eheschließung ist der Ausschluss der Klagbarkeit geboten, um die verfassungsrechtlich geschützte Eheschließungsfreiheit (Art. 6 I GG) einfachgesetzlich zu realisieren.[28] Diese Einschränkung ist aber keine Folge aller höchstpersönlichen Rechte. Aus der Höchstpersönlichkeit folgt „nicht mehr, als daß [der betroffene Ehegatte] das Recht nur persönlich ausüben kann".[29]

27 Vgl. nur Grüneberg/Grüneberg BGB § 285 Rn. 4; Staudinger/Gursky BGB § 985 Rn. 166.
28 BeckOGK/Wellenhofer BGB § 1297 Rn. 10.
29 RGZ 86, 114 (116).

Überdies liegt keine planwidrige Regelungslücke vor: Der Gesetzgeber hat trotz Stellungnahmen zu der Streitfrage in Literatur und höchstrichterlicher Rechtsprechung[30] die Vorschrift des § 1355 BGB mehrfach reformiert, ohne die Klagbarkeit ausdrücklich auszuschließen.[31] 48

2. Weitere Interessenabwägung

Ob Abreden zur Namensführung nach Scheidung zulässig sind, ergibt sich im Übrigen aus einer Abwägung der Belange der Gatten: Der Gatte, dessen Name durch den anderen übernommen wurde, „mag an einem Rückfall seines ‚in die Ehe eingebrachten Namens' nach einer … Scheidung, jedenfalls aber daran interessiert sein, dass der andere Ehegatte den ‚erheirateten' Namen nicht zum Ehenamen einer neuen Ehe bestimmt oder aus diesem Namen keinen wirtschaftlichen Nutzen zieht, der zu den Belangen des namensgebenden Ehegatten oder seiner Familie im Gegensatz steht".[32] Der übernehmende Gatte hat auf der anderen Seite ein schutzwürdiges Interesse am Beibehalt dieses Namens.[33] Nur für den Fall, dass die Gatten keine Vereinbarung treffen, ergibt sich aus verfassungsrechtlichen Gründen ein Vorrang dieses Kontinuitätsinteresses,[34] welcher in § 1355 V 1 BGB seinen Niederschlag gefunden hat. Aus § 1355 V 2 BGB ergibt sich gleichzeitig die Freiheit der Gatten, eine vom gesetzlichen Ausgangsfall abweichende Vereinbarung zu treffen.[35] Dadurch wird dem Umstand Rechnung getragen, dass der betroffene Gatte möglicherweise kein Interesse an der Beibehaltung des Ehenamens hat. Eine dahingehende Abrede ist grundsätzlich zulässig. 49

II. Nichtigkeit der Vereinbarung, § 138 I BGB

Im Einzelfall könnte die ehevertragliche Verpflichtung zur Namensänderung jedoch gem. § 138 I BGB gegen die guten Sitten verstoßen. 50

1. Verstoß gegen die Ehe- und Familienordnung

Zunächst könnte die Verpflichtung gegen die Ehe- und Familienordnung als Ausfluss des Art. 6 I GG zu berücksichtigen sein. Über die Figur der sog. mittelbaren Drittwirkung sind die Grundrechte bei der Auslegung zivilrechtlicher Generalklauseln zu berücksichtigen. Allerdings berührt das das Ablegen des Ehenamens das Wesen der Ehe nicht, wie bereits die von § 1355 V 2 BGB eröffnete Möglichkeit zeigt.[36] Mangels entgegenstehender Anhaltspunkte waren M und F kinderlos, sodass auch Kindeswohlerwägungen außer Betracht bleiben können.[37] 51

30 BGH NJW 2008, 1528 (1529).
31 Vgl. LG Lüneburg BeckRS 2005, 159003 Rn. 7.
32 BGH NJW 2008, 1528 Rn. 17.
33 BGH NJW 2008, 1528 Rn. 17.
34 BGH NJW 2008, 1528 Rn. 19.
35 MüKoBGB/v. Sachsen Gessaphe § 1355 Rn. 63.
36 BGH NJW 2008, 1528 Rn. 19; Everts FamRZ 2005, 249 (251).
37 Hierzu Everts FamRZ 2005, 249 (251).

2. Allgemeines Persönlichkeitsrecht und Vertragsfreiheit

52 Außerdem könnte im Lichte des Allgemeinen Persönlichkeitsrechts aus Art. 1 I GG iVm Art. 2 I GG ein Verstoß gegen die guten Sitten vorliegen. Zwar ergibt sich der Kontinuitätsanspruch unmittelbar aus dem Allgemeinen Persönlichkeitsrecht; der Name ist „Teil und Ausdruck der eigenen Persönlichkeit".[38] Wiederum bleibt es dem jeweiligen Ehegatten jedoch auch aus verfassungsrechtlicher Perspektive unbenommen, auf die ihm eingeräumte Kontinuität zu verzichten.[39] Letztlich verwirklicht sich hierin die ebenfalls verfassungsrechtlich begründete Privatautonomie (Art. 2 I GG).

3. Kommerzialisierung

53 Letztlich könnte die Entgeltabrede die Sittenwidrigkeit begründen. In der damit erfolgenden Kommerzialisierung kann ein Sittenverstoß gesehen werden, wenn „die Vereinbarung eines Entgelts in dem betreffenden Lebensbereich anstößig ist".[40]

54 Einerseits wird aufgeworfen, dass das „eigene Ich aufgegeben" würde.[41] Es würde zu einem umfassenden „Verkauf" dieses Persönlichkeitsteils kommen.[42] Anderseits wird aufgeworfen, dass aufgrund der zunehmenden Kommerzialisierung vieler Lebensbereiche jedenfalls nicht zwangsläufig von einem Sittenverstoß auszugehen sei.[43] Wenn eine vertragliche Verpflichtung zulässig sei, könne nicht allein das Versprechen einer Gegenleistung die Sittenwidrigkeit begründen.[44]

55 **Hinweis:** Bei den Ausführungen zu diesem Teil war schwerpunktmäßig eine sorgfältige Auseinandersetzung mit § 138 BGB gefordert. Die Sittenwidrigkeit konnte mit guten Gründen bejaht und verneint werden.

III. Ergebnis

56 Mangels Sittenwidrigkeit der Vereinbarung kann F von M verlangen, den Namen „v. Erdmann" wieder abzulegen *(aA vertretbar).*

38 BVerfG NJW 2004, 1155 (1156).
39 BGH NJW 2008, 1528 Rn. 19.
40 LG Bonn MittBayNot 2008, 134.
41 Everts FamRZ 2005, 249 (250).
42 Everts FamRZ 2005, 249 (250 f.).
43 BeckOGK/Kienemund BGB § 1355 Rn. 97.
44 v. Oertzen/Engelmeier FamRZ 2008, 1133 (1137).

Fall Nr. 5 – Ein eigenmächtiger Gatte

Schwerpunkte: *§ 1357 BGB als gesetzliche Vertretungsmacht im Rahmen schuldrechtlicher und dinglicher Geschäfte; gestörte Gesamtschuld bei Haftungsprivilegierung des schädigenden Ehegatten*

Am 5.1.2019 begibt sich der verheiratete Max Muster (M) auf eine Gartenausstellung, um für seine beruflichen Zwecke als Gärtner, gleichrangig aber auch für den ehelichen Haushalt einen Rasenmäher anzuschaffen. Als er am Stand eines Händlers einen Rasenmäher näher inspiziert, wird er vom zufällig am Stand vorbeikommenden, ihm bekannten Landmaschinenhändler Viktor Viertler (V) angesprochen, der selbst auf der Messe nicht ausstellt, aber trotzdem meint, genau diesen Mäher könne er ihm von seinem Großhändler besorgen. M wird sich mit V einig. Da er allerdings nicht selbst den Kaufpreis iHv 500 EUR zahlen will, schließt er den Vertrag im Namen seiner Ehefrau Flora (F). F ist dem V als Freundin des M bekannt, von der Eheschließung weiß V noch nichts. Aufgrund der ihm bekannten Beziehung geht er aber von einer bestehenden Vertretungsmacht des M für F aus und lässt sich auf den Kaufvertrag ein. Bei der sich am Nachmittag desselben Tages an der Wohnung von F und M anschließenden Übereignung handelt M wiederum im Namen der F. Als M am Abend der F erzählt, was er „mit ihrem (Fs) Geld" Schönes gekauft habe, zeigt sich F empört. Sie habe schließlich nicht geheiratet, um dem M einen Rasenmäher zu finanzieren, auch wenn dieser für den Haushalt durchaus zu gebrauchen sei. Mit dem Kaufvertrag, das macht sie M klar, sei sie „gar nicht einverstanden". 1

Am Abend meldet sich V telefonisch bei M und F. Da das Telefon nicht abgenommen wird, hinterlässt er eine Nachricht für F auf dem Anrufbeantworter, in der er wissen will, ob der M tatsächlich Vertretungsmacht gehabt habe und der Kauf in Ordnung gehe. Als F am nächsten Morgen den Anrufbeantworter abhört, bekommt sie Gewissensbisse. Es tut ihr jetzt leid, ihren Gatten so angefahren zu haben und sie erklärt dem M, der Kauf ginge „doch in Ordnung", der M könne das dem V ruhig ausrichten. Am 21.1.2019 gibt M diese Nachricht an V weiter.

11 Monate später kommt es bei der Nutzung des Rasenmähers durch M zu einem bedauerlichen Unfall: Infolge leichter Unachtsamkeit stößt der stets etwas schusselige M mit dem Rasenmäher gegen einen Ast, den die Haushälterin H des Nachbarn N von einem auf Ns Grundstück wachsenden Baum abgeschnitten und versehentlich auf das Grundstück von M und F hatte fallen lassen. Durch den Zusammenstoß wird der Rasenmäher beschädigt (Reparaturkosten: 150 EUR) und außerdem ein im Eigentum der F stehender Gartenzwerg (Wert: 80 EUR) zerstört. F will wissen, ob sie wegen ihres zerstörten Zwergs und der Beschädigung des Mähers einen Anspruch gegen M, H und/oder N hat und, falls ja, in welcher Höhe. N meint, er hätte mit der Angelegenheit nichts zu tun, die H arbeite noch nicht lange bei ihm. Es lässt sich nicht mehr aufklären, ob N hätte erkennen können, dass die H schusselig ist. M, H und N wollen außerdem wissen, ob sie – falls sie erfolgreich durch F in Anspruch genommen werden – den Schaden jeweils alleine zu tragen haben oder ob Regressansprüche bestehen. Schließlich seien sie ja an der Misere jeweils nicht alleine schuld.

Nach dem Unfall hat M an dem Mäher keine Freude mehr. Er erklärt daher gegenüber V in einem Brief, dass dieser „den Rasenmäher wieder abholen und den Kaufpreis zurückzahlen könne". Den Brief wirft er am Abend des 20.1.2020 in den Briefkasten des V, der ihn dort am nächsten Morgen findet. V erklärt unverzüglich, von M könne er derartige Erklärungen nicht akzeptieren, schließlich sei F seine Vertragspartnerin. Weitere 2 Wochen später fordert die F den V zur Rückzahlung des Kaufpreises und zur Abholung des Rasenmähers auf. Zu beidem ist V nicht bereit. Außerdem ist er der Ansicht, dass er, wenn überhaupt, nicht den vollen, sondern allenfalls einen um den Wertverlust des Mähers reduzierten Preis zu erstatten habe, wenn er den Mäher zurückerhält.

Wie ist die Rechtslage?

Bearbeitervermerk: Gehen Sie bei der Bearbeitung davon aus, dass arbeitsrechtliche Freistellungsansprüche oder Haftungsprivilegierungen zugunsten der H nicht einschlägig sind.

Gliederung 2

A. Zerstörung des Gartenzwergs und Beschädigung des Rasenmähers
I. Ansprüche der F gegen M
1. § 1359 BGB
2. §§ 280 I, 241 II, 1353 BGB
3. § 823 I BGB
a) Anwendbarkeit
b) Rechts- oder Rechtsgutsverletzung
aa) Eigentumserwerb nach § 1357 BGB
bb) Eigentumserwerb durch Übereignung von V an F
(1) Gesetzliche Vertretungsmacht aus § 1357 I 2 BGB
(2) Genehmigung
c) Verschulden
d) Ergebnis
II. Anspruch der F gegen H aus § 823 I BGB
III. Ansprüche der F gegen N
1. §§ 280 I, 241 II BGB
2. § 823 I BGB
3. § 831 I BGB
IV. Haftungshöhe und Ausgleichsansprüche unter den Schädigern
1. Außenverhältnis
2. Innenverhältnis
a) Regressansprüche des N und der H gegen M
b) Regressansprüche des N gegen H
c) Regressansprüche der H gegen N
B. Rückzahlung des Kaufpreises und Abholung des Rasenmähers
I. Anspruch der F gegen V auf Zahlung von 500 EUR aus §§ 355 I, III 1, 357 I, 312g I Alt. 1, 312b, 356 BGB
1. Auf den Kaufvertragsschluss gerichtete Willenserklärung
2. Widerrufsrecht, § 312g I BGB
a) Verbrauchervertrag
b) Außerhalb von Geschäftsräumen geschlossener Vertrag, § 312b I 1 BGB
c) Widerrufserklärung, § 355 I 2 BGB
aa) Durch F
bb) Durch M
3. Erlöschen des Anspruchs infolge Aufrechnung
a) Aufrechnungserklärung, § 388 BGB
b) Aufrechnungslage, § 387 BGB
c) Zwischenergebnis
4. Durchsetzungshindernisse
5. Ergebnis
II. Anspruch auf Abholung

Lösung

A. Zerstörung des Gartenzwergs und Beschädigung des Rasenmähers

I. Ansprüche der F gegen M

1. § 1359 BGB

3 Anders als § 1664 BGB normiert § 1359 BGB nach allgemeiner Ansicht nur einen besonderen Haftungsmaßstab, keine eigene Anspruchsgrundlage.

2. §§ 280 I, 241 II, 1353 BGB

4 Nach noch hM ist die Ehe kein Schuldverhältnis (vgl. hierzu bereits ausführlich → Fall Nr. 3 Rn. 44).

3. § 823 I BGB

5 F könnte ein Schadensersatzanspruch aus § 823 I BGB zustehen.

a) Anwendbarkeit

6 Aus der ehelichen Lebensgemeinschaft ergibt sich grundsätzlich keine Pflicht, auf die Geltendmachung deliktischer Schadensersatzansprüche gegen den anderen Ehegatten zu verzichten.[1]

b) Rechts- oder Rechtsgutsverletzung

7 Das Alleineigentum der F am Gartenzwerg ist durch die Zerstörung verletzt. In Betracht kommt weiterhin die Verletzung des Eigentums der F am Rasenmäher. Fraglich ist jedoch, ob F (Mit-)Eigentümerin geworden ist.

aa) Eigentumserwerb nach § 1357 BGB

8 F könnte nach §§ 1357, 929 BGB Miteigentum erlangt haben. Dafür müsste § 1357 I 2 BGB den unmittelbaren dinglichen Erwerb durch den nicht selbst handelnden Ehegatten kraft Gesetzes bewirken. Hierfür könnte der Wortlaut des § 1357 I 2 BGB sprechen, wenn man der Formulierung „berechtigt" eine dingliche Wirkung zusprechen würde.[2] Es mag auch gerecht erscheinen, dem außenstehenden Ehegatten – quasi als Ausgleich für seine gesamtschuldnerische Mithaftung, die die Norm, bei Vorliegen ihrer Voraussetzungen, unstreitig anordnet – auch eine dingliche Mitberechtigung einzuräumen. Es ist aber zu beachten, dass der gesetzliche Güterstand der Zugewinngemeinschaft Gütertrennung bedeutet (§ 1363 II 1 BGB), welcher ein automatischer Miteigentumserwerb nach § 1357 BGB zuwiderlaufen würde. § 1357 BGB beschränkt sich daher richtigerweise auf die schuldrechtliche Ebene.[3]

bb) Eigentumserwerb durch Übereignung von V an F

9 F könnte das Eigentum von V nach § 929 S. 1 BGB erlangt haben.

1 BGH NJW 1988, 1208; 1970, 1271.

2 Sich hiermit auseinandersetzend MüKoBGB/Roth § 1357 Rn. 42.

3 BeckOGK/Erbarth BGB § 1357 Rn. 137; MüKoBGB/Roth § 1357 Rn. 42; vgl. ausführlich M. Schwab FS Koch, 2019, 209 (213 ff.).

Hierfür müssten sich F und V wirksam über den Eigentumsübergang geeinigt haben. F selbst traf jedoch keine Abreden mit V. Da die Einigung einen dinglichen Vertrag darstellt, auf den die §§ 145 ff. BGB anwendbar sind, könnte F wirksam von M vertreten worden sein. M hat eine eigene Willenserklärung ausdrücklich im Namen der F abgegeben. Fraglich ist jedoch, ob er die erforderliche Vertretungsmacht besaß. 10

(1) Gesetzliche Vertretungsmacht aus § 1357 I 2 BGB

Da eine rechtsgeschäftliche Vollmacht iSd § 167 I BGB nicht erteilt wurde und andere gesetzliche Vertretungsmachtvorschriften nicht einschlägig sind, kommt nur eine gesetzliche Vertretungsmacht des M aus § 1357 I BGB in Betracht. 11

Die von § 1357 I 2 BGB begründete gesetzliche Vertretungsmacht muss zunächst überhaupt das dingliche Rechtsgeschäft umfassen. Daraus, dass, wie soeben festgestellt, aus § 1357 I 2 BGB kein automatischer gesetzlicher Miteigentumserwerb (unabhängig vom Willen des handelnden Ehegatten) folgt, kann noch nicht auf das Nichtbestehen einer Vertretungsmacht bei der dinglichen Einigung geschlossen werden, wenn der handelnde Ehegatte tatsächlich im Namen des anderen Ehegatten erwerben will. Der BGH macht in seiner die dingliche Wirkung des § 1357 BGB ablehnenden Entscheidung[4] deutlich, dass sich die Entscheidung der Vorinstanz „aus einem anderen Grunde als richtig dar(stelle)". Liegen die Voraussetzungen einer Stellvertretung, abgesehen von der Vertretungsmacht, tatsächlich vor, handelt der Ehegatte also mit „Vertreterwillen", sprich: dem Willen, für den anderen Ehegatten Eigentum zu erwerben und in dessen Namen, so wie hier, so kann die fehlende Vertretungsmacht über § 1357 BGB supplementiert werden.[5] 12

M wollte als Vertreter der F jedenfalls auch Eigentum für diese erwerben. Für die genaue Bestimmung der Rechtsverletzung ist jedoch fraglich, ob F Allein- oder nur Miteigentum erworben hat. Denkbar wäre nämlich, dass der Vertreterwillen nur auf den Miteigentumserwerb neben M gerichtet war. Dafür, dass M den Alleineigentumserwerb der F herbeiführen wollte, spricht das Handeln in ihrem Namen bei der Übereignung. Zudem stammte die Gegenleistung aus ihrem Vermögen, sodass M es wohl auch „fair" fand, die dingliche Übereignung in ihrem Namen abzuwickeln. Insoweit brachte er zum Ausdruck, dass er außerhalb seiner Vertreterrolle nichts mit dem Geschäft zu tun haben wollte. Dass er ggf. über § 1357 I 2 BGB kraft Gesetzes Teil des schuldrechtlichen Geschäfts werden könnte (hierzu → Rn. 65 ff.), dürfte ihm als juristischen Laien unbekannt gewesen sein und daher keinen Einfluss auf den Erwerbs- bzw. Vertreterwillen gehabt haben. 13

§ 1357 BGB gehört zu den allgemeinen Ehewirkungen und tritt somit unabhängig vom Güterstand der M und F ein. Bei dem Rasenmäher handelt es sich um einen Gegenstand, der dem weiten Begriff des Lebensunterhalts unterfällt. 14

Fraglich ist, ob er auch zur Deckung des Lebensbedarfs der Familie angeschafft wurde. Ausschließlich beruflich bedingte Anschaffungen fallen nicht darunter.[6] Der Rasenmäher sollte jedoch nicht allein der Berufsausübung, sondern gleichrangig dem Haushalt dienen. Ob diese Konstellation abweichend zu beurteilen ist, könnte sich insbesondere aus dem Zweck der Norm ergeben: Ist dieser im Gläubigerschutz zu 15

---

4 BGH NJW 1991, 2283.
5 BGH NJW 1991, 2283 (2284).
6 Soergel/Lipp BGB § 1357 Rn. 25.

sehen,[7] so kann in Fällen eines „Gleichstands“ ein solcher nur durch die Anwendung der Norm verwirklicht werden. M handelte sogar im Namen der F, sodass V im konkreten Fall von privaten Zwecken ausgehen durfte. Liegt der Zweck in der Stärkung der Unterhaltsgemeinschaft Ehe mit Außenwirkung, um die Beschaffung des Unterhaltsbedarfs zu gewährleisten,[8] kann nichts anderes gelten. Auch hier ist letztlich auf den Gläubigerschutz abzustellen, auch wenn nur als Mittel zur Verwirklichung des eigentlichen Normzwecks.[9] Wird mit der Norm schließlich die Verwirklichung der wirtschaftlichen Chancengleichheit in der Familie bezweckt,[10] so ist eine trennscharfe Abgrenzung von vornherein nicht erforderlich. Die Position des wirtschaftlich weniger leistungsfähigen Gatten kann sogar dadurch gestärkt werden, dass ihm durch doppelfunktionale Anschaffungen erste Schritte in die Erwerbstätigkeit ermöglicht werden. Der gleichrangige Berufsbezug ist damit unschädlich.

16 Es ist zudem davon auszugehen, dass die Bedarfsdeckung auch angemessen war. Auch die Frage, ob eine familieninterne Absprache erforderlich war, ist zu verneinen.

(2) Genehmigung

17 Die Frage einer gesetzlichen Vertretungsmacht kann jedoch offengelassen werden, wenn F das (mangels Vertretungsmacht zunächst schwebend unwirksame Geschäft) genehmigt hat, §§ 177 I, 184 I BGB.

18 Zunächst könnte F im Gespräch mit M die Genehmigung verweigert haben, indem sie sich „ganz und gar nicht einverstanden“ mit dem Kauf erklärte. Aus der laienhaften Sicht des Empfängers M wird von dieser Aussage auch das dingliche Geschäft umfasst sein, sodass F nach Auslegung gem. §§ 133, 157 BGB die Verweigerung der Genehmigung erklärt hat. Die Erklärung konnte aufgrund des Wahlrechts in § 182 I BGB auch gegenüber dem Vertreter M erfolgen. Damit ist der dingliche Vertrag grundsätzlich endgültig unwirksam; eine erneute Möglichkeit der Genehmigung würde den Belangen des Verkehrsschutzes widerstreben.[11]

19 Ausnahmsweise könnte die F jedoch durch ihre spätere positive Erklärung gegenüber M eine wirksame Genehmigung erteilt haben.

20 Dafür muss zunächst die infolge Genehmigungsverweigerung eingetretene Unwirksamkeit gem. § 177 II 1 Hs. 2 BGB rückgängig gemacht und der Schwebezustand wiederhergestellt worden sein. V rief bei M und F an und wollte wissen, „ob denn der M tatsächlich Vertretungsmacht für F gehabt habe“. Damit fordert V zunächst nur zu einer Wissenserklärung hinsichtlich des Bestehens der Vertretungsmacht auf. Insbesondere in Ansehung des Zusatzes „… und der Kauf des Mähers in Ordnung gehe“ ergibt sich jedoch nach Auslegung eine Aufforderung des V an die F gem. § 177 II 1 Hs. 1 BGB zur Erklärung über die Genehmigung – auch in Bezug auf das dingliche Geschäft. Allerdings erreichte der V die Eheleute nicht, sondern sprach auf den Anrufbeantworter. Wird eine Erklärung auf den Anrufbeantworter gesprochen und gespeichert, ist sie in den Machtbereich des Empfängers gelangt. Für den Zugang kommt es dann nur noch darauf an, wann ein Abhören zu erwarten ist. Da-

7 BT-Drs. 7/650, 98 f.
8 Staudinger/Voppel BGB § 1357 Rn. 15 f.
9 Staudinger/Voppel BGB § 1357 Rn. 16.
10 Palandt/Brudermüller BGB § 1357 Rn. 1.
11 BeckOGK/Regenfus BGB § 182 Rn. 145.

mit ist die Erklärung spätestens mit der tatsächlichen Kenntnisnahme[12] durch F am nächsten Morgen zugegangen. Somit war der Schwebezustand wiederhergestellt.

Weiterhin muss die F das Geschäft genehmigt haben. Zwar äußerte F gegenüber M, dass der Kauf in Ordnung ginge, sodass von einer Genehmigung auszugehen ist. Diese kann gem. § 177 II 1 Hs. 1 BGB jedoch nur V gegenüber erklärt werden. Allerdings setzte F den M gleichzeitig durch den Übermittlungsauftrag („M könne das dem V ruhig ausrichten") als Erklärungsboten ein. M gab am 21.1. die Nachricht an V weiter. Damit kommt es zuletzt auf die Frage an, ob die Übermittlung rechtzeitig, dh vor Eintritt der Unwirksamkeitsfiktion des § 177 II 2 BGB, erfolgt ist. Die Frist beginnt mit Zugang der Aufforderung, wobei dieser Tag bei der Berechnung gem. § 187 I BGB unberücksichtigt bleibt. Zugang liegt vor, wenn die Erklärung derart in den Machtbereich des Empfängers gelangt, dass unter normalen Umständen mit Kenntnisnahme zu rechnen ist. Erklärungen auf Anrufbeantwortern von Privatpersonen gelten um 18:00 Uhr als zugegangen, wenn der Anrufer sie bis zu dieser Uhrzeit auf den Speicher spricht.[13] Aufgrund des Anrufs *am Abend* des 5.1. spricht daher vieles für einen Zugang erst am nächsten Morgen. Diese Frage kann jedoch dahinstehen: Selbst bei einer Berechnung der Frist ab 5.1. endet sie nach §§ 188 II Alt. 1, 193 BGB erst am 21.1. Die Erklärung ging mit Weitergabe am 21.1 fristgemäß zu. F hat das Geschäft genehmigt. 21

c) Verschulden

M müsste die Rechtsverletzung auch schuldhaft begangen haben. Gemäß § 823 I BGB hat der Schuldner für Vorsatz und Fahrlässigkeit einzustehen. Indem M infolge leichter Unachtsamkeit gegen einen Ast stieß, handelte er zumindest fahrlässig, vgl. § 276 II BGB. Etwas anderes könnte gelten, weil M und F verheiratet sind. Gemäß § 1359 BGB haben Ehegatten bei der Erfüllung der sich aus dem ehelichen Verhältnis ergebenden Pflichten einander nur für die Sorgfalt einzustehen, welche sie in eigenen Angelegenheiten anzuwenden pflegen, stets aber für grobe Fahrlässigkeit, § 277 BGB. M ist „stets etwas schusselig", sodass ein Verschulden wegen der Haftungsbeschränkung nicht vorliegt. Fraglich ist allerdings, ob § 1359 BGB im Rahmen einer deliktischen Anspruchsgrundlage angewandt werden darf. Zwar folgt der deliktische Anspruch nicht aus einer Verletzung spezifisch ehelicher Pflichten. Allerdings ist die im Rahmen der Sonderverbindung bestehende Haftungsprivilegierung in „einwirkender Anspruchskonkurrenz" auf deliktische Ansprüche zu übertragen. Letztlich kann kaum zwischen der Verletzung von Sonder- und allgemeinen Pflichten unterschieden werden, sodass ein Gleichlauf angezeigt ist.[14] 22

d) Ergebnis

M haftet nicht. 23

12 MüKoBGB/Einsele § 130 Rn. 16.
13 BeckOGK/Gomille BGB § 130 Rn. 72.
14 Gernhuber/Coester-Waltjen FamR § 22 Rn. 4.

II. Anspruch der F gegen H aus § 823 I BGB

24 F könnte einen Schadensersatzanspruch aus § 823 I BGB gegen H wegen Beschädigung des Mähers und Zerstörung des Zwergs haben. H beschädigte den Rasenmäher und Zwerg nicht selbst, sondern setzte lediglich die Ursache für die spätere Rechtsverletzung durch M. Indem sie den Ast auf den Rasen des Grundstücks der M und F fallen ließ und diesen nicht wieder aufhob, verletzte sie eine Verkehrssicherungspflicht. M beschädigte den Rasenmäher und den Zwerg durch die Kollision lediglich aufgrund leichter Unachtsamkeit, sodass der Kausalzusammenhang auch nicht ausnahmsweise unterbrochen wird. Damit besteht der Anspruch aus § 823 I BGB dem Grunde nach.

III. Ansprüche der F gegen N

1. §§ 280 I, 241 II BGB

25 F könnte gegen N einen Anspruch aus §§ 280 I, 241 II BGB haben.

26 Hierfür müsste zwischen den beiden ein Schuldverhältnis bestehen. Da F und N keinen Vertrag miteinander geschlossen haben, kommt nur dann ein Anspruch aus § 280 BGB in Betracht, wenn das nachbarliche Gemeinschaftsverhältnis ein Schuldverhältnis ist. Die Beziehung zwischen Nachbarn steht jedoch rechtlich auf keiner anderen Stufe als das Verhältnis gegenüber jedermann.

27 F hat gegen N somit keinen Anspruch aus §§ 280 I, 241 II BGB.

2. § 823 I BGB

28 F könnte gegen N einen Anspruch aus § 823 I BGB haben. N selbst hat jedoch keine eigene Verletzungshandlung begangen. Allerdings haftet der Täter im Grundsatz auch für mittelbare Schäden. N führte die Rechtsverletzungen herbei, indem er H den Baum schneiden ließ, sodass letztlich M über den Ast fuhr. Der mittelbare Schädiger muss jedoch in jedem Fall eine Verkehrssicherungspflicht verletzt haben.[15] Das könnte N getan haben, indem er eine „schusselige" Haushälterin eingestellt hat. Letztlich lässt sich jedoch nicht mehr aufklären, ob N die Schusseligkeit hätte erkennen können. Es fehlt damit jedenfalls an einem nachweisbaren Verschulden.

3. § 831 I BGB

29 Es könnte aber ein Anspruch aus § 831 I BGB bestehen.

30 Dazu müsste H zunächst Verrichtungsgehilfe sein. Verrichtungsgehilfe ist derjenige, der mit Wissen und Wollen für den Geschäftsherrn in dessen Interesse tätig wird und weisungsgebunden ist. Hiervon ist bei einer Haushälterin auszugehen. Indem H den Ast nicht vom Grundstück der M und F entfernte, beging die Verrichtungsgehilfin des N eine rechtswidrige unerlaubte Handlung iSd § 823 I BGB, s. oben. Letztlich besteht auch ein unmittelbarer, innerer Zusammenhang zwischen der der F aufgetragenen Tätigkeit und dem Unfall. H führte die Rechtsverletzung in Ausführung der

15 Staudinger/Hager BGB § 823 A 9.

Verrichtung herbei. Der Zurechnungszusammenhang wurde durch das leicht fahrlässige Dazwischentreten des M nicht durchbrochen (s. oben).

Fraglich ist jedoch, ob sich N nach § 831 I 2 BGB exkulpieren kann. Die Ersatzpflicht tritt aber nur dann nicht ein, wenn der Geschäftsherr darlegen kann, dass er den Verrichtungsgehilfen sorgfältig ausgewählt und überwacht hat oder dass ein Auswahlverschulden nicht kausal wurde. Hier ist nicht mehr aufklärbar, ob N bei der Auswahl erkennen konnte, dass die H „schusselig" sei, weswegen ihm die Exkulpation nicht gelingt. 31

IV. Haftungshöhe und Ausgleichsansprüche unter den Schädigern

1. Außenverhältnis

Durch die Beschädigung des Mähers (Schadenshöhe: 150 EUR) und die Zerstörung des Zwergs (80 EUR) ist F ein Schaden iHv 230 EUR entstanden. Sind mehrere für den aus unerlaubter Handlung entstandenen Schaden verantwortlich, so haften sie im Ausgangspunkt nach § 840 I BGB als Gesamtschuldner. Sie sind also jeweils zur Bewirkung der ganzen Leistung verpflichtet, der Gläubiger kann die Leistung aber nur einmal fordern, § 421 S. 1 BGB. 32

Die Besonderheit hier ist, dass M die Haftungsprivilegierung des § 1359 BGB zugutekommt: Er haftet im Außenverhältnis gegenüber F nicht (s. oben). Hätte M den Schaden alleine verursacht, hätte F also keinen Anspruch. Die Frage ist, ob sie ihren vollen Schaden von den anderen Schadensmitverursachern fordern kann. Sie stünde dann allein aufgrund des Umstands besser, dass 2 weitere Verursacher existieren, jedenfalls wenn es N und H verwehrt bliebe, gem. § 426 I, II BGB Rückgriff bei M zu nehmen (hierzu unten). Fraglich ist damit, ob diese Besserstellung gerechtfertigt ist. 33

Denkbar wäre zunächst, das Ergebnis im Außenverhältnis unverändert zu lassen. So lässt sich argumentieren, dass aufgrund von § 1359 BGB schon gar keine Gesamtschuld entsteht, die gestört werden könnte. Damit wäre eine Haftung von N und H jeweils in voller Höhe anzunehmen. Noch nicht präjudiziert ist hierdurch die Frage, ob N und H im Fall einer Inanspruchnahme bei M Regress nehmen könnten (hierzu unten). 34

Andererseits könnte der Anspruch der F um den Mitverschuldensbeitrag des M zu kürzen sein. Ihre Interessen werden durch das Haftungsprivileg letztlich abgewertet. Die Wirkung von § 1359 BGB sei nämlich schon ausweislich des Wortlauts („einander") auf das Innenverhältnis der Gatten beschränkt. Geht man hier von in etwa gleichem Verschulden aller Beteiligten aus, bekäme F (nach ihrer Wahl) von N und H jeweils $^{2}/_{3}$. 35

2. Innenverhältnis

Es stellt sich für H und N im Fall ihrer Inanspruchnahme dann noch die Frage von Regressansprüchen. M kann dagegen im Außenverhältnis nicht in Anspruch genommen werden (s. oben), sodass er von vornherein nicht als Inhaber eines Regressanspruchs in Betracht kommt. 36

a) Regressansprüche des N und der H gegen M

37 Zunächst ist zu klären, ob H und N im Fall ihrer Inanspruchnahme Regress nach § 426 I BGB (oder nach Zahlung auch § 426 II BGB iVm § 823 I BGB bzw. § 831 BGB) bei M nehmen könnten.

38 Die Ansicht, die den Anspruch der F um den Mitverschuldensbeitrag des M im Außenverhältnis kürzt, muss keinen Regressanspruch gewähren.

39 Die Frage des Regresses stellt sich aber für die Ansicht, die N und H gegenüber F voll haften lässt. Denkbar wäre nun, im Innenverhältnis der Schädiger ein Gesamtschuldverhältnis zu fingieren. Die Privilegierung im Verhältnis zwischen Geschädigtem und privilegiertem Schädiger bliebe erhalten. Diese Lösung ginge allerdings zulasten des privilegierten Schädigers. Es wäre widersinnig, wenn M besser stünde, wenn er den Schaden alleine verursacht hätte und wegen § 1359 BGB nicht haften würde. Der Haftungsausschluss würde infolge der Mitverursachung durch Dritte effektiv wirkungslos. Vielmehr überzeugt, mit der Rechtsprechung im gesetzlichen Haftungsprivileg des § 1359 BGB eine Schutznorm für die Ehe im Außenverhältnis zu sehen.[16] Um den Familienfrieden zu schützen, dürfen die Drittschädiger keine Regressmöglichkeiten gegen M haben.

b) Regressansprüche des N gegen H

40 Wird N im Außenverhältnis vollständig in Anspruch genommen, könnte ihm ein Regressanspruch gegen H zustehen. Allerdings ist H gem. § 823 BGB für den Ersatz des Schadens verantwortlich. N wiederum ist nach § 831 BGB verpflichtet. N haftet also anders als H nur aus vermutetem Verschulden. Damit haftet N gegenüber H im Innenverhältnis nicht gleich-, sondern nachrangig, vgl. § 840 II BGB. N hat damit einen Regressanspruch gegenüber H in voller Höhe.

c) Regressansprüche der H gegen N

41 Wird dagegen H im Außenverhältnis in voller Höhe in Anspruch genommen, hat sie gem. § 426 I BGB (nach Zahlung auch nach § 426 II BGB iVm § 831 BGB) keinen Regressanspruch gegen N, vgl. § 840 II BGB.

B. Rückzahlung des Kaufpreises und Abholung des Rasenmähers

I. Anspruch der F gegen V auf Zahlung von 500 EUR aus §§ 355 I, III 1, 357 I, 312g I Alt. 1, 312b, 356 BGB

42 F könnte gegen V einen Anspruch auf Rückgewähr des Kaufpreises iHv 500 EUR aus §§ 355 III 1, I, 357 I, 312g I Alt. 1, 312b, 356 BGB haben. Dafür muss sie ihre auf den Kaufvertragsschluss gerichtete Willenserklärung wirksam widerrufen haben.

1. Auf den Kaufvertragsschluss gerichtete Willenserklärung

43 F hat keine eigene Willenserklärung abgegeben. Zwischen M und V ist rechtsgeschäftlich kein Kaufvertrag zustande gekommen, da M nicht im eigenen, sondern im

16 BeckOGK/Kreße BGB § 426 Rn. 32.

fremden Namen gehandelt hat. Eine Mitverpflichtung der F gem. § 1357 I 2 BGB scheidet damit aus. Jedoch muss sich F die auf den Abschluss des Kaufvertrags gerichtete Willenserklärung des M, die dieser in ihrem Namen abgegeben hat, jedenfalls wegen ihrer späteren Genehmigung zurechnen lassen, s. oben.

Obwohl es sich um einen Vertrag handelt, auf den ggf. verbraucherschutzrechtliche **44**
Vorschriften (mit besonderen Informationspflichten, Widerrufsrechten usw) anwendbar sind, kann ein solcher auch durch einen Stellvertreter geschlossen werden. In diesem Fall genügt es, wenn die besonderen Pflichten gegenüber dem Stellvertreter erfüllt werden.

2. Widerrufsrecht, § 312g I BGB

In Betracht kommt ein Widerrufsrecht nach § 312g I Alt. 1 BGB. **45**

a) Verbrauchervertrag

Es muss sich zunächst um einen Verbrauchervertrag handeln. **46**

Zwar ist V lediglich Besucher der Gartenausstellung. Er verkauft jedoch nicht seinen **47**
Rasenmäher aus dem heimischen Garten, sondern ein noch zu bestellendes Neugerät aus ihm bekannten Vertriebskanälen („günstiger besorgen"), handelt also in Ausübung seiner gewerblichen oder selbstständigen beruflichen Tätigkeit. Damit ist V Unternehmer iSd § 14 I BGB.

Fraglich ist zudem, ob auf der Gegenseite ein Verbraucher steht. Einerseits könnte **48**
auf den M als Vertreter abzustellen sein. M schloss das Geschäft nicht „überwiegend" zu privaten Zwecken ab (§ 13 BGB), sondern nur „gleichrangig". Seine Verbrauchereigenschaft ist jedenfalls zweifelhaft. Andererseits verfolgt § 13 BGB einen rollenbezogenen Verbraucherbegriff. Maßgeblich ist das mit dem Geschäftsabschluss verfolgte Ziel, nicht dessen konkrete Modalitäten.[17] Daher kann es nicht darauf ankommen, wer in der konkreten Situation als Stellvertreter handelt. Ausschlaggebend muss vielmehr F sein. F ist unzweifelhaft Verbraucher.

Es handelt sich um einen Verbrauchervertrag iSd §§ 312 I, 310 III BGB über die Lie- **49**
ferung von Waren.

Dieser ist auch entgeltlich iSd § 312 I BGB (§ 312 I BGB nF: Verbraucher muss sich im Verbrauchervertrag zu der Zahlung eines Preises verpflichten).

b) Außerhalb von Geschäftsräumen geschlossener Vertrag, § 312b I 1 BGB

Der Kaufvertrag muss ein außerhalb von Geschäftsräumen geschlossener Vertrag **50**
sein. Ein solcher liegt gem. § 312b I 1 Nr. 1 BGB vor, wenn der Vertrag bei gleichzeitiger körperlicher Anwesenheit des Verbrauchers und des Unternehmers an einem Ort geschlossen wurde, der kein Geschäftsraum des Unternehmers ist.

Geschäftsräume idS sind gem. § 312b II BGB unbewegliche Gewerberäume, in denen **51**
der Unternehmer seine Tätigkeit dauerhaft ausübt, und bewegliche Gewerberäume, in denen der Unternehmer seine Tätigkeit für gewöhnlich ausübt. Gewerberäume, in

17 MüKoBGB/Fritsche § 355 Rn. 18.

denen die Person, die im Namen oder Auftrag des Unternehmers handelt, ihre Tätigkeit dauerhaft oder für gewöhnlich ausübt, stehen Räumen des Unternehmers gleich.

52 M hat den Vertrag an einem Messestand abgeschlossen, F war dagegen nicht vor Ort. Angesichts der situativen Schutzrichtung des Widerrufsrechts ist auf den Vertreter bei Abschluss des Rechtsgeschäfts abzustellen. Allein der Vertreter konnte von der besonderen Situation des Vertragsschlusses in seiner Willensbildung beeinflusst werden.[18] Hierbei könnte allerdings zu fordern sein, dass gerade auch der M in dieser Situation privatbezogen handelte und dadurch überhaupt schützenswert war. Letztlich sieht die Verbraucherrechte-Richtlinie jedoch keine weiteren persönlichen Voraussetzungen neben der Verbrauchereigenschaft des Vertragspartners vor, sodass für eine am Schutzzweck orientierte Verkürzung der Rechtsposition des Verbrauchers kein Raum ist.[19]

53 Zwar handelte es sich bei dem Messestand um einen beweglichen Gewerberaum. Allerdings war dieser kein Gewerberaum „des" maßgeblichen Unternehmers (V). Auch wenn M sich gerade in einem geschäftlichen Kontext befand, wurde er von einem weiteren Besucher der Messe angesprochen, der ihm aus einem anderen Kontext bekannt war. Der Kontrast von Verhandlungssituation und zufälligem Treffen eines Bekannten mag sogar bewirkt haben, dass der M noch weniger Vorsicht walten lässt. Letztlich ist aus durchschnittlicher Verbrauchersicht auf einer Gartenmesse nicht davon auszugehen, dass beliebige Dritte ebenfalls in Verkaufsabsicht an die Besucher herantreten.

54 Damit liegt ein außerhalb von Geschäftsräumen geschlossener Vertrag iSd § 312b I 1 Nr. 1 BGB vor.

c) Widerrufserklärung, § 355 I 2 BGB

55 Der Widerruf muss auch wirksam erklärt worden sein, § 355 I 2 BGB.

aa) Durch F

56 Zunächst könnte F den Widerruf erklärt haben. In ihrer Aufforderung an V zur Rückzahlung des Kaufpreises und Abholung könnte eine solche Erklärung zu sehen sein.

57 Der Widerruf ist indes ausgeschlossen, wenn F ihn nicht fristgerecht ausgeübt hat, § 355 I 1 BGB. Wann die Frist beginnt, richtet sich für den außerhalb von Geschäftsräumen geschlossenen Vertrag nach §§ 355 II, 356 BGB. Demnach beginnt die Frist erst, wenn der Verbraucher eine dem § 356 III BGB entsprechende Belehrung über sein Widerrufsrecht in Textform erhalten hat, dh ihm die Informationen nach Art. 246a § 1 II 1 Nr. 1 EGBGB zur Verfügung gestellt worden sind, und die Ware geliefert worden ist (§ 356 II Nr. 1 lit. a BGB).

58 F wurde nicht belehrt. Gleiches gilt für M, sodass dahinstehen kann, ob je nach Belehrung unterschiedliche Widerrufsfristen für die Ehegatten greifen oder der eine die Belehrung des anderen gegen sich gelten lassen muss (zu diesem Problem vgl. → Fall Nr. 3 Rn. 34). Die Widerrufsfrist hat nicht begonnen, § 356 III 1 BGB.

18 MüKoBGB/Fritsche § 355 Rn. 20.

19 Eingehend MüKoBGB/Fritsche § 355 Rn. 20.

Allerdings könnte das Widerrufsrecht nach § 356 III 2 BGB nach 12 Monaten und 14 Tagen erloschen sein. Die Frist beginnt grundsätzlich mit Vertragsschluss, § 355 II 2 BGB. Für außerhalb von Geschäftsräumen geschlossene Verträge statuiert § 356 II Nr. 1 lit. a BGB jedoch den Erhalt der Ware als abweichenden Beginn. Indes trafen Vertragsschluss und Übereignung an einem Tag zusammen, nämlich dem 5.1.2019. Für die Berechnung ist damit der 6.1.2019 maßgeblich, § 187 I BGB. **59**

Das Ende der Frist berechnet sich hinsichtlich der Höchstfrist von 12 Monaten und 14 Tagen nach § 188 II 1 BGB für die Jahresfrist; im Übrigen nach § 188 I BGB.[20] Letztere beginnt nach § 187 II 1 BGB am ersten Tag, der auf den letzten Tag der Zwölfmonatsfrist folgt.[21] Die Jahresfrist endete damit am 5.1.2020 (§ 188 II 1 BGB). Die Berechnung der 14-tägigen Frist beginnt mit dem 6.1.2020. Sie endete am Sonntag, dem 19.1.2020. Für die Frage der Rechtzeitigkeit der Abgabe von Willenserklärungen – hier die Widerrufserklärung – ist nach § 193 BGB der nächste Werktag maßgeblich, nämlich der 20.1.2020. **60**

F meldete sich erst „weitere 2 Wochen" nach dem 20.1.2020. Der Widerruf erfolgte nicht fristgerecht. **61**

bb) Durch M

M hat zwar nicht wörtlich den „Widerruf" geäußert. Nach (laiengünstiger) Auslegung ist jedoch ein entsprechender Erklärungsgehalt festzustellen. Fraglich ist jedoch, ob eine Erklärung des M ausreicht. **62**

Im Ausgangspunkt ist lediglich die F Vertragspartei und damit allein zur Ausübung des Gestaltungsrechts berufen. **63**

M kann das Gestaltungsrecht jedoch für F ausüben, wenn sie ihm Vertretungsmacht eingeräumt hat oder eine Genehmigung möglich ist. Geht man davon aus, dass M mit Vertretungsmacht gehandelt hat, so ist die Erklärung aufgrund der unverzüglichen Zurückweisung durch V (von M könne er derartige Erklärungen nicht akzeptieren) gem. § 174 S. 1 BGB unwirksam. Zwar richtete M für F dem V aus, dass der Kauf des Mähers „in Ordnung gehe". Daraus musste der V jedoch nicht gem. § 174 S. 2 BGB auf eine etwaige Bevollmächtigung zum getrennt zu betrachtenden Widerruf schließen. Handelte M – was der Sachverhalt nahelegt – sogar ohne Vertretungsmacht, so ist die Erklärung ohnehin von vornherein unwirksam, § 180 S. 1 BGB. Die Ausnahme des S. 2 ist aufgrund der unverzüglichen Zurückweisung nicht anwendbar. **64**

Allerdings konnte M möglicherweise das Gestaltungsrecht aus eigenem Recht ausüben, weil er selbst auch Vertragspartei ist. M könnte zunächst über § 1357 I 2 BGB aus dem Kaufvertrag mitberechtigt und -verpflichtet sein. Infolge der wirksamen Vertretung der F durch M ist die Situation nämlich so zu betrachten, als ob die F selbst ein angemessenes Bedarfsdeckungsgeschäft getätigt hätte. Dann wäre aber auch M als aus diesem Geschäft mitberechtigt und -verpflichtet. **65**

Zunächst muss § 1357 BGB überhaupt anwendbar sein. Denkbar wäre, dass die speziellen Wertungen des Widerrufsrechts die Vorschrift des § 1357 BGB verdrängen. Ansonsten wäre die Mitverpflichtung eines Ehegatten möglich, obwohl dieser möglicherweise gar nicht rechtzeitig (dh innerhalb der Widerrufsfrist) von der Lösungs- **66**

20 MüKoBGB/Fritsche § 356 Rn. 32.
21 MüKoBGB/Fritsche § 356 Rn. 32.

möglichkeit Kenntnis erlangen konnte.[22] Allerdings beginnt die Widerrufsfrist auch bei einem Vertragsschluss durch einen Stellvertreter zu laufen. Bei der Frage der wechselseitigen Unterrichtung handelt es sich letztlich um eine Frage des Innenverhältnisses der Ehegatten.[23] Zudem wird mittlerweile im Rahmen von Fernabsatzgeschäften ein nicht unerheblicher Teil der Bedarfsdeckungsgeschäfte abgewickelt. Käme § 1357 BGB dort nicht zum Tragen, bliebe kaum noch ein Anwendungsbereich jenseits des Supermarkteinkaufs.[24]

67 Problematisch ist ferner, ob sich „aus den Umständen" etwas anderes ergibt, § 1357 I 2 aE BGB, weil M ausdrücklich im Namen seiner Frau gehandelt hat. Der BGH verneint das aber, wenn der handelnde Ehegatte nicht noch zusätzlich deutlich macht, dass *nur* der Vertretene verpflichtet werden soll: „[D]er vermögende Ehegatte könne nicht durch ein Auftreten im Namen seines vermögenslosen Partners den Gläubigerschutz unterlaufen […]. Eine […] Ausnahme von der Mitverpflichtung kann in Fällen, in denen ein Ehegatte ein Geschäft zur angemessenen Deckung des Lebensbedarfs der Familie im Namen des anderen Ehegatten abschließt, nur angenommen werden, wenn der Ausschluß der eigenen Mitverpflichtung eindeutig offengelegt wird […]".[25] Die Kritik der Literatur an einer neueren Entscheidung des BGH, die diese Ansicht bestätigt,[26] beschränkt sich auf Fälle fehlender Genehmigung.[27]

68 Fraglich bleibt jedoch trotz der Mitverpflichtung des M, ob dieser ein zu diesem Vertrag gehöriges Gestaltungsrecht ausüben kann, und zwar – wie hier – alleine und mit Wirkung für den anderen Gatten.

69 Denkbar wäre, dass § 1357 I 2 BGB zwar eine umfassende Mitverpflichtung und -berechtigung bewirkt, aber nicht die Stellung eines Vertragspartners begründet. Damit wäre der mitberechtigte Ehegatte überhaupt nicht zur Ausübung von Gestaltungsrechten berufen.[28] Eine solche eingeschränkte Mitberechtigung ist jedoch in § 1357 BGB nicht angelegt. Zutreffend muss vielmehr die Ansicht sein, wonach § 1357 I BGB auch zur Ausübung von Gestaltungsrechten berechtigt: Zwar entfalten Gestaltungsrechte idR nur dann Wirkung, wenn sie von den Gesamtgläubigern gemeinsam ausgeübt werden, § 351 BGB. Soweit jedoch Geschäfte zur angemessenen Deckung des Lebensbedarfs betroffen sind, die ein Ehegatte gem. § 1357 BGB mit Wirkung für den anderen abschließt, muss neben der Begründung von Rechten und Pflichten spiegelbildlich auch deren spätere Beendigung durch einen mit Wirkung für und gegen den anderen möglich sein.[29]

70 Damit konnte M den Widerruf mit Wirkung für F erklären.

71 Dieser Widerruf des M müsste fristgerecht erklärt worden sein. Die maßgebliche Frist endete am 20.1.2020, s. oben.

72 Damit hat M den Brief noch innerhalb der Frist in den Briefkasten eingeworfen. Allerdings fand der V diesen erst am nächsten Morgen vor. Grundsätzlich ist eine

22 Witte-Wegmann NJW 1979, 749 (752); Kliffmüller FuR 1992, 138 (143).
23 Löhnig FamRZ 2001, 135 (136).
24 Vgl. MüKoBGB/Roth § 1357 Rn. 31.
25 BGH NJW 1985, 1394 (1395).
26 BGH NZFam 2018, 327.
27 Vgl. BeckOGK/Erbarth BGB § 1357 Rn. 122 ff.
28 Gernhuber/Coester-Waltjen FamR § 19 Rn. 42.
29 BGH NJW 2018, 1313 Rn. 36.

Widerrufserklärung empfangsbedürftig. Sie wird nach § 130 I BGB erst mit Zugang wirksam. Zugang liegt vor, wenn die Erklärung derart in den Machtbereich des Empfängers gelangt, dass unter normalen Umständen mit Kenntnisnahme zu rechnen ist. Eine tatsächliche Kenntnisnahme ist nicht erforderlich. Bei Briefkästen ist nicht mit einer sofortigen Leerung zu rechnen, vielmehr kommt es auf eine typisierte Betrachtungsweise an. Denkbar ist beispielsweise, auf den Abschluss der üblichen Postzustellzeiten abzustellen. Diese sind bei einem abendlichen Einwurf bereits länger abgeschlossen. Damit wäre die Erklärung nicht fristgerecht zugegangen.

Allerdings genügt bei Widerrufserklärungen gem. § 355 I 5 BGB zur Fristwahrung die rechtzeitige Absendung. Denkbar wäre einerseits, unter „rechtzeitig" die Absendung unter Berücksichtigung von Risiken auf dem Transportweg zu verstehen. Rechtzeitig wäre also diejenige Erklärung, die unter Berücksichtigung der regelmäßigen Postlaufzeiten noch fristgemäß zuginge. Tatsächliche Verspätungen im Postlauf wären damit unschädlich. Zwar war vorliegend kein Postunternehmen zwischengeschaltet, dennoch war nicht mit einer Leerung vor Tagesende zu rechnen. Die Vorschrift geht jedoch auf die RL 2011/83/EU zurück, nach deren Art. 11 II die Widerrufsfrist gewahrt ist, „wenn der Verbraucher die Mitteilung über die Ausübung des Widerrufsrechts vor Ablauf der Widerrufsfrist absendet". Daher ist in unionsrechtskonformer Auslegung der rechtzeitige Einwurf als hinreichend zu betrachten. Der Widerruf erfolgte fristgerecht. 73

3. Erlöschen des Anspruchs infolge Aufrechnung

Der Anspruch könnte aber durch Aufrechnung erloschen sein, §§ 389, 387 BGB. 74

a) Aufrechnungserklärung, § 388 BGB

V weigert sich zu zahlen und ist allenfalls zur Erstattung eines reduzierten Kaufpreises bereit. V hat gegenüber F zumindest konkludent die Aufrechnung erklärt (§§ 133, 157 BGB). 75

b) Aufrechnungslage, § 387 BGB

Eine Aufrechnungslage setzt gegenseitige Forderungen voraus. Wie bereits gezeigt, kann F von V dem Grunde nach Zahlung aus §§ 355 III 1, I, 357 I, 312g I Alt. 1, 312b, 356 BGB nach erfolgtem Widerruf verlangen. 76

Fraglich ist allerdings, ob auch V gegen F Ansprüche hat. Hier käme allenfalls ein Anspruch auf Wertersatz nach §§ 357 VII BGB in Betracht. Weitere Ansprüche gegen den Verbraucher sind bereits nach § 361 BGB ausgeschlossen. Der Schaden am Mäher geht auf die reguläre Nutzung der Maschine zurück, sodass er nach § 357 VII Nr. 1 BGB nicht zu Prüfzwecken erfolgte. Allerdings ist weder gegenüber M noch gegenüber F eine Unterrichtung nach Art. 246a § 1 II 1 Nr. 1 EGBGB erfolgt, s. oben, sodass auch nicht geklärt werden muss, ob eine Belehrung nur eines Ehegatten ausreichend wäre. Damit liegt die Voraussetzung des § 357 VII Nr. 2 BGB nicht vor. Ein Anspruch auf Wertersatz scheidet aus. 77

c) Zwischenergebnis

Der Anspruch ist mangels Gegenforderung nicht durch Aufrechnung erloschen. 78

4. Durchsetzungshindernisse

79 Die Durchsetzbarkeit des Anspruchs könnte durch § 357 IV 1 BGB gehindert sein. Hiernach ist der Unternehmer zur Verweigerung der Rückzahlung berechtigt, bis er die Waren zurückerhalten hat oder der Verbraucher den Nachweis erbracht hat, dass er die Waren abgesandt hat. Das Leistungsverweigerungsrecht setzt allerdings voraus, dass überhaupt eine solche Vorleistungspflicht besteht.[30]

80 Die Rücksendepflicht ist ausnahmsweise nach § 357 VI 3 BGB ausgeschlossen, wenn die Waren zum Zeitpunkt des Vertragsschlusses zur Wohnung des Verbrauchers geliefert worden sind und eine solche Beschaffenheit aufweisen, dass sie nicht per Post zurückgesandt werden können. Der Kaufvertrag über den Mäher wurde bereits auf der Messe geschlossen, lediglich die Übereignung erfolgte am Haus des Ehepaars. Damit erfolgte die Lieferung zu einem späteren Zeitpunkt als dem des Vertragsschlusses. Indes war der Kaufvertrag zum Zeitpunkt der Lieferung noch schwebend unwirksam. Zwar entfaltet die Genehmigung grundsätzlich Rückwirkung (§ 184 I BGB), aus Gründen des Verbraucherschutzes könnte jedoch ausnahmsweise auf den Genehmigungszeitpunkt abzustellen sein.[31] Selbst in diesem Fall wäre die Lieferung nicht „zum Zeitpunkt" der Genehmigung, sondern bereits *vor* diesem Zeitpunkt erfolgt. Mag die Differenzierung auch sinnwidrig erscheinen,[32] erlaubt der eindeutige Wortlaut keinen Spielraum. *De lege lata* fasst die Regelung des S. 3 nur den klassischen Vertreterbesuch ins Auge.[33] Damit bleibt es beim Grundsatz des § 357 IV 1 BGB.

81 Bislang hat V die Ware weder zurückerhalten noch F den Nachweis der Absendung erbracht. Angeboten, die Ware abzuholen (§ 357 IV 2 BGB), hat V ebenfalls nicht. Der Anspruch ist nicht durchsetzbar.

5. Ergebnis

82 F hat einen Anspruch auf Rückgewähr des Kaufpreises iHv 500 EUR. Er ist allerdings bis zum Rückerhalt bzw. Nachweis der Absendung nicht durchsetzbar.

II. Anspruch auf Abholung

83 Es besteht eine Pflicht zur Rückgewähr der empfangenen Leistungen, § 357 I BGB. Hierbei handelt es sich um eine Schickschuld,[34] sodass das Pflichtenprogramm des Verbrauchers auch die Rücksendung umfasst. Die Ausnahmevorschrift des § 357 VI 3 BGB greift nicht, s. oben. Demnach ist auch nicht ausnahmsweise von einem Anspruch auf Abholung auszugehen.

30 S. auch MüKoBGB/Fritsche § 357 Rn. 18: Eine Vorleistungspflicht besteht nur hinsichtlich der Rücksendung, nicht aber der Bereitstellung der Ware bei Ausschluss der Rücksendepflicht.
31 Vgl. BGH NJW-RR 2004, 1058 zur aufschiebenden Bedingung.
32 Janal WM 2012, 2314 (2321); Höhne Widerrufsrecht S. 92 f.
33 BeckOGK/Mörsdorf BGB § 357 Rn. 34.
34 MüKoBGB/Fritsche § 357 Rn. 16.

§ 15 Fälle zum ehelichen Güterrecht

Fall Nr. 6 – Über Geschmack lässt sich streiten

Schwerpunkte: *Verpflichtungs- und Verfügungsgeschäfte über Haushaltsgegenstände; Revokationsrecht; Mängelgewährleistungsansprüche gegen den mitverpflichteten Ehegatten*

Nach 10 Jahren „wilder Ehe" entschließen sich Rita Ratlos (R) und Stefan Schön (S), ihre Wohngemeinschaft mit Trauschein fortzusetzen. 20 Tage vor der Hochzeit, die am 1. Mai stattfindet, verkauft S eine ihm gehörende Wanduhr im Wohnzimmer, die er nicht leiden kann, an den Uhrensammler Konrad Kuckuck (K). Da K am fraglichen Tag die 200 EUR Kaufpreis nicht parat hat, wird die Übereignung und die Übergabe noch aufgeschoben. Als K am 3.5. bei den Schöns vorbeikommt, um den Kaufpreis zu zahlen und die Uhr mitzunehmen, ist R entsetzt, dass sie die geliebte Uhr verlieren soll. Sie gestattet ihrem Gatten daher weder den Kaufpreis in Empfang zu nehmen noch die Uhr herauszugeben. K muss unverrichteter Dinge wieder von dannen ziehen. Im Wohnzimmer von R und S steht außerdem noch eine antike Meißen-Statue, die S der R zu ihrem Geburtstag geschenkt hat. Da S den Geschmack seiner Frau jedoch überhaupt nicht getroffen hat, beschließt sie, die Statue ohne Wissen des S loszuwerden. Sie schließt daher mit ihrer guten Freundin Doris Denker (D) einen Tauschvertrag: D erhält die Meißen-Statue, R dagegen die schicke Kaffeemaschine der D. Als S nach der Arbeit nach Hause kommt, ist er mit dem Tausch überhaupt nicht einverstanden. R könne doch nicht einfach die für sie gemachten Aufmerksamkeiten weiterveräußern. Er wendet sich umgehend an D und verlangt von dieser die Herausgabe der Statue an sich selbst. D erwidert, sie habe die Statue ordnungsgemäß von R übereignet bekommen. Hierzu sei die R auch berechtigt gewesen, schließlich könne sie mit den ihr geschenkten Dingen tun und lassen, was sie wolle. Außerdem habe sie für die Statue einen Gegenwert hingegeben. Wenn überhaupt müsse sie die Statue nur Zug-um-Zug gegen Rückgabe ihrer Kaffeemaschine herausgeben. 1

Frage 1: Kann S von D die Herausgabe der Statue an sich selbst verlangen?

Frage 2: Kann K von S Übereignung und Übergabe der Wanduhr Zug-um-Zug gegen Zahlung des Kaufpreises verlangen?

Fallfortsetzung: Anders als im Grundfall entschließt sich S, den Tausch „in Ordnung gehen zu lassen" und teilt das seiner Frau mit. Er staunt aber nicht schlecht, als D nur wenig später – zu Recht – moniert, die Statue sei gar nicht von Meißen, sondern eine Kopie und nur ein Drittel einer echten Meißen-Statue wert. Da D das Verhältnis zu ihrer Freundin R nicht belasten will, fordert sie den S auf, ihr die Differenz zu ersetzen. Zu Recht? Es ist davon auszugehen, dass die Kaffeemaschine 300 EUR wert ist und die Meißen-Statue, wäre sie echt, 360 EUR.

2 Gliederung

Frage 1: Herausgabe der Statue
A. § 985 BGB
  I. D als Besitzerin
  II. S als Eigentümer
  III. Ergebnis
B. § 985 BGB iVm § 1368 BGB
  I. Anspruch entstanden
    1. R als Eigentümerin
      a) Übereignung an D nach § 929 S. 1 BGB
      b) Unwirksamkeit nach § 1369 BGB
      c) Gutgläubiger Erwerb
      d) Zwischenergebnis
    2. D als Besitzerin
    3. Recht zum Besitz
    4. Zwischenergebnis
  II. Anspruch durchsetzbar
  III. Ergebnis
C. § 861 I BGB
D. § 1007 I BGB
E. § 1007 II BGB
F. § 812 I 1 Alt. 1 BGB iVm § 1368 BGB

Frage 2: Übereignung und Übergabe der Wanduhr
A. § 433 I 1 BGB
B. Ergebnis

Frage 3: Mängelgewährleistung Statue
A. §§ 480, 434, 437 Nr. 2, 441 III, IV, 346 I BGB
  I. Wirksamer Tauschvertrag
  II. Sachmangel
  III. Fristsetzung
  IV. Ausschluss
  V. Minderungserklärung
  VI. Rechtsfolge
  VII. Ergebnis
B. §§ 480, 434, 437 Nr. 3, 311a II BGB iVm § 1357 I 2 BGB
  I. Wirksamer Tauschvertrag
  II. Sachmangel
  III. Nacherfüllung von Anfang an unmöglich
  IV. Vertretenmüssen
  V. Schaden
  VI. Ergebnis

Lösung

Frage 1: Herausgabe der Statue

A. § 985 BGB

S könnte gegen D einen Anspruch auf Herausgabe der Statue aus § 985 BGB haben. Voraussetzung hierfür wäre, dass S Eigentümer und D Besitzerin ohne ein Besitzrecht ist, vgl. § 986 BGB. 3

I. D als Besitzerin

D ist unmittelbare Besitzerin der Statue, § 854 I BGB. 4

II. S als Eigentümer

Soweit ersichtlich war S ursprünglich (nach Übereignung durch den Verkäufer) Eigentümer. Er könnte sein Eigentum jedoch durch Übereignung an R verloren haben. In der Übergabe als Geburtstagsgeschenk kann man eine konkludente Übereignungserklärung sehen, die R angenommen hat. Fraglich ist allein, ob auch eine Übergabe erfolgt ist oder ein Übergabesurrogat vorliegt. Eine Übergabe nach § 929 S. 1 BGB kommt nicht in Betracht, da die Statue in der gemeinsamen Ehewohnung stehen sollte und es daher zu keinem vollständigen Besitzverlust aufseiten des S kam. Eine Übergabe ist indes nicht nötig, da diese nach § 930 BGB durch ein Besitzkonstitut ersetzt werden kann. Zwischen Ehegatten muss dabei kein besonderes Besitzmittlungsverhältnis vereinbart werden. Vielmehr wird die eheliche Lebensgemeinschaft als gesetzliches Besitzmittlungsverhältnis angesehen.[1] 5

S hat daher das Eigentum wirksam auf R übertragen. 6

III. Ergebnis

Mangels Eigentums kann S nicht von D Herausgabe der Statue nach § 985 BGB verlangen. 7

B. § 985 BGB iVm § 1368 BGB

S könnte den Anspruch aus § 985 BGB aber nach § 1368 BGB geltend machen, wenn der R ein solcher Anspruch gegen D zusteht. Dieses Revokationsrecht erfasst alle sich aus der Unwirksamkeit der Verfügung des anderen Ehegatten ergebenden Rechte, wenn hinsichtlich dieser Verfügung eine Zustimmung des nicht handelnden Ehegatten nach §§ 1365, 1369 BGB erforderlich war und gefehlt hat.[2] Es ist daher zu prüfen, 8

1 BGH NJW 1992, 1162 (1163); 1979, 976; MüKoBGB/Oechsler § 930 Rn. 34; Gursky JZ 1984, 604 (606).

2 MüKoBGB/Koch § 1368 BGB Rn. 14 ff.

ob R infolge einer unwirksamen Verfügung ein Herausgabeanspruch gegen die D nach § 985 BGB zusteht.

I. Anspruch entstanden

1. R als Eigentümerin

9 R ist Eigentümerin der Statue (→ Rn. 5 f.).

a) Übereignung an D nach § 929 S. 1 BGB

10 Das Eigentum könnte R durch eine Übereignung an D verloren haben.

11 R und D haben sich über den Eigentumsübergang geeinigt und R hat die Statue übergeben. Hierzu war R als Eigentümerin grundsätzlich auch berechtigt.

b) Unwirksamkeit nach § 1369 BGB

12 Die Übereignung könnte jedoch nach § 1369 BGB unwirksam sein. R und S sind verheiratet und leben – mangels entgegenstehender Angaben (vgl. § 1363 I BGB) – im gesetzlichen Güterstand, sodass § 1369 BGB anwendbar ist. Unstreitig von der Norm erfasst ist die Verfügung über eigene Gegenstände des verfügenden Ehegatten („ihm gehörende"), wie hier.[3]

13 Bei der Statue handelte es sich – trotz der Übereignung an R – um einen Gegenstand des ehelichen Haushalts, da sie im Wohnzimmer aufgestellt war. S hat zur Übereignung an D nicht seine Zustimmung erteilt, vielmehr kann sein Herausgabeverlangen als endgültige Genehmigungsverweigerung iSd §§ 1369 III, 1366 IV BGB angesehen werden. Die Übereignung ist damit endgültig unwirksam.

c) Gutgläubiger Erwerb

14 D könnte das Eigentum jedoch gutgläubig nach §§ 929 S. 1, 932 I BGB erworben haben. Dann müsste vorliegend aber ein gutgläubiger Erwerb überhaupt in Betracht kommen. Die §§ 932 ff. BGB schützen den Rechtsverkehr grundsätzlich nur beim Erwerb von einem Nichteigentümer bei gutem Glauben an dessen Eigentum. Der gute Glaube an eine bestehende Verfügungsbefugnis wird dagegen nicht geschützt. Den guten Glauben an die Verfügungsberechtigung schützt allerdings § 135 BGB. Ausweislich ihres Wortlauts gilt diese Vorschrift jedoch nur für relative Verfügungsverbote („das nur den Schutz bestimmter Personen bezweckt"). Bei § 1369 BGB handelt es sich demgegenüber um ein absolutes Verfügungsverbot, sodass auch § 135 BGB nicht anwendbar ist. Der gute Glaube der D an die Verfügungsberechtigung der R bleibt demnach ungeschützt.

d) Zwischenergebnis

15 R konnte das Eigentum nicht wirksam auf D übertragen. Eigentümerin der Statue ist daher weiterhin R.

3 BeckOGK/Szalai BGB § 1369 Rn. 20.

2. D als Besitzerin

D ist unmittelbare Besitzerin der Statue. 16

3. Recht zum Besitz

Der D steht auch kein Recht zum Besitz zu. Ein solches kann sich auch nicht aus dem mit R geschlossenen Tauschvertrag ergeben, da auch dieser nach § 1369 BGB unwirksam ist. 17

Fraglich ist allein, ob der D ein Zurückbehaltungsrecht aus § 273 BGB zusteht, welches ein Recht zum Besitz darstellen könnte. Der D könnte ein fälliger Anspruch aus § 812 I 1 Alt. 1 BGB zustehen, der auf die Herausgabe und Rückübereignung der von ihr an R übergebenen Kaffeemaschine gerichtet ist. 18

Dann müssten Zurückbehaltungsrechte jedoch überhaupt als Recht zum Besitz in Betracht kommen. Während der BGH dies zum Teil mit der Argumentation vertritt, der Besitzer könne schließlich nach der Ausübung des Zurückbehaltungsrechts die Herausgabe verweigern, bis die vom Eigentümer geschuldete Leistung bewirkt wird,[4] sprechen gegen diese Ansicht dogmatische Bedenken. Zum einen führen Zurückbehaltungsrechte im Prozess nicht zu einer Klageabweisung, sondern nur zu einer Verurteilung Zug-um-Zug. Das Recht zum Besitz ist jedoch eine rechtshindernde Einwendung, welche nicht nur die Anspruchsdurchsetzung hemmt, sondern den Anspruch ausschließt.[5] Zum anderen geht ein Recht zum Besitz weiter, weil es in der Regel eine Einwirkungs- und Nutzungsmöglichkeit gibt, die bei einem bloßen Zurückbehaltungsrecht nicht gegeben ist. 19

Richtigerweise stellt ein Zurückbehaltungsrecht daher kein Recht zum Besitz iSd § 986 BGB dar. 20

4. Zwischenergebnis

Ein Anspruch der R aus § 985 BGB ist daher grundsätzlich gegeben, sodass S diesen gem. §§ 1368, 1369 III BGB geltend machen könnte. Dem Normtext zufolge ist der andere Ehegatte zwar lediglich zur gerichtlichen Rechtsverfolgung berufen. Sinn und Zweck der Norm gebieten es jedoch, auch außergerichtliche Maßnahmen für zulässig zu halten.[6] 21

II. Anspruch durchsetzbar

Problematisch ist allerdings die Tatsache, dass D gegen R wegen der übergebenen Kaffeemaschine einen Anspruch auf Rückgabe und Rückübereignung aus § 812 I 1 Alt. 1 BGB hat, da auch der Tauschvertrag nach §§ 1369 I, III, 1366 IV BGB unwirksam ist. Dieser Anspruch entstammt demselben rechtlichen Verhältnis und ist daher konnex iSd § 273 I BGB.[7] 22

4 BGH NJW 2002, 1050; 1975, 1121.
5 BeckOGK/Krafka BGB § 273 Rn. 109; Staudinger/Thole BGB § 986 Rn. 2; Medicus JZ 1996, 153.
6 MüKoBGB/Koch § 1368 Rn. 10.
7 BeckOGK/Krafka BGB § 273 Rn. 43 ff.; MüKoBGB/Krüger § 273 Rn. 75; HK-BGB/Schulze § 273 Rn. 7.

23 Fraglich ist aber, ob D auch dem S gegenüber das Zurückbehaltungsrecht geltend machen kann. Hieran könnte man zweifeln, schließlich würde dies das Revokationsrecht des anderen Ehegatten (hier des S) zweckwidrig verkürzen.[8] Der dem Ehegatten durch die §§ 1365, 1369, 1368 BGB gewährte Schutz würde entwertet, wenn der Dritte die Durchsetzung des Anspruchs mithilfe eines Zurückbehaltungsrechts vereiteln könnte.

24 Hierbei ist es auch unerheblich, ob die Einwendungen aus dem Rechtsverhältnis mit dem verfügenden Ehegatten oder aus dem Rechtsverhältnis mit dem zustimmungsberechtigten Ehegatten herrühren.[9] Die Geltendmachung des § 273 BGB würde mithin im Widerspruch zum Schutzzweck des § 1368 BGB stehen, die Lebensgrundlage der Familie zusammenzuhalten.

25 Der Dritte hat daher kein Zurückbehaltungsrecht, sondern kann etwaige Gegenansprüche nur gegen seinen Vertragspartner durchsetzen.

III. Ergebnis

26 S steht ein Anspruch aus § 985 BGB iVm § 1368 BGB zu.

27 Fraglich ist nur, ob S Herausgabe an sich selbst verlangen kann. Hierbei ist darauf zu achten, dass dem zustimmungsberechtigten Ehegatten nicht mehr Rechte eingeräumt werden dürfen als vorher bestanden. Bei der Verfügung über Mobilien ist daher der Zustand wieder herzustellen, der vor der Verfügung bestand.[10] Da es sich bei der Statue um einen Gegenstand handelt, der in der gemeinsamen Wohnung stand, hatten die Ehegatten Mitbesitz.[11] S kann somit grundsätzlich nur die Wiedereinräumung des Mitbesitzes verlangen. Wirkt der verfügende Ehegatte nicht mit, kann der revozierende Gatte die Einräumung des Besitzes auch an sich selbst fordern, §§ 869 S. 2 Hs. 2, 986 I 2 Alt. 2 BGB analog.[12] Eine solche Konstellation ist aber nicht ersichtlich.

28 S kann nach § 1368 BGB iVm § 985 BGB von D die Einräumung des Mitbesitzes an sich und R verlangen.

C. § 861 I BGB

29 Des Weiteren könnte S ein Anspruch aus § 861 BGB zustehen. S müsste also früherer Besitzer sein, dem der Besitz durch verbotene Eigenmacht entzogen wurde.

30 An gemeinsam benutzten Gegenständen haben Ehegatten (unmittelbaren) Mitbesitz.[13]

31 Diesen Mitbesitz hat R dem S entzogen und bei der Weggabe zunächst in Alleinbesitz umgewandelt, sodass verbotene Eigenmacht iSd § 858 I BGB vorliegt. § 866 BGB

8 BeckOGK/Szalai BGB § 1368 Rn. 19.
9 BeckOGK/Szalai BGB § 1368 Rn. 19.
10 BeckOGK/Szalai BGB § 1368 Rn. 10.
11 BeckOGK/Erbarth BGB § 1353 Rn. 511 ff.; MüKoBGB/Roth § 1353 Rn. 35.
12 BeckOGK/Szalai BGB § 1368 Rn. 11; BeckOK BGB/Scheller/Sprink § 1368 Rn. 4; MüKoBGB/Koch § 1368 Rn. 14.
13 MüKoBGB/Oechsler § 930 Rn. 34.

steht nicht entgegen, da dieser die Anwendung der Besitzschutzrechte unter Mitbesitzern nur ausschließt, soweit es um die Grenzen des Gebrauchs jedes Mitbesitzers geht. Nicht ausgeschlossen sind Besitzschutzrechte auch unter Mitbesitzern, wenn der Mitbesitz eines von ihnen vollständig beendet wird.

Einem Anspruch aus § 861 BGB steht aber entgegen, dass D von der verbotenen Eigenmacht der R nichts wusste, § 858 II 2 BGB, und daher den fehlerhaften Besitz nicht gegen sich gelten lassen muss. 32

Ein Anspruch aus § 861 BGB scheidet also aus. 33

D. § 1007 I BGB

Ein Anspruch aus § 1007 I BGB kommt wegen der Gutgläubigkeit der unmittelbaren Besitzerin D hinsichtlich ihres Besitzrechts (vermeintlich wirksamer Tauschvertrag) nicht infrage. 34

E. § 1007 II BGB

Des Weiteren könnte aber ein Anspruch nach § 1007 II BGB bestehen. Ein solcher Anspruch kann neben dem aus § 985 BGB gegeben sein. S war unmittelbarer Mitbesitzer und hat den Mitbesitz ohne seinen Willen verloren. Es liegt mithin ein Abhandenkommen nach § 935 BGB vor. D ist zwar gutgläubige unmittelbare Besitzerin, doch ist sie weder Eigentümerin, noch war ihr die Sache früher abhandengekommen. 35

F. § 812 I 1 Alt. 1 BGB iVm § 1368 BGB

Ein eigener Anspruch des S aus Leistungskondiktion kommt nicht in Betracht, weil er der D den Besitz nicht geleistet hat (sondern R). Ein eigener Anspruch des S aus § 812 I 1 Alt. 2 BGB würde am Vorrang der Leistungsbeziehung zwischen D und R scheitern. Allerdings hat R aufgrund der Unwirksamkeit des Tauschvertrags nach § 1369 I BGB einen Anspruch aus § 812 I 1 Alt. 1 BGB. 36

Fraglich ist, ob S auch diesen Anspruch nach § 1369 III, 1368 BGB geltend machen darf, da § 1368 BGB nur von Ansprüchen spricht, die sich aus der Unwirksamkeit *der Verfügung* ergeben. Der Bereicherungsanspruch resultiert jedoch aus der Unwirksamkeit des schuldrechtlichen Grundgeschäfts. Die hM geht mit dem Wortlaut davon aus, dass die Vorschrift nicht einschlägig ist,[14] die Gegenauffassung hingegen will jeden Verstoß gegen die Verbote der §§ 1365, 1369 BGB erfassen und geht davon aus, dass der revokationsberechtigte Ehegatte alle Rechte geltend machen kann, die auch der andere Ehegatte hätte, inklusive solcher nach §§ 812 ff. BGB.[15] Folgt man dieser Ansicht, so kann S auch den Anspruch aus § 812 I 1 Alt. 1 BGB iVm § 1368 BGB geltend machen. 37

Hinweis: An dieser Stelle ist aufgrund des Gesetzeswortlauts auch die Gegenansicht (die der hM entsprechen dürfte) vertretbar. 38

14 MüKoBGB/Koch § 1368 Rn. 5.
15 BeckOGK/Szalai BGB § 1368 Rn. 8 ff.

Frage 2: Übereignung und Übergabe der Wanduhr

A. § 433 I 1 BGB

39 K könnte gegen S einen Anspruch gem. § 433 I 1 BGB auf Übergabe und Übereignung der Wanduhr haben.

40 K und S haben einen Kaufvertrag über die Wanduhr geschlossen. Dieser könnte jedoch wegen mangelnder Einwilligung der R unwirksam sein, wenn es sich um eine Verpflichtung zu einer Verfügung über einen Haushaltsgegenstand iSd § 1369 I BGB handelt. Die Wanduhr steht im gemeinsamen Wohnzimmer und ist damit ein Haushaltsgegenstand. Sie steht auch im Eigentum des S, also des die Verpflichtung eingehenden Ehegatten.

41 § 1369 I BGB gilt aber lediglich für verheiratete Paare, die im gesetzlichen Güterstand leben. R und S waren zum Zeitpunkt des Vertragsschlusses noch nicht verheiratet, zum Zeitpunkt der geplanten Übergabe und Bezahlung jedoch schon. Fraglich ist somit, auf welchen Zeitpunkt im Rahmen des § 1369 I BGB abzustellen ist. So könnte man annehmen, die wirksam begründete Übereignungspflicht werde durch die Eheschließung und die Verweigerung der Zustimmung des Ehegatten zur Vertragserfüllung (subjektiv) unmöglich nach § 275 I BGB. Die vorzugswürdige Ansicht geht aber davon aus, dass bei vor Eheschließung begründeten Übereignungspflichten die davon erfassten Gegenstände schon mit diesen „belastet" in die Ehe eingebracht werden. Daraus folgt, dass die vor Eintritt des Güterstands wirksam begründeten Verpflichtungen erfüllt werden können, auch ohne Zustimmung des anderen Ehegatten.[16] Demnach ist der Kaufvertrag wirksam und S kann ihn, ohne der Zustimmung der R zu bedürfen, erfüllen.

B. Ergebnis

42 K hat einen Anspruch gegen S gem. § 433 I 1 BGB.

Frage 3: Mängelgewährleistung Statue

A. §§ 480, 434, 437 Nr. 2, 441 III, IV, 346 I BGB

43 D könnte einen Anspruch gegen S gem. §§ 480, 434, 437 Nr. 2, 441 III, IV, 346 I BGB auf Erstattung haben, soweit der Wert ihrer Tauschleistung wegen Minderwertigkeit der Statue herabzusetzen ist. D hat zwar mit S nicht unmittelbar verhandelt, sie könnte aber einen Vertrag mit R geschlossen haben, in den gem. § 1357 I BGB auch S einbezogen ist.

I. Wirksamer Tauschvertrag

44 R und D haben sich über den Tausch der Statue gegen die Kaffeemaschine geeinigt. Die Willenserklärung der R könnte jedoch nach § 1369 I BGB unwirksam sein. Die

16 BeckOK BGB/Scheller § 1369 Rn. 2; Grüneberg/Siede BGB § 1369 Rn. 2.

Statue ist das Eigentum der R. Sie gehört zum ehelichen Haushalt. Folglich musste S in die Verpflichtung zur Verfügung einwilligen. S hat den Tausch im Nachhinein genehmigt, §§ 184 I, 1366 I BGB. Dabei war es ausreichend, dass die Genehmigung gegenüber R erfolgte, § 182 I BGB. Dadurch ist der Tauschvertrag wirksam geworden, § 1366 I BGB. Auf den Tauschvertrag sind die §§ 433 ff. BGB entsprechend anwendbar, § 480 BGB. S wäre jedoch in den Tauschvertrag nur einbezogen, wenn es sich bei dem Erwerb der Kaffeemaschine um ein Geschäft zur angemessenen Deckung des Lebensbedarfs handeln würde. Zum Zeitpunkt des Vertragsschlusses waren S und R verheiratet. Die Norm ist also grundsätzlich anwendbar. Bei dem fraglichen Rechtsgeschäft muss es sich nicht um einen klassischen Kaufvertrag handeln. Der Begriff „angemessene Deckung des Lebensbedarfs" knüpft begrifflich an das Unterhaltsrecht an. Geschäfte zur angemessenen Deckung des Lebensbedarfs sind alle Geschäfte, die nach den Verhältnissen der Ehegatten zur Führung des Haushalts und zur Befriedigung der Bedürfnisse der Gatten und der gemeinsamen unterhaltsberechtigten Kinder erforderlich sind. Grundsätzlich sind auch größere Geschäfte umfasst, die Angemessenheit bestimmt sich nach dem Lebenszuschnitt der Familie. Eine Kaffeemaschine ist ein Gegenstand, der im Alltag benutzt wird. Es ist auch nicht unüblich, eine Maschine im Wert von einigen hundert Euro anzuschaffen, ohne dies vorher mit dem Ehegatten zu besprechen. Folglich haftet S gem. § 1357 I 2 BGB ebenso aus dem Tauschvertrag wie R.

II. Sachmangel

Die Statue müsste bei Gefahrenübergang einen Mangel iSd § 434 BGB aufweisen. Ein **45**
Mangel liegt vor, wenn die Sache den subjektiven Anforderungen, den objektiven Anforderungen und den Montageanforderungen nicht genügt, § 434 I BGB. Nach § 434 II 1 Nr. 1 BGB sind die subjektiven Anforderungen nicht erfüllt, wenn der Sache die vereinbarte Beschaffenheit fehlt. Zur Beschaffenheit gehören alle Faktoren, die der Sache selbst anhaften sowie alle Beziehungen zur Umwelt, die nach der allgemeinen Verkehrsauffassung Einfluss auf die Wertschätzung haben.[17] R und D haben im Tauschvertrag eine Statue der Marke Meißen vereinbart, doch es stellte sich heraus, dass die Statue eine Kopie ist. Die Marke der Statue ist ein wertbildendes Merkmal und diese vereinbarte Beschaffenheit weist die Statue nicht auf, § 434 II 1 Nr. 1 BGB. Es lag ein Mangel bei Übergabe und damit bei Gefahrenübergang nach § 446 S. 1 BGB vor.

III. Fristsetzung

Gem. § 437 Nr. 2 Var. 2 BGB kann D nach § 441 BGB den Kaufpreis mindern. **46**
gem. § 441 I 1 BGB müssen dafür, abgesehen von der Erheblichkeit des Mangels (vgl. § 441 I 2 BGB), die Voraussetzungen des Rücktrittsrechts vorliegen. Grundsätzlich ist eine vorherige Fristsetzung zur Nacherfüllung erforderlich, §§ 441 I 1, 323 I BGB. Die Marke der Statue kann aber nicht verändert werden, sie bleibt eine Kopie. Auch eine Nachlieferung kommt nicht in Betracht. Da R nur die eine Statue hatte, war konkludent eine Stückschuld vereinbart. Zwar scheidet nach der hM auch bei der Stückschuld eine Nachlieferung nicht von Vornherein aus, doch kommt eine solche nur innerhalb der Grenzen der Gleichwertigkeit und Ersetzbarkeit in Betracht.[18] Bei

17 Grüneberg/Weidenkaff BGB § 434 Rn. 10.
18 MüKoBGB/Westermann § 439 Rn. 15.

einer antiken Statue sind diese Grenzen überschritten. Somit ist die Nacherfüllung unmöglich und die Eheleute sind gem. § 275 I BGB von der Nacherfüllungspflicht befreit. Gem. § 326 V BGB ist in diesem Fall eine Fristsetzung entbehrlich.

IV. Ausschluss

47 Ein Ausschluss des Rücktrittsrechts nach §§ 323 VI, 326 V BGB besteht nicht.

V. Minderungserklärung

48 D hat S aufgefordert, ihr die Wertdifferenz zu ersetzen. Dies ist eine konkludente Minderungserklärung. Fraglich ist jedoch, ob S geeigneter Erklärungsempfänger ist. Grundsätzlich ist auch S Vertragspartner, § 1357 I 2 BGB. Sind, wie hier, auf einer Vertragsseite mehrere beteiligt, sind Gestaltungserklärungen jedoch grundsätzlich von und gegenüber allen auszuüben. Dieser allgemeine Grundsatz lässt sich § 351 BGB entnehmen, und wird für die Minderungserklärung nochmal durch § 441 II BGB bestätigt. D hätte also grundsätzlich gegenüber R und S mindern müssen. Die Erklärung gegenüber R ist indes ausgeblieben. Es könnte allerdings genügen, dass ein Gatte die Gestaltungserklärung, die ein Schlüsselgewaltgeschäft betrifft, entgegennimmt. Bezüglich der *Ausübung* eines Gestaltungsrechts im Rahmen eines Schlüsselgewaltgeschäfts hat der BGH entschieden, dass ein Ehegatte allein mit Wirkung für beide gestalten kann. Dies wird damit begründet, dass gem. § 1357 I 2 BGB ein Ehegatte den anderen mitverpflichten und -berechtigen kann, sodass spiegelbildlich ein Ehegatte ebenso mit Wirkung für den anderen den Vertrag auflösen können müsse.[19] Die umgekehrte Konstellation, in der der Ehegatte nicht das Gestaltungsrecht ausübt, sondern die Gestaltungserklärung empfängt, ist nicht explizit geklärt worden. Zu beachten ist jedoch, dass in diesem Fall der Ehegatte lediglich die Erklärung empfängt und nicht einmal in die Privatautonomie des anderen Gatten eingreift, indem er das Geschäft eigenmächtig umgestaltet.[20] Es spricht also alles für eine identische Behandlung dieser Situation. Auch nach Schwab „sollte bei der Abwicklung von Schlüsselgewaltgeschäften die eheliche Lebensgemeinschaft als Einheit verstanden werden, für die jeder Ehegatte aufgrund § 1357 I BGB selbstständig handlungsbefugt ist, und zwar mit Wirkung für beide".[21] Auch für den Dritten sollte das bedeuten, dass er jeden Gatten als Repräsentant für beide behandeln darf *(aA bei entsprechender Begründung vertretbar)*. Danach ist entgegen § 441 II BGB die Minderungserklärung der D allein gegenüber S wirksam.

VI. Rechtsfolge

49 § 441 III BGB gibt vor, dass der Kaufpreis nach einer bestimmten Berechnung herabzusetzen ist. Bei einem Tauschvertrag gibt es aber keinen Kaufpreis, der herabgesetzt werden könnte. Anerkannt ist, dass der Vertragspartner bei einem Tausch den Minde-

19 BGH FamRZ 2018, 675.

20 Nach Schwab spricht ein möglicher Eingriff in die Privatautonomie des den Vertrag abschließenden Ehegatten durch die Gestaltung des anderen Ehegatten gegen eine Wirkung der Gestaltung für Ersteren, Schwab FamRZ 2018, 675 (676).

21 Schwab FamR GdR Rn. 200.

rungsbetrag in bar zahlen muss.[22] Wird Minderung verlangt, so ist abweichend von etwaigen subjektiven Vorstellungen der Parteien, der objektive Wert beider Sachen in fehlerfreiem Zustand zu ermitteln. Im Verhältnis zwischen dem Wert in fehlerfreiem (360 EUR) und tatsächlichem Zustand (120 EUR) ist der objektive Wert der Gegenleistung (300 EUR) herabzusetzen (2/3 = 200 EUR). Diese Differenz (200 EUR) ist in bar auszugleichen. Als Minderungsbetrag muss S also 200 EUR an D zahlen.[23]

VII. Ergebnis

D steht ein Anspruch gegen S gem. §§ 480, 434, 437 Nr. 2, 441 I, III, IV, 346 I BGB iVm § 1357 I 2 BGB auf Zahlung von 200 EUR zu. 50

B. §§ 480, 434, 437 Nr. 3, 311a II BGB iVm § 1357 I 2 BGB

D könnte einen Anspruch gegen S gem. §§ 480, 434, 437 Nr. 3, 311a II BGB iVm § 1357 I 2 BGB auf Ersatz des Schadens haben, der darin besteht, dass die Statue nur 120 EUR statt 360 EUR wert ist. 51

I. Wirksamer Tauschvertrag

D und R haben einen wirksamen Tauschvertrag geschlossen, durch den S gem. § 1357 I 2 BGB mitverpflichtet wurde. 52

II. Sachmangel

Die Statue weist einen Sachmangel auf, § 434 BGB. 53

III. Nacherfüllung von Anfang an unmöglich

Es müssten beide Arten der Nacherfüllung von Anfang an unmöglich sein. Wie oben festgestellt, kann die Marke der Statue nicht verändert werden. Ebenso ist die Nachlieferung hier von anfänglicher Unmöglichkeit betroffen. 54

IV. Vertretenmüssen

Der Gläubiger kann keinen Schadensersatz verlangen, wenn der Schuldner das Leistungshindernis bei Vertragsschluss nicht kannte und seine Unkenntnis auch nicht zu vertreten hat, § 311a II 2 BGB. S wusste nicht, dass die Statue eine Kopie ist. Positive Kenntnis lag nicht vor. S könnte jedoch fahrlässig nichts von der Kopie gewusst haben. Dazu müsste er die im Verkehr erforderliche Sorgfalt außer Acht gelassen haben, § 276 II BGB. Die Anforderungen an die Sorgfalt bestimmt der Einzelfall, wobei bei besonders hochwertigen Waren eine genauere Untersuchung angezeigt ist.[24] Außer- 55

---

22 MüKoBGB/Westermann § 480 Rn. 6.
23 RGZ 73, 143 (152); 72, 299 (301); BeckOK BGB/Gehrlein § 480 Rn. 7 mwN.
24 BeckOGK/Herresthal BGB § 311a Rn. 111.

dem wird das Vertretenmüssen vermutet; S müsste also nachweisen, dass er *nicht* fahrlässig gehandelt hat, § 280 I 2 BGB. Hier enthält der Sachverhalt keine Aussage dazu, ob die Fälschung für einen Nichtfachmann erkennbar war. S hat also den Entlastungsbeweis nicht geführt *(aA bei entsprechender Begründung vertretbar)*.

V. Schaden

56 Nach der Differenzhypothese ergibt sich der Schaden aus der Differenz zwischen der Vermögenslage bei ordnungsgemäßer Erfüllung und der tatsächlichen Vermögenslage. D hat lediglich die Kopie erhalten, die nur ein Drittel des Originals wert war. Anstatt einer Statue im Wert von 360 EUR hat D eine im Wert von 120 EUR bekommen. Die Differenz von 240 EUR ergibt somit ihren Schaden.

57 Es ist aber zu klären, in welchem Verhältnis die Minderung und das Schadensersatzverlangen stehen, und ob sie nebeneinander geltend gemacht werden können bzw. ob D Schadensersatz verlangen kann, wenn sie bereits gemindert hat. Der Vertragspartner kann grundsätzlich frei entscheiden, welches Recht aus § 437 BGB er geltend macht.[25] Doch die Kombination mehrerer Rechte ist umstritten. In der vorliegenden Konstellation möchte D am Vertrag festhalten und verlangt nur die Auszahlung der Wertdifferenz. Die Kombination eines kleinen Schadensersatzes statt der Leistung mit der Minderung wird überwiegend zugelassen.[26] Einige stützen sich dabei auf eine analoge Anwendung des § 325 BGB,[27] andere begründen die Vereinbarkeit mit dem Fortbestehen des Vertragsverhältnisses – wie bei der Minderung – auch im Rahmen des kleinen Schadensersatzes statt der Leistung.[28] Dabei ist der Minderungsbetrag auf den Schadensersatz anzurechnen, um eine Doppelkompensation zu vermeiden.[29] Der Minderungsbetrag iHv 200 EUR ist folglich vom Schadensersatz iHv 240 EUR abzuziehen und es bleibt ein Schadensersatzanspruch von 40 EUR bestehen.

VI. Ergebnis

58 D steht ein Anspruch gegen S gem. §§ 480, 434, 437 Nr. 3, 311a II BGB iVm § 1357 I 2 BGB auf kleinen Schadensersatz statt der Leistung iHv 40 EUR zu.

25 BeckOGK/Höpfner BGB § 437 Rn. 74.

26 BGH NJW 2018, 2863 Rn. 33; Grüneberg/Weidenkaff BGB § 441 Rn. 8; MüKoBGB/Westermann § 441 Rn. 3; BeckOK BGB/Faust § 437 Rn. 182; Stöber NJW 2017, 2785 (2789).

27 MüKoBGB/Westermann § 441 Rn. 3; BeckOK BGB/Faust § 437 Rn. 182.

28 Stöber NJW 2017, 2785 (2789).

29 Grüneberg/Weidenkaff BGB § 441 Rn. 19; BeckOK BGB/Faust § 437 Rn. 182; Stöber NJW 2017, 2785 (2789).

Fall Nr. 7 – Unverhofft kommt oft

Schwerpunkte: *Verfügungsgeschäfte über das Vermögen im Ganzen; Revokationsrecht; Insichgeschäft; Grenzen der elterlichen Vertretungsmacht bei Grundstücksschenkungen*

Der verwitwete Juraprofessor Victor Hörmirzu (H) interessiert sich für ein Grundstück am Stadtrand von Kiel, das dessen Eigentümer Sascha Schön (S) verkaufen möchte. Während der Verhandlungen gibt S an, dass er für das Grundstück unbedingt einen Preis von 180.000 EUR, der dem Marktwert entspricht, erzielen müsse, weil er arbeitslos sei und über kein nennenswertes Vermögen verfüge. Das Grundstück sei „seine Altersversorgung". H ist allerdings nur bereit, 150.000 EUR zu zahlen. Zu diesem Preis werden sich H und S einig. Im November 2019 wird ein notarieller Kaufvertrag beurkundet, die Auflassung wird wenig später erklärt. Im Dezember 2019 wird H als Eigentümer eingetragen. Im Zuge des Erwerbs wird das Grundstück mit einer Hypothek zugunsten der finanzierenden Bank iHv 50.000 EUR belastet. Anfang Januar 2020 vermietet H das Grundstück unbefristet an Dietmar Dölle (D). Da Hs Tochter Erika (E) am 13.7.2020 ihren 17. Geburtstag feiert, entschließt sich H, ihr das Grundstück zu schenken. E ist begeistert. 1

H begibt sich daher im Juni 2020 zum Notar, wo er zugleich für sich und im Namen der nicht selbst anwesenden E einen Schenkungsvertrag abschließt und notariell beurkunden lässt. Am 3.7.2021 stellt sich bei H eine Rita Ratlos (R) vor, die – wie sie wahrheitsgemäß angibt – seit 2016 mit S verheiratet war. Im Mai 2021 wurde die Ehe zwar rechtskräftig geschieden, man streite aber noch über den Zugewinnausgleich. Das Grundstück in Kiel sei der wesentliche Vermögenswert (89 %) des S. Daher sei sie, die R, mit der Veräußerung, noch dazu unter Wert, keinesfalls einverstanden. Am Abend wird H in einem Telefonat mit seinem Anwalt über die Rechtslage aufgeklärt. Am 4.7.2021 begibt er sich wieder zum Notar und erklärt in seinem Namen und im Namen der wiederum nicht anwesenden E die Auflassung. Als R im September 2021 das Grundbuch einsieht, muss sie feststellen, dass E als Eigentümerin eingetragen ist. Sie verlangt daher von E, dass das Grundbuch berichtigt und S wieder als Eigentümer eingetragen werde. Die E verwehrt sich gegen dieses Ansinnen. Sie hätte von alledem bis heute nichts gewusst, vom Gespräch zwischen ihrem Vater und R erfahre sie erst jetzt. Auch von der Ehe des S hätten weder H noch sie gewusst. Sie sei rechtmäßige Eigentümerin geworden. Wenn überhaupt, dann würde sie das Grundstück nur gegen Erstattung des Kaufpreises wieder hergeben. Am gleichen Abend bedankt sich E bei ihrem Vater dafür, dass er die Schenkung vollzogen hat.

Kann R von E die Zustimmung zur Berichtigung des Grundbuchs verlangen?

Abwandlung: Bei Abschluss des Kaufvertrags hatte H den S für einen wohlsituierten Junggesellen gehalten, da dieser angab, mehrere Immobilien in ganz Schleswig-Holstein zu besitzen. Vor der Auflassung hatte ihm S, der aus dem „schlechten" Vertrag gerne wieder herauskommen wollte, jedoch gebeichtet, dass es sich beim Grundstück um „praktisch mein ganzes Hab und Gut" handele. Kann R in diesem Fall von E Zustimmung zur Berichtigung des Grundbuchs verlangen?

Bearbeitervermerk: Auf alle im Sachverhalt aufgeworfenen Rechtsfragen ist, notfalls in einem Hilfsgutachten, einzugehen.

2 Gliederung

A. § 894 BGB
B. § 894 BGB iVm § 1368 BGB
  I. Bestehen eines Berichtigungsanspruchs des S
    1. Formelle Rechtslage
    2. Materielle Rechtslage
      a) Eigentumserwerb des H von S
        aa) Ehegatten im Güterstand der Zugewinngemeinschaft
        bb) Verfügung über Vermögen im Ganzen
        cc) Keine Konvaleszenz nach der Scheidung
      b) Eigentumserwerb der E von H durch die Auflassung v. 4.7.2021 und Eintragung gem. § 892 BGB
        aa) Einigung, §§ 873 I, 925 BGB
          (1) Zurechnung der Auflassungserklärung
          (2) Form des Vertretergeschäfts
        bb) Eintragung. § 873 I BGB
        cc) Rechtsgeschäft iS eines Verkehrsgeschäfts
        dd) Rechtsscheintatbestand
        ee) Gutgläubigkeit
    3. Bestehen eines Zurückbehaltungsrechts?
  II. Ergebnis zu B.
Abwandlung

Lösung

A. § 894 BGB

3 Ein eigener Anspruch auf Abgabe der nach § 19 GBO erforderlichen Bewilligung aus § 894 BGB käme nur in Betracht, wenn die formelle und materielle Buchlage zuungunsten der R auseinanderfallen. R war jedoch nie Eigentümerin des Grundstücks.

B. § 894 BGB iVm § 1368 BGB

4 Denkbar ist, dass dem S ein Anspruch aus § 894 BGB zusteht, den die R als dessen geschiedene Ehefrau geltend machen kann. Verfügt ein Ehegatte, der im gesetzlichen Güterstand lebt, ohne die Zustimmung des anderen über sein Vermögen im Ganzen, so kann auch der andere Ehegatte die sich aus der Unwirksamkeit der Verfügung ergebenden Rechte gegen Dritte gerichtlich geltend machen. Obwohl § 1368 BGB nur von der gerichtlichen Geltendmachung spricht, ist anerkannt, dass auch die außergerichtliche Geltendmachung erfasst ist.[1] Erforderlich wäre, dass ein Anspruch des S aus § 894 BGB besteht. Sodann, dass die R berechtigt ist, diesen geltend zu machen.

1 BeckOGK/Szalai BGB § 1368 Rn. 8; MüKoBGB/Koch § 1368 Rn. 10; Staudinger/Thiele BGB § 1368 Rn. 24; Soergel/Czeguhn BGB § 1368 Rn 9.

I. Bestehen eines Berichtigungsanspruchs des S

Ein Berichtigungsanspruch besteht, wenn die formelle Rechtslage zuungunsten des S von der materiellen abweicht. 5

1. Formelle Rechtslage

Die formelle Buchlage weist E als Eigentümerin aus. 6

2. Materielle Rechtslage

Fraglich ist, wer materiell Eigentümer ist. Ursprünglich war das S. Er könnte jedoch sein Eigentum verloren haben. 7

a) Eigentumserwerb des H von S

S könnte sein Eigentum aufgrund der Auflassung und der Eintragung des H Ende 2019 gem. §§ 873, 925 BGB an H verloren haben. Eine formwirksame Einigung vor einem Notar als zuständiger Stelle (§ 925 BGB) liegt vor, ebenso eine Eintragung. Die Einigung ist auch nicht nach § 138 II BGB nichtig. Zwar erstreckt sich wegen des Wortlauts des § 138 II BGB („gewähren lässt") eine etwaige Nichtigkeit des schuldrechtlichen Grundgeschäfts ausnahmsweise auch auf das dingliche Verfügungsgeschäft des Bewucherten.[2] Doch liegt der Tatbestand des Wuchers nicht vor. Selbst wenn sich S in einer Zwangslage iSv § 138 II BGB befunden haben sollte, fehlt es jedenfalls an dem weiterhin erforderlichen erheblichen Missverhältnis zwischen Leistung und Gegenleistung. Ein solches wird regelmäßig erst angenommen, wenn der objektive Wert von Leistung und Gegenleistung um etwa 100 % oder mehr voneinander abweichen.[3] Das ist bei einem Kaufpreis von 150.000 EUR, der nur 30.000 EUR unter dem Wert des Grundstücks von 180.000 EUR liegt, nicht der Fall. 8

Fraglich ist jedoch, ob S verfügungsberechtigt war. Zwar ist der Eigentümer grundsätzlich verfügungsberechtigt. Allerdings könnte das absolute Verfügungsverbot des § 1365 BGB eingreifen. Nach dieser Vorschrift kann ein Ehegatte, der im gesetzlichen Güterstand lebt, nur mit Einwilligung des anderen über sein Vermögen im Ganzen verfügen. 9

aa) Ehegatten im Güterstand der Zugewinngemeinschaft

S und R waren im Verfügungszeitpunkt (2019) verheiratet. Zudem ergibt sich aus der Stellung des § 1365 BGB, dass die Ehegatten im Güterstand der Zugewinngemeinschaft leben müssen. Mangels gegenteiliger Angaben (vgl. § 1363 I BGB) ist davon auszugehen. 10

bb) Verfügung über Vermögen im Ganzen

Fraglich ist, ob die Verfügung über das Grundstück das ganze Vermögen des S betraf. Dies ist unklar, denn die Verfügung betraf nur ein einzelnes Grundstück, nicht das Vermögen *en bloc*. 11

2 BGH NJW 1994, 1275.
3 BGH BeckRS 2021, 11578 Rn. 8.

12 Nimmt man den Wortlaut ernst, wäre ein Gesamtvermögensgeschäft zu verneinen. Allerdings kommt es für den Anwendungsbereich der Vorschrift nicht nur auf den Wortlaut, sondern auch auf den Zweck an. Bei § 1365 BGB geht es um den Schutz des zustimmungsberechtigten Ehegatten: Die Vorschrift soll verhindern, dass ein Ehegatte alleine über die wirtschaftlichen Grundlagen der Ehe verfügt; außerdem soll sie einen etwaigen Zugewinnausgleichsanspruch sichern.[4] Eine Gefährdung dieser Zwecke ist auch gegeben, wenn der Eigentümer-Gatte zwar nicht über sein Vermögen in Bausch und Bogen verfügt, wohl aber über einen wirtschaftlich sehr bedeutenden Einzelgegenstand. Dementsprechend wird nach der hM das „gesamte Vermögen" iSv § 1365 BGB nach der sog. Einzeltheorie bestimmt. Ein Gesamtvermögensgeschäft liegt auch vor, wenn der übertragene Einzelgegenstand nahezu das gesamte Vermögen ausmacht.[5] Bei größeren Vermögen ist dies regelmäßig anzunehmen, wenn der handelnde Gatte mehr als 90 % seines Vermögens überträgt, bei kleineren Vermögen liegt der Grenzwert bei 85 %.[6] Wenn das Gesamtvermögen weniger als 250.000 EUR beträgt, dürfte ein kleineres Vermögen vorliegen.[7]

13 Ausgehend davon, dass das Grundstück mit einem Wert von 180.000 EUR 89 % des Vermögens des S ausmacht, ist nach den dargestellten Grundsätzen von einem kleineren Vermögen auszugehen. Da das Grundstück 89 % des Vermögens ausmacht, liegt zudem unter Zugrundelegung der genannten Grenzwerte eine Verfügung über das Vermögen im Ganzen vor.

14 Für die hM spricht, dass § 1365 BGB unter Beachtung der Gesamttheorie sehr selten anwendbar wäre und daher der Gesetzeszweck (Sicherung des Familienvermögens) gefährdet wäre. Andererseits ist für den Vertragspartner – anders bei einer Verfügung *en bloc* – nicht unbedingt ersichtlich, ob der Geschäftsgegenstand einen dem § 1365 BGB unterfallenden Vermögenswert darstellt. Nach der sog. subjektiven Einzeltheorie, die die Kenntnis des Vertragspartners als Korrektiv zur Ausweitung des Anwendungsbereichs voraussetzt, ist erforderlich, dass dem Vertragspartner zumindest die Umstände bekannt waren, aus denen sich ergibt, dass der Einzelgegenstand den wesentlichen Vermögensteil bildet.[8] H wusste aufgrund der Angaben des S bei der Veräußerung Ende 2019, dass S außer dem Grundstück fast nichts besaß.

15 Keine Berücksichtigung bei der Beurteilung, ob ein Gesamtvermögensgeschäft vorliegt, findet die Gegenleistung.[9] Unerheblich ist auch, dass H von der Ehe nichts wusste. § 1365 BGB setzt keine diesbezügliche Kenntnis des Erwerbers voraus.[10] Demnach war S – ohne die Zustimmung der R, die nicht vorlag – nicht verfügungs-

4 Grüneberg/Siede BGB § 1365 Rn. 1.

5 BGH NJW 1991, 1739; OLG Jena FamRZ 2010, 1733; vgl. hierzu auch BeckOGK/Szalai BGB § 1365 Rn. 10 ff.; MüKoBGB/Koch § 1365 Rn. 13 f; Staudinger/Thiele BGB § 1365 Rn. 19.

6 BGH NJW 1991, 1739 (1740); OLG Jena FamRZ 2010, 1733 (1734); OLG Frankfurt a. M. NJOZ 2018, 90 (91); aA MüKoBGB/Koch § 1365 Rn. 29 (unabhängig von der Größe des Vermögens 90 %).

7 Vgl. BGH NJW 1991, 1739 (1740): größeres Vermögen ab 500.000 DM; ebenso OLG München FamRZ 2005, 272 (273); aA BeckOGK/Szalai BGB § 1365 Rn. 14 (ab 500.000 EUR).

8 BGH NJW 1965, 909; 1980, 2350; BeckOK BGB/Scheller § 1365 Rn. 17; BeckOGK/Szalai BGB § 1365 Rn. 20 f.; MüKoBGB/Koch § 1365 Rn. 16 f.; Bernauer DNotZ 2019, 12 (15).

9 BGH NJW 1961, 1301; 1965, 909; MüKoBGB/Koch § 1365 Rn. 27; Grüneberg/Siede BGB § 1365 Rn. 3.

10 MüKoBGB/Koch § 1365 Rn. 34.

befugt. Die Wirksamkeit der Auflassung hing zunächst von der Genehmigung der R ab (§ 1366 I BGB).

cc) Keine Konvaleszenz nach der Scheidung

Fraglich ist, ob das Genehmigungserfordernis nach der rechtskräftigen Scheidung im Mai 2021 *ex nunc* entfallen und die Übereignung in diesem Zeitpunkt wirksam geworden ist. Dies wäre nur dann zu bejahen, wenn der Schutzzweck der den Schwebezustand bewirkenden Norm mit der Scheidung weggefallen ist. Sieht man den Schutzzweck des § 1365 BGB nicht nur in der Sicherung der familiären Lebens- und Vermögensgrundlage während der Ehe, sondern auch in der Sicherung eines etwaigen Zugewinnausgleichsanspruchs, so kann man eine Konvaleszenz im Fall der Scheidung nur annehmen, wenn nach abstrakter und genereller Betrachtungsweise eine Gefährdung einer eventuell bestehenden Zugewinnausgleichsforderung auszuschließen ist, beispielsweise weil der Zugewinnausgleich endgültig und abschließend abgewickelt ist oder in Betracht kommende Zugewinnausgleichsansprüche verjährt sind.[11] 16

Vorliegend streiten R und S noch um den Zugewinnausgleich. Aufgrund des weiterhin bestehenden Schutzzwecks des § 1365 BGB konnte die Rechtskraft der Scheidung also im vorliegenden Fall nichts an der Zustimmungsbedürftigkeit der Übereignung ändern. 17

Durch ihre Erklärung, sie sei mit der Veräußerung ihres Mannes „keinesfalls" einverstanden, hat R ihre Genehmigung konkludent verweigert. Die Auflassung ist demnach unwirksam (§ 1366 IV BGB) und konnte kein Eigentum an H übertragen. 18

b) Eigentumserwerb der E von H durch die Auflassung v. 4.7.2021 und Eintragung gem. § 892 BGB

Allerdings könnte die E das Eigentum gutgläubig vom zwar nichtberechtigten, wohl aber im Zeitpunkt der Auflassung im Grundbuch als Eigentümer eingetragenen H gem. § 892 BGB erworben haben. 19

aa) Einigung, §§ 873 I, 925 BGB

Die Auflassung iSd § 925 BGB setzt 2 übereinstimmende Willenserklärungen von Erwerber und Veräußerer voraus. Hier hat H die Auflassung einerseits für sich selbst, andererseits im Namen der E erklärt. Zunächst stellt sich daher die Frage, ob die Willenserklärung des H der E zugerechnet werden kann. 20

(1) Zurechnung der Auflassungserklärung

In Betracht kommen die Regelungen über die Stellvertretung, §§ 164 ff. BGB. H gab eine eigene Willenserklärung im Namen der E ab. Zweifelhaft ist jedoch, ob er dabei mit Vertretungsmacht handelte. Vor dem Hintergrund, dass E am 13.7.2020 ihren 17. und folglich am 13.7.2021 ihren 18. Geburtstag feierte, war sie zum Zeitpunkt der Auflassung am 4.7.2021 noch minderjährig, sodass sich eine gesetzliche Vertretungsmacht des H aus §§ 1626 I, 1629 I 3, 1680 I BGB ergeben könnte. 21

Problematisch ist jedoch, dass H im Rahmen der Auflassung sowohl als Vertreter der E als auch im eigenen Namen auftrat. Seine Vertretungsmacht könnte daher nach 22

11 Vgl. BGH NJW 1978, 1380 (1381); OLG Celle FamRZ 2001, 1613 (1614); MüKoBGB/Koch § 1366 Rn. 30; Staudinger/Thiele BGB § 1365 Rn. 103 ff.

§ 1629 II BGB iVm §§ 1795 II, 181 BGB (= § 1629 II BGB iVm §§ 1824 II, 181 BGB nF) ausgeschlossen gewesen sein. Das Insichgeschäft wäre ihm jedoch nach § 181 aE BGB gestattet, wenn es ausschließlich in der Erfüllung einer (wirksamen) Verbindlichkeit bestünde. Eine solche wirksame Verbindlichkeit könnte der notarielle Schenkungsvertrag begründen. Die erforderliche notarielle Beurkundung, §§ 311b I 1 BGB, liegt zwar vor *(Achtung: Eine Beurkundung allein des Schenkungsversprechens, § 518 BGB, wäre nicht ausreichend, da es sich um eine Grundstücksschenkung handelt).* Fraglich ist jedoch, ob auch die erforderliche Willenseinigung zustande gekommen ist. Die zum Zeitpunkt des Vertragsschlusses noch minderjährige und damit beschränkt geschäftsfähige E (§§ 106, 2 BGB) war am Vertrag nicht persönlich beteiligt. Vielmehr hat H auch hier die Annahmeerklärung im Namen der E als deren gesetzlicher Vertreter (§§ 1626 I, 1629 I 3, 1680 I BGB) abgegeben.

23 Von dem Verbot des Insichgeschäfts macht die hM unter Berufung auf den Rechtsgedanken des § 107 BGB eine Ausnahme, wenn das Rechtsgeschäft dem Kind lediglich rechtliche Vorteile bringt.[12] Die Wirksamkeit der Schenkung hängt mithin davon ab, ob es sich dabei um ein für E lediglich rechtlich vorteilhaftes Geschäft handelt. Da das Schenkungsversprechen dem Beschenkten lediglich einen Anspruch auf die Zuwendung gibt, ihn aber nicht zu einer Gegenleistung verpflichtet, ist dies bei isolierter Betrachtung grundsätzlich anzunehmen.

24 Vor allem die Rechtsprechung lehnte eine solche isolierte Betrachtung allerdings lange ab. Zur Begründung dieser Auffassung wurde auf § 181 aE BGB verwiesen, nach der das Verbot des Insichgeschäfts nicht eingreift, wenn das Geschäft ausschließlich in der Erfüllung einer Verbindlichkeit besteht. Ein rechtlich nachteilhaftes Erfüllungsgeschäft sei daher nach § 181 aE BGB vom Verbot des Insichgeschäfts ausgenommen, sofern nur das ihm zugrunde liegende Verpflichtungsgeschäft lediglich rechtlich vorteilhaft und daher wirksam sei. Da dies mit dem Schutzbedürfnis des Minderjährigen unvereinbar sei, solle für die Beurteilung der rechtlichen Nachteilhaftigkeit schon auf der Ebene des schuldrechtlichen Geschäfts eine Gesamtbetrachtung von Verpflichtungs- und Erfüllungsgeschäft vorgenommen werden (sog. Gesamtbetrachtungslehre).[13] Auch wenn nur mit dem dinglichen Erfüllungsgeschäft rechtliche Nachteile verbunden waren, konnte der gesetzliche Vertreter nach dieser Ansicht den Minderjährigen schon beim Abschluss des Verpflichtungsgeschäfts nicht wirksam vertreten.

25 Vorliegend liegt das Erfüllungsgeschäft in der Übereignung des Grundstücks. Die Übereignung eines Grundstücks ist an sich nicht rechtlich nachteilhaft, auch wenn der neue Eigentümer die üblichen öffentlich-rechtlichen Lasten des Grundstücks zu tragen hat.[14] Fraglich ist aber, ob sich an dieser Bewertung dadurch etwas ändert, dass das betroffene Grundstück mit einer Hypothek iHv 50.000 EUR belastet und unbefristet an den D vermietet ist.

26 Die Hypothek gibt dem Hypothekengläubiger lediglich ein Verwertungsrecht am Grundstück, das den Eigentümer zur Duldung der Zwangsvollstreckung verpflichtet (§ 1147 BGB). Da in der Zwangsvollstreckung lediglich das Grundstück verwertet wird, der Schuldner aber nicht persönlich haftet, liegt in der Belastung mit einem

12 BGH NJW 1972, 2262 (2263); 1975, 1885 f.; MüKoBGB/Schubert § 181 Rn. 105.
13 BGH NJW 1980, 109 (111); MüKoBGB/Schubert § 181 Rn. 105.
14 MüKoBGB/Spickhoff § 107 Rn. 46 f.; Grüneberg/Ellenberger BGB § 107 Rn. 3.

Grundpfandrecht kein rechtlicher Nachteil.[15] Der Umstand, dass der Eigentümer ggf. die Kosten für den Vollstreckungstitel zu tragen hat, vermag daran nichts zu ändern.[16]

Eine andere Bewertung ergibt sich aber für die Vermietung. Aufgrund von § 566 I BGB treffen die Verpflichtungen aus dem Mietvertrag auch den neuen Grundstückseigentümer. Daher handelt es sich bei der Übereignung eines vermieteten Grundstücks nicht um ein lediglich rechtlich vorteilhaftes Geschäft.[17] **27**

Nach der Gesamtbetrachtungslehre müsste der mit der Übereignung des Grundstücks **28** verbundene Nachteil schon bei Bewertung des Schenkungsvertrags Berücksichtigung finden. Beide Geschäfte wären daher schwebend unwirksam. Gegen die Gesamtbetrachtungslehre spricht allerdings, dass sie in systemwidriger Weise gegen das Trennungs- und Abstraktionsprinzip verstößt. Die Problematik, der sie entgegenwirken soll, lässt sich auch anders lösen: Ist das Verpflichtungsgeschäft bei isolierter Betrachtung wirksam, so kann eine aus § 181 aE BGB folgende Wirksamkeit des rechtlich nachteilhaften Erfüllungsgeschäfts auch dadurch verhindert werden, dass man für diese Fälle § 181 aE BGB teleologisch reduziert.[18] So bleibt das (an sich nur vorteilhafte) Verpflichtungsgeschäft wirksam, das (nachteilige) Erfüllungsgeschäft ist aber schwebend unwirksam. Hierbei handelt es sich um die systemgerechte und daher vorzugswürdige Lösung. Auch der BGH hat die Gesamtbetrachtungslehre mittlerweile aufgegeben.[19] Auch diese Lösung ändert jedoch nichts am hier interessierenden Ergebnis, nämlich dass die Auflassung des Grundstücks schwebend unwirksam ist. H handelte nämlich insoweit (infolge der teleologischen Reduktion des § 181 aE BGB) als Vertreter ohne (gesetzliche) Vertretungsmacht. Dies hat zur Folge, dass – nach Eintritt der Volljährigkeit der F am 13.7.2021 – die Wirksamkeit des Rechtsgeschäfts grundsätzlich von einer Genehmigung abhängt, § 177 I BGB.

Die Genehmigung kann gegenüber dem Vertragspartner oder dem Vertreter ohne **29** Vertretungsmacht erklärt werden.[20] Sie bedarf nicht derselben Form wie das zu genehmigende Geschäft (§ 182 II BGB).[21] Im vorliegenden Fall ergibt sich die Besonderheit, dass H als Vertreter ohne Vertretungsmacht für die E einen dinglichen Vertrag mit sich selbst im eigenen Namen abgeschlossen hat. H ist somit sowohl Vertreter als auch Vertragspartner der E. Die Genehmigung konnte nur ihm gegenüber erklärt werden. Wenngleich die E inhaltlich bereits durch ihre Äußerungen gegenüber R klargestellt hat, dass sie das Geschäft für und gegen sich gelten lassen möchte, liegt darin – mangels Passivzuständigkeit der R für die Entgegennahme der Erklärung – keine wirksame Genehmigung. Erst indem E sich nach ihrem Gespräch mit R bei H für den Vollzug der Schenkung bedankt hat, hat sie auch diesem gegenüber zum Ausdruck gebracht, dass sie das Geschäft gelten lassen möchte. Darin ist die Genehmigung des Vertretergeschäfts zu sehen (§§ 133, 157 BGB).

15 Grüneberg/Ellenberger BGB § 107 Rn. 4.
16 NK-BGB/Kunz/Baldus § 107 Rn. 99.
17 BGH NJW 2005, 1430 (1430 f.); Grüneberg/Ellenberger BGB § 107 Rn. 4.
18 MüKoBGB/Schubert § 181 Rn. 105; Menzel JA 2005, 859 (863).
19 BGH NJW 2010, 3643.
20 BGH NJW 1953, 58; 1961, 1763; OLG Karlsruhe NJW-RR 1994, 1290; MüKoBGB/Schubert § 177 Rn. 33; BeckOGK/Ulrici BGB § 177 Rn. 143; Staudinger/Schilken BGB § 177 Rn. 10a.
21 BGH NJW 1994, 1344 (1345 f.).

(2) Form des Vertretergeschäfts

30 Beim Vertretergeschäft, der Auflassung selbst, wurde die Form des § 925 BGB gewahrt: Denn diese Vorschrift fordert nur die gleichzeitige, nicht aber die höchstpersönliche Anwesenheit beider Teile.[22] Vertreterhandeln ist also nicht ausgeschlossen.

31 Infolge der Genehmigung durch die E ist die Auflassung somit rückwirkend wirksam geworden.

bb) Eintragung, § 873 I BGB

32 E wurde auch als neue Eigentümerin eingetragen.

cc) Rechtsgeschäft iS eines Verkehrsgeschäfts

33 Ein rechtsgeschäftlicher Eigentumserwerb liegt vor. Es handelt sich auch um ein Verkehrsgeschäft, weil E – eine von H verschiedene Person – auf Erwerberseite steht.

dd) Rechtsscheintatbestand

34 Das Grundbuch wies zu Unrecht H als Eigentümer aus. Ein Widerspruch war nicht eingetragen.

ee) Gutgläubigkeit

35 Ein gutgläubiger Erwerb ist jedoch ebenfalls ausgeschlossen, wenn die Unrichtigkeit des Grundbuchs dem Erwerber bekannt war, § 892 I 1 aE BGB. H war bei der Auflassung aufgrund des Telefonats mit seinem Anwalt über die Rechtslage – also den Umstand, dass er kein Eigentum erworben hatte – informiert. Da E allerdings von diesem Telefonat nichts erfuhr, waren ihr diese Tatsachen unbekannt.

36 Fraglich ist, auf wessen Kenntnis es ankommt. Nach § 166 I BGB ist grundsätzlich die Kenntnis des Vertreters – hier also die des H – entscheidend. Dies gilt auch bei Genehmigung eines zunächst vollmachtlos vorgenommenen Vertretergeschäfts.[23] Demnach ist ein gutgläubiger Erwerb der E ausgeschlossen.

3. Bestehen eines Zurückbehaltungsrechts?

37 Vorliegend ist noch zu überlegen, wie sich der Umstand auswirkt, dass E sich auf die Bezahlung des Kaufpreises durch ihren Vater beruft. Hierin könnte die Geltendmachung eines Zurückbehaltungsrechts nach § 273 I BGB gegenüber dem Grundbuchberichtigungsanspruch liegen. Hier ist bereits problematisch, dass der Anspruch auf Kaufpreisrückzahlung dem H und nicht der E zustehen dürfte, und es damit bereits an einem fälligen Anspruch der E gegen S mangelt. Doch selbst wenn man eine (konkludente) Abtretung etwaiger Ansprüche des H gegen S an die E im Zuge der Grundstücksschenkung unterstellt, ist zu beachten, dass E das Zurückbehaltungsrecht nicht dem S, sondern dessen revozierender Ehefrau R entgegenhalten würde. Insoweit gilt, dass Einwendungen dem Revozierenden gegenüber grundsätzlich nicht geltend gemacht werden können. Andernfalls würde das Revokationsrecht unzulässigerweise verkürzt.

22 MüKoBGB/Ruhwinkel § 925 Rn. 19.
23 RGZ 68, 374 (376 f.); MüKoBGB/Schubert § 177 Rn. 49; BeckOK BGB/Schäfer, § 177 Rn. 30; Staudinger/Schilken BGB § 177 Rn. 9.

II. Ergebnis zu B.

E ist zu Unrecht als Eigentümerin eingetragen. S hat also einen Anspruch auf Grundbuchberichtigung, den R geltend machen kann. Der Anspruch aus § 894 BGB ergibt sich unmittelbar aus der Unwirksamkeit der Verfügung des S. Auf den Streit, ob auch der andere Ehegatte aus § 1368 BGB (nur) berechtigt ist, Ansprüche geltend zu machen, die sich aus der Unwirksamkeit der Verfügung ergeben oder ob er darüber hinaus alle sich aus der Unwirksamkeit ergebenden Rechte geltend machen kann, kommt es daher nicht an. 38

Mit Blick auf den Schutzzweck des § 1365 BGB, dem Ehegatten auch einen Zugewinnausgleichsanspruch zu sichern, hindert auch die bereits rechtskräftige Scheidung den geschiedenen Ehegatten nicht daran, das Revokationsrecht noch auszuüben (vgl. schon oben).[24] Die R kann daher den Anspruch des S aus § 894 BGB geltend machen. 39

Abwandlung

Wie im Ausgangsfall wird E vom Grundbuch formell als Eigentümerin des Grundstücks ausgewiesen. Bei Prüfung der materiellen Rechtslage stellt sich aber nunmehr die Frage, ob § 1365 BGB auch dann zur Unwirksamkeit der Übereignung von S an H führt, wenn H zwar zum Zeitpunkt der Auflassung erkennen konnte, dass es sich bei dem Grundstück um einen Gegenstand handelte, der nahezu das gesamte Vermögen des S ausmachte, dies aber zum Zeitpunkt des zugrunde liegenden schuldrechtlichen Vertrags noch nicht wissen konnte. 40

Setzt man iS einer objektiven Einzeltheorie ohnehin nicht voraus, dass der Geschäftspartner erkennen konnte, dass es sich um ein Gesamtvermögensgeschäft handelt,[25] ist § 1365 BGB auch in der Abwandlung uneingeschränkt anwendbar. Im Vergleich zum Ausgangsfall würde sich nichts ändern. 41

Innerhalb der subjektiven Einzeltheorie ist hingegen umstritten, ob § 1365 BGB auf das dingliche Geschäft Anwendung findet, wenn das Verpflichtungsgeschäft nur deshalb genehmigungsfrei war, weil der Geschäftsgegner zu diesem Zeitpunkt noch nicht erkennen konnte, dass es sich um ein Gesamtvermögensgeschäft handelt. 42

Teilweise wird vertreten, dass es für die Anwendbarkeit des § 1365 BGB auf den dinglichen Rechtsakt ausreiche, wenn der Vertragspartner die erforderliche Kenntnis zum Zeitpunkt der Vollendung des Rechtserwerbs[26] oder zumindest (bei Grundstücksgeschäften) zum Zeitpunkt der Antragseingänge beim Grundbuchamt auf Eintragung einer Auflassungsvormerkung oder Umschreibung des Eigentums[27] vorweise. Wendet man dies auf den vorliegenden Fall an, so wäre § 1365 BGB wie im Ausgangsfall auf die Übereignung uneingeschränkt anwendbar. Der zugrunde liegende Kaufvertrag wäre aber noch wirksam zustande gekommen. 43

24 MüKoBGB/Koch § 1368 Rn. 2; Staudinger/Thiele BGB § 1368 Rn. 48.
25 In diese Richtung etwa noch Gernhuber JZ 1966, 192 (193).
26 LG Osnabrück FamRZ 1973, 652 (653 f.); OLG Saarbrücken FamRZ 1984, 587 (588); Lange JuS 1974, 766 (769 f.).
27 OLG Frankfurt a. M. FamRZ 1986, 275; LG Oldenburg NJW 1980, 790; Futter NJW 1976, 551 (552); Böhringer BWNotZ 1987, 56 (58).

44 Diese Auffassungen entwerten jedoch weitgehend die Bemühungen der subjektiven Theorie zur Herstellung des gebotenen Verkehrsschutzes. Hat der Dritte bei Abschluss des Verpflichtungsgeschäfts nicht gewusst, dass sein Vertragspartner über sein (nahezu) gesamtes Vermögen verfügt, muss er darauf vertrauen können, durch Abschluss des Vertrags einen rechtsbeständigen Erfüllungsanspruch zu erwerben. Andernfalls würde die Sicherheit des Rechtsverkehrs zu stark eingeschränkt.[28]

45 Vorzugswürdig ist es daher, § 1365 BGB nicht auf das dingliche Geschäft anzuwenden, wenn der Vertragspartner bei Abschluss des schuldrechtlichen Geschäfts nicht wusste, dass ein Gesamtvermögensgeschäft vorliegt.

46 Anders als im Ausgangsfall war die Übereignung von S an H daher in der Abwandlung wirksam und H konnte als Berechtigter an die E weiterverfügen. Folglich scheidet ein Berichtigungsanspruch des S aus § 894 BGB aus.

28 BGH NJW 1989, 1609 (1610); MüKoBGB/Koch § 1365 Rn. 36; BeckOGK/Szalai BGB § 1365 Rn. 21; vgl. auch BayObLG FamRZ 1988, 503 (505 f.); Tiedtke FamRZ 1988, 1007 (1009 f.).

Fall Nr. 8 – Trautes Heim

Schwerpunkte: *Eigentumsverhältnisse an ehelichem Hausrat; Berechnung einer Zugewinnausgleichsforderung; privilegierter Erwerb und Anrechnung von Vorausempfängen; Rückforderung von Schwiegerelternzuwendungen*

Martin (M) und Franzi (F), die 2015 den Bund der Ehe miteinander geschlossen haben, begannen 2019, sich auseinander zu leben. Am 1.2.2019 zog F aus der gemeinsamen Ehewohnung aus und reichte am 1.9.2019 die Scheidung ein. Der Scheidungsantrag wurde am 23.9.2019 zugestellt. Die Ehe wurde schließlich am 11.6.2020 rechtskräftig geschieden. Bei Eheschließung 2015 hatte F noch Schulden aus der Finanzierung ihres Studiums iHv 15.000 EUR. M dagegen verfügte über ein Sparguthaben iHv 20.000 EUR und ein Baugrundstück mit einem Wert von 150.000 EUR. Auf diesem Grundstück wurde 2016 das eheliche Wohnhaus errichtet. Um den Hausbau und damit das Familienglück ihrer Tochter zu unterstützen, überwiesen die Eltern der F im Jahr 2016 150.000 EUR auf das Konto ihres Schwiegersohns. Während des ehelichen Zusammenlebens schafften M und F einen großen dänischen Barockschrank (Kaufpreis: 10.000 EUR) für das Wohnzimmer an. Der Kaufpreis wurde dem Sparkonto des M entnommen. Im Jahr 2018 verstarb Fs Tante Klara (K). Obwohl Ks Nachlass nur aus einem überzogenen Bankkonto (–10.000 EUR) und einem Wertpapierdepot mit einem Zeitwert von 2.000 EUR bestand, entschloss sich F aus Pietätsgründen, die Erbschaft anzunehmen. Bereits im Jahr 2017 hatte F von besagter Tante K ein antikes Sofa für 1.000 EUR erworben. Da die K den M noch nie leiden konnte und keinesfalls wollte, dass dieses „Familienerbstück" einmal in Ms Hände gelangen könnte, hatte sie bei der Übergabe der Kommode erklärt, das Eigentum an dieser nur an ihre Nichte übertragen zu wollen, womit die F einverstanden war. Zur Finanzierung eines Urlaubs im Jahr 2018 haben M und F gemeinsam einen Kredit aufgenommen, von dem weiterhin 4.000 EUR offen sind. Am 23.9.2019 war M Eigentümer des bebauten Hausgrundstücks, das inzwischen einen ansehnlichen Wert von 650.000 EUR hatte. F besaß eine wertvolle Südseeperlenkette (Wert: 10.000 EUR), die ihr M in einem Anfall von Großmut Weihnachten 2018 geschenkt hatte. Der Wert ihres geerbten Wertpapierdepots war inzwischen auf 1.000 EUR gesunken. Immerhin ihre Schulden (nicht aber die ererbten Schulden) hatte F zwischenzeitlich abgebaut. Die Eigentumsverhältnisse am Barockschrank und am Sofa sind zwischen M und F streitig: F meint Miteigentümerin des Schranks und Alleineigentümerin des Sofas zu sein, M meint Alleineigentümer des Schranks und Miteigentümer des Sofas zu sein. Am 1.4.2020 gewann F 80.000 EUR im Lotto. Und auch für M wendete sich das Blatt: Sein Haus sank im Wert auf nur noch 450.000 EUR, weil es im März 2020 bei einem (nicht versicherten) Elementarschaden erheblich beschädigt wurde. 1

1. Wie sind die Eigentumsverhältnisse am Barockschrank und am Sofa?
2. F möchte wissen, ob sie von M Zugewinnausgleich fordern kann, und falls ja, in welcher Höhe. M ist der Ansicht, dass jedenfalls sein großzügiges Weihnachtsgeschenk 2018 von einer etwaigen Ausgleichsforderung abgezogen werden müsse.

Abwandlung: Unterstellt, F steht ein Zugewinnausgleichsanspruch zu. Ihre Eltern sind überhaupt nicht glücklich, ihrem nunmehr Ex-Schwiegersohn eine so hohe Zuwendung gemacht zu haben und möchten diese gerne zurückfordern.

3. Besteht ein Rückforderungsanspruch der Eltern? Welche Konsequenzen hätte dessen Geltendmachung für den Zugewinnausgleichsanspruch der F?

Bearbeitervermerk: Es ist zu unterstellen, dass sämtliche Werte um einen eventuellen Kaufkraftschwund bereinigt wurden. Außerdem ist zu unterstellen, dass sich die schwiegerelterliche Zuwendung bis zum Wertverlust des Hauses in voller Höhe in dessen Wert niederschlug, nach der Entwertung durch den Elementarschaden jedoch nur noch iHv 50.000 EUR.

Gliederung 2

- A. Eigentumsverhältnisse an Schrank und Sofa
  - I. Barockschrank
    - 1. Voraussetzungen des § 1568b II BGB
      - a) Haushaltsgegenstand
      - b) Während der Ehe für den gemeinsamen Haushalt angeschafft
      - c) Kein Feststehen des Alleineigentums
    - 2. Rechtsfolge
    - 3. Ergebnis
  - II. Antikes Sofa
    - 1. Eigentumserwerb durch F gem. § 929 S. 1 BGB
      - a) Rechtsgeschäftliche Einigung
      - b) Übrige Voraussetzungen
    - 2. Wirkung des § 1568 II BGB
    - 3. Ergebnis
- B. Zugewinnausgleichsanspruch der F gegen M aus § 1378 I BGB
  - I. Anwendbarkeit der §§ 1373 ff. BGB
  - II. Ausgleichsforderung der F
    - 1. Zugewinn der F
      - a) Anfangsvermögen der F
        - aa) Aktiva und Passiva
        - bb) Privilegierter Erwerb
          - (1) Erbschaft der K
          - (2) Erwerb des Sofas von K
          - (3) Lottogewinn
          - (4) Kette als Geschenk von M
        - cc) Zwischenergebnis
      - b) Endvermögen
      - c) Ermittlung des Zugewinns
    - 2. Zugewinn des M
      - a) Anfangsvermögen des M
        - aa) Aktiva und Passiva
        - bb) Privilegierter Erwerb
        - cc) Zwischenergebnis
      - b) Endvermögen gem. § 1375 I BGB
      - c) Ermittlung des Zugewinns
    - 3. Ausgleichsforderung gem. § 1378 I BGB
      - a) Berechnung der Ausgleichsforderung
      - b) Korrektur der Ausgleichsforderung
    - 4. Zwischenergebnis
  - III. Anspruch erloschen
    - 1. Anrechnung nach § 1380 BGB
      - a) Zuwendung durch den Ausgleichsverpflichteten
      - b) Anrechnungsbestimmung
      - c) Rechtsfolge
    - 2. Anspruch des M aus § 313 I BGB

a) Ehebedingte Zuwendung von Geld oder Sachleistungen durch den Ehegatten
b) (Teilweises) Entfallen der Geschäftsgrundlage
c) Unzumutbarkeit des Festhaltens an den geschaffenen Vermögenswerten
IV. Anspruch durchsetzbar
V. Ergebnis

Abwandlung
A. Rückforderungsanspruch der Eltern der F gegen M
I. Anspruch aus Darlehensvertrag
II. Anspruch aus § 531 II BGB iVm §§ 812 I 2 Alt. 1, 530 BGB
III. Anspruch aus § 313 I BGB
1. Anwendbarkeit des § 313 BGB
2. Anspruchsvoraussetzungen
a) Zuwendung unter einer zugrunde liegenden Erwartung
b) Wegfall der Geschäftsgrundlage
c) Unzumutbarkeit
3. Rechtsfolgen
4. Ergebnis
IV. Anspruch aus § 812 I 2 Alt. 2 BGB
1. Etwas erlangt durch Leistung der Gläubiger
2. Nichteintritt des mit der Leistung bezweckten Erfolgs
3. Rechtsfolgen
4. Ergebnis
B. Konsequenzen für den Zugewinnausgleichsanspruch der F

Lösung

A. Eigentumsverhältnisse an Schrank und Sofa

I. Barockschrank

3 Sowohl F als auch M könnten Eigentum an dem Barockschrank erworben haben. Eine Ehe im gesetzlichen Güterstand, wie sie mangels anderer Anhaltspunkte bestanden hat (§ 1363 I BGB), führt dabei nicht bereits kraft Gesetzes zur Begründung von Miteigentum beider Gatten an während der Ehe erworbenem Vermögen.[1] Vielmehr wird das, was der jeweilige Gatte während der Ehe erworben hat, grundsätzlich (nur) ihm zugeordnet (§ 1363 II 1 Hs. 2 BGB).

4 Laut Sachverhalt haben M und F den Barockschrank jedoch gemeinsam angeschafft, wobei der Kaufpreis vom Konto des M entnommen wurde. Ein alleiniger rechtsgeschäftlicher Erwerb durch nur einen Ehegatten kann daher nicht ohne Weiteres angenommen werden. Vielmehr kann zur Klärung der Eigentumsverhältnisse im Rahmen der Scheidung die Miteigentumsvermutung des § 1568b II BGB herangezogen werden, sofern die hierfür erforderlichen Voraussetzungen vorliegen.[2]

1 Vgl. BGH NJW 1991, 2283 f.; Jauernig/Budzikiewicz BGB §§ 1363, 1364 Rn. 5; MüKoBGB/Koch § 1363 Rn. 6.
2 Vgl. BGH NJW 1991, 2283 (2285); Johannsen/Henrich/Althammer/Dürbeck BGB § 1568b Rn. 1.

1. Voraussetzungen des § 1568b II BGB

a) Haushaltsgegenstand

Zunächst muss es sich beim umstrittenen Vermögensgrundstück um einen Haushaltsgegenstand handeln. Haushaltsgegenstände sind alle beweglichen Gegenstände, die nach den Lebensverhältnissen der Gatten für die Wohnung, den Haushalt und das familiäre Zusammenleben bestimmt sind und der gemeinsamen Lebensführung dienen.[3] 5

Bei dem Barockschrank handelt sich um einen beweglichen Gegenstand, der für das gemeinsame Wohnzimmer und familiäre Zusammenleben bestimmt ist. Auch Zweifel, dass er nicht der gemeinsamen Lebensführung, sondern der Wertanlage dienen würde, ergeben sich bei den Gesamtumständen nicht. Daher handelt es sich um einen Haushaltsgegenstand iSd § 1568b II BGB. 6

b) Während der Ehe für den gemeinsamen Haushalt angeschafft

Der Gegenstand muss während der Ehe für den gemeinsamen Haushalt angeschafft worden sein. Dies ist nach dem Sachverhalt der Fall. 7

c) Kein Feststehen des Alleineigentums

Zuletzt dürfte das Alleineigentum eines Ehegatten auch nicht feststehen, also außer Streit stehen bzw. sich aus der Beweiserhebung ergeben.[4] Problematisch ist v.a., dass der Kaufpreis ausschließlich vom Konto des M beglichen wurde. Da jedoch regelmäßig ein Erwerbswille vermutet wird, der auf gemeinschaftliches Eigentum gerichtet ist, genügt zur Begründung von Alleineigentum nicht bereits die Zahlung mit eigenen Mitteln.[5] 8

Die Stellung als Alleineigentümer kann der M daher nicht beweisen; Alleineigentum steht also nicht fest und die Voraussetzungen des § 1568b II BGB liegen vor. 9

2. Rechtsfolge

Liegen die Voraussetzungen des § 1568b II BGB vor, so wird gemeinsames Eigentum vermutet.[6] 10

3. Ergebnis

Sowohl M als auch F haben somit hälftiges Miteigentum am Barockschrank erworben. 11

3 Grüneberg/Götz BGB § 1568b Rn. 4; MüKoBGB/Wellenhofer § 1568b Rn. 5.
4 MüKoBGB/Wellenhofer § 1568b Rn. 31.
5 BGH NJW 1991, 2283 (2285); MAH FamR/Müller § 18 Rn. 29; MüKoBGB/Wellenhofer § 1568b Rn. 32.
6 BGH NJW 1991, 2283 (2285); MAH FamR/Müller § 18 Rn. 27; MüKoBGB/Wellenhofer § 1568b Rn. 26.

II. Antikes Sofa

1. Eigentumserwerb durch F gem. § 929 S. 1 BGB

12 F könnte gem. § 929 S. 1 BGB Eigentum von T erworben haben. Hierfür müssten zwischen F und T eine rechtsgeschäftliche Einigung über den Eigentumsübergang vorliegen, die Übergabe der Sache sowie die Verfügungsbefugnis der K.[7]

a) Rechtsgeschäftliche Einigung

13 Bei der Einigung zwischen F und K ist fraglich, inwieweit auch der M als Ehemann Partei der Einigung war. M könnte im Rahmen eines Geschäfts zur Deckung des Lebensbedarfs nach § 1357 BGB auch Bestandteil der Einigung sein.[8] Anerkanntermaßen hat § 1357 BGB keine unmittelbar dingliche Wirkung. Allerdings kann § 1357 BGB auch auf dinglicher Ebene Bedeutung erlangen – und zwar in Form einer gesetzlichen Vertretungsmacht –, vorausgesetzt, dass der handelnde Ehegatte (auch) als Vertreter des anderen Gatten handeln will, also (auch) in dessen Namen und mit Vertreterwillen auftritt (ausführlich zu diesem Problem vgl. bereits → Fall Nr. 5 Rn. 11 ff.). Gleichwohl kommt eine solche Lösung nur in Betracht, wenn der Wille der Parteien dies zulässt.[9] Sind sich die unmittelbar Handelnden einig, dass nur der eine Ehegatte Alleineigentum erwerben soll, tritt auch nur dieses ein.[10]

14 Vorliegend wollte K das Sofa ausdrücklich nur an F übereignen. F stimmte dieser Bedingung zu. Mithin haben sich beiden Parteien ausdrücklich darauf geeinigt, dass nur F Eigentum erwerben soll.

b) Übrige Voraussetzungen

15 Das Sofa wurde auch übergeben und an der Verfügungsbefugnis der K bestehen keine Zweifel. F hat folglich Alleineigentum an dem Sofa nach § 929 S. 1 BGB von T erworben.

2. Wirkung des § 1568 II BGB

16 Miteigentum des M kann durch die Wirkung der §§ 929 ff. BGB auch nicht durch § 1568b II BGB begründet werden.[11] Die Einigungserklärung der F und K ist eindeutig auf Alleineigentum ausgerichtet, insofern kann die Vermutung des § 1568b II BGB widerlegt werden.

3. Ergebnis

17 Das antike Sofa steht im Alleineigentum der F.

7 Vgl. Vieweg/Werner SachenR § 4 Rn. 5.
8 Vgl. die dingliche Wirkung des § 1357 BGB ablehnend BGH NJW 1991, 2283 (2284); MüKoBGB/Roth § 1357 Rn. 42.
9 MüKoBGB/Roth § 1357 Rn. 42.
10 BGH NJW 1991, 2283 (2284).
11 MüKoBGB/Wellenhofer § 1568b Rn. 32.

B. Zugewinnausgleichsanspruch der F gegen M aus § 1378 I BGB

F könnte gegen M einen Zugewinnausgleichsanspruch aus § 1378 I BGB haben. 18

I. Anwendbarkeit der §§ 1373 ff. BGB

Die §§ 1373 ff. BGB gelangen gem. § 1372 BGB zur Anwendung, wenn der gesetzliche Güterstand der Zugewinngemeinschaft auf andere Weise als durch den Tod eines Ehegatten beendet wird, was insbesondere bei einer Scheidung der Fall ist.[12] M und F waren verheiratet und lebten im gesetzlichen Güterstand. Ihre Ehe wurde am 11.6.2020 rechtskräftig geschieden, womit der Anwendungsbereich der §§ 1373 ff. BGB eröffnet ist. 19

II. Ausgleichsforderung der F

Eine Ausgleichsforderung gem. § 1378 I BGB besteht, wenn der Zugewinn des einen Ehegatten (hier: M) den Zugewinn des anderen (hier: F) übersteigt. Daher müssen zunächst die Zugewinne der beiden Ehegatten separat ermittelt werden.[13] 20

1. Zugewinn der F

Der Zugewinn eines jeden Gatten bemisst sich nach § 1373 BGB nach der Höhe, in der das Endvermögen das Anfangsvermögen übertrifft. 21

a) Anfangsvermögen der F

Das Anfangsvermögen ist grundsätzlich das Vermögen, das einem Ehegatten nach Abzug der Verbindlichkeiten beim Eintritt in den Güterstand gehört (§ 1374 I BGB). Stichtag für die Berechnung ist somit grundsätzlich der Tag der Eheschließung.[14] 22

aa) Aktiva und Passiva

Das Anfangsvermögen setzt sich aus den Aktiva und Passiva zusammen und kann ggf. auch negativ sein (§ 1374 III BGB). Laut Sachverhalt hatte F zum Zeitpunkt der Eheschließung Schulden iHv 15.000 EUR. Folglich bemisst sich das Anfangsvermögen grundsätzlich auf –15.000 EUR. 23

bb) Privilegierter Erwerb

Das Anfangsvermögen kann gem. § 1374 II BGB noch durch Erwerb verändert werden, den der Ehegatte aufgrund persönlicher Beziehungen nach Eintritt des Güterstands erzielt. 24

(1) Erbschaft der K

Ein privilegierter Erwerb ist nach § 1374 II BGB zum einen ein Erwerb von Todes wegen – v.a. aus Erbschaft –, wobei auch dieser Erwerb negativ sein kann.[15] Maßgeblich ist dabei der Erwerbszeitpunkt. Vorliegend hat F die Erbschaft angenommen, die 25

12 Vgl. Jauernig/Budzikiewicz BGB § 1372 Rn. 1.
13 Schwab FamR GdR Rn. 276.
14 MüKoBGB/Koch § 1374 Rn. 5.
15 MüKoBGB/Koch § 1374 Rn. 5; Johannsen/Henrich/Althammer/Kohlenberg BGB § 1374 Rn. 18.

zu diesem Zeitpunkt aus einem überzogenen Bankkonto iHv –10.000 EUR und einem Wertpapierdepot iHv 2.000 EUR bestand. Die Minderung des Wertpapierdepots im Laufe der Ehe ist, da es auf den Erwerbszeitpunkt ankommt, für die Bestimmung des Anfangsvermögens unerheblich. Mithin ist an dieser Stelle ein privilegierter Erwerb iHv –8.000 EUR zu verzeichnen.

(2) Erwerb des Sofas von K

26 Zudem hat F von T zu deren Lebzeiten ein Sofa im Wert von 1.000 EUR erworben. Dieser Erwerb könnte als Erwerb mit Rücksicht auf ein künftiges Erbrecht einen privilegierten Erwerb nach § 1374 II BGB darstellen. Ein solcher Erwerb entspricht inhaltlich einem Erwerb von Todes wegen, ist aber auf Lebzeiten des Erblassers vorgezogen.[16] Hätte F das Sofa nicht von T gekauft, wäre es bei ungehindertem Geschehensablauf später als Erbin an F gefallen. Dennoch kann ein Kaufvertrag, wenn also eine Gegenleistung vereinbart wird, nur einen Erwerb mit Rücksicht auf ein künftiges Erbrecht begründen, wenn besondere Anhaltpunkte hierfür sprechen.[17] Solche besonderen Anhaltspunkte ergeben sich aus dem Sachverhalt jedoch nicht, weswegen der Erwerb des Sofas nicht als privilegierter Erwerb zu werten ist.

(3) Lottogewinn

27 Ergänzend hat F noch vor rechtskräftiger Scheidung und somit vor Ende des Güterstands (§ 1564 S. 2 BGB) 80.000 EUR im Lotto gewonnen. Ein solcher Fall ist nicht ausdrücklich in § 1374 II BGB als ein Fall des privilegierten Erwerbs aufgelistet, dennoch könnte eine analoge Anwendung der Vorschrift in Betracht kommen. Hierfür spräche, dass der andere Gatte – wie in den in § 1374 II BGB aufgelisteten Konstellationen – nichts zum Erwerb beigesteuert hat.[18] Dennoch ist § 1374 II BGB als Ausnahmevorschrift eng auszulegen.[19] Im Fall des Lottogewinns fehlt eine besondere persönliche Beziehung zwischen Empfänger und Zuwender, die die ausdrücklich genannten Situationen ebenfalls kennzeichnet.[20] Daher ist eine analoge Anwendung abzulehnen und der Lottogewinn nicht als privilegierter Erwerb zu werten.

(4) Kette als Geschenk von M

28 Zuletzt hat F während der Ehe auch eine Kette im Wert von 10.000 EUR geschenkt bekommen. Nach dem Wortlaut des § 1374 II BGB gelten Schenkungen im Allgemeinen als privilegierter Erwerb und sind als solcher dem Anfangsvermögen zuzurechnen. Fraglich ist nun, ob dies auch für Geschenke der Ehegatten untereinander gilt.

29 Für die Lösung des Problems wird teilweise unterschieden, ob es sich um eine Schenkung oder eine ehebedingte (unbenannte) Zuwendung handelt.[21] Eine ehebedingte Zuwendung wird zur Verwirklichung der ehelichen Gemeinschaft gemacht; ihr fehlt die subjektive Freigiebigkeit, weil sich der Zuwender vorstellt, er werde am Zuge-

16 MüKoBGB/Koch § 1374 Rn. 26.

17 Grüneberg/Siede BGB § 1376 Rn. 14; nicht so einschränkend Soergel/Kappler/Kappler BGB § 1374 Rn. 31.

18 BGH NJW 1977, 377; 2013, 3645.

19 Vgl. BGH NJW 1977, 377; Stollenwerk FPR 2007, 179 (182).

20 BGH NJW 2013, 3645; OLG Düsseldorf BeckRS 2013, 10127.

21 Schwab FamR GdR Rn. 287.

wandten weiterhin im Rahmen der ehelichen Lebensgemeinschaft partizipieren.[22] Ehebedingte Zuwendungen fallen nicht unter § 1374 II BGB.[23]

Bei einer Einordnung als Schenkung nach den §§ 516 ff. BGB passt der Wortlaut durchaus.[24] Dennoch zeichnen sich die Fälle des § 1374 II BGB gerade dadurch aus, dass sie ohne Beitrag des anderen Gatten geschehen, was bei einer Schenkung durch diesen offenkundig gerade nicht der Fall ist.[25] Teilweise wird jedoch vertreten, dass der Ehegatte bei einem Erwerb, zu dem er (im Wege der Schenkung) beigetragen hat, durch § 1380 BGB geschützt wird und § 1374 II BGB daher zur Anwendung gelangen könnte.[26] Es erscheint allerdings widersprüchlich, den Erwerb erst durch § 1374 II BGB zu privilegieren, um ihn dann durch § 1380 BGB zu belasten.[27] Daher ist die Anwendung des § 1374 II BGB auf Schenkungen unter Ehegatten abzulehnen. 30

Im Ergebnis kann es daher dahinstehen, ob es sich bei dem Geschenk des M um eine Zuwendung oder eine Schenkung handelt, es handelt sich hierbei jedenfalls nicht um einen privilegierten Erwerb nach § 1374 II BGB.[28] 31

cc) Zwischenergebnis

F weist somit anfängliche Passiva iHv –15.000 EUR sowie einen privilegierten (negativen) Erwerb iHv –8.000 EUR auf. Das Anfangsvermögen der F beläuft sich in Summe folglich auf –23.000 EUR. 32

b) Endvermögen

Das Endvermögen ist gem. § 1375 I 1 BGB das Vermögen, das einem Ehegatten nach Abzug der Verbindlichkeiten bei der Beendigung des Güterstands gehört. Stichtag für die Berechnung ist daher grundsätzlich der Tag der Beendigung des Güterstands, was in diesem Fall der Tag der rechtskräftigen Scheidung wäre (§ 1564 S. 2 BGB). In § 1384 BGB wird jedoch festgesetzt, dass der Stichtag bei einer Scheidung der Tag der Rechtshängigkeit des Scheidungsantrags – in diesem Fall also der 23.9.2019 – ist. 33

Zu diesem Zeitpunkt ist F Miteigentümerin des Schranks im Wert von 10.000 EUR. Dieser ist jedoch ein Haushaltsgegenstand. Als solcher unterfällt er nicht dem Zugewinnausgleich, einschlägig ist vielmehr die Spezialbestimmung in § 1568b BGB.[29] 34

Durch die Minderung des Wertpapierdepots im Wert auf nur noch 1.000 EUR besteht aus der Erbschaft der K nunmehr eine Verbindlichkeit iHv –9.000 EUR. 35

Der gemeinsame Kredit von F und M iHv –4.000 EUR wird als Passivposten jeweils zur Hälfte eingestellt.[30] Es ergeben sich somit zusätzliche Verbindlichkeiten für F iHv –2.000 EUR. 36

---

22 BGH DNotZ 2000, 514 (519); Schwab FamR GdR Rn. 330; Jauernig/Budzikiewicz BGB § 1372 Rn. 4.
23 Vgl. Soergel/Kappler/Kappler BGB § 1374 Rn. 33.
24 Johannsen/Henrich/Althammer/Kohlenberg BGB § 1374 Rn. 27 (iErg aber ablehnend).
25 BGH DNotZ 1988, 171 (172); NJW 2011, 72 (73); Grünewald NJW 1988, 109 (110); Johannsen/Henrich/Althammer/Kohlenberg BGB § 1374 Rn. 27.
26 Jeep DNotZ 2011, 590 (599 f.).
27 BGH DNotZ 1988, 171 (173).
28 Vgl. als stRspr BGH NJW 2011, 72 (73).
29 Soergel/Kappler/Kappler BGB § 1375 Rn. 12; MüKoBGB/Koch § 1375 Rn. 13.
30 Vgl. die ausführlichere Herleitung MAH FamR/Biden/Cremer § 19 Rn. 355–357.

37 Als Aktivposten sind bei F noch die geschenkte Kette im Wert von 10.000 EUR sowie das erworbene Sofa im Wert von 1.000 EUR zu verzeichnen. Obwohl es sich auch beim Sofa um einen Haushaltsgegenstand handelt, unterfällt dieser nicht der Spezialbestimmung des § 1568b BGB, da er nicht im Miteigentum steht.

38 Sowohl die Aktiv- als auch die Passivposten belaufen sich somit auf 11.000 EUR. Das Endvermögen beträgt damit 0 EUR.

c) Ermittlung des Zugewinns

39 Der Zugewinn ist ausweislich des § 1373 BGB der Betrag, um den das Endvermögen eines Ehegatten das Anfangsvermögen dieses Ehegatten übersteigt. Das Endvermögen der F iHv 0 EUR übersteigt das Anfangsvermögen iHv –23.000 EUR um +23.000 EUR. Der Zugewinn der F im maßgeblichen Zeitraum beträgt daher 23.000 EUR.

2. Zugewinn des M

40 In einem zweiten Schritt ist nun der Zugewinn des M zu berechnen, der sich wiederum aus der Differenz von End- und Anfangsvermögen ergibt, vgl. § 1373 BGB.

a) Anfangsvermögen des M

aa) Aktiva und Passiva

41 Zum maßgeblichen Zeitpunkt der Eheschließung verfügte M über ein Sparkonto mit 20.000 EUR und ein Grundstück im Wert von 150.000 EUR. Das Anfangsvermögen beläuft sich somit auf 170.000 EUR.

bb) Privilegierter Erwerb

42 Dazu könnte noch privilegierter Erwerb gem. § 1374 II BGB treten. In Betracht kommt hier die Überweisung von 150.000 EUR der Schwiegereltern auf das Konto des M. Damit allerdings diese Zuwendung unter § 1374 II BGB fällt, müsste es sich um eine Schenkung handeln.

43 Auch wenn eine solche Bedenkung durch die Schwiegereltern eine objektiv unentgeltliche Leistung ist, nahm der BGH zunächst an, dass es sich, da die Zuwendung aus Fürsorge für das eigene Kind erfolgte, um eine mit einer ehebedingten Zuwendung vergleichbare Situation handele, die nicht dem § 1374 II BGB unterfalle, insbesondere auch, da eine Einigung über die Unentgeltlichkeit fehle.[31]

44 Diese Ansicht hat der BGH jedoch aufgegeben, da alle Voraussetzungen des § 516 I BGB erfüllt sind.[32] An einer Einigung über die Unentgeltlichkeit fehlt es – auch wenn die Schenkung um des eigenen Kindes Willen erfolgt und daher auf die Dauer der Ehe gerichtet ist – insbesondere nicht, weil eine Schenkung auch unter Auflagen erfolgen kann.[33] Ebenso wenig fehlt es an der dauerhaften Vermögensminderung beim Schenker, da die Schwiegereltern – im Gegensatz zum Ehegatten bei einer Schenkung durch diesen – nicht mehr am Vermögenswert partizipieren können.[34]

31 BGH DNotZ 1995, 337 (338).
32 BGH NJW 2010, 2202 (2203); Grüneberg/Siede BGB § 1376 Rn. 15; Soergel/Kappler/Kappler BGB § 1374 Rn. 34.
33 BGH NJW 2010, 2202 (2203); iErg zustimmend: Schmitz NJW 2010, 2202 (2207).
34 BGH NJW 2010, 2884; 2010, 2202 (2203); Soergel/Kappler/Kappler BGB § 1374 Rn. 34.

Die Überweisung von 150.000 EUR an M stellt somit eine Schenkung iSd §§ 516 ff. BGB dar und ist als privilegierter Erwerb nach § 1374 II BGB dem Anfangsvermögen hinzuzurechnen. 45

cc) Zwischenergebnis

Durch Addition der Aktiva iHv 170.000 EUR und des privilegierten Erwerbs iHv 150.000 EUR ergibt sich für M ein Anfangsvermögen iHv 320.000 EUR. 46

b) Endvermögen gem. § 1375 I BGB

Das Endvermögen setzt sich gem. § 1375 I BGB zusammen aus dem Wert des Grundstücks zum Zeitpunkt der Rechtshängigkeit des Scheidungsantrags (§ 1384 BGB) iHv 650.000 EUR sowie der Hälfte des noch offenen Kredits iHv –2.000 EUR. Der Schrank, der ebenso im Miteigentum des M steht, ist auch an dieser Stelle als gemeinsamer Haushaltsgegenstand nicht in die Berechnungen einzubeziehen. Somit beträgt das Endvermögen des M 650.000 EUR – 2.000 EUR = 648.000 EUR. 47

c) Ermittlung des Zugewinns

Der Zugewinn des M beträgt daher 648.000 EUR – 320.000 EUR = 328.000 EUR. 48

3. Ausgleichsforderung gem. § 1378 I BGB

a) Berechnung der Ausgleichsforderung

Die Ausgleichsforderung entsteht bei dem Ehegatten, der den geringeren Zugewinn erwirtschaftet hat, in der Hälfte der Höhe des Überschusses.[35] 49

Vorliegend hat F einen Zugewinn iHv 23.000 EUR erwirtschaftet und M einen Zugewinn iHv 328.000 EUR. Der Überschuss beträgt damit 305.000 EUR zulasten der F. F steht daher dem Grunde nach eine Ausgleichsforderung iHv ½ × 305.000 EUR = 152.500 EUR zu. 50

b) Korrektur der Ausgleichsforderung

Nach der Rechtshangigkeit des Scheidungsantrags am 23.9.2019, dem maßgeblichen Datum für die Berechnung des Endvermögens (vgl. § 1384 BGB), verlor jedoch das Grundstück des M unverschuldet 200.000 EUR an Wert. Fraglich ist, ob sich dies noch auf die Ausgleichsforderung auswirkt. 51

Teilweise wird vertreten, dass an dieser Stelle § 1384 BGB dahingehend teleologisch zu reduzieren sei, dass für die Berechnung in Fällen der unverschuldeten Vermögensminderung doch der Zeitpunkt der rechtskräftigen Scheidung (vgl. § 1375 I 1 BGB) herangezogen werden müsse, da das allgemeine Risiko des Vermögensverfalls nicht einem Ehegatten aufgebürdet werden könne.[36] 52

Dagegen spricht nun aber der eindeutige Wortlaut des § 1384 BGB.[37] Nun liegt es jedoch in der Natur der teleologischen Reduktion, die Grenzen des Wortlauts einer 53

35 MüKoBGB/Koch § 1378 Rn. 3 f.; Grüneberg/Siede BGB § 1378 Rn. 7; Schwab FamR GdR Rn. 297.

36 Vgl. MüKoBGB/Koch § 1384 Rn. 5.

37 BGH NJW 2012, 2657 (2659); Brudermüller NJW 2010, 401 (404); Johannsen/Henrich/Althammer/Kohlenberg BGB § 1378 Rn. 6.

Norm mit Blick auf die gesetzgeberische Intention zu korrigieren.[38] Die gesetzgeberische Intention liegt zuvörderst in der Vermeidung von Manipulationen.[39] Hieraus ergibt sich also kein Zwang zur Reduktion. Zudem kann im Rahmen des Zugewinnausgleichs nicht nur der Verpflichtete durch § 1384 BGB, sondern auch der Berechtigte durch § 1378 II BGB benachteiligt werden.[40] Ebenso widerspräche eine Beurteilung des Verschuldens hinsichtlich des Wertverlusts im Einzelfall dem Charakter des § 1384 BGB als starrer Vorschrift.[41] Somit gebietet weder der gesetzgeberische Wille noch der Charakter der Norm eine teleologische Reduktion, die daher abzulehnen ist. Der Ausgleichsanspruch der F gegen M muss mithin nicht korrigiert werden.

4. Zwischenergebnis

54 Mit Beendigung des Güterstands durch die rechtskräftige Scheidung am 11.6.2020 ist gem. § 1378 III 1 BGB ein Ausgleichsanspruch der F gegen M aus § 1378 I BGB iHv 152.500 EUR entstanden.

III. Anspruch erloschen

1. Anrechnung nach § 1380 BGB

55 Der Ausgleichsanspruch der F könnte nach § 1380 BGB zumindest teilweise erloschen sein.

a) Zuwendung durch den Ausgleichsverpflichteten

56 Eine Anrechnung nach § 1380 BGB setzt grundlegend eine freiwillige, unentgeltliche Zuwendung des Ausgleichsverpflichteten an den Ausgleichsberechtigten als Rechtsgeschäft unter Lebenden voraus.[42] Solche Zuwendungen stellen Geschenke, aber auch ehebedingte Zuwendungen dar, die zwar subjektiv, nicht aber objektiv unfreigiebig erfolgen.[43]

57 Vorliegend hat der M als Ausgleichsverpflichteter der F als Ausgleichsberechtigter eine solche unentgeltliche Zuwendung gemacht, ohne dass es darauf ankäme, ob diese als Schenkung oder als ehebedingte Zuwendung anzusehen ist.

b) Anrechnungsbestimmung

58 Ferner erforderlich ist nach § 1380 I 1 BGB, dass die Zuwendung mit der Bestimmung, dass sie auf die Ausgleichsforderung angerechnet werden soll, versehen wurde. Eine solche Bestimmung ist anzunehmen, wenn die Zuwendung den Wert von Gelegenheitsgeschenken übersteigt, § 1380 I 2 BGB. Maßgeblich ist dabei allein der Wert der Zuwendung.[44]

38 Fischinger NJW 2012, 3611 (3612).
39 Brudermüller NJW 2010, 401 (403).
40 BGH NJW 2012, 2657 (2659); Brudermüller NJW 2010, 401 (404).
41 Fischinger NJW 2012, 3611 (3612); Soergel/Kappler/Kappler BGB § 1384 Rn. 5.
42 Schwab FamR GdR Rn. 301; Johannsen/Henrich/Althammer/Kohlenberg BGB § 1380 Rn. 5.
43 Johannsen/Henrich/Althammer/Kohlenberg BGB § 1380 Rn. 6; MüKoBGB/Koch § 1380 Rn. 9.
44 MüKoBGB/Koch § 1380 Rn. 14.

Die Zuwendung des M ist wertmäßig mit 10.000 EUR angesetzt. Eine derartige Zuwendung ist kein Gelegenheitsgeschenk. Daher ist eine Anrechnungsbestimmung nach § 1380 I 2 BGB anzunehmen, auch wenn eine solche Bestimmung nicht ausdrücklich erwähnt wird. 59

c) Rechtsfolge

Als Rechtsfolge wird nun der Wert der Zuwendung dem Zugewinn des zuwendenden Ehegatten bei der Berechnung der Ausgleichsforderung hinzugerechnet, § 1380 II 1 BGB. Als Konsequenz muss zudem der Wert der Zuwendung vom Endvermögen des anderen Ehegatten abgezogen werden, da er sich nicht in beiden Endvermögen befinden kann.[45] Vom sich dann ergebenden Ausgleichsbetrag wird der Wert der Zuwendung wiederum abgezogen, § 1380 I 1 BGB. 60

Hieraus folgt, dass der Zugewinn des M sich um 10.000 EUR auf 338.000 EUR erhöht, der der F mindert sich hingegen um 10.000 EUR auf 13.000 EUR. Daraus ergibt sich ein ausgleichspflichtiger Betrag iHv (338.000 EUR – 13.000 EUR) × ½ = 162.500 EUR, von dem nunmehr die 10.000 EUR abzuziehen sind. Es ergibt sich wiederum eine Ausgleichsforderung iHv 152.500 EUR. 61

Auch nach einer Anrechnung nach § 1380 I 1 BGB besteht die Ausgleichsforderung der F somit in gleicher Höhe fort. 62

Hinweis: Auswirkungen hat § 1380 BGB aber auf die Ausgleichsforderung, wenn sich die Zuwendung nicht mehr voll im Endvermögen des Ausgleichspflichtigen befindet, etwa weil dieser über seine Verhältnisse gelebt hat. 63

2. Anspruch des M aus § 313 I BGB

Der Anspruch der F könnte aber – zumindest teilweise – durch Aufrechnung des M gem. §§ 387 ff. BGB mit dem Ausgleichsanspruch erloschen sein, wenn M eine Forderung aus § 313 BGB in Form eines Ausgleichsanspruchs für ehebedingte Zuwendungen hat. 64

a) Ehebedingte Zuwendung von Geld oder Sachleistungen durch den Ehegatten

Für einen Anspruch aus § 313 I BGB müsste die F von M als Ehegatten eine ehebedingte Zuwendung erhalten haben[46] oder es müsste eine Schenkung vorliegen.[47] 65

M hat der F eine Perlenkette in einem Anfall von Großmut geschenkt. Die genaue Klassifikation als Schenkung oder ehebedingte Zuwendung kann dahinstehen, da § 313 I BGB sowohl auf Schenkungen als auch auf unbenannte Zuwendungen Anwendung findet.[48] 66

b) (Teilweises) Entfallen der Geschäftsgrundlage

Eine Scheidung der Ehe kann ein Wegfallen der Geschäftsgrundlage für Zuwendungen unter Ehegatten bedeuten.[49] Die Geschäftsgrundlage liegt nämlich gerade im Ver- 67

45 BGH NJW 1982, 1093 (1094).
46 Vgl. Schwab FamR GdR Rn. 332.
47 Zur Anwendbarkeit des § 313 BGB bei Schenkung MüKoBGB/Finkenhauer § 313 Rn. 47.
48 Grüneberg/Grüneberg BGB § 313 Rn. 50.
49 BGH NJW 1997, 2747.

trauen auf den Fortbestand der Ehe.[50] In Anbetracht des Wertes der Zuwendung des M dürfte sein Vertrauen besonders ausgeprägt gewesen sein.

c) Unzumutbarkeit des Festhaltens an den geschaffenen Vermögenswerten

68 Zu berücksichtigen ist vorliegend, dass güterrechtliche Bestimmungen wie der Zugewinnausgleich eingreifen, die grundsätzlich zu sachgerechten Ergebnissen führen, sodass es keines Rückgriffs mehr auf die Regelung des § 313 I BGB bedarf.[51] Die Zuwendung wurde bereits im Zugewinnausgleich berücksichtigt, da sie das Endvermögen der F gemehrt und das Endvermögen des M entsprechend gemindert hat. Mithin besteht auch keine Aufrechnungslage.

IV. Anspruch durchsetzbar

69 In Betracht kommt ein Leistungsverweigerungsrecht des M aus § 1381 I BGB wegen des unverschuldeten Wertverlusts an seinem Grundstück. Dies setzt jedoch grobe Unbilligkeit des sonst erzielten Ergebnisses voraus, also eine Ausnahmesituation, die das Gerechtigkeitsempfinden unerträglich stört.[52] In Anbetracht der im Zugewinnausgleich zu berücksichtigenden Summe und insbesondere des Werts des Grundstücks wird das Gerechtigkeitsempfinden jedoch hier nicht unerträglich gestört. Die Existenz des M ist nicht bedroht. Daher steht dem M kein Leistungsverweigerungsrecht aus § 1381 I BGB zu.

V. Ergebnis

70 F hat gegen M aus § 1378 I BGB einen Zugewinnausgleichsanspruch iHv 152.500 EUR.

Abwandlung

A. Rückforderungsanspruch der Eltern der F gegen M

I. Anspruch aus Darlehensvertrag

71 Ein Anspruch der Eltern aus Darlehensvertrag kommt nicht in Betracht, da die Überweisung in dem Wissen erfolgte, dass sie dauerhaft bei M und F verbleiben sollte. Eine Rückzahlung war nicht beabsichtigt.

II. Anspruch aus § 531 II BGB iVm §§ 812 I 2 Alt. 1, 530 BGB

72 Die Überweisung der Eltern der F an M stellt aber eine Schenkung iSd §§ 516 ff. BGB dar. In Betracht kommt daher ein Anspruch aus § 812 I 2 Alt. 1 BGB, wenn die Schenkung nach § 530 BGB widerrufen wurde und damit der Rechtsgrund entfallen ist, vgl. § 531 II BGB.[53]

---

50 BGH FamRZ 1999, 1580.
51 BGH NJW 1982, 1093 (1094); Schwab FamR GdR Rn. 351; krit. Soergel/Lipp BGB § 1356 Rn. 51.
52 MüKoBGB/Koch § 1381 Rn. 11.
53 Looschelders SchuldR BT § 18 Rn. 22.

Dies setzt jedoch voraus, dass der Beschenkte M sich durch eine schwere Verfehlung gegen den Schenker oder einen nahen Angehörigen des Schenkers groben Undanks schuldig gemacht hat, § 530 I BGB. Fraglich ist, ob die Scheidung bereits einen solchen groben Undank begründet. Der Schenker kann erwarten, dass der Dank auch in wohlwollendem Verhalten gegenüber dem Kind des Schenkers zum Ausdruck kommt.[54] Allerdings genügt die bloße Scheidung ohne weiteres Fehlverhalten nicht.[55] Vorliegend ist aber kein besonderes Fehlverhalten des M erkennbar. Damit liegen die Voraussetzungen zum Widerruf nicht vor. 73

III. Anspruch aus § 313 I BGB

1. Anwendbarkeit des § 313 BGB

Die Überweisung der Schwiegereltern stellt eine Schenkung iSd §§ 516 ff. BGB dar.[56] 74
Auch auf eine Schenkung durch Schwiegereltern ist die Vorschrift des § 313 BGB allerdings anwendbar und wird nicht durch die Spezialvorschriften über den Schenkungswiderruf verdrängt, wenn der Wille der Schwiegereltern, die Ehe des Kindes zu fördern, als Grundlage erkennbar ist.[57] Vorliegend wollten die Schwiegereltern gerade das „Familienglück" unterstützen; § 313 I BGB ist anwendbar.

2. Anspruchsvoraussetzungen

a) Zuwendung unter einer zugrunde liegenden Erwartung

Die Eltern der F haben dem M 150.000 EUR in der Erwartung zugewandt, dass die 75
Ehe mit der F weiterhin lange Bestand haben werde und sie durch die Unterstützung des Hausbaus das Glück der Tochter auf Dauer unterstützen würden.

b) Wegfall der Geschäftsgrundlage

Mit der Scheidung unter Berücksichtigung der Alleineigentümerstellung des M ist 76
diese Geschäftsgrundlage – insbesondere die Unterstützung der Tochter – weggefallen.

c) Unzumutbarkeit

Der Wegfall der Geschäftsgrundlage müsste sodann zu einem unzumutbaren Ergeb- 77
nis führen, das mit Recht und Gerechtigkeit nicht vereinbar ist.[58]

Dies wurde von der Rechtsprechung früher abgelehnt. Diese Haltung beruhte aller- 78
dings noch auf der Einordnung der schwiegerelterlichen Zuwendung als ehebedingte Zuwendung. Denn unter dieser Prämisse wirkte sich die Zuwendung im Zugewinnausgleich aus (sie wurde nicht über die Anwendung von § 1374 II BGB neutralisiert), sodass an ihr auch das Kind der Schwiegereltern zumindest teilweise partizipierte.[59]

54 BGH NJW 1999, 1623 (1624).
55 OLG Oldenburg MittBayNot 1995, 138; OLG Düsseldorf NJW-Spezial 2005, 59 (60); allg. BGH NJW 1999, 1623; BeckOK BGB/Scheller § 1372 Rn. 32.
56 Nochmals bestätigend BGH NJW 2019, 2884.
57 BGH NJW 2010, 2884 f.; 2012, 523 (524).
58 Grüneberg/Grüneberg BGB § 313 Rn. 53.
59 OLG Brandenburg NJW-RR 2009, 1444 (1445 f.).

79 Diese Ansicht wird vom BGH jetzt zu Recht zurückgewiesen. Da bei einer Einordnung der Zuwendung als Schenkung diese sowohl im Anfangs- als auch im Endvermögen anzusetzen ist, bleibt sie beim Zugewinnausgleich unberücksichtigt und käme vielmehr ganz dem beschenkten Schwiegerkind zugute.[60]

80 Hier ist die Höhe der Zuwendung an M derart groß, dass ein Festhalten an der Situation, in der das eigene Kind nicht an der Zuwendung partizipiert, den Eltern unzumutbar ist.

3. Rechtsfolgen

81 Die Höhe des Rückforderungsanspruchs bemisst sich nach den Umständen des Einzelfalls, die Höhe des Anspruchs ist jedoch begrenzt durch die noch vorhandene Vermögensmehrung.[61] Entsprechend schlägt sich die Zuwendung nach dem Wertverlust des Hauses nur noch mit 50.000 EUR nieder. Der Anspruch ist daher auf 50.000 EUR beschränkt. In Anbetracht der kurzen Ehedauer und der damit verbundenen nur kurzen Zeit, in der die F das Ergebnis der Zuwendung – das Haus – noch benutzen konnte, kommt aber eine weitere Minderung des Anspruchs nicht in Betracht *(aA vertretbar)*. Der Anspruch der Schwiegereltern besteht daher in einer Höhe von 50.000 EUR.

4. Ergebnis

82 Die Eltern haben gegen M einen Rückforderungsanspruch aus § 313 I BGB iHv 50.000 EUR.

IV. Anspruch aus § 812 I 2 Alt. 2 BGB

83 Ferner in Betracht kommt ein Anspruch der Eltern gegen M aus § 812 I 2 Alt. 2 BGB auf Rückzahlung.[62]

1. Etwas erlangt durch Leistung der Gläubiger

84 M hat von seinen Schwiegereltern eine Zuwendung iHv 150.000 EUR erhalten.

2. Nichteintritt des mit der Leistung bezweckten Erfolgs

85 Ausweislich des Wortlauts des § 812 I 2 Alt. 2 BGB darf der mit der Leistung bezweckte Erfolg nicht eingetreten sein. Laut Sachverhalt wollten die Eltern den Hausbau unterstützen und damit auch das Familienglück der eigenen Tochter. Eine konkrete Zweckvereinbarung zwischen den Eltern und M liegt also vor. Der Hausbau wurde mit der Zuwendung abgeschlossen und somit das primäre, vordergründige Ziel erreicht. Eine Zweckvereinbarung kann aber weitergehend in der Förderung des Wohls des eigenen Kindes liegen und daher ein Nichteintritt des Zwecks auch dann vorliegen, wenn das eigene Kind nicht auf Dauer am Vermögenswert partizipieren kann.[63] Dies ist vorliegend der Fall. Die Voraussetzungen des § 812 I 2 Alt. 2 BGB sind daher erfüllt.

60 BGH NJW 2010, 2884 (2885).
61 BGH NJW 2012, 523 (525).
62 Vgl. allg. BGH NJW 2012, 523 (525).
63 BGH NJW 2010, 2884 (2886).

3. Rechtsfolgen

Gem. § 818 I BGB muss M das Erlangte herausgeben bzw. gem. § 818 II BGB Wertersatz leisten. Dies wird allerdings durch § 818 III BGB begrenzt, soweit der Empfänger nicht mehr bereichert ist. Durch den Wertverlust hat sich die Zuwendung mittlerweile nur noch in einer Höhe von 50.000 EUR im Vermögen des M niedergeschlagen. M hat daher auch nur iHv 50.000 EUR Wertersatz zu leisten. 86

4. Ergebnis

Auch aus § 812 I 2 Alt. 2 BGB haben die Eltern einen Rückzahlungsanspruch iHv 50.000 EUR. 87

B. Konsequenzen für den Zugewinnausgleichsanspruch der F

Eine Geltendmachung des Rückzahlungsanspruchs würde im Rahmen des Zugewinnausgleichs zwischen M und F bedeuten, dass die Forderung der Eltern sowohl im Anfangsvermögen als auch im Endvermögen des M als Passiva anzusetzen wäre und sein Zugewinn damit unverändert bliebe.[64] Die Geltendmachung wirkt sich daher nicht auf den Zugewinnausgleichsanspruch der F aus. 88

64 BGH NJW 2010, 2884 (2885); mit dogmatischen Bedenken iErg zustimmend Wellenhofer LMK 2010, 304950.

§ 16 Fälle zur Scheidung und zum Scheidungsfolgenrecht

Fall Nr. 9 – Ehe mit Affäre

Schwerpunkte: *Scheidungsvoraussetzungen; Getrenntleben innerhalb der Ehewohnung; Unterhaltsanspruch des betreuenden Ehegatten; Wirksamkeit eines Ehevertrags; Anfechtung der Vaterschaft kraft Ehe; § 1599 II BGB*

1 Martin (M) und Franzi (F) haben Anfang 2015 geheiratet. Seit Ende 2018 unterhält F eine offene Beziehung zu Ludwig (L). Am 1.2.2019 zieht F aus dem gemeinsamen Schlafzimmer aus und in das Gästezimmer. Auch tagsüber versucht sie, M so wenig wie möglich über den Weg zu laufen. Mahlzeiten und Freizeitaktivitäten teilt sie nicht mehr mit M, sondern mit L. Allerdings wird zur Kostenersparnis und Umweltschonung das schmutzige Geschirr weiterhin in der gleichen (der einzigen in der Wohnung verfügbaren) Geschirrspülmaschine gewaschen. In der Adventszeit 2019 nähert sich F dem M wieder an. Sie zieht wieder ins Schlafzimmer ein. Allerdings gibt es bereits an Weihnachten einen großen Streit. Daraufhin hat F endgültig von ihrer Ehe die Nase voll. Sie zieht aus der gemeinsamen Wohnung aus und bei L ein. Am 1.2.2020 reicht sie den Scheidungsantrag beim zuständigen Familiengericht ein. M ist allerdings nicht bereit, so schnell seine Ehe aufzugeben. F dagegen ist der Ansicht, die Scheidungsvoraussetzungen lägen vor. Da sie inzwischen ein Kind erwartet, von dem sie annimmt, dass es von L stammt, will sie schnellstmöglich die Scheidung erreichen. Ein längeres Festhalten an der Ehe mit M sei ihr unter diesen Umständen nicht zumutbar.

Frage 1: Liegen die Scheidungsvoraussetzungen am 1.2.2020 vor?

Die Ehe von M und F wird schließlich durch Beschluss des Familiengerichts vom 1.8.2020 geschieden, der den Beteiligten am 10.8. schriftlich bekannt gegeben wird. Am 15.8.2020 bringt F die Tochter Tina (T) zur Welt. Sie möchte sich jetzt ganz der Kindererziehung widmen und ihre Arbeit zu diesem Zweck für die ersten beiden Lebensjahre der T einstellen. Während der Ehe hat F (als Grafikdesignerin) ein bereinigtes Nettoeinkommen von 6.000 EUR und M (als Schönheitschirurg) von 15.000 EUR monatlich verdient. F möchte wissen, ob sie von M Unterhalt fordern kann und, falls ja, in welcher Höhe. Schließlich komme auch er wegen des Versöhnungsversuchs im Advent 2019 als biologischer Vater der T infrage. M ist der Meinung, er müsse keinesfalls Unterhalt zahlen. Zum einen könne F ihren Beruf nicht einfach an den Nagel hängen. Schließlich stünden für die Betreuung der T auch ein Kita-Platz oder die Eltern der F zur Verfügung. Außerdem lebe F mit L in einer festen Lebensgemeinschaft. Wenn, dann solle L der F Unterhalt zahlen, da dieser wohl auch der „echte" Vater der T sei. Außerdem hätte er (M) wegen der großen Einkommensdifferenz und weil auch keine Kinder geplant waren schon vor der Eheschließung einen notariell beurkundeten Ehevertrag mit F geschlossen, indem sie wechselseitig auf Zugewinn-, Versorgungsausgleichs- sowie jegliche nacheheliche Unterhaltsansprüche verzichteten. Daran müsse sich F festhalten lassen. Es sei jedenfalls unbillig, wenn F weiterhin an seinem hohen Einkommen partizipiere, obwohl sie nur „ganz kurz" verheiratet waren.

Frage 2: Besteht ein Unterhaltsanspruch der F gegen M und falls ja in welcher Höhe?

Frage 3: Angenommen, es besteht ein Unterhaltsanspruch der F gegen M dem Grunde nach. Welche Möglichkeiten hat M, der sich sicher ist, nicht der biologische Vater der T zu sein, um diesen Anspruch zu Fall zu bringen?

Gliederung 2

Frage 1: Scheidungsvoraussetzungen

A. Vorliegen der Scheidungsvoraussetzungen am 1.2.2020
   I. Antrag eines oder beider Gatten beim zuständigen Familiengericht (§ 124 FamFG)
   II. Bestehende Ehe
   III. Scheitern der Ehe, § 1565 I 1 BGB
      1. Vermutung des § 1566 I BGB
      2. Vermutung des § 1566 II BGB
      3. Materielle Prüfung, § 1565 I 2 BGB
         a) Unzumutbare Härte
         b) Einjähriges Getrenntleben
   IV. Kein Eingreifen von Kinderschutz- oder sonstigen Härtegründen nach § 1568 BGB
B. Ergebnis

Frage 2: Unterhaltsanspruch

A. Unterhaltsanspruch der F gegen M
   I. Scheidung der Ehe
   II. Unterhaltstatbestand nach §§ 1570–1576 BGB
   III. Unterhaltsmaß, § 1578 BGB
   IV. Bedürftigkeit, § 1577 BGB
   V. Leistungsfähigkeit, § 1581 BGB
   VI. Befristung, § 1578b BGB
   VII. Beschränkung oder Versagung, § 1579 BGB
   VIII. Einfluss des Ehevertrags
      1. Form
      2. Wirksamkeitskontrolle, § 138 BGB
      3. Ausübungskontrolle, § 242 BGB
      4. Zwischenergebnis
   IX. Ergebnis

Frage 3: Verteidigungsmöglichkeiten

A. Vaterschaftsanfechtung
   I. Antrag beim Familiengericht, § 171 FamFG
   II. Anfechtungsberechtigung, § 1600 I BGB
   III. Höchstpersönliche Anfechtung, § 1600a II BGB
   IV. Anfechtungsfrist, § 1600b BGB
   V. Kein Ausschluss der Anfechtung nach § 1600 IV BGB
B. Verzichtbarkeit der Vaterschaftsanfechtung im Fall des § 1599 II BGB
   I. Vaterschaft des Ehemanns der Mutter nach § 1592 Nr. 1 BGB
   II. Geburt des Kindes nach Anhängigkeit des Scheidungsantrags
   III. Wirksame Anerkennung der Vaterschaft durch Dritten innerhalb Jahresfrist

Lösung

Frage 1: Scheidungsvoraussetzungen

A. Vorliegen der Scheidungsvoraussetzungen am 1.2.2020

I. Antrag eines oder beider Gatten beim zuständigen Familiengericht (§ 124 FamFG)

3 F hat einen Scheidungsantrag beim zuständigen Familiengericht eingereicht. Mangels gegenteiliger Angaben kann davon ausgegangen werden, dass sie anwaltlich vertreten wird und alle formalen Anforderungen erfüllt sind (§§ 114 I, 124 S. 1 FamFG).

II. Bestehende Ehe

4 Zwischen M und F besteht seit 2015 eine Ehe.

III. Scheitern der Ehe, § 1565 I 1 BGB

5 Einziger Scheidungsgrund ist das Scheitern der Ehe, § 1565 I 1 BGB. Um ein Eindringen in die Intimsphäre der Ehegatten möglichst zu vermeiden, kann allerdings auf eine materielle Scheiternsprüfung gem. § 1565 I 1 BGB verzichtet werden, falls eine Scheiternsvermutung aus § 1566 BGB greift.[1]

1. Vermutung des § 1566 I BGB

6 Das Scheitern wird gem. § 1566 I BGB unwiderleglich vermutet, wenn die Ehegatten seit einem Jahr getrennt leben und beide die Scheidung beantragen oder der Antragsgegner der Scheidung zustimmt. Vorliegend hat F die Scheidung jedoch allein ohne die Zustimmung des M eingereicht.

2. Vermutung des § 1566 II BGB

7 Das Scheitern wird auch dann unwiderleglich vermutet, wenn zwar kein Einverständnis des anderen Teils vorliegt, die Gatten aber seit 3 Jahren getrennt leben. Hier fehlt es allerdings bislang an der erforderlichen Getrenntlebensfrist. Auch die Vermutung des § 1566 II BGB greift demnach nicht ein.

3. Materielle Prüfung, § 1565 I 2 BGB

8 Folglich muss eine materielle Zerrüttungsprüfung nach § 1565 I 2 BGB vorgenommen werden.

9 Die Ehe ist nach § 1565 I 2 BGB gescheitert, wenn die Lebensgemeinschaft der Ehegatten nicht mehr besteht und nicht erwartet werden kann, dass die Ehegatten sie wiederherstellen.

1 Schwab FamR GdR Rn. 376.

Seit dem 1.2.2019 schlief F nicht mehr im gemeinsamen Schlafzimmer und versuchte, dem M möglichst wenig über den Weg zu laufen. Die räumliche Trennung kann allerdings nur als Indiz für das Scheitern der Ehe gewertet werden.[2] Entscheidend ist, dass die wechselseitige innere Bindung nicht mehr besteht.[3] F unterhält seit Ende 2018 eine offene Beziehung, hat also die Ehe mit M gebrochen und geht davon aus, ein Kind von L zu erwarten. Anfang 2020 zog sie außerdem aus der gemeinsamen Wohnung aus, um ein gemeinsames Leben mit L zu verwirklichen. Sie hat sich demnach vollständig von ihrer Ehe abgewandt, sodass auch eine Wiederherstellung nicht zu erwarten ist. Die Ehe ist damit gescheitert. 10

Trotz Scheiterns der Ehe kann eine Scheidung aus dem Grundtatbestand nur begehrt werden, wenn die Ehegatten mindestens ein Jahr getrennt leben oder die Fortsetzung der Ehe für den Antragsteller aus Gründen, die in der Person des anderen Ehegatten liegen, eine unzumutbare Härte darstellen würde, vgl. § 1565 II BGB. 11

a) Unzumutbare Härte

Auf den Ablauf des Trennungsjahrs kommt es nicht an, wenn die Fortsetzung der Ehe für F wegen ihrer Schwangerschaft eine unzumutbare Härte darstellen würde, § 1565 II BGB. Dabei muss sich die Unzumutbarkeit auf das Fortbestehen der Ehe als reines Rechtsverhältnis beziehen und nicht auf das bloße Zusammenleben.[4] Um voreilige Scheidungen zu vermeiden, müssen schwerwiegende Gründe in der Person des Antragsgegners vorliegen. Daran sind strenge Anforderungen zu stellen.[5] 12

Vorliegend begründet F die Unzumutbarkeit mit ihrer Schwangerschaft. Diese liegt jedoch in ihrer Person und nicht in der Person des M. Die Schwangerschaft ist folglich kein tauglicher Grund, um die Unzumutbarkeit der Fortsetzung der Ehe zu begründen. 13

Weitere Gründe sind nicht ersichtlich. 14

b) Einjähriges Getrenntleben

Folglich müssen M und F bereits seit einem Jahr getrennt leben. Nach § 1567 I 1 BGB setzt Getrenntleben das Nichtbestehen der häuslichen Gemeinschaft und Trennungswillen – also eine Ablehnung der häuslichen Gemeinschaft durch zumindest einen Ehegatten – voraus.[6] 15

Die häusliche Gemeinschaft kann auch dann aufgehoben sein, wenn sich beide Ehegatten weiterhin in der gemeinsamen Wohnung befinden, vgl. § 1567 I 2 BGB. Es darf dann allerdings kein gemeinsamer Haushalt mehr geführt werden und keine wesentliche persönliche Beziehung mehr bestehen.[7] 16

Wie bereits geschildert, schlief F seit dem 1.2.2019 nicht mehr im gemeinsamen Schlafzimmer und ging M aus dem Weg, indem sie Mahlzeiten und Freizeitaktivitäten nunmehr mit L teilte. Lediglich die Spülmaschine wurde weiterhin von beiden genutzt. Dadurch wurde jedoch kein wesentlicher persönlicher Kontakt aufrechterhal- 17

2 Grüneberg/Siede BGB § 1565 Rn. 4.
3 Grüneberg/Siede BGB § 1565 Rn 2.
4 Schwab FamR GdR Rn. 380.
5 Wellenhofer FamR § 20 Rn. 13.
6 Schöpflin JA 2004, 527 (528); Jauernig/Budzikiewicz BGB § 1567 Rn. 1.
7 BGH NJW 1978, 1810.

ten. Mithin lebten M und F ohne persönliche Interaktion nur noch räumlich nebeneinanderher.

18 Fraglich ist, ob dies auch über einen Zeitraum von mindestens einem Jahr geschah. Die einjährige Trennungszeit begann mit dem Beziehen des Gästezimmers am 1.2.2019. Am 1.2.2020 lägen demnach grundsätzlich die Scheidungsvoraussetzungen vor. Allerdings haben F und M im Dezember 2019 das Getrenntleben für wenige Wochen unterbrochen. Es stellt sich die Frage, wie sich dies auf die Frist auswirkt. Gemäß § 1567 II BGB wird die Frist des Getrenntlebens nicht durch ein Zusammenleben zu Versöhnungszwecken über kürzere Zeit unterbrochen oder gehemmt. Von einer kürzeren Zeit ist auszugehen, wenn eine Zeitspanne von 3 Monaten nicht überschritten wird.[8] Hier dauerte der Versöhnungsversuch der Eheleute höchstens einen Monat an, sodass eine kürzere Zeit iSd § 1567 II BGB vorliegt, die die Frist des Getrenntlebens nicht berührt. F und M haben mithin ein Jahr getrennt gelebt.

IV. Kein Eingreifen von Kinderschutz- oder sonstigen Härtegründen gem. § 1568 BGB

19 Der Scheidung könnten jedoch Härtegründe gem. § 1568 BGB entgegenstehen. Die Ehe darf[9] nach § 1568 I BGB nicht geschieden werden, wenn und solange Kindesinteressen die Aufrechterhaltung gebieten (Alt. 1) oder die Scheidung für den Antragsgegner eine schwere Härte darstellen würde (Alt. 2).

20 Es liegen jedoch keine außergewöhnlichen Umstände vor, die eine so schwere Härte darstellen würden, dass die Aufrechterhaltung der Ehe unter Berücksichtigung der Belange des M aufrechterhalten werden muss. Auch stehen der Scheidung keine Kindesinteressen entgegen. Im Übrigen dürfte das Gericht Umstände nach § 1568 BGB im Scheidungsverfahren nur berücksichtigen, wenn sie von dem Gatten, der die Scheidung ablehnt, also M, vorgebracht würden (§ 127 III FamFG). Das ist jedoch nicht der Fall.

B. Ergebnis

21 Die Scheidungsvoraussetzungen liegen am 1.2.2020 vor.

Frage 2: Unterhaltsanspruch

A. Unterhaltsanspruch der F gegen M

22 F kann von M Unterhalt verlangen, wenn die Voraussetzungen des nachehelichen Unterhaltsanspruchs vorliegen.

I. Scheidung der Ehe

23 Die Ehe von F und M wurde durch Beschluss des Familiengerichts vom 1.8.2020 geschieden.

8 Wendl/Dose/Bömelburg UnterhaltsR § 4 Rn. 30.
9 Schwab FamR GdR Rn. 383.

II. Unterhaltstatbestand nach §§ 1570–1576 BGB

24 Nach der Scheidung hat grundsätzlich jeder Gatte selbst für seinen Unterhalt zu sorgen, es sei denn, ein Unterhaltstatbestand der §§ 1570 ff. BGB liegt vor, § 1569 BGB. Ein Unterhaltsanspruch der F könnte aus § 1570 I 1 BGB folgen. Danach hat der geschiedene Ehegatte, der ein gemeinsames Kind betreut, während der ersten 3 Jahre nach der Geburt grundsätzlich einen Anspruch auf Betreuungsunterhalt.[10]

25 Es muss sich jedoch um ein gemeinschaftliches Kind der geschiedenen Gatten handeln. Gemeinschaftlich ist das Kind, wenn es ehelich ist, also das Kind beider Gatten.[11] Mutter ist die Frau, die das Kind geboren hat, § 1591 BGB. Vater ist der Mann, der zum Zeitpunkt der Geburt mit der Mutter des Kindes verheiratet ist (§ 1592 Nr. 1 BGB), der Mann, der die Vaterschaft anerkennt (§ 1592 Nr. 2 BGB) oder dessen Vaterschaft gerichtlich festgestellt ist (§ 1592 Nr. 3 BGB).

26 F ist die Mutter von T, § 1591 BGB. Fraglich ist, ob für M ein Tatbestand des § 1592 BGB greift.

27 Der Scheidungsbeschluss des Familiengerichts erging am 1.8.2020. Die Ehe wird jedoch erst mit Rechtskraft des Beschlusses aufgelöst (§ 1564 S. 2 BGB), die mit Ablauf der einmonatigen Beschwerdefrist eintritt, § 63 FamFG. Dabei beginnt die Beschwerdefrist erst mit der schriftlichen Bekanntgabe des Beschlusses an die Beteiligten, § 63 III 1 FamFG, die hier am 10.8.2020 erfolgt ist. Die Beschwerdefrist begann demnach am 11.8. und endete am 10.9.2020, §§ 187 I, 188 II BGB. T wurde am 15.8.2020 geboren. Zu diesem Zeitpunkt hatte der Scheidungsbeschluss noch keine Rechtskraft erlangt, sodass M gem. § 1592 Nr. 1 BGB als Vater der T gilt. Dass er eventuell nicht ihr leiblicher Vater ist, ist unerheblich, solange seine fehlende Vaterschaft nicht im Rahmen eines Anfechtungsverfahrens gerichtlich festgestellt wurde, vgl. § 1599 I BGB.

28 Weitere Voraussetzung des Betreuungsunterhalts ist, dass von F wegen der Pflege oder Erziehung des Kindes keine Erwerbstätigkeit erwartet werden kann.[12] Gem. § 1570 I 1 BGB besteht der Betreuungsunterhaltsanspruch des Gatten für mindestens 3 Jahre ohne weitere Voraussetzungen.[13] In diesem Zeitraum besteht grundsätzlich keine Erwerbsobliegenheit,[14] sodass F ihre Arbeit als Grafikdesignerin jederzeit aufgeben kann. Das Gesetz geht von einer vollumfänglichen Betreuungsbedürftigkeit des Kindes gerade durch seinen Elternteil bis zur Vollendung des 3. Lebensjahrs aus. Es steht dem betreuenden Elternteil deshalb frei, ob er Betreuungshilfen wie die Kita oder Dritte, beispielsweise Großeltern des Kindes, in Anspruch nimmt.[15]

III. Unterhaltsmaß, § 1578 BGB

29 Das Unterhaltsmaß bestimmt sich nach den ehelichen Lebensverhältnissen, § 1578 I 1 BGB. Nach dem sog. Halbteilungsgrundsatz steht das zusammengerechnete bereinigte

10 BeckOGK/Lettmaier BGB § 1570 Rn. 1.
11 MüKoBGB/Maurer § 1570 Rn. 17; Johannsen/Henrich/Althammer/Hammermann BGB § 1570 Rn. 8.
12 Göppinger/Wax/Bäumel UnterhaltsR Rn. 1001.
13 BeckOGK/Lettmaier BGB § 1570 Rn. 40; Schwab FamR GdR Rn. 422.
14 BeckOGK/Lettmaier BGB § 1570 Rn. 41.
15 Schwab FamR GdR Rn. 412.

Nettoeinkommen – hier also 21.000 EUR – den Ehegatten je zur Hälfte zu. Für Erwerbseinkommen weicht die Praxis jedoch vom Halbteilungsgrundsatz ab, um dem dieses Einkommen erzielenden Gatten einen Erwerbsanreiz zu geben (sog. Erwerbstätigenbonus). Von diesem Einkommen ist bei der Berechnung der Nettoeinkünfte ein Abzug von 1/10 (nach der Düsseldorfer Tabelle Stand 1.1.2022) vorzunehmen. Erzielen beide Ehegatten ein Einkommen ausschließlich aus Erwerbstätigkeit, beläuft sich der volle Unterhaltsbedarf auf 45 % des gemeinsamen Nettoerwerbseinkommens im Zeitpunkt der Scheidung. Allerdings ist zu beachten, dass bei sehr hohen Einkommen häufig ein Teil nicht für den allgemeinen Lebensbedarf, sondern für die Vermögensbildung verwendet wird. Der Unterhalt soll jedoch nur den laufenden Lebensbedarf abdecken, weshalb der berechtigte Gatte auf geeignete Art und Weise vortragen muss, in welchem Umfang das Familieneinkommen tatsächlich für den Konsum verbraucht wurde.[16] Daraus ergibt sich, dass sich Fs Bedarf auf 45 % von 21.000 EUR, also 9.450 EUR beläuft, wenn sie geeignet vortragen kann, dass dies den ehelichen Lebensverhältnissen entspricht.

IV. Bedürftigkeit, § 1577 BGB

30 Soweit F ihren Bedarf durch eigene Einkünfte und Vermögen decken kann, kann sie von M keinen Unterhalt verlangen, § 1577 I BGB. Zu berücksichtigen sind alle Einkünfte und vermögenswerten Vorteile unabhängig davon, ob sie die ehelichen Lebensverhältnisse geprägt haben oder nicht.[17] Mit der Aufgabe ihrer Erwerbstätigkeit hat F keine Einkünfte mehr. Sie kann ihren Bedarf folglich nicht decken und ist bedürftig iSv § 1577 BGB.

V. Leistungsfähigkeit, § 1581 BGB

31 Gem. § 1581 S. 1 BGB hat der Unterhaltspflichtige nur dann Unterhalt nach den ehelichen Lebensverhältnissen zu leisten, solange ihm ein angemessener Unterhalt verbleibt.[18] Der eheangemessene Unterhalt entspricht dem vollen Bedarf des Berechtigten nach den ehelichen Lebensverhältnissen. Er ist gefährdet, wenn dem Unterhaltspflichtigen nach Unterhaltszahlung weniger verbleibt als dem Berechtigten aus Eigenmitteln und Unterhalt zur Verfügung steht.[19]

32 M verdient 15.000 EUR. Nach der obigen Rechnung ist er verpflichtet, der F 9.450 EUR Unterhalt zu zahlen. Ihm selbst verblieben so nur 5.550 EUR. Sein eheangemessener Unterhalt ist demnach gefährdet. Infolgedessen ist der Unterhaltsanspruch der F nach dem Halbteilungsgrundsatz herabzusetzen.[20] Das bedeutet, dass der Bedürftige mit Eigeneinkommen und Unterhalt nicht mehr haben darf, als dem Pflichtigen verbleibt: M muss F also nur 45 % seines anrechenbaren Erwerbseinkommens, also 6.750 EUR, zahlen.

16 Schwab FamR GdR Rn. 447.
17 Grüneberg/v. Pückler BGB § 1577 Rn. 6.
18 BeckOGK/Witt BGB § 1581 Rn. 4.
19 BeckOGK/Witt BGB § 1581 Rn. 20.
20 BeckOGK/Witt BGB § 1581 Rn. 23.

VI. Befristung, § 1578b BGB

Wäre eine unbegrenzte Unterhaltspflicht unbillig, müsste der Unterhaltsanspruch höhenmäßig begrenzt oder befristet werden. Eine Befristung des Anspruchs aus § 1570 BGB kommt jedoch wegen der Sonderregelung in § 1570 I 2 BGB, die insoweit schon eine Billigkeitsabwägung enthält, nicht in Betracht.[21] 33

VII. Beschränkung oder Versagung, § 1579 BGB

Der Unterhaltsanspruch könnte gem. § 1579 Nr. 2 BGB zu beschränken oder zu versagen sein. Voraussetzung ist, dass die Inanspruchnahme des Berechtigten unter Berücksichtigung der Belange eines gemeinschaftlichen Kindes unbillig wäre, weil der Berechtigte in einer verfestigten Lebensgemeinschaft lebt. 34

Das Regelbeispiel verlangt, dass der geschiedene Gatte eine neue Lebensgemeinschaft eingegangen ist, die nacheheliche Solidarität damit endgültig auflöst und diese auch nicht mehr benötigt.[22] Das ist anzunehmen, wenn ein fester sozialer und wirtschaftlicher Zusammenschluss iS einer Unterhaltsgemeinschaft besteht,[23] oder sich die sozialen Beziehungen zum neuen Partner derart verfestigt haben, dass eine eheähnliche Beistandsgemeinschaft an die Stelle der Ehe getreten ist.[24] 35

Dem Sachverhalt ist nicht zu entnehmen, inwiefern sich L und F die Führung des Haushalts und seine Finanzierung teilen. Auch die Ausgestaltung ihrer Beziehung ist nicht weiter geschildert, weshalb schwer zu beurteilen ist, ob zwischen ihnen eine verfestigte Lebensgemeinschaft besteht. 36

Auch der Beschränkungsgrund des § 1579 Nr. 1 BGB greift nicht zugunsten des M ein: Die Ehedauer bemisst sich nach der Dauer des rechtlichen Bandes von der Eheschließung bis zur Rechtshängigkeit des Scheidungsantrags. Das waren hier von Anfang 2015 bis Anfang 2020 rund 5 Jahre. Nach der Rechtsprechung ist bereits eine Ehe, die 3 Jahre gedauert hat, regelmäßig nicht mehr als kurz zu bewerten.[25] 37

Zugunsten von M könnte jedoch § 1579 Nr. 7 BGB eingreifen. Dies wäre der Fall, wenn F ein offensichtlich schwerwiegendes, eindeutig bei ihr liegendes Fehlverhalten gegen M zur Last fällt. Ein solches könnte hier in dem Umstand gesehen werden, dass F während der Ehe begann, eine offene Beziehung zu L zu unterhalten. Ein Ehebruch als solcher führt allerdings nach allgemeiner Meinung noch nicht zur Beschränkung des Unterhalts. Zwar handelt es sich bei einem Ehebruch grundsätzlich um ein Fehlverhalten. Für eine unterhaltsrechtliche Sanktion nach Nr. 7 müssen allerdings noch weitere Umstände hinzukommen, etwa der Ausbruch aus einer intakten Ehe oder das Unterschieben eines Kindes. F hat zwar eine Affäre begonnen, doch lässt der Sachverhalt offen, was der Auslöser hierfür war. Üblicherweise löst sich ein Gatte nicht einfach so aus der ehelichen Beziehung, ohne dass schon zuvor eine Erosion dieser Beziehung stattgefunden hat. Besondere kränkende Umstände (etwa eine 38

21 Johannsen/Henrich/Althammer/Hammermann BGB § 1578b Rn. 13.
22 Johannsen/Henrich/Althammer/Hammermann BGB § 1579 Rn. 18.
23 MüKoBGB/Maurer § 1579 Rn. 33.
24 MüKoBGB/Maurer § 1579 Rn. 37.
25 BGH NJW 1982, 823.

Affäre mit dem besten Freund des Mannes[26]) lagen ebenfalls nicht vor. Auch ging F offen und nicht heimlich vor, M wusste von der Affäre und auch der möglichen Abstammung der T von L. Deswegen greift – selbst eine fehlende biologische Vaterschaft des M unterstellt – auch die Fallgruppe des Unterschiebens eines Kindes nicht ein. Ohne weitere Angaben im Sachverhalt lässt sich letztlich nicht klären, ob der Beschränkungsgrund erfüllt ist.

VIII. Einfluss des Ehevertrags

39 Ein grundsätzlich gegebener Unterhaltsanspruch könnte zudem durch den Ehevertrag ausgeschlossen sein

1. Form

40 Eheverträge bedürfen der notariellen Beurkundung, § 1410 BGB. Das ergibt sich für Vereinbarungen über den nachehelichen Unterhalt vor Rechtskraft der Scheidung zusätzlich aus § 1585c S. 2 BGB. Der Ehevertrag von F und M genügt diesem Formerfordernis.

2. Wirksamkeitskontrolle, § 138 BGB

41 Nach der Rechtsprechung des BGH sind Eheverträge jedoch einer Wirksamkeits- und einer Ausübungskontrolle zu unterziehen. Im Rahmen der Wirksamkeitskontrolle überprüft das Gericht, ob bereits im Zeitpunkt des Zustandekommens des Ehevertrags ein Vertragspartner objektiv einseitig benachteiligt wurde und der den Vertrag fordernde Gatte, hier M, eine Unterlegenheitssituation des anderen Teils ausgenutzt hat.[27] Falls ja, ist der Ehevertrag gem. § 138 BGB unwirksam.

42 Eine evident einseitige Lastenverteilung ist umso eher anzunehmen, je näher die ausgeschlossene Regelung am Kernbereich des Scheidungsfolgenrechts angesiedelt ist.[28] Nach dieser vom BGH entwickelten Kernbereichslehre gehören der Betreuungsunterhalt gem. § 1570 BGB sowie der Unterhalt wegen Alters und Krankheit nach §§ 1571, 1572 BGB und der Versorgungsausgleich zum engsten Kernbereich der Scheidungsfolgen.[29] Maßgeblich für die Beurteilung der Wirksamkeit eines Ehevertrags ist aber letztlich die Würdigung aller Umstände des Einzelfalls. Der Ausschluss selbst einer im Kernbereich befindlichen Scheidungsfolge stellt nämlich dann keine unzumutbare einseitige Benachteiligung dar, wenn die Abbedingung nicht kompensationslos erfolgte,[30] und auch dann nicht, wenn sich die ehebedingten Nachteile, die infolge des Ausschlusses einen Gatten treffen würden, bei Vertragsabschluss noch nicht konkret abgezeichnet haben.[31]

43 Vorliegend haben F und M einen Ehevertrag geschlossen, der jegliche nachehelichen (Unterhalts-)Ansprüche ausschloss und somit den Kernbereich des Scheidungsfolgenrechts antastete. Eine etwaige Kompensation für die Abbedingung erfolgte nicht.

26 OLG Hamm NJW 2011, 3379.
27 BGH NJW 2004, 930 (934).
28 BGH NJW 2014, 1101 (1102).
29 BGH NJW 2014, 1101 (1102).
30 BGH NJW 2014, 1101 (1104).
31 BGH NJW 2014, 1101 (1104).

F, die nach der Scheidung Betreuungsunterhalt geltend macht, wird durch den Ausschluss des Betreuungsunterhalts objektiv einseitig benachteiligt. Allerdings muss sich dieser Nachteil schon bei Vertragsschluss konkret abgezeichnet haben. Bei Abschluss des Ehevertrags gingen M und F nicht davon aus, dass sie Kinder bekommen würden und dass sich ein Gatte zu deren Betreuung aus dem Erwerbsleben zurückziehen und damit ehebedingte Nachteile erleiden würde. Die nunmehr einseitig die F treffenden Nachteile waren daher bei Vertragsschluss noch nicht konkret absehbar. 44

Zudem ist nicht ersichtlich, dass die getroffene Lastenverteilung Ausdruck einer gestörten Vertragsparität gewesen wäre. Zwar betrug das Einkommen des M schon bei Vertragsschluss deutlich mehr als das von F, jedoch folgt alleine daraus keine wirtschaftliche Abhängigkeit und keine stark geschwächte Verhandlungsposition der F. 45

Der Ehevertrag zwischen M und F kann der Wirksamkeitskontrolle demnach standhalten. 46

3. Ausübungskontrolle, § 242 BGB

Des Weiteren prüft das Gericht im Rahmen der Ausübungskontrolle anhand von § 242 BGB, ob das Berufen auf den (wirksam abgeschlossenen) Vertrag dennoch im Zeitpunkt der Scheidung rechtsmissbräuchlich erscheint.[32] Es wird geprüft, ob der Vertrag aufgrund der von der ursprünglichen Planung abweichenden tatsächlichen Entwicklung der ehelichen Lebensverhältnisse nunmehr eine unzumutbare Lastenverteilung verursacht, sodass sich der begünstigte Gatte nicht mehr uneingeschränkt auf ihn berufen kann.[33] Einschränkend hat der BGH jedoch gefordert, dass eine derartige Kontrolle nur dann eröffnet ist, wenn die Abweichung der tatsächlichen von den geplanten Verhältnissen auf dem Einvernehmen beider Gatten beruht.[34] Denn erst durch die Willensübereinstimmung beider Gatten über die von der ursprünglichen Planung abweichende Lebensplanung werde die Ausübungskontrolle legitimiert. Das Vertrauen des durch den Vertrag begünstigten Ehepartners sei nur dann nicht mehr schutzwürdig.[35] Die Beweislast trifft wohl denjenigen, der sich auf die Anwendbarkeit der Ausübungskontrolle (hier F) beruft.[36] F müsste also darlegen, dass M der Abweichung von der ursprünglichen Planung (keine Kinder) zugestimmt hat. 47

Sofern ihr das nicht gelingt, ist die Ausübungskontrolle nicht eröffnet. Im Übrigen könnte das Gericht den Ehevertrag nach Billigkeit anpassen. 48

Hinweis: Die Kenntnis der einschränkenden Rechtsprechung des BGH ist selbst von sehr guten Bearbeitern nicht zu erwarten. Bei Betonung der rechtlichen Vaterstellung des M und der Interessen des Kindes, das letztlich von einem Unterhaltsanspruch profitiert, ist auch eine Anpassung des Ehevertrags an dieser Stelle gut vertretbar. 49

32 BGH NJW 2004, 930 (935).
33 BGH NJW 2011, 296.
34 BGH NJW 2014, 52 (54).
35 BGH NJW 2013, 380 (385).
36 Lettmaier FS Schwab, 2016, 86.

4. Zwischenergebnis

50 M kann sich auf den wirksamen Ehevertrag berufen, sodass nacheheliche Unterhaltsansprüche unabhängig vom Vorliegen ihrer Voraussetzungen ausgeschlossen sind *(aA vertretbar)*.

IX. Ergebnis

51 F hat gegen M keinen Unterhaltsanspruch *(aA vertretbar)*.

Frage 3: Verteidigungsmöglichkeiten

A. Vaterschaftsanfechtung

52 V könnte seine Vaterschaft nach § 1592 Nr. 1 BGB nach §§ 1600 ff. BGB anfechten. Eine rechtskräftige Feststellung, dass M nicht der Vater der T ist, hätte zur Folge, dass die Zuordnung kraft Ehe nicht mehr greift, vgl. § 1599 I BGB.

I. Antrag beim Familiengericht, § 171 FamFG

53 Voraussetzung ist die Ausübung eines Gestaltungsrechts in Form des Anfechtungsantrags, der beim zuständigen Gericht eingereicht werden muss.[37] Sachlich zuständig ist das Familiengericht (§§ 23a I 1 Nr. 1 GVG, 23b I GVG iVm § 111 Nr. 3 FamFG). Die örtliche Zuständigkeit regelt § 170 FamFG.

II. Anfechtungsberechtigung, § 1600 I BGB

54 Es besteht eine Vaterschaft des V nach § 1592 Nr. 1 BGB, sodass er nach § 1600 I Nr. 1 BGB anfechtungsberechtigt ist.

III. Höchstpersönliche Anfechtung, § 1600a II BGB

55 V kann die Vaterschaft gem. § 1600 II BGB nur selbst anfechten.

IV. Anfechtungsfrist, § 1600b BGB

56 Die Vaterschaftsanfechtung ist an eine Zweijahresfrist geknüpft, § 1600b I 1 BGB. Die Frist beginnt in dem Zeitpunkt, in dem der Berechtigte von Umständen erfährt, die gegen die Vaterschaft sprechen (vgl. § 1600b I 2 BGB), frühestens jedoch mit der Geburt des Kindes (vgl. § 1600b II 1 BGB). Vorliegend hatte M schon vor der Geburt der T Kenntnis von Tatsachen, die den Verdacht bzw. die nicht fernliegende Möglichkeit der Vaterschaft eines anderen begründen.[38] Die 2-jährige Frist begann folglich mit der Geburt der D (= fristauslösendes Ereignis: 15.8.2020) am 16.8.2020 zu laufen

37 MüKoBGB/Wellenhofer § 1599 Rn. 29.
38 Wellenhofer FamR § 31 Rn. 39.

(vgl. § 187 I BGB) und endet mit Ablauf des 15.8.2022, vgl. § 188 II Alt. 1 BGB. Innerhalb dieses Zeitraums muss M sein Anfechtungsrecht ausüben.

V. Kein Ausschluss der Anfechtung gem. § 1600 IV BGB

Die Anfechtung ist nicht gem. § 1600 IV BGB ausgeschlossen. 57

B. Verzichtbarkeit der Vaterschaftsanfechtung im Fall des § 1599 II BGB

Grundsätzlich kann eine Vaterschaft nach § 1592 Nr. 1 BGB nur durch Anfechtung aufgehoben werden.[39] 58

Ausnahmsweise gilt die Vaterschaftsvermutung des § 1592 Nr. 1 BGB nach § 1599 II BGB aber auch dann nicht, wenn das Kind nach Anhängigkeit eines Scheidungsantrags geboren wird und ein Dritter innerhalb eines Jahres ab Rechtskraft des Scheidungsbeschlusses die Vaterschaft anerkennt und sowohl die Mutter als auch ihr bisheriger Ehemann dem zustimmen. 59

I. Vaterschaft des Ehemanns der Mutter nach § 1592 Nr. 1 BGB

V gilt nach § 1592 Nr. 1 BGB als Vater der T. 60

II. Geburt des Kindes nach Anhängigkeit des Scheidungsantrags

T wurde am 15.8.2020 geboren, also nach Anhängigkeit des Scheidungsantrags am 1.2.2020. 61

III. Wirksame Anerkennung der Vaterschaft durch Dritten innerhalb der Jahresfrist

Die Vaterschaftsanerkennung durch einen Dritten, hier wohl L, muss den üblichen Wirksamkeitserfordernissen genügen. 62

L muss höchstpersönlich eine vorbehaltlose und nicht an Bedingungen oder Zeitbestimmungen geknüpfte Anerkennungserklärung abgeben, vgl. §§ 1596 IV, 1594 III BGB. 63

Seine Erklärung bedarf der öffentlichen Beurkundung, § 1597 I BGB, sowie der Zustimmung der Mutter, § 1595 I BGB, und ihres (bisherigen) Ehemanns, § 1599 II 2 BGB. 64

Die Vaterschaft des noch nicht geschiedenen Ehegatten steht der Anerkennung ausnahmsweise nicht entgegen, vgl. § 1599 II 1 Hs. 2 BGB. 65

Die Anerkennung kann auch schon vor Geburt des Kindes erfolgen (§§ 1599 II 1, 1594 IV BGB), muss jedoch spätestens ein Jahr nach Rechtskraft der Scheidung geschehen, § 1599 II 1 Hs. 1 BGB. 66

39 Wellenhofer FamR § 31 Rn. 48.

Fall Nr. 10 – Down and Out

Schwerpunkte: *Unterhalt wegen Krankheit; Berücksichtigung nachehelicher Einkommenssteigerungen; Auswirkungen der Ehescheidung auf die erbrechtliche Position des überlebenden Ehegatten*

1 Die Kieler Strafverteidigerin Friederike (F) und der Berufsmusiker Manfred (M) haben 2012 geheiratet. In die Ehe bringt F ihren Sohn S aus einer anderen Beziehung mit. Da M beruflich weit weniger erfolgreich ist als F, entscheiden sich die beiden für eine klassische „Hausmannsehe". 2017 erkrankt M schicksalshaft an einem Nierenleiden, was seiner Hausmannstätigkeit allerdings zunächst keinen Abbruch tut. Im verflixten 7. Ehejahr verliebt sich F neu und reicht daraufhin die Scheidung ein. Der Scheidungsbeschluss wird schließlich im Januar 2021 rechtskräftig. Die Nierenerkrankung des M hat sich zu diesem Zeitpunkt sehr verschlechtert. Ihm ist nur noch eine Arbeitstätigkeit als Musiklehrer im Umfang von 10 Stunden pro Monat zumutbar, die er nach der Scheidung erstmals aufnimmt. Weil er die Musik so sehr liebt, erteilt M allerdings sogar 20 Stunden im Monat und erzielt damit 420 EUR (statt: 210 EUR). Seit seinem Auszug aus der Ehewohnung stellt ihm seine Mutter eine kostenlose Unterkunft in ihrem Mehrfamilienhaus zur Verfügung. F verdiente während der Ehe ein bereinigtes Nettoeinkommen von 6.000 EUR im Monat. Seit einer Beförderung vom März 2021 aufgrund ihrer langjährigen erfolgreichen Mandatsarbeit erzielt sie 7.650 EUR. Aufgrund des überraschenden Ausscheidens eines anderen Anwalts wird sie im Mai 2021 sogar Partnerin mit einem monatlichen Verdienst von 16.000 EUR. Für S, der seit 2019 in Hamburg Jura studiert, zahlt sie Ausbildungsunterhalt iHv 860 EUR.

Frage 1: Steht dem M gegen F ein Unterhaltsanspruch zu und, falls ja, in welcher Höhe? F meint, M sei gar nicht bedürftig. Immerhin verdiene er 420 EUR und erspare sich durch das kostenfreie Wohnen 500 EUR Miete im Monat. Mehr als 900 EUR hätte er ohnehin nie verdienen können, an ihrem Erfolg als Anwältin dürfe er nicht weiter partizipieren. Außerdem habe er 3.000 EUR auf dem Sparkonto und könne, wenn das aufgebraucht sei, Sozialhilfe oder seine Mutter in Anspruch nehmen. Immerhin habe die ihn in die Welt gesetzt. M meint, auch er habe sich am wirtschaftlichen Erfolg der Ehe beteiligt. Als Hausmann habe er F den Rücken freigehalten. Für eine Haushaltshilfe mit seinem Aufgabenbereich hätten – vor der Verschlechterung seines Krankheitszustands – 860 EUR monatlich aufgewandt werden müssen. Das tatsächliche Vorbringen der Parteien ist als zutreffend zu unterstellen.

Frage 2: Am 16.2.2021 verstirbt F bei einem Flugzeugabsturz. Noch in glücklicheren Tagen, nämlich am 11.3.2015, hatten M und F zusammen ein Testament errichtet, das M eigenhändig geschrieben und F eigenhändig mitunterzeichnet hatte. In diesem Testament setzen sich M und F gegenseitig beim Tod des Erstversterbenden zu Alleinerben ein. Außerdem ist bestimmt, dass S nach dem Tod des Längstlebenden „das gesamte gemeinsame Vermögen" haben solle. Nach dem Tod der F wird das Testament in ihrem Nachlass gefunden. Allerdings hat die F den Text komplett durchgestrichen und mit dem Randvermerk versehen: „Soll nicht mehr gelten – 1.8.2019, F". M will wissen, ob er F beerbt oder ob ihm jedenfalls „sein Pflichtteil" zusteht. Außerdem möchte er wissen, ob und, falls ja, gegen wen er seinen Unterhaltsanspruch geltend machen kann. An Verwandten der F ist nur S vorhanden. Das Vermögen der F beläuft sich auf 1 Million EUR.

Gliederung 2

Frage 1: Unterhalt
A. Unterhaltsanspruch des M gegen F
 I. Scheidung der Ehe
 II. Unterhaltstatbestand nach §§ 1570–1576 BGB
  1. § 1572 BGB
   a) Krankheit
   b) Unzumutbarkeit der Erwerbstätigkeit
   c) Einsatzzeitpunkt
   d) Zwischenergebnis
  2. § 1573 I BGB
  3. § 1573 II BGB
 III. Maß des Unterhalts/Bedarf, § 1578 BGB
  1. Einkommen der F
  2. Einkommen des M
  3. Berechnung
 IV. Bedürftigkeit, § 1577 BGB
 V. Leistungsfähigkeit, § 1581 BGB
 VI. Herabsetzung und/oder Befristung, § 1578b BGB
 VII. Beschränkung oder Versagung, § 1579 BGB
 VIII. Sonstige Einwendungen
B. Ergebnis

Frage 2: Erb- oder Pflichtteilsrecht
A. Gewillkürtes Erbrecht aufgrund gemeinschaftlichen Testaments
 I. Beschränkung auf Ehegatten
 II. Form
 III. Gemeinschaftlichkeit der Erklärung
 IV. Widerruf
 V. §§ 2268, 2077 BGB
 VI. Rechtsfolge
B. Pflichtteilsanspruch

Frage 3: Unterhalt

Lösung

Frage 1: Unterhalt

A. Unterhaltsanspruch des M gegen F

I. Scheidung der Ehe

Die Ehe von F und M ist seit Januar 2021 rechtskräftig geschieden. 3

II. Unterhaltstatbestand nach §§ 1570–1576 BGB

1. § 1572 BGB

4 Der Unterhaltstatbestand des § 1572 BGB könnte vorliegen. Voraussetzung ist die Unzumutbarkeit der Erwerbstätigkeit wegen Krankheit, Gebrechen oder Schwäche der körperlichen oder geistigen Kräfte in einem der Einsatzzeitpunkte in § 1572 Nr. 1–4 BGB.

a) Krankheit

5 Für die Definition der Krankheit ist nach hM auf den Krankheitsbegriff des Sozialversicherungsrechts zurückzugreifen. Danach ist „Krankheit" ein objektiv erfassbarer regelwidriger körperlicher oder geistiger Zustand, der entweder nur ärztlicher Behandlung bedarf oder – zugleich oder ausschließlich – (teilweise) Arbeitsunfähigkeit zur Folge hat.[1] Regelwidrig ist der Zustand, wenn er von dem des gesunden Menschen mit funktionellen Auswirkungen abweicht.[2] Vorliegend leidet M an einer Nierenerkrankung, die ärztlicher Behandlung bedarf und teilweise eine Arbeitsunfähigkeit zur Folge hat. M hat demnach eine Krankheit iSd § 1572 BGB.

b) Unzumutbarkeit der Erwerbstätigkeit

6 M ist nur noch eine Teilerwerbstätigkeit von 10 Stunden pro Monat zumutbar. Hierfür ist die Krankheit auch kausal. Es ist dabei unerheblich, ob ein kausaler Zusammenhang zwischen der aufgelösten Ehe und der Bedürfnislage besteht. Die Krankheit muss nicht ehebedingt sein,[3] sodass jede Krankheit anspruchsauslösend ist, derentwegen keine Erwerbstätigkeit verlangt werden kann, gleichgültig ob sie schon vor der Ehe ausgebrochen war und im Zeitpunkt der Scheidung noch fortbesteht oder während der Ehe, aber unabhängig von ihr, eingetreten ist.[4]

c) Einsatzzeitpunkt

7 Einschlägiger Einsatzzeitpunkt könnte die Scheidung sein, § 1572 Nr. 1 BGB. Maßgeblich ist dabei grundsätzlich der Zeitpunkt der Rechtskraft des Scheidungsbeschlusses.[5]

8 Hier hatte sich der Zustand des M zum Zeitpunkt der Rechtskraft der Scheidung ausweislich des Sachverhalts bereits verschlechtert. Ihm war aufgrund der Nierenerkrankung schon im Zeitpunkt der Scheidung eine Erwerbstätigkeit teilweise nicht mehr zumutbar. Der Einsatzzeitpunkt ist demnach gewahrt.

d) Zwischenergebnis

9 Der Unterhaltstatbestand des § 1572 BGB liegt mithin vor.

1 Grüneberg/v. Pückler BGB § 1572 Rn. 5; BeckOGK/Lettmaier BGB § 1572 Rn. 5.
2 BeckOGK/Lettmaier BGB § 1572 Rn. 5.
3 BeckOGK/Lettmaier BGB § 1572 Rn. 23.
4 BeckOGK/Lettmaier BGB § 1572 Rn. 23.
5 BeckOGK/Lettmaier BGB § 1572 Rn. 38.

2. § 1573 I BGB

Ebenfalls könnten die Voraussetzungen des § 1573 I BGB vorliegen. Der Bedürftige dürfte dann nicht schon einen Unterhaltsanspruch aus §§ 1570–1572 BGB haben.[6] Hier liegt aber der Unterhaltstatbestand des § 1572 BGB vor, sodass ein Anspruch aus § 1573 I BGB ausscheidet. 10

3. § 1573 II BGB

Auch der Aufstockungsunterhalt aus § 1573 II BGB scheitert an der Subsidiarität gegenüber § 1572 BGB. 11

III. Maß des Unterhalts/Bedarf, § 1578 BGB

Das Maß des nachehelichen Unterhalts bestimmt sich nach den ehelichen Lebensverhältnissen, § 1578 I BGB. Diese werden wiederum auf Grundlage des bereinigten Nettoeinkommens beider Ehegatten ermittelt, das im Zeitpunkt der Scheidung die ehelichen Lebensverhältnisse geprägt hat.[7] 12

1. Einkommen der F

Während der Ehe hatte F ein Nettoeinkommen von 6.000 EUR, welches 2 Monate nach der rechtskräftigen Scheidung auf 7.650 EUR anstieg. Im Mai 2021 kam es dann erneut zu einer Steigerung des Erwerbseinkommens auf 16.000 EUR. Schon während der Ehe hatte sie Aufwendungen iHv 860 EUR für Kindesunterhalt des S. 13

Es stellt sich die Frage, ob lediglich das Nettoeinkommen vor der Rechtskraft des Scheidungsbeschlusses bei der Bedarfsbemessung zu berücksichtigen ist oder ob auch die Einkommenssteigerung berücksichtigungsfähig ist. Das hängt maßgeblich vom zugrunde zu legenden Stichtag ab. 14

Grundsätzlich ist auf den Zeitpunkt der Scheidung bzw. auf die Umstände abzustellen, die bis zur Rechtskraft des Scheidungsbeschlusses eingetreten sind.[8] Das ergäbe hier 6.000 EUR. Allerdings können sich auch nacheheliche Entwicklungen auf die Bedarfsbemessung auswirken, vorausgesetzt sie wären auch bei fortbestehender Ehe eingetreten oder waren in anderer Weise in der Ehe angelegt und mit hoher Wahrscheinlichkeit zu erwarten.[9] 15

F und M führten eine klassische „Hausmannsehe", um den beruflichen Erfolg der F zu fördern. Aufgrund ihrer langjährigen erfolgreichen Mandatsarbeit kam es 2 Monate nach der Scheidung zu einer Gehaltserhöhung, der die Eheführung der Ehegatten den Weg geebnet hat. Sie war demnach in der Ehe angelegt und nach einer Zeit von 9 Jahren auch mit Wahrscheinlichkeit zu erwarten. Demnach sind nicht die 6.000 EUR, sondern die 7.650 EUR bei der Bedarfsbemessung zu berücksichtigen. 16

Fraglich ist, ob statt der 7.650 EUR vielleicht sogar die 16.000 EUR zu berücksichtigen sind, die F inzwischen verdient. Ausweislich des Sachverhalts wurde F jedoch 17

6 BeckOGK/Lettmaier BGB § 1573 Rn. 15.
7 Wellenhofer FamR § 23 Rn. 18; Göppinger/Wax/Bäumel UnterhaltsR Rn. 1071.
8 Wellenhofer FamR § 23 Rn. 21.
9 Schwab FamR GdR Rn. 452.

überraschend zur Partnerin. Selbst wenn man auch hier die Eheführung von F und M als wegweisend ansehen würde, wäre dieser Umstand nicht mit hoher Wahrscheinlichkeit zu erwarten gewesen. Ein solcher unerwarteter Karrieresprung nach der Scheidung kann die ehelichen Verhältnisse nicht prägen und ist deshalb nicht zu berücksichtigen.[10] Auch die Unterhaltszahlung für S hat die Lebensverhältnisse geprägt und ist daher mindernd zu berücksichtigen. Das unterhaltsrelevante Einkommen der F beläuft sich demnach auf 6.790 EUR (7.650 EUR – 860 EUR).

2. Einkommen des M

18 Während der Ehe war M nicht erwerbstätig. Seine Arbeit als Musiklehrer nahm er erst nach der Scheidung auf. An sich kann das nun daraus erzielte Einkommen nicht mehr als eheprägendes Einkommen betrachtet werden und müsste als Abzugsposten bei seiner Bedürftigkeit (§ 1577 I BGB) eingeordnet werden.[11] Es würde den Unterhaltsanspruch dann in vollem Umfang mindern.[12] Dies hätte jedoch zur Folge, dass der Ehegatte, der während der Ehe kein Einkommen erzielt, schlechter stünde als ein Ehegatte, der bereits vor der Scheidung erwerbstätig war und dessen voller Unterhaltsanspruch sich auf 45 % der Einkommensdifferenz der Ehegatten belaufen würde.[13] Mangels Rechtfertigung dieser Ungleichbehandlung ist die spätere Erwerbstätigkeit als Surrogat der zuvor erbrachten Haushaltsleistung des Unterhaltsberechtigten anzusehen, welche die ehelichen Lebensverhältnisse geprägt und verbessert hat.[14] Demnach ist auch das nacheheliche Einkommen des M nach der Additions- bzw. Differenzmethode zu berücksichtigen.[15] Fraglich ist jedoch, in welcher Höhe.

19 An sich hätte M als Musiklehrer, wie auch F einräumt, 900 EUR verdienen können. Im Zeitpunkt der Scheidung ist jedoch M aufgrund einer Krankheit nur noch eine Arbeit als Musiklehrer im Umfang von 10 Stunden im Monat zumutbar. Auch diese eingeschränkte Erwerbsfähigkeit prägte noch die ehelichen Lebensverhältnisse und ist daher zu berücksichtigen. Aus der ihm noch zumutbaren Arbeit würde M monatlich 210 EUR erzielen. Tatsächlich gibt er jedoch 20 Stunden im Monat Musikunterricht und verdient 420 EUR im Monat. Bezüglich dieser weiteren 210 EUR trifft M jedoch unterhaltsrechtlich keine Erwerbsobliegenheit. Es handelt sich demnach um sogenannte überobligatorische Einkünfte.[16] Hier hängt vom Einzelfall ab, ob mit Rücksicht auf Treu und Glauben ein Anteil dieser Einkünfte bei der Bedarfsermittlung billigerweise als Einkommen zu qualifizieren ist.[17]

20 M gibt aus Liebe zur Musik 10 Stunden mehr Musikunterricht als ihm zumutbar wäre und nicht, um mehr Geld zu erzielen. Außerdem ist hinzutretend möglich, dass sich die Krankheit des M weiter verschlechtert und er deshalb nicht mehr als leidenschaftlicher Musiklehrer arbeiten kann. Aus dem Rechtsgedanken des § 1573 IV BGB folgt, dass im Rahmen der Unterhaltsberechnung nur nachhaltig erzieltes Einkommen zu berücksichtigen ist. Der Umstand, dass M aufgrund seiner Krankheit seine

10 Göppinger/Wax/Bäumel UnterhaltsR Rn. 1083.
11 Wellenhofer FamR § 23 Rn. 22.
12 Wellenhofer FamR § 23 Rn. 22.
13 Wellenhofer FamR § 23 Rn. 22.
14 Göppinger/Wax/Bäumel UnterhaltsR Rn. 1074; Wellenhofer FamR § 23 Rn. 22.
15 BGH FamRZ 2003, 434; Schwab FamR GdR Rn. 456; Wellenhofer FamR § 23 Rn. 22.
16 Wellenhofer FamR § 23 Rn. 23.
17 Wellenhofer FamR § 23 Rn. 23.

überobligatorische Erwerbstätigkeit jederzeit aufgeben kann und wohl künftig auch muss, führt dazu, dass derartiges Einkommen im Rahmen der Bedarfsbemessung nicht zu berücksichtigen ist.

Hinweis: Da sich die Berücksichtigung nach Billigkeit richtet, sind hier letztlich mit guter Argumentation alle Ergebnisse (von voller Berücksichtigung bis hin zur vollen Nichtberücksichtigung) vertretbar. 21

3. Berechnung

Nach dem sog. Halbteilungsgrundsatz steht das zusammengerechnete bereinigte Nettoeinkommen – hier also 7.000 EUR – den Ehegatten je zur Hälfte zu. Für Erwerbseinkommen weicht die Praxis jedoch vom Halbteilungsgrundsatz ab, um dem dieses Einkommen erzielenden Gatten einen Erwerbsanreiz zu geben (sog. Erwerbstätigenbonus). Von diesem Einkommen ist bei der Berechnung der Nettoeinkünfte ein Abzug von $^1/_{10}$ vorzunehmen. Erzielen beide Ehegatten ein Einkommen ausschließlich aus Erwerbstätigkeit, beläuft sich der volle Unterhaltsbedarf auf 45 % des gemeinsames Nettoerwerbseinkommens im Zeitpunkt der Scheidung.[18] Erzielt nur der Unterhaltspflichtige ein Einkommen, so hat dieser 45 % davon als Unterhalt zu zahlen.[19] Daraus ergibt sich, dass sich Ms Bedarf nach den ehelichen Lebensverhältnissen auf 45 % von 7.000 EUR, also 3.150 EUR beläuft. 22

IV. Bedürftigkeit, § 1577 BGB

Soweit M seinen Bedarf durch eigene Einkünfte und Vermögen decken kann, kann er vom Unterhaltverpflichteten keinen Unterhalt verlangen, § 1577 I BGB. Zu berücksichtigen sind alle Einkünfte und vermögenswerten Vorteile unabhängig davon, ob sie die ehelichen Lebensverhältnisse geprägt haben oder nicht.[20] 23

Vorliegend hat M Erwerbseinkünfte iHv 420 EUR. Diese sind ohne den überobligatorischen Teil (210 EUR) und gekürzt um $^1/_{10}$ Erwerbstätigkeitsbonus ($^1/_{10}$ × 210 EUR = 21 EUR), also iHv 189 EUR (210 EUR – 21 EUR = 189 EUR), zu berücksichtigen. 24

Fraglich ist, ob bei der Bedürftigkeit auch der Vorteil des mietfreien Wohnens zu berücksichtigen ist. Grundsätzlich wäre das der Fall. Hier besteht jedoch die Besonderheit, dass es sich beim mietfreien Wohnen um eine freiwillige Leistung von Ms Mutter handelt. Freiwillige Leistungen Dritter an den Unterhaltsberechtigten sind jedoch nur dann beachtlich, wenn sie den Unterhaltspflichtigen entlasten sollen.[21] Es gilt die Vermutung, dass nahe Angehörige nur den Empfänger der Leistung entlasten wollen und nicht den früheren Ehegatten.[22] Das mietfreie Wohnen des M ist mithin nicht berücksichtigungsfähig. 25

M hat auf seinem Sparkonto außerdem 3.000 EUR, die als Vermögen berücksichtigungsfähig sein könnten. Nach § 1577 I BGB ist das vorhandene Vermögen vor Inanspruchnahme des Unterhaltsverpflichteten für den eigenen Unterhalt zu verbrauchen.[23] 26

18 Wellenhofer FamR § 23 Rn. 19.
19 Wellenhofer FamR § 23 Rn. 19.
20 Grüneberg/v. Pückler BGB § 1577 Rn. 6.
21 BeckOGK/Schlünder BGB § 1577 Rn. 68.
22 BeckOGK/Schlünder BGB § 1577 Rn. 68.
23 BeckOGK/Schlünder BGB § 1577 Rn. 74.

Den Unterhaltsberechtigten trifft eine Verwertungspflicht, deren Grenze jedoch dann erreicht ist, wenn der Betrag als angemessene Rücklage für einen etwaigen plötzlich auftretenden Bedarf, zB aufgrund einer Krankheit, zu qualifizieren ist.[24] Vorliegend entspricht der Betrag auf dem Sparkonto des M ungefähr der Höhe des monatlichen Unterhaltsanspruchs gegen F und ist somit kein nennenswertes Vermögen, welches über eine angemessene Rücklage hinausgeht. M trifft somit keine Verwertungspflicht.

27 Des Weiteren könnte der Anspruch wegen des Unterhaltsanspruchs des M gegen seine Mutter aus § 1601 BGB entfallen. Dies wäre allerdings nur der Fall, wenn die Mutter des M vorrangig haften würde. Tatsächlich haftet aber der unterhaltspflichtige geschiedene Ehegatte nach § 1584 S. 1 BGB vorrangig gegenüber den Verwandten, solange der Verpflichtete voll leistungsfähig ist, § 1584 S. 2 BGB. F ist vorliegend voll leistungsfähig, sodass der Unterhaltanspruch des M gegen seine Mutter subsidiär gegenüber dem Anspruch gegen F ist und nichts an der Bedürftigkeit des M ändern kann.

28 Daraus folgt, dass M nur iHv 2.961 EUR (3.150 EUR – 189 EUR) bedürftig ist.

V. Leistungsfähigkeit, § 1581 BGB

29 Im Rahmen der Leistungsfähigkeit sind alle Einkünfte der F, auch nicht eheprägende, zu berücksichtigen, also die vollen 16.000 EUR. F hat daher auch Einkünfte, die über ihrem eheangemessenen Selbstbehalt (der dem vollen Bedarf des Berechtigten nach den ehelichen Lebensverhältnissen entspricht) liegen und ist folglich voll leistungsfähig iSv § 1581 BGB.[25]

VI. Herabsetzung und/oder Befristung, § 1578b BGB

30 Wäre eine unbegrenzte Unterhaltspflicht unbillig, müsste der Unterhaltsanspruch höhenmäßig begrenzt oder befristet werden.[26] Herabsetzung und Befristung sind jedoch als Ausnahme konzipiert, weshalb sowohl mit Blick auf den Beitrag des M zur Karriere der F als auch mit Blick auf die Krankheit des M die nacheheliche Solidarität derart schwer wiegt, dass es unbillig wäre, den Unterhaltsanspruch zu begrenzen oder zu befristen *(aA vertretbar)*.

VII. Beschränkung oder Versagung, § 1579 BGB

31 Weder ein Regelbeispiel der § 1579 Nr. 1–7 BGB noch der Auffangtatbestand des § 1579 Nr. 8 BGB sind einschlägig.

VIII. Sonstige Einwendungen

32 Es bestehen auch keine sonstigen Einwendungen gegen den Unterhaltsanspruch.

---

24 BeckOGK/Schlünder BGB § 1577 Rn. 76.
25 Schwab FamR GdR Rn. 465.
26 MüKoBGB/Maurer § 1578b Rn. 21.

B. Ergebnis

M hat gegen F einen Unterhaltsanspruch aus §§ 1572 ff. BGB iHv 2.961 EUR. 33

Frage 2: Erb- oder Pflichtteilsrecht

A. Gewillkürtes Erbrecht aufgrund gemeinschaftlichen Testaments

M könnte die F als gewillkürter Alleinerbe nach dem gemeinschaftlichen Testament beerbt haben, sofern dieses wirksam ist. 34

I. Beschränkung auf Ehegatten

Gem. § 2265 BGB können nur Ehegatten ein gemeinschaftliches Testament errichten. 35

Im Zeitpunkt der Errichtung des Testaments waren M und F verheiratet. Sie waren demnach berechtigt, ein gemeinschaftliches Testament zu errichten. 36

II. Form

Das Testament ist jedoch nur wirksam, wenn es den gesetzlichen Formerfordernissen genügt. Bei dem von F und M errichteten Schriftstück handelt es sich um ein eigenhändiges Testament iSv § 2247 BGB. § 2267 BGB sieht für das eigenhändige gemeinschaftliche Testament jedoch eine Formerleichterung vor. Es genügt, wenn einer der Ehegatten das Testament eigenhändig schreibt und unterschreibt und der Ehegatte die Erklärung eigenhändig mitunterzeichnet. Dieses Formerfordernis ist eingehalten. 37

III. Gemeinschaftlichkeit der Erklärung

Vorliegend haben F und M auf derselben Urkunde unterzeichnet und sich gegenseitig als Alleinerben eingesetzt. Es ist außerdem bestimmt, dass S nach dem Tod des Längstlebenden „das gesamte gemeinsame Vermögen" erben soll. Objektiv ist die Urkunde durch die Unterzeichnung beider Gatten als einheitlich zu bewerten. Aus dem Text geht außerdem der Wille hervor, gemeinschaftlich zu testieren. 38

IV. Widerruf

F könnte ihre Erklärung jedoch wirksam widerrufen haben. Grundsätzlich kann ein Widerruf auch dadurch erklärt werden, dass der Erblasser in der Absicht, das Testament aufzuheben, die Testamentsurkunde vernichtet oder an ihr sonst Änderungen vornimmt, durch die der Wille, eine schriftliche Willenserklärung abzugeben, ausgedrückt wird, § 2255 BGB. Durch das Durchstreichen des Texts und den Randvermerk hat F ihren Widerrufswillen zum Ausdruck gebracht. Sind die Erklärungen der Ehegatten allerdings wechselbezüglich, so gelten hinsichtlich des Widerrufs Besonderheiten.[27] 39

27 Frank/Helms ErbR § 12 Rn. 15.

Wechselbezügliche Verfügungen iSd § 2270 BGB können bei Lebzeiten beider Gatten nach § 2271 I 1 BGB nur in der Form des § 2296 BGB widerrufen werden. Erforderlich nach § 2296 II BGB ist die notariell beurkundete Widerrufserklärung gegenüber dem anderen Gatten. Da diese Form nicht gewahrt ist, kommt es demnach darauf an, ob die Verfügungen wechselbezüglich waren.

40 Wechselbezüglich sind Verfügungen, wenn „ein Gegenseitigkeitsverhältnis derart besteht, dass die eine Verfügung nicht ohne die andere getroffen worden wäre, sie also miteinander stehen oder fallen sollen".[28] Ob die Verfügungen miteinander stehen und fallen sollen, ist dabei durch Auslegung zu ermitteln.[29]

41 M und F haben sich im gemeinschaftlichen Testament zunächst als Alleinerben des Erstversterbenden eingesetzt. Nach der gesetzlichen Auslegungsregel des § 2270 II BGB sind solche Verfügungen, bei denen sich Ehegatten „gegenseitig bedenken", im Zweifel wechselbezüglich. Vorliegend könnten jedoch die großen Vermögensunterschiede der Testierenden gegen eine solche Wechselbezüglichkeit sprechen. Gegen eine Wechselbezüglichkeit streitet, dass sich die vermögende F, die im Erbfall kaum etwas erhalten würde, nicht binden wolle.[30] Allerdings besteht zu Lebzeiten beider ein jederzeitiges (wenngleich formbedürftiges) Widerrufsrecht jedes Teils, was das vorstehende Argument entwertet.

42 Eine Entscheidung ist jedoch entbehrlich, wenn das gemeinschaftliche Testament aus anderen Gründen unwirksam wäre.

V. §§ 2268, 2077 BGB

43 Eine Unwirksamkeit des gemeinschaftlichen Testaments könnte aus §§ 2268, 2077 BGB folgen. Danach sind gemeinschaftliche Testamente, durch die der Erblasser seinen Ehegatten bedacht hat, mit der Ehescheidung grundsätzlich ihrem ganzen Inhalt nach unwirksam, wenn nicht ein anderer Wille der Verfügenden anzunehmen ist, § 2268 II BGB. Ein Aufrechterhaltungswille kann schon dann nicht mehr angenommen werden, wenn der Fortbestand der Ehe als nicht unwesentlich mitbestimmendes Motiv für die Verfügung noch in Betracht kommt.[31]

44 F hat M in dem Testament bedacht. Es liegen auch keine Anhaltspunkte vor, die auf den Willen der geschiedenen Eheleute hindeuten, die Wirksamkeit des Testaments nach der Ehescheidung aufrechtzuerhalten. Deshalb ist das gemeinschaftliche Testament mit der Auflösung der Ehe unwirksam geworden.

VI. Rechtsfolge

45 M hat die F folglich nicht als gewillkürter Alleinerbe beerbt. M könnte jedoch nach § 1931 BGB gesetzlicher Erbe der F sein. Nach § 1933 BGB verliert er dieses Erbrecht jedoch, wenn zur Zeit des Todes des Erblassers die Scheidungsvoraussetzungen gegeben waren; dies ist hier der Fall. Im Todeszeitpunkt der F waren die bei-

28 BGH DNotZ 2002, 661 (664 f.).
29 Lange ErbR § 16 Rn. 123.
30 BeckOGK/Braun BGB § 2270 Rn. 44.
31 Grüneberg/Weidlich BGB § 2268 Rn. 3.

den sogar schon rechtskräftig geschieden. Gesetzlicher Alleinerbe ist demnach der S als einziger Verwandter der F nach § 1924 BGB.

B. Pflichtteilsanspruch

M könnte jedoch gem. § 2303 II 1 BGB einen Pflichtteilsanspruch gegen den Erben der F, S, haben. Dann müsste er allerdings durch Verfügung von Todes wegen von der Erbfolge ausgeschlossen sein. Das ist nicht der Fall. Vielmehr ist das Erbrecht des M schon durch § 1933 BGB ausgeschlossen. **46**

Frage 3: Unterhalt

Gem. § 1586b I 1 BGB geht die nacheheliche Unterhaltspflicht mit dem Tod des Verpflichteten als Nachlassverbindlichkeit auf den Erben über. Er haftet aber nicht über den Betrag hinaus, der dem Pflichtteil entspricht, auf den der geschiedene Gatte einen Anspruch hätte, wäre die Ehe nicht aufgelöst worden, § 1586b I 3 BGB. M hat demnach weiterhin einen Unterhaltsanspruch, der sich nun gegen S richtet. S muss jedoch maximal $^1/_8$ des Nachlasswerts (also 125.000 EUR) an Unterhalt zahlen (vgl. §§ 2303, 1931 I 1, 1586b I 3, II BGB). **47**

§ 17 Fälle zur nichtehelichen Lebensgemeinschaft

Fall Nr. 11 – Szenen einer wilden Ehe

Schwerpunkte: *Einbeziehung des Lebensgefährten in die Schutzwirkung eines Mietvertrags; Unterhaltsanspruch des betreuenden nichtehelichen Elternteils; Vermögenszuwendungen im Rahmen einer nichtehelichen Lebensgemeinschaft; Eintrittsrecht des Lebensgefährten bei Tod des Mieters*

1 Martin (M) und Fiona (F) leben seit einigen Jahren ohne Trauschein in einer Mietwohnung in München. Parteien des Mietvertrags sind M und Viktor (V), der zugleich Eigentümer der Wohnung ist. Beim Einzug der F (für den M die Zustimmung des V eingeholt hatte) hat diese lediglich ein Fahrrad mitgebracht. Während des Zusammenlebens kauft M einen Sportwagen. Den Kaufpreis entnimmt er seinem Girokonto. Als F im Januar 2018 das erste gemeinsame Kind (S) zur Welt bringt, beschließt M in einem Anfall von Großmut, ihr das Auto zu schenken. Er übergibt ihr daher am 20.1.2018 (Fs Geburtstag) die Schlüssel und die Kfz-Papiere und benutzt das Auto fortan nicht mehr.

V kommen – ebenfalls noch im Januar 2018 – die Schlüssel für das Mietshaus abhanden. Er informiert die Bewohner aber nicht und lässt auch das Schloss nicht austauschen. Da F ihr Fahrrad immer unabgeschlossen im Hausflur abstellt, wird dieses im Februar 2018 von Unbekannten gestohlen, die mit dem Schlüssel des V in den Hausflur gelangt waren. Und es kommt noch schlimmer: Ende März 2018 eröffnet M der F, dass er das Babygeschrei nicht aushalte, er von der Beziehung die Nase voll habe und F ausziehen müsse. Diesem Ansinnen kommt F zwar nach. Allerdings nimmt sie ohne Wissen des M den Sportwagen mit. Außerdem ist sie der Ansicht, dass M ihr Unterhalt zahlen müsse, weil sie den S betreut und dies auch nach der Trennung tun möchte. M verdient als Lehrer nach Abzug von Steuern und berufsbedingten Aufwendungen 2.493 EUR netto. Für S zahlt er 293 EUR Unterhalt. F verdiente bis zur Geburt des S als Anwältin ein bereinigtes Nettoeinkommen von 2.000 EUR. Außerdem erzielt sie Einkünfte aus einer vermieteten Wohnung iHv 1.000 EUR. Seit der Geburt ist sie nicht mehr erwerbstätig. Die Mieteinkünfte erzielt sie jedoch weiterhin.

Frage 1: Kann F von V Schadensersatz wegen des gestohlenen Fahrrads verlangen?

Frage 2: Kann M von F, ggf. nach Abgabe weiterer Erklärungen, Herausgabe des Sportwagens verlangen?

Frage 3: Kann F von M im Jahr 2019 Unterhalt verlangen und, wenn ja, in welcher Höhe?

Abwandlung

M und F bekommen 2018 kein Kind. Ihre Beziehung übersteht das Jahr 2018 daher unbeschadet. Anfang 2019 verstirbt M aber bei einem Verkehrsunfall. Da V über einen guten Freund erfährt, dass es in der Anwaltskanzlei der F kriselt und dieser die Entlassung droht, verlangt er von F unmittelbar nach dem Tod des M Herausgabe der Wohnung und erklärt hilfsweise die Kündigung.

Frage 4: Kann V von F Herausgabe der Wohnung verlangen?

Bearbeitervermerk: Ein Erwerbstätigenbonus ist nicht zu berücksichtigen.

Gliederung

2

Frage 1: F gegen V auf Schadensersatz
- I. §§ 280, 241 II, 249 ff. BGB
- II. §§ 280, 241 II, 249 ff. BGB iVm Grundsätzen über den Vertrag mit Schutzwirkung für Dritte (VSD)
  - 1. Einbeziehung in den Schutzbereich
    - a) Einbeziehungsinteresse des Gläubigers
    - b) Leistungsnähe des Dritten
    - c) Erkennbarkeit für den Schuldner
    - d) Schutzbedürftigkeit des Dritten
  - 2. Schuldhafte Pflichtverletzung
  - 3. Kausaler Schaden
- III. §§ 823 I, 249 ff. BGB

Frage 2: M gegen F auf Herausgabe des Sportwagens
- I. § 985 BGB
- II. § 1007 I BGB
- III. § 1007 II BGB
- IV. § 861 BGB
- V. §§ 530, 531 II, 812 I 2 Alt. 1 BGB
- VI. §§ 313 I, III, 346 BGB
- VII. § 812 I 1 Alt. 1 BGB
- VIII. § 812 I 2 Alt. 1 BGB
- IX. § 812 I 2 Alt. 2 BGB

Frage 3: F gegen M auf Unterhalt
- I. Unterhaltsrechtliche Beziehung/Anspruchsgrundlage
- II. Bedarf
- III. Bedürftigkeit
- IV. Leistungsfähigkeit

Frage 4: V gegen F auf Herausgabe der Wohnung
- I. § 985 BGB
  - 1. Eigentümerstellung des V
  - 2. F als Besitzerin
  - 3. Kein Recht zum Besitz
    - a) Aus dem Mietvertrag
    - b) Wegfall durch Kündigung
- II. § 546 I BGB

Lösung

Frage 1: F gegen V auf Schadensersatz

I. §§ 280, 241 II, 249 ff. BGB

3 Erforderlich ist das Bestehen eines Schuldverhältnisses. F war nicht selbst Partei des Mietvertrags; Partei waren nur M und V. Die (durch V gestattete, vgl. §§ 540, 553 BGB) Einräumung des Mitgebrauchs an der Wohnung zugunsten von F hatte nicht zur Folge, dass diese ebenfalls Partei des Mietvertrags wurde.

II. §§ 280, 241 II, 249 ff. BGB iVm Grundsätzen über den Vertrag mit Schutzwirkung für Dritte (VSD)

4 Ein Anspruch auf Schadensersatz könnte sich jedoch aus §§ 280, 241 II BGB iVm den Grundsätzen über den VSD ergeben. Dieser gesetzlich nicht geregelten vertraglichen Sekundärhaftung bedarf es, wenn wegen der Unzulänglichkeiten des Deliktsrechts ein Schutzbedürfnis einer nicht vertragsbeteiligten Person unbefriedigt bliebe. Die Rechtsfigur ist allgemein anerkannt, seine Voraussetzungen sind allerdings eng zu ziehen.

1. Einbeziehung in den Schutzbereich

5 F könnte in den Schutzbereich des zwischen V und M bestehenden Mietvertrags einbezogen gewesen sein, sodass ihr zwar keine vertraglichen Primäransprüche, wohl aber vertragliche Sekundäransprüche (insbesondere auf Schadensersatz) zustehen können. Dies wäre der Fall, wenn die Voraussetzungen des VSD (dh Gläubigernähe, Leistungsnähe, Erkennbarkeit und Schutzwürdigkeit) gegeben sind.

a) Einbeziehungsinteresse des Gläubigers

6 Als nichteheliche Lebensgefährten sind M und F für das „Wohl und Wehe" des jeweils anderen verantwortlich. Das Kriterium der Gläubigernähe ist daher selbst nach der älteren, restriktiven Rechtsprechung gegeben.

b) Leistungsnähe des Dritten

7 Der Dritte muss typischerweise mit der geschuldeten Leistung in Berührung kommen. Soweit es sich um Schutzpflichten zugunsten von Person oder Eigentum handelt, muss er sich mit Willen des primären Gläubigers im Leistungsbereich aufhalten oder sonst in gleicher Weise den Gefahren der Leistung ausgesetzt sein.[1] Dies ist hier der Fall: F benutzt die Wohnung auf Veranlassung des M mit und kommt daher der Leistung des V bestimmungsgemäß ebenso nahe wie der primäre Leistungsgläubiger M.

c) Erkennbarkeit für den Schuldner

8 Diese Umstände sind für V, der von der Aufnahme der F in die Mietwohnung weiß, auch erkennbar.

1 MüKoBGB/Gottwald § 328 Rn. 180.

d) Schutzbedürftigkeit des Dritten

Ein letztes Erfordernis ist die Schutzbedürftigkeit des Dritten. Sie entfällt im Zweifel, wenn das Interesse des Dritten bereits durch eigene direkte vertragliche Ansprüche voll abgedeckt ist. F stehen aber gegen keine Partei des Mietvertrags (also weder gegen M noch gegen V) vertragliche Ansprüche zu.[2] Ihre Schutzwürdigkeit ist daher zu bejahen. 9

2. Schuldhafte Pflichtverletzung

V hat seine vertraglichen Nebenpflichten aus § 241 II BGB verletzt, indem er keine Maßnahmen getroffen hat (Warnung der Bewohner oder Schlossaustausch), um der durch den Verlust der Hausschlüssel geschaffenen Gefahr eines Eindringens Unbekannter in den Hausflur zu begegnen. Das Vertretenmüssen wird gem. § 280 I 2 BGB vermutet; eine Exkulpation gelingt V nicht. 10

3. Kausaler Schaden

Ohne Vs Pflichtverletzung wären die Diebe entweder nicht in den Hausflur gelangt (bei Schlossaustausch) oder hätten das Fahrrad der F nicht stehlen können (bei Warnung). Zugunsten der F wird nämlich vermutet, dass sie sich, eine Aufklärung über die Gefahr unterstellt, aufklärungsgerecht verhalten und ihr Fahrrad (durch Entfernen aus dem Hausflur oder ähnliche Maßnahmen) vor Diebstahl gesichert hätte. Die (haftungsbegründende) Kausalität iS einer *conditio sine qua non* ist also zu bejahen. Auch die Adäquanz des Schadens ist zu bejahen, da dieser nicht nur bei ganz ungewöhnlichen, gewöhnlich außer Betracht bleibenden Umständen zu erwarten war. Problematisch ist alleine die objektive Zurechnung. Zwar wird der Zurechnungszusammenhang regelmäßig bei vorsätzlichem Fehlverhalten Dritter unterbrochen. Allerdings gilt dies nur, wenn die unmittelbar schadensstiftende Handlung nicht durch das Verhalten des Erstschädigers herausgefordert und die Gefahr für einen Schadenseintritt durch das Verhalten des Erstschädigers nicht erhöht worden ist.[3] Hier hat sich im Diebstahl gerade die von V geschaffene Gefahr realisiert. F hat daher einen Anspruch auf Schadensersatz iHd Zeitwerts ihres Fahrrads. Anhaltspunkte für ein zu berücksichtigendes Mitverschulden der F (§ 254 I BGB) bestehen nicht *(aA wegen ungesicherten Abstellens im Hausflur bei guter Argumentation vertretbar).* 11

III. §§ 823 I, 249 ff. BGB

Durch das (pflichtwidrige) Unterlassen der Aufklärung durch V ist der berechtigte Besitz der F (als sonstiges Recht iSv § 823 I BGB) verletzt worden. Der Kausalzusammenhang wird durch das vorsätzliche Dazwischentreten der Diebe nicht durchbrochen (s. oben). V handelte auch rechtswidrig und schuldhaft, nämlich zumindest leicht fahrlässig. Ein Schadensersatzanspruch aus §§ 823 I, 249 ff. BGB ist daher zu bejahen. 12

2 Für vertragliche Ansprüche gegen M fehlt es entweder schon am Schuldverhältnis bzw. jedenfalls an der schuldhaften Pflichtverletzung.

3 OLG Düsseldorf NJOZ 2017, 202, 215.

Frage 2: M gegen F auf Herausgabe des Sportwagens

I. § 985 BGB

13 Ein Anspruch aus § 985 BGB würde voraussetzen, dass M noch Eigentümer des Fahrzeugs und F Besitzerin desselben ohne Recht zum Besitz ist (§ 986 BGB). Der M hat den Sportwagen gekauft und von seinem Geld bezahlt. Es ist anzunehmen, dass sein Verkäufer ihm das Alleineigentum übertragen und M auch Alleineigentum erwerben wollte (§ 929 S. 1 BGB).

14 M könnte sein Alleineigentum jedoch zwischenzeitlich an F verloren haben, wenn er das Auto wirksam an F übereignet hat. Zur Übereignung iSv § 929 S. 1 BGB ist erforderlich, dass sich der Veräußerer und der Erwerber über den Eigentumsübergang einig sind und dass eine Übergabe vorliegt, dh der Erwerber auf Veranlassung des Veräußerers Besitz erlangt und der Veräußerer zugleich jeden Besitzrest aufgegeben hat. In der Übergabe der Schlüssel und der Papiere mit der Erklärung, er schenke ihr das Fahrzeug, kann eine Einigung über den Eigentumsübergang gesehen werden. Da M keinen Schlüssel zurückbehalten und das Fahrzeug auch nicht mehr selbst genutzt hat, ist anzunehmen, dass er jeglichen Besitzrest aufgegeben hat. Ein Herausgabeanspruch nach § 985 BGB scheitert daher schon am mangelnden Eigentum des M.

15 **Hinweis:** Lehnt man die Aufgabe jeglichen Besitzrestes ab, weil das Auto nach wie vor dem gemeinsamen Haushalt zur Verfügung steht, so wäre ein Eigentumsübergang nach §§ 929, 930 BGB zu bejahen. Die nichteheliche Lebensgemeinschaft ist zwar nach hM (anders als die Ehe, hierzu → Fall Nr. 3 Rn. 44) kein gesetzliches Besitzmittlungsverhältnis. M hat aber deutlich gemacht, dass er seinen Besitz (soweit noch vorhanden) im Interesse der F ausübt, also Besitzmittlungswille hat, und einen jederzeitigen Herausgabeanspruch der F akzeptiert.

II. § 1007 I BGB

16 M war früherer Besitzer des Fahrzeugs und F ist gegenwärtige Besitzerin. Ein Herausgabeanspruch scheitert jedoch am Eigentum der F (entweder Besitzrecht und daher zwingend auch Gutgläubigkeit diesbezüglich, § 1007 II 1 Var. 1 BGB bzw. § 1007 III 2 BGB iVm § 986 BGB).

III. § 1007 II BGB

17 Dieser Anspruch scheitert schon daran, dass M seinen Besitz freiwillig an die F übertragen hat und daher kein Abhandenkommen vorliegt.

IV. § 861 BGB

18 Ein Herausgabeanspruch aus § 861 BGB scheitert daran, dass M den unmittelbaren Besitz freiwillig auf F übertragen und nicht durch verbotene Eigenmacht iSv § 858 BGB (also ohne seinen Willen und ohne Gestattung durch das Gesetz) verloren hat.

V. §§ 530, 531 II, 812 I 2 Alt. 1 BGB

M könnte allerdings ein Herausgabeanspruch aus § 531 II BGB iVm § 812 I 2 Alt. 1 BGB zustehen, wenn er eine Widerrufserklärung nach § 531 BGB abgibt und ihm ein Widerrufsrecht nach § 530 BGB zusteht. Allerdings ist bereits fraglich, ob ein Schenkungsvertrag vorliegt. Alternativ könnte es sich auch um eine sog. gemeinschaftsbezogene bzw. unbenannte Zuwendung handeln. Eine solche unterscheidet sich von der Schenkung dadurch, dass es an der subjektiven Unentgeltlichkeit fehlt. Die unbenannte Zuwendung erfolgt nicht freigiebig, wie eine echte Schenkung, sondern in der Erwartung, die (nichteheliche) Lebensgemeinschaft werde Bestand haben und der Zuwender werde am Vermögenswert daher weiter partizipieren.[4] Der Umstand, dass die Zuwendung zum Geburtstag der F erfolgte und dass M das Kfz nicht mehr weiter genutzt hat, spricht vorliegend für echte Freigiebigkeit und damit für eine Schenkung *(aA vertretbar: So lässt sich argumentieren, die Größe des Geschenks spreche dafür, dass ihm die Vorstellung zugrunde lag, die Lebensgemeinschaft werde Bestand haben).* Der Rückforderungsanspruch scheitert jedoch jedenfalls daran, dass sich F keines groben Undanks gegenüber M oder einen seiner nahen Angehörigen schuldig gemacht hat. 19

VI. §§ 313 I, III, 346 BGB

M könnte das Kfz nach §§ 313 I, III, 346 BGB zurückfordern, wenn ihm ein Rücktrittsrecht wegen Wegfalls der Geschäftsgrundlage zusteht und er dieses ausübt. Ein Rücktrittsrecht wegen Wegfalls der Geschäftsgrundlage setzt im Mindestmaß voraus, dass 20

(1) eine Partei, für die andere erkennbar, bei Vertragsschluss von bestimmten Umständen ausgegangen ist, die entweder unzutreffend waren oder sich nachträglich schwerwiegend verändert haben (faktisches Element); 21

(2) bei Kenntnis der wahren Sachlage/Entwicklung diese Partei den Vertrag (so) nicht geschlossen hätte (hypothetisches Element); 22

(3) und dieser Partei das Festhalten am Vertrag nicht zumutbar ist (normatives Element). 23

Hier ist bereits fraglich, ob die Beteiligten von einem Fortbestand ihrer nichtehelichen Lebensgemeinschaft ausgegangen sind; immerhin haben sie sich gerade nicht die Ehe versprochen. Der BGH ist lange davon ausgegangen, dass das Scheitern einer nichtehelichen Lebensgemeinschaft die Geschäftsgrundlage für etwaige gemeinschaftsbezogene Leistungen nicht entfallen lasse, weil die Partner mangels rechtlicher Verfasstheit auf den Fortbestand der Gemeinschaft nicht vertrauen könnten.[5] Hieran hält der BGH weiterhin fest für Leistungen, die der Erfüllung der laufenden Unterhaltsbedürfnisse dienen. Solche Leistungen würden in dem Bewusstsein erbracht, dass jeder Partner nach seinen Möglichkeiten zur Gemeinschaft beizutragen habe. Sie hätten ihren Unterhaltszweck mit der Leistung erfüllt und könnten nach Beendigung 24

4 BGH NJW 2008, 3277.
5 Vgl. etwa BGH NJW 1996, 2727.

der Lebensgemeinschaft nicht rückwirkend als zwecklos erachtet werden.[6] Für über diesen Rahmen hinausgehende Leistungen hat der BGH aber seine strenge Linie zu Recht aufgegeben. Nichteheliche Partner wissen zwar, dass die Lebensgemeinschaft jederzeit beendet werden kann. Gegenseitige Leistungen werden aber regelmäßig trotzdem in der Erwartung erbracht, dass die Gemeinschaft Bestand haben wird. Soweit der leistende Partner auf den Fortbestand der Gemeinschaft tatsächlich und für den Empfänger erkennbar vertraut hat, ist dies schutzwürdig und kann daher – wie inzwischen auch die höchstrichterliche Rechtsprechung annimmt – einen Anspruch aus § 313 BGB begründen.[7]

25 Die Grundsätze des Wegfalls der Geschäftsgrundlage sind auch dann anwendbar, wenn man, was naheliegt, hier eine Schenkung bejaht. Die besonderen schenkungsrechtlichen Widerrufsmöglichkeiten sind nämlich nicht abschließend.[8] Vorliegend ist allerdings bereits das faktische Element fraglich: Es handelte sich um ein Geburtstagsgeschenk, bei dem eine Verknüpfung mit dem Fortbestand der Lebensgemeinschaft entweder schon von M nicht beabsichtigt und auch für F nicht erkennbar gewesen sein dürfte *(aA wiederum unter Berufung auf den Wert des Geschenks vertretbar)*. Jedenfalls fehlt es am normativen Element: Geht die Änderung auf das eigene Tun des Anspruchstellers zurück, so sind Rechte wegen Wegfalls der Geschäftsgrundlage grundsätzlich ausgeschlossen.[9] Vorliegend hat aber M die Beziehung beendet.

VII. § 812 I 1 Alt. 1 BGB

26 M hat der F Eigentum und Besitz am Auto geleistet. Dies geschah jedoch mit Rechtsgrund (wirksame Schenkung bzw. nichteheliche Lebensgemeinschaft).

VIII. § 812 I 2 Alt. 1 BGB

27 Der Rechtsgrund (nichteheliche Lebensgemeinschaft) ist durch die Trennung nicht rückwirkend entfallen, sodass auch eine *condictio ob causam finitam* nicht in Betracht kommt.

IX. § 812 I 2 Alt. 2 BGB

28 In Betracht kommt allerdings ein Anspruch aus Zweckverfehlungskondiktion. Einen solchen Anspruch hält die neuere Rechtsprechung wie dargestellt bei Zuwendungen im Rahmen einer nichtehelichen Lebensgemeinschaft für möglich. Vorliegend hat M bewusst und gewollt das Vermögen der F gemehrt.

29 Allerdings ist fraglich, ob die Parteien die für den Anspruch erforderliche Zweckvereinbarung getroffen haben. Eine solche setzt im Mindestmaß voraus, dass der Leistung des M die erkennbare Erwartung zugrunde lag, die nichteheliche Lebensgemeinschaft werde Bestand haben und dass die F diesen Zweck mit ihrer Entgegennahme des Geschenks stillschweigend akzeptiert hat. Verneint man im Rahmen des Wegfalls

6 BGH NJW 2008, 3277 (3279).
7 BGH NJW 2008, 3277 (3280 f.).
8 BGH NJW 2012, 523 (524).
9 BGH NJW 1995, 2028 (2031).

der Geschäftsgrundlage schon das faktische Element (hierzu oben VI.), so muss man konsequenterweise auch die Zweckvereinbarung verneinen, da an diese strengere Anforderungen (Vereinbarung statt einseitige, erkennbare Vorstellungen) gestellt werden.

Frage 3: F gegen M auf Unterhalt

I. Unterhaltsrechtliche Beziehung/Anspruchsgrundlage

Da F und M nicht verheiratet, aber gemeinsam Eltern eines nichtehelichen Kindes sind, kommt für F ein Anspruch aus § 1615l II 2 BGB in Betracht. Da sich die F der Betreuung des S widmet und der sog. Basisunterhalt nach § 1615l II 2, 3 BGB innerhalb der ersten 3 Lebensjahre des Kindes betroffen ist, ist ein Unterhaltsanspruch dem Grunde nach gegeben. Innerhalb der ersten 3 Jahre hat der Unterhalt fordernde Elternteil ein freies Wahlrecht, ob er sich der persönlichen Betreuung des Kindes widmet. Soweit er dies tut, kann von ihm eine Erwerbstätigkeit nicht verlangt werden. 30

II. Bedarf

Der Bedarf der F richtet sich wegen § 1615l III 1 BGB iVm § 1610 BGB nach ihrer eigenen Lebensstellung. Maßgeblich ist daher nicht der innerhalb der nichtehelichen Lebensgemeinschaft erreichte Lebensstandard, sondern das, was F ohne die Geburt und Kindesbetreuung an Einkünften erzielen könnte. Das sind hier 3.000 EUR. 31

III. Bedürftigkeit

Da F aktuell nur Einkünfte iHv 1.000 EUR erzielt, kann sie ihren Bedarf im Umfang von 2.000 EUR nicht selbst decken und ist insoweit bedürftig (§§ 1615l III 1, 1602 BGB). 32

IV. Leistungsfähigkeit

Der nichteheliche Vater ist nur bei Leistungsfähigkeit unterhaltspflichtig, §§ 1615l III 1, 1603 BGB. Ihm muss jedenfalls sein billiger Selbstbehalt verbleiben, den die Rechtsprechung allerdings nicht mit dem notwendigen (im fraglichen Jahr 2019 880 EUR bzw. 1.080 EUR) oder angemessenen (1.300 EUR) Selbstbehalt des Verwandtenunterhalts ansetzt, sondern, wie für geschiedene Ehegatten, mit einem Betrag zwischen dem angemessenen und dem notwendigen Selbstbehalt, nach der Düsseldorfer Tabelle 2019 mit 1.200 EUR. 33

Hinweis: In einer fairen Klausur sollten Ihnen die maßgeblichen Selbstbehaltsätze, jedenfalls wenn nicht das aktuelle Jahr betroffen ist, im Sachverhalt vorgegeben werden. In einer Hausarbeit kann von Ihnen dagegen erwartet werden, dass Sie verfügbare Internetquellen zu Rate ziehen. 34

M verbleibt nach der Erfüllung des vorrangigen Kindesunterhalts nur ein verfügbares Nettoeinkommen von 2.200 EUR. Er ist daher, unter Berücksichtigung seines billigen Selbstbehalts, allenfalls iHv 1.000 EUR leistungsfähig. Die Rechtsprechung nimmt außerdem wie beim Geschiedenenunterhalt eine weitere Begrenzung des An- 35 spruchs aus § 1615l BGB nach dem sog. Halbteilungsgrundsatzvor. M muss also maximal so viel an F zahlen, dass ihm selbst noch so viel verbleibt, wie F an Eigeneinkommen und Unterhalt zur Verfügung stehen. Das sind hier 600 EUR.

Frage 4: V gegen F auf Herausgabe der Wohnung

I. § 985 BGB

1. Eigentümerstellung des V

36 V ist Eigentümer der Wohnung.

2. F als Besitzerin

37 F ist unmittelbare Besitzerin.

3. Kein Recht zum Besitz

38 F dürfte kein Recht zum Besitz zustehen, § 986 BGB.

a) Aus dem Mietvertrag

39 Ein solches könnte sich aus einem Mietvertrag ergeben. F war ursprünglich nicht Partei des Mietvertrags. Allerdings könnte sie mit dem Tod des M in den zwischen M und V bestehenden Mietvertrag nach § 563 II 3 BGB eingetreten sein. Das ist der Fall, da sie mit M einen auf Dauer angelegten gemeinsamen Haushalt geführt hat und keine vorrangigen Entrittsrechte bestehen.

b) Wegfall durch Kündigung

40 Dieses Recht zum Besitz aus dem (übergegangenen) Mietvertrag könnte jedoch entfallen sein, wenn V der F wirksam gekündigt hat. V hat eine „hilfsweise" Kündigungserklärung abgegeben.

41 Als Gestaltungserklärung ist die Kündigung grundsätzlich bedingungsfeindlich (vgl. § 388 S. 2 BGB), da für den Gestaltungsgegner keine Rechtsunsicherheit entstehen soll. Vorliegend handelt es sich bei der Bedingung allerdings um eine sog. Rechtsbedingung. Denn der Ausdruck „hilfsweise" bezieht sich auf die Frage, ob eine Kündigung nötig ist oder schon überhaupt kein Mietvertrag zwischen V und F besteht. Eine Rechtsbedingung löst keine Rechtsunsicherheit aus (ob ein Mietvertrag besteht oder nicht, mag für die Parteien subjektiv ungewiss sein, kann aber jederzeit objektiv festgestellt werden) und ist daher zulässig.

42 Ein Kündigungsrecht könnte sich vorliegend aus § 563 IV BGB ergeben: Danach kann der Vermieter das Mietverhältnis innerhalb eines Monats, nachdem er vom endgültigen Eintritt des Dritten in das Mietverhältnis Kenntnis erlangt hat, außerordentlich mit der gesetzlichen Frist kündigen, wenn in der Person des Eingetretenen ein wichtiger Grund vorliegt. Eine objektiv feststehende finanzielle Leistungsunfähigkeit des Eintretenden kann einen wichtigen Grund darstellen. Aber selbst diese setzt regelmäßig zusätzlich voraus, dass dem Vermieter ein Abwarten, bis die Voraussetzungen einer Kündigung wegen Zahlungsverzugs nach § 543 II 1 Nr. 3 BGB erfüllt sind,

nicht zuzumuten ist. Eine lediglich gefährdet erscheinende Leistungsfähigkeit (wegen drohender Entlassung wie bei F) genügt nicht.[10] Gründe, die eine außerordentliche Kündigung nach §§ 543, 569 BGB rechtfertigen würden, sind nicht ersichtlich. Auch zu einem für eine ordentliche Kündigung erforderlichen berechtigten Interesse iSv § 573 I, II BGB hat V nichts vorgetragen. F hat ihre vertraglichen Pflichten (insbesondere zur pünktlichen Mietzahlung) bislang noch nicht schuldhaft verletzt.

II. § 546 I BGB

Ein Räumungsanspruch nach § 546 I BGB besteht ebenfalls nicht, da das nunmehr zwischen V und F fortbestehende Mietverhältnis (vgl. oben) nicht wirksam beendet worden ist. **43**

10 BGH NJW 2018, 2397 (2400 f.).

Fall Nr. 12 – Wohngemeinschaft mit Nebenwirkungen

Schwerpunkte: *Aufnahme des Lebensgefährten in das Mietobjekt; Missbräuchlichkeit der Vermieterkündigung bei Aufnahmeanspruch; Vermögensausgleich und Haftung in der nichtehelichen Lebensgemeinschaft*

1 Der Medizinstudent Michael (M) ist frisch verliebt in die Philosophie-Absolventin Frieda (F). Da er schon nach wenigen Wochen mit F zusammenziehen möchte, erbittet er am 1.3. die Zustimmung seines Vermieters Viktor (V) zur Aufnahme der F in das Mietobjekt. V ist mit dem Ansinnen allerdings nicht einverstanden. Zwar sei die Wohnung ausreichend groß, doch sei die F seit Jahren arbeitslos und ohne jegliche Einkünfte. So jemanden wolle er nicht „bei sich" wohnen haben. Außerdem hätten sie – was zutrifft – die Aufnahme weiterer Personen ins Mietobjekt formularvertraglich ausgeschlossen. M ist verärgert. Von V will er sich nicht in sein Privatleben hineinpfuschen lassen. Er lässt daher die F zum 1.4. einfach so einziehen und sagt dem V nichts davon. Da die F in der Wohnung des M alsbald einen Fernseher vermisst, wird kurz nach dem Einzug einer angeschafft. Da das Wunschgerät der F 4.000 EUR kostet, schließen F und M mit der B-Bank (B) einen Darlehensvertrag über diese Summe ab. Der Kredit ist je zur Hälfte zum 1.7. und zum 1.12. zurückzuzahlen. Am 1.7. zahlt M alleine die geschuldeten 2.000 EUR, weil F kein eigenes Einkommen hat. Am Samstag, dem 7.8., kommt es in der Wohnung des M zu einem Wasserschaden, weil F versehentlich die Badewanne überlaufen lässt. Sie ruft daraufhin den Klempner Karl Knick (K) zur Hilfe und schildert aufgeregt: „Sie müssen dem M helfen. Hier in seiner Wohnung ist die Wanne übergelaufen. Ich handele für M, der auch die Kosten übernehmen wird". K schickt daraufhin einen Mitarbeiter, der Trocknungsgeräte aufstellt. Als F dem M am Abend von dem Zwischenfall erzählt, ist er wenig begeistert, dass jetzt wohl eine größere Klempnerrechnung auf ihn zukommen wird; er unternimmt jedoch nichts weiter. Als eine Woche später die Toilettenspülung Probleme macht, ruft F wieder den K zur Hilfe. Bei M müsse diesmal die Toilettenspülung repariert werden, was K erledigt. Auch hierzu schweigt M. Im Laufe des Monats August beginnt sich M zu fragen, ob es wirklich eine gute Idee war, F einziehen zu lassen. Ende August beendet er die Beziehung und bittet die F auszuziehen. Bei ihrem Auszug am 1.9. nimmt F ohne zu fragen den Fernseher mit. Und es kommt noch schlimmer. V hat zwischenzeitlich vom vorübergehenden Einzug der F Wind bekommen und fühlt sich durch M hintergangen. Er schickt diesem daher einen eigenhändig unterschriebenen Brief, in dem er ihm wegen der unbefugten Gebrauchsüberlassung an F fristlos, hilfsweise ordentlich, kündigt.

Frage 1: Kann V von M – ggf. nach Ablauf der ordentlichen Kündigungsfrist – Herausgabe der Wohnung verlangen?

Frage 2: Kann M von F Herausgabe des Fernsehers verlangen?

Frage 3: Die Rechnungen, die K für die Aufstellung der Trocknungsgeräte (500 EUR) und die Reparatur der Toilettenspülung (150 EUR) an M schickt, bleiben unbezahlt. K möchte wissen, ob diese Ansprüche gegen M durchsetzbar sind oder ob er sich an F halten muss.

Frage 4: M möchte wissen, ob er für die im Juli gezahlte Kreditrate, bei der er ja auch den „Anteil der F" getragen habe, „Ersatz" von F verlangen kann. Den Anteil der F an der Dezemberrate möchte er jedenfalls nicht mehr bezahlen. Er möchte wissen, ob B ihn im Dezember mit Erfolg auf Zahlung der gesamten noch ausstehenden 2.000 EUR in Anspruch nehmen kann. Außerdem will er wissen, ob er sich wenigstens in diesem Fall zwecks „Ersatz" an F halten könne und, falls ja, in welcher Höhe.

Frage 5: Schließlich ist beim Überlaufen der Wanne ein Schaden am Parkett im Flur entstanden, für dessen Beseitigung M an V 250 EUR zahlen musste. Diesen Schaden hätte M gerne von F ersetzt. Immerhin sei es infolge ihrer Schusseligkeit zum Überlaufen der Wanne gekommen. Die F ist ganz im Gegenteil der Ansicht, für ihre Haushaltsführungstätigkeit bei M von April bis Ende August stünden ihr 600 EUR im Monat, also insgesamt 3.000 EUR, zu. Mit diesem Betrag rechne sie hilfsweise auf.

2 Gliederung

Frage 1: Herausgabeanspruch des V gegen M
- I. § 546 I BGB
  - 1. Außerordentliche fristlose Kündigung gem. § 543 I 1, II 1 Nr. 2 Alt. 2 BGB
    - a) Kündigungserklärung, § 568 BGB
    - b) Kündigungsgrund und Abmahnung, § 543 BGB
  - 2. Ordentliche Kündigung gem. § 573 I 1, II Nr. 1 BGB
    - a) Kündigungserklärung
    - b) Berechtigtes Interesse des Vermieters, § 573 BGB
  - 3. Zwischenergebnis
- II. § 985 BGB
- III. Ansprüche aus Besitzschutz- und Bereicherungsrecht

Frage 2: Herausgabeanspruch des M gegen F bezüglich des Fernsehers
- I. § 985 BGB
  - 1. Anwendbarkeit von Gesellschaftsrecht
  - 2. Anwendbarkeit von §§ 1357, 1568b II BGB (analog)
  - 3. Geschäft für den, den es angeht
  - 4. Rechtsfolge bei Miteigentum
- II. § 861 I BGB
- III. § 1007 I BGB
- IV. § 1007 II BGB
- V. § 812 I 1 Alt. 2 BGB
- VI. § 823 I BGB

Frage 3: Ansprüche des K auf Zahlung der Rechnungen
- I. Gegen M aus § 631 I BGB für die Trockneraufstellung
  - 1. Vorliegen eines Werkvertrags
  - 2. Wirkung des Vertrags gegen M
    - a) Wirkung nach § 1357 I 2 BGB analog
    - b) Wirkung nach § 164 I 1 BGB
      - aa) Vertretungsmacht
      - bb) Genehmigung, § 177 I BGB iVm § 184 I BGB
  - 3. Ergebnis
- II. Gegen M aus § 631 I BGB für die Reparatur der Spülung
  - 1. Vorliegen eines Werkvertrags zwischen M und K
  - 2. Fälligkeit und Höhe der Vergütung
  - 3. Ergebnis
- III. Gegen F wegen der Trocknungsarbeiten aus § 179 I BGB
- IV. Gegen F für die Toilettenreparatur aus § 179 I BGB

Frage 4: Darlehensrückzahlung
- I. Anspruch des M gegen F auf Ersatz für die bereits gezahlte Rate vom 1.7.
  - 1. § 426 I 1 BGB
    - a) § 426 I 1 BGB als Anspruchsgrundlage
    - b) Anspruchsvoraussetzungen

c) Keine anderweitige Bestimmung
d) Ergebnis
2. § 426 II BGB iVm § 488 I 2 BGB
3. §§ 730, 733 II BGB
4. §§ 683 S. 1, 670 BGB
5. § 812 I BGB
6. § 313 BGB
7. Ergebnis
II. Rate vom 1.12.
1. Inanspruchnahme von M durch B aus §§ 488 I 2, 421 S. 1 BGB
2. Regressanspruch des M gegen F
a) § 426 I 1 BGB
b) § 426 II BGB iVm § 488 I 2 BGB
c) §§ 683 S. 1, 670 BGB
d) § 812 I 1 Alt. 1 BGB

Frage 5: Schadensersatzanspruch des M gegen F
I. Vertraglicher Anspruch
II. § 823 I BGB
1. Rechts- oder Rechtsgutsverletzung
2. Verschulden
a) Voraussetzungen des § 1359 BGB
b) Rechtsfolgen
3. Kausaler Schaden
4. Aufrechnung
a) § 611 I BGB
b) §§ 683 S. 1, 670 BGB
c) § 812 BGB
d) § 313 BGB
5. Ergebnis

Lösung

Frage 1: Herausgabeanspruch des V gegen M

I. § 546 I BGB

Ein Herausgabeanspruch des V könnte sich aus § 546 I BGB ergeben. 3

§ 546 I BGB setzt die Beendigung des Mietverhältnisses voraus. Eine Beendigung durch Zeitablauf (§ 542 II BGB) ist nicht ersichtlich, sodass eine Beendigung durch Kündigung (§ 542 I BGB) zu prüfen ist. 4

1. Außerordentliche fristlose Kündigung gem. § 543 I 1, II 1 Nr. 2 Alt. 2 BGB

Da V dem M außerordentlich und nur hilfsweise ordentlich gekündigt hat, ist vorrangig die Wirksamkeit der außerordentlichen Kündigung zu prüfen. In Betracht kommt hier eine außerordentliche fristlose Kündigung aus wichtigem Grund wegen Pflichtverletzung nach § 543 I 1, II 1 Nr. 2 Alt. 2 BGB. 5

a) Kündigungserklärung, § 568 BGB

6 Eine Kündigungserklärung muss bei einem Mietverhältnis über Wohnraum, wie es hier vorliegt, schriftlich (§ 126 BGB) erfolgen, vgl. § 568 BGB,[1] Eine solche Erklärung hat V dem M gegenüber durch den eigenhändig unterschriebenen Brief abgegeben.

b) Kündigungsgrund und Abmahnung, § 543 BGB

7 In Betracht kommt vorliegend eine Pflichtverletzung durch unbefugte Überlassung an einen Dritten, § 543 II 1 Nr. 2 Alt. 2 BGB.

8 Unabhängig davon, ob die Aufnahme der F in die Wohnung einen solchen wichtigen Grund darstellt, ist vor der Kündigung jedoch eine Abmahnung erforderlich, § 543 III 1 BGB. Entbehrlich ist sie nur, wenn sie offenkundig keinen Erfolg verspricht oder ohne Zweifel feststeht, dass eine Gebrauchsüberlassung unzulässig ist.[2] Dennoch hat V dem M sofort den Kündigungsbrief geschrieben und ihn nicht vorher abgemahnt. Für eine Erfolglosigkeit der Abmahnung oder für die zweifelsfreie Unzulässigkeit der Überlassung gibt es jedoch keine Anhaltspunkte. Vielmehr ist zu beachten, dass der durch die Abmahnung zu erzielende Umstand (Auszug der F) schon eingetreten ist. Bereits aus diesem Grund ist eine außerordentliche Kündigung nicht wirksam.

2. Ordentliche Kündigung gem. § 573 I 1, II Nr. 1 BGB

9 In Betracht kommt nunmehr eine ordentliche Kündigung gem. § 573 I 1, II Nr. 1 BGB. Da es sich bei dem Mietverhältnis zwischen M und V um ein Wohnraummietverhältnis auf unbestimmte Zeit handelt, ist die Vorschrift anwendbar.[3]

a) Kündigungserklärung

10 V kündigt in seinem Brief an M auch „hilfsweise ordentlich". Die Kündigungserklärung als Gestaltungserklärung darf aber nicht an eine (echte) Bedingung geknüpft werden (arg. § 388 S. 2 BGB).[4] Keine Bedingungen in diesem Sinne sind allerdings Rechtsbedingungen und Potestativbedingungen, da sie keine Rechtsunsicherheit für den Gestaltungsgegner verursachen.[5] Hier stellt die hilfsweise Erklärung der ordentlichen Kündigung eine zulässige Rechtsbedingung dar (sie soll wirksam sein, falls der außerordentlichen Kündigung kein Erfolg beschieden ist). Somit hat V die ordentliche Kündigung in ordnungsgemäßer Weise erklärt (s. zu diesem Problem bereits → Fall Nr. 11 Rn. 41).

b) Berechtigtes Interesse des Vermieters, § 573 BGB

11 Erforderlich ist ferner ein berechtigtes Interesse des V, § 573 I 1 BGB. Dies könnte vorliegend durch eine schuldhafte, nicht unerhebliche Pflichtverletzung des M begründet worden sein, § 573 II Nr. 1 BGB.

1 Vgl. Schmidt-Futterer/Streyl BGB § 568 Rn. 4 f.
2 Vgl. Schmidt-Futterer/Streyl BGB § 543 Rn. 227.
3 Vgl. MüKoBGB/Häublein § 573 Rn. 17.
4 BGH NZM 2004, 66 (67); Flatow NZM 2004, 281 (284).
5 MüKoBGB/Westermann § 158 Rn. 28; BeckOGK/Reymann BGB § 158 Rn. 141.

M hat F gegen den Willen des V bei sich einziehen lassen. Die Pflicht zur Unterlassung vertragswidrigen Gebrauchs und damit auch der unbefugten Gebrauchsüberlassung nach § 540 BGB unterfällt § 573 II Nr. 1 BGB.[6] Von dieser Pflicht umfasst ist dabei auch die Überlassung als unselbstständiger Mitgebrauch, also der Einzug eines Dritten beim Mieter.[7] Wegen Art. 6 GG nicht erlaubnispflichtig ist der Einzug eines Ehegatten. Der Tatbestand des § 540 BGB wird insoweit teleologisch reduziert.[8] Bei F handelt es sich jedoch um eine nichteheliche Lebensgefährtin, deren Aufnahme erlaubnispflichtig ist. Dadurch, dass M die F gegen den Willen des V (verweigerte Erlaubnis) hat einziehen lassen, hat er gegen § 540 I BGB verstoßen. Dies könnte ein berechtigtes Interesse des V iSd § 573 I 1 BGB begründen. 12

Der Sachverhalt könnte jedoch anders zu bewerten sein, wenn M einen Anspruch auf Erteilung der Erlaubnis aus § 553 I 1 BGB hatte.[9] 13

Der formularvertragliche Ausschluss der Aufnahme weiterer Personen ist eine von § 553 BGB abweichende Vereinbarung und nach § 553 III BGB unzulässig; sie steht dem Anspruch nicht im Wege.[10] 14

Ein Anspruch auf Zustimmung ist regelmäßig gegeben, wenn ein berechtigtes Interesse des Mieters an der Gebrauchsüberlassung besteht.[11] Der Wunsch, eine nichteheliche Lebensgemeinschaft zu begründen, ist ein solches Interesse.[12] Eine nichteheliche Lebensgemeinschaft zeichnet sich durch innere Bindungen aus und durch ein gegenseitiges Einstehen der Partner füreinander. Sie geht also über die Beziehungen in einer reinen Haushalts- und Wirtschaftsgemeinschaft hinaus.[13] Eine solche Beziehung war zwischen M und F bei deren Einzug gegeben. Ein berechtigtes Interesse des M lag daher vor. 15

Der Anspruch auf Zustimmung besteht allerdings nicht, wenn ein überwiegendes Interesse des Vermieters an der Verweigerung anzuerkennen ist, insbesondere in der Person des Dritten ein wichtiger Grund vorliegt.[14] V macht geltend, dass F arbeitslos sei und keine Einkünfte habe. Das Insolvenzrisiko des Dritten trägt jedoch der Mieter, der weiterhin jedenfalls im Außenverhältnis die volle Miete schuldet. Der Vermieter ist daher nicht schutzwürdig.[15] Folglich besteht kein gegenläufiges Interesse des V, sodass M einen Anspruch auf Zustimmung hat. 16

Trotz des Anspruchs hat V die Zustimmung nicht ausgesprochen; dennoch hat M den Gebrauch an F überlassen. Fraglich ist nun, ob in dieser Konstellation ein berechtigtes Interesse des V an der Kündigung iSd § 573 I 1 BGB anzuerkennen ist. 17

Die Gebrauchsüberlassung ohne Zustimmung stellt unabhängig vom Bestehen eines Anspruchs eine Pflichtverletzung dar.[16] Gleichwohl dient die Einholung der Zustim- 18

6 BayObLG NJW-RR 1995, 969 (970); BeckOGK/Geib BGB § 573 Rn. 19.
7 BGH NJW 2004, 56 (57); OLG Hamm NJW 1982, 2876 (2877).
8 BGH NJW 2013, 2507.
9 Vgl. Schwab FamR GdR Rn. 584.
10 BeckOGK/Emmerich BGB § 553 Rn. 26; Scholz NJW 1982, 1070 (1071).
11 AG Brandenburg NJOZ 2020, 395 (398); Schmidt-Futterer/Flatow BGB § 553 Rn. 3.
12 BGH NJW 2004, 56 (58); Soergel/Heintzmann BGB § 553 Rn. 4; Messerle JuS 2001, 28 (30).
13 BVerfG NJW 1993, 643 (645).
14 Schmidt-Futterer/Flatow BGB § 553 Rn. 14; Soergel/Heintzmann BGB § 553 Rn. 6.
15 LG Berlin NZM 2002, 947 (958); MüKoBGB/Bieber § 540 Rn. 21; BeckOGK/Emmerich BGB § 553 Rn. 18.
16 BGH NJW 2011, 1065 (1066); BayObLG NJW-RR 1995, 969 (970); 1991, 461 (462); OLG Hamm NJW-RR 1997, 1370.

mung nur dem Zweck, dass der Vermieter Einwände gegen die Gebrauchsüberlassung geltend machen kann.[17] Bittet der Mieter um die Zustimmung und wird diese verweigert, konnte der Vermieter seine Einwände geltend machen.[18] Diese sind jedoch, wie dargelegt, unberechtigt und die Verweigerung durch V ist ein Vertragsverstoß. Daher ist es V wegen des Verbots rechtsmissbräuchlichen Verhaltens (§ 242 BGB) verwehrt, sich auf die Pflichtverletzung des M zur Rechtfertigung der Kündigung zu berufen.[19]

19 Durch den Anspruch des M gegen V aus § 553 I BGB besteht also keine die Kündigung rechtfertigende Pflichtverletzung des M mehr. Auch die ordentliche Kündigung des V ist somit unwirksam.

3. Zwischenergebnis

20 Ein Mietverhältnis zwischen M und V besteht weiterhin.

21 V hat gegen M keinen Herausgabeanspruch aus § 546 I BGB.

II. § 985 BGB

22 Ein Anspruch aus § 985 BGB, der grundsätzlich neben vertraglichen Herausgabeansprüchen in Betracht kommt,[20] scheidet aus, da M ein Besitzrecht iSd § 986 I 1 BGB aus dem Mietverhältnis hat.

III. Ansprüche aus Besitzschutz- und Bereicherungsrecht

23 Ansprüche aus Besitzschutzrecht (§§ 861, 1007 BGB) und Bereicherungsrecht werden zwar nicht verdrängt, liegen aber tatbestandlich nicht vor[21] (keine verbotene Eigenmacht, keine bewegliche Sache bzw. Rechtsgrund für die Leistung).

Frage 2: Herausgabeanspruch des M gegen F bezüglich des Fernsehers

I. § 985 BGB

24 M könnte gegen F einen Herausgabeanspruch bezüglich des Fernsehers aus § 985 BGB haben.

25 F hat den Fernseher nach dem Auszug mitgenommen und ist daher unmittelbare Besitzerin. M müsste Eigentümer sein. Vorliegend lässt sich jedoch der Eigentumsübergang nach dem Kauf nicht klären. Vielmehr steht nur fest, dass der Fernseher während des Zusammenlebens in einer nichtehelichen Lebensgemeinschaft (s. oben) angeschafft und durch einen gemeinsamen Darlehensvertrag finanziert wurde.

---

17 BGH NJW 2011, 1065 (1066); BayObLG NJW-RR 1995, 969 (970).
18 Vgl. BGH NJW 2011, 1065 (1066).
19 Vgl. BGH NJW 2011, 1065 (1066); OLG Hamm NJW-RR 1997, 1370.
20 BeckOGK/Zehelein BGB § 546 Rn. 9.
21 Vgl. BeckOGK/Zehelein BGB § 546 Rn. 10, 15.

1. Anwendbarkeit von Gesellschaftsrecht

Die Eigentumslage könnte geklärt werden, wenn hinsichtlich des Fernsehers durch M und F eine Gesellschaft zur gemeinschaftlichen Schaffung eines Vermögenswerts errichtet wurde.[22] Hierfür müssten die Partner aber durch zumindest schlüssiges Verhalten einen entsprechenden Vertrag geschlossen haben.[23] Ein solcher Vertrag könnte sich konkludent daraus ergeben, dass M und F gemeinsam ein Darlehen zur Finanzierung aufgenommen haben und daher auch die Eigentumslage regeln wollten. Gleichwohl ergibt sich aus dem Sachverhalt abgesehen von dem Darlehensvertrag kein weiteres Handeln der Partner, das auf die rechtliche Gestaltung ihres Verhältnisses gerichtet ist. Zudem entspricht es dem Charakter der nichtehelichen Lebensgemeinschaft, die Beziehung nicht genauer rechtlich zu regeln.[24] Daher ist die Gründung einer Gesellschaft abzulehnen. **26**

2. Anwendbarkeit von §§ 1357, 1568b II BGB (analog)

Auch durch § 1357 BGB (analog) kann – unabhängig von der Frage nach dessen dinglicher Wirkung – die Eigentumslage nicht geklärt werden, da diese Vorschrift nicht auf nichteheliche Lebensgemeinschaften angewandt werden kann.[25] Auch eines Rückgriffs auf § 1568b II BGB infolge eines doppelten Analogieschlusses (kein Hausratsverteilungsverfahren; keine Ehe) bedarf es nicht, wenn sich die Eigentumslage bereits aus anderen Vorschriften klären lässt.[26] **27**

3. Geschäft für den, den es angeht

Teilweise wird bei einer nichtehelichen Lebensgemeinschaft stets, und zwar auch unabhängig davon, wer den Kaufpreis gezahlt hat, eine Bruchteilsgemeinschaft nach den Regeln über das Geschäft, für den, den es angeht, angenommen, da dies dem sozialen Zweck der Lebensgemeinschaft entspreche.[27] Andere stellen auf die (Allein-)Finanzierung als maßgebliches Kriterium ab und sprechen dem Partner, der die Kosten trägt, Eigentum zu.[28] **28**

M und F haben für die Bezahlung ein gemeinsames Darlehen aufgenommen. Die sich daraus ergebende gesamtschuldnerische Haftung (§ 427 BGB) deutet auf Miteigentum hin.[29] Allerdings bezahlt ausschließlich M die erste Rate. Es ist daher fraglich, ob sich aus der gesamtschuldnerischen Haftung Miteigentum ableiten lässt. Allerdings ist für die Eigentumsfrage der Erwerbszeitpunkt maßgeblich, die spätere Bezahlung ist außer Betracht zu lassen, sofern nicht eine erneute Eigentumsübertragung ersichtlich ist. **29**

Klärend könnte zudem die Norm des § 1006 BGB sein, wonach zugunsten des (früheren) Besitzers dessen Eigentümerstellung vermutet wird. Maßgeblich ist bei Lebensgemeinschaften dabei die Zeit des Bestehens dieser Gemeinschaft.[30] Während des **30**

22 Vgl. OLG Hamm NJW 1989, 909.
23 BGH NJW 2006, 1268 (1270); Schwab FamR GdR Rn. 603.
24 Vgl. Steinert NJW 1986, 683 (684).
25 OLG Hamm NJW 1989, 909 (910); Schwab FamR GdR Rn. 592.
26 Wellenhofer NZFam 2021, 381; Mende NZFam 2021, 386 (387).
27 OLG Düsseldorf OLGZ 1992, 230 (232); LG Aachen BeckRS 2010, 10992.
28 OLG Hamm NJW 1989, 909; OLG Köln NJW-RR 1996, 1411; Messerle JuS 2001, 28 (31).
29 Schwab FamR GdR Rn. 591.
30 Messerle JuS 2001, 28 (31).

Zusammenlebens waren M und F im Mitbesitz des Fernsehers. In Zusammenschau aller Anhaltspunkte ist daher Miteigentum anzunehmen.[31]

4. Rechtsfolge bei Miteigentum

31 Haben Anspruchsinhaber und -gegner Miteigentum an der Sache, so richtet sich der Anspruch aus § 985 BGB (nur) auf die Einräumung von Mitbesitz.[32] Ein Herausgabeanspruch als solcher scheidet mangels Alleineigentums aus.[33]

II. § 861 I BGB

32 In Betracht kommt des Weiteren ein Herausgabeanspruch aus § 861 I BGB. Dieser setzt voraus, dass dem M als Besitzer der Besitz am Fernseher durch verbotene Eigenmacht entzogen wurde. Dabei reicht es aus, dass M Mitbesitzer des Fernsehers war.[34] Besitzschutzansprüche greifen auch unter Mitbesitzern, wenn einem von ihnen der Besitz vollständig entzogen wird (§ 866 BGB).[35] Verbotene Eigenmacht liegt vor, wenn der unmittelbare Besitz dem Besitzer ohne dessen Willen oder gesetzliche Gestattung entzogen wird, § 858 I BGB. F hat den Fernseher ohne den Willen des M oder sonstige Berechtigung mitgenommen und diesem daher seinen unmittelbaren Mitbesitz entzogen. Ihr Besitz ist somit auch fehlerhaft, § 858 II 1 BGB.

33 Mithin hat M gegen F einen Anspruch aus § 861 I BGB, allerdings richtet sich auch dieser nur auf die Wiedereinräumung des Mitbesitzes.

III. § 1007 I BGB

34 Ebenso könnte M ein Herausgabeanspruch aus § 1007 I BGB zustehen. F wusste, dass M ein Mitbesitzrecht an dem Fernseher zusteht und war daher diesbezüglich bösgläubig. Allerdings könnte der Anspruch nach § 1007 II 1 Hs. 2 BGB (analog) ausgeschlossen sei, da F Miteigentümerin des Fernsehers ist. Das Besitzrecht aus § 1007 II 1 Hs. 2 BGB richtet sich nach dem aus § 986 BGB.[36] § 986 BGB schließt einen Anspruch auf Einräumung von Mitbesitz bei § 985 BGB aber nicht aus (s. oben). Daher kann auch bei § 1007 BGB nicht anderes gelten.

35 Somit steht M auch aus § 1007 I BGB ein Anspruch zu, wiederum nur auf Einräumung des Mitbesitzes.

IV. § 1007 II BGB

36 Einen Anspruch auf Einräumung von Mitbesitz hat M, da ihm der unmittelbare Besitz am Fernseher unfreiwillig abhandengekommen ist, auch aus § 1007 II BGB.

31 Vgl. Darstellung von Mende NZFam 2021, 386 (387 ff.).

32 BeckOGK/Spohnheimer BGB § 985 Rn. 50; Soergel/Stadler BGB § 985 Rn. 11; ggf. Auseinandersetzung nach den Regeln der Bruchteilsgemeinschaft (§§ 749 ff. BGB), vgl. Schwab FamR GdR Rn. 593; Messerle JuS 2001, 28 (31).

33 Vgl. LG Aachen BeckRS 2010, 10992.

34 Vgl. BeckOK BGB/Fritsche § 861 Rn. 5.

35 BGH BeckRS 1971, 31123527; OLG Düsseldorf OLGZ 1985, 233 (235); Soergel/Stadler BGB § 866 Rn. 15.

36 Erman/Ebbing BGB § 1007 Rn. 11.

V. § 812 I 1 Alt. 2 BGB

M könnte zudem einen Anspruch aus § 812 I 1 Alt. 2 BGB gegen F haben. Selbst bei Annahme eines EBV sperrt dieses die Anwendung des § 812 BGB in Bezug auf Herausgabeansprüche nicht.[37] F hat hier den Alleinbesitz am Fernseher erlangt und das auf Kosten des M, der seine Position als Mitbesitzer verlor. Dies geschah ohne Rechtsgrund. Daher kann M auch aus § 812 I 1 Alt. 2 BGB Wiedereinräumung des Mitbesitzes verlangen. 37

VI. § 823 I BGB

Zuletzt kommt ein Anspruch aus § 823 I BGB in Betracht. Der (berechtigte) Besitz stellt ein sonstiges Recht iSd § 823 I BGB dar.[38] Dieser wurde dem M vorsätzlich durch Mitnahme des Geräts entzogen. Daher steht M auch aus § 823 I BGB iVm § 249 I BGB ein Anspruch auf Wiedereinräumung des Mitbesitzes zu. 38

Frage 3: Ansprüche des K auf Zahlung der Rechnungen

I. Gegen M aus § 631 I BGB für die Trockneraufstellung

In Betracht kommt zunächst ein Anspruch des K gegen M auf Zahlung von 500 EUR für die Aufstellung der Trocknungsgeräte aus § 631 I BGB. 39

1. Vorliegen eines Werkvertrags

Ein Anspruch aus § 631 I BGB setzt das Vorliegen eines Werkvertrags voraus. Ein Werkvertrag ist in Abgrenzung zum Dienstvertrag (§ 611 I BGB) ein Vertrag, der auf die Herstellung eines Werks, nicht die Erbringung einer Tätigkeit gerichtet ist.[39] 40

Vorliegend wurde K von F in die Wohnung des M gerufen, um den Wasserschaden zu beseitigen. Von einem konkludenten Vertragsschluss kann ausgegangen werden, wobei an dieser Stelle noch dahinstehen kann, mit wem der Vertrag geschlossen wurde. Offenbleiben kann auch die Einordnung des Vertrags als Werk- oder Dienstvertrag, da das Bestehen eines Vergütungsanspruchs nicht von dieser Qualifikation abhängt. 41

2. Wirkung des Vertrags gegen M

Damit K den M auf Zahlung in Anspruch nehmen kann, müsste der geschlossene Vertrag gegen M wirken. Dabei ist es zu einer unmittelbaren Einigung zwischen M und K nie gekommen. Vielmehr haben F und K durch das Telefonat konkludent den Vertrag geschlossen (s. oben). 42

a) Wirkung nach § 1357 I 2 BGB analog

Da M und F in einer (nichtehelichen) Lebensgemeinschaft leben, könnte eine (Mit-) Verpflichtung des M über § 1357 I 2 BGB in Betracht zu ziehen sein. § 1357 I BGB 43

37 RGZ 170, 257 (259); v. Finckenstein/Kuschel JuS 2016, 717 (720).
38 BGH NJW 1974, 1189; 1981, 750 (751).
39 MüKoBGB/Busche § 631 Rn. 1; Looschelders SchuldR BT § 28 Rn. 3.

spricht jedoch von Ehegatten, daher kommt nur eine analoge Anwendung infrage. Vereinzelt wird eine hierzu erforderliche planwidrige Regelungslücke angenommen und eine Analogie bejaht.[40] Die hM lehnt eine solche Analogie zu Recht ab, da eine nichteheliche Lebensgemeinschaft nicht ausreichend rechtlich verfestigt ist, um eine Gesamtschuld bei Rechtsgeschäften durch nur einen Partner zu tragen.[41]

b) Wirkung nach § 164 I 1 BGB

44 F könnte den M beim Vertragsschluss mit K gleichwohl wirksam nach §§ 164 ff. BGB vertreten haben.

45 Die erforderliche eigene Willenserklärung hat F während des Telefonats abgegeben. F hat am Telefon zudem gesagt, sie „handele für M" und damit das Offenkundigkeitsprinzip gewahrt, § 164 I 2 BGB.

46 F müsste aber auch mit Vertretungsmacht gehandelt haben, § 164 I 1 BGB.

aa) Vertretungsmacht

47 Eine gesetzliche Vertretungsmacht aus § 1357 BGB (vgl. hierzu für Ehegatten → Fall Nr. 5 Rn. 11 ff.) scheidet hier aus, da es sich um nichteheliche Lebensgefährten handelt. M hat der F auch keine Vollmacht erteilt, allerdings könnte eine Rechtsscheinvollmacht vorliegen.

48 In Betracht kommt zunächst eine sog. Duldungsvollmacht. Sie liegt vor, wenn der Vertretene das Handeln des Vertreters ohne Vertretungsmacht kannte und duldete und der Dritte dies nach Treu und Glauben so verstehen kann und darf, dass der Handelnde bevollmächtigt war (vgl. § 173 BGB).[42]

49 Zu berücksichtigen sind dabei allerdings nur bei oder vor Vertragsschluss liegende Umstände. Das Verhalten des vermeintlich Vertretenen nach Vertragsschluss kann nur unter dem Gesichtspunkt der Genehmigung des Vertrags rechtlich bedeutsam sein.[43] Vor dem hier zu beurteilenden Vertragsschluss über die Trocknungsgeräte lag jedoch keinerlei Auftreten der F als Vertreterin des M, das dieser kannte und duldete. Daher scheidet eine Duldungsvollmacht aus.

50 Aus den Regeln der Anscheinsvollmacht ergibt sich nichts anderes, da es zu deren Annahme eines mehrmaligen Auftretens des vermeintlichen Vertreters bedarf, das der Geschäftsherr hätte erkennen und verhindern können.[44] F handelte somit ohne Vertretungsmacht.

bb) Genehmigung, § 177 I BGB iVm § 184 I BGB

51 Damit hängt die Wirksamkeit von der Genehmigung des Vertretenen (§ 184 I BGB) ab, § 177 I BGB. Als F den M aufklärt, unternimmt dieser jedoch nichts weiter. Die bloße Untätigkeit ist ein rechtliches Nullum, in ihr liegt keine Genehmigung. Es ist daher kein Vertrag zwischen K und M zustande gekommen.

40 BeckOGK/Erbarth BGB § 1357 Rn. 50; Leipold FS Gernhuber, 1993, 711 f.
41 MüKoBGB/Roth § 1357 Rn. 14; Schwab FamR GdR Rn. 598; Messerle JuS 2001, 28 (29).
42 BGH NJW 2002, 2325 (2326).
43 BGH NJW 2002, 2325 (2326).
44 Vgl. Kneisel JA 2010, 337 (338 f.). Teilw. wird bereits abgelehnt, dass eine Anscheinsvollmacht im Rahmen der Stellvertretung wirkt, vgl. Flume BGB AT II § 49 Rn. 3 f.; Medicus/Petersen BGB AT Rn. 971.

3. Ergebnis

K hat gegen M keinen Anspruch auf Zahlung der 500 EUR. 52

II. Gegen M aus § 631 I BGB für die Reparatur der Spülung

K könnte gegen M aber einen Anspruch auf Zahlung der 150 EUR für die Reparatur der Toilettenspülung aus § 631 I BGB haben. 53

1. Vorliegen eines Werkvertrags zwischen M und K

Dafür müsste dieser Vertrag über §§ 164 ff. BGB für und gegen M wirken. Problematisch ist wiederum nur die Frage der Vertretungsmacht. 54

Eine Vollmacht hat M zwar nicht erteilt, es könnte jedoch eine Duldungsvollmacht vorliegen. M wusste nach dem Bericht über den Wasserschaden von einem Handeln der F in seinem Namen und unternahm nichts. Dies stellt ein Dulden dar, das diesmal auch zeitlich vor dem hier zu beurteilenden Vertragsschluss liegt und auf das K vertrauen durfte. Daher liegen die Voraussetzungen einer Duldungsvollmacht vor. F hat mithin mit Vertretungsmacht gehandelt. 55

2. Fälligkeit und Höhe der Vergütung

Der Vergütungsanspruch ist fällig, da die Reparatur abgenommen wurde, vgl. § 641 I 1 BGB. 56

3. Ergebnis

K hat daher einen Anspruch gegen M auf Zahlung der 150 EUR aus § 631 I BGB. 57

III. Gegen F wegen der Trocknungsarbeiten aus § 179 I BGB

Bezüglich der Kosten für die Trocknungsarbeiten kann sich K nicht an M halten (s. oben). F handelte ohne Vertretungsmacht. Daher kommt ein Anspruch gegen sie aus § 179 I BGB in Betracht. 58

K kannte den Mangel der Vertretungsmacht nicht und hätte ihn auch nicht erkennen können, sodass der Anspruch nicht nach § 179 III BGB ausgeschlossen ist. 59

K hat nunmehr die Wahl, ob er von F Erfüllung oder Schadensersatz verlangt, vgl. § 179 I BGB. Die Schranke in § 179 II BGB greift nicht zugunsten von F ein, da davon auszugehen ist, dass sie den Mangel der Vertretungsmacht kannte. Somit kann K von F Zahlung von 500 EUR aus § 179 I BGB verlangen. 60

IV. Gegen F für die Toilettenreparatur aus § 179 I BGB

In Betracht käme zudem eine Haftung der F für die Kosten der Toilettenreparatur aus § 179 I BGB. Allerdings hat sie insoweit mit Rechtsscheinsvollmacht gehandelt, sodass bereits M auf Bezahlung der Rechnung in Anspruch genommen werden kann (s. oben). 61

62 Fraglich ist, ob eine Duldungsvollmacht die Anwendung des § 179 BGB ausschließt, weil es in diesem Fall an dem im Wortlaut der Norm vorausgesetzten Handeln ohne Vertretungsmacht fehlt. Teilweise wird hier ein Wahlrecht des Dritten angenommen. Er könne sich auf den Rechtsschein berufen, müsse dies aber nicht tun, da der Rechtsschein alleine ihn und nicht den Vertreter schützen solle.[45] Gleichwohl kann der Dritte bei einer Duldungsvollmacht den Vertretenen vollumfänglich in Anspruch nehmen, sodass kein Grund für die Einräumung eines Wahlrechts besteht.[46] Andernfalls wäre der Dritte bessergestellt, als wenn der Vertreter mit echter (rechtsgeschäftlicher) Vollmacht gehandelt hätte.[47]

63 Ein Anspruch gegen F ist daher abzulehnen.

Frage 4: Darlehensrückzahlung

I. Anspruch des M gegen F auf Ersatz für die bereits gezahlte Rate vom 1.7.

1. § 426 I 1 BGB

64 Für die am 1.7. gezahlte Rate könnte M gegen F einen Ersatzanspruch aus § 426 I 1 BGB haben.

a) § 426 I 1 BGB als Anspruchsgrundlage

65 Dies setzt zunächst voraus, dass es sich bei § 426 I 1 BGB um eine Anspruchsgrundlage handelt. Eine Ansicht fasst § 426 I 1 BGB lediglich als Grundlage für einen präventiven Freistellungs-, nicht aber für einen Regressanspruch auf.[48] Vorliegend geht es jedoch um einen Regressanspruch, sodass § 426 I 1 BGB hiernach keine taugliche Anspruchsgrundlage wäre.

66 Der BGH hingegen sieht in § 426 I 1 BGB eine Anspruchsgrundlage, die dem berechtigten Gesamtschuldner neben der Anspruchsgrundlage aus § 426 II BGB zur Verfügung steht.[49] Letztere Ansicht überzeugt im Hinblick auf den Schutz des ausgleichsberechtigten Gesamtschuldners.

b) Anspruchsvoraussetzungen

67 Ein Anspruch aus § 426 I 1 BGB setzt voraus, dass M und F Gesamtschuldner sind, vgl. § 426 I 1 BGB. Bei einem gemeinsam aufgenommenen Darlehen sind die Vertragspartner als Gesamtschuldner zur Rückzahlung verpflichtet (§ 427 BGB).[50]

68 M hat zudem den Gläubiger (B) mit Zahlung der Rate am 1.7. befriedigt.

45 MüKoBGB/Schubert § 167 Rn. 141 ff.; Canaris NJW 1991, 2628 f.
46 BGH NJW 1983, 1308 (1309); BeckOK BGB/Schäfer § 179 Rn. 6.
47 Vgl. BeckOK BGB/Schäfer § 179 Rn. 6.
48 Stamm NJW 2004, 811 (813).
49 BGH NJW 2010, 60 (61); Looschelders SchuldR AT § 54 Rn. 28 f.
50 Vgl. BGH NJW 1991, 1289; MüKoBGB/Berger § 488 Rn. 42.

c) Keine anderweitige Bestimmung

Die Gesamtschuldner sind im Innenverhältnis zu gleichen Teilen verpflichtet, sofern nichts anderes bestimmt ist, § 426 I 1 BGB. Bei einer nichtehelichen Lebensgemeinschaft – wie der zwischen M und F – könnte sich aus dieser Gemeinschaft allerdings etwas anderes ergeben.[51] Eine starre Aufteilung nach Kopfteilen würde den Besonderheiten dieser Gemeinschaft nicht gerecht. In engen Nähebeziehungen werden finanzielle und immaterielle Beiträge zur gemeinsamen Lebensführung vielmehr ohne den Gedanken an Ersatz oder Verrechnung von demjenigen Partner erbracht, der hierzu gerade am besten in der Lage ist. Ausgleichsansprüche sollen hinsichtlich solcher Leistungen ausscheiden, die der Leistungsfähigere übernommen hat und die das Zusammenleben in der gewollten Art ermöglicht haben; hierzu zählen etwa Mietzahlungen oder auch Kreditraten, sofern sie dem täglichen Leben dienen.[52] 69

Das Darlehen wurde für einen Fernseher, also einen Gegenstand des täglichen Lebens, aufgenommen. Somit überlagert die nichteheliche Lebensgemeinschaft die Gesamtschuldnerschaft und ein Anspruch scheidet aus. 70

d) Ergebnis

M hat gegen F keinen Ersatzanspruch aus § 426 I 1 BGB. 71

2. § 426 II BGB iVm § 488 I 2 BGB

Aus den gleichen Gründen scheidet auch ein Anspruch des M gegen F aus übergegangenem Recht, § 426 II BGB iVm § 488 I 2 BGB, aus. Denn der Anspruch der B geht nur nach Maßgabe des Innenverhältnisses auf M über. 72

3. §§ 730, 733 II BGB

Es ist nicht ersichtlich, dass M und F einen Rechtsbindungswillen zur Gründung einer BGB-Gesellschaft zur Finanzierung des Fernsehers hatten (s. oben). 73

4. §§ 683 S. 1, 670 BGB

Ein für einen Aufwendungsersatzanspruch aus §§ 683 S. 1, 670 BGB erforderlicher Fremdgeschäftsführungswille kann in Bezug auf Leistungen, die während des Bestehens der Lebensgemeinschaft im Interesse des Zusammenlebens erbracht wurden, widerlegt werden.[53] 74

5. § 812 I BGB

Durch die Zahlung der Rate durch M trat Erfüllung ein und die F wurde von ihrer Verbindlichkeit befreit. Die Befreiung von einer Verbindlichkeit ist ein erlangtes Etwas iSd § 812 I BGB.[54] Ob dies durch Leistung an F oder nur als Reflex einer Leistung an B geschah, braucht nicht entschieden zu werden. Alltägliche Zuwendungen, die im Rahmen einer nichtehelichen Lebensgemeinschaft gemacht werden, finden 75

51 BGH NJW 2010, 868 (869).
52 BGH NJW 2010, 868 (869); 2013, 2187 f.; Wellenhofer, NZFam 2021, 381 (385).
53 Vgl. BGH NJW 1981, 1502 (1503).
54 MüKoBGB/Schwab § 812 Rn. 16.

ihren Rechtsgrund in dieser Lebensgemeinschaft und lösen keine Bereicherungsansprüche aus.[55]

6. § 313 BGB

76 Auch ein Anspruch wegen Wegfalls der Geschäftsgrundlage (§ 313 BGB) scheidet in einer nichtehelichen Lebensgemeinschaft nach deren Auflösung hinsichtlich derjenigen Leistungen aus, die ihren Zweck bereits in der alltäglichen Verwirklichung der Lebensgemeinschaft und dem Unterhalt gefunden haben.[56]

7. Ergebnis

77 Hinsichtlich der Rate vom 1.7. hat M folglich keinen Ersatzanspruch gegen F.

II. Rate vom 1.12.

1. Inanspruchnahme von M durch B aus §§ 488 I 2, 421 S. 1 BGB

78 Bei einer Gesamtschuld kann der Gläubiger jeden Gesamtschuldner für die volle Höhe in Anspruch nehmen, unabhängig davon, wie sich das Innenverhältnis darstellt. Daher kann die B den M auch für die ausstehenden 2.000 EUR nach §§ 488 I 2, 421 S. 1 BGB alleine in Anspruch nehmen.

2. Regressanspruch des M gegen F

a) § 426 I 1 BGB

79 Wenn M erfolgreich durch die B in Anspruch genommen wird, kommt im Verhältnis zu F wiederum ein Regressanspruch aus § 426 I 1 BGB in Betracht (s. oben).

80 Durch die Trennung sind zudem die besonderen Umstände entfallen, die für eine vom Grundsatz des § 426 I 1 BGB (gleiche Anteile) abweichende Regelung des Innenverhältnisses gesprochen haben (s. oben).[57] Damit besteht ein hälftiger Regressanspruch.

b) § 426 II BGB iVm § 488 I 2 BGB

81 Ebenso liegen die Voraussetzungen des § 426 II BGB iVm § 488 I 2 BGB vor. Wenn M zahlt, geht der Anspruch der B iHv 1.000 EUR auf ihn über, den M dann gegen F geltend machen kann. Dabei steht dieser Anspruch selbstständig in Anspruchskonkurrenz zu dem aus Abs. 1.[58]

c) §§ 683 S. 1, 670 BGB

82 Infrage kommt zudem ein Aufwendungsersatzanspruch aus §§ 683 S. 1, 670 BGB. Teilweise wird in diesem Fall bereits die Anwendung der §§ 677 ff. BGB abgelehnt.[59] Andere wenden §§ 677 ff. BGB an und nehmen auch bei einer Zahlung im Rahmen

55 OLG Saarbrücken JuS 1980, 529; Messerle JuS 2001, 28 (33).
56 BGH NJW 2008, 3277 (3279); Schulz FPR 2010, 373.
57 OLG Bremen NJW 2016, 1248 (1249); Schulz FPR 2010, 373 (377).
58 Looschelders SchuldR AT § 54 Rn. 32.
59 BeckOGK/Thole BGB § 677 Rn. 125.

des § 421 BGB einen (zumindest partiellen) Fremdgeschäftsführungswillen an; gleichwohl darf der Anspruch nicht über den aus § 426 BGB hinausgehen.[60]

d) § 812 I 1 Alt. 1 BGB

Ein Anspruch aus § 812 I 1 Alt. 1 BGB scheidet aus. Der Anspruch der B geht anteilig nach § 426 II 1 BGB auf M über. F hat daher keine Befreiung von einer Verbindlichkeit und damit kein Etwas iSd § 812 I 1 BGB erlangt. Vielmehr hat sich nur ihr Gläubiger geändert. 83

Frage 5: Schadensersatzanspruch des M gegen F

I. Vertraglicher Anspruch

Ein Mietvertrag zwischen M und F, aus dem sich ein Schadensersatzanspruch ergeben könnte, ist nicht ersichtlich; vielmehr ist nur die schlichte Einräumung von Mitgebrauch anzunehmen.[61] 84

II. § 823 I BGB

In Betracht kommt ein Schadensersatzanspruch aus § 823 I BGB. Die deliktische Schadensersatzhaftung ist anwendbar, da wegen der gestatteten Mitbenutzung ein EBV im Schädigungszeitpunkt nicht vorlag. 85

1. Rechts- oder Rechtsgutsverletzung

Eine Eigentumsverletzung scheidet aus, da M nicht Eigentümer der Wohnung ist. Allerdings ist auch der berechtigte Besitz, der M als Mieter zusteht, als sonstiges Recht iSd § 823 I BGB anerkannt.[62] Schäden, für die der Mieter dem Vermieter Ersatz leisten muss, können einen Haftungsschaden begründen.[63] 86

2. Verschulden

F müsste vorsätzlich oder fahrlässig iSd § 276 I, II BGB gehandelt haben. Das Offenlassen des Wasserhahns war zumindest fahrlässig. Zugunsten der F könnte allerdings eine Haftungsbeschränkung eingreifen. Für Ehegatten existiert eine solche in § 1359 BGB. 87

Fraglich ist, ob § 1359 BGB auf nichteheliche Lebensgemeinschaften analog anzuwenden ist. Mit Verweis auf den Mangel einer Rechtsgemeinschaft wird dies teilweise abgelehnt und dafür idR ein stillschweigender Haftungsausschluss angenommen.[64] Andere lassen eine analoge Anwendung wegen des engen Zusammenlebens und der damit verbundenen erhöhten Schädigungsgefahr auch in nichtehelichen Gemein- 88

60 BGH NJW 1963, 2067 (2068); Wandt Gesetzl. Schuldverhältnisse § 8 Rn. 11.
61 Vgl. Schwab FamR GdR Rn. 586.
62 BGH NJW 1974, 1189; 1981, 750 (751).
63 BGH NJW 1981, 750 (751); BeckOGK/Spindler BGB § 823 Rn. 171.
64 OLG Karlsruhe BeckRS 2011, 3551.

schaften zu.[65] Da im Ergebnis beide Ansichten eine Haftungsbeschränkung annehmen, kann von einer Haftungsprivilegierung ausgegangen werden. Diese greift nicht nur im vertraglichen, sondern auch im deliktischen Bereich.[66]

a) Voraussetzungen des § 1359 BGB

89 Die Verletzung, für die die Haftungsbeschränkung gelten soll, müsste eine Verpflichtung aus dem gemeinschaftlichen Leben betreffen, wobei hierunter auch der Umgang mit dem Vermögen des anderen und Haushaltsgegenständen gehört.[67] Vorliegend sind Gegenstände des gemeinsamen Haushalts, an denen M berechtigten Besitz hatte, beschädigt worden.

b) Rechtsfolgen

90 Nach § 1359 BGB haftet F nur für diejenige Sorgfalt, welche sie in eigenen Angelegenheiten anzuwenden pflegt, § 1359 BGB, stets aber für grobe Fahrlässigkeit, § 277 BGB. F ist laut Sachverhalt etwas schusselig. Hätte sie nur einfach fahrlässig gehandelt, würde die Haftung also entfallen. Allerdings deutet der Umstand, dass das Wasser bereits den Flur erreicht hatte, darauf, dass es eine längere Zeit überlief. Eine einlaufende Badewanne über einen langen Zeitraum unbeobachtet zu lassen, kann nicht mehr als nur leicht fahrlässig eingestuft werden. Vielmehr hat F grob fahrlässig gehandelt. Somit entfällt ihre Haftung nicht nach § 1359 BGB analog *(aA vertretbar).*

3. Kausaler Schaden

91 Bei M müsste ein kausaler Schaden iSd Differenzhypothese entstanden sein (Differenz der Vermögenslage vor und nach dem schädigenden Ereignis). Ohne das Überlaufen der Badewanne hätte M dem V für die Schadensbeseitigung keine 250 EUR zahlen müssen (sog. Haftungsschaden). Ihm ist daher ein Schaden und mithin ein Anspruch aus § 823 I BGB in dieser Höhe entstanden.

4. Aufrechnung

92 Der Anspruch des M könnte durch Aufrechnung nach §§ 387 ff. BGB erloschen sein. Die nach § 388 S. 1 BGB erforderliche Aufrechnungserklärung hat F abgegeben. Zusätzlich muss eine Aufrechnungslage bestehen. F müsste insbesondere eine Gegenforderung zustehen.

a) § 611 I BGB

93 F verlangt von M für Haushaltsführungstätigkeiten insgesamt 3.000 EUR. Ein solcher Anspruch könnte sich aus einem Dienstvertrag ergeben. An den hierfür erforderlichen Rechtsbindungswillen sollten unter Lebensgefährten aber strenge Anforderungen gestellt werden, da sowohl die Erwerbstätigkeit des einen als auch die Haushaltsführung des anderen als Leistung für die Gemeinschaft verstanden werden.[68] Diese gesteigerten Anforderungen sind hier nicht erfüllt.

65 OLG Oldenburg NJW 1986, 2259; MüKoBGB/Roth § 1359 Rn. 8.
66 BGH NJW 1970, 1271 f.; Schwab FamR GdR Rn. 157.
67 BeckOK BGB/Hahn § 1359 Rn. 5; Jauernig/Budzikiewicz BGB § 1359 Rn. 4.
68 Messerle JuS 2001, 28 (32); Steinert NJW 1986, 683 (687); Wellenhofer NZFam 2021, 381 (385).

b) §§ 683 S. 1, 670 BGB

Ein Aufwendungsersatzanspruch aus §§ 683 S. 1, 670 BGB scheidet aus, da sich die Haushaltsführung als eigener Beitrag der F zur Lebensgemeinschaft und damit als ein eigenes Geschäft darstellt.[69] **94**

c) § 812 BGB

Ein Anspruch der F aus § 812 I 1 Alt. 1 BGB setzt eine Vermögensverschiebung durch Leistung ohne Rechtsgrund voraus. In der nichtehelichen Lebensgemeinschaft liegt aber für Beiträge, die das Zusammenleben ermöglichen, ein Rechtsgrund in dieser Gemeinschaft.[70] Auch ein Anspruch wegen Zweckverfehlungskondiktion (§ 812 I 2 Alt. 2 BGB) kommt nicht in Betracht, weil kein über das gemeinsame Zusammenleben hinausgehender Zweck verfolgt wurde. Die Haushaltstätigkeit diente der Alltagsbewältigung und ist nach dem Scheitern der Lebensgemeinschaft nicht auszugleichen, da über derartige laufende und gewöhnliche Beiträge zum Zusammenleben nach dem Selbstverständnis der nichtehelichen Partner nicht „abgerechnet“ werden soll.[71] **95**

d) § 313 BGB

Ein Anspruch aus § 313 BGB scheidet aus obigen Gründen ebenso aus, da das tagtäglich Erbrachte sich im unmittelbaren Zusammenleben realisiert und die Trennung nicht nachträglich die Geschäftsgrundlage dafür entfallen lässt.[72] **96**

Es besteht kein aufrechenbarer Gegenanspruch der F. **97**

5. Ergebnis

M hat gegen F einen Schadensersatzanspruch aus § 823 I BGB iHv 250 EUR. **98**

---

69 Vgl. BGH NJW 1983, 1055; MüKoBGB/Schäfer § 677 Rn. 84.
70 OLG Saarbrücken JuS 1980, 529; Messerle JuS 2001, 28 (33).
71 Vgl. Messerle JuS 2001, 28 (33).
72 Vgl. Wellenhofer NZFam 2021, 381 (383); Schulz FPR 2010, 373 (374).

§ 18 Fälle zum Verwandtschafts- und Kindschaftsrecht

Fall Nr. 13 – Eltern und ihre Kinder

Schwerpunkte: *Grundstücksschenkung an ein Kind durch den gesetzlichen Vertreter*

1 Witwer Wolfgang Witzig (W) hat 2 Kinder. Den 14-jährigen Albert (A) aus der Ehe mit seiner bereits im Jahr 2016 vorverstorbenen Ehefrau und Birgit (B) aus einer nichtehelichen Beziehung mit der 20 Jahre jüngeren Minnie Meister (M). Seit der Geburt der B leben M und W gemeinsam mit A und B in einem Haushalt zusammen. Doch gerade jetzt hängt der Haussegen schief: Denn W will dem A schenkweise das Eigentum an einem bebauten Ufergrundstück nördlich von Kiel übertragen. Damit ist M gar nicht einverstanden, weil sie meint, dass dieses schöne Grundstück einmal beiden Kindern gehören sollte. Das Grundstück ist mit einer Grundschuld iHv 40.000 EUR belastet, die allerdings den Wert des Grundstücks nicht ausschöpft. Im Grundbuch ist – neben einem Briefausschluss – eingetragen, dass jeder künftige Eigentümer sich der sofortigen Zwangsvollstreckung unterwirft. Ohne M davon zu erzählen, begab sich W am 16.6.2020 zum Notar Neureich (N) und erklärte diesem gegenüber – sowohl im eigenen Namen als auch im Namen des nicht anwesenden A – die Schenkung und die Auflassung, die jeweils beurkundet wurden. Dabei ließ sich W allerdings für den Fall, dass A das Grundstück vor seinem 30. Geburtstag weiterverkaufen sollte, ein dingliches Vorkaufsrecht einräumen, wobei sich der Kaufpreis für W im Fall der Vorkaufsrechtsausübung auf lediglich 10.000 EUR belaufen sollte. Ein entsprechendes dingliches Vorkaufsrecht zugunsten des W wurde – zusammen mit der Eigentumsumschreibung auf A – im Grundbuch eingetragen. Außerdem behielt sich W den Rücktritt von der Schenkung für den Fall vor, dass er noch einmal heiraten sollte, beschränkte die in diesem Fall vorzunehmende Rückabwicklung aber auf einen bereicherungsrechtlichen Ausgleich. Schenkungssteuer fiel nicht an und die für das laufende Jahr 2020 zu zahlende Grundsteuer wurde noch von W beglichen.

W wendet sich an den befreundeten Rechtsanwalt Robert Redlich (R). Er möchte wissen, wem das Eigentum am Ufergrundstück zusteht. Auf Rückfrage des R gibt W an, dass er A das Eigentum „auf jeden Fall" habe zuwenden wollen und zu diesem Zweck ggf. auch auf das dingliche Vorkaufsrecht verzichtet haben würde. Wenn er für den Fall, dass A das Grundstück vor seinem 30. Geburtstag weiterverkauft, allerdings eine Zugriffsmöglichkeit auf das Grundstück haben könnte, ohne dass dies den Eigentumserwerb des A gefährde, so sei ihm das aber gerade recht.

Gliederung 2

A. Eigentumserwerb des A durch Übereignung
- I. Wirksame dingliche Einigung (Auflassung), §§ 873 I, 925 I BGB
  - 1. Zulässigkeit der Stellvertretung
  - 2. Eigene Willenserklärung im fremden Namen
  - 3. Vertretungsmacht
    - a) Verbot des Insichgeschäfts
    - b) Ausnahmen vom Verbot des Insichgeschäfts
      - aa) Grundsatz
      - bb) Wirksamer Schenkungsvertrag
        - (1) Notarielle Beurkundung
        - (2) Unwirksamkeit des Schenkungsvertrags
          - (a) Gesamtbetrachtungslehre
          - (b) Teleologische Reduktion des § 181 BGB
      - cc) Nachteilhaftigkeit des dinglichen Geschäfts
        - (1) Öffentliche Lasten
        - (2) Grundschuld
        - (3) Dingliches Vorkaufsrecht
      - dd) Zwischenergebnis
    - c) Zwischenergebnis
- II. Eintragung im Grundbuch und Einigsein zum Zeitpunkt der Eintragung
- III. Berechtigung des W

B. Ergebnis

Lösung

A. Eigentumserwerb des A durch Übereignung

Ursprünglicher Eigentümer des Grundstücks war W. Er könnte sein Eigentum jedoch durch Übereignung nach §§ 873, 925 BGB an A verloren haben. 3

I. Wirksame dingliche Einigung (Auflassung), §§ 873 I, 925 I BGB

Fraglich ist bereits, ob eine wirksame dingliche Einigung vorliegt. Dafür müssten W und A sich geeinigt haben, dass das Eigentum auf A übergehen soll. A selbst war bei der Auflassung nicht anwesend, es kommt daher allenfalls eine Stellvertretung durch den W nach § 164 BGB in Betracht. 4

1. Zulässigkeit der Stellvertretung

Zunächst dürfte die Stellvertretung nicht ausgeschlossen sein. Dies ist insbesondere bei höchstpersönlichen Rechtsgeschäften der Fall.[1] Die Formvorschrift des § 925 BGB verlangt jedoch keine höchstpersönliche Anwesenheit des Veräußerers und des 5

1 Grüneberg/Ellenberger BGB Einf. v. § 164 Rn. 4.

Erwerbers, wie sich aus einem Umkehrschluss zu §§ 2274, 2276 BGB ergibt.[2] Eine Stellvertretung ist also nicht ausgeschlossen.

2. Eigene Willenserklärung im fremden Namen

6 W gab eine eigene Willenserklärung im Namen des A ab.

3. Vertretungsmacht

7 Darüber hinaus müsste W mit Vertretungsmacht gehandelt haben. Grundsätzlich handelte W als gesetzlicher Vertreter des A gem. §§ 1629 I 3, 1680 I BGB, ohne der Mitwirkung durch M zu bedürfen. Insbesondere sind M und W nicht verheiratet; auch § 1687b I BGB ist nicht einschlägig.

a) Verbot des Insichgeschäfts

8 Es könnte jedoch ein Insichgeschäft vorliegen und die Vertretungsmacht des W daher nach § 181 BGB ausgeschlossen gewesen sein.[3] Nach § 1629 II 1 BGB kann ein Kind von seinen Eltern nicht wirksam vertreten werden, wenn der Vormund nach § 1795 BGB (= § 1824 BGB nF) von der Vertretung ausgeschlossen ist. Dabei verweist § 1795 II BGB (= § 1824 II BGB nF) auf § 181 BGB. Danach kann ein Vertreter im Namen des Vertretenen mit sich im eigenen Namen ein Rechtsgeschäft grundsätzlich nicht vornehmen. Indem W auf der einen Seite als Vertreter des A und auf der anderen Seite zugleich selbst als Partei des Vertrags gehandelt hat, hat er ein Insichgeschäft iSd § 181 BGB abgeschlossen. Somit liegt in der Auflassung grundsätzlich ein Verstoß gegen § 181 BGB.

9 **Hinweis:** Auch wenn A selbst den Vertrag mit Zustimmung seines Vaters geschlossen hätte, würde das Ergebnis nicht anders ausfallen. Zwar würde der gesetzliche Vertreter W dann nicht „im Namen" des A auftreten, § 181 BGB müsste aber jedenfalls auf die Zustimmung analog angewandt werden, um den Normzweck nicht zu unterlaufen.

b) Ausnahmen vom Verbot des Insichgeschäfts

aa) Grundsatz

10 Die Auflassung könnte allerdings wirksam sein, wenn W aufgrund der in § 181 BGB genannten Ausnahmen nicht an der Vertretung des A gehindert war. Ein Insichgeschäft ist nach § 181 BGB ausnahmsweise wirksam, wenn dem Vertreter der Abschluss eines solchen Geschäfts durch das Gesetz oder vom Vertretenen selbst gestattet ist oder wenn das Insichgeschäft ausschließlich zur Erfüllung einer Verbindlichkeit erfolgt. Hier könnte W das Insichgeschäft zur Erfüllung einer Verbindlichkeit getätigt haben. Dann müsste eine wirksame Verbindlichkeit vorliegen, die sich aus einem Schenkungsvertrag ergeben könnte.

---

2 S. nur BeckOGK/J. Weber BGB § 925 Rn. 84 mwN.

3 Wer das Insichverbot missachtet, überschreitet seine Vertretungsmacht. Rechtsfolge ist die schwebende Unwirksamkeit des Geschäfts gem. §§ 177 ff. BGB und keine Nichtigkeit, s. BGH NJW 1976, 104 (105); Grüneberg/Ellenberger BGB § 181 Rn. 15; Neuner BGB AT § 49 Rn. 111.

bb) Wirksamer Schenkungsvertrag

(1) Notarielle Beurkundung

Eine notarielle Beurkundung gem. § 311b I 1 BGB hat stattgefunden. Die Beurkundung allein des Schenkungsversprechens (§ 518 I 1 BGB) wäre nicht ausreichend, da sich die Schenkungsverpflichtung auf das Eigentum an einem Grundstück bezieht. 11

(2) Unwirksamkeit des Schenkungsvertrags

Auch beim Abschluss des Schenkungsvertrags agierte W auf der einen Seite als Vertreter des A und auf der anderen Seite im eigenen Namen, sodass auch diesbezüglich grundsätzlich § 181 BGB eingreift. Hier kommt allerdings eine Ausnahme vom Verbot des Insichgeschäfts aufgrund einer teleologischen Reduktion des § 181 BGB in Betracht. Telos des § 181 BGB ist nämlich der Schutz des Vertretenen aufgrund der Gefahr von Interessenkollisionen.[4] Würde A durch den Schenkungsvertrag lediglich einen rechtlichen Vorteil erlangen, bestünde für ihn kein Schutzbedürfnis. Daher besteht Einigkeit, dass § 181 BGB trotz Selbstkontrahierens bzw. Mehrvertretung nicht anwendbar ist, wenn das in Rede stehende Rechtsgeschäft für den Vertretenen lediglich rechtlich vorteilhaft ist.[5] Somit ist zu prüfen, ob der Schenkungsvertrag für den A auch mit rechtlichen Nachteilen verbunden ist. 12

Durch den Schenkungsvertrag entstand für A ein Anspruch auf Auflassung und Eintragung, sodass A grundsätzlich lediglich einen rechtlichen Vorteil erlangte. Die möglicherweise an den Grundstückserwerb anknüpfenden belastenden Rechtsfolgen ergeben sich noch nicht aus dem Abschluss des Verpflichtungsgeschäfts, sondern erst mittelbar als Konsequenz des Erfüllungsgeschäfts. An das schuldrechtliche Geschäft knüpft allein der Rücktrittsvorbehalt an. Fraglich ist, ob sich aus diesem ein rechtlicher Nachteil ergibt. Grundsätzlich ist ein auf den Erwerb einer Sache gerichtetes Rechtgeschäft nicht lediglich rechtlich vorteilhaft, wenn vorbestehende Rechte des Minderjährigen geschmälert werden oder er dadurch „mit Verpflichtungen belastet wird, für die er nicht nur dinglich mit der erworbenen Sache, sondern auch mit seinem persönlichen Vermögen haftet".[6] 13

Anerkannt ist, dass der rechtliche Vorteil einer Schenkung nicht schon dadurch infrage gestellt wird, dass diese nach § 528 BGB zurückgefordert oder nach § 530 BGB widerrufen werden kann und der Beschenkte das Grundstück sodann nach den Vorschriften über die Herausgabe einer ungerechtfertigten Bereicherung zurück zu gewähren hat.[7] Denn der Beschenkte haftet in diesem Falle nach § 818 III BGB nur, soweit er noch bereichert ist. Etwas anderes gilt jedoch grundsätzlich bei der Einräumung eines vertraglichen Rücktrittsrechts, da der Minderjährige somit zumindest der abstrakten Gefahr ausgesetzt wird, aus seinem sonstigen Vermögen Wertersatz oder Schadensersatz leisten zu müssen.[8] Diese ihm drohenden Ersatzleistungen würden eine persönliche Verpflichtung begründen und damit einen rechtlichen Nachteil darstellen. 14

---

4 BeckOGK/Fröhler BGB § 181 Rn. 27; Neuner BGB AT § 49 Rn. 110.
5 Allg. Meinung, BGH NJW 1972, 2262 (2263); 1985, 2407 (2407 f.); Staudinger/Schilken BGB § 181 Rn. 32.
6 BGH NJW 2005, 415 (417); 1981, 109 (110).
7 BayObLGZ 2004, 86 (88) = BeckRS 2004, 5062.
8 BayObLGZ 2004, 86 (89) = BeckRS 2004, 5062.

15 Hier wurde indessen eine auf den Bereicherungsausgleich beschränkte Rücktrittsklausel aufgenommen. Damit wird die Haftung des A für den Fall eines Rücktritts auf dasjenige beschränkt, was vom erlangten Vorteil noch vorhanden ist, insbesondere kann A sich nach § 818 III BGB auf Entreicherung berufen. A wäre damit höchstens zur Rückgewähr des Geschenks (soweit noch vorhanden) verpflichtet. Ein auf den Bereicherungsausgleich beschränkter Rücktrittsvorbehalt macht die Schenkung daher nicht rechtlich nachteilig.[9]

16 Damit wäre der Schenkungsvertrag wirksam, womit auch die Auflassung nicht gegen § 181 BGB verstoßen würde, da sie nur der Erfüllung der im Schenkungsvertrag begründeten Verpflichtungen diente. Diese wortlautgetreue Anwendung des Gesetzes könnte allerdings zu einer Aushöhlung der Wertungen des § 107 BGB (Minderjährigenschutz) führen.[10] Anerkannt ist, dass dies dem Schutzbedürfnis des Minderjährigen nicht gerecht werden würde. Umstritten ist, wie dieses Problem zu lösen ist.

(a) Gesamtbetrachtungslehre

17 Der BGH[11] hat, unterstützt von Teilen der Literatur,[12] lange Zeit eine sog. Gesamtbetrachtungslehre vertreten. Danach sei durch eine Gesamtbetrachtung von schuldrechtlichem und dinglichem Vertrag zu beurteilen, ob die Schenkung lediglich rechtlich vorteilhaft ist. Das heißt, dass die aus der dinglichen Auflassung resultierenden Nachteile schon auf schuldrechtlicher Ebene zu berücksichtigen sind. Damit würde die Auflassung bei nachteiligen Folgen für den Minderjährigen nicht mehr in Erfüllung einer wirksamen Verbindlichkeit erfolgen. Folglich wäre die Übereignung unwirksam. Unabhängig von der noch zu erörternden Frage, ob sich aus der Übertragung des Eigentums am Grundstück auf den A für diesen rechtliche Nachteile ergeben, ist die Gesamtbetrachtungslehre jedoch zu verwerfen. Denn sie vermengt das schuldrechtliche und das dingliche Geschäft miteinander und verletzt damit das Abstraktionsprinzip.[13] Eine Berücksichtigung der Wertungen des § 107 BGB erscheint zwar geboten, lässt sich aber auf anderem Wege methodisch sauberer erreichen.

18 **Hinweis:** Eine Entscheidung zwischen Gesamtbetrachtungslehre und teleologischer Reduktion konnte letztlich dahinstehen, da beide Ansichten zum selben Ergebnis führen. Da die Anwendung der Gesamtbetrachtungslehre bei einer Nachteiligkeit des dinglichen Geschäfts allerdings schon zur Unwirksamkeit des Verpflichtungsgeschäfts führen würde, wurde sie bereits an dieser Stelle angesprochen.

(b) Teleologische Reduktion des § 181 BGB

19 Da die Gesamtbetrachtungslehre aus den genannten Gründen abzulehnen ist, muss dem Schutzbedürfnis des Minderjährigen auf anderem Wege Rechnung getragen werden. Dies lässt sich über eine teleologische Reduktion des § 181 BGB erreichen. Dieser ist nach hM dahingehend einzuschränken, dass ein Insichgeschäft in Erfüllung einer Verbindlichkeit nur dann zuzulassen ist, wenn und soweit das Erfüllungsgeschäft für den Minderjährigen im Ergebnis lediglich rechtlich vorteilhaft ist.[14] Auf

9 BayObLGZ 2004, 86 (88 f.) = BeckRS 2004, 5062 mwN.
10 Obergfell/Hauck JA 2012, 178 (182).
11 BGH NJW 1981, 109 (110 f.); Der BGH ist von der Gesamtbetrachtungslehre inzwischen abgerückt, s. BGH NJW 2005, 415 (416 f.).
12 BeckOK BGB/Schäfer § 181 Rn. 41; Coester-Waltjen Jura 1994, 668 (669); A. Staudinger Jura 2005, 547.
13 Zur Kritik s. Nachweise bei BeckOGK/Duden BGB § 107 Rn. 65.
14 BeckOGK/Duden BGB § 107 Rn. 67; Jauernig JuS 1982, 576 (577).

diese Weise bliebe das isoliert betrachtet wirksame Verpflichtungsgeschäft also auch bei rechtlicher Nachteiligkeit des dinglichen Geschäfts wirksam. Die Übereignung wäre aufgrund des infolge der teleologischen Reduktion wiedererstarkten § 181 BGB aber ihrerseits unwirksam, womit sich auch nach dieser Ansicht letztendlich die Frage stellt, ob das dingliche Geschäft rechtlich nachteilig ist.

cc) Nachteilhaftigkeit des dinglichen Geschäfts

(1) Öffentliche Lasten

Die Pflicht zur Entrichtung der Grundsteuer als eine mit dem Grundeigentum ver- 20
bundene öffentliche Last könnte für A in den kommenden Jahren einen Rechtsnachteil iSd § 107 BGB darstellen, da A als Eigentümer hierfür nicht nur dinglich, sondern auch persönlich haftet. Fraglich ist, ob sich etwas an dem möglichen Nachteil ändert, da dieser als öffentliche Grundstückslast auf Gesetz oder Satzung beruht und nicht Gegenstand der zwischen den Parteien getroffenen Abreden ist.[15] Gegen eine solche Differenzierung spricht der Zweck des § 107 BGB, der den Schutz des Minderjährigen vor einer Gefährdung des Vermögens erfasst. Das Vermögen des Minderjährigen ist nicht weniger gefährdet, wenn der Eintritt des Nachteils zwar nicht von den Parteien beabsichtigt wurde, aber vom Gesetz angeordnet ist.[16]

Erwägenswert ist aber, ob die Verpflichtung zur Entrichtung der Grundsteuer nicht 21
aufgrund ihrer geringen wirtschaftlichen Bedeutung als unbeachtlich angesehen werden kann. § 107 BGB bezweckt in erster Linie den Schutz des Vermögens des Minderjährigen. Dabei knüpft § 107 BGB die Genehmigungsbedürftigkeit im Interesse der Rechtssicherheit an das formale Kriterium des rechtlichen Nachteils an, das grundsätzlich auch eine Vermögensgefährdung indiziert. Denn die Einschätzung der wirtschaftlichen Folgen ist mit erheblichen praktischen Schwierigkeiten verbunden. Aus diesem Grund ist es ausgeschlossen, den von § 107 BGB vorausgesetzten rechtlichen Vorteil durch den wirtschaftlichen zu ersetzen. Es ist jedoch möglich, bestimmte Rechtsnachteile wegen ihres typischerweise ganz unerheblichen Gefährdungspotenzials als nicht erfasst anzusehen.

Dabei muss es sich jedoch um solche persönlichen Verpflichtungen handeln, die ih- 22
rem Umfang nach begrenzt und wirtschaftlich derart unbedeutend sind, dass sie eine Verweigerung der Genehmigung durch den gesetzlichen Vertreter oder Ergänzungspfleger nicht rechtfertigen könnten. Mit dieser einschränkenden Auslegung des § 107 BGB kommt es auch zu keiner Beeinträchtigung der Rechtssicherheit, wenn geschlossene, klar abgegrenzte Gruppen von Rechtsnachteilen ausgenommen werden.[17]

Die Verpflichtung zur Entrichtung der Grundsteuer stellt solch eine Verpflichtung 23
dar. Die Grundsteuer bemisst sich nach dem Wert und der Art des Grundstücks und ist somit ihrem Umfang nach begrenzt. Dadurch, dass sie im Regelfall aus den laufenden Erträgen des Grundstücks beglichen werden kann, führt sie typischerweise zu keiner Vermögensgefährdung. Somit stellt die Grundsteuer keinen relevanten Nachteil dar.

15 So zB Soergel/Hefermehl BGB § 107 Rn. 4.
16 MüKoBGB/Koch § 516 Rn. 19; Haslach JA 2017, 490 (492).
17 BGH NJW 2005, 415 (418); MüKoBGB/Koch § 516 Rn. 19.

(2) Grundschuld

24 Gem. § 1147 BGB iVm § 1192 I BGB wird der Grundstückseigentümer bei einer Grundschuld lediglich dazu verpflichtet, eine Zwangsvollstreckung in das Grundstück zu dulden. Damit wird die Haftung des A auf das erworbene Grundstück beschränkt, sodass das persönliche Vermögen unberührt bleibt.

25 Eine persönliche Zahlungsverpflichtung des A könnte sich allerdings daraus ergeben, dass er die Kosten des zur Zwangsvollstreckung erforderlichen Titels tragen muss.[18] Bei der Bestellung der Grundschuld wurde aber vereinbart, dass der jeweilige Eigentümer gem. §§ 800 I, 794 I Nr. 5 ZPO der sofortigen Vollstreckung unterworfen ist. Dadurch liegt ein auch gegenüber A wirkender Vollstreckungstitel bereits vor, sodass weiteren Kosten nicht entstehen können. Somit stellt die Grundschuld keinen rechtlichen Nachteil dar.

(3) Dingliches Vorkaufsrecht

26 Fraglich ist zunächst, ob ein dingliches Vorkaufsrecht überhaupt wirksam bestellt wurde. Erforderlich sind dafür gem. § 873 BGB die Einigung und Eintragung im Grundbuch. Grundsätzlich haben sich W und A, vertreten durch W, über die Bestellung eines dinglichen Vorkaufsrechts geeinigt. Die Vereinbarung des Vorkaufsrechts wurde zudem notariell beurkundet, sodass es auf den Streit, ob die Form des § 311b I BGB eingehalten werden muss, nicht ankommt.[19] Möglicherweise hat W, da die Auflassung und die Bestellung des Vorkaufsrechts ebenso wie die jeweilige Eintragung zeitlich zusammenfielen, aber auch ein Recht am eigenen Grundstück bestellt, das dann bereits mit dem Vorkaufsrecht belastet auf A übertragen wurde. Diese Konstruktion wäre grundsätzlich möglich, vgl. § 1196 BGB. Eine Entscheidung darüber, ob A das Grundstück belastet mit dem dinglichen Vorkaufsrecht erworben hat oder ob A das Grundstück – vorbehaltlich des Vorliegens der weiteren Voraussetzungen – für eine juristische Sekunde lastenfrei erwerben konnte und es erst dann mit dem dinglichen Vorkaufsrecht belastet wurde, kann aber dahinstehen. Denn für die Bewertung der rechtlichen Vor- bzw. Nachteile macht es keinen Unterschied, ob das Grundstück belastet erworben wird, oder ob die Belastungen im Rahmen des Eigentumserwerbs begründet werden.[20]

27 Problematisch ist allerdings, dass sich der Kaufpreis im Fall der Vorkaufsrechtsausübung auf lediglich 10.000 EUR belaufen sollte. Durch den Verweis auf § 464 II BGB in § 1098 BGB wird klargestellt, dass sich der Preis bei der Ausübung des dinglichen Vorkaufsrechts nach dem Kaufpreis richtet, den der Verpflichtete mit dem Dritten vereinbart. Anders als beim schuldrechtlichen Vorkaufsrecht lässt sich § 464 II BGB beim dinglichen Vorkaufsrecht nicht durch Parteivereinbarung abbedingen. Ein „preislimitiertes" dingliches Vorkaufsrecht, wie es hier bestellt werden sollte, kann daher nach ganz hM wegen Verstoßes gegen den sachenrechtlichen Typenzwang

18 Zumindest angedacht in BGH NJW 2005, 415 (417).

19 Nach früherer Rspr. des BGH (NJW-RR 1991, 205) musste die Bestellung eines dinglichen Vorkaufsrechts notariell beurkundet werden. Diese Ansicht hat der BGH inzwischen mit Blick auf die generelle Formfreiheit der dinglichen Einigung nach § 873 BGB und die spezielle Formvorschrift des § 925 BGB, die nicht einmal für die Übertragung eines Grundstücks eine Beurkundung, sondern nur die Anwesenheit vor dem Notar verlangt, zu Recht aufgegeben, s. BGH NJW 2016, 2035.

20 jurisPK-BGB/Hansen § 107 Rn. 26 mwN.

nicht wirksam vereinbart werden.[21] Allerdings ist es denkbar, dass von der Parteivereinbarung auch die Bestellung eines (wirksamen) dinglichen Vorkaufsrechts ohne Festpreisvereinbarung oder die zulässige Vormerkung eines preislimitierten schuldrechtlichen Vorkaufsrechts umfasst war.[22] Was von den Parteien gewollt war, ist durch Auslegung zu bestimmen. Erst wenn diese zu keinem Ergebnis gelangt, ist die Bestellung eines Vorkaufsrechts insgesamt gescheitert und es stellt sich die Frage der Teil- oder Gesamtnichtigkeit (§ 139 BGB) des Rechtsgeschäfts zwischen W und A.

W hat klargemacht, dass er A das Eigentum „auf jeden Fall" habe zuwenden wollen. 28
Zugleich hat er den Wunsch betont, das Grundstück nach Möglichkeit für den Preis von nur 10.000 EUR zurückerwerben zu können. A dürfte es in erster Linie darum gehen, Eigentümer zu werden. Die höchste Priorität hatte für die Parteien damit ein wirksamer Eigentumsübergang. Dementsprechend kommt dem Parteiwillen eine Auslegung am nächsten, die nach Möglichkeit beides vereint. Zu prüfen ist damit jeweils die rechtliche Nachteiligkeit der Belastung mit einem dinglichen bzw. einem schuldrechtlichen Vorkaufsrecht.

Ein dingliches Vorkaufsrecht gewährt dem Vorkaufsberechtigten die Befugnis, bei ei- 29
nem Verkauf durch einseitige Erklärung einen Kauf mit dem Verpflichteten zustande zu bringen.[23] Gegenüber dem Kaufinteressenten wirkt das dingliche Vorkaufsrecht wie eine Vormerkung, vgl. § 1098 II BGB. Die Ausübung des Vorkaufsrechts durch W würde lediglich dazu führen, dass A zum Verkauf des Grundstücks an W verpflichtet wäre, und zwar durch den Verweis in § 1098 BGB auf die §§ 463 ff. BGB und damit auch auf § 464 II BGB grundsätzlich zu den Bedingungen, die er mit dem Dritten vereinbart hat. Dafür muss zunächst der Vorkaufsfall eintreten, A also selbst aktiv das Grundstück veräußern, und W muss sein Vorkaufsrecht wahrnehmen. Auch bei Eintritt dieser doppelten Bedingung würden den A als Grundstückseigentümer jedoch keine persönlichen Pflichten treffen, sondern er müsste nur das zugewandte Grundstück selbst gegen Zahlung eines entsprechendes Preises an W übereignen, sodass ein auf dem Grundstück lastendes dingliches Vorkaufsrecht keinen rechtlichen Nachteil für ihn begründet.[24] Nach aA sind Nachteile, die sich nicht unmittelbar aus dem Geschäft selbst, sondern erst durch ein weiteres Verhalten des Minderjährigen ergeben, sogar grundsätzlich aus der Nachteilsbetrachtung auszuklammern.[25] Dementsprechend würde ein dingliches Vorkaufsrecht den Eigentumserwerb des A nicht vereiteln und der obersten Priorität von W und A, der Eigentumsübertragung am Grundstück, nicht zuwiderlaufen.

Ein schuldrechtliches Vorkaufsrecht verpflichtet anders als ein dingliches Vorkaufs- 30
recht eine bestimmte Person und nicht den jeweiligen Eigentümer eines Grundstücks. Ferner wirkt es nicht gegen jedermann, da ihm keine vormerkungsgleiche, sondern nur relative Wirkung zukommt. Daraus folgt aber auch, dass ein schuldrechtliches Vorkaufsrecht den Eigentumserwerb Dritter nicht verhindern kann und somit die abstrakte Gefahr für den Minderjährigen begründet, sich gegenüber dem Vorkaufsberechtigten schadensersatzpflichtig zu machen, wenn ihm die Übereignung des

21 RGZ 104, 123; 110, 327 (334); BGH WM 1966, 891; OLG Frankfurt a. M. BeckRS 2017, 120909.

22 Zur Auslegung bzw. Umdeutung als dingliches Vorkaufsrecht ohne Preislimit s. OLG Frankfurt a. M. BeckRS 2017, 120909; ferner MüKoBGB/Westermann § 1094 Rn. 6.

23 BeckOK BGB/Reischl § 1094 Rn. 1.

24 Dazu BayObLG NJW 1998, 3574; Staudinger/Klumpp BGB § 107 Rn. 50.

25 BGH NJW 2005, 415 (417); Staudinger/Lettmaier BGB § 1629 Rn. 159.

Grundstücks nicht mehr möglich ist. Eine Ansicht will daher die Vereinbarung eines schuldrechtlichen Vorkaufsrechts als einen rechtlichen Nachteil ansehen.[26] Daran soll sich auch dadurch nichts ändern, dass Folgegeschäfte wie der Abschluss des Kaufvertrags mit dem Dritten oder die Eigentumsübertragung am Grundstück ihrerseits der Mitwirkung des gesetzlichen Vertreters bedürfen.[27] Stellt man sich dagegen auf den vorerwähnten Standpunkt, dass Nachteile, deren Eintritt noch von einem weiteren Verhalten des Minderjährigen abhängen, aus der Nachteilsbetrachtung ausscheiden, so entfällt eine Differenzierung zwischen dem dinglichen und dem schuldrechtlichen Vorkaufsrecht: Denn auch im letzteren Fall ist die „Aktivierung" der Nachteile aus dem Vorkaufsrecht noch von einer Verkaufsentscheidung des Minderjährigen abhängig.[28]

31 Folglich wird die Auslegung als dingliches Vorkaufsrecht ohne Preislimit dem Parteiwillen am ehesten gerecht, da A somit einerseits sicher das Eigentum an dem Grundstück erwerben kann und W andererseits Berechtigter eines dinglichen Vorkaufsrechts wird, das den Erwerb gerade nicht vereitelt.

32 **Hinweis:** Anstelle einer Auslegung konnte auch eine Umdeutung gem. § 140 BGB zu diesem Ergebnis führen.[29] Hinsichtlich der Nachteiligkeit des schuldrechtlichen Vorkaufsrechts konnte mit entsprechender Argumentation auch die gegenteilige Ansicht vertreten werden. Es ließe sich anführen, dass A auch diesbezüglich in erster Linie mit dem Grundstück, also dem erworbenen Gegenstand selbst, hafte. Diesbezüglich konnte eine Parallele zur Schenkung unter Auflagen gezogen werden.[30] Sofern davon ausgegangen wurde, dass auch das schuldrechtliche Vorkaufsrecht keinen rechtlichen Nachteil begründet, lag es näher, die Vereinbarung eines preislimitierten schuldrechtlichen Vorkaufsrechts anzunehmen.

dd) Zwischenergebnis

33 Damit war das dingliche Rechtsgeschäft für A rechtlich lediglich vorteilhaft. Nach der ohnehin abzulehnenden Gesamtbetrachtungslehre ist dementsprechend auch der schuldrechtliche Schenkungsvertrag wirksam, sodass die Übertragung des Eigentums der Erfüllung einer wirksamen Verbindlichkeit diente und das Verbot des Insichgeschäfts insoweit nicht greift, § 181 I aE BGB. Zu einem übereinstimmenden Ergebnis kommt die Ansicht, die anstelle der Gesamtbetrachtung eine teleologische Reduktion des § 181 aE BGB dahingehend vornimmt, dass ein Insichgeschäft in Erfüllung einer Verbindlichkeit nur dann zuzulassen sei, soweit auch das Erfüllungsgeschäft für den Minderjährigen lediglich rechtlich vorteilhaft ist.

c) Zwischenergebnis

34 Aufgrund der Ausnahme vom Verbot des Insichgeschäfts handelte W als Vertreter des A mit Vertretungsmacht. Eine wirksame Auflassung liegt somit vor.

II. Eintragung im Grundbuch und Einigsein zum Zeitpunkt der Eintragung

35 A wurde als Eigentümer im Grundbuch eingetragen.

---

26 So etwa jurisPK-BGB/Hansen § 107 Rn. 26.

27 Zu einer ähnlich gelagerten Fallkonstellation (Schenkung unter Auflagen) Staudinger/Klumpp BGB § 107 Rn. 39.

28 Die Gleichstellung mit der Schenkung unter Auflage hinkt daher mE, weil dort eine unmittelbare Verpflichtung des Minderjährigen bewirkt wird.

29 Vgl. Staudinger/Schermaier BGB § 1094 Rn. 31 mwN.

30 Vgl. Staudinger/Klumpp BGB § 107 Rn. 39.

III. Berechtigung des W

W war verfügungsberechtigter Eigentümer. **36**

B. Ergebnis

A ist Eigentümer des Ufergrundstücks geworden. Zugunsten des W ist ein dingliches Vorkaufsrecht, allerdings ohne Preislimitierung, entstanden *(aA vertretbar, s. oben)*. **37**

Fall Nr. 14 – Von Impfungen und Fotos

Schwerpunkte: *Erlangen der rechtlichen Elternschaft und des Sorgerechts; Einwilligung in Heilbehandlungen und Fotoveröffentlichungen; Meinungsverschiedenheiten zwischen den Sorgeberechtigten*

1 Witwer W aus → Fall Nr. 13 liegt außerdem im Streit mit seiner Lebensgefährtin M hinsichtlich der „Erziehung" der gemeinsamen Tochter B. B wurde am 12.12.2018 geboren. W hat am 3.6.2018 in notariell beurkundeter Form erklärt, Vater der B zu sein und sich um sie kümmern zu wollen. Wenige Tage später wurde M beim Jugendamt vorstellig und gab an, W sei der Vater ihres noch ungeborenen Kindes. Sie sei bereit, sich gemeinsam mit W um das Kind zu kümmern. M unterschrieb in diesem Zusammenhang alle ihr vom Jugendamt vorgelegten Papiere. In dieser anfänglichen Einmütigkeit sind inzwischen Risse aufgetreten: Insbesondere können sich M und W nicht darüber einigen, ob bei B die von der Ständigen Impfkommission des RKI vorgesehene Schutzimpfung gegen Röteln durchgeführt werden soll. M ist als „Impfgegnerin" grundsätzlich gegen Impfungen, weil sie bereits an der Existenz von Viren und Bakterien zweifelt. W dagegen hält die Impfung für sinnvoll und würde sie gerne durchführen lassen, weiß aber nicht, ob er das ohne die Zustimmung der M tun kann.

Doch nicht nur über Impfungen können sich W und M nicht einigen. W sieht mit großem Missfallen, dass M ohne sein Einverständnis auf ihrer eigenen Internetseite Fotos veröffentlicht hat, die teilweise ihn und M, teilweise Ws 14-jährigen Sohn A aus der Ehe mit seiner verstorbenen Frau, teilweise die gemeinsame Tochter B bei rein privaten Alltagsbeschäftigungen zeigen. Gerade von B sind die Fotos nach Ansicht des W nicht schmeichelhaft, da sie sie in tollpatschigen Posen, beim Puddingessen etc zeigen. Die Seite ist aufgrund eines besonderen Kennwortschutzes nur für Personen einsehbar, denen das Kennwort durch M mitgeteilt wurde.

W wendet sich daher an den Rechtsanwalt Robert Redlich (R) mit folgenden Fragen:

Frage 1: Was muss er unternehmen, wenn er B impfen lassen möchte? Dabei ist er sich sicher, dass M niemals einwilligen wird.

Frage 2: Was kann er gegen die Fotoveröffentlichung unternehmen? W möchte alle Bilder beseitigen lassen, gleich ob diese ihn selbst, nur A oder nur B zeigen. Außerdem würde ihn interessieren, ob er etwaige Ansprüche auch selbst gerichtlich durchsetzen kann.

Bearbeitervermerk: Entwerfen Sie die Antwort des R in einem Rechtsgutachten, das im Bedarfsfall auch hilfsgutachtliche Erwägungen enthält. Dabei ist davon auszugehen, dass die DS-GVO keine Anwendung findet. Bei Frage 2 ist nicht darauf einzugehen, welches Gericht zuständig ist.

Gliederung

2

Frage 1: Impfung
A. Entscheidungsbefugnis aus §§ 1626 ff. BGB
  I. Elternschaft
    1. Mutterschaft der M, § 1591 BGB
    2. Vaterschaft des W nach § 1592 Nr. 2 BGB
      a) Erklärung des W und Zustimmung der M
        aa) Höchstpersönliche Erklärung
        bb) Erklärungen ohne Bedingung oder Zeitbestimmung
        cc) Form: Öffentliche Beurkundung
      b) Keine anderweitige Vaterschaft
    3. Zwischenergebnis
  II. Gemeinsame elterliche Sorge
    1. Gemeinsame elterliche Sorge, § 1626 BGB
    2. Gemeinsame elterliche Sorge, § 1626a I Nr. 1 BGB
      a) Rechtliche Vaterschaft des W
      b) Sorgeerklärung beider Elternteile
        aa) Höchstpersönlichkeit
        bb) Form: Öffentliche Beurkundung
      c) Keine entgegenstehende gerichtliche Entscheidung
    3. Zwischenergebnis
  III. Ergebnis
B. Übertragung der Entscheidungsbefugnis nach § 1628 BGB
  I. Antrag nach § 1628 S. 1 BGB
  II. Elternschaft und gemeinsames Sorgerecht
  III. Meinungsverschiedenheit der Eltern über eine punktuelle Angelegenheit der elterlichen Sorge
  IV. Angelegenheit von erheblicher Bedeutung
  V. Vorangegangener Einigungsversuch
  VI. Rechtsfolge: Übertragung der Entscheidungsbefugnis auf einen Elternteil
  VII. Ergebnis

Frage 2: Fotos
A. Ansprüche des W gegen M
  I. § 1004 I 1 BGB analog
    1. Herleitung des Anspruchs
    2. Eingriff in das Allgemeine Persönlichkeitsrecht
    3. Rechtswidrigkeit des Eingriffs
    4. Ergebnis
  II. §§ 823 I, 249 I BGB
  III. § 823 II BGB iVm § 22 KunstUrhG
    1. Vorliegen eines Schutzgesetzes
    2. Verstoß gegen das Schutzgesetz
    3. Verschulden
    4. Kausaler Schaden
    5. Ergebnis
B. Ansprüche des A

C. Ansprüche der B
  I. § 1004 I 1 BGB analog
    1. Verletzung des Allgemeinen Persönlichkeitsrechts
    2. Ergebnis
    3. Geltendmachung des Anspruchs
      a) Elternschaft
      b) Gemeinsame elterliche Sorge
      c) Meinungsverschiedenheit über eine einzelne Angelegenheit der elterlichen Sorge
      d) Angelegenheit von erheblicher Bedeutung
      e) Vorangegangener Einigungsversuch
      f) Rechtsfolge
  II. Weitere Ansprüche

Lösung

Frage 1: Impfung

A. Entscheidungsbefugnis aus §§ 1626 ff. BGB

3 W könnte ggf. alleine als gesetzlicher Vertreter der B die Einwilligung in die Impfung erteilen, §§ 1626 I, 1629 I 3 BGB. Nach hM handelt es sich bei dieser Einwilligung jedoch nicht um eine rechtsgeschäftliche Erklärung, die der Personensorgeberechtigte in Vertretung des Kindes abgibt, sondern um die Gestattung eines tatsächlichen Eingriffs in Rechtsgüter.[1] Auch die Einwilligung als Gestattung tatsächlicher Handlungen ist allerdings von der elterlichen Personensorge umfasst und obliegt daher grundsätzlich beiden Eltern gemeinschaftlich, § 1627 BGB. W könnte daher nur dann die Einwilligung alleine erteilen, wenn er alleiniger Inhaber der Personensorge wäre oder wenn ihm die Entscheidungsbefugnis in der konkreten Angelegenheit nach § 1628 BGB übertragen würde. Fraglich ist daher zunächst, wem die elterliche Sorge zusteht.

I. Elternschaft

4 Damit W oder M als Inhaber der elterlichen Sorge in Betracht kommen, müsste es sich bei diesen um die Eltern der B im Rechtssinne handeln.

1. Mutterschaft der M, § 1591 BGB

5 Da M das Kind geboren hat, ist sie nach § 1591 BGB Mutter des Kindes.

2. Vaterschaft des W nach § 1592 Nr. 2 BGB

6 W ist mit der Mutter M nicht verheiratet, weswegen eine Vaterschaft nach § 1592 Nr. 1 BGB ausscheidet.

1 Opitz NZFam 2021, 874 (875) mwN.

Durch die notarielle Erklärung am 3.6.2018, dass er Vater des noch ungeborenen Kindes sei, könnte W seine Vaterschaft nach § 1592 Nr. 2 BGB anerkannt haben. 7

a) Erklärung des W und Zustimmung der M

In der Erklärung, dass er der Vater sei und sich um B kümmern wolle, ist ein Vaterschaftsanerkenntnis zu sehen. Hierbei ist es unschädlich, dass W nicht die Terminologie „Vaterschaftsanerkenntnis" gewählt hat.[2] In der Erklärung der M, dass W der Vater sei, ist ihre erforderliche Zustimmung nach § 1595 I BGB zu sehen. Dass die Erklärung bereits vor der Geburt des Kindes abgegeben wurde, ist unschädlich, § 1594 IV BGB. Erforderlich ist lediglich, dass das Kind bereits gezeugt ist. 8

aa) Höchstpersönliche Erklärung

Sowohl W als auch M haben ihre Erklärungen höchstpersönlich abgegeben, § 1596 IV BGB. 9

bb) Erklärungen ohne Bedingung oder Zeitbestimmung

Weder W noch M haben die Erklärung von einer Bedingung abhängig gemacht oder unter eine Zeitbestimmung gestellt, § 1594 III BGB, § 1595 III BGB iVm § 1594 III BGB. 10

cc) Form: Öffentliche Beurkundung

Die Erklärungen müssen gem. § 1597 I BGB öffentlich beurkundet werden. Zuständige Stellen sind der Notar, § 20 I 1 BNotO, das Standesamt, § 44 I PStG, sowie das Jugendamt, § 59 I 1 Nr. 1 SGB VIII.[3] Die notarielle Erklärung des W und die Erklärung der M vor dem Jugendamt entsprechen demnach dem Formerfordernis. Problematisch könnte sein, dass M und W ihre Erklärungen nicht gleichzeitig abgegeben haben. Dem Gesetz ist eine Pflicht zur gleichzeitigen Anwesenheit der Mutter und des anerkennenden Vaters allerdings nicht zu entnehmen. Somit können Anerkennung und Zustimmung zu verschiedenen Zeitpunkten vor verschiedenen Urkundspersonen erklärt werden. 11

b) Keine anderweitige Vaterschaft

Eine anderweitige Vaterschaft besteht nicht, § 1594 II BGB. 12

3. Zwischenergebnis

M und W sind die rechtlichen Eltern der B. 13

II. Gemeinsame elterliche Sorge

Als rechtliche Eltern der B könnten M und W gemeinsam sorgeberechtigt sein. 14

1. Gemeinsame elterliche Sorge, § 1626 BGB

Die gemeinsame elterliche Sorge nach § 1626 BGB und § 1626a I Nr. 2 BGB scheidet aus, denn M und W sind weder zum jetzigen Zeitpunkt verheiratet noch waren sie es bei der Geburt der B. 15

2 Für Formulierungsvorschläge siehe BeckOGK/Balzer BGB § 1595 Rn. 18.1.
3 BeckOGK/Balzer BGB § 1597 Rn. 17; MüKoBGB/Wellenhofer § 1597 Rn. 3.

2. Gemeinsame elterliche Sorge, § 1626a I Nr. 1 BGB

16 Da B ein nichteheliches Kind ist, hat M als Mutter kraft Gesetzes das alleinige Sorgerecht, § 1626a III BGB. Etwas anderes könnte aber dann gelten, wenn W und M erklärt haben, dass sie die elterliche Sorge gemeinsam ausüben wollen, § 1626a I Nr. 1 BGB.

a) Rechtliche Vaterschaft des W

17 W ist der rechtliche Vater. Unschädlich ist, dass im Zeitpunkt der Abgabe der Sorgeerklärung Ws rechtliche Vaterschaft noch nicht besteht (die Wirksamkeit des Vaterschaftsanerkenntnisses setzte ja noch die Zustimmung der Mutter und die Geburt des Kindes voraus). Die pränatale Abgabe einer Sorgerechtserklärung ist aber möglich, § 1626b II BGB. Dass ihre Wirksamkeit[4] unter der Bedingung der Geburt des Kindes steht, stellt keinen Verstoß gegen § 1626b I BGB dar. Denn es handelt sich um eine zulässige Rechtsbedingung.

b) Sorgeerklärung beider Elternteile

18 M und V müssten übereinstimmende Sorgeerklärungen abgegeben haben. M hat erklärt, sie werde sich gemeinsam mit W um das Kind kümmern. W hat erklärt, dass er seiner Verantwortung als Vater nachkommen möchte. Hierdurch haben beide ihren Willen zur gemeinsamen Sorge zum Ausdruck gebracht, auch wenn sie das Wort „Sorgeerklärung“ nicht verwendet haben. Eine bestimmte Formulierung ist gesetzlich nicht vorgeschrieben. Die Erklärungen der Eltern sind folglich Sorgeerklärungen iSv § 1626a I Nr. 1 BGB.

aa) Höchstpersönlichkeit

19 M und W haben die Erklärungen höchstpersönlich abgegeben, § 1626c I BGB. Auch wurden die Erklärungen nicht von einer unzulässigen Bedingung abhängig gemacht (s. oben).

bb) Form: Öffentliche Beurkundung

20 Auch hinsichtlich der Sorgeerklärungen müssten die gesetzlich vorgesehenen Formerfordernisse (öffentliche Beurkundung, vgl. § 1626d BGB) eingehalten worden sein. Indem M ihre Erklärung gegenüber dem Jugendamt abgegeben hat und W seine Erklärung notariell beurkunden ließ, entsprechen diese dem Formerfordernis des § 1626d I BGB. Dieses ist mit dem in § 1597 BGB vorgesehenen Formerfordernis insoweit identisch. Die Gemeinsamkeit der Erklärungen bezieht sich lediglich darauf, dass sie inhaltlich gleichlautend sein müssen.[5] Die einzelnen Sorgeerklärungen sind für das Gesetz isolierte Teil-Tatbestände, an deren Zusammentreffen und inhaltliche Übereinstimmung dann die gesetzliche Rechtsfolge anknüpft. Folglich können die Sorgeerklärungen der Eltern zu verschiedenen Zeitpunkten, an verschiedenen Orten und vor verschiedenen Urkundsstellen abgegeben werden.[6]

---

4 Bis zur Geburt ist die Sorgerechtserklärung schwebend unwirksam, BeckOGK/Osthold BGB § 1626b Rn. 5.
5 BT-Drs. 13/4899, 93.
6 Staudinger/Coester BGB § 1626a Rn. 53.

c) Keine entgegenstehende gerichtliche Entscheidung

Gerichtliche Entscheidungen zum Sorgerecht, die der Wirksamkeit der Sorgeerklärungen entgegenstehen könnten, § 1626b III BGB, wurden bislang nicht getroffen. 21

3. Zwischenergebnis

M und V sind gemeinsam sorgeberechtigt. 22

III. Ergebnis

Da W und M gemeinsam Inhaber der elterlichen Sorge sind, müssen diese auch gemeinsam die Einwilligung in die Impfung erteilen, §§ 1626 f. BGB. Etwas anderes könnte nur gelten, wenn sich W die alleinige Entscheidungsbefugnis übertragen lassen könnte. 23

B. Übertragung der Entscheidungsbefugnis nach § 1628 BGB

W könnte die Übertragung der Entscheidungsbefugnis nach § 1628 S. 1 BGB auf sich verlangen. 24

Hinweis: Ein Antrag auf Übertragung der elterlichen Sorge bzw. eines Teilbereichs der elterlichen Sorge nach § 1671 I 2 Nr. 2 BGB scheidet aus, denn es fehlt an einem dauerhaften Getrenntleben von M und W. 25

I. Antrag nach § 1628 S. 1 BGB

Das Familiengericht wird nur auf Antrag eines Elternteils tätig.[7] Die Entscheidung ist nach § 14 I Nr. 5 RPflG dem Richter vorbehalten. 26

II. Elternschaft und gemeinsames Sorgerecht

Bei W und M handelt es sich um die Eltern der B. Sie sind auch gemeinsam sorgeberechtigt. 27

III. Meinungsverschiedenheit der Eltern über eine punktuelle Angelegenheit der elterlichen Sorge

Verfahrensgegenstand müsste eine Meinungsverschiedenheit der Eltern M und W über eine einzelne Angelegenheit oder Art von Angelegenheit sein, die die elterliche Sorge betrifft. M und W sind sich nicht einig hinsichtlich der Frage, ob B gegen Röteln geimpft werden soll. Sie haben somit eine Meinungsverschiedenheit über eine einzelne Angelegenheit. 28

Angelegenheiten der elterlichen Sorge sind solche über die Personen- und Vermögenssorge, § 1626 I 2 BGB. Die Frage einer Impfung betrifft die Person. Folglich handelt es 29

7 BeckOGK/Amend-Traut BGB § 1628 Rn. 24, 69; MüKoBGB/Huber § 1628 Rn. 4.

sich um eine Angelegenheit der Personensorge. Eine Einschränkung der elterlichen Entscheidungsbefugnis käme allenfalls bei Vorliegen der Einsichtsfähigkeit des Kindes in Betracht.[8] B ist ein Kleinkind, das die Bedeutung und Tragweite einer Impfung nicht erkennen kann. Folglich kommt B keine eigene Entscheidungskompetenz zu.

IV. Angelegenheit von erheblicher Bedeutung

30 Die Frage, ob B gegen Röteln geimpft werden soll, müsste von erheblicher Bedeutung sein. Wann eine Kindesangelegenheit erhebliche Bedeutung hat, ist nicht eindeutig beantwortet. Die bloße Feststellung, dass sich die Eltern nicht einigen können, reicht jedenfalls nicht aus. Im Allgemeinen ist eine erhebliche Bedeutung anzunehmen, wenn die kindliche Entwicklung maßgebend und dauerhaft beeinflusst wird oder beeinflusst werden könnte. Dabei gilt es in erster Linie Entscheidungen von erheblichem Gewicht von solchen des täglichen Lebens abzugrenzen. Angelegenheiten des täglichen Lebens sind solche, die mehrmalig vorkommen und keine schwer abzuändernden Auswirkungen auf die Entwicklung des Kindes haben, § 1687 I 3 BGB. Im Umkehrschluss liegen Angelegenheiten von erheblicher Bedeutung vor, wenn diese nicht ohne Weiteres rückgängig gemacht werden können.

31 Im Hinblick auf Standard- oder Routineimpfungen wird zum Teil die Auffassung vertreten, diese unterfielen der Alltagssorge nach § 1687 I 2 BGB.[9] Demgegenüber sind andere der Meinung, die Durchführung von Schutzimpfungen stelle durchweg eine Angelegenheit von erheblicher Bedeutung für das Kind dar.[10]

32 Der letztgenannten Auffassung ist zu folgen. Bei Impfungen handelt es sich bereits nicht um Entscheidungen, die häufig vorkommen.[11] Auch soweit die jeweilige Impfung Wiederholungen oder Auffrischungen erforderlich macht, ist die Entscheidung sinnvollerweise nur einheitlich zu treffen. Die Entscheidung, ob das minderjährige Kind gegen eine bestimmte Krankheit geimpft werden soll, fällt daher regelmäßig nur einmal an. Zudem kann die Entscheidung schwere Auswirkungen für das Kind haben, ganz egal, ob die Infektionsrisiken bei Unterbleiben der Impfung die Impfungsrisiken überwiegen oder umgekehrt.[12] Die Bedeutung der Angelegenheit ist dabei unabhängig von der jeweils erwogenen Entscheidungsalternative zu beurteilen.

33 Auch der Umstand, dass das Kind im Zeitpunkt der Entscheidung (noch) nicht krank ist, macht die Impfentscheidung nicht zu einer Alltagsangelegenheit.[13] Bei der Beurteilung der Folgen verdeutlicht vielmehr sowohl das durch eine Impfung vermeidbare Infektionsrisiko als auch das Risiko einer Impfschädigung, dass es sich um eine Angelegenheit mit erheblicher Bedeutung handelt. Hinzu kommt, dass die Frage von Eltern nachvollziehbar als grundsätzliche Entscheidung empfunden wird. Die Anwendung des § 1628 BGB erscheint daher auch zur Sicherung des Rechtsfriedens unter den Eltern geboten.[14]

8 OLG Frankfurt a. M. NJW-RR 2021, 1301 Rn. 23; Fritzsche/Knapp FamRZ 2019, 1905 (1908).
9 OLG Frankfurt a. M. FamRZ 2011, 48.
10 OLG Frankfurt a. M. NJW-RR 2016, 389 Rn. 8; Staudinger/Lettmaier BGB § 1628 Rn. 50.
11 Grüneberg/Götz BGB § 1687 Rn. 7
12 BGH NJW 2017, 2826 Rn. 20.
13 BGH NJW 2017, 2826 Rn. 21.
14 BGH NJW 2017, 2826 Rn. 21.

V. Vorangegangener Einigungsversuch

Als Ausdruck der Subsidiarität staatlichen Eingreifens müssten die Eltern einen Einigungsversuch unternommen haben, der gescheitert ist. Vorliegend konnten sich M und W nicht einigen. Fraglich ist aber, ob sie sich über die Gespräche miteinander hinaus weiteren Rat hätten suchen müssen. So wird teilweise die Meinung vertreten, es fehle am Rechtsschutzbedürfnis für den Antrag nach § 1628 S. 1 BGB, solange die Eltern nicht zuvor das Jugendamt zwecks Vermittlung im Konflikt angerufen haben.[15] § 1628 S. 1 BGB ist allerdings nicht zu entnehmen, dass ein Einigungsversuch nur bei Inanspruchnahme jugendamtlicher Beratung als ernsthaft gewertet werden kann. 34

VI. Rechtsfolge: Übertragung der Entscheidungsbefugnis auf einen Elternteil

Das Gericht trifft selbst keine Sachentscheidung, sondern überträgt die Entscheidungsbefugnis einem Elternteil. Es hat diejenige Übertragungsentscheidung zu treffen, die dem Wohl des Kindes am besten entspricht, § 1697a BGB. 35

Impfungen dienen demnach dem Wohl des Einzelnen im Hinblick auf eine mögliche Erkrankung und in Bezug auf die Gefahr einer Weiterverbreitung auch dem Gemeinwohl. Auch mit dem letztgenannten Aspekt haben sie einen Bezug zum Schutz des individuellen Kindeswohls, weil das Kind – wenn es etwa noch nicht im impffähigen Alter ist – von der Impfung anderer Menschen, insbesondere anderer Kinder, und der damit gesenkten Infektionsgefahr profitiert. Die Impfempfehlungen der STIKO sind in der Rechtsprechung als medizinischer Standard anerkannt.[16] 36

Da W Impfungen für sinnvoll erachtet und somit eben diesen Impfempfehlungen folgen will, während M als Impfgegnerin an der Existenz von Viren zweifelt, entspricht es dem Wohl des Kindes am besten, dem W die Entscheidungsbefugnis zu übertragen. 37

VII. Ergebnis

Nach Stellung des erforderlichen Antrags wird das Gericht die Entscheidungsbefugnis hinsichtlich der Schutzimpfung auf W nach § 1628 S. 1 BGB übertragen. Dann kann er in die Impfung einwilligen, ohne der Zustimmung der M zu bedürfen. 38

Frage 2: Fotos

A. Ansprüche des W gegen M

Hinweis: Ein Anspruch nach der DS-GVO scheidet nach dem Bearbeitervermerk aus. Tatsächlich ist sie nicht einschlägig, weil die sog. Haushaltsausnahme eingreift, vgl. Art. 2 II lit. c DS-GVO. 39

15 Erman/Döll BGB § 1628 Rn. 6.
16 Hierauf verweisend auch BGH NJW 2017, 2826 Rn. 25.

I. § 1004 I 1 BGB analog

40 W könnte gegen M einen Anspruch auf Löschung der Bilder aus § 1004 I 1 BGB analog haben, wenn er in seinem Allgemeinen Persönlichkeitsrecht verletzt ist.

1. Herleitung des Anspruchs

41 Nach gefestigter Rechtsprechung besteht bei der Verletzung jedes deliktisch geschützten Interesses ein „quasinegatorischer Unterlassungs- und Beseitigungsanspruch" in Analogie zu § 1004 I BGB.

42 In der Rechtsfolge ist § 1004 I 1 BGB auf die Beseitigung der Störung gerichtet. Da sich W durch die Veröffentlichung der von ihm aufgenommenen Bilder auf der Internetseite der M gestört fühlt, wäre der Anspruch auf Löschung als Störungsbeseitigung gerichtet.

2. Eingriff in das Allgemeine Persönlichkeitsrecht

43 Nach gefestigter Rechtsprechung des BVerfG und des BGH umfasst das Allgemeine Persönlichkeitsrecht das Recht auf Achtung der Privatsphäre. Dies bedeutet, dass jedermann ein autonomer Bereich der eigenen Lebensgestaltung zusteht, in dem er seine Individualität unter Ausschluss anderer entwickeln kann. Im Zusammenhang mit der Veröffentlichung von Bildern sind §§ 22 f. KunstUrhG zu beachten, durch welche das Recht am eigenen Bild als spezifische Ausprägung des Allgemeinen Persönlichkeitsrechts geschützt wird.[17] Das Recht am eigenen Bild gewährleistet dem Einzelnen Einfluss- und Entscheidungsmöglichkeiten, soweit es um die Anfertigung und Verwendung von Bildaufzeichnungen seiner Person durch andere geht.[18]

44 Fraglich ist, ob durch die Veröffentlichung der Bilder das Recht des W am eigenen Bild verletzt wurde. Gemäß § 22 S. 1 KunstUrhG dürfen Bildnisse nur mit Einwilligung des Abgebildeten verbreitet und öffentlich zur Schau gestellt werden.

45 Bei den veröffentlichten Bildern handelt es sich um identifizierbare Personenbildnisse des W. Verbreiten bedeutet jede Art der Weitergabe des Bildes, auch auf digitalem Weg.[19] Ein Zurschaustellen liegt vor, wenn Dritten die Möglichkeit verschafft wird, das Bildnis wahrzunehmen.[20]

46 Indem M die Bilder auf ihrer Internetseite veröffentlicht hat, hat sie die Verfügungsgewalt aus der Hand gegeben. Sie hat die Bilder des W mithin verbreitet. Fraglich ist, wie sich der Umstand auswirkt, dass die Bilder nur mit einem von M vergebenen Passwort einsehbar sind. Bereits die Verbreitung an Einzelpersonen führt jedoch zu einem der Kontrolle und dem Selbstbestimmungsrecht des Abgebildeten vorbehaltenen Übergang des Bildnisses in die Verfügungsgewalt eines anderen. Der Umstand, dass die Bilder nur mit einem Passwort betrachtet werden können, ändert daher an dem Tatbestand des Verbreitens nicht.

17 Vgl. BeckOGK/Specht-Riemenschneider BGB § 823 Rn. 1210; Dürig/Herzog/Scholz/Di Fabio GG Art. 2 Rn. 195.
18 BeckOGK/Specht-Riemenschneider BGB § 823 Rn. 1211.
19 BeckOGK/Specht-Riemenschneider BGB § 823 Rn. 1229.
20 BeckOGK/Specht-Riemenschneider BGB § 823 Rn. 1230.

Dagegen mag man daran zweifeln, ob das Bild auch öffentlich zur Schau gestellt wurde. An dem Merkmal der „Öffentlichkeit" soll es nämlich fehlen, wenn das Publikum durch persönliche Beziehungen zueinander oder zum Veröffentlichenden verbunden ist. Auf das Ergebnis dieser Streitfrage kommt es freilich nicht an, weil jedenfalls ein Verbreiten vorliegt. § 22 KunstUrhG ist damit grundsätzlich erfüllt. 47

3. Rechtswidrigkeit des Eingriffs

Der Eingriff wäre gerechtfertigt, wenn W in die Veröffentlichung eingewilligt hat oder eine solche ausnahmsweise ohne Einwilligung erlaubt wäre. 48

W hat keine Einwilligung erteilt. Auch handelt es sich bei den Fotos des W um keine Bilder iSd § 23 KunstUrhG, für die eine Einwilligung entbehrlich sein kann.[21] An Alltagsbildern besteht jedenfalls kein Informationsinteresse der Allgemeinheit, sodass § 23 I Nr. 1 KunstUrhG nicht einschlägig ist. 49

Der Eingriff in das Allgemeine Persönlichkeitsrecht des W in seiner spezifischen Ausprägung als Recht am eigenen Bild ist daher auch rechtswidrig. 50

4. Ergebnis

Wegen des rechtswidrigen Eingriffs in das Allgemeine Persönlichkeitsrecht kann W von M im Rahmen der Störungsbeseitigung analog § 1004 I 1 BGB Löschung verlangen. W kann diesen Anspruch als Inhaber selbst geltend machen. 51

II. §§ 823 I, 249 I BGB

In Betracht kommt ferner ein Anspruch auf Schadensersatz aus § 823 I BGB wegen schuldhafter Verletzung des Allgemeinen Persönlichkeitsrechts, der in Form der Naturalrestitution gem. § 249 I BGB auf Löschung der Bilder gerichtet ist. 52

Im Unterschied zu § 1004 I 1 BGB analog ist für diesen Schadensersatzanspruch ein Verschulden der M erforderlich. 53

M hat in das Recht des W am eigenen Bild rechtswidrig eingegriffen (s. oben). Das Verhalten der M war auch schuldhaft. Auch wenn M davon ausgegangen sein sollte, die Bilder ohne die Einwilligung des W veröffentlichen zu dürfen, ändert dies nichts, da dieser Irrtum jedenfalls vermeidbar war. W kann daher von M die Löschung der Bilder nach § 823 I BGB iVm § 249 I BGB verlangen. 54

III. § 823 II BGB iVm § 22 KunstUrhG

Zudem ist ein Anspruch auf Löschung aus § 823 II BGB iVm § 22 KunstUrhG denkbar. 55

1. Vorliegen eines Schutzgesetzes

Dann müsste es sich bei § 22 KunstUrhG um ein Schutzgesetz handeln. Als Schutzgesetz wird jede Rechtsnorm iSd Art. 2 EGBGB verstanden, die nicht nur den Schutz 56

21 BeckOGK/Specht-Riemenschneider BGB § 823 Rn. 1220.

der Allgemeinheit bezweckt, sondern daneben auch den eines Einzelnen oder eines bestimmten Personenkreises. § 22 KunstUrhG bezweckt den Schutz der veröffentlichten Person, es handelt sich dementsprechend um ein Schutzgesetz.[22]

2. Verstoß gegen das Schutzgesetz

57 Ein Eingriff in das Recht am eigenen Bild als spezifische Ausprägung des Allgemeinen Persönlichkeitsrechts und damit ein Verstoß gegen § 22 KunstUrhG wurde bereits festgestellt (s. oben).

3. Verschulden

58 M handelte auch schuldhaft, § 823 II 2 BGB.

4. Kausaler Schaden

59 Auch ein Anspruch aus § 823 II BGB iVm § 22 KunstUrhG kann auf Beseitigung der Bilder gerichtet sein, § 249 I BGB.

5. Ergebnis

60 W kann auch nach § 823 II BGB iVm § 22 KunstUrhG Beseitigung der Bilder verlangen.

B. Ansprüche des A

61 Auch A kann von M die Beseitigung der Bilder nach den genannten Anspruchsgrundlagen verlangen. Zu beachten ist jedoch, dass A mit 14 Jahren beschränkt geschäftsfähig ist und den Anspruch daher nicht alleine geltend machen kann. W als alleiniger gesetzlicher Vertreter muss dies daher in seinem Namen tun, §§ 1626 I, 1629 I 3, 1680 I 1 BGB. Da er mit M nicht verheiratet ist, liegt kein Fall des § 1629 II BGB iVm § 1795 I Nr. 3 BGB (= § 1824 I Nr. 3 BGB nF) vor. W kann den Anspruch des A daher gerichtlich alleine geltend machen.

C. Ansprüche der B

I. § 1004 I 1 BGB analog

62 Auch B könnte ein Anspruch auf Beseitigung der Bilder aus § 1004 I 1 BGB analog zustehen.

1. Verletzung des Allgemeinen Persönlichkeitsrechts

63 Dann müsste wiederum ein Eingriff in das Allgemeine Persönlichkeitsrecht der B vorliegen. Durch die Veröffentlichung der Bilder wird ihr Recht am eigenen Bild berührt.

22 OLG Köln BeckRS 2018, 12712; BeckOGK/Spindler BGB § 823 Rn. 328.

Fraglich ist, ob der Eingriff auch in diesem Fall rechtswidrig ist. Denn durch das Veröffentlichen der Bilder auf ihrer Internetseite könnte ihre Mutter M konkludent in den Eingriff eingewilligt haben. Bei minderjährigen Kindern kommt es zur Rechtmäßigkeit der Bildveröffentlichung auf die Einwilligung des Sorgeberechtigten an, §§ 1626 I, 1629 I BGB. Zwar wird dieser Grundsatz um das Erfordernis eines Co-Konsenses des Minderjährigen ergänzt, um dessen Selbstbestimmungsrecht gerecht zu werden. Dies gilt jedoch nur, wenn der Minderjährige die notwendige Einsichtsfähigkeit besitzt (Doppelzuständigkeit bzw. Co-Konsens-Lösung).[23] Da B noch ein Kleinkind ist, kann nicht davon ausgegangen werden, dass sie die Folgen der Verwendung des Fotos einschätzen kann.[24] Es kommt daher nur auf die Einwilligung ihrer Sorgeberechtigten an. **64**

Wie bereits oben dargestellt, steht M und W die elterliche Sorge gemeinsam zu. Eine mögliche Einwilligung ist daher im Grundsatz von beiden abzugeben. Da W jedoch nicht einwilligte, muss eine Einwilligung nach § 22 KunstUrhG ausscheiden. Etwas anderes ergibt sich auch nicht aus § 1628 BGB, denn die Entscheidung über die Veröffentlichung ist in diesem Sinn nicht vor der Veröffentlichung auf M übertragen worden. **65**

Mangels wirksamer Einwilligung ist der Eingriff in das Allgemeine Persönlichkeitsrecht der B rechtswidrig. **66**

2. Ergebnis

B steht gegen M ein Anspruch auf Beseitigung der Bilder analog § 1004 I 1 BGB zu. **67**

3. Geltendmachung des Anspruchs

Fraglich ist, wie dieser Anspruch geltend zu machen ist. Zu beachten ist wiederum, dass B geschäftsunfähig ist. Grundsätzlich müssten M und W bei der gerichtlichen Geltendmachung zusammenwirken. Hieran könnte jedoch der Umstand etwas ändern, dass der Anspruch gegen M selbst gerichtet ist. Aufgrund des Rechtsgedankens der §§ 1629 II, 1795 II, 181 BGB (= §§ 1629 II, 1824 II, 181 BGB nF) ist sie daher von der Vertretung ausgeschlossen. Nach der früheren BGH-Rechtsprechung wurde im Fall des Ausschlusses eines Elternteils bei gemeinsamem Sorgerecht auch der andere Elternteil automatisch von der Vertretung ausgeschlossen; das Mitvertretungsrecht erstarkte also gerade nicht zum Alleinvertretungsrecht desjenigen Elternteils, der in seiner Person keinen Ausschlussgrund verwirklichte.[25] Diese Rechtsprechung hat der BGH jedoch zwischenzeitlich geändert:[26] Nach heutiger Rechtsprechung führt der gesetzliche Ausschluss des einen Elternteils nicht mehr automatisch zum Ausschluss auch des mitsorgeberechtigten zweiten Elternteils, der selbst keinen gesetzlichen Ausschlussgrund verwirklicht. Bei verheirateten Eltern greift für den zweiten Elternteil zwar der Ausschlussgrund des §§ 1629 II, 1795 I Nr. 3 BGB (= §§ 1629 II, 1824 I Nr. 3 BGB nF) ein. Bei unverheirateten Eltern, wie hier, ist dieser Ausschlussgrund jedoch nicht einschlägig. Bei unverheirateten Eltern kann auch nicht automatisch von einem Loyalitätskonflikt ausgegangen werden, da das Rücksichtnahmegebot aus **68**

23 Fritzsche/Knapp FamRZ 2019, 1905 (1908).
24 Fritzsche/Knapp FamRZ 2019, 1905 (1908).
25 BGH NJW 1972, 1708.
26 BGH NJW 2021, 1875.

§ 1353 BGB fehlt.[27] Ein Entzug der Vertretungsmacht ist bei mitsorgeberechtigten unverheirateten Eltern nur gerichtlich nach einer Einzelfallprüfung nach §§ 1629 II 3, 1796 BGB (= §§ 1629 II 3, 1789 II 3, 4 BGB nF) möglich.[28] Nur wenn das Gericht von dieser Möglichkeit Gebrauch macht, weil es einen konkreten Konflikt zwischen den Interessen der B und denen des W feststellt (für den allerdings nichts ersichtlich ist), ist zur gerichtlichen Geltendmachung des Beseitigungsanspruchs die Bestellung eines Ergänzungspflegers erforderlich, § 1909 I BGB (= § 1809 I BGB nF).

69 Die Frage der Vertretung im Rahmen eines Rechtsstreits ist von der vorgelagerten Entscheidung zu trennen, ob der Anspruch überhaupt geltend gemacht werden soll.[29] Die Entscheidung darüber, ob ein Beseitigungsanspruch im Hinblick auf veröffentlichte Fotos geltend gemacht werden soll, gehört zur Personensorge und steht daher grundsätzlich dem Inhaber der elterlichen Sorge, hier also M und W gemeinsam, zu. Da es sich weder um ein Rechtsgeschäft mit dem Kind iSd § 181 BGB noch um einen Teil des Rechtsstreits selbst handelt, sind die sorgeberechtigten Eltern für diese Frage beide nicht nach §§ 1629 II 1, 1795 II (= §§ 1629 II 1, 1824 II BGB nF), 181 BGB ausgeschlossen.[30] In Betracht käme insofern nur die Möglichkeit, dass sich W die Entscheidungsbefugnis über die Geltendmachung des Anspruchs nach § 1628 BGB übertragen lässt. Hierfür müssten dessen Voraussetzungen erfüllt sein.

70 **Hinweis:** Das Erkennen und Bearbeiten dieses Problems kann man wohl auch in sehr guten Klausuren kaum erwarten.

a) Elternschaft

71 Bei W und M handelt es sich um die Eltern der B (s. oben).

b) Gemeinsame elterliche Sorge

72 Ihnen steht die gemeinsame elterliche Sorge zu (s. oben).

c) Meinungsverschiedenheit über eine einzelne Angelegenheit der elterlichen Sorge

73 Die Entscheidung über das Posten von Bildern des Kindes im Internet stellt eine punktuelle Angelegenheit der Personensorge dar, hinsichtlich welcher W und M eine Meinungsverschiedenheit haben.

d) Angelegenheit von erheblicher Bedeutung

74 Das Löschen der Bilder müsste für B von erheblicher Bedeutung sein. Die erhebliche Bedeutung ergibt sich für das Kind aus der Relevanz für seine künftige Entwicklung und Sozialisation.

75 Die Internetseite der M ist durch einen besonderen Kennwortschutz nur für Vertraute der M einsehbar. Anders als bei sozialen Netzwerken wie Facebook handelt es sich zudem um eine private Internetseite, sodass die Bilder nicht für eine gewisse Zeitspanne beim Anbieter gespeichert bleiben. Die Weiterverbreitung und Verwendung der geposteten Bilder ist in der vorliegenden Sachverhaltskonstellation daher kontrol-

27 BGH NJW 2021, 1875.
28 BGH NJW 2021, 1875 Rn. 30.
29 BGH FamRZ 2009, 861.
30 BGH FamRZ 2009, 861.

lierbarer als bei einer öffentlichen Internetseite, jedoch ist es auch hier nicht ausgeschlossen, dass das Passwort – entgegen dem Willen der M – weitergegeben wird. Zudem handelt es sich um Bilder, welche für die B nicht unbedingt schmeichelhaft sind. Auch wenn der Personenkreis der potenziellen Betrachter gering ist, ist nicht ausgeschlossen, dass die Veröffentlichung einen schädigenden Einfluss auf die Entwicklung der B nimmt. Es handelt sich demnach um eine Angelegenheit von erheblicher Bedeutung.

e) Vorangegangener Einigungsversuch

Ein Einigungsversuch zwischen M und W ist gescheitert. **76**

f) Rechtsfolge

Das Familiengericht kann die Entscheidung zur Frage des Postens der Bilder nicht **77**
selbst treffen, sondern nur einem Elternteil übertragen, § 1628 S. 1 BGB. Gegen das Posten der Bilder und damit für eine Übertragung der Entscheidungsbefugnis auf W spricht, dass dieser verantwortungsbewusst mit dem Persönlichkeitsrecht der noch nicht einsichtsfähigen B umgeht, während M nicht berücksichtigt hat, dass für die Veröffentlichung der Fotos nicht nur ihre Einwilligung, sondern auch die des W als Mitsorgerechtsinhabers nötig ist.[31] Ist aber erst einmal Missbrauch mit den veröffentlichten Bildern betrieben worden, kann ein etwaiger Schaden nur schwer wiedergutgemacht werden. Vor diesem Hintergrund entspricht es dem Wohl der B am besten, W die Entscheidungsbefugnis in dieser Angelegenheit zu übertragen.

II. Weitere Ansprüche

B stehen zudem Ansprüche aus § 823 I BGB iVm § 249 I BGB und § 823 II BGB **78**
iVm § 22 KunstUrhG iVm § 249 I BGB zu. Hinsichtlich der Entscheidung über die Geltendmachung und die Geltendmachung dieser Ansprüche gilt das oben Gesagte.

31 OLG Düsseldorf BeckRS 2021, 22062.

Fall Nr. 15 – Hans Guck in die Luft

Schwerpunkte: *Haftung im Eltern-Kind-Verhältnis; gestörte Gesamtschuld; familiengerichtliche Genehmigung*

1 Die 6-jährige Evi (E) und ihre Mutter (M) sind gemeinsam in der Stadt unterwegs. An einer Straße bleiben beide zunächst stehen. Als M meint, die Straße gefahrlos überqueren zu können, bewegt sie sich ein Stück nach vorn. Dabei bemerkt sie jedoch den mit sehr forschem Schritt und weder nach links noch nach rechts schauenden, am Fahrbahnrand joggenden Rudi (R) und weicht zurück. E, die das Verhalten des M als Signal zum Überqueren der Straße aufgefasst hatte, rennt los und kollidiert mit R. Sie erleidet hierdurch eine Oberschenkelfraktur. Steht E hinsichtlich ihrer Behandlungskosten von 2.500 EUR ein Schadenersatzanspruch gegen R zu?

Außerdem hat M noch den Sohn Sascha (S). S schloss, als er 17 Jahre alt war, einen Studienvertrag mit der W für die gesamte Dauer eines Bachelor-Studiums ab. Der Vertrag wurde auch von den Eltern des S unterzeichnet. Gemäß dem Vertrag bestand das Recht der schriftlichen Kündigung bis 4 Wochen vor Ende eines jeden Semesters zum Semesterende. Im Fall einer Kündigung bis 4 Wochen vor Studienbeginn fiel nur die Immatrikulationsgebühr iHv 100 EUR an.

Ausdrücklich genehmigte S den Vertrag mit Eintritt seiner Volljährigkeit nicht. Allerdings beglich er nach Eintritt der Volljährigkeit die bereits in Rechnung gestellten Studiengebühren und die Immatrikulationsgebühr. Diesen Betrag fordert S zurück, nachdem er nunmehr die Genehmigung ausdrücklich verweigert hat. Zu Recht?

Gliederung 2

A. Ansprüche der E
   I. § 823 I BGB
      1. Anspruchsbegründung
      2. Kürzung wegen Mitverschuldens
      3. Kürzung nach den Grundsätzen der gestörten Gesamtschuld
   II. Anspruch aus § 823 II BGB iVm § 229 StGB
B. Anspruch des S gegen W aus § 812 I 1 Alt. 1 BGB
   I. Etwas erlangt
   II. Durch Leistung
   III. Ohne Rechtsgrund
   IV. Rechtsfolge
   V. Ergebnis

Lösung

A. Ansprüche der E

I. Anspruch aus § 823 I BGB

1. Anspruchsbegründung

E hat durch die Kollision mit R eine Verletzung ihres Körpers (Bruch) erlitten. Da R 3
das Geschehen auf dem Gehweg unzureichend beobachtet hat und auch recht schnell unterwegs war, ist von einem Außerachtlassen der im Verkehr erforderlichen Sorgfalt und damit von Fahrlässigkeit auszugehen. R hat E daher grundsätzlich ihren aus der Rechtsgutsverletzung resultierenden Schaden zu ersetzen. Das wären hier 2.500 EUR. Der Anspruch wäre auch dann nicht ausgeschlossen, wenn Es Mutter die Krankenhausrechnung schon im Rahmen ihrer Unterhaltspflicht (§§ 1601 ff. BGB) beglichen haben sollte: Denn die Regelung in § 843 IV BGB will gerade verhindern, dass Unterhaltsleistungen dem Schädiger zugutekommen.

2. Kürzung wegen Mitverschuldens

Fraglich ist aber, ob Es Schadensersatzanspruch nach § 254 BGB wegen Mitverschul- 4
dens zu kürzen ist. E selbst ist aufgrund ihres Alters noch nicht (mit-)verschuldensfähig (vgl. § 828 I BGB). Eventuell muss sie sich jedoch das Mitverschulden ihrer gesetzlichen Vertreterin M zurechnen lassen. In der Vorwärtsbewegung der M, die E zum Überqueren der Straße veranlasst hat, kann man uU eine (leicht) fahrlässige Mitverursachung des Unfalls sehen. Eine Zurechnung dieses Mitverschuldens nach § 254 II 2 BGB iVm § 278 BGB scheidet jedoch schon deshalb aus, weil es sich nach zutreffender hM bei § 254 II 2 BGB um eine Rechtsgrundverweisung auf § 278 BGB handelt.[1] Das bedeutet, dass schon im Zeitpunkt der Schädigungshandlung eine Sonderverbindung zwischen dem Schädiger und dem Geschädigten bestanden haben muss. Das ist vorliegend nicht der Fall: Eine Sonderverbindung zwischen R und E wurde erstmals durch den Unfall begründet. Zwar soll § 254 II 2 BGB auch auf

1 BeckOK BGB/Lorenz § 254 Rn. 41; MüKoBGB/Oetker § 254 Rn. 128 mwN.

§§ 831 BGB und § 31 BGB verweisen.[2] Das hilft jedoch ebenfalls nicht weiter, weil die Eltern als gesetzliche Vertreter weder mit einem Verrichtungsgehilfen (keine Abhängigkeit von Weisungen des Kindes) noch mit einem Organ verglichen werden können.

3. Kürzung nach den Grundsätzen der gestörten Gesamtschuld

5 In Betracht kommt allerdings eine Anspruchskürzung nach den Grundsätzen der gestörten Gesamtschuld. Von einer gestörten Gesamtschuld spricht man, wenn mehrere Personen den haftungsbegründenden Tatbestand verwirklichen, aber eine von ihnen infolge einer Haftungsprivilegierung im Innenverhältnis zum Geschädigten nicht haftet. Zu prüfen ist also, ob für den bei E eingetretenen Schaden auch Es Mutter haften würde, ihre Haftung aber aufgrund der Privilegierung in §§ 1664, 277 BGB entfällt. Geht man von einem fahrlässigen Verhalten von Es Mutter aus, so hat auch sie einen haftungsbegründenden Tatbestand verwirklicht. Folgt man der hM, ergibt sich dieser aus § 1664 BGB. Nach aA sind als Anspruchsgrundlage §§ 280, 241 II BGB bzw. § 823 I und § 823 II BGB iVm § 229 StGB heranzuziehen. Die Haftung könnte jedoch wegen § 1664 BGB entfallen, da für eine Verletzung der eigenüblichen Sorgfalt bzw. für grobe Fahrlässigkeit nichts ersichtlich ist. Ein Entfallen der Haftung setzt jedoch voraus, dass die Haftungsprivilegierung in §§ 1664, 277 BGB auch dann Anwendung findet, wenn es nicht nur um die Verletzung rein familienrechtlich begründeter Sorgfaltspflichten geht, sondern zugleich um die Verletzung allgemeiner, insbesondere deliktischer Verhaltenspflichten. Die hM bejaht dies, sofern ein innerer Zusammenhang mit der Sorgerechtsausübung gegeben ist. Dieser Ansicht ist zuzustimmen, da andernfalls der Anwendungsbereich der Norm zu eingeschränkt wäre.[3] Ein innerer Zusammenhang mit der Sorgerechtsausübung kann auch bei Schädigungen im Zusammenhang mit dem öffentlichen Straßenverkehr noch vorliegen. Die Grenze ist jedoch dort zu ziehen, wo die Eltern ihr Kind selbst als Kraftfahrer schädigen, da insoweit kein Raum für individuelle Sorglosigkeit bleibt.[4] Im zu untersuchenden Fall hat M zwar ihre Obhutspflicht (leicht fahrlässig) verletzt, sie hat jedoch nicht selbst als Pkw-Fahrerin E körperlich geschädigt. Sie kann sich daher auf die Privilegierung in § 1664 BGB berufen.

6 Damit liegt grundsätzlich die Konstellation einer „gestörten Gesamtschuld" vor. Fraglich ist, wie damit umzugehen ist. Abzulehnen ist die Ansicht, die den nicht privilegierten Schädiger (R) zwar im Verhältnis zum Geschädigten (E) voll haften lässt, ihm jedoch einen Regress gegen den Mitschädiger (M) nach § 426 BGB aufgrund einer fingierten Gesamtschuld gestattet.[5] Denn hierdurch stünde M schlechter, als wenn sie E alleine geschädigt hätte und wegen § 1664 BGB überhaupt nicht haften würde. Nach einer aA ist ein Anspruch gegen R von vornherein um den Mitverschuldensanteil ihrer Mutter zu kürzen.[6] Nach der herrschenden (Rechtsprechungs-) Ansicht schließlich haftet R voll und kann auch nicht bei M Regress nehmen. Nach dieser Ansicht fehlt wegen §§ 1664, 277 BGB schon eine Mithaftung der M iSv § 840 BGB und damit die erforderliche Grundlage für ein Gesamtschuldverhältnis, das „ge-

2 MüKoBGB/Oetker § 254 Rn. 136 f.
3 MüKoBGB/Oetker § 1664 Rn. 9 mwN.
4 OLG Bamberg NJW 2012, 1820 (1821).
5 BGH NJW 1972, 942 (943); 1989, 2386 (3487).
6 MüKoBGB/Heinemeyer § 426 Rn. 61; Staudinger/Looschelders BGB § 426 Rn. 179.

stört" werden könnte.[7] Für die zuletzt genannte Ansicht spricht auch der Familienfrieden: Denn der Zweck des § 1664 BGB, eine gewisse Freistellung von Haftung im Eltern-Kind-Verhältnis zu erreichen, wäre infrage gestellt, wenn E (über eine Anspruchskürzung) oder M (durch einen Gesamtschuldnerregress) – und damit letztlich die Familienkasse – doch einen Teil des Schadens tragen müsste.

II. § 823 II BGB iVm § 229 StGB

Ein Anspruch ist auch aus § 823 II BGB iVm § 229 StGB begründet. Auch dieser ist nicht zu kürzen. 7

B. Anspruch des S gegen W aus § 812 I 1 Alt. 1 BGB

S könnte gegen W ein Anspruch aus § 812 I 1 Alt. 1 BGB zustehen. 8

I. Etwas erlangt

W hat infolge der Überweisungen eine Gutschrift und damit ein vermögenswertes Etwas iSd § 812 BGB erlangt. 9

II. Durch Leistung

Diesen Vorteil erlangte W auch durch Leistung, da S deren Vermögen bewusst und zweckgerichtet gemehrt hat. 10

III. Ohne Rechtsgrund

Fraglich ist allein, ob auch ohne Rechtsgrund gezahlt wurde. Als ein Rechtsgrund könnte vorliegend ein zwischen S und W geschlossener Studienvertrag fungieren. Dann müsste ein solcher jedoch auch wirksam zustande gekommen sein. 11

S und W haben jeweils eine auf den Abschluss eines solchen Vertrags gerichtete Willenserklärung abgegeben. Näher betrachtet werden muss jedoch die Wirksamkeit der Willenserklärung des S, da dieser bei Abgabe der Erklärung noch nicht volljährig war. Da er durch den Studienvertrag insbesondere zu der Zahlung von Studiengebühren und des Semesterbeitrags verpflichtet werden sollte, war der Vertrag für ihn nicht lediglich rechtlich vorteilhaft, sodass es grundsätzlich der Einwilligung seiner gesetzlichen Vertreter bedurfte, §§ 106, 107 BGB. Nach §§ 1626 I, 1629 I 1 BGB waren dies seine sorgeberechtigten Eltern, welche auch beide in den Studienvertrag einwilligten. Fraglich ist aber, ob diese Einwilligung ausreichte oder ob es ausnahmsweise der Genehmigung des Familiengerichts bedurft hätte, §§ 1643 I, 1822 Nr. 5 BGB. 12

Achtung: An dieser Stelle wird die Reform des Vormundschaftsrechts eine Änderung bringen. Die Genehmigungspflicht ist ab dem 1.1.2023 in § 1643 IV BGB nF enthalten. Eine Genehmigung soll allerdings nicht mehr erforderlich sein, wenn es sich um einen Ausbildungsvertrag handelt, vgl. § 1643 IV 2 Nr. 1 BGB nF. 13

---

7 BGH NJW 2004, 2892 (2893).

14 Nach § 1822 Nr. 5 BGB ist ein Vertrag, durch den der Minderjährige zu wiederkehrenden Leistungen verpflichtet wird, genehmigungsbedürftig, wenn das Vertragsverhältnis länger als ein Jahr nach dem Eintritt der Volljährigkeit fortdauern soll. Ein solches Vertragsverhältnis liegt hier grundsätzlich vor, denn der Vertrag sollte für die gesamte Studiendauer, auch über das 19. Lebensjahr hinaus, gelten und zu regelmäßigen Zahlungen u.a. von Studiengebühren verpflichten.

15 § 1822 Nr. 5 BGB könnte jedoch deshalb nicht anwendbar sein, weil der Studienvertrag die Möglichkeit der Kündigung vor Studienbeginn vorsah, was wiederum zu einem Vertragsende vor dem 19. Lebensjahr geführt hätte. Man könnte sich daher auf den Standpunkt stellen, dass eine teleologische Reduktion der Genehmigungsbedürftigkeit nach § 1822 Nr. 5 BGB zumindest dann angebracht sei, wenn sich der Minderjährige durch eine Kündigung vor Vollendung des 19. Lebensjahrs von dem zu Minderjährigenzeiten geschlossenen Vertrag lösen könne. Würde man eine solche einschränkende Auslegung zulassen, müsste dann in einem zweiten sich anschließenden Schritt geklärt werden, ob dies aber zumindest dann nicht gelten soll, wenn die Kündigung, wie hier, mit einem rechtlichen Nachteil verbunden ist.[8]

16 Gegen eine einschränkende Auslegung spricht jedoch bereits der Wortlaut des § 1822 Nr. 5 BGB.[9] Außerdem sprechen Sinn und Zweck der Vorschrift dafür, den Schutz des Minderjährigen aufrechtzuhalten, welcher jedoch geschmälert würde, wenn es bei einer Kündigungsmöglichkeit keiner familiengerichtlichen Genehmigung mehr bedürfte.[10] Denn es darf nicht vergessen werden, dass eine Kündigungserklärung oft aus Unwissenheit oder aufgrund eines Vergessens nicht abgegeben wird. Außerdem sind die §§ 1821, 1822 BGB so auszulegen, dass im Interesse der Sicherheit des Rechtsverkehrs eine eindeutige Abgrenzung zwischen genehmigungspflichtigen und -freien Geschäften ermöglicht wird.[11] Eine solche eindeutige Abgrenzung fällt jedoch schwer, wenn man zwar eine einschränkende Auslegung des § 1822 Nr. 5 BGB befürwortet, hiervon aber wiederum dann eine Ausnahme machen will, wenn die Kündigung mit Nachteilen verbunden ist. Auch die Bedürfnisse des Rechtsverkehrs können keine andere Ansicht rechtfertigen. Denn Studienverträge können auch ohne familiengerichtliche Genehmigung rechtssicher geschlossen werden, wenn zB die Vertragslaufzeit auf ein Jahr begrenzt wird.[12] Ferner bleibt dem Vertragspartner stets die Möglichkeit, dadurch Klarheit zu schaffen, dass er den ehemals Minderjährigen nach Eintritt in die Volljährigkeit zur Genehmigung auffordert, §§ 1643 III, 1829 III BGB (= §§ 1644 III 2 BGB nF).[13]

17 Eine konkludente Genehmigung des Vertrags durch den nunmehr volljährig gewordenen S durch das bloße Zahlen der Rechnungen kommt indes nicht in Betracht. Zwar kann eine Genehmigung durchaus auch konkludent erklärt werden, jedoch ist hierbei richtigerweise zu fordern, dass einem Verhalten nur dann ein Erklärungswert zukommt, wenn der Minderjährige die Unwirksamkeit kannte oder zumindest mit ihr rechnete. Hierfür sind vorliegend keine Anhaltspunkte erkennbar. S zahlte, um

8 BeckOK BGB/Bettin § 1822 Rn. 20; MüKoBGB/Kroll-Ludwigs § 1822 Rn. 43.
9 LG Frankfurt a. M. BeckRS 2020, 17833 Rn. 20.
10 Vgl. BeckOK BGB/Bettin § 1821 Rn. 1.
11 Vgl. BGH NJW 1962, 2344 (2345).
12 Vgl. auch BGH NJW 1958, 1393.
13 LG Frankfurt a. M. BeckRS 2020, 17833 Rn. 22.

einen vermeindlichen Vertrag zu erfüllen, nicht um ihn zu schließen. Des Weiteren verweigerte S später die Genehmigung auch ausdrücklich.

Die auf Abschluss des Studienvertrags gerichtete Willenserklärung des S ist somit endgültig unwirksam, weswegen die Zahlung ohne Rechtsgrund erfolgte. **18**

IV. Rechtsfolge

Gem. § 812 I 1 Alt. 1 BGB hat W grundsätzlich das Erlangte herauszugeben. Da dies vorliegend nicht mehr möglich ist, hat sie nach § 818 II BGB Wertersatz zu leisten. Mit diesem Betrag sind auch nicht etwaige Gegenleistungen, die S aus dem Vollzug des nichtigen Vertrags erhalten hat, zu verrechnen. Ist ein gegenseitiger Vertrag mangels voller Geschäftsfähigkeit des einen Vertragspartners unwirksam, greift die Saldotheorie nicht ein. Der Minderjährige muss sich also auf seinen Bereicherungsanspruch nicht nach der Saldotheorie den Wert der nicht mehr vorhandenen Gegenleistung anrechnen lassen. Hierbei kommt es auch nicht darauf an, dass S die Zahlungen erst nach Erreichen der vollen Geschäftsfähigkeit leistete, denn der Anknüpfungspunkt des Minderjährigenschutzes ist allein das Eingehen des Verpflichtungsgeschäfts, welches den Rechtsgrund der Zahlungen bilden sollte.[14] **19**

V. Ergebnis

S hat gegen die Beklagte einen Anspruch auf Rückzahlung aus § 812 I 1 Alt. 1 BGB. **20**

14 LG Frankfurt a. M. BeckRS 2020, 17833 Rn. 27.

Fall Nr. 16 – Kein Umgang mit Papa

Schwerpunkte: *Schadenersatzansprüche wegen Umgangsrechtsverletzung; Berechtigung eines Ordnungsgeldes gegen den Umgang verweigernden Elternteil*

1 Die Eltern des Rolf (R) haben sich getrennt. Seine Mutter Monika (M) hat das alleinige Sorgerecht inne. Rolfs Vater Viktor (V) hat einen gerichtlichen Umgangsbeschluss erwirkt, welcher vorsieht, dass V seinen Sohn jeden zweiten Freitag im Monat um 10 Uhr für das Wochenende abholen und bis Sonntag um 17 Uhr zu sich nehmen darf. Ferner hat das Familiengericht dem V ein Umgangsrecht für Ostersonntag und Ostermontag zugesprochen. In dem Beschluss wurde darauf hingewiesen, dass für den Fall einer Zuwiderhandlung gegen die Umgangsregelung Ordnungsgeld und, für den Fall, dass dieses nicht beigetrieben werden kann, Ordnungshaft angeordnet werden kann. Als V – an einem Freitag dem 13. – bei M klingelt, um R für das Wochenende abzuholen, teilt ihm M lapidar mit, R habe „auf seinen Papa dieses Wochenende keine Lust gehabt" und habe schon am Mittwoch die Gelegenheit am Schopf ergriffen, mit der Nachbarsfamilie auf eine Zeltfreizeit zu fahren. V muss daher ohne R wieder nach Hause fahren. Einen für das Wochenende geplanten Kinobesuch lässt er ausfallen, weil ihm der Gedanke an einen Kinoabend ohne R nicht zusagt. Er fragt sich nun, ob er seine Fahrtkosten zu Ms Wohnort und zurück (70 EUR) sowie die Kosten für 2 Kinokarten (jeweils 15 EUR), die er bereits am Montag gekauft hatte, von M ersetzt verlangen kann.

Abwandlung: M verweigert am Ostersonntag 2020 (während der ersten Phase der COVID-19-Pandemie) die Herausgabe des Kindes an V. Das Familiengericht setzt daraufhin ein Ordnungsgeld gegen M iHv 300 EUR fest. Geschieht dies zu Recht, wenn M vorträgt

a) sie hätte Sorge, dass R gefährdet wäre, wenn er vermeidbare Kontakte hätte

b) sie und R würden mit ihrer Mutter in einem Haushalt leben und die Mutter gehöre einer Risikogruppe an

c) R sei vor 3 Tagen positiv auf das Coronavirus SARS-CoV-2 getestet worden

d) gegenüber V sei eine Quarantäneanordnung des Gesundheitsamts gem. § 30 I IfSG in Kraft

e) V sei vor 3 Tagen positiv auf das Virus getestet worden?

Gliederung 2

Lösung

A. § 280 I BGB iVm § 1684 BGB

I. Schuldverhältnis

Nach der Rechtsprechung begründet das jedem Elternteil in § 1684 I BGB eröffnete Recht zum Umgang mit dem Kind zwischen dem Umgangs- und dem Obhutselternteil ein gesetzliches Rechtsverhältnis familienrechtlicher Art, das durch § 1684 II BGB näher ausgestaltet wird. Da grundsätzlich der Umgangsberechtigte die mit der Ausübung des Umgangs zusammenhängenden Kosten zu tragen hat, beinhaltet dieses Rechtsverhältnis insbesondere auch die Pflicht, bei der Gewährung des Umgangs auf die Vermögensbelange des Umgangsberechtigten Rücksicht zu nehmen (§§ 280 I, 241 II BGB).[1] 3

II. Pflichtverletzung

Fraglich ist, ob M diese Pflicht verletzt hat. M beruft sich darauf, R habe auf das Wochenende mit seinem Vater keine Lust gehabt und es lieber anders verbracht. Nach § 1684 II BGB war M jedoch verpflichtet, die Bereitschaft von R zum Umgang mit V zu fördern. Selbst wenn aus ihrer Sicht beachtliche Kindeswohlgründe dafürgesprochen haben sollten, R das Wochenende lieber mit der Nachbarsfamilie verbringen zu lassen, könnte dies die Pflichtverletzung nicht ausschließen: Das Umgangsrecht war vorliegend durch eine familiengerichtliche Entscheidung für alle Beteiligten verbindlich konkretisiert worden. M konnte sich nicht einfach aus eigenem Gutdünken über diese Entscheidung hinwegsetzen. Selbst in Eilfällen ist eine von der familiengerichtlichen Regelung abweichende Beurteilung des Kindeswohls durch den Obhutselternteil nicht geeignet, eine einseitige Abkehr zu rechtfertigen. Es ist vielmehr Sache des Obhutselternteils, ggf. eine familiengerichtliche Eilentscheidung herbeizuführen, wenn er der Meinung ist, aufgrund neuer Entwicklungen sei die getroffene Regelung abzuändern. Ms Weigerung, die familiengerichtliche Umgangsregelung einzuhalten und R an V zu übergeben, stellt daher im Verhältnis zu V eine Pflichtverletzung dar. Eine (weitere) Pflichtverletzung liegt darin, dass M den V nicht wenigstens bereits am Mittwoch (Verreisen des R ins Ferienlager) in Kenntnis gesetzt hat, dass R am Freitag nicht abholbereit sein würde. 4

1 BGH NJW 2002, 2566.

III. Vertretenmüssen

5 Das Vertretenmüssen wird vermutet, § 280 I 2 BGB. Die Exkulpation wird M nicht gelingen. Insbesondere entschuldigt ein Rechtsirrtum nicht, wenn er, wie hier, vermeidbar ist.[2]

IV. Schaden

6 Der ersatzfähige Schaden ermittelt sich durch einen Vergleich der tatsächlichen mit der hypothetischen Vermögenslage ohne die Pflichtverletzung. Hinsichtlich der Fahrtkosten gilt Folgendes: Hätte M den V bereits vor Freitag darüber aufgeklärt, dass R am Mittwoch auf ein Zeltlager gefahren ist und daher am Freitag nicht abholbereit sein würde, wären dem V keine Fahrtkosten entstanden. Denn es ist anzunehmen, dass sich V aufklärungsgerecht verhalten und die sinnlose Fahrt unterlassen hätte (sog. Vermutung aufklärungsgerechten Verhaltens).[3] Die Kinokarten hat V dagegen schon am Montag gekauft. Diese Kosten wären ihm also auch entstanden, wenn M ihn am Mittwoch aufgeklärt hätte, wie es ihre Pflicht war. Auch wenn man an die Nichtherausgabe von R am Freitagmorgen als maßgebliche Pflichtverletzung anknüpft, scheint es nach der Differenzhypothese an einem Schaden zu fehlen: Denn V wären die Kosten für die Karten auch dann entstanden, wenn er, wie geplant, mit R gemeinsam einen Kinoabend hätte verbringen können. Es handelt sich um „frustrierte Aufwendungen“, die nach allgemeinen schadenersatzrechtlichen Grundsätzen gar nicht bzw. nur unter bestimmten Einschränkungen erstattungsfähig sind. Eine Ausnahme gilt jedoch nach der Rechtsprechung bei der „Entwertung“ einer einmaligen Genussmöglichkeit, wie insbesondere Theater- oder Kinokarten. Wer sich diese Genussmöglichkeit „erkauft“ hat und sie dann aufgrund des schädigenden Ereignisses nicht nutzen kann, erhält den Wert der Karte ersetzt, weil ihm der in der Karte verkörperte und mit einem bestimmten Geldbetrag erkaufte Genusswert der Karte entzogen wird.[4] Eine Ersatzpflicht besteht allerdings nur für die für R gedachte Kinokarte, nicht auch für die für V. Dass der Kinoabend vollständig ausfiel, beruhte nicht nur auf der Weigerung von M, sondern auch auf dem Willensentschluss des V, ohne R nicht in das Kino zu gehen. Eine Ersatzpflicht kommt zwar auch dann in Betracht, wenn die unmittelbare Schadensursache nicht durch den Schädiger, sondern durch den Geschädigten selbst gesetzt wurde. Voraussetzung ist jedoch, dass sich der Geschädigte zu seinem Verhalten „herausgefordert fühlen durfte“. Dass V den Kinoabend komplett ausfallen ließ und damit auch die Kosten für die eigene Karte nutzlos aufgewandt wurden, ist jedoch keine typische und billigenswerte Reaktion auf das Verhalten der M mehr[5] *(aA sehr gut vertretbar).*

2 BeckOK BGB/Lorenz § 276 Rn. 31.
3 BeckOGK/Rieh BGB § 280 Rn. 371.
4 Enzinger DAR 2015, 489.
5 So das OLG Frankfurt NJW-RR 2005, 1339 im Hinblick auf eine Urlaubsreise, die wegen der Umgangsverweigerung nicht angetreten wurde.

B. § 823 I BGB

Ein Anspruch könnte außerdem aus § 823 I BGB begründet sein. Anerkanntermaßen bildet das Sorgerecht ein sonstiges Recht iSv § 823 I BGB. V steht allerdings kein Sorgerecht, sondern nur ein Umgangsrecht zu. Fraglich ist, ob auch das Umgangsrecht dem Schutz des § 823 I BGB unterfällt. Dies wird zT mit der Begründung verneint, das Umgangsrecht des nichtsorgeberechtigten Elternteils sei nur eine relative Rechtsposition, die nur im Verhältnis der Eltern untereinander Rechte und Pflichten entfalte. Die Gegenansicht verweist demgegenüber darauf, dass sich das Umgangsrecht ebenfalls aus Art. 6 II GG ableite und in den Schutz aus § 823 I BGB einzubeziehen sei, da es ggf. auch gegen Eingriffe durch Dritte (etwa Angehörige des Obhutselternteils) verteidigt werden müsse.[6] Der BGH hat die Frage bislang offengelassen.[7] Je nachdem, wie man sich an dieser Stelle entscheidet, rechtfertigt sich der Anspruch des V auch aus § 823 I BGB. 7

Abwandlung

Grundsätzlich kann bei der Zuwiderhandlung gegen einen Vollstreckungstitel, der die Herausgabe einer Person und die Regelung des Umgangs betrifft – wie der hier vorliegende Beschluss des Familiengerichts – Ordnungsgeld (bis zu einem Maximalbetrag von 25.000 EUR) angeordnet werden, § 89 I FamFG. Die Festsetzung eines Ordnungsmittels unterbleibt jedoch, wenn der zur Herausgabe Verpflichtete Gründe vorträgt, aus denen sich ergibt, dass er die Zuwiderhandlung nicht zu vertreten hat, § 89 IV FamFG. Aus der Formulierung folgt, dass das Verschulden des Verpflichteten vermutet wird. Fraglich ist, ob M in den einzelnen Fallvarianten der Entlastungsbeweis gelingt: 8

Zu a) Dass M den R freiwillig in Quarantäne begeben und jegliche unnötigen Kontakte vermeiden möchte, ist zwar nachvollziehbar, rechtfertigt die Umgangsverweigerung jedoch nicht, wenn es nicht hinreichend objektive Gründe für den häuslichen Rückzug gibt. Denn alleine das Auftreten der Pandemie ist kein hinreichender Grund, den Umgang auszusetzen, worauf auch das BMJ auf seiner Homepage hinweist: Die Empfehlung, soziale Kontakte zu vermeiden, bezieht sich ausdrücklich nicht auf die Kernfamilie.[8] Der Umgang zwischen dem nicht betreuenden Elternteil und seinem Kind gehört vielmehr gerade zum absolut notwendigen Minimum zwischenmenschlicher Kontakte.[9] Vorliegend hat M keine objektiven Gründe vorgetragen, die darauf hinweisen, R sei in der Obhut des V einem erhöhten Ansteckungsrisiko ausgesetzt. 9

Zu b) Auch in diesem Fall gilt, dass die Kernfamilie von den Kontaktbeschränkungen nicht erfasst ist und dass der zwischenmenschliche Kontakt zwischen Umgangselternteil und Kind stattfinden soll, wenn beim Umgangselternteil kein Verdacht auf eine Corona-Infektion besteht *(aA vertretbar mit dem Argument, dass es hier wegen* 10

6 OLG Karlsruhe FamRZ 2002, 1056; MüKoBGB/Hennemann § 1684 Rn. 105.
7 BGH NJW 2002, 2566.
8 BMJ, Was die Coronakrise für den Umgang für getrennt lebende Eltern und ihre Kinder bedeutet.
9 OLG Braunschweig NJW 2020, 2038.

der erhöhten Gefahr für die im Haushalt lebende Mutter besondere Gründe für den häuslichen Rückzug gibt).

11 **Zu c)** Eine Erkrankung des Kindes steht einem Umgang im Grundsatz nicht entgegen, da auch der Umgangselternteil das Kind versorgen und pflegen kann.[10] Anderes gilt allenfalls dann, wenn das Kind nicht transportfähig ist. Fraglich ist, ob diese allgemein für Erkrankungen des Kindes geltenden Grundsätze auch auf eine Corona-Infektion des Kindes angewandt werden können. Nach eA ist dies der Fall.[11] Wenn sich der Umgangselternteil dem Risiko einer Infektion aussetzen möchte, so ist das seine Angelegenheit. Eine aA gibt zu bedenken, dass das Virus sehr ansteckend und eine COVID-19-Erkrankung nach derzeitigem Forschungsstand nicht therapierbar und potenziell tödlich sei. Das beträchtliche Risiko, dass das Kind den Umgangselternteil infiziere, lasse es daher für den Obhutselternteil unzumutbar erscheinen, einen Umgang mit dem positiv auf das Coronavirus getesteten Kind zuzulassen. Der verpflichtete Elternteil könne sich daher nach § 89 IV FamFG entlasten.[12] Nach einer weiteren Ansicht muss der Umgang bei einer COVID-19-Erkrankung des Kindes stets ausfallen, da jeder positiv Getestete nach § 30 IfSG in Quarantäne komme und der Verstoß gegen eine Quarantäne-Anordnung strafbar sei.[13]

12 **Zu d)** Steht der Umgangselternteil unter Quarantäne, so ist dies zweifelsfrei ein zur Exkulpation führender Hinderungsgrund: Der Verstoß gegen eine vollziehbare Quarantäne-Anordnung ist strafbar (vgl. § 75 I Nr. 1 IfSG).[14]

13 **Zu e)** Das unter d) Gesagte gilt erst recht, wenn beim Umgangselternteil eine Corona-Infektion positiv nachgewiesen ist.

10 OLG Braunschweig NJW 2020, 2038.
11 So etwa OLG Braunschweig NJW 2020, 2038.
12 Rake FamRZ 2020, 650 (651).
13 Mainz-Kwasniok NZFam 2020, 318.
14 OLG Braunschweig NJW 2020, 2038; Rake FamRZ 2020, 650 (651).

Fall Nr. 17 – Hausmann mit Sohn

Schwerpunkte: *Ausbildungsunterhalt des Minderjährigen gegen den nicht sorgeberechtigten, neu verheirateten Vater*

Vincent (V) und Maria (M) lernen sich im Juni 2003 kennen und führen in den darauffolgenden Monaten eine stürmische Sommerromanze. In dem Glauben, ihre Liebe halte ewig, lassen sie sich im September 2003 trauen. Kurz darauf – im April 2005 – bringt M ihren gemeinsamen Sohn Ruben (R) zu Welt. 1

Schnell äußern sich konträre Vorstellungen vom gemeinsamen Familienleben – weder M noch V wollen ihre beruflichen Ambitionen zwecks der Erziehung des R vernachlässigen und verlangen vom jeweils anderen die Versorgung von Kind und Haushalt. Schließlich zieht V aus. Die Ehe wird im Januar 2007 geschieden und M das alleinige Sorgerecht zugesprochen.

In den Folgejahren arbeitet M in Teilzeit mit einem Nettomonatsverdienst von 1.400 EUR, um die Erziehung des R zu gewährleisten. Zu ihr pflegt V keinen, zu R sehr sporadischen Kontakt.

V geht seiner beruflichen Tätigkeit bis 2021 nach, als er seine langjährige Freundin Fabienne (F) heiratet und sein Anstellungsverhältnis zugunsten der Führung des gemeinsamen ehelichen Haushalts kündigt. Kinder betreut er in der neuen Ehe nicht. Dass er nun auf seinen bisherigen Nettoverdient von monatlich 3.000 EUR verzichten muss, beunruhigt V nicht – immerhin stellt ihm F monatlich 800 EUR „Taschengeld" zur Verfügung. Außerdem ist er der Meinung, dass er an R, der im August seinen mittleren Schulabschluss mit einer Endnote von 1,5 erlangt hat, von nun an keinen Unterhalt mehr zahlen müsse. Um sicherzugehen, wendet er sich im August 2021 mit einem Schreiben an M, in dem er sie über die Zahlungseinstellung informiert – sollte seine Auffassung falsch sein, solle sie es ihm signalisieren. Als das Schreiben unbeantwortet bleibt, stellt V seine Zahlungen an R und M ein.

Im April 2022 beginnt der inzwischen 17-jährige und sportbegeisterte R eine Ausbildung zum Physiotherapeuten. M unterstützt das Vorhaben des R, der weiterhin bei ihr wohnt und von ihr versorgt wird. Allerdings besteht für Bücher und sonstige Lehrmaterialien ein ungedeckter Bedarf von 400 EUR monatlich. Deshalb wenden sich R und M noch im April 2022 an V und fordern ihn zur Zahlung dieses Betrags auf.

V meint, er könne dem R unmöglich dessen Ausbildung finanzieren, schließlich verfüge er nunmehr über kein eigenes Einkommen mehr; die 800 EUR Taschengeld deckten gerade mal seinen Lebensbedarf. Des Weiteren sei er davon ausgegangen, nach dem Schulabschluss keinen Unterhalt mehr zahlen zu müssen. Nachdem er auf das Schreiben vom August 2021 nichts zurückgehört habe, sei sein Vertrauen schutzwürdig. Ohnehin müsse R sich an M halten, diese habe schließlich das alleinige Sorgerecht.

Besteht ein Unterhaltsanspruch des R gegen V iHd ungedeckten Bedarfs von 400 EUR und, falls ja, wie ist dieser Anspruch gerichtlich geltend zu machen?

2 Gliederung

A. Anspruch R gegen V aus § 1601 BGB iVm § 1610 II BGB
 I. Anspruchsberechtigung, § 1601 BGB
 II. Bedarf und Bedürftigkeit, §§ 1602, 1610 BGB
 III. Leistungsfähigkeit des V, § 1603 BGB
 IV. Ausschluss der Unterhaltspflicht wegen Unzumutbarkeit
 V. Ausschluss der Unterhaltsverpflichtung wegen vorrangiger Unterhaltspflicht der M
 VI. Ergebnis
B. Gerichtliche Geltendmachung

Lösung

A. Anspruch R gegen V aus § 1601 BGB iVm § 1610 II BGB

3 Ein Anspruch des R gegen V auf Zahlung eines Ausbildungsunterhalts iHv 400 EUR könnte sich aus § 1601 BGB iVm § 1610 II BGB ergeben.

I. Anspruchsberechtigung, § 1601 BGB

4 Gemäß § 1601 BGB iVm § 1610 II BGB sind die Eltern eines Kindes verpflichtet, ihm einen angemessenen Unterhalt zu zahlen. Mutter des R ist M, § 1591 BGB. Als zum Zeitpunkt der Geburt mit der M verheirateter Mann ist V nach § 1592 Nr. 1 BGB der rechtliche Vater des R. Dass der Vater nicht sorgeberechtigt ist und keinen Kontakt zu R pflegt, ändert nichts an ihren verwandtschaftlichen Verhältnissen und führt nicht dazu, dass der Unterhaltsanspruch beschränkt wäre.

II. Bedarf und Bedürftigkeit, §§ 1602, 1610 BGB

5 Der Unterhaltsbedarf bemisst sich nach der Lebensstellung des Unterhaltsberechtigten R, § 1610 I BGB. Umfasst vom Unterhalt sind nach § 1610 II BGB auch die Kosten einer angemessenen Vorbildung zu einem Beruf. Die Angemessenheit beurteilt sich – abweichend von der früheren Annahme, für eine Berufsausbildung sei nicht die Begabung des jungen Menschen, sondern sein „Stand“ maßgebend[1] – anhand der individuellen Fähigkeiten des Kindes, insbesondere seiner Begabung, seiner Fähigkeiten und seinem Leistungswillen.[2] Bei minderjährigen Kindern wird die Art der Ausbildung als weiterer Ausdruck der Personensorge in erster Linie vom sorgeberechtigten Elternteil bestimmt. Dabei ist von den Eltern Rücksicht auf die Neigung des Kindes zu nehmen. Die Eltern schulden diesem die wirtschaftlich zumutbare Finanzierung einer möglichst optimal begabungs- und neigungsbezogenen Ausbildung. M, die das alleinige Sorgerecht besitzt, billigt die Aufnahme der Ausbildung. Weiterhin lässt die schulische Endnote des R von 1,5 hinsichtlich seines individuellen Leistungswillens eine hohe Zielstrebigkeit und Lernbereitschaft erkennen. Da es sich bei der von R

1 Dronsch JZ 1962, 346 (347).
2 MüKoBGB/Langeheine § 1610 Rn. 153.

ergriffenen Ausbildung um seine Erstausbildung handelt steht nicht infrage, ob die Eltern auch zur Finanzierung einer zweiten Ausbildung verpflichtet sind.

Das minderjährige Kind hat bis zum Abschluss seiner Ausbildung keine eigene, sondern nur eine abgeleitete Lebensstellung, bei welcher die wirtschaftlichen Verhältnisse der Eltern auch die des Kindes bestimmen. Ein Elternteil, der das minderjährige Kind betreut, erfüllt seine Verpflichtung zum Unterhalt bereits durch die Pflege und Erziehung des Kindes (§ 1606 III 2 BGB). Nimmt diese Rolle nur ein Elternteil ein, ist der andere barunterhaltspflichtig. Von diesem leitet sich dann die Lebensstellung des Minderjährigen ab. 6

R lebt bei M und wird von dieser versorgt, sodass zu ihren Gunsten § 1606 III 2 BGB eingreift. Nur V, der zu R keinen Kontakt pflegt, ist barunterhaltspflichtig. Demnach kommt es für die Beurteilung der abgeleiteten Lebensstellung des R auf die seines Vaters V an. Es stellt sich jedoch die Frage, auf welchen Lebensabschnitt für die Feststellung der Lebensstellung des V abzustellen ist. Maßgeblich könnte seine Lebensführung vor Niederlegung seiner Arbeit sein. Zu diesem Zeitpunkt verfügte er über einen monatlichen Nettoverdienst iHv 3.000 EUR. Andererseits könnte seine Lebensstellung in seiner Ehe mit F maßgeblich sein, in der er nunmehr über kein eigenes Einkommen verfügt. 7

Die Frage, auf welchen Zeitpunkt für die Feststellung der Lebensstellung des V abzustellen ist, könnte jedoch dahinstehen, wenn es sich bei dem von R begehrten Betrag um den Mindestbedarf handelt, den V in jedem Fall zahlen muss. Zur Feststellung der Bedarfssätze im Rahmen des Mindestunterhalts kann die Düsseldorfer Tabelle 2022 herangezogen werden. Innerhalb der ersten (der niedrigsten) Einkommensgruppe (für ein Nettoeinkommen des Barunterhaltspflichtigen bis 1.900 EUR) beträgt der Bedarfssatz eines 12–17-jährigen Kindes 533 EUR.[3] Die dem 17-jährigen R im Rahmen seiner Berufsausbildung entstehenden offenen Kosten belaufen sich auf 400 EUR monatlich. Mit dem begehrten Betrag bewegt er sich demnach weit unterhalb des Mindestbedarfs, selbst wenn die niedrigste Einkommensstufe und damit die aktuellen Verhältnisse des V zugrunde gelegt werden. Selbst bei Abzug des hälftigen Kindergeldes (iHv 219 EUR für das erste Kind) bleibt vom Mindestsatz ein Betrag iHv 423,50 EUR zurück, der ebenfalls über den geforderten 400 EUR liegt. 8

Auch die Auffassung des V, keinen Unterhalt mehr an sein Kind zahlen zu müssen, sobald dieses die Schule abgeschlossen habe, trifft insoweit nicht zu – soweit das Kind berechtigterweise in einer schulischen oder beruflichen Ausbildung ist, wie hier, trifft es keine eigene Erwerbsobliegenheit, sodass die Unterhaltspflicht der Eltern bestehen bleibt. Demnach entspricht der zu deckende Bedarf des R 400 EUR im Monat. 9

III. Leistungsfähigkeit des V, § 1603 BGB

Die Verpflichtung der Eltern zur Zahlung eines Ausbildungsunterhalts aus § 1610 II BGB wird begrenzt durch ihre Leistungsfähigkeit (§ 1603 BGB). Unterhaltspflichtig ist demnach nicht, wer aufgrund seiner sonstigen Verpflichtungen außerstande ist, ohne Gefährdung seines angemessenen Unterhalts den (Ausbildungs-)Unterhalt zu 10

3 Diese Richtsätze entsprechen dem Mindestbedarf gemäß der Dritten Verordnung zur Änderung der Mindestunterhaltsverordnung v. 3.11.2020 (BGBl. 2020 I 2344).

gewähren. Jedem (bar-)unterhaltspflichtigen Elternteil wird demnach ein Selbstbehalt zugestanden.[4] Dieser bleibt von Unterhaltsforderungen unangetastet und wird vor dem Hintergrund gewährt, dass niemand aufgrund von Unterhaltszahlungen selbst in eine finanzielle Not getrieben werden soll.[5]

11 Zu beachten ist dabei § 1603 II BGB, der an die unterhaltspflichtigen Eltern gegenüber ihren minderjährigen Kindern höhere Anforderungen stellt als an den „normalen" Unterhaltspflichtigen. Gegenüber einem minderjährigen Kind beträgt der angemessene Selbstbehalt eines nicht erwerbstätigen Barunterhaltspflichtigen gemäß Anmerkung Nr. 5 der Düsseldorfer Tabelle 2022 960 EUR. V nimmt in seiner neuen Ehe die Rolle des Hausmanns ein und erwirtschaftet keine eigenen Einkünfte. Ihm steht monatlich lediglich ein Taschengeld iHv 800 EUR zur Verfügung. Damit bewegt er sich mit seinen Mitteln bereits unterhalb der Grenze des Selbstbehalts und könnte die Zahlung von Unterhalt an R grundsätzlich verweigern. Es ist jedoch fraglich, ob V sich auf seine fehlende Leistungsfähigkeit berufen darf oder ob ihm ein fiktives Einkommen zuzurechnen ist.

12 Der unterhaltspflichtige V ist nach einer Scheidung zwar grundsätzlich nicht verpflichtet, in einer neuen Beziehung dieselbe Rolle zu übernehmen wie in der alten Ehe – er kann in der neuen Beziehung die Haushaltsführung (und ggf., hier nicht einschlägig, die Kindesbetreuung) übernehmen.[6] So stand es auch V frei, seine bisherige Berufstätigkeit zugunsten der Führung des neuen ehelichen Haushalts aufzugeben. Zu beachten ist jedoch, dass er durch seine häuslichen Tätigkeiten nur gegenüber seiner neuen Frau F seine Unterhaltspflicht (§ 1360, insbesondere S. 2 BGB) erfüllt – nicht jedoch gegenüber seinem Kind aus erster Ehe, dem R, der vom anderen Elternteil betreut wird. Dem liegt die Wertung zugrunde, dass sich niemand seinen Unterhaltsverpflichtungen dadurch entziehen können soll, dass er seine berufliche Tätigkeit niederlegt und eine neue Familie gründet, in welcher sein Beitrag zum ehelichen Haushalt in der Haushaltsführung besteht (sog. Hausmannrechtsprechung).[7] Sofern sich der neu Verheiratete nun mehreren gleichrangigen Unterhaltsberechtigten gegenübersieht, darf er seine Bemühungen nicht auf die Sorge für seine neue Familie beschränken. Denn minderjährigen Kindern aus einer früheren Ehe, die nicht in der neuen Familie leben, kommt die Haushaltsführung in dieser Familie weder unmittelbar noch mittelbar zugute. Gemäß § 1609 Nr. 1 BGB sind Unterhaltsberechtigte des ersten Rangs minderjährige Kinder des Unterhaltsverpflichteten – Ehegatten hingegen sind nach § 1609 Nr. 2 oder Nr. 3 BGB nachrangige Unterhaltsberechtigte.

13 Folge dieser Überlegung ist, dass der Unterhaltsverpflichtete sich sein bisheriges Einkommen grundsätzlich fiktiv zurechnen lassen muss, vorausgesetzt, es lag kein rechtfertigender Grund für den Rollentausch vor. V gab seine berufliche Tätigkeit ohne triftigen Grund auf. Wenn aus der neuen Ehe keine Kinder hervorgegangen sind, ist eine Berufung auf eine Einschränkung der eigenen Leistungsfähigkeit infolge der Haushaltsführung idR nicht anzuerkennen.[8] Ohne die Betreuung minderjähriger Kinder führt die reine Haushaltsführung grundsätzlich nicht zu einer anerkennens-

4 MüKoBGB/Langeheine § 1603 Rn. 4.
5 BGH FamRZ 1981, 344.
6 Scholz/Kleffmann FamR-HdB/Kleffmann Teil G Rn. 131.
7 BGH FamRZ 2015, 738; 2006, 1827.
8 BGH FamRZ, 2001, 1065.

werten Hausmannrolle.[9] V trifft vielmehr grundsätzlich die Pflicht zur Erwerbstätigkeit im früheren Umfang. Es ist daher von seiner vollumfänglichen Leistungsfähigkeit auszugehen, da die zuzurechnenden (fiktiven) Einkünfte den Selbstbehalt des V bei Weitem übersteigen.

IV. Ausschluss der Unterhaltspflicht wegen Unzumutbarkeit

V beruft sich darauf, er sei davon ausgegangen, nach der abgeschlossenen Schulausbildung des R keine weiteren Unterhaltszahlungen an diesen mehr leisten zu müssen. Möglicherweise sind ihm weitere Unterhaltszahlungen deshalb unzumutbar, weil er seine Lebensweise nach der erneuten Heirat im Vertrauen darauf, von seinen Pflichten frei geworden zu sein, umgestellt hat. 14

Grundsätzlich – als Ausdruck des Gegenseitigkeitsprinzips aus § 1618a BGB – kann ein gewisser Zeitablauf zwischen Beendigung der schulischen Ausbildung und Beginn einer Berufsausbildung zu einer Unzumutbarkeit von Unterhaltszahlungen führen.[10] R hat die Berufsausbildung jedoch schon im April 2022, weniger als ein Jahr nach seinem Schulabschluss, begonnen. Eine Unzumutbarkeit liegt demnach nicht vor. 15

Dadurch, dass das von V nach dem Schulabschluss des R an die M gerichtete Schreiben unbeantwortet blieb, könnte ein berechtigtes Vertrauen etabliert worden sein, er sei von seiner Unterhaltsverpflichtung frei geworden. Der BGH[11] entschied im Fall des Ausbildungsunterhaltsanspruchs eines 26-jährigen Kindes, welches bereits eine abgeschlossene Berufsausbildung aufwies, zugunsten eines schützenswerten Vertrauens des Vaters. Die Situation des R ist jedoch nicht vergleichbar – die Ausbildung, in der R sich befindet, ist nicht nur seine Erstausbildung, er ist des Weiteren erst 17 Jahre alt und seit seinem Schulabschluss ist weniger als ein Jahr vergangen. Er befindet sich damit in einem Lebensabschnitt, in welchem beinahe zwingend mit der Aufnahme einer berufsorientierten Ausbildung zu rechnen ist. 16

In Gesamtschau der Umstände stellt sich das Vertrauen des V auf seine entfallene Unterhaltspflicht nicht als schützenswert dar. 17

V. Ausschluss der Unterhaltsverpflichtung wegen vorrangiger Unterhaltspflicht der M

V kann sich nicht auf eine vorrangige Unterhaltspflicht der M berufen. Insoweit ist vielmehr festzuhalten, dass M ihre Unterhaltsverpflichtung gegenüber R in Form seiner Pflege und Erziehung erfüllt, vgl. § 1606 III 2 BGB. 18

VI. Ergebnis

R hat einen Anspruch gegen V aus § 1601 BGB iVm § 1610 II BGB auf Zahlung von 400 EUR im Monat. 19

9 BGH FamRZ, 2001, 544.
10 Löhnig NJW 2017, 2234 (2235).
11 BGH FamRZ 2017, 1132.

B. Gerichtliche Geltendmachung

20 Es stellt sich die Frage, wie, insbesondere durch wen, der Anspruch gerichtlich geltend gemacht werden kann.

21 Die Befugnis, den Anspruch eines minderjährigen Kindes auf Unterhalt geltend zu machen, obliegt grundsätzlich den Sorgeberechtigten.

22 Sind die Eltern zum Zeitpunkt der Geburt miteinander verheiratet, steht ihnen grundsätzlich das Sorgerecht gemeinsam zu, §§ 1626, 1629 BGB. So stand der Fall zunächst auch hier. Inzwischen ist M jedoch alleinsorge- und damit auch alleinvertretungsberechtigt, § 1629 I 3 BGB. Nach rechtskräftiger Scheidung handelt es sich bei M und V nicht länger um Ehegatten, sodass die M auch nicht gem. §§ 1629 II 1, 1795 I Nr. 1, 3 BGB (= §§ 1629 II 1, 1824 I Nr. 1, 3 BGB nF) von der Vertretung des R ausgeschlossen ist.

23 Aufgrund der Scheidung kommt auch die zwingende gesetzliche Verfahrensstandschaft in § 1629 III BGB nicht zur Anwendung: M wird den Anspruch daher nicht im eigenen, sondern im Namen des R geltend machen.

24 M kann den R im Unterhaltsverfahren alleine vertreten.

25 Die gerichtliche Geltendmachung des Unterhaltsanspruchs erfolgt durch M als gesetzliche Alleinvertreterin des R.

Fall Nr. 18 – Vaterschaftszweifel

Schwerpunkte: *Unterhaltsregress des Scheinvaters bei vorheriger Vaterschaftsanfechtung; Problematik der Vertretung des Kindes im Anfechtungsverfahren*

Ende 2004 treffen sich Friedrich Fabel (F) und seine frühere Kommilitonin Henriette Hasemann (H) auf einem Ehemaligentreffen ihres Examensjahrgangs. Nach vielen langen Gesprächen und romantischen Verabredungen leben sie seit Januar 2005 in einer nichtehelichen Lebensgemeinschaft. 1

Am 31.12.2008 bringt H ein Kind, die Luise (L), zur Welt. F erkennt die Vaterschaft für L mit Zustimmung der H wirksam an und zahlt in den darauffolgenden Jahren Kindesunterhalt. F und H geben auch übereinstimmende und wirksame Sorgeerklärungen ab. Im Dezember 2013 erhält W einen anonymen Brief, der behauptet, H habe ein Verhältnis mit Waldemar (W), einem langjährigen Arbeitskollegen der H. Das familiäre Zusammenleben wird danach zunehmend von heftigen Streitigkeiten überschattet. Im Januar 2014 beenden H und F ihre Beziehung.

Ab März 2014 werden H und W vermehrt gemeinsam in der Öffentlichkeit gesehen. Im Juli 2014 konfrontiert F die H mit seinem Verdacht, dass nicht er, sondern W der Vater der L sei. Daraufhin räumt H ein, Anfang des Jahres 2008 eine Affäre mit W gehabt zu haben. Wer der beiden – F oder W – der Vater der L sei, wisse sie deshalb nicht.

F will die Situation geklärt wissen, vertraut den Aussagen der H aufgrund ihrer jahrelangen Lügen jedoch nicht mehr. Er wendet sich daher am 22.5.2016 an den Rechtsanwalt Rudi Ratlos (R) mit der Frage, ob er mit Aussicht auf Erfolg ein Vaterschaftsanfechtungsverfahren einleiten könne. Außerdem will er wissen, ob L im Verfahren vertreten werden müsse und, falls ja, durch wen.

Frage 1: Was wird R dem F antworten?

Fallfortsetzung: Am 25.6.2017 wird durch das Amtsgericht festgestellt, dass F nicht der biologische Vater der L ist. F stellt daraufhin seine Unterhaltszahlungen an L ein. Am selben Tag richtet F ein Schreiben an W, in dem er diesen auffordert, Auskunft über sein Einkommen und sein Vermögen zu erteilen. Sollte W sich als leiblicher Vater der L herausstellen, wolle er von W „Rückzahlung" des in der Vergangenheit an L geleisteten Unterhalts. Trotz Aufforderung des F weigert H sich jedoch, den W als Vater feststellen zu lassen. Auch W meint auf Aufforderung des F, die Vaterschaft für L anzuerkennen, so etwas „falle ihm gar nicht ein".

F will sich nicht gefallen lassen, 9 Jahre lang „für den W" Unterhalt an L gezahlt zu haben. F fordert den W am 15.2.2020 durch seinen Anwalt auf, ihm den bisher gezahlten Kindesunterhalt zu erstatten. Des Weiteren müsse W ihm die Kosten erstatten, die für das vorangegangene Vaterschaftsanfechtungsverfahren entstanden sind.

W verweigert die Zahlung, schließlich sei er nicht als Vater der F festgestellt worden. Außerdem ist er der Meinung, F könne keine Erstattung von Zahlungen verlangen, die inzwischen so viele Jahre zurückliegen.

Frage 2: Kann F von L oder W im Februar 2020 Erstattung des seit der Geburt der L im Jahr 2008 bis Juni 2017 gezahlten Kindesunterhalts sowie Ersatz für die Kosten des Vaterschaftsanfechtungsverfahrens verlangen?

Frage 3: Könnte F von W auch Ersatz für einen an die H geleisteten Betreuungsunterhalt (§ 1615l II 2 BGB) verlangen?

2 Gliederung

Frage 1: Vaterschaftsanfechtung und Vertretung
A. Vaterschaftsanfechtung
  I. Anfechtungsberechtigung des F, § 1600 I BGB
  II. Anfechtungserklärung
  III. Anfechtungsfrist
  IV. Wirkung der Anfechtung
  V. Ergebnis
B. Vertretung der L im Vaterschaftsanfechtungsverfahren
  I. Vertretung durch den Vater im Vaterschaftsanfechtungsverfahren
    1. Vertretung durch den festzustellenden Vater (W)
    2. Vertretung durch den anfechtenden Vater (F)
      a) Ausschluss der Vertretungsbefugnis gem. § 1629 II 1 BGB iVm § 1795 BGB (= § 1629 II 1 BGB iVm § 1824 BGB nF)
      b) Zwischenergebnis
  II. Vertretung durch die Mutter im Vaterschaftsanfechtungsverfahren
    1. Bisherige Rechtsprechung
    2. Beschluss des BGH vom 24.3.2021
    3. Zwischenergebnis
  III. Ergebnis

Frage 2: Ersatz für gezahlten Kindesunterhalt und Kosten des Anfechtungsverfahrens
A. Ansprüche des F gegen L auf Rückzahlung des Kindesunterhalts
  I. Anspruch des F gegen L aus § 812 I 1 Alt. 1 BGB
    1. Etwas erlangt
    2. Durch Leistung des F
    3. Ohne Rechtsgrund
    4. Entreicherung, § 818 III BGB
    5. Ausschluss gem. § 814 Alt. 2 BGB
  II. Ergebnis
B. Ansprüche des F gegen W auf Rückzahlung des Kindesunterhalts
  I. Anspruch des F gegen W aus §§ 677, 683 S. 1, 670 BGB (berechtigte GoA) oder §§ 677, 684 S. 1, 818 ff. BGB (unberechtigte GoA)
    1. Führen eines fremden Geschäfts
    2. Fremdgeschäftsführungswille
    3. Ergebnis
  II. Anspruch des F gegen W aus § 812 I 1 Alt. 1 BGB
  III. Anspruch des F gegen W aus § 812 I 1 Alt. 2 BGB
    1. Etwas erlangt
    2. Ergebnis
  IV. Anspruch des F gegen W aus § 1607 III 1, 2 BGB iVm §§ 1601 ff. BGB
    1. Voraussetzungen für die *cessio legis* zugunsten des Scheinvaters, § 1607 III 1, 2 BGB
      a) Leistung als Scheinvater
      b) Erschwerte Rechtsverfolgung gegen den wirklichen Vater
      c) Zwischenergebnis
    2. Rechtsfolgen des § 1607 III 1, 2 BGB

a) Umfang des Übergangs
b) Rechtsausübungssperre, § 1600d V BGB
c) Inzidentfeststellung der Vaterschaft
d) Kein Scheitern des Anspruchs aus anderen Gründen
V. Ergebnis

Frage 3: Ersatz für gezahlten Betreuungsunterhalt
A. Anspruch des F gegen W aus §§ 677 ff. BGB (berechtigte oder unberechtigte GoA)
B. Anspruch des F gegen W aus § 812 I 1 Alt. 1 BGB
C. Anspruch des F gegen W aus § 812 I 1 Alt. 2 BGB
D. Anspruch des F gegen W aus § 1607 III 1, 2 BGB iVm § 1615l II 2 BGB
E. Anspruch des F gegen W aus § 1607 III 1, 2 BGB iVm § 1615l II 2, III BGB
I. Voraussetzungen des § 1607 III 1, 2 BGB (entsprechend)
II. Rechtsfolge
III. Ergebnis

Lösung

Frage 1: Vaterschaftsanfechtung und Vertretung

A. Vaterschaftsanfechtung

R wird dem F antworten, dass er mit Erfolg ein Vaterschaftsanfechtungsverfahren einleiten kann, wenn die Voraussetzungen der §§ 1600 ff. BGB vorliegen. 3

I. Anfechtungsberechtigung des F, § 1600 I BGB

Der § 1600 BGB zählt abschließend den Kreis der Personen auf, die zur Anfechtung der Vaterschaft berechtigt sind. Nach § 1600 I Nr. 1 BGB ist ua der Mann zur Anfechtung berechtigt, dessen Vaterschaft nach §§ 1592 Nr. 1 oder 2, 1593 BGB besteht. F und H waren zur Zeit der Geburt der L zwar nicht verheiratet, sondern lebten in einer nichtehelichen Lebensgemeinschaft. Gemäß § 1592 Nr. 2 BGB ist jedoch auch der Mann als rechtlicher Vater anzusehen, der die Vaterschaft anerkannt hat. Laut Sachverhalt hat F die Vaterschaft wirksam (insbesondere mit Zustimmung der H, vgl. § 1595 BGB) anerkannt. Mithin ist er gem. § 1592 Nr. 2 BGB rechtlicher Vater des Kindes und nach § 1600 I Nr. 1 BGB zur Anfechtung der Vaterschaft berechtigt. 4

II. Anfechtungserklärung

Um wirksam die Vaterschaft anzufechten, müsste F selbst eine Anfechtungserklärung abgeben und kann sich für diese nicht eines Bevollmächtigten bedienen (§ 1600a I BGB). 5

III. Anfechtungsfrist

Für die Anfechtung der Vaterschaft ist eine Frist von 2 Jahren einzuhalten (§ 1600b I 1 BGB). Die Frist beginnt ab dem Zeitpunkt, in dem der Berechtigte von den Umstän- 6 den erfährt, die gegen die Vaterschaft sprechen (§ 1600b I 2 BGB). Sie beginnt jedoch nicht vor der Geburt des Kindes und nicht, bevor die Anerkennung der Vaterschaft wirksam geworden ist (§ 1600b II 1 BGB).

7 Aus der Fristenregelung kann geschlossen werden, dass es einen gewissen Anfangsverdacht erfordert, um die Anfechtung der Vaterschaft zu erklären – wird dieser Anfangsverdacht nicht belegt, stellt sich der Antrag als unschlüssig dar und wird ohne Beweiserhebung abgewiesen.[1] Die Person, die die Vaterschaft anfechten möchte, muss sichere Kenntnis von Tatsachen erlangt haben, welche aufgrund einer objektiven Beurteilung aus Sicht eines verständigen Betrachters ernsthafte Zweifel an der Vaterschaft begründen.[2] Einfache Zweifel des rechtlichen Vaters daran, auch der biologische Vater des Kindes zu sein, sind aufgrund der weitreichenden Folgen einer erfolgreichen Vaterschaftsanfechtung nicht ausreichend, um die Vaterschaftsanfechtung durchzusetzen.

8 Im Hinblick auf die Umstände, die den Zweifeln des Anfechtungsberechtigten zugrunde liegen, muss eine volle oder sichere Kenntnis bestehen.[3] Das bedeutet, dass der Antragsteller vom Vorliegen der Umstände überzeugt sein muss.[4] Ausreichend für die Begründung von einer sicheren Kenntnis ist regelmäßig die Erklärung der Mutter des Kindes, der rechtliche Vater sei nicht der biologische Vater. Dasselbe gilt für das Geständnis der Mutter, sie wisse nicht, wer der Vater ihres Kindes sei. Durch eine solche Erklärung wird regelmäßig ein ausreichender Anfangsverdacht begründet sein,[5] schließlich macht sie objektiv deutlich, dass mehrere Männer als Vater in Betracht kommen. Nicht ausreichend ist dagegen ein anonymer Brief, dessen Inhalt sich auf die durch keinerlei objektive Anhaltspunkte gestützte Behauptung beschränkt, das Kind stamme nicht vom rechtlichen Vater ab. Denn hieraus lässt sich objektiv nichts herleiten, was über reine Spekulation hinausgeht, da offenbleibt, welche Erkenntnisquellen der Informant hat.[6] Der anonyme Brief vom Dezember 2013 war daher noch nicht geeignet, die Anfechtungsfrist in Gang zu setzen, zumal er keine Affäre der H gerade im empfängnisrelevanten Zeitraum behauptete. Allerdings machte H im Juli 2014 F gegenüber glaubhaft, im Zeitpunkt der Empfängnis eine Affäre mit W geführt zu haben, woran der F keine Zweifel hegte. Über die Umstände, die seine Zweifel an der Vaterschaft begründeten, hatte er ab diesem Zeitpunkt mithin sichere Kenntnis. Die Erklärung der H, die objektiv geeignet war, Zweifel an der Vaterschaft des F zu begründen, erfolgte im Juli 2014. Am 22.5.2016 ist es F daher noch möglich, die Anfechtungsfrist von 2 Jahren einzuhalten (§ 1600b I 1 BGB).

IV. Wirkung der Anfechtung

9 Sollten sich die Zweifel des F bestätigen, wird das Familiengericht am Ende eines erfolgreichen Vaterschaftsanfechtungsverfahrens feststellen, dass der rechtliche Vater tatsächlich nicht der biologische Vater des Kindes ist. Die Vaterschaftsvermutung nach § 1592 Nr. 2 BGB gilt dann nicht mehr, vgl. § 1599 I BGB. Diese Feststellung

1 BGH NJW 1998, 2976.
2 MüKoBGB/Wellenhofer § 1600b Rn. 12.
3 MüKoBGB/Wellenhofer § 1600b Rn. 13.
4 BGH NJW 1978, 1629 (1630).
5 OLG Brandenburg BeckRS 2014, 7028; OLG Bremen NJW 2012, 1668.
6 BGH NJW-RR 2008 449.

wirkt gegenüber jedermann *(inter omnes)*, vgl. § 184 I FamFG. Das Kind gilt in der Folge rückwirkend auf den Tag seiner Geburt als „vaterlos".

V. Ergebnis

F kann mit Erfolg ein Vaterschaftsanfechtungsverfahren gem. §§ 1600 ff. BGB einleiten, wenn er tatsächlich nicht der biologische Vater der L ist. 10

B. Vertretung der L im Vaterschaftsanfechtungsverfahren

F möchte ferner wissen, wer die L im Verfahren der Vaterschaftsanfechtung vertreten könnte. Nach § 172 Nr. 1 FamFG ist das Kind im Vaterschaftsanfechtungsverfahren Muss-Beteiligter. Als Minderjährige ist sie allerdings grundsätzlich noch nicht verfahrensfähig. Eine ausnahmsweise Verfahrensfähigkeit nach § 9 I FamFG liegt hier nicht vor. Soweit einer Person die Verfahrensfähigkeit fehlt, handeln für sie die nach bürgerlichem Recht hierzu befugten Personen (§ 9 II FamFG). Bei minderjährigen Kindern sind das grundsätzlich die sorgeberechtigten Eltern, vgl. §§ 1626, 1629 BGB. 11

I. Vertretung durch den Vater im Vaterschaftsanfechtungsverfahren

1. Vertretung durch den festzustellenden Vater (W)

Der Mann, dessen Vaterschaft erst noch festzustellen wäre, kommt nicht als Vertreter des Kindes infrage, schließlich ist er noch kein Sorgerechtsinhaber und damit von Anfang an nicht vertretungsbefugt. 12

2. Vertretung durch den anfechtenden Vater (F)

Anderes gilt im Grundsatz für den anfechtenden rechtlichen Vater. Dieser ist bis zu einer Entscheidung im Anfechtungsverfahren gem. § 1592 Nr. 2 BGB als rechtlicher Vater anzusehen – seine rechtliche Vaterschaft wird erst mit dem Beschluss des Familiengerichts rückwirkend beseitigt, § 1599 I BGB. Auch der rechtliche Vater ist jedoch allenfalls dann vertretungsbefugt, wenn er zugleich mitsorgeberechtigt ist. § 1626 I 1 BGB geht zwar davon aus, dass grundsätzlich beide Eltern sorgeberechtigt sind. Allerdings ist § 1626a BGB im Gegenschluss zu entnehmen, dass der Anwendungsbereich von § 1626 BGB auf im Zeitpunkt der Geburt miteinander verheiratete Eltern beschränkt ist. Sind die Eltern bei Geburt des Kindes nicht miteinander verheiratet, gilt § 1626a BGB, der ein gemeinsames Sorgerecht nur bei Sorgeerklärungen (Nr. 1), nachträglicher Eheschließung der Eltern (Nr. 2) oder Entscheidung des Familiengerichts (Nr. 3) vorsieht. In allen anderen Fällen hat nur die Mutter die elterliche Sorge (§ 1626a III BGB). Laut Sachverhalt haben F und H wirksame Sorgeerklärungen gem. §§ 1626b ff. BGB abgegeben. F ist daher bis zum Zeitpunkt der Feststellungsentscheidung des Familiengerichts nicht nur rechtlicher Vater, sondern auch Mitsorgerechtsinhaber und kommt daher grundsätzlich für eine Vertretung der L im Anfechtungsverfahren in Betracht. 13

a) Ausschluss der Vertretungsbefugnis gem. § 1629 II 1 BGB iVm § 1795 BGB (= § 1629 II 1 iVm § 1824 BGB nF)

14 F könnte jedoch gem. § 1629 II 1 BGB iVm § 1795 BGB (= § 1629 II 1 BGB iVm § 1824 BGB nF) von der Vertretung der L im Vaterschaftsanfechtungsverfahren ausgeschlossen sein: Nach diesen Vorschriften ist der Elternteil des Kindes in bestimmten typisierten Situationen von Interessenkollisionen von der Vertretung ausgeschlossen, insbesondere wenn er als Vertreter des Kindes einen Rechtsstreit gegen bestimmte, ihm nahestehende Personen (§ 1795 I Nr. 3 BGB = § 1824 I Nr. 3 BGB nF) oder gegen sich selbst (Rechtsgedanke der § 1795 II iVm § 181 BGB = § 1824 II BGB nF iVm § 181 BGB) führen müsste. Der Begriff des Rechtsstreits erfasst auch die sog. streitigen Verfahren der freiwilligen Gerichtsbarkeit, in denen sich Beteiligte mit entgegengesetzten Interessen gegenüberstehen, ohne dass im konkreten Fall die Rechtslage zwischen ihnen streitig sein muss.[7]

15 Durch das FamFG wurde das Vaterschaftsanfechtungsverfahren zwar von einem Klageverfahren (Verfahren in Kindschaftssachen, §§ 640 ff. ZPO aF) in ein formal einseitiges und gegnerfreies Verfahren der freiwilligen Gerichtsbarkeit (§§ 169 ff. FamFG) umgestaltet. Die Umgestaltung des Verfahrensrechts hat allerdings nicht den zugrunde liegenden potenziellen Interessenkonflikt der Beteiligten beseitigt.[8] Auswirkungen der Verfahrensneuordnung auf die gesetzliche Vertretung und den Ausschluss der Vertretung waren nicht beabsichtigt. Es stellt jedoch einen eindeutigen Interessenkonflikt dar, wenn der Vater der Vertreter des Kindes in einem Verfahren sein könnte, das auf die *Beseitigung* des zwischen ihm und dem Kind bestehenden Statusverhältnisses (und der aus dem Statusverhältnis folgenden Rechtspositionen, insbesondere Unterhaltsanspruch und gesetzliches Erb- und Pflichtteilsrecht) gerichtet ist.[9]

16 Dass die Interessenlage der beiden im Einzelfall auch gleich sein kann, vermag keine andere Beurteilung zu rechtfertigen. Der Rechtsgedanke aus § 1795 II BGB iVm § 181 BGB (= § 1824 II BGB nF iVm § 181 BGB) ist daher anwendbar, sodass F von der Vertretung der L im Rahmen des Vaterschaftsanfechtungsverfahrens ausgeschlossen ist.

b) Zwischenergebnis

17 Eine Vertretung der L im Anfechtungsverfahren durch einen der „Väter" – F oder W – scheidet mithin aus.

II. Vertretung durch die Mutter im Vaterschaftsanfechtungsverfahren

18 Infrage kommt jedoch eine Vertretung der L durch die H. Als leibliche Mutter (§ 1591 BGB) ist die H zur Vertretung ihrer Tochter, ebenso wie der Vater, grundsätzlich gem. § 1629 I BGB berechtigt. Auch bezüglich der Vertretungsbefugnis der H könnten sich jedoch aufgrund der Verfahrenssituation Besonderheiten ergeben.

19 Auch die Mutter des Kindes ist im Verfahren nach § 172 I Nr. 2 FamFG formell Beteiligte. Auch in dieser Hinsicht ist jedoch zu beachten, dass der Gesetzgeber im

7 OLG Düsseldorf JAmt 2010, 505.
8 BGH FamRZ 2012, 859.
9 Staudinger/Lettmaier BGB § 1629 Rn. 184.

Rahmen der Einführung des neuen FamFG keine Änderungen der gesetzlichen Vertretungsregelungen vornehmen wollte.[10] Diesbezüglich ordnet § 1629 II 3 Hs. 2 BGB an, dass der Mutter für die Feststellung der Vaterschaft die Vertretung nicht nach § 1796 BGB (= § 1789 II 3, 4 BGB nF) entzogen werden kann.

Früher wurde die Frage, ob diese Regelung eine analoge Anwendung auf das Vaterschaftsanfechtungsverfahren finden sollte, uneinheitlich beurteilt – der BGH hatte in diesem Zusammenhang jedoch festgestellt, dass Vaterschaftsfeststellungs- und Vaterschaftsanfechtungsverfahren vergleichbar sind, schließlich gehe es in beiden Fällen „um die elementare Frage, ob das Kind von einem Mann rechtlich abstammt oder nicht".[11] Die von § 1629 II 3 Hs. 2 BGB aufgestellte Wertung, die Mutter sei im Vaterschaftsfeststellungsverfahren eine geeignete Vertreterin für das Kind, lässt sich auf die Vertretung des Kindes im Vaterschaftsanfechtungsverfahren übertragen.[12] 20

Des Weiteren ist in diesem Kontext § 173 FamFG zu beachten, welcher vorschreibt, dass der sorgeberechtigte Elternteil von der Vertretung des Kindes in Abstammungssachen erst dann ausgeschlossen ist, wenn das Jugendamt das Kind als Beistand vertritt.[13] Nur aus der Stellung der Mutter als Verfahrensbeteiligte kann demnach nicht geschlossen werden, dass sie, wie der anfechtende Vater, von der Vertretung ihres Kindes ausgeschlossen ist. Auch der aus § 1629 IIa BGB folgende Vertretungsausschluss der Mutter in der Konstellation der Vorabklärung der leiblichen Abstammung nach § 1598a BGB darf nicht ohne zwingende Gründe auf andere, statusbezogene Abstammungsverfahren ausgedehnt werden.[14] 21

1. Bisherige Rechtsprechung

Dennoch sprach sich der BGH bisher gegen eine Vertretungsbefugnis der mitsorgeberechtigten Mutter im Rahmen des Vaterschaftsanfechtungsverfahrens aus.[15] 22

Diese Auffassung folgte aus dem Hintergrund des § 1629 II 1 BGB. Der Vorschrift liege, wie sich aus der Gesetzesbegründung zum Gleichberechtigungsgesetz ergebe,[16] die Erwägung zugrunde, es liege nicht im Interesse des Kindes, dass – im Fall einer gemeinsamen Sorgeberechtigung der Eltern – das Mitvertretungsrecht der Eltern durch den Ausschluss eines Elternteils von der Vertretung bei dem anderen Elternteil zu einem Alleinvertretungsrecht erstarke. Vielmehr wurde angenommen, durch den Ausschluss des mitsorgeberechtigten Vaters werde auch die mitsorgeberechtigte Mutter als Vertreterin des Kindes im Verfahren ausgeschlossen. Stehe der Mutter hingegen das alleinige Sorgerecht zu, so sei sie von der Vertretung nur dann ausgeschlossen, wenn sie mit dem rechtlichen Vater des Kindes verheiratet ist (§ 1795 I Nr. 3 BGB = § 1824 I Nr. 3 BGB nF).[17] 23

10 BGH NJW 2012, 1731; Staudinger/Lettmaier BGB § 1629 Rn. 184.
11 BGH NJW 2017, 561.
12 MüKoBGB/Huber § 1629 Rn. 66.
13 Staudinger/Lettmaier BGB § 1629 Rn. 184.
14 Staudinger/Lettmaier BGB § 1629 Rn. 184.
15 BGH NJW 1972, 1708; Staudinger/Lettmaier BGB § 1629 Rn. 184.
16 BT-Drs. 2/224, 59.
17 BGH NJW 2017, 561; Staudinger/Lettmaier BGB § 1629 Rn. 184.

2. Beschluss des BGH vom 24.3.2021[18]

24 In seinem Beschluss vom 24.3.2021 hält der BGH an der bisherigen Rechtsprechung aber nicht länger fest. Dass hinsichtlich der Vertretungsbefugnis der Eltern nicht auf die Begründung zum Gleichberechtigungsgesetz zurückgegriffen werden könne, ergebe sich aus dem Kontext der Entstehung des § 1629 BGB in seiner heutigen Fassung.

25 Dieser wurde durch das Gleichberechtigungsgesetz vom 18.6.1957 eingeführt, das die in der Ursprungsfassung des BGB enthaltene Regelung fortführte, welche ein Alleinvertretungsrecht des Vaters vorsah. Eine Gesamtvertretung durch die Eltern kannte die Regelung nicht. Die Alleinvertretung des Vaters wurde bereits damals nahezu einhellig als Verstoß gegen Art. 3 II GG bewertet, weshalb in übereinstimmender Rechtsprechung von BGH und den oberen Gerichten eine Gesamtvertretung angenommen wurde, die bei Ausschluss des Vaters zur Alleinvertretungsbefugnis der Mutter erstarkte.[19] Diese fand sich zunächst nicht im Gesetz wieder.

26 Im Juli 1959 erklärte das BVerfG das Gleichberechtigungsgesetz wegen Verstoßes gegen Art. 3 II GG für nichtig.[20] Durch das Gesetz zur Neuregelung der elterlichen Sorge vom 24.7.1979 wurde die Gesamtvertretung schließlich gesetzlich neugeregelt.

27 Eine Ausweitung eines nur für ein Elternteil geltenden Ausschlusstatbestands unter Bezugnahme auf die Begründung des Regierungsentwurfs zum Gleichberechtigungsgesetz schlägt mithin fehl, weil diesem eine Gesamtvertretung durch die Eltern fremd war. Demnach kann aus der Begründung kein Schluss auf die Rechtslage unter der nunmehr geltenden Gesamtvertretung der Eltern folgen.[21] Es kommt lediglich eine einzelfallbezogene gerichtliche Entziehung der Vertretungsbefugnis aufgrund §§ 1629 II 3, 1796 BGB (= § 1789 II 3, 4 BGB nF), jedoch keine pauschale Ablehnung der Vertretung durch die Mutter bei Ausschluss der Vertretung durch den Vater in Betracht.

3. Zwischenergebnis

28 Aus dem Ausschluss des Vaters von der Vertretung des Kindes im Rahmen des Vaterschaftsanfechtungsverfahrens folgt demnach kein Ausschluss der Vertretung der nicht mit ihm verheirateten Mutter.

29 F und H waren nie miteinander verheiratet, sondern führten von vornherein eine nichteheliche Lebensgemeinschaft. Mangels einer einzelfallbezogenen Entziehung der Vertretungsmacht der H (oder eines – hierzu erforderlichen – ersichtlichen konkreten Interessenkonflikts zwischen H und ihrem Kind) ist diese demnach dazu berechtigt, die L im Vaterschaftsanfechtungsverfahren zu vertreten.

III. Ergebnis

30 F, nicht jedoch H ist im Vaterschaftsanfechtungsverfahren von der Vertretung der L ausgeschlossen. Als Mutter der L ist sie demnach gem. §§ 1626, 1629 BGB berechtigt, die L im Verfahren zu vertreten.

18 BGH NJW 2021, 1875.
19 BGH FamRZ 1958, 178; vgl. BVerfG 10, 59, 70 f. = FamRZ 1959, 416 mwN.
20 BVerfGE 10, 59 = FamRZ 1959, 416.
21 BGH NJW 2021, 1875 (1877).

Frage 2: Ersatz für gezahlten Kindesunterhalt und Kosten des Anfechtungsverfahrens

A. Ansprüche des F gegen L auf Rückzahlung des Kindesunterhalts

F könnte Ansprüche gegen L auf Rückzahlung des zwischen 2008 und 2017 an sie gezahlten Kindesunterhalts haben. 31

I. Anspruch des F gegen L aus § 812 I 1 Alt. 1 BGB

Ein solcher Anspruch könnte sich aus § 812 I 1 Alt. 1 BGB ergeben. 32

1. Etwas erlangt

Ein durch L erlangter vermögenswerter Vorteil ist in den Unterhaltszahlungen zu sehen. 33

2. Durch Leistung des F

Diese Zahlungen seitens F stellten eine Leistung iS einer bewussten und zweckgerichteten Mehrung des Vermögens[22] der L dar. 34

3. Ohne Rechtsgrund

Die Leistung müsste des Weiteren ohne rechtlichen Grund erfolgt sein. Aufgrund der Vaterschaftsanerkennung galt F bis zum Beschluss des Familiengerichts vom Juni 2017 als rechtlicher Vater der L, weshalb er ihr als Verwandter in gerader Linie (vgl. §§ 1589 I 1, 1592 Nr. 2 BGB) gem. § 1601 BGB zur Zahlung von Unterhalt verpflichtet war. Mithin bestand im Leistungszeitpunkt eine rechtliche Verpflichtung des L zur Zahlung des Kindesunterhalts, und damit ein Rechtsgrund. Durch den Beschluss des Familiengerichts wurde jedoch am 25.6.2017 rechtskräftig festgestellt, dass F nicht der Vater der L ist und dadurch die Wirkung des § 1592 Nr. 2 BGB beseitigt (vgl. § 1599 I BGB). Damit entfällt auch die Unterhaltspflicht des F gegenüber L rückwirkend auf den Zeitpunkt der Geburt der L; die Rechtslage nach erfolgreicher Anfechtung ist so anzusehen, als habe die Vaterschaft nie bestanden (*ex-tunc*-Wirkung).[23] Daraus folgt, dass für die Unterhaltszahlungen von Anfang an der Rechtsgrund fehlte. Da sie nicht gem. §§ 812, 818 I BGB in Natur herausgegeben werden können,[24] wäre für sie grundsätzlich Wertersatz zu leisten (§ 818 II BGB). 35

4. Entreicherung, § 818 III BGB

Nach § 818 III BGB ist die Verpflichtung zum Wertersatz jedoch ausgeschlossen, soweit der Empfänger nicht mehr bereichert ist. Notwendig ist der ersatzlose Wegfall der Bereicherung. Ein solcher ist anzunehmen, wenn gezahltes Geld für den eigenen Lebensbedarf aufgewandt wurde, es sei denn, dass anderweitige Aufwendungen er- 36

22 BGH NJW 2019, 2608.
23 OLG Düsseldorf FamRZ 2009, 1844.
24 BeckOK BGB/Wendehorst § 818 Rn. 22.

spart wurden.[25] Zwar ist davon auszugehen, dass die von F gezahlten Geldsummen in die Ernährung und Versorgung der L investiert wurden. Allerdings handelte es sich bei den gewöhnlichen Ernährungskosten nicht um „Luxusaufwendungen", sondern um solche, die in jedem Fall hätten aufgewendet werden müssen. Es ist allerdings anzunehmen, dass L – auch ohne die Zahlungen des F – diese Aufwendungen nicht aus ihren (wohl nicht vorhandenen) eigenen Ressourcen bestritten hätte, sondern von anderen (dann unterhaltspflichtigen) Verwandten unterhalten worden wäre. Auch um etwaige Unterhaltsansprüche gegen W ist L nicht bereichert: Insoweit ist schon problematisch, ob W der L überhaupt unterhaltspflichtig sein kann, solange er die Vaterschaft nicht anerkannt hat und vom Gericht auch nicht als rechtlicher Vater festgestellt wurde (hierzu näher → Rn. 45, 60 ff.). Im Übrigen sieht § 1607 III BGB vor, dass die Unterhaltsansprüche des Kindes gegen den rechtlichen Vater im Wege der *cessio legis* auf den Unterhalt leistenden Scheinvater übergehen, sodass diese Ansprüche jedenfalls nicht mehr im Vermögen der L vorhanden sind.

5. Ausschluss gem. § 814 Alt. 2 BGB

37 Selbst wenn man eine Entreicherung verneinen wollte, kann gem. § 814 Alt. 2 BGB das zum Zwecke der Erfüllung einer Verbindlichkeit Geleistete auch dann nicht zurückgefordert werden, wenn die Leistung einer sittlichen Pflicht oder einer auf den Anstand zu nehmenden Rücksicht entsprach. So verhält es sich insbesondere im Fall der Vaterschaftsanfechtung durch den Mann, der glaubte, zu Unterhaltszahlungen gegenüber „seinem" Kind verpflichtet zu sein. Wertersatz kann der Scheinvater deshalb auch ohne die Bejahung einer Entreicherung nicht fordern, da er als ursprünglich rechtlich anerkannter Vater des Kindes aufgrund einer sittlichen Pflicht Unterhalt für dieses zahlte.[26]

II. Ergebnis

38 F hat keinen Anspruch aus § 812 I 1 Alt. 1 BGB gegen L.

B. Ansprüche des F gegen W auf Rückzahlung des Kindesunterhalts

I. Anspruch des F gegen W aus §§ 677, 683 S. 1, 670 BGB (berechtigte GoA) oder §§ 677, 684 S. 1, 818 ff. BGB (unberechtigte GoA)

39 F könnte einen Anspruch gegen W aus den Vorschriften über die Geschäftsführung ohne Auftrag haben, §§ 677, 683 S. 1, 670 BGB (berechtigte GoA) oder §§ 677, 684 S. 1, 818 ff. BGB (unberechtigte GoA). Unabhängig davon, ob es sich um eine berechtigte oder eine unberechtigte Geschäftsführung handelte, wäre in jedem Fall erforderlich, dass F ein fremdes Geschäft mit Fremdgeschäftsführungswillen geführt hat.

25 BGH NJW 1984, 2095; MüKoBGB/Schwab § 818 Rn. 185.
26 MüKoBGB/Langeheine § 1601 Rn. 27.

1. Führen eines fremden Geschäfts

Die Anwendbarkeit der Vorschriften über die Geschäftsführung ohne Auftrag setzt zunächst ein rechtliches oder tatsächliches Tätigwerden des F voraus, das zumindest auch den Rechts-und Interessenkreis des W berührt, sog. (auch-)fremdes Geschäft.[27] F führte als Scheinvater mit der Unterhaltszahlung an L ein Geschäft, zu welchem er nicht verpflichtet war, sodass es objektiv nicht in seinen Rechtskreis fällt, mithin objektiv fremd ist. Allerdings steht bereits nicht fest, ob die Unterhaltszahlung ein Geschäft ist, zu welchem anstelle des F eigentlich der W verpflichtet gewesen wäre; schließlich wurde seine Vaterschaft nicht festgestellt und er hat diese auch nicht anerkannt. 40

2. Fremdgeschäftsführungswille

Jedenfalls handelte F nicht mit Fremdgeschäftsführungswillen, also in dem Bewusstsein, für einen anderen tätig zu werden,[28] weil er glaubte, aufgrund der Vaterschaftsanerkennung selbst zur Unterhaltszahlung verpflichtet zu sein. Auf eine solche irrtümliche Eigengeschäftsführung sind die §§ 677 ff. BGB nicht anwendbar, § 687 I BGB. 41

3. Ergebnis

F hat keinen Anspruch gegen W aus §§ 677, 683 S. 1, 670 BGB oder §§ 677, 684 S. 1, 818 ff. BGB. 42

II. Anspruch des F gegen W aus § 812 I 1 Alt. 1 BGB

Ein Anspruch des F gegen W aus § 812 I 1 Alt. 1 BGB scheitert bereits daran, dass gegenüber W keine Leistung des F vorliegt. Denn F hat bewusst und gewollt das Vermögen der L gemehrt und gerade nicht das Vermögen des W. 43

III. Anspruch des F gegen W aus § 812 I 1 Alt. 2 BGB

F könnte gegen W jedoch einen Anspruch auf Erstattung des an L geleisteten Kindesunterhalts und der Kosten für das Vaterschaftsanfechtungsverfahren aus allgemeiner Nichtleistungskondiktion in Form der Rückgriffskondiktion haben, § 812 I 1 Alt. 2 BGB. 44

1. Etwas erlangt

W müsste einen vermögenswerten Vorteil erlangt haben. Hinsichtlich der Kosten für das Anfechtungsverfahren scheidet das offensichtlich aus. Auch an die Unterhaltszahlungen kann – anders als bei L – nicht als vermögenswert angeknüpft werden, schließlich ergingen diese nicht an W. W könnte durch die Zahlungen des F jedoch von einer eigenen Unterhaltspflicht gegenüber L frei geworden sein. Im Zeitpunkt der Zahlung wollte F allerdings eine vermeintliche eigene Unterhaltspflicht erfüllen, nicht den W von seiner Unterhaltspflicht befreien. Mangels entsprechender Tilgungs- 45

27 BeckOK BGB/Gehrlein § 677 Rn. 13.
28 MüKoBGB/Schäfer § 677 Rn. 46.

bestimmung wurde W dagegen nicht von einer (etwaigen) Unterhaltspflicht befreit. Allerdings kann F nach einer beachtlichen Auffassung seine Tilgungsbestimmung nachträglich ändern und seine Leistung zu einer (Dritt-)Leistung gem. § 267 BGB auf eine Unterhaltsschuld des W deklarieren. Dadurch würde W von seiner Unterhaltspflicht befreit (vgl. § 267 I, 362 I BGB). Diese Auffassung ist jedoch abzulehnen, da sie zulasten der anderen Beteiligten (H, L und W) zu einem Schwebezustand führt und das Widerspruchsrecht des Schuldners (vgl. § 267 II BGB) aushöhlt. Außerdem wurde die Vaterschaft des W noch nicht festgestellt. Eine solche Feststellung ist aufgrund der Weigerung der H auch in der Zukunft nicht anzunehmen. Ebenso wenig ist W bereit, die Vaterschaft für L anzuerkennen. Damit ist W nicht als der rechtliche Vater der L anzusehen, was zur Folge hat, dass ihn auch keine Unterhaltspflicht aus § 1601 BGB trifft, von der er durch die Zahlungen des F hätte befreit werden können.

2. Ergebnis

46 F hat keinen Anspruch gegen W aus § 812 I 1 Alt. 2 BGB.

IV. Anspruch des F gegen W aus § 1607 III 1, 2 BGB iVm §§ 1601 ff. BGB

47 F könnte allerdings einen Regressanspruch gegen W aus der in § 1607 III 1, 2 BGB angeordneten *cessio legis* haben.

1. Voraussetzungen für die *cessio legis* zugunsten des Scheinvaters, § 1607 III 1, 2 BGB

48 Gemäß § 1607 III 1 BGB geht der Unterhaltsanspruch des Kindes gegen einen rechtlichen Elternteil auf einen nicht unterhaltspflichtigen Verwandten oder den Ehegatten des anderen Elternteils über, soweit dieser unter den Voraussetzungen des Abs. 2 S. 1 anstelle des Elternteils den Unterhalt geleistet hat. Satz 2 ergänzt Satz 1 dahingehend, dass der Forderungsübergang auch greifen soll, wenn dem Kind ein Dritter als Vater Unterhalt gewährt hat, obwohl er hierzu nicht (mehr) verpflichtet war.

a) Leistung als Scheinvater

49 Voraussetzung des gesetzlichen Forderungsübergangs ist zunächst, dass die rechtliche Vaterschaft des Zahlenden nicht oder nicht mehr besteht.

50 Bis zur Vaterschaftsanfechtung galt F als rechtlicher Vater der L. F traf damit zunächst die Unterhaltspflicht von Verwandten gerader Linie aus §§ 1601 ff. BGB. Der Beschluss des Amtsgerichts bewirkte jedoch, dass F rückwirkend auf den Tag der Geburt nicht mehr als Vater der L anzusehen ist. Damit entfällt auch seine Unterhaltspflicht rückwirkend. F leistete den Unterhalt an L daher als nicht zum Unterhalt verpflichteter Scheinvater.

b) Erschwerte Rechtsverfolgung gegen den wirklichen Vater

51 Wegen des Verweises in Abs. 3 S. 2 auf S. 1 der Vorschrift müssen zudem die Voraussetzungen in Abs. 2 S. 1 erfüllt sein. Die Unterhaltsleistung des Scheinvaters muss also darauf beruhen, dass die Rechtsverfolgung gegen den wirklichen Vater ausge-

schlossen oder erheblich erschwert ist.[29] Dies ist der Fall: Die Inanspruchnahme des W war in den Zeiträumen, in denen F Unterhalt geleistet hat, mangels einer rechtlichen Vaterschaft (und einer daraus resultierenden Unterhaltspflicht) des W unmöglich (vgl. §§ 1594 I, 1600d V BGB).

c) Zwischenergebnis

Die Voraussetzungen des § 1607 III 1, 2 BGB sind erfüllt. 52

2. Rechtsfolgen des § 1607 III 1, 2 BGB

Die Rechtsfolge des § 1607 III 1, 2 BGB ist der gesetzliche Forderungsübergang *(cessio legis)* des Unterhaltsanspruchs des Kindes (L) gegen seinen Vater (möglicherweise W) aus den §§ 1601 ff. BGB auf den Unterhalt leistenden Scheinvater (F). 53

a) Umfang des Übergangs

F verlangt von W nicht nur Ersatz der Kosten, die er infolge der Unterhaltszahlungen an L zu tragen hatte, sondern auch Ersatz der Kosten, die ihm infolge des Vaterschaftsanfechtungsverfahrens entstanden sind. Fraglich ist daher zunächst der Umfang des vom Gesetz angeordneten Forderungsübergangs. 54

Unstreitig gehören zum ersatzfähigen „Unterhalt" iSd § 1607 III 2 BGB die Unterhaltszahlungen des Scheinvaters an das Kind. Der Ersatz hierfür ist jedoch in doppelter Hinsicht begrenzt: Der Anspruch geht zum einen maximal in der Höhe über, in der der Scheinvater tatsächlich Unterhalt geleistet hat.[30] Der wirkliche Vater muss aber nicht mehr leisten, als er ohne die Zahlung des Scheinvaters hätte erbringen müssen, dh die Höhe des Erstattungsanspruchs hängt ab von dem (nach seinen Vermögensverhältnissen bestimmten) Bedarf des Kindes und von seiner Leistungsfähigkeit.[31] 55

Nach der hA gehören zum Lebensbedarf des Kindes und damit zum „Unterhalt" iSv § 1607 III 2 BGB auch die Kosten des vorangegangenen Vaterschaftsanfechtungsverfahrens.[32] 56

Eine Ausnahme soll jedoch in dem Fall gelten, in dem die Vaterschaft des Anfechtenden auf einem Anerkenntnis beruht.[33] Dies folgt aus der Erkenntnis, dass sich der Ehemann der Mutter bei einer durch die Ehe begründeten (Schein-)Vaterschaft gem. § 1592 Nr. 1 BGB nur durch das Vaterschaftsanfechtungsverfahren seinen Pflichten als rechtlicher Vater entziehen kann. Im Fall der Anerkennung der Vaterschaft nach § 1592 Nr. 2 BGB folgt die rechtliche Vaterschaft jedoch aus einem freien Entschluss des Anerkennenden – dieser hat, anders als der Ehemann der Mutter, vor der Anerkennung der Vaterschaft die Möglichkeit, mit der Mutter bezüglich der Durchführung eines Vaterschaftstests zu kommunizieren. Dem leiblichen Vater des Kindes die Kosten des Anfechtungsverfahrens aufzubürden, erscheint daher unbillig. 57

29 Gem. BeckOGK/M. Gerlach BGB § 1607 Rn. 55.
30 BGH NZFam 2019, 78 (80); BeckOGK/M. Gerlach BGB § 1607 Rn. 57 mwN.
31 BGH NZFam 2019, 78 (80).
32 BGH NJW 1988, 2604 (2605).
33 OLG Jena NJW-RR 2005, 1671; MüKoBGB/Langeheine § 1607 Rn. 25.

58 Die *cessio legis* aus § 1607 III 1, 2 BGB bezieht sich folglich in diesem Fall nur auf den Unterhaltsanspruch des Kindes gegen seinen leiblichen Vater, nicht aber auf die Kosten des Anfechtungsverfahrens.

59 **Hinweis:** Eine aA hinsichtlich der Kosten des Vaterschaftsanfechtungsverfahrens erscheint mit dem Argument vertretbar, dass eine Unbilligkeit nur dann anzunehmen sei, wenn der Scheinvater die Vaterschaft in Kenntnis oder zumindest bei Verdacht eines Mehrverkehrs der Mutter anerkannt hat.[34] Da der Verdacht des Mehrverkehrs in F erst nach dem Vaterschaftsanerkenntnis aufkeimte, würde sich die *cessio legis* dann auch auf die Kosten des Vaterschaftsanfechtungsverfahrens erstrecken.

b) Rechtsausübungssperre, § 1600d V BGB

60 Problematisch erscheint jedoch, dass H zwar zugegeben hat, zum Zeitpunkt der Empfängnis ein Verhältnis mit dem W gehabt zu haben. Allerdings wurde dessen Vaterschaft bislang weder anerkannt noch festgestellt. Gemäß §§ 1594 I, 1600d V BGB können jedoch die Rechtswirkungen der Vaterschaft, also auch der Unterhaltsanspruch aus §§ 1601 ff. BGB, erst ab dem Zeitpunkt des Vaterschaftsanerkenntnisses bzw. der gerichtlichen Vaterschaftsfeststellung geltend gemacht werden (sog. Rechtsausübungssperre).[35] Also kann auch F seinen Anspruch aus § 1607 III 1, 2 BGB iVm §§ 1601 ff. BGB gegen W erst dann geltend machen, wenn W als rechtlicher Vater der L feststeht.

61 W könnte die Vaterschaft der L gem. § 1592 Nr. 2 BGB anerkennen. Er erklärt jedoch, so etwas „falle ihm gar nicht ein".

62 Möglicherweise kann die Vaterschaft des W nach §§ 1592 Nr. 3, 1600d I BGB gerichtlich festgestellt werden.

63 Die Vaterschaftsfeststellung ist eine Abstammungssache iSv § 169 Nr. 1 FamFG.[36] Das Vaterschaftsfeststellungsverfahren ist ein Antragsverfahren, setzt also zu seiner Einleitung den Antrag eines Antragsberechtigten voraus (vgl. § 171 I FamFG). Fraglich ist, wer antragsberechtigt ist. Im BGB finden sich hierzu nach der ersatzlosen Streichung des § 1600e BGB aF, anders als für das Vaterschaftsfeststellungsverfahren, keine Regelungen. Auch das Verfahrensrecht bestimmt lediglich die Muss-Beteiligten (vgl. § 172 I FamFG), ohne die Antragsberechtigung ausdrücklich festzulegen. Da es sich bei der Vaterschaftsfeststellung ebenso wie bei der Vaterschaftsanfechtung um eine höchstpersönliche Angelegenheit handelt, ist nach der *ratio legis* auch hier nur der engste Personenkreis antragsberechtigt, also der mutmaßliche genetische Vater, die Mutter und das Kind.[37] F steht demnach kein Antragsrecht zu, und er hat keine Möglichkeit, die Vaterschaft des W feststellen zu lassen. H ist zwar antragsberechtigt, lehnt die Verfahrenseinleitung jedoch ab.

c) Inzidentfeststellung der Vaterschaft

64 Damit die Geltendmachung der Ansprüche des Scheinvaters nicht nur an der fehlenden rechtlichen Vaterschaft eines anderen Mannes scheitert, könnte jedoch eine Inzidentfeststellung der Vaterschaft des W durch das Familiengericht im Rahmen des Regressverfahrens in Betracht kommen.

34 Für diese Differenzierung etwa BeckOGK/M. Gerlach BGB § 1607 Rn. 60.2.
35 MüKoBGB/Wellenhofer § 1006d Rn. 104; Zimmermann FPR 2008, 327.
36 MüKoBGB/Wellenhofer § 1006d Rn. 11.
37 BeckOGK/Reuß BGB § 1600d Rn. 8.

Der BGH hatte eine Inzidentfeststellung der Vaterschaft ursprünglich abgelehnt,[38] sodass der Scheinvaterregress von der gerichtlichen Vaterschaftsfeststellung oder einem Anerkenntnis abhing. Die bisherige Rechtsprechung des BGH enthielt jedoch die Gefahr unbilliger Ergebnisse in Fällen, in denen die Mutter und der tatsächliche Vater eine Feststellung oder Anerkennung der Vaterschaft verweigerten, um Regressansprüche abzuwehren und den Scheinvater rechtlos zu stellen. Der BGH erkennt deshalb inzwischen die inzidente Feststellung der Vaterschaft an, wenn der Scheinvater andernfalls rechtlos gestellt wäre, weil weder die Mutter noch der mutmaßliche Erzeuger bereit sind, die Vaterschaft feststellen zu lassen.[39] In solchen Fällen kann die Rechtsausübungssperre der §§ 1594 I, 1600d V BGB teleologisch reduziert werden (§ 242 BGB).[40] Grund dafür ist, dass der Scheinvater in seinem Regressanspruch ansonsten abhängig wäre vom Willen der Mutter und des biologischen Vaters. 65

Voraussetzung ist zunächst, dass die Vaterschaftsfeststellung nicht in absehbarerer Zeit zu erwarten ist. Dies ist anzunehmen, wenn, wie hier, die Mutter und der leibliche Vater die Feststellung ablehnen. 66

Weiterhin muss die Vaterschaft des Antragsgegners entweder unstreitig sein oder es muss die Vermutung der Vaterschaft des Regressschuldners nach den Maßstäben des § 1600d II BGB vorliegen.[41] Die Vaterschaft des W ist zwar nicht unstreitig, allerdings besteht eine Vaterschaftsvermutung zulasten des W gem. § 1600d II 1 BGB, weil er H in der Zeit der Empfängnis beigewohnt hat und keine schwerwiegenden Zweifel an der Vaterschaft bestehen, § 1600d II 2 BGB, insbesondere da inzwischen geklärt ist, dass der weitere potenzielle Erzeuger F nicht der leibliche Vater ist. 67

Die Voraussetzungen für die Inzidentfeststellung, die der BGH aufstellt, sind daher erfüllt. 68

d) Kein Scheitern des Anspruchs aus anderen Gründen

Die Durchbrechung der Rechtsausübungssperre soll jedoch nur dann möglich sein, wenn der Scheinvater tatsächlich Ansprüche gegen den vermuteten biologischen Vater geltend machen kann. Sie kann demnach unterbleiben, wenn F bereits aus anderen Gründen keinen Anspruch gegen W geltend machen könnte. 69

W trägt vor, die Zahlungen würden bereits zu weit in der Vergangenheit liegen. Hierin können 2 Einwände gesehen werden: Zum einen, dass hier letztlich Unterhalt für die Vergangenheit gefordert würde, was grundsätzlich nur unter den einschränkenden Voraussetzungen des § 1613 I BGB möglich ist. Diese Voraussetzungen liegen hier aber nicht vor: Insbesondere hat F den W erst *nach* Einstellung seiner Unterhaltszahlungen zur Auskunft über seine Vermögensverhältnisse aufgefordert. Indes ist zu beachten, dass § 1613 II Nr. 2 lit. a BGB die Forderung von Unterhalt für die Vergangenheit unbeschränkt zulässt, wenn der Berechtigte aus rechtlichen Gründen an der Geltendmachung seines Unterhaltsanspruchs gehindert war. Dies ist hier der Fall, da die L, solange F und nicht W als ihr rechtlicher Vater galt, von Rechts wegen (vgl. wiederum §§ 1594 I, 1600d V BGB) keine Unterhaltsansprüche gegen W geltend machen konnte. 70

38 BGH NJW 1993, 1195.
39 Erstmals BGH NJW 2008, 2433 und seither stRspr.
40 MüKoBGB/Wellenhofer § 1006d Rn. 110.
41 MüKoBGB/Wellenhofer § 1006d Rn. 112.

71 Zweitens kann der Einwand des W dahingehend verstanden werden, dass er sich auf die Einrede der Verjährung beruft. Der Regressanspruch aus § 1607 III 1, 2 BGB iVm §§ 1601 ff. BGB verjährt, so wie der Anspruch des Kindes auf Unterhalt, innerhalb der regelmäßigen Verjährungsfrist von 3 Jahren, § 195 BGB.[42] Die Verjährung beginnt nach § 199 I BGB mit dem Schluss des Jahres, in dem der Anspruch entstanden ist und der Gläubiger von den anspruchsbegründenden Umständen und der Person des Schuldners Kenntnis erlangt oder grob fahrlässig nicht erlangt hat.

Entscheidend ist demnach, wann der „Anspruch entstanden" ist (§ 199 I Nr. 1 BGB).

72 F war von Anfang an nicht der biologische Vater der L. Bis zur Feststellung des Amtsgerichts war er aber aufgrund der Vaterschaftsanerkennung als ihr rechtlicher Vater anzusehen. Ein Unterhaltsanspruch der L gegen W konnte aber unabhängig von der tatsächlichen Abstammung jedenfalls so lange nicht bestehen, wie ein anderer Mann (hier der F) die rechtliche Vaterstellung besetzte.[43] Die Verjährung beginnt damit frühestens zum Schluss des Jahres, in dem die Entscheidung des Amtsgerichts im Vaterschaftsanfechtungsverfahren rechtskräftig geworden ist.[44] Im konkreten Fall beginnt die Verjährung damit frühestens mit Ablauf des Jahres 2017. Die Verjährungsfrist von 3 Jahren (bis Ende 2020) ist im März 2020 noch nicht abgelaufen, sodass F die Einrede der Verjährung nicht erfolgreich erheben kann.

V. Ergebnis

73 F hat einen Regressanspruch gegen W wegen des gezahlten Unterhalts aus § 1607 III 1, 2 BGB iVm §§ 1601 ff. BGB. Auf Erstattung der Kosten des Vaterschaftsanfechtungsverfahrens hat F hingegen keinen Anspruch *(aA vertretbar)*.

Frage 3: Ersatz für gezahlten Betreuungsunterhalt

74 Möglicherweise hat F gegen W auch einen Anspruch auf Ersatz des an H geleisteten Betreuungsunterhalts.

A. Anspruch des F gegen W aus §§ 677 ff. BGB (berechtigte oder unberechtigte GoA)

75 Die Pflicht zur Leistung von Betreuungsunterhalt an die nicht erwerbstätige Mutter trifft den Vater des Kindes (§ 1615l II 1 BGB). Aufgrund der erfolgreichen Vaterschaftsanfechtung gilt F rückwirkend nicht als Vater der L, sodass er mit den Zahlungen an die H objektiv ein fremdes Geschäft geführt hat. Allerdings leistete er in der Überzeugung, als rechtlicher Vater hierzu verpflichtet zu sein – mithin ohne Fremdgeschäftsführungswillen. Ein Anspruch aus GoA ist nach § 687 I BGB ausgeschlossen.

---

42 BGH NZFam 2017, 454.
43 BGH NZFam 2017, 454.
44 BeckOGK/M. Gerlach BGB § 1607 Rn. 75.

B. Anspruch des F gegen W aus § 812 I 1 Alt. 1 BGB

Ein Anspruch des F gegen W aus § 812 I 1 Alt. 1 BGB scheitert am Fehlen einer Leistung gegenüber W. 76

C. Anspruch des F gegen W aus § 812 I 1 Alt. 2 BGB

Einen vermögenswerten Vorteil könnte W allenfalls dann erlangt haben, wenn er durch die Zahlungen des F von seiner Pflicht aus § 1615l II 2 BGB frei geworden wäre. Dies würde voraussetzen, dass man eine nachträgliche Änderung der Tilgungsbestimmung (in eine Leistung auf die Unterhaltspflicht des W) zulässt. Aus den oben genannten Gründen ist dies jedoch abzulehnen. 77

Hinweis: Lässt man die nachträgliche Änderung der Tilgungsbestimmung dagegen zu, wäre zu problematisieren, dass ein Anspruch der H gegen W mangels festgestellter rechtlicher Vaterschaft des W nicht besteht. W könnte also nur dann etwas erlangt haben, wenn man auch iRd Geltendmachung des Anspruchs aus § 812 I 1 Alt. 2 BGB eine Inzidentfeststellung der Vaterschaft zuließe. 78

D. Anspruch des F gegen W aus § 1607 III 1, 2 BGB iVm § 1615l II 2 BGB

Der Anspruch auf Ersatz des Betreuungsunterhalts könnte von der *cessio legis* aus § 1607 III 1, 2 BGB erfasst sein. 79

Eine direkte Anwendung des § 1607 III 1, 2 BGB kommt allerdings nicht in Betracht, weil dieser sich lediglich auf den von einem Dritten *an das Kind* gewährten Unterhalt bezieht, nicht jedoch auf Unterhaltszahlungen an die Mutter. 80

E. Anspruch des F gegen W aus § 1607 III 1, 2 BGB iVm § 1615l II 2, III BGB

In Betracht kommt jedoch eine Anwendung des § 1607 III 1, 2 BGB aufgrund der Verweisungsvorschrift in § 1615l III 1 BGB. Dieser Absatz verweist für den Betreuungsunterhaltsanspruch der nichtehelichen Mutter, soweit nichts Abweichendes geregelt ist, auf die Vorschriften des Verwandtenunterhalts, mithin auch auf § 1607 III 1, 2 BGB.[45] Dieser Verweis ist auch sachgerecht, da die Interessenlage vergleichbar ist zwischen dem Fall, in dem der Scheinvater beim biologischen Vater Regress wegen Kindesunterhalts nimmt und dem Fall, in welchem sein Begehren auf Ersatz eines an die Mutter gezahlten Betreuungsunterhalts gerichtet ist. Beide Konstellationen basieren darauf, dass der Scheinvater in Annahme einer eigenen Verpflichtung Zahlungen vornimmt, welche in Wirklichkeit nur vom biologischen Vater zu leisten wären. 81

I. Voraussetzungen des § 1607 III 1, 2 BGB (entsprechend)

Die Voraussetzungen des § 1607 III 1, 2 BGB (entsprechend) sind erfüllt. 82

45 Löhnig/Leiß FamR Fall 12, S. 129.

II. Rechtsfolge

83 Die Unterhaltsansprüche der Mutter gehen, wie die des Kindes, auf den zahlenden Scheinvater über, § 1607 III 1, 2 BGB iVm § 1615l III BGB, sodass F von W Ersatz für den gezahlten Betreuungsunterhalt verlangen kann (allerdings nur in dem Umfang, in dem W zur Zahlung von Betreuungsunterhalt verpflichtet gewesen wäre). Diese Ansprüche kann F rückwirkend für die Zeit zwischen der Geburt der L und der Einstellung seiner Zahlungen geltend machen.

III. Ergebnis

84 F kann von W Ersatz für den an H gezahlten Betreuungsunterhalt gem. § 1607 III 1, 2 BGB iVm § 1615l II 2, III BGB verlangen.

Stichwortverzeichnis

Paragraphen = Fettdruck, Randnummern = mager
Fälle = Fettdruck, kursiv, *Randnummern* = mager, kursiv